读客文化

小李飞刀 2

边城浪子 上

古龙 著

文汇出版社

目 录

001 / 楔　子　红雪

003 / 第一章　不带刀的人

018 / 第二章　关东万马堂

033 / 第三章　刀断刃，人断肠

050 / 第四章　与刀共存亡

066 / 第五章　边城之夜

080 / 第六章　谁是埋刀人

098 / 第七章　乌云满天

111 / 第八章　春风解冻

127 / 第九章　稳若磐石

143 / 第十章　杀人灭口

160 / 第十一章　夜半私语

170 / 第十二章　暗器高手

191 / 第十三章　沈三娘的秘密

202 / 第十四章　健马长嘶

223 / 第十五章　满天飞花

232 / 第十六章　一入万马堂，休想回故乡

254 / 第十七章　神秘的老太婆

266 / 第十八章　救命的飞刀

278 / 第十九章　斩草除根

290 / 第二十章　一醉解千愁

301 / 第二十一章　无鞘之剑

329 / 第二十二章　杀人前后

342 / 第二十三章　铃儿响叮当

350 / 第二十四章　烈日照大旗

363 / 第二十五章　一剑震四方

381 / 第二十六章　血海深仇

楔 子

红雪

屋子里没有别的颜色，只有黑！

连夕阳照进来，都变成一种不吉祥的死灰色。

夕阳还没有照进来的时候，她已跪在黑色的神龛前，黑色的蒲团上。

黑色的神幔低垂，没有人能看得见里面供奉的是什么神祇，也没有人能看得见她的脸。

她脸上蒙着黑纱，黑色的长袍乌云般散落在地上，只露出一双干瘪、苍老、鬼爪般的手。

她双手合十，喃喃低诵，但却不是在祈求上苍赐予多福，而是在诅咒。

诅咒着上苍，诅咒着世人，诅咒着天地间的万事万物。

一个黑衣少年动也不动地跪在她身后，仿佛亘古以来就已陪着她跪在这里。而且一直可以跪到万物都已毁灭时为止。

夕阳照着他的脸。他脸上的轮廓英俊而突出，但却像是远山上的冰雪塑成的。

夕阳暗淡，风在呼啸。

她忽然站起来，撕开了神龛前的黑幔，捧出了一个漆黑的铁匣。

难道这铁匣就是她信奉的神祇？她用力握着，手背上青筋都已凸起，却还是在不停地颤抖。

神案上有把刀，刀鞘漆黑，刀柄漆黑。

她突然抽刀，一刀劈开了这铁匣。

铁匣里没有别的，只有一堆赤红色的粉末。

她握起了一把："你知道这是什么？"

没有人知道——除了她之外，没有人知道！

"这是雪，红雪！"

她的声音凄厉、尖锐，如寒夜中的鬼哭："你生出来时，雪就是红的，被鲜血染红的！"

黑衣少年垂下了头。

她走来，将红雪撒在他头上、肩上："你要记住，从此以后，你就是神，复仇的神！无论你做什么，都用不着后悔，无论你怎么样对他们，都是应当的！"

声音里充满了一种神秘的自信，就仿佛已将天上地下所有神魔恶鬼的诅咒，都已藏入这一撮赤红的粉末里，都已附在这少年身上。

然后她高举双手，喃喃道："为了这一天，我已准备了十八年，整整十八年，现在总算已全都准备好了，你还不走？"

黑衣少年垂着头，道："我……"

她突又挥刀，一刀插入他面前的土地上，厉声道："快走，用这把刀将他们的头全都割下来，再回来见我，否则非但天要咒你，我也要咒你！"

风在呼啸。

她看着他慢慢地走出去，走入黑暗的夜色中，他的人似已渐渐与黑暗融为一体。

他手里的刀，似也渐渐与黑暗融为一体。

这时黑暗已笼罩大地。

第一章

不带刀的人

他没有佩刀。

他一走进来,就看到了傅红雪!

这里本已有很多人,各式各样的人,可是他这种人,却本不该来的。

因为他不配。

这里是个很奇怪的地方。

现在已是残秋,但这地方还是温暖如春。

现在已是深夜,但这地方还是光亮如白昼。

这里有酒,却不是酒楼。

有赌,却不是赌场。

有随时可以陪你做任何事的女人,却也不是妓院。

这地方根本没有名字,但却是附近几百里之内,最有名的地方。

大厅中摆着十八张桌子。

无论你选择哪一张桌子坐下来,你都可以享受到最好的酒菜——只有酒菜,你若还要享受别的,就得推门。

大厅四面有十八扇门。

无论你推哪扇门走进去,都绝不会后悔,也不会失望。

大厅的后面，还有道很高的楼梯。

没有人知道楼上是什么地方，也没有人上楼去过。

因为你根本不必上楼。

无论你想要的是什么，楼下都有。

楼梯口，摆着张比较小的方桌，坐着个服装很华丽、修饰很整洁的中年人。

他好像总是一个人坐在那里，一个人在玩着骨牌。

很少有人看见他做过别的事，也很少有人看见他站起来过。

他坐的椅子宽大而舒服。

椅子旁，摆着两根红木拐杖。

别的人来来去去，他从不注意，甚至很少抬起头来看一眼。

别的人无论做什么事，好像都跟他全无关系。

其实他却正是这地方的主人。

一个很奇怪的地方，通常都有个很奇怪的主人。

傅红雪的手里握着刀。

一柄形状很奇特的刀，刀鞘漆黑，刀柄漆黑。

他正在吃饭，吃一口饭，配一口菜，吃得很慢。

因为他只能用一只手吃。

他的左手握着刀，无论他在做什么的时候，都从没有放过这柄刀。

漆黑的刀，漆黑的衣服，漆黑的眸子。

黑得发亮。

所以他坐的地方虽离大门很远，但叶开走进来的时候，还是一眼就看到了他，也看到了他手里的刀。

叶开是从不带刀的。

秋已深,夜已深。

长街上只有这门上悬着的一盏灯。

门很窄,昏暗的灯光照着门前干燥的土地,秋风卷起满天黄沙。

一朵残菊在风沙中打着滚,既不知是从哪里吹来的,也不知要被吹到哪里去。

世人岂非也都正如这瓣残菊一样,又有谁能预知自己的命运?

所以人们又何必为它的命运伤感叹息?

菊花若有知,也不会埋怨的,因为它已有过它自己的辉煌岁月,已受过人们的赞美和珍惜。

这就已足够。

长街的一端,是无边无际的荒原;长街的另一端,也是无边无际的荒原。

这盏灯,仿佛就是这荒原中唯一的一粒明珠。

天连着黄沙,黄沙连着天。

人已在天边。

叶开仿佛是从天边来的。

他沿着长街,慢慢地从黑暗中走过来,走到了有灯光的地方。

他就在街心坐了下来,抬起了脚。

脚上的靴子是硝皮制成的,通常本只有大漠上的牧人才穿这种靴子。

这种靴子也正如大漠上的牧人一样,经得起风霜,耐得起劳苦。

但现在,靴子的底已被磨成了个大洞,他的脚底也被磨出血来。

他看着自己的脚,摇着头,仿佛觉得很不满——并不是对这双靴子不满,而是对自己的脚不满。

"像我这种人的脚,怎么也和别人的脚一样会破呢?"

他抓起一把黄沙,从靴子的破洞里灌进去。

"既然你这么不中用,我就叫你再多受些折磨,多受些苦。"

他站起身,让沙子摩擦自己脚底的伤口。

然后他就笑了。

他的笑,就像这满天黄沙中突然出现的一线阳光。

灯在风中摇曳。

一阵风吹过来,卷来了那朵残菊。

他一伸手,就抄住。

菊瓣已残落,只有最后几瓣最顽强的,还恋栖在枯萎的花梗上。

他拍了拍身上一套早已该送到垃圾箱里去的衣裳,将这朵残菊仔仔细细地插在衣襟上的一个破洞里。

看他的神情,就好像个已打扮整齐的花花公子,最后在自己这身价值千金的紫罗袍上,插上一朵最艳丽的红花一样。

然后他对自己的一切就都已完全满意。

他又笑了。

窄门是关着的。

他昂起头,挺起胸,大步走过去,推开了门。

于是他就看见了傅红雪。

傅红雪和他的刀!

刀在手上。

苍白的手,漆黑的刀!

叶开从他的刀,看到他的手,再从他的手,看到他的脸。

苍白的脸,漆黑的眸子。

叶开目中又露出笑意,仿佛对自己看到的一切也都觉得很满意。

他大步走过来,走到傅红雪对面,坐下。

傅红雪的筷子并没有停，一口菜，一口饭，吃得很慢，却没有停下来看他一眼。

叶开看着他，忽然笑道："你从来不喝酒？"

傅红雪既没有抬头，也没有停下来。

他慢慢地将碗里最后两口饭吃完，才放下筷子，看着叶开。

叶开的微笑就像是阳光。

傅红雪苍白的脸上却连一丝笑容都没有，又过了很久，才一字字道："我不喝酒。"

叶开笑道："你不喝，请我喝两杯怎么样？"

傅红雪道："你要我请你喝酒？为什么？"

他说话很慢，仿佛每个字都是经过考虑之后才说出的，因为只要是从他嘴里说出的话，他就一定完全负责。

所以他从不愿说错一个字。

叶开道："为什么？因为我觉得你很顺眼。"

他叹了口气，又道："这地方除了你之外，简直连一个顺眼的人都没有。"

傅红雪垂下眼，看着自己的手。

他不愿开口的时候，总是会有这种表情。

叶开道："你肯不肯？"

傅红雪还是看着自己的手。

叶开道："这是你最好的机会了，你若错过，岂非很可惜？"

傅红雪终于摇摇头，缓缓道："不可惜。"

叶开大笑，道："你这人果然有趣。老实说，除了你之外，别人就算跪下来求我，我也不会喝他一滴酒的。"

他说话的声音就好像将别人都当作聋子，别人想要不听都很难。

只要听到他的话，想不生气也很难。

屋子里已经有几个人站起来，动作最快的，是个紫衫佩剑的少年。

他的腰很细，肩很宽，佩剑上镶着闪闪发光的宝石，剑穗是紫红色的，和他衣服的颜色正相配。

他手里端着杯酒，满满的一杯，一转身，竟已蹿到叶开面前。

手里一满杯酒，居然连一滴都没有溅出来。

看来这人非但穿衣服很讲究，练功夫的时候必定也很讲究。

只可惜叶开没有看见，傅红雪也没有看见。

紫衫少年脸上故意做出很潇洒的微笑，因为他知道每个人都在看着他。

他轻轻拍了拍叶开的肩，道："我请你喝杯酒好不好？"

叶开道："不好。"

紫衫少年道："你要怎么样才肯喝？跪下来求你好不好？"

叶开道："好。"

紫衫少年大笑，别的人也笑了。

叶开也在笑，微笑着道："只不过你就算跪下来，我还是不喝的。"

紫衫少年道："你知不知道我是谁？"

叶开道："不清楚，我连你究竟是不是个人，都不太清楚。"

紫衫少年的笑容冻结，手已握住了剑柄。

"锵"的一声，剑已出鞘。

但他手里拿着的还是只有个剑柄。

剑还留在鞘里。

他的剑刚拔出来，叶开突然伸手一弹，这柄精钢长剑就断了。

从剑柄下一寸处折断的，所以剑柄虽拔起，剑身却又滑入剑鞘里。

紫衫少年看着手里的剑柄，一张脸已惨白如纸。

屋子里也没有人笑了，非但笑不出，连呼吸都已几乎停顿。

只剩下一种声音。

推骨牌的声音。

刚才发生的事，好像只有他一个人没看见。

傅红雪虽然看见了，但脸上却还是全无表情。

叶开看着他，微笑道："你看，我没有骗你吧，别人想请我喝酒都困难得很。"

傅红雪慢慢地点了点头，道："你没有骗我。"

叶开道："你请不请呢？"

傅红雪慢慢地摇了摇头，道："我不请。"

他站起来，转过身，似已不愿再讨论这件事。

但却又回过头来看了那紫衫少年一眼，缓缓道："你应该用买衣服的钱，去买把好剑的。但最好还是从此不要佩剑，用剑来做装饰，实在危险得很。"

他说得很慢，很诚恳，这本是金石良言。

但听在这紫衫少年的耳朵里，那种滋味却是不太好受的。

他看着傅红雪，惨白的脸已发青。

傅红雪正在慢慢地往外走，走路比说话更慢，而且很奇特。

他左脚先迈出一步后，右腿才慢慢地从地上跟着拖过去。

"原来他是个跛子。"

叶开仿佛觉得很惊奇，也很惋惜。

除此之外，他显然并没有别的意思。

紫衫少年紧握着双拳，又愤怒，又失望——他本来希望叶开将傅红雪一把揪回来的。

叶开的武功虽可怕，但这跛子却不可怕。

紫衫少年便施了个眼色，本来和他同桌的人，已有两个慢慢地站了起来，显然是想追出去。

就在这时，屋子里忽然响起了个很奇怪的声音："你不愿别人请你喝酒，愿不愿意请别人喝酒呢？"

声音低沉而柔和，但每个人都听得清清楚楚。

说话的人，明明好像就在自己耳畔，却又偏偏看不见。

最后才终于有人发现，那服装华丽、修饰整洁的中年人，已转过头来，正在看着叶开微笑。

叶开也笑了，道："别人请我是一回事，我请不请别人，又是另外一回事。"

中年人微笑道："不错，那是完全不同的。"

叶开道："所以我请，这屋子里每个人我都请。"

他说话的神情，就好像已将自己当作这地方的老板似的。

紫衫少年咬着牙，突然扭头往外走。

叶开缓缓道："只不过我请人喝酒的时候，谁不喝都不行，不喝醉也不行。"

紫衫少年胸膛起伏，突又回头，道："你知不知道请人喝酒要银子的？"

叶开笑道："银子？你看我身上像不像带着银子的人？"

紫衫少年笑道："你的确不像。"

叶开悠然道："幸好买酒并不一定要用银子的，用豆子也行。"

紫衫少年怔了怔，道："豆子？什么豆子？"

叶开道："就是这种豆子。"

他手里忽然多了个麻袋，手一抖，麻袋里的豆子就溜了出来，就像是用什么魔法似的。

他撒出的竟是金豆。

紫衫少年看着满地滚动的金豆，怔了很久，才抬起头，勉强笑道："我只有一样事不懂。"

叶开道："你不懂的事，我一定懂。"

紫衫少年道："你不要别人请你喝酒，为什么要请别人，那又有什么不同？"

叶开眨眨眼，走到他面前，悄悄地道："若有条狗要请你去吃屎，你吃不吃？"

紫衫少年变色道："当然不吃。"

叶开笑道："我也不吃的，但我却时常喂狗。"

傅红雪走出门的时候，门外不知何时已多了两盏灯。

两个白衣人手里提着灯笼，笔直地站在街心。

傅红雪带上门，慢慢地走下石级，走过来，才发现这两个提着灯笼的人身后，还有第三个人。

灯笼在风中摇荡，这三个人却石像般站在那里，动也不动。

灯光照在他们身上，他们的头发、衣褶间，已积满了黄沙，在深夜中看来，更令人觉得说不出的诡秘可怖。

傅红雪根本没有看他们。

他走路的时候，目光总像是在遥望着远方。

是不是因为远方有个他刻骨铭心、梦魂萦绕的人在等着他？

可是他的眼睛为什么又如此冷漠，纵然有情感流露，也绝不是温情，而是痛苦、仇恨、悲怆？

他慢慢地穿过街心，那石像般站在灯笼后的人，突然迎上来，道："阁下请留步。"

傅红雪就站住。

别人要他站住，他就站住，既不问这人是谁，也不问理由。

这人的态度很有礼，但弯下腰去的时候，眼睛却一直盯在他手中的刀上，身上的衣服也突然绷紧，显然全身都已充满了警戒之意。

傅红雪没有动，手里的刀也没有动，甚至连目光都还是在遥视着远方。

远方一片黑暗。

过了很久，这白衣人神情才松弛了些，微笑着，问道："恕在下冒昧请教，不知阁下是不是今天才到这里的？"

傅红雪道："是。"

他的回答虽只是一个字，但还是考虑了很久之后才说出。

白衣人道："阁下从哪里来？"

傅红雪垂下眼，看着手里的刀。

白衣人等了很久，才勉强一笑，道："阁下是否很快就要走呢？"

傅红雪道："也许。"

白衣人道："也许不走了？"

傅红雪道："也许。"

白衣人道："阁下暂时若不走，三老板就想请阁下明夜移驾过去一叙。"

傅红雪道："三老板？"

白衣人笑道："在下说的，当然就是'万马堂'的三老板。"

这次他真的笑了。

居然有人连三老板是谁都不知道，在他看来，这的确是件很可笑的事。

但在傅红雪眼中看来，好像天下根本就没有一件可笑的事。

白衣人似也笑不出了，干咳两声，道："三老板吩咐在下，务必要请阁下赏光，否则……"

傅红雪道："否则怎样？"

白衣人勉强笑道："否则在下回去也无法交代，就只有站在这里不走了。"

傅红雪道："就站在这里？"

白衣人道："嗯。"

傅红雪："站到几时？"

白衣人道："站到阁下肯答应为止。"

傅红雪道："很好……"

白衣人正在等着他说下去的时候，谁知他竟已转身走了。

他左脚先迈出一步，然后右腿才慢慢地从地上跟着拖过去。

他这条右腿似已完全僵硬麻木。

白衣人脸色变了，全身的衣服又已绷紧，但直到傅红雪的身子已没入黑暗中，他还是站在那里，动也没有动。

一阵风沙迎面卷来，他甚至连眼睛都没有眨一眨。

提灯笼的人忍不住悄声问道："就这样放他走？"

白衣人紧闭着嘴，没有说话，却有一丝鲜血，慢慢地自嘴角沁出，转瞬间又被风吹干了。

傅红雪没有回头。

他只要一开始往前走，就永不回头。

风更大，暗巷中一排木板盖的屋子，仿佛已被风吹得摇晃起来。

他走过这排木板屋，在最后一间的门口停下。

他脚步一停下，门就开了。

门里却没有人声，也没有灯光，比门外更黑暗。

傅红雪也没有说什么，就走了进去，回身关起了门，上了门闩。

他似已完全习惯黑暗。

黑暗中忽然有一只手伸过来，握住了他的手。

这是只温暖、光滑、柔细的手。

傅红雪就站着,让这只手握着他的手——没有握刀的一只手。

然后黑暗中才响起一个人的声音,耳语般低语道:"我已等了很久。"

这是个温柔、甜美、年轻的声音。

这是少女的声音。

傅红雪慢慢地点了点头,过了很久,才缓缓道:"你的确等了很久。"

少女道:"你是什么时候来的?"

傅红雪:"今天,黄昏。"

少女道:"你没有直接到这里来?"

傅红雪道:"我没有。"

少女道:"为什么不直接来?"

傅红雪道:"现在我已来了。"

少女柔声道:"不错,现在你已来了,只要你能来,我无论等多久都值得。"

她究竟已等了多久?她是谁?为什么要在这里等?

没有人知道,除了他们自己之外,世上绝没有别的人知道。

傅红雪道:"你已全都准备好了?"

少女道:"全都准备好了,无论你要什么,只要说出来就行。"

傅红雪什么都没有说。

少女的声音更轻柔,道:"我知道你要的是什么,我知道……"

她的手在黑暗中摸索,找着了傅红雪的衣纽。

她的手轻巧而温柔……

傅红雪忽然已完全赤裸。

屋子里没有风,但他的肌肤却如在风中一样,已抽缩颤抖。

少女的声音如梦呓，轻轻道："你一直是个孩子，现在，我要你成为真正的男人，因为有些事只有真正的男人才能做……"

她的嘴唇温暖而潮湿，轻吻着傅红雪的胸膛。

她的手在探索着……

傅红雪倒下，倒在床上，可是他的刀并没有松手。

这柄刀似已成为他身体的一部分，成为他生命的一部分。

他已永远无法摆脱！

曙色照进高而小的窗户。

人在沉睡，刀在手上。

一共只有两间屋子，后面的一间是厨房。

厨房中飘出饭香。

一个白发苍苍的老太婆，正用锅铲小心翼翼地将两个荷包蛋从锅里铲出来，放在碟子里。

她的身子已佝偻，皮肤已干瘪。

她的双手已因操作劳苦，变得粗糙而丑陋。

外面的屋子布置得却很舒服、很干净，床上的被褥是刚换过的。

傅红雪犹在沉睡。

但等到这老太婆轻轻从厨房里走出来的时候，他的眼睛已张开。

眼睛里全无睡意。

两间屋子里，只有他们两个人。

昨夜那温柔而多情的少女呢？难道她也已随着黑夜消逝？

难道她本就是黑夜的精灵？

傅红雪看着这老太婆走出来，脸上全无表情，什么也没有说，什么也没有问。

他为什么不问？

难道他已将昨夜的遭遇当作梦境?

蛋是刚煎好的,还有新鲜的豆腐、蒿笋和用盐水煮的花生。

老太婆将托盘放在桌上,赔着笑道:"早点是五分银子,连房钱是四钱七分,一个月就算十两银子,在这地方已算便宜的了。"

她脸上的皱纹太多,所以笑的时候和不笑时也没什么两样。

傅红雪将一锭银子放在桌上,道:"我住三个月,这锭银子五十两。"

老太婆道:"多出的二十两……"

傅红雪道:"我死了后替我买口棺材。"

老太婆笑了,道:"你若不死呢?"

傅红雪道:"就留着给你自己买棺材。"

走出这条陋巷,就是长街。

风已住。

太阳照在街上,黄沙闪着金光。

街上已经有人了,傅红雪第一眼看见的,还是那白衣人。

他还站在昨夜同样的地方,甚至连姿势都没有改变过。

雪白的衣服上已积满沙土,头发也已被染黄,可是他的脸却是苍白的,苍白得全无一丝血色。

他在忍受。

到处都有好奇的眼光在偷偷地看着他,这种眼光甚至比秋日的骄阳更灼人,更无法忍受。

忍受虽是种痛苦,但有时也是种艺术。

他很懂得这种艺术。

懂得这种艺术的人,通常都能得到他们希望的收获。

傅红雪正向他走过来,但目光却还是凝视在远方。

远方忽然扬起了漫天黄沙。

密鼓般的蹄声，七匹快马首尾相连，箭一般冲入了长街。

马上的骑士骑术精绝，驰到白衣人面前时，突然自鞍上长身而起，斜扯顺风旗，反手抽刀，整个人挂在马鞍上，向他扬刀行礼。

这是骑士们最尊敬的礼节。

从他们这种礼节中，已可看出这白衣人身份绝不低。

他本不必忍受这种事的，但却宁可忍受。

无论谁如此委屈自己，都必定有目的。

他的目的是什么？

刀光闪过他全无表情的脸，七匹快马转瞬间已冲到长街尽头。

突然间，最后的一匹马长嘶人立，马上人缰绳一带，马已回头，又箭一般冲了回来。

人已站在马鞍上，手里高举着一杆裹着白绫的黑铁长枪。

快马冲过，长枪脱手飞出，笔直插入白衣人身旁的地上。

枪上白绫立刻迎风展开，竟是一面三角大旗。

旗上赫然有五个鲜红的擘窠大字："关东万马堂"。

大旗迎风招展，恰巧替白衣人挡住了初升的阳光。

再看那匹马，已转回头，追上了他的同伴，绝尘而去。

一人一马，倏忽来去，只留下满街黄沙和一面大旗。

旭日正照在大旗上！

街上几十双眼睛都已看得发直，连喝彩都忘了。

突听一个人放声长笑，道："关东万马堂！好一个关东万马堂！"

第二章

关东万马堂

窄门上的灯笼已熄灭。

一个人站在灯笼下,仰面而笑,笑声震得灯笼上的积沙,雪一般纷飞落下,落在他脸上。

他不在乎。

无论对什么事,叶开都不在乎。

所以身上穿的还是昨夜那套又脏又破又臭的衣服——无论他走到哪里,哪里立刻就会充满一种仿佛混合着腐草、皮革和死尸般的臭气。

可是他站在那里,却好像认为每个人都应该很欣赏他身上这种臭气。

他衣襟上的破洞中,还插着朵花,但已不是昨夜的残菊,而是朵珠花。

也不知是从哪个女人发鬓上摘下来的珠花。

他从不摘枝上的鲜花,只摘少女发上的珠花。

傅红雪的目光忽然从远方收回来,凝视着他。

他却已走到街心,走到那白衣人面前,脚步踉跄,似已醉得仿佛要在水中捉月的太白诗仙,但一双眼睛张开时,却仍清醒得如同正弯弓射雕的成吉思汗。

所以他眯着眼,看着这白衣人,道:"昨天晚上,你好像已在这里？"

白衣人道："是。"

叶开道："今天你还在？"

白衣人道："是。"

叶开道："你在等什么？"

白衣人道："等阁下。"

叶开笑了，道："等我？我又不是绝色佳人，你为什么要等我？"

白衣人道："在三老板眼中，世上所有的绝色佳人，也比不上一个阁下这样的英雄。"

叶开大笑，道："我今天才知道我原来是个英雄，但三老板又是个什么样的人呢？"

白衣人道："一个识英雄、重英雄的人。"

叶开道："好，我喜欢这种人，他在哪里？我可以让他请我喝杯酒。"

他要别人请他喝酒，却好像是已给了别人很大的面子。

白衣人道："在下正是奉了三老板之命，前来请阁下今夜过去小酌的。"

叶开道："小酌我不去，要大喝才行。"

白衣人道："万马堂藏酒三千石，阁下尽可放怀痛饮。"

叶开抚掌大笑道："既然如此，你想不要我去也不行。"

白衣人道："多谢。"

叶开道："你既已请到了我，为什么还不走？"

白衣人道："在下奉命来请的，一共有六位，现在只请到五位。"

叶开道："所以你还不能走？"

白衣人道："是。"

叶开道："你请不到的是谁？"

他不等白衣人回答，突又大笑，道："我知道是谁了，看来他非但不愿请别人喝酒，也不愿别人请他喝酒。"

白衣人只有苦笑。

叶开道："你就算在这里站三天三夜，我保证你还是打不动他的心，这世上能令他动心的事，也许根本连一样也没有。"

白衣人只有叹气。

叶开道："要打动他这种人，只有一种法子。"

白衣人道："请教。"

叶开道："你无论想要他到什么地方去，请是一定请不动的，激他也没用，但你只要有法子打动他，就算不请他，他也一样会去，而且非去不可。"

白衣人苦笑道："只可惜在下实在不知道怎么样才能打动他。"

叶开道："你看我的。"

他忽然转身，大步向傅红雪走了过去。

傅红雪好像本就在那里等着。

叶开走到他面前，走到很近，好像很神秘的样子，低声道："你知不知道我究竟是什么人？跟你有什么关系？"

傅红雪道："你是什么人？怎么会跟我有关系？"

他苍白的脸上还是全无表情，但握着刀的一只手青筋却已凸起。

叶开笑了笑，道："你若想知道，今天晚上到万马堂去，我告诉你。"

他绝不让傅红雪再说一个字，掉头就走，走得很快，就好像生怕傅红雪会追上来似的。

傅红雪却动也没动，只是垂下眼，看着手里的刀，瞳孔似已渐渐收缩。

叶开已走回白衣人面前，拍了拍他的肩，笑道："现在你已经可以回去交差了,今天晚上,我保证他一定会坐在万马堂里。"

白衣人迟疑着,道:"他真的会去?"

叶开道:"他就算不去,也是我的事了,你已经完全没有责任。"

白衣人展颜道:"多谢!"

叶开道:"你不必谢我,应该谢你自己。"

白衣人怔了怔,道:"谢我自己?"

叶开笑道:"二十年前就已名动江湖的'一剑飞花'花满天,既然能为了别人在这里站一天一夜,我为什么不能替他做点事呢?"

白衣人看着他,面上的表情很奇特,过了很久,才淡淡道:"阁下知道的事好像不少。"

叶开笑道:"幸好也不太多。"

白衣人也笑了,长身一揖,道:"今夜再见。"

叶开道:"一定要见!"

白衣人再一拜揖,缓缓转身,拔起了地上的大旗,卷起了白绫,突然用枪梢在地上一点,人已凌空掠起。

就在这时,横巷中奔出一匹马来。

白衣人身子不偏不倚,恰巧落在马鞍上。

健马一声长嘶,已十丈开外。

叶开目送着白衣人人马远去,忽然轻轻叹了口气,喃喃道:"看来这万马堂当真是藏龙卧虎,高手如云……"

他伸长手,仰天打了个呵欠,回头再找傅红雪时,傅红雪已不见了。

碧天,黄沙。

黄沙连着天,天连着黄沙。

远远望过去,一面白色的大旗正在风沙中飞卷。

大旗似已远在天边。

万马堂似也远在天边!

无边无际的荒原,路是马蹄踏出来的,漫长、笔直,笔直通向那面大旗。

旗下就是万马堂。

傅红雪站在荒原中,站在马道旁,看着这面大旗,已不知道看了多久。

现在,他才慢慢地转过身。

漫天黄沙中,突然出现了一点红影,流星般飞了过来。

一匹胭脂马,一个红衣人。

傅红雪刚走出三步,已听到身后的马蹄声。

他没有回头,又走了几步,人马已冲过他身旁。

马上的红衣人却回过头来,一双剪水双瞳,只盯了他手中的刀一眼,一双纤纤玉手已勒住了缰绳。

好俊的马,好美的人。

傅红雪却似乎没有看见,他不愿看的时候,什么都看不见。

马上人的明眸却在盯着他的脸。忽然道:"你就是那个人?连花场主都请不动你。"

她的人美,声音更美。

傅红雪没有听见。

马上人的柳眉扬起,大声道:"你听着,今天晚上,你若敢不去,你就是混账王八蛋,我就杀了你拿去喂狗。"

她手里的马鞭,突然毒蛇般向傅红雪脸上狠狠地抽了过去。

傅红雪还是没有看见。

鞭梢一卷,突然变轻了,"叭"地,只不过在他脸上抽出了个淡淡的红印。

傅红雪还是好像全无感觉，但握刀的手背上，青筋却又凸起。

只听马上人吃吃笑道："原来你这人是个木头人。"

银铃般的笑声远去，一人一马已远在黄沙里，转眼间只剩下一点红影。

傅红雪这才抬起手，抚着脸上的鞭痕颤抖起来。

他全身都抖个不停，只有握刀的一只手，却仍然稳定如磐石！

叶开还在打着呵欠。

若有人注意，他今天至少已打过三四十次呵欠了。

可是他偏偏不去睡觉。

他东逛西逛，左瞧右看，好像无论对什么事都很有兴趣。

就是对睡觉没有兴趣。

现在，他刚从一家杂货店里走出来，正准备走到对面的小面馆去。

他喜欢跟各式各样的人聊天，他觉得这地方每家店的老板好像都有点奇怪。

其实，奇怪的人也许只不过是他自己。

他走路也不快，却又和傅红雪不同。

傅红雪虽是个残废，走得虽慢，但走路时身子却挺得笔直，就像是一杆枪。

他走路却是懒洋洋的，好像全身的骨头都脱了节，你只要用小指头一点，他就会倒下去。

他穿过街心时，突然有一匹快马，箭一般冲入了长街。

一匹火红的胭脂马。

马上人艳如桃花——一种有刺的桃花。

人马还没有冲到叶开面前，她已扬起了马鞭，喝道："你不要命了吗?快避开。"

叶开懒洋洋地抬起头,看了她一眼,连一点闪避的意思都没有。

她只有勒住缰绳,但手里的马鞭却已狠狠地抽了下去。

这次她比对付傅红雪时更不客气。

但叶开的手一抬,鞭梢就已在他手上。

他的手就好像有某种神奇的魔法一样,随时都可能做出一些你绝对想不到的事。

红衣女的脸上已红得仿佛染上了胭脂。

叶开只不过用三根手指夹住了鞭梢,但随便她怎么用力,也休想将鞭梢抽回来。

她又惊又急,怒道:"你……你想干什么?"

叶开用眼角瞟着她,还是那副懒洋洋的样子,道:"我只想告诉你几件事。"

红衣女咬着嘴唇,道:"我不想听。"

叶开淡淡道:"不听也行,只不过,一个大姑娘若从马上跌下来,那一定不会很好看的。"

红衣女只觉得突然有一股力量从马鞭上传了过来,只觉得自己随时都可能从马上跌下去,忍不住大声道:"你有话快说,有屁快放。"

叶开笑了,道:"你不应该这么凶的。不凶的时候,你本是个漂亮的小姑娘;但一凶起来,就变成个人人讨厌的母老虎了。"

红衣女忍着怒气,道:"还有没有?"

叶开道:"还有,无论是胭脂马也好,母老虎也好,踢死人都要赔命的。"

红衣女脸又气白了,恨恨道:"现在你总可以放手了吧?"

叶开忽又一笑,道:"还有一样事。"

红衣女道:"什么事?"

叶开笑道:"像我这样的男人,遇见你这样的女人,若连你的名字都不问,就放你走了,岂非对不起自己,也对不起你。"

红衣女冷笑道:"我为什么要把名字告诉你?"

叶开道:"因为你不愿从马上跌下来。"

红衣女的脸似已气黄了,眼珠子一转,突然说道:"好,我告诉你,我姓李,叫姑姑,现在你总该松手了吧?"

叶开微笑着松开手,道:"李姑姑,这名字倒……"

他忽然想通了,但这时人马已从他身旁箭一般的冲过去。

只听红衣女在马上大笑道:"现在你该明白了吧,我就是你这孙子王八蛋的姑奶奶。"

她还是怕叶开追上来,冲出去十来丈,身子突然凌空跃起,燕子般一掠,飞入了路旁一道窄门里。

好像她只要一进了这窄门,就没有任何人敢来欺负她了。

门里十八张桌子都是空着的。

只有那神秘的主人,还坐在楼梯口的小桌上,玩着骨牌。

现在是白天,白天这地方从不招呼任何客人。

这地方的主人做的生意也许并不高尚,但规矩却不少。

你要到这里来,就得守他的规矩。

他两鬓已斑白,脸上每一条皱纹中,都不知隐藏着多少欢乐、多少痛苦、多少秘密,但一双手却仍柔细如少女。

他穿着很华丽,华丽得甚至已接近奢侈。

桌上有金樽,杯中的酒是琥珀色的,光泽柔润如宝石。

他正在将骨牌一张张慢慢地摆在桌上,摆成了个八卦。

红衣女一冲进来,脚步就放轻了,轻轻走过去,道:"大叔你好。"

一进了这屋子，这又野又刁蛮的少女，好像立刻就变得温柔规矩起来。

主人并没有转头看她，只微笑着点了点头，道："坐。"

红衣女在他对面坐下，仿佛还想说什么，但他却摆了摆手，道："等一等。"

她居然肯听话，就静静地坐在那里等。

主人看着桌上用骨牌摆成的八卦，清癯、瘦削、饱经风霜的脸上，神情仿佛很沉重，过了很久，才仰面长长叹息了一声，意兴更萧索。

红衣女忍不住问道："你真的能从这些骨牌上看出很多事？"

主人道："嗯。"

红衣女眨着眼，道："今天你看出了什么？"

主人端起金杯，浅浅啜了一口，肃然道："有些事你还是不知道的好。"

红衣女道："若知道了呢？"

主人缓缓说道："天机难测，知道了，反而会有灾祸了。"

红衣女道："知道有灾祸，岂非就可以想法子去避免？"

主人慢慢地摇了摇头，神情更沉重，长叹道："有些灾祸是避不开的，绝对避不开的……"

红衣女看着桌上的骨牌，发了半天呆，喃喃道："我怎么什么都看不出来？"

主人黯然道："就因为你看不出来，所以你才比我快乐。"

红衣女又呆了半晌，才展颜笑道："这些事我不管，我只问你，你今天晚上，到不到我们家去？"

主人皱眉道："今天晚上？"

红衣女道："爹爹说，今天晚上他请了几位很特别的客人，所以想请大叔你也一起去。再过一会儿,就有车子来接了。"

主人沉吟着,道:"我还是不去的好。"

红衣女噘起嘴道:"其实爹爹也知道你绝不会去的,但还是要叫我来跑这一趟,害得我还受了一个小鬼的欺负,差点被活活气死。"

只听一人笑道:"小鬼并没有欺负姑奶奶,是姑奶奶先要踢死小鬼的。"

红衣女怔住。

叶开不知什么时候也来了,正懒洋洋地倚在门口,看着她笑。

红衣女变色道:"你凭什么到这里来?"

叶开悠然道:"不应该到这里来的人,却不是我,是你。"

红衣女跺了跺脚,转身道:"大叔,你还不把这人赶出去,你听他说的是什么话?"

主人淡淡一笑,道:"天快黑了,你还是快回去吧,免得你爹爹着急。"

红衣女又怔了怔,狠狠一跺脚,从叶开旁边冲出了门。

她走得太急,差点被门槛绊倒。

叶开笑道:"姑奶奶走好,自己若跌死了,是没有人赔命的。"

红衣女冲出去,"砰"的一声,关上了门,忽又把门拉开一线,道:"多谢你这乖孙子关心,姑奶奶是跌不死的。"

这句话没说完,门又"砰"地关起,只听门外一声呼喝,就有马蹄声响起,在门口停了停,一瞬间又消失在街头。

叶开叹了口气,苦笑着喃喃道:"好一匹胭脂马,好一个母老虎。"

主人忽又笑道:"你只说对了一半。"

叶开道:"哪一半?"

主人道:"附近的人,替她们一人一马都取了个外号,人叫胭脂虎，马叫胭脂奴。"

叶开笑了。

主人接着道："她也就是你今夜东道主人的独生女儿。"

叶开失声道："她就是万马堂三老板的女儿？"

主人点点头，微笑道："所以你今天晚上最好小心些，莫要被这胭脂虎咬断了腿。"

叶开又笑了，他忽然发现这人并不像外表看来这么神秘孤独，所以又问："三老板究竟姓什么？"

这人道："马，马芳铃。"

叶开笑道："马芳铃，他怎么会取这样一个女人的名字？"

主人道："父亲名字是马空群，女儿是马芳铃。"

他一双洞悉人生的眼睛，正看着叶开，微笑着又道："阁下真正要问的，定然不是父亲，而是女儿。在下既闻弦歌，怎会听不出阁下的雅意？"

叶开大笑，道："但愿今夜的主人，也有此间主人同样风采，叶开也就算不虚此行了。"

主人道："叶开？"

叶开道："木叶之叶，开门之开……也就是开心的开。"

主人笑道："这才是人如其名。"

叶开道："主人呢？"

主人沉吟着，道："在下萧别离。"

叶开说道："木叶萧萧之萧？别绪之别？离愁之离？"

萧别离道："阁下是否觉得这名字有些不祥？"

叶开道："不祥未必，只不过……未免要令人兴起几分惆怅而已。"

萧别离淡淡道："天下无不散的筵席，人生本难免别离，将来阁下想必要离此而去，在下又何尝不如此。所以，若是仔细一想，这名字也普通得很。"

叶开大笑，道："但自古以来，黯然销魂者，唯别而已，阁下既然取了个如此引人忧思的名字，就当浮一大白。"

萧别离也大笑，道："不错，当浮一大白。"

他一饮而尽，持杯沉吟，忽然又道："其实人生之中，最令人销魂的，也并非别离，而是相聚。"

叶开道："相聚？"

萧别离道："若不相聚，哪有别离？"

叶开咀嚼良久，不禁叹息，喃喃道："不错，若无相聚，哪来的别离？……若无相聚，又怎么会有别离？……"他反反复复低咏着这两句话，似已有些痴了。

萧别离道："所以阁下也错了，也当浮一大白才是。"叶开走过去，举杯饮尽，忽又展颜而笑，道："若没有刚才的错，又怎会有现在这杯酒呢？所以有时错也是好的。"突然间，车辚马嘶，停在门外。

萧别离长长叹息，道："刚说别离，看来就已到了别离时刻，万马堂的车子已来接客了。"

叶开笑道："但若无别离，又怎会有相聚？"

他放下酒杯，头也不回，大步走了出去。

萧别离看着他走出去，喃喃道："若无别离，又怎有相聚？只可惜有时一旦别离，就再难相聚了。"

一辆八马并驰的黑漆大车，就停在门外。

黑漆如镜，一个人肃立待客，却是一身白衣如雪。

车上斜插着一面白绫三角旗："关东万马堂"。

叶开刚走过去，白衣人已长揖笑道："阁下是第一位来的，请上车。"

这人年纪比花满天小些，但也有四十岁左右，圆圆的脸，面白微须，不笑时已令人觉得很可亲。

叶开看着他，道："你认得我？"

白衣人道："还未识荆。"

叶开道："既不认得，怎知我是万马堂的客人？"

白衣人笑道："阁下来此仅一夕，但阁下的豪华，却已传遍边城，何况，若非阁下这样的英雄，襟上又怎会有世间第一美人的珠花呢？"

叶开道："你认得这朵珠花？"

白衣人道："这朵珠花本是在下送的。"

他不让叶开说话，忽又叹息一声道："只可惜在下虽然自命多情，却还是未曾博得美人的一笑。"

叶开却笑了，拍着他的肩，笑道："我以前也被人恭维过，但被人恭维得如此的开心，这倒还真是平生第一次。"

车厢中舒服而干净，至少可以坐八个人。

现在来的却只有叶开一个人。

他见着花满天时，已觉得万马堂中卧虎藏龙，见到这白衣人，更觉得万马堂不但知人，而且善用。

纵然是公侯将相之家的迎宾使者，也未必能有他这样的如珠妙语，善体人意。

无论谁能令这种人为他奔走效忠，他都一定是个很了不起的人。

叶开忽然想快点去看看那位三老板究竟是个怎么样的角色，所以忍不住问道："还有别的客人呢？"

白衣人道："据说有一位客人，是由阁下代请的。"

叶开道："你用不着担心，这人一定会去的，而且一定是用自己的方法去，我问的是另外四位。"

白衣人沉吟着，道："现在他们本已该来了。"

叶开道："但现在他们还没有来。"

白衣人忽又一笑，道："所以我们也不必再等，该去的人，总是会去的。"

·

夜色渐临。

荒原上显得更苍凉，更辽阔。

万马堂的旗帜已隐没在无边无际的黑暗里。

白衣人坐在叶开对面，微笑着。

他的笑容仿佛永远不会疲倦。

马蹄声如奔雷，冲破了无边寂静。

叶开忽然叹了口气，道："今夜若只有我一个人去，只怕就回不来了。"

白衣人仿佛听得很刺耳，却还是勉强笑道："此话怎讲？"

叶开道："听说万马堂有窖藏的美酒三千石，若只有我一个人去喝，岂非要被醉死？"

白衣人笑了笑，道："这点阁下只管放心，万马堂里也不乏酒中的豪客，就连在下也能陪阁下喝几杯的。"

叶开道："万马堂中若是高手如云，我更非死不可了。"

白衣人的笑容仿佛又有些僵硬，道："酒鬼是有的，哪有什么高手？"

叶开淡淡道："我说的本是酒中的高手，那么多人若是轮流来敬我的酒，我不醉死才是怪事呢！"

白衣人展颜道："三老板此番相请，为的只不过是想一睹阁下风采，纵然令人劝酒，也只不过是意思意思而已，哪有灌醉阁下之理？"

叶开道:"但我还是有点怕。"

白衣人道:"怕什么?"

叶开笑了笑,道:"怕的是你们不来灌我。"

白衣人也笑了。

就在这时,荒原中忽然传来一阵奇异的歌声。

歌声凄恻,如泣如诉,又像是某种神秘的经文咒语!但每个字都听得很清楚:

> 天皇皇,地皇皇。
> 眼流血,月无光。
> 一入万马堂,
> 刀断刃,人断肠!
> 天皇皇,地皇皇。
> 泪如血,人断肠。
> 一入万马堂,
> 休想回故乡。

歌声凄恻悲厉,缥缈回荡,又像是某种神秘的经咒,又像是孤魂的夜哭。

白衣人脸色已渐渐变了,突然伸手一推车窗,道:"抱歉。"

两个字还未说完,他的人已掠出窗外,再一闪,就看不见了。

第三章

刀断刃，人断肠

白衣人掠出三丈，足尖点地，一鹤冲天，身子孤烟般冲天拔起。

荒野寂寂，夜色中迷漫着黄沙，哪里看得见半条人影？

只剩下歌声的余韵，仿佛还缥缈在夜风里。

风在呼啸。

白衣人沉声喝道："朋友既然有意寻衅，何不现身一见？"

声音虽低沉，但中气充足，一个字一个字都被传送到远方。

这两句话说完，白衣人又已掠出十余丈，已掠入道旁将枯未枯的荒草中。

风卷着荒草，如浪涛汹涌起伏。

看不见人，也听不见回应。

白衣人冷笑道："好，只要你已到了这里，看你能躲到几时。"

他抬头看了看天色，身子倒蹿，又七八个起落，已回到停车处。

叶开还是懒洋洋地斜倚在车厢里，手敲着车窗，曼声低诵。

"……一入万马堂，刀断刃，人断肠，休想回故乡……"

他半眯着眼睛，面带着微笑，仿佛对这歌曲很欣赏。

白衣人拉开车门跨进车厢，勉强笑道："这也不知是哪个疯子在胡喊乱唱，阁下千万莫要听他的。"

叶开淡淡一笑，道："无论他唱的是真是假，都和我没有半点关系，我听不听都无妨。"

白衣人道："哦？"

叶开拍了拍身子，笑道："你看，我既没有带刀，肠子只怕也早已被酒泡烂了。何况我流浪天涯，四海为家，根本就没有故乡，三老板若真的要将我留在万马堂，我正是求之不得。"

白衣人大笑，道："阁下果然是心胸开朗，非常人能及。"

叶开眨眨眼，微笑道："'烟中飞鹤'云在天的轻功三绝技，岂非也同样无人能及。"

白衣人悚然动容，但瞬即又仰面而笑，道："云某远避江湖十余年，想不到阁下竟一眼认了出来，当真是好眼力！"

叶开悠然说道："我的眼力虽不好，但'推窗望月飞云式''一鹤冲天观云式''八步赶蝉追云式'，这种武林罕见的轻功绝技，倒还是认得出来的。"

云在天勉强笑道："惭愧得很。"

叶开道："这种功夫若还觉得惭愧，在下就真该跳车自尽了。"

云在天目光闪动，道："阁下年纪轻轻，可是非但见识超人，而且江湖中各门各派的武功，阁下似乎都能如数家珍，在下却直到现在，还看不出阁下的一点来历，岂非惭愧得很？"

叶开笑道："我本就是个四海为家的浪子，阁下若能看出我的来历，那才是怪事。"

云在天沉吟着，还想再问，突听车门外"笃、笃、笃"响了三声，竟像是有人在敲门。

云在天动容道："谁？"

没有人回应，但车门外却又"笃、笃、笃"响了三声。

云在天皱了皱眉，突然一伸手，打开了车门。

车门摇荡，道路飞一般向后倒退，外面就算是个纸人也挂不住，哪里有活人？

但却只有活人才会敲门。

云在天沉着脸，冷冷道："见怪不怪，其怪自败，只有最愚蠢的人，才会做这种事。"

他自己想将车门拉起，突然间，一只手从车顶上挂了下来。

一只又黄又瘦的手，手里还拿着个破碗。

一个阴阳怪气的声音，在车顶上道："有没有酒，快给我添上一碗，我已经快渴死了。"

云在天看着这只手，居然又笑了，道："幸好车上还带着有酒，乐先生何不请下来？"

两只又脏又黑的泥脚，穿着双破破烂烂的草鞋，有只草鞋连底都不见了一半，正随着车马的颤动，在摇来摇去。

叶开倒真有点担心，生怕这人会从车顶上跌下来。

谁知人影一闪，这人忽然间已到了车厢里，端端正正地坐在叶开对面，一双眼睛半醉半醒，直勾勾地看着叶开。

叶开当然也在看着他。

他身上穿着件秀才的青衿，非但洗得很干净，而且连一个补丁都没有。

先看到他的手，再看到他的脚，谁也想不到他身上穿的是这么样一件衣服。叶开看着他，只觉得这人实在有趣得很。

这位乐先生忽然瞪起了眼，道："你盯着我看什么？以为我这件衣服是偷来的？"

叶开笑道："若真是偷来的，千万告诉我地方，让我也好去偷一件。"

乐先生瞪着眼道："你已有多久没换过衣服了？"

叶开道："不太久，还不到三个月。"

乐先生皱起了眉，道："难怪这里就像是鲍鱼之肆，臭不可闻也。"

叶开眨眨眼，道："你几天换一次衣服？"

乐先生道："几天换一次衣服？那还得了，我每天至少换两次。"

叶开道："洗澡呢？"

乐先生正色道："洗澡最伤元气，那是万万洗不得的。"

叶开笑了笑，道："你是新瓶装着旧酒，我是旧瓶装着新酒，你我本就有异曲同工之妙，又何必相煎太急。"

乐先生看着他，眼珠子滴溜溜在转，突然跳起来，大声道："妙极妙极，这比喻实在妙极，你一定是个才子，了不起的才子——来，快拿些酒来，我遇见才子若不喝两杯，准得大病一场。"

云在天微笑道："两位也许还不认得，这位就是武当的名宿，也正是江湖中最饱学的名士，乐乐山，乐大先生。"

叶开道："在下叶开。"

乐乐山道："我也不管你是叶开叶闭，只要你是个才子，我就要跟你喝三杯。"

叶开笑道："莫说三杯，三百杯也行。"

乐乐山抚掌道："不错，会须一饮三百杯，莫使金樽空对月。来，酒来。"

云在天已在车座下的暗屉中，取出了个酒坛子，笑道："三老板还在相候，乐先生千万不要在车上就喝醉了。"

乐乐山瞪眼道："管他是三老板、四老板，我敬的不是老板，是才子——来，先干一杯。"

三碗酒下肚，突听"当"的一声，破碗已溜到车厢的角落里。

再看乐乐山，伏在车座上，竟已醉了。

叶开忍不住笑道："此公醉得倒真快。"

云在天笑道："你知不知道此公还有个名字，叫三无先生？"

叶开道："三无先生？"

云在天道："好色而无胆，好酒而无量，好赌而无胜，此所谓三无，所以他就自称三无先生。"

叶开笑道："是真名士自风流，无又何妨？"

云在天微笑道："想不到阁下竟是此公的知音。"

叶开推开车窗，长长吸了口气，忽又问道："我们要什么时候才能到得了万马堂？"

云在天道："早已到了。"

叶开怔了怔，道："现在难道已过去了？"

云在天道："也还没有过去，这里也是万马堂的地界。"

叶开道："万马堂究竟有多大？"

云在天笑了笑，道："虽不太大，但自东至西，就算用快马急驰，自清晨出发，也要到黄昏才走得完全程。"

叶开叹了口气，道："如此说来，三老板难道是要请我们去吃早点的？"

云在天笑道："三老板的迎宾处就在前面不远。"

这时晚风中已隐隐有马嘶之声，自四面八方传了过来。

探首窗外，已可看得见前面一片灯火。

万马堂的迎宾处，显然就在灯火辉煌处。

马车在一道木栅前停下。

用整条杉木围成的栅栏，高达三丈。里面一片屋宇，也看不出有多少间。

一道拱门矗立在夜色中，门内的刁斗旗杆看来更高不可攀。

但杆上的旗帜已降下。

两排白衣壮汉两手垂立在拱门外，四个人抢先过来拉开了车门。

叶开下了车，长长呼吸，纵目四顾，只觉得苍穹宽广，大地辽阔，绝不是局促城市中的人所能想象。

云在天也跟着走过来，微笑道："阁下觉得此间如何？"

叶开叹道："我只觉得，男儿得意当如此，三老板能有今日，也算不负此生了。"

云在天也唏嘘叹道："他的确是个非常人，但能有今日，也不容易。"

叶开点了点头，道："乐先生呢？"

云在天笑道："已玉山颓倒，不复能行了。"

叶开目光闪动，忽又笑道："幸好车上来的客人，还不止我们两个。"

云在天道："哦？"

叶开忽然走过去，拍了拍正在马前低着头擦汗的车夫，微笑道："阁下辛苦了！"

车夫怔了怔，赔笑道："这本是小人分内应当作的事。"

叶开道："其实你本该舒舒服服地坐在车厢里的，又何苦如此？"

车夫怔了半晌，突然摘下头上的斗笠，仰面大笑，道："好，果然是好眼力，佩服佩服。"

叶开道："阁下能在半途停车的那一瞬间，自车底钻出，点住那车夫的穴道，抛入路旁荒草中，再换过他的衣服，身手之快，做事之周到，当真不愧'细若游丝，快如闪电'这八个字。"

这车夫又怔了怔，道："你怎么知道我是谁？"

叶开笑道："江湖中除了飞天蜘蛛外，谁能有这样的身手？"

飞天蜘蛛大笑，随手甩脱了身上的白衣，露出了一身黑色劲装，走过去向云在天长长一揖，道："在下一时游戏，云场主千万恕罪。"

云在天微笑道:"阁下能来,已是赏光,请。"

这时已有人扶着乐乐山下了车。

云在天含笑揖客,当先带路,穿过一片很广大的院子。

前面两扇白木板的大门,本来是关着的,突然"呀"的一声开了。

灯光从屋里照出来,一个人当门而立。

门本来已经很高大,但这人站在门口,却几乎将整个门都挡住。

叶开本不算矮,但也得抬起头,才能看到这人的面目。

这人满脸虬髯,一身白衣,腰里系着一尺宽的牛皮带,皮带上斜插着把银鞘乌柄奇形弯刀,手里还端着杯酒。

酒杯在他手里,看来并不太大,但别的人用两只手也未必能捧得住。

云在天抢先走过去,赔笑道:"三老板呢?"

虬髯巨汉道:"在等着,客人们全来么?"

无论谁第一次听他开口说话,都难免要被吓一跳,他第一个字说出来时,就宛如半天中打下的旱雷,震得人耳朵嗡嗡作响。

云在天道:"客人已来了三位。"

虬髯巨汉浓眉挑起,厉声道:"还有三个呢?"

云在天道:"只怕也快来了。"

虬髯巨汉点点头,道:"我叫公孙断,我是个粗人,三位请进。"

他说话也像是"断"的,上一句和下一句,往往全无关系,根本连不到一起。

门后面是个极大的白木屏风,几乎有两丈多高,上面既没有图画,也没有字,但却洗得干干净净,一尘不染。

叶开他们刚刚走进门,突听一阵马蹄急响,九匹马自夜色中急驰而来。

到了栅栏外，马上人一偏腿，人已下了马鞍，马也停下，非但人马的动作，全部整齐划一，连装束打扮，也完全一模一样。

九个人都是束金冠，紫罗衫，腰悬着长剑，剑鞘上的宝石闪闪生光；只不过其中一个人腰上还束着紫金带，剑穗上悬着龙眼般大的一粒夜明珠。

九个人都是很英俊的少年，这人更是长身玉立，神采飞扬，在另外八个人的蜂拥中，昂然直入，微笑着道："在下来迟一步，抱歉，抱歉。"

他嘴里虽然说抱歉，但满面傲气，无论谁都可以看得出他连半点抱歉的意思都没有。

九个人穿过院子，昂然来到那白木大门口。

公孙断突然大声道："谁是慕容明珠？"

那紫袍金带的贵公子，双眼微微上翻，冷冷道："就是我。"

公孙断厉声道："三老板请的只是你一个人，叫你的跟班退下去。"

慕容明珠脸色变了变，道："他们不能进去？"

公孙断道："不能！"

跟在慕容明珠左右的一个紫衫少年，手握剑柄，似要拔剑。

突见银光一闪，他的剑还未拔出，已被公孙断的弯刀连鞘削断，断成两截。

公孙断的刀又入鞘，说道："谁敢在万马堂拔剑，这柄剑就是他的榜样。"

慕容明珠脸上阵青阵白，突然反手一掌掴在身旁那少年脸上，怒道："谁叫你拔剑，还不给我快滚到外面去。"

这紫衫少年气都不敢吭，垂着头退下。

叶开觉得很好笑。

他认得这少年正是昨天晚上，逼他喝酒的那个人。

这少年好像随时随地都想拔剑，只可惜他的剑总是还未拔出来，就已被人折断。

转过屏风，就是一间大厅。

无论谁第一眼看到这大厅，都难免要吃一惊。

大厅虽然只不过十来丈宽，简直长得令人无法想象。

一个人若要从门口走到另一端去，说不定要走上一两千步。

大厅左边的墙上，画着的是万马奔腾，有的引颈长嘶，有的飞鬃扬蹄，每匹马的神态都不同，每匹马都画得栩栩如生，神骏无比。

另一边粉墙上，只写着三个比人还高的大字，墨渍淋漓，龙飞凤舞："万马堂"。

大厅中央，只摆着张白木长桌，长得简直像街道一样，可以容人在桌上驰马。

桌子两旁，至少有三百张白木椅。

你若未到过万马堂，你永远无法想象世上会有这么长的桌子，这么大的厅堂！

厅堂里既没有精致的摆设，也没有华丽的装饰，但却显得说不出的庄严、肃穆、高贵、博大。

无论谁走到这里，心情都会不由自主地觉得严肃沉重起来。

长桌的尽头处，一张宽大的交椅上，坐着一个白衣人。

究竟是怎么样一个人，谁也看不太清楚，只看见他端端正正地坐在那里。

就算屋子里没有别人的时候，他坐得还是规规矩矩，椅子后虽然有靠背，他腰干还是挺得笔直笔直。

他一个人孤孤单单地坐在那里，距离每个人都那么遥远。

距离红尘中的万事万物，都那么遥远。

叶开虽然看不见他的面貌神情，却已看出他的孤独和寂寞。

他仿佛已将自己完全隔绝红尘外，没有欢乐，没有享受，没有朋友。

难道这就是英雄必须付出的代价？

现在他似在沉思，却也不知是在回忆昔日的艰辛百战？还是在感慨人生的寂寞愁苦？

这么多人走了进来，他竟似完全没有听见，也没有看见。

这就是关东万马堂的主人！

现在他虽已百战成功，却无法战胜内心的冲突和矛盾。

所以他纵然已拥有一切，却还是得不到自己的安宁和平静！

云在天大步走了过去，脚步虽大，却走得很轻，轻轻地走到他身旁，弯下腰，轻轻地说了两句话。

他这才好像突然自梦中惊醒，立刻长身而起，抱拳道："各位请，请坐。"

慕容明珠手抚剑柄，当先走了过去。

公孙断却又一横身，挡住了他的去路。

慕容明珠脸色微变，沉声说道："阁下又有何见教？"

公孙断什么话都不说，只是虎视眈眈盯着他腰悬的剑。

慕容明珠变色道："你莫非要我解下这柄剑？"

公孙断冷然慢慢地点了点头，一字字道："没有人能带剑入万马堂！"

慕容明珠脸上阵青阵白，汗珠已开始一粒粒从他苍白挺直的鼻梁上冒出来，握着剑的手，青筋已一根根暴起。

公孙断还是冷冷地站在那里，冷冷地看着他，就像是一座山。

慕容明珠的手却已开始颤抖，似乎也已忍不住要拔剑。

就在这时，忽然有只干燥稳定的手伸过来，轻轻按住了他的手。

慕容明珠霍然转身，就看到了叶开那仿佛永远带着微笑的脸。

叶开微笑着，悠然道："阁下难道一定要在手里握着剑的时候，才有胆量入万马堂？"

"当"的一响，剑已在桌上。

一盏天灯，慢慢地升起，升起在十丈高的旗杆上。

雪白的灯笼上，五个鲜红的大字："关东万马堂"。

紫衫少年们斜倚着栅栏，昂起头，看着这盏灯笼升起。

有的人已忍不住冷笑："关东万马堂，哼，好大的气派！"

只听一人淡淡道："这不是气派，只不过是种讯号而已。"

旗杆下本来没有人的，这人也不知在什么时候，忽然已站在旗杆下，一身白衣如雪。

他说话的声音很慢，态度安详而沉稳。

他身上并没有佩剑。

但他却是江湖中最负盛名的几位剑客之一，"一剑飞花"花满天。

紫衫少年倒显然并不知道他是谁，又有人问道："讯号，什么讯号？"

花满天缓缓道："这盏灯只不过要告诉过路的江湖豪杰，万马堂内，此刻正有要事相商，除了万马堂主请的客人之外，别的人无论有什么事，最好都等到明天再来。"

忽然又有人冷笑："若有人一定要在今天晚上来呢？"

花满天静静地看着他，突然一伸手，拔出了腰悬的剑。

他们的距离本来很远，但花满天一伸手，就已拔出了他的剑，随手一抖，一柄百炼精钢的长剑忽然间就已断成了七八截。

这少年眼睛发直，再也说不出话来。

花满天将剩下的一小截剑，又轻轻插回他剑鞘里，淡淡道："外面风沙很大，那边偏厅中备有酒菜，各位何不过去小饮两杯？"

他不等别人说话，已慢慢地转身走了回去。

紫衫少年们面面相觑，每个人的手都紧紧握着剑柄，却已没有一个人还敢拔出来。

就在这时，他们忽然又听到身后有人缓缓说道："剑不是作装饰用的。不懂得用剑的人，还是不要佩剑的好。"

这是句很尖刻的话，但他却说得很诚恳。

因为他并不是想找麻烦，只不过是在向这些少年良言相劝而已。

紫衫少年们的脸色全变了，转过身，已看到他从黑暗中慢慢地走过来。

他走得很慢，左脚先迈出一步后，右脚也跟着慢慢地从地上拖过去。

大家忽然一起转过头去看那第一个断剑的少年，也不知是谁问道："你昨天晚上遇见的，就是这个跛子？"

这少年脸色铁青，咬着牙，瞪着傅红雪，忽然道："你这把刀是不是装饰品？"

傅红雪道："不是。"

少年冷笑道："如此说来，你懂得用刀？"

傅红雪垂下眼，看着自己握刀的手。

少年道："你若懂得用刀，为什么不使出来给我们看看？"

傅红雪道："刀也不是看的。"

少年道："不是看的，难道是杀人的？就凭你难道能杀人？"

他突然大笑，接着道："你若真有胆子就把我杀了，就算你真有本事。"

紫衫少年一起大笑，又有人笑道："你若没这个胆子，也休想从大门里走进，就请你从这栏杆下面爬进去。"

他们手挽着手，竟真的将大门挡住。

傅红雪还是垂着头，看着自己握刀的手，过了很久，竟真的弯下腰，慢慢地钻入了大门旁的栏杆。

紫衫少年们放声狂笑，似已将刚才断剑之耻，忘得干干净净。

他们的笑声，傅红雪好像根本没有听见。

他脸上还是全无表情，慢慢地钻过栅栏，拖着沉重的脚步，一步步往前走。

他身上的衣服不知何时又已湿透。

紫衫少年的笑声突然一起停顿——也不知是谁，首先看到了地上的脚印，然后就没有人还能笑得出。

因为大家都已发现，他每走一步，地上就留下一个很深的脚印。

就像是刀刻出来一般的脚印。

他显然已用尽了全身每一分力气，才能克制住自己心中的激动和愤怒。

他本不是个能忍受侮辱的人，但为了某种原因，却不得不忍受。

他为的是什么？

花满天远远地站在屋檐下，脸上的表情很奇特，仿佛有些惊奇，又仿佛有些恐惧。

一个人若看到有只饿狼走入了自己的家，脸上就正是这种表情。

他现在看着的，是傅红雪！

剑在桌上。

每个人都已坐了下来，坐在长桌的尽端，万马堂主的两旁。

万马堂主还是端端正正，笔直笔直地坐着，一双手平摆在桌上。

其实这双手已不能算是一双手，他左手已只剩下一根拇指。

其余的手指已连一点痕迹都不存在——那一刀几乎连他的掌心都一起断去。

但他还是将这双手摆在桌上，并没有藏起来。

因为这并不是羞耻，而是光荣。

这正是他身经百战的光荣痕迹！

他脸上每一条皱纹，也仿佛都在刻画着他这一生所经历的危险和艰苦，仿佛正在告诉别人，无论什么事都休想将他击倒！

甚至连令他弯腰都休想！

但他的一双眸子，却是平和的，并没有带着逼人的锋芒。

是不是因为那一长串艰苦的岁月，已将他的锋芒消磨？

还是因为他早已学会，在人面前将锋芒藏起？

现在，他正凝视着叶开。

他目光在每个人面前都停留了很久，最后才凝视着叶开。

他用眼睛的时候，远比用舌头的时候多。

因为他也懂得，多看可以使人增加智慧，多说却只能使人增加灾祸。

叶开微笑着。

万马堂主忽然也笑了笑，道："阁下身上从来不带刀剑？"

叶开道："因为我不需要。"

万马堂主慢慢地点了点头，道："不错，真正的勇气，并不是从刀剑上得来的！"

慕容明珠突然冷笑，道："一个人若不带刀剑，也并不能证明他就有勇气！"

万马堂主又笑了笑，淡淡道："勇气这种东西很奇怪，你非但看不到，感觉不到，也根本没有法子证明的，所以……"

他目光凝注着叶开，慢慢接道："一个真正有勇气的人，有时在别人眼中看来，反而像是个懦夫。"

叶开抚掌道："有道理……我就认得这么样的一个人。"

万马堂主立刻追问，道："这人是谁？"

叶开没有回答，只是微笑着，看着刚从屏风后走出来的一个人。

他笑得很神秘，很奇特。

万马堂主顺着他的目光看过去，就也立刻看到了傅红雪。

傅红雪的脸色在灯光下看来更苍白，苍白得几乎已接近透明。

但他的眸子却是漆黑的，就像是这无边无际的夜色一样，也不知隐藏着多少危险、多少秘密。

刀鞘也是漆黑的，没有雕纹，没有装饰。

他紧紧地握着这柄刀，慢慢地转过屏风，鼻尖上的汗珠还没有干透，就看到了大山般阻拦在他面前的公孙断。

公孙断正虎视眈眈，盯着他手里的刀。

傅红雪也在看着自己手里的刀，除了这柄刀外，他仿佛从未向任何人、任何东西多看一眼。

公孙断沉声道："没有人能带剑入万马堂，也没有人能带刀！"

傅红雪沉默着，沉默了很久，才缓缓道："从没有人？"

公孙断道："没有。"

傅红雪慢慢地点了点头，目光已从他自己手里的刀，移向公孙断腰带上斜插着的那柄弯刀，淡淡道："你呢？你不是人？"

公孙断脸色变了。

慕容明珠忽然大笑，仰面笑道："好，问得好！"

公孙断手握着金杯，杯中酒渐渐溢出，流在他黝黑坚硬如钢的手掌上。金杯已被他铁掌捏扁。

突然间，金杯飞起，银光一闪。

扭曲变形的金杯，"叮、叮、叮"落在脚下，酒杯被这一刀削成三截。弯刀仍如亮银般闪着光。

慕容明珠的大笑似也被这一刀砍断。偌大的厅堂中，死寂无声。

公孙断铁掌轻抚着刀锋，虎视眈眈，盯着傅红雪，一字字道："你若有这样的刀，也可带进来。"

傅红雪道："我没有。"

公孙断冷笑道："你这柄是什么刀？"

傅红雪道："不知道——我只知道，这柄刀不是用来砍酒杯的。"

他要抬起头，才能看见公孙断那粗糙坚毅，如岩石雕成的脸。

现在他已抬起头，看了一眼，只看了一眼，就转过身，目光中充满了轻蔑与不屑，左脚先迈出一步，右脚跟着慢慢地拖过去。

公孙断突然大喝："你要走？"

傅红雪头也不回，淡淡道，"我也不是来看人砍酒杯的。"

公孙断厉声道："你既然来了，就得留下你的刀；要走，也得留下刀来才能走！"

傅红雪停下脚步，还未干透的衣衫下，突然有一条条肌肉凸起。

过了很久，他才慢慢地问道："这话是谁说的？"

公孙断道："我这柄刀！"

傅红雪道："我这柄刀说的却不一样。"

公孙断衣衫的肌肉也已绷紧，厉声道："它说的是什么？"

傅红雪一字字道："有刀就有人，有人就有刀。"

公孙断道："我若一定要留下你的刀又如何？"

傅红雪道:"刀在这里,人也在这里!"

公孙断喝道:"好,很好!"

喝声中,刀光又已如银虹般飞出,急削傅红雪握刀的手。

傅红雪的人未转身,刀未出鞘,手也没有动。

眼见这一刀已将削断他的手腕,突听一人大喝:"住手!"

刀光立刻硬生生顿住,刀锋距离傅红雪的手腕已不及五寸。他的手仍然稳如磐石,纹风不动。

公孙断盯着他的这双手,额上一粒粒汗珠沁出,如黄豆般滚落。

他的刀挥出时,世上只有一个人能叫他住手。

第四章

与刀共存亡

这一刀总算没有砍下去!

又有谁知道这一刀砍下后,会有什么样的结果?

叶开长长吐出口气,脸上又露出了微笑,微笑着看着万马堂主。

马空群也微笑道:"好,果然有勇气,有胆量。这位可就是花场主三请不来的傅公子?"

叶开抢着道:"就是他。"

马空群道:"傅公子既然来了,总算赏光,请,请坐。"

公孙断霍然回首,目光炯炯,瞪着马空群,嘎声道:"他的刀……"

马空群目中带着深思之色,淡淡笑道:"现在我只看得见他的人,已看不见他的刀。"

话中含义深刻,也不知是说,他人的光芒,已掩盖过他的刀,还是在说,真正危险的是他的人,并不是他的刀。只是,他接着忖道:这柄漆黑的刀,似乎与多年前那柄……

公孙断牙关紧咬,全身肌肉一根根跳动不歇,突然跺了跺脚,"锵"地,弯刀已入鞘。

又过了很久,傅红雪才拖着沉重的脚步走进来,远远坐下。他手里还是紧紧握着他的刀。

他的手就摆在慕容明珠那柄装饰华美、缀满珠玉的长剑旁。漆黑的刀鞘，似已令明珠失色。

慕容明珠的人也已失色，脸上阵青阵白，突然长身而起。

云在天目光闪动，本就在留意着他，带着笑道："阁下……"

慕容明珠不等他说话，抢着道："既有人能带刀入万马堂，我为何不能带剑？"

云在天道："当然可以，只不过……"

慕容明珠道："只不过怎么？"

云在天淡淡一笑，道："只不过不知道阁下是否也有剑在人在、剑亡人亡的勇气？"

慕容明珠又怔住，目光慢慢从他面上冷漠的微笑，移向公孙断青筋凸起的铁掌，只觉得自己的身子已逐渐僵硬。

乐乐山一直伏在桌上，似已沉醉不醒，此刻突然一拍桌子，大笑道："好，问得好……"

慕容明珠身形一闪，突然一个箭步蹿出，伸手去抓桌上的剑。

只听"哗啦啦"的一阵响，又有七柄剑被人抛在桌上。

七柄装饰同样华美的剑，剑鞘上七颗同样的宝石在灯下闪闪生光。

慕容明珠的手在半空中停顿，手指也已僵硬。

花满天不知何时已走了进来。面上全无表情，静静地看着他，淡淡道："阁下若定要佩剑在身，就不如将这七柄剑一起佩在身上。"

乐乐山突又大笑道："关东万马堂果然是藏龙卧虎之地，看来今天晚上，只怕有人是来得走不得了！"

马空群双手摆在桌上，静静地坐在那里，还是坐得端端正正，笔笔直直。

这地方无论发生了什么事，他好像永远都是置身事外的。

他甚至连看都没有去看慕容明珠一眼。

慕容明珠的脸已全无血色，盯着桌上的剑，过了很久，才勉强问了句："他们的人呢？"

花满天道："人还在。"

云在天又笑了笑，悠然道："世上能有与剑共存亡这种勇气的人，好像还不太多。"

乐乐山笑道："所以聪明人都是既不带刀，也不带剑的。"

他的人还是伏在桌上，也不知是醉是醒，又伸出手在桌上摸索着，喃喃道："酒呢？这地方为什么总是只能找得着刀剑，从来也找不着酒的？"

马空群终于大笑，道："好，问得好，今日相请各位，本就是为了要和各位同谋一醉的——还不快摆酒上来？"

乐乐山抬起头，醉眼惺忪，看着他，道："是不是不醉无归？"

马空群道："正是。"

乐乐山道："若是醉了呢？能不能归去？"

马空群道："当然。"

乐乐山叹了口气，头又伏在桌上，喃喃道："这样子我就放心了……酒呢？"

酒已摆上。

金樽，巨觥，酒色翠绿。

慕容明珠的脸也像是已变成翠绿色的，也不知是该坐下，还是该走出去。

叶开突地一拍桌子，道："如此美酒，如此畅聚，岂可无歌乐助兴？久闻慕容公子文武双全，妙解音律，不知是否可为我等高歌一曲？"

慕容明珠终于转过目光，凝视着他。

有些人的微笑永远都不会怀有恶意的，叶开正是这种人。

慕容明珠看了他很久，突然长长吐出口气，道："好！"

他取起桌上巨觥，一饮而尽，竟真的以箸击杯，曼声而歌：

"天皇皇，地皇皇。眼流血，月无光。一入万马堂，刀断刃，人断肠。"

云在天脸色又变了。

公孙断霍然转身，怒目相视，铁掌又已按上刀柄。

只有马空群还是不动声色，脸上甚至还带着种很欣赏的表情。

慕容明珠已又饮尽一觥，仿佛想以酒壮胆，大声道："这一曲俚词，不知各位可曾听过？"

叶开抢着道："我听过！"

慕容明珠目光闪动，道："阁下听了之后，有何意见？"

叶开笑道："我只觉得这其中有一句妙得很。"

慕容明珠道："只有一句？"

叶开道："不错，只有一句。"

慕容明珠道："哪一句？"

叶开闭起眼睛，曼声而吟："刀断刃，人断肠……刀断刃，人断肠……"

他反复低诵了两遍，忽又张开眼，眼角瞟着马空群，微笑着道："却不知堂主是否也听出了这其中妙在哪里？"

马空群淡淡道："愿闻高见。"

叶开道："刀断刃，人断肠——为何不说是剑断刃，偏偏要说刀断刃呢？"

他目光闪动，看了看慕容明珠，又看了看傅红雪，最后又盯在马空群脸上。

傅红雪静静地坐在那里，静静地凝视着手里的刀，瞳孔似在收缩。

慕容明珠的眼睛里却发出了光，不知不觉中已坐下去，嘴角渐渐露出一丝奇特的笑意。

等他目光接触到叶开时，目中就立刻充满了感激。

飞天蜘蛛想必也不是个多嘴的人，所以才能一直用他的眼睛。

此刻他已下了决心，一定要交叶开这朋友。

"做他的朋友似乎要比做他的对头愉快得多，也容易得多。"

看出了这一点，飞天蜘蛛就立刻也将面前的一觥酒喝了下去，皱着眉道："是呀，为什么一定要刀断刃呢，这其中的玄妙究竟在哪里？"

花满天沉着脸，冷冷道："这其中的玄妙，只有唱出这首歌来的人才知道，各位本该去问他才是。"

叶开微笑着点了点头，道："有道理，在下好像是问错了人……"

马空群突然笑了笑，道："阁下并没有问错。"

叶开目光闪动，道："堂主莫非也……"

马空群打断了他的话，沉声道："关东刀马，天下无双。这句话不知各位可曾听说过？"

叶开道："关东刀马？……莫非这刀和马之间，本来就有些关系？"

马空群道："不但有关系，而且关系极深。"

叶开道："噢！"

马空群道："二十年前，武林中只知有神刀堂，不知有万马堂。"

叶开道："但二十年后，武林中却已只知有万马堂，不知有神刀堂。"

马空群脸上笑容已消失不见，又沉默了很久，才长长叹息了一声，一字字缓缓道："那只因神刀堂的人，已在十九年前死得干干净净！"

他脸色虽然还是很平静，但脸上每一条皱纹里，仿佛都隐藏着一种深沉的杀机，令人不寒而栗。

无论谁只要看了他一眼，都绝不敢再看第二眼。

但叶开却还是盯着他，追问道："却不知神刀堂的人，又是如何死的？"

马空群道："死在刀下！"

乐乐山突又一拍桌子，喃喃说道："善泳者溺于水，神刀手死在别人的刀下，古人说的话，果然有道理，有道理……酒呢？"

马空群凝视着自己那只被人一刀削去四指的手，等他说完了，才一字字接着道："神刀堂的每个人，都是万马堂的兄弟，每个人都被人一刀砍断了头颅，死在冰天雪地里，这一笔血债，十九年来万马堂中的弟兄未曾有一日忘却！"

他霍然抬起头，目光刀一般逼视着叶开，沉声道："阁下如今总该明白，为何一定要刀断刃了吧？"

叶开并没有回避他的目光，神色还是很坦然，沉吟着，又问道："十九年来，堂主难道还没有查出真凶是谁？"

马空群道："没有。"

叶开道："堂主这只手……"

马空群道："也是被那同样的一柄刀削断的。"

叶开道："堂主认出了那柄刀，却认不出那人的面目？"

马空群道："刀无法用黑巾蒙住脸。"

叶开又笑了，道："不错，刀若以黑巾蒙住，就无法杀人了。"

傅红雪目光还是凝视着自己手里的刀，突然冷冷道："刀若在鞘中呢？"

叶开道:"刀在鞘中,当然也无法杀人。"

傅红雪道:"刀在鞘中,是不是怕人认出来?"

叶开道:"我不知道……我只知道这一件事。"

傅红雪在听着。

叶开笑了笑,道:"我知道我若跟十九年前那血案有一点牵连,就绝不会带刀入万马堂来。"

他微笑着,接着道:"除非我是个白痴,否则我宁可带枪带剑,也绝不会带刀的。"

傅红雪慢慢地转过头,目光终于从刀上移向叶开的脸,眼睛里带着种很奇怪的表情。

这是他第一次看人看得这么久——说不定也是最郑重的一次!

慕容明珠目中已有了酒意,突然大声道:"幸亏这已是十九年前的旧案,无论是带刀来也好,带剑来也好,都已无妨。"

花满天冷冷道:"那倒未必。"

慕容明珠道:"在座的人,除了乐大先生外,十九年前,只不过是个孩子,哪有杀人的本事呢?"

花满天忽然改变话题,问道:"不知阁下是否已成了亲?"

慕容明珠显然还猜不透他问这句话的用意,只好点了点头。

花满天道:"有没有儿女?"

慕容明珠道:"一儿一女。"

花满天道:"阁下若是和人有仇,等阁下老迈无力时,谁会去替阁下复仇?"

慕容明珠道:"当然是我的儿子。"

花满天笑了笑,不再问下去。

他已不必再问下去。

慕容明珠怔了半晌,勉强笑道:"阁下难道怀疑我们其中有人是那些凶手的后代？"

花满天拒绝回答这句话——拒绝回答通常也是种回答。

慕容明珠涨红了脸，道："如此说来，堂主今日请我们来，莫非还有什么特别的用意？"

马空群的回答很干脆："有！"

慕容明珠道："请教！"

马空群缓缓道："既有人家，必有鸡犬。各位一路前来，可曾听到鸡啼犬吠之声？"

慕容明珠道："没有。"

马空群道："各位可知道这是为了什么？"

慕容明珠道："也许这地方没有人养鸡养狗。"

马空群道："边城马场之中，怎么会没有牧犬和猎狗？"

慕容明珠道："有？"

马空群道："单只花场主一人，就养了十八条来自藏边的猛犬。"

慕容明珠用眼角瞧着花满天，冷冷道："也许花场主养的狗都不会叫——咬人的狗本就不叫的。"

花满天沉着脸道："世上绝没有不叫的狗。"

乐乐山忽又抬起头，笑了笑道："只有一种狗是绝不叫的。"

花满天道："死狗？"

乐乐山大笑，道："不错，死狗，只有死狗才不叫，也只有死人才不说话……"

花满天皱了皱眉，道："喝醉了的人呢？"

乐乐山笑道："喝醉了的人不但话特别多，而且还专门说讨厌话。"

花满天冷冷道："这倒也是真话。"

乐乐山又大笑，道："真话岂非本就总是令人讨厌的……酒，酒呢？"

他笑声突然中断，人已又倒在桌上。

花满天皱着眉，满脸俱是厌恶之色。

云在天忽然抢着道："万马堂中，本有公犬二十一条，母犬十七条，共计三十八条；饲鸡三百九十三只，平均每日产卵三百枚，每日食用肉鸡约四十只，还不在此数。"

此时此刻，他居然好像账房里的管事一样，报起流水账来了。

叶开微笑道："却不知公鸡有几只？母鸡有几只？若是阴盛阳衰，相差太多，场主就该让公鸡多多进补才是，也免得影响母鸡下蛋。"

云在天也笑了笑，道："阁下果然是个好心人，只可惜现在已用不着了。"

叶开道："为什么？"

云在天忽然也沉下了脸，一字字道："此间的三十八条猛犬，三百九十三只鸡，都已在一夜之间，死得干干净净。"

叶开皱了皱眉，道："是怎么死的？"

云在天脸色更沉重，道："被人一刀砍断了脖子，身首异处而死。"

慕容明珠突又笑道："场主若是想找出那杀鸡屠狗的凶手，我倒有条线索。"

云在天道："哦？"

慕容明珠道："那凶手想必是个厨子，若叫我一口气连杀这么多只鸡，我倒还没有那样的本事。"

云在天沉着脸，道："不是厨子。"

慕容明珠忍住笑道："怎见得？"

云在天沉声道："此人一口气杀死了四百多头鸡犬，竟没有人听到丝毫动静，这是多么快的刀法！"

叶开点了点头，大声道："端的是一把快刀！"

云在天道："像这么快的刀，莫说杀鸡屠狗，要杀人岂非也方便得很。"

叶开微笑道："那就得看他要杀的人是谁了。"

云在天目光却已盯在傅红雪身上，道："阁下这柄刀，不知是否能够一口气砍断四百多头鸡犬的头颅？"

傅红雪脸上还是全无表情，冷冷道："杀鸡屠狗，不必用这柄刀。"

云在天忽然一拍手，道："这就对了。"

叶开道："什么事对了？"

云在天道："身怀如此刀法，如此利器的人，又怎会在黑夜之间，特地来杀鸡屠狗？"

叶开笑道："这人若不是有毛病，想必就是闲得太无聊。"

云在天目光闪动，道："各位难道还看不出，他这样做的用意何在？"

叶开道："看不出。"

云在天道："各位就算看不出，但有句话想必也该听说过的。"

慕容明珠接着问道："什么话？"

云在天目中似乎突然露出一丝恐惧之色，一字字缓缓道："鸡犬不留！"

慕容明珠悚然动容，失声道："鸡犬不留？……为什么要鸡犬不留？"

云在天冷冷道："若不赶尽杀绝，又怎么能永绝后患？"

慕容明珠道："为什么要赶尽杀绝？难道……难道十九年前杀尽神刀门下的那批凶手，今日又到万马堂来了？"

云在天道："想必就是他们。"

他虽然在勉强控制自己，但脸色也已发青，说完了这句话，立刻举杯一饮而尽，才慢慢地接着道："除了他们之外，绝不会有别人！"

　　慕容明珠道："怎见得？"

　　云在天道："若不是他们，为何要先杀鸡犬，再来杀人？这岂非打草惊蛇？"

　　慕容明珠道："他们又为何要这样做？"

　　云在天紧握双拳，额上也已沁出汗珠，咬着牙道："只因他们不愿叫我们死得太快，死得太容易！"

　　夜色中隐隐传来马嘶，更衬得万马堂中静寂如死。

　　秋风悲号，天地间似也充满了阴森肃杀之意。

　　边城的秋夜，本就时常令人从心里一直冷到脚跟。

　　傅红雪还是一直凝视着手里的刀，叶开却在观察着每个人。

　　公孙断不知何时，又开始不停地一大口、一大口喝着酒。

　　花满天已站起来，背负着双手，在万马奔腾的壁画下踱来踱去，脚步沉重得就像是抱着条几百斤重的铁链子。

　　飞天蜘蛛脸色发白，仰着脸，看着屋顶出神，也不知想着什么？

　　慕容明珠刚喝下去的酒，就似已化为冷汗流出——这件十九年前的旧案，若是真的和他完全无关，他为什么要如此恐惧？

　　马空群虽然还是不动声色，还是端端正正、笔笔直直地坐在那里，就仿佛还是完全置身事外。

　　可是他的一双手，却已赫然按入了桌面，竟已嵌在桌面里。

　　"一醉解千愁，还是醉了的人好。"

　　但乐乐山是真的醉了么？

　　叶开嘴角露出了微笑，他忽然发觉，唯一真正没有改变的人，就是他自己。

烛泪已残，风从屏风外吹进来，吹得满堂烛火不停地闪动，照着每个人的脸阵青阵白阵红，看来就好像每个人心里都不怀好意。

过了很久，慕容明珠才勉强笑了笑，道："我还有件事不懂。"

云在天道："哦？"

慕容明珠道："他们已杀尽了神刀堂的人，本该是你们找他们复仇才对，他们为什么反而会先找上门来了？"

云在天沉声道："神刀、万马，本出一门，患难同当，恩仇相共。"

慕容明珠道："你的意思是说，他们和万马堂也有仇？"

云在天道："而且必定是不解之仇！"

慕容明珠道："那么他们又为何等到十九年后，才来找你们？"

云在天目光似乎在眺望着远方，缓缓道："十九年前的那一战，他们虽然将神刀门下斩尽杀绝，但自己的伤损也很重。"

慕容明珠道："你是说，那时他们已无力再来找你们？"

云在天冷冷道："万马堂崛起关东，迄今已三十年，还没有人敢轻犯万马堂中的一草一木。"

慕容明珠道："就算那时他们要休养生息，也不必要等十九年。"

云在天目光忽然刀一般盯在他脸上，一字字道："那也许只因为他们本身已伤残老弱，所以要等到下一代成长后，才敢来复仇！"

慕容明珠悚然动容道："阁下难道真的对我们有怀疑之意？"

云在天沉声道："十九年前的血债犹新，今日的新仇又生，万马堂上上下下数百弟兄，性命都已系于这一战，在下等是不是要分外小心？"

慕容明珠亢声道："但我们只不过是昨夜才刚到这里的……"

叶开忽又笑了笑，道："就因为我们是昨夜刚到的陌生人，所以嫌疑才最重。"

慕容明珠道:"为什么?"

叶开道:"因为这件事也是昨夜才发生的。"

慕容明珠道:"难道我们一到这里,就已动手,难道就不可能是已来了七八天的人?"

叶开缓缓道:"十九年的旧恨,本就连片刻都等不得,又何况七八天?"

慕容明珠擦了擦额上的汗珠,喃喃道:"这道理不通,简直不通。"

叶开笑道:"通也好,不通也好,我们总该感激才是。"

慕容明珠道:"感激?"

叶开举起金杯,微笑道:"若不是我们的嫌疑最重,今日又怎能尝到万马堂窖藏多年的美酒!"

乐乐山突又一拍桌子,大笑道:"好,说得好,一个人只要能凡事想开些,做人就愉快得多了……酒,酒呢……"

这次他总算摸着了酒杯,立刻仰起脖子一饮而尽。

慕容明珠冷冷道:"这酒阁下居然还能喝得下去,倒也不容易。"

乐乐山瞪眼道:"只要我没做亏心事,管他将我当作杀鸡的凶手也好,杀狗的凶手也好,都跟我一点关系也没有,这酒我为什么喝不下去?……酒呢?还有酒没有?"

酒来的时候,他的人却又已倒在桌上,一瞬间又已鼾声大作。

花满天用眼角瞅着他,像是恨不得一把将这人从座上揪起来,掷出门外去。

对别的人、别的事,花满天都很能忍耐,很沉得住气。

否则他又怎会在风沙中站上一夜?

但只要一看见乐乐山,他火气好像立刻就来了,冷漠的脸上也忍不住要露出憎恶之色。

叶开觉得很有趣。

无论什么事,只要有一点点特别的地方,他都绝不会错过的,而且一定会觉得很有趣。

他在观察别人的时候,马空群也正在观察着他,显然也觉得他很有趣。

也不知是有意?还是无意?两人目光突然相遇,就宛如刀锋相接,两个人的眼睛里,都似已迸出了火花。

马空群勉强笑了笑,仿佛要说什么。

但这时慕容明珠突又冷笑道:"现在我总算完全明白了。"

云在天道:"明白了什么?"

慕容明珠道:"三老板想必认为我们这五个人中,有一人是特地来寻仇报复的,今日将我们找到这里来,为的就是要找出这人是谁!"

马空群淡淡道:"能找得出么?"

慕容明珠道:"找不出,这人脸上既没有挂着招牌,若要他自己承认,只怕也困难得很!"

马空群微笑道:"既然找不出,在下又何必多此一举?"

叶开立刻也笑道:"多此一举的事,三老板想必是不会做的。"

马空群道:"还是叶兄明见。"

慕容明珠抢着道:"今夜这一会,用意究竟何在?三老板是否还有何吩咐?抑或真的只不过是请我们大吃大喝一顿的?"

词锋咄咄逼人,这一呼百诺的贵公子,三杯酒下肚,就似已完全忘记了刚才的解剑之耻。

富贵人家的子弟,岂非本就大多是胸无城府的人?

但这一点叶开好像也觉得很有趣,好像也在慕容明珠身上,发现了一些特别之处了。

马空群沉吟着,忽然长身而起,笑道:"今夜已夜深,回城路途遥远，在下已为各位准备了客房，但请委屈一宵，有话明天再说也不迟。"

叶开立刻打了个呵欠，道："不错，有话明天再说也不迟。"

飞天蜘蛛笑道："叶兄倒真是个很随和的人。只可惜世上并不是人人都像叶兄这样随和的。"

马空群目光炯炯，道："阁下呢？"

飞天蜘蛛叹了口气，苦笑道："像我这样的人，想不随和也不行。"

慕容明珠眼睛盯着桌上的八柄剑，道："何况这里至少总比镇上的客栈舒服多了。"

马空群道："傅公子……"

傅红雪淡淡道："只要能容我这柄刀留下，我的人也可留下。"

乐乐山忽然大声道："不行，我不能留下。"

花满天立刻沉下了脸，道："为什么不能留下？"

乐乐山道："那小子若是半夜里来，杀错了人，一刀砍下我的脑袋来，我死得岂非冤枉？"

花满天变色道："阁下是不是一定要走？"

乐乐山醉眼乜斜，突又笑了笑，道："但这里明天若还有好酒可喝，我就算真的被人砍下了脑袋，也认命了。"

每个人都站了起来，没有人坚持要走。

每个人都已感觉到，这一夜虽然不能很平静度过，但还是比走的好。

一个人黑夜走在这荒原上，岂非任何事都可能发生的？

只有公孙断，却还是大马金刀坐在那里，一大口、一大口地喝着酒……

风沙已轻了,日色却更遥远。

万籁无声,只有草原上偶尔随风传来的一两声马嘶,听来却有几分像是异乡孤鬼的夜啼。

一盏天灯,孤零零地悬挂在天末,也衬得这一片荒原更凄凉萧索。

边城的夜月,异乡的游子,本就是同样寂寞的。

第五章

边城之夜

挑着灯在前面带路的,是云在天。

傅红雪拖着沉重的脚步,慢慢地跟在最后——有些人好像永远都不愿让别人留在他背后。

叶开却故意放慢了脚步,走在他身旁。

傅红雪沉重的脚步走在砂石上,就仿佛是刀锋在刮着骨头一样。

叶开忽然笑道:"我实在想不到你居然也肯留下来。"

傅红雪道:"哦?"

叶开道:"马空群今夜请我们来,也许就是为了要看看,有没有人不肯留下来。"

傅红雪道:"你不是马空群。"

叶开笑道:"我若是他,也会同样做的。无论谁若想将别人的满门斩尽杀绝,只怕都不愿再留在那人家里的。"

他想了想,又补充着道:"纵然肯留下来,也必定会有些和别人不同的举动,甚至说不定还会做出些很特别的事。"

傅红雪道:"若是你,你也会做?"

叶开笑了笑,忽然转变话题,道:"你知不知道他心里最怀疑的人是谁?"

傅红雪道:"是谁?"

叶开道:"就是我跟你。"

傅红雪突然停下脚步,凝视着叶开,一字字道:"究竟是不是你?"

叶开也停下脚步,转身看着他,缓缓道:"这句话本是我想问你的,究竟是不是你?"

两人静静地站在夜色中,你看着我,我看着你,忽然同时笑了。

叶开笑道:"这好像是我第一次看到你笑。"

傅红雪道:"说不定也是最后一次!"

花满天忽然出现在黑暗中,眼睛里发着光,看着他们,微笑道:"两位为什么如此发笑?"

叶开道:"为了一样并不好笑的事。"

傅红雪道:"一点也不好笑。"

公孙断还在一大口、一大口地喝着酒。

马空群看着他喝,过了很久,才叹息了一声,道:"我知道你是想喝得大醉,但喝醉了并不能解决任何事。"

公孙断突然用力一拍桌子,大声道:"不醉又如何?还不是一样要受别人的鸟气!"

马空群道:"那不是受气,那是忍耐,无论谁有时都必须忍耐些的。"

公孙断的手掌又握紧,杯中酒又慢慢溢出,他盯着又已被他捏扁了的金杯,冷笑道:"忍耐,三十年来我跟你出生入死,身经大小一百七十战,流的血已足够淹得死人,现在你却叫我忍耐——却叫我受一个小跛子的鸟气。"

马空群神色还是很平静,叹息着道:"我知道你受的委屈,我也……"

公孙断突然大声打断了他的话,道:"你不必说了,我也明白你的意思,现在你已有了身家,有了儿女,做事已不能像以前那样鲁莽。"

他又一拍桌子,冷笑着道:"我只不过是万马堂中的一个小伙计,就算为三老板受些气,也是天经地义的事。"

马空群凝视着他,目中并没有激恼之色,却带着些伤感。

过了很久,他才缓缓道:"谁是老板?谁是伙计?这天下本是我们并肩打出来的,就算亲生的骨肉也没有我们亲密。这地方所有的一切,你都有一半,你无论要什么,随时都可拿走——就算你要我的女儿,我也可以立刻给你。"

他话声虽平淡,但其中所蕴藏的那种情感,却足以令铁石人流泪。

公孙断垂下头,热泪已忍不住要夺眶而出。

幸好这时花满天和云在天已回来了。

在他们面前,马空群的态度更沉静,沉声道:"他们是不是全都留了下来?"

云在天道:"是。"

马空群目中的伤感之色也已消失,变得冷静而尖锐,沉吟着道:"乐乐山、慕容明珠和那飞贼留下来,我都不意外。"

云在天道:"你认为他们三个人没有嫌疑?"

马空群道:"只是嫌疑轻些。"

花满天道:"那倒未必。"

马空群道:"未必?"

花满天道:"慕容明珠并不是个简单的人,他那种样子是装出来的,以他的身份,受了那么多鸟气之后,绝不可能还有脸指手画脚、胡说八道。"

马空群点了点头,道:"我也看出他此行必有图谋,但目的却绝不在万马堂。"

花满天道:"乐乐山呢?这假名士无论走到哪里,都喜欢以前辈自居,为什么要不远千里,辛辛苦苦地赶到这边荒之地来?"

马空群道:"也许他是在逃避仇家的追踪。"

花满天冷笑道:"武当派人多势众,一向只有别人躲着他们,他们几时躲过别人?"

马空群忽又叹息了一声,道:"二十三年前,武当山下的那一剑之辱,你至今还未忘却?"

花满天脸色变了变,道:"我忘不了。"

马空群道:"但伤你的武当剑客回云子,岂非已死在你剑下?"

花满天恨恨地道:"只可惜武当门下还没有死尽死绝。"

马空群凝视着他,叹道:"你头脑冷静,目光敏锐,遇事之机变更无人能及,只可惜心胸太窄了些,将来只怕就要吃亏在这一点上。"

花满天垂下头,不说话了,但胸膛起伏,显见得心情还是很不平静。

云在天立刻改变话题,道:"这五人之中,看起来虽然是傅红雪的嫌疑最重,但正如叶开所说,他若真的是……寻仇来的,又何必带刀来万马堂?"

马空群目中带着深思之色,道:"叶开呢?"

云在天沉吟着,道:"此人武功仿佛极高,城府更是深不可测,若真的是他……倒是个很可怕的对手。"

公孙断突又冷笑,道:"你们算来算去,算出来是谁没有?"

云在天道:"没有。"

公孙断道:"既然算不出,为何不将这五人全都做了,岂非落得个干净!"

马空群道:"若是杀错了呢?"

公孙断道:"杀错了,还可以再杀!"

马空群道:"杀到何时为止?"

公孙断握紧双拳,额上青筋一根根暴起。

突听一个孩子的声音在外面呼唤道:"四叔,我睡不着,你来讲故事给我听好不好?"

公孙断叹了口气,就好像忽然变了个人,全身肌肉都已松弛,慢慢地站起来,慢慢地走了出去。

马空群看着他巨大的背影,那眼色也像是在看着他所疼爱的孩子一样。

这时外面传来更鼓,已是二更。

马空群缓缓道:"按理说,他们既然留宿在这里,就不会有什么举动,但我们却还是不可大意的。"

云在天道:"是。"

他接着又道:"传话下去,将夜间轮值的弟兄增为八班,从现在开始,每半个时辰交错巡逻三次,只要看见可疑的人,就立刻鸣锣示警。"

马空群点了点头,忽然显得很疲倦,站起来走到门外,望着已被黑暗笼罩的大草原,意兴似更萧索。

云在天跟着走出来,叹息着道:"但愿这一夜平静无事,能让你好好休息一天——明天要应付的事只怕还要艰苦得多。"

马空群拍了拍他的肩,仰面长叹,道:"经过这一战之后,我们都应该好好地休息休息了……"

一阵风吹过,天灯忽然熄灭,只剩下半轮冷月高悬。

云在天仰首而望,目光充满了忧愁和恐惧。

万马堂岂非也如这天灯一样,虽然挂得很高,照得很远,但又有谁知道它会在什么时候突然熄灭？

夜更深。

月色朦胧，万马无声。

在这边城外的荒漠中，凄凉的月夜里，又有几人能入睡？

叶开睁大了眼睛，看着窗外的夜色。

他没有笑。

他那永远挂在嘴角的微笑，只要在无人时，就会消失不见。

他也没有睡。

万马堂虽无声，但他的思潮，却似千军万马般奔腾起伏，只可惜谁也不知道他在想着什么。

他轻抚着自己的手，右手的拇指和食指间，就像是砂石般粗糙坚硬，掌心也已磨出了硬块。

那是多年握刀留下的痕迹。

但他的刀呢？

他从不带刀。

是不是因为他的刀已藏在心里？

傅红雪手里还是紧紧握着他的刀。

他也没有睡。

甚至连靴子都没有脱下来。

凄凉的月色，照着他苍白冷硬的脸，照着他手里漆黑的刀鞘。

这柄刀他有没有拔出来过？

三更，四更……

突然间，静夜中传出一阵急遽的鸣锣声。

万马堂后，立刻箭一般蹿出四条人影，掠向西边的马场。

风中仿佛带着种令人作呕的血腥气。

叶开屋子里的灯首先亮了起来，又过了半晌，他才大步奔出。

慕容明珠和飞天蜘蛛也同时推开了门。

乐大先生的门，还是关着的，门里不时有他的鼾声传出。

傅红雪的门里却连一点声音也没有。

慕容明珠道："刚才是不是有人在鸣锣示警？"

叶开点点头。

慕容明珠道："你知不知道是什么事？"

叶开摇摇头。

就在这时，两条人影箭一般蹿过来，一个人手里剑光如飞花，另一人的身形轻灵如飞鹤。

花满天目光掠过门外站着的三个人，身形不停，扑向乐乐山门外，顿住。他也已听到门里的鼾声。

云在天身形凌空一翻，落在傅红雪门外，伸手一推，门竟开了。

傅红雪赫然就站在门口，手里紧握着刀，一双眼睛亮得怕人。

云在天竟不由自主后退了两步，铁青着脸，道："各位刚才都没有离开过这里？"

没有人回答。

这问题根本就不必提出来问。

花满天沉声道："有谁听见了什么动静？"

也没有。

慕容明珠皱了皱眉，像是想说什么，还未说出口，就已弯下腰呕吐起来。

风中的血腥气已传到这里。

然后，万马悲嘶，连天畔的冷月都似也为之失色！

天皇皇，地皇皇。

　　眼流血，月无光。

　　万马悲嘶人断肠……

　　有谁知道天地间最悲惨，最可怕的声音是什么？

　　那绝不是巫峡的猿啼，也不是荒坟里的鬼哭，而是夜半荒原上的万马悲嘶！

　　没有人能形容那种声音，甚至没有人听见过。

　　若不是突然间天降凶祸，若不是人间突然发生了惨祸，万马又怎会突然同时在夜半悲嘶？

　　就算是铁石心肠的人，听到了这种声音，也难免要为之毛骨悚然，魂飞魄散。

　　西边的一排马房，养着的是千中选一、万金难求的种马。

　　鲜血还在不停地从马房中渗出来，血腥气浓得令人作呕。

　　马空群没有呕。

　　他木立在血泊中，他已失魂落魄。

　　公孙断环抱着马房前的一株孤树，抱得很紧，但全身还是不停地发抖。

　　树也随着他抖，抖得满树秋叶一片片落下来，落在血泊中。

　　血浓得足以令一树落叶浮起。

　　叶开来的时候，用不着再问，已看出了这里发生了什么事。

　　只要有眼睛的人，都能看得出来。

　　只要有人心的人，都绝不忍来看。

　　世上几乎没有一种动物比马的线条更美，比马更有生命力。

那匀称的骨架、生动的活力，本身就已是完美的象征。

又有谁能忍心一刀砍下它的头颅来？

那简直已比杀人更残忍！

叶开叹息了一声，转回身子，正看到慕容明珠又开始在远处不停地呕吐。

飞天蜘蛛也是面如死灰，满头冷汗。

傅红雪远远地站在黑夜里，黑夜笼罩着他的脸，但他手里的刀鞘却仍在月下闪闪地发着光。

公孙断看到了这柄刀，突然冲过来，大喝道："拔你的刀出来。"

傅红雪淡淡道："现在不是拔刀的时候。"

公孙断厉声道："现在正是拔刀的时候，我要看看你刀上是不是有血？"

傅红雪道："这柄刀也不是给人看的。"

公孙断道："要怎么你才肯拔刀？"

傅红雪道："我拔刀只有一种理由。"

公孙断道："什么理由？杀人？"

傅红雪道："那还得看杀的是什么人，我一向只杀三种人。"

公孙断道："哪三种？"

傅红雪道："仇人、小人……"

公孙断道："还有一种是什么人？"

傅红雪冷冷地看着他，冷冷道："就是你这种定要逼我拔刀的人。"

公孙断仰天而笑，狂笑道："好，说得好，我就是要等着听你说这句话……"

他的手已按上弯刀的银柄，笑声未绝，手掌已握紧！

傅红雪的眸子更亮，似也已在等着这一刹那。

拔刀的一刹那!

但就在这刹那间,夜色深沉的大草原上,突又传来一阵凄凉的歌声:

> 天皇皇,地皇皇。
> 地出血,月无光。
> 月黑风高杀人夜。
> 万马悲嘶人断肠。

歌声缥缈,仿佛很遥远,但每个字却都能听得清清楚楚。

公孙断脸色又已变了,忽然振臂而起,大喝道:"追!"

他身形一掠,黑暗中已有数十根火把长龙般燃起,四面八方地卷了出来。

云在天双臂一振,"八步赶蝉追云式",人如轻烟,三五个起落,已远在二十丈外。

叶开叹了口气,喃喃道:"果然不愧是云中飞鹤,果然是好轻功。"

他像是在自言自语,又像是在跟傅红雪说话,但等他转过头来时,一直站在那边的傅红雪,竟已赫然不见了。

血泊已渐渐凝结,不再流动。

火光也渐渐去远了。

叶开一个人站在马房前——天地间就似只剩下他一个人。

马空群、花满天、傅红雪、慕容明珠……这些人好像忽然间就已消失在黑暗里。

叶开沉思着,嘴角又渐渐露出一丝微笑,喃喃道:"有趣有趣,这些人好像没有一个不有趣的……"

草原上火把闪动,天上的星却已疏落。

叶开在黑暗中徜徉着,东逛逛,西走走,漫无目的,看样子这草原上绝没有一个比他更悠闲的人。

天灯又已亮起。

他背负起双手,往天灯下慢慢地逛过去。

突然间,马蹄急响,辔铃轻振,一匹马飞云般自黑暗中冲出来。

马上人明眸如秋水,瞟了他一眼,突然一声轻喝,怒马已人立而起,硬生生停在他身旁。

好俊的马,好俊的骑术。

叶开微笑着,道:"姑奶奶居然还没有摔死,难得难得。"

马芳铃眼睛铜铃般瞪着他,冷笑道:"你这阴魂不散,怎么还没有走?"

叶开笑道:"还未见着马大小姐的芳容,又怎舍得走?"

马芳铃怒叱道:"好个油嘴滑舌的下流胚,看我不打死你。"

她长鞭又挥起,灵蛇般向叶开抽了过来。

叶开笑道:"下流胚都打不死的。"

这句话还没说完,他的人忽然已上了马背,紧贴在马芳铃身后。

马芳铃一个肘拳向后击出,怒道:"你想干什么?"

她肘拳击出,手臂就已被捉住。

叶开轻轻道:"月黑风高,我已找不出回去的路,就烦大小姐载我一程如何?"

马芳铃咬着牙,恨恨道:"你最好去死。"

她又一个肘拳击出,另一条手臂也被捉住,竟连动都没法子动了。

只觉得一阵阵男人的呼吸,吹在她脖子上,吹着她的发根。

她想缩起脖子，想用力往后撞，但也不知为了什么，全身竟偏偏连一点力气都使不出来。

座下的胭脂奴，想必也是匹雌马，忽然也变得温柔起来，踩着细碎的脚步，慢慢地往前走。

草原上一片空阔，远处一点点火光闪动，就仿佛是海上的渔火。

秋风迎面吹过来，也似已变得很温柔，温柔得仿佛春风。

她忽然觉得很热，咬着嘴唇，恨恨道："你……你究竟放不放开我的手？"

叶开道："不放。"

马芳铃道："你这下流胚，你这无赖，你再不下去，我就要叫了。"

她本想痛骂他一顿的，但她的声音连自己听了，都觉得很温柔。

这又是为了什么？

叶开笑道："你不会叫的，何况，你就算叫，也没有人听得见。"

马芳铃道："你……你……你想干什么？"

叶开道："什么都不想。"

他的呼吸也仿佛春风般温柔，慢慢地接着道："你看，月光这么淡，夜色这么凄凉，一个常在天涯流浪的人，忽然遇着了你这么样一个女孩子，又还能再想什么？"

马芳铃的呼吸忽然急促起来，想说话，又怕声音颤抖。

叶开忽又道："你的心在跳。"

马芳铃用力咬着嘴唇，道："心不跳，岂非是个死人了？"

叶开道："但你的心却跳得特别快。"

马芳铃道："我……"

叶开道："其实你用不着说出来，我也明白你的心意。"

马芳铃道："哦？"

叶开道:"你若不喜欢我,刚才就不会勒马停下,现在也不会让这匹马慢慢地走。"

马芳铃道:"我……我应该怎么样?"

叶开道:"你只要打一声呼哨,这匹马就会把我摔下去。"

马芳铃忽然一笑,道:"多谢你提醒了我。"

她一声呼哨,马果然轻嘶着,人立而起。

叶开果然从马背上摔了下去。

她自己也摔了下去,恰巧跌在叶开怀里。

只听辔铃声响,这匹马已放开四蹄,跑走了。

叶开叹了口气,喃喃道:"只可惜我还忘记提醒你一件事,我若摔下来,你也会摔下来的。"

马芳铃咬着牙,恨恨道:"你真是下流胚,真是个大无赖……"

叶开道:"但却是个很可爱的无赖,是不是?"

马芳铃道:"而且很不要脸。"

话未说完,她自己忽也"扑哧"一声笑了,脸却也烧得飞红。

如此空阔的大草原,如此凄凉的月色,如此寂寞的秋夜……

你却叫一个情窦初开的少女,怎么能硬得起心肠来,推开一个她并不讨厌的男人?

一个又坏、又特别的男人。

马芳铃忽然轻轻叹息了一声,道:"你这样的人,我真没看见过。"

叶开道:"我这样的男子本来不多。"

马芳铃道:"你对别的女人,也像对我这样子的吗?"

叶开道:"我若看见每个女人都像这样子,头早已被人打扁了。"

马芳铃又咬起嘴唇,道:"你以为我不会打扁你的头?"

叶开道:"你不会的。"

马芳铃道:"你放开我的手,看我打不打扁你?"

叶开的手已经放开了。

她扭转身,扬起手,一巴掌掴了下去。

她的手扬得很高,但落下去时却很轻。

叶开也没有闪避,只是静静地坐在地上,静静地凝视着她。

她的眸子在黑暗中亮如明星。

风在吹,月光更远。

她慢慢地垂下头,道:"我……我叫马芳铃。"

叶开道:"我知道。"

马芳铃道:"你知道?"

叶开道:"我已向你那萧大叔打听过你!"

马芳铃红着脸一笑,嫣然道:"我也打听过你,你叫叶开。"

叶开盯着她的眼睛,缓缓道:"我也知道你一定打听过我。"

马芳铃的头垂得更低,忽然站起来,瞭望着西沉的月色,轻轻道:"我……我该回去了。"

叶开没有动,也没有再拉住她。

马芳铃转过身,想走,又停下,道:"你准备什么时候走?"

叶开仰天躺了下去,过了很久,才缓缓道:"我不走,我等你。"

马芳铃道:"等我?"

叶开道:"无论我要待多久,你那萧大叔都绝不会赶我走的。"

马芳铃回眸一笑,人已如燕子般掠了出去。

苍穹已由暗灰渐渐变为淡青。冷月已渐渐消失在曙色里。

叶开还是静静地躺着,仿佛正在等着旭日自东方升起。

他知道不会等得太久的。

第六章

谁是埋刀人

旭日东升。

昨夜的血腥气,已被晨风吹散。

晨风中充满了干草的芳香,万马堂的旗帜已又在风中招展。

叶开嘴里嚼着根干草,走向迎风招展的大旗。

他看来还是那么悠闲,那么懒散,阳光照着他身上的沙土,粒粒闪耀如黄金。

巨大的拱门下,站着两个人,似乎久已在那里等着他。

他看出了其中一个是云在天,另一人看见了他,就转身奔入了万马堂。

叶开走过去,微笑着招呼道:"早。"

云在天的脸色却很阴沉,只淡淡回了声:"早。"

叶开道:"三老板已歇下了么?"

云在天道:"没有,他正在大堂中等你,大家全都在等你。"

大家果然全都已到了万马堂,每个人的脸色都很凝重。

每个人面前都摆份粥菜,但却没有一个人动筷子的。

乐乐山却还是伏在桌上,似仍宿酒未醒。

叶开走进来,又微笑着招呼:"各位早。"

没有人回应，但每个人却都在看着他，眼色仿佛都很奇特。

只有傅红雪仍然垂着眼，凝视着自己握刀的手、手里的刀。

桌上有一份粥菜的位子是空着的。

叶开坐下来，拿起筷子，喝了一口粥，吃一口蛋。粥仍是温的，他喝了一碗，又添一碗。

等他吃完了，放下筷子，马空群才缓缓道："现在已不早了。"

叶开道："嗯，不早了。"

马空群道："昨晚四更后，每个人都在房里，阁下呢？"

叶开道："我不在。"

马空群道："阁下在哪里？"

叶开笑了笑，道："我睡不着，所以到处逛了逛，不知不觉间天已亮了。"

马空群道："有谁能证明？"

叶开笑道："为什么要人证明？"

马空群目光如刀，一字字道："因为有人要追回十三条命！"

叶开皱了皱眉，道："十三条命？"

马空群慢慢地点了点头，道："十三刀，十三条命，好快的刀！"

叶开道："莫非昨夜四更后，竟有十三个人死在刀下？"

马空群面带悲愤，道："不错，十三个人，被人一刀砍断了头颅。"

叶开叹了口气，道："犬马无辜，这人的手段也未免太辣了。"

马空群盯着他的眼睛，厉声道："阁下莫非不知道这件事？"

叶开的回答很简单："不知道。"

马空群忽然一扬手，叶开这才看出他面前本来摆着一柄刀。

雪亮的刀，刀锋薄而锐利。

马空群凝视着刀锋，道："这柄刀如何？"

叶开道："好刀！"

马空群道："若非好刀，又怎能连斩十三个人的首级？"

他忽又抬起头，盯着叶开，厉声道："这柄刀阁下难道也未曾见过？"

叶开道："没有。"

马空群道："阁下可知道这柄刀在什么地方找着的？"

叶开道："不知道。"

马空群道："就在杀人处的地下。"

叶开道："地下？"

马空群道："他杀了人后，就将刀埋在地下，只可惜埋得太匆忙，所以才会被人发现了。"

叶开道："好好的一柄刀，为什么要埋到地下？"

马空群突然冷笑着，一字字道："这也许只因为他是个从不带刀的人！"

叶开怔了半晌，忽然笑了，摇着头道："堂主莫非认为这是我的刀？"

马空群冷冷道："你若是我，你会怎么想？"

叶开道："我不是你。"

马空群道："昨夜四更后，乐大先生、慕容公子、傅公子，还有这位飞天蜘蛛，全都睡在自己屋里，都有人证明。"

叶开道："所以那十三个人，绝不会是他们下手杀的。"

马空群目光炯炯，厉声道："但阁下呢？昨夜四更后在哪里？有谁能证明？"

叶开叹了口气，道："没有。"

马空群突然不再问下去了，目中却已现出杀机。

只听一阵沉重的脚步声响，花满天、云在天已走到叶开身后。

云在天冷冷道:"叶兄请。"

叶开道:"请我干什么?"

云在天道:"请出去。"

叶开又叹了口气,喃喃道:"我在这里坐得蛮舒服的,偏偏又要我出去。"

他叹息着,慢慢地站起来。

云在天立刻为他拉开了椅子。

马空群突又道:"这柄刀既是你的,你可以带走,接住!"

他的手一扬,刀已飞出,划了道圆弧,直飞到叶开面前。

叶开没有接。

刀光擦过他的衣袖,"笃"的一声,钉在桌上,入木七寸。

叶开叹息着,喃喃道:"果然是柄好刀,只可惜不是我的。"

叶开终于走了出去。

花满天、云在天,就像是两条影子,紧紧地跟在他身后。

每个人都知道,他这一走出去,只怕就永远回不来了。

每个人都在看着他,目光中像是带着些悲悼惋惜之色,但却没有一个人站起来说话的。

就连傅红雪都没有。

他神色还是很冷淡,很平静,甚至还仿佛带着种轻蔑的讥诮之意。

马空群目光四扫,沉声道:"对这件事,各位是否有什么话说?"

傅红雪突然道:"只有一句话。"

马空群道:"请说。"

傅红雪道:"堂主若是杀错了人呢?"

马空群的脸沉了下来,冷冷道:"杀错了,还可以再杀!"

傅红雪慢慢地点了点头，道："我明白了。"

马空群道："阁下还有什么话说？"

傅红雪道："没有了。"

马空群慢慢地举起筷子，道："请，请用粥。"

阳光灿烂，照着迎风招展的大旗。

叶开走到阳光下，仰起面，长长地吸了口气，微笑着道："今天真是好天气。"

云在天冷冷道："是好天气。"

叶开道："在这么好的天气里，只怕没有人会想死的。"

云在天道："只可惜无论天气是好是坏，每天都有人死的。"

叶开叹道："不错，的确可惜。"

花满天忽然道："昨夜四更后，阁下究竟在什么地方？"

叶开淡淡道："在一个没有人的地方。"

花满天也长长叹了口气，道："可惜，可惜，的确可惜。"

叶开眨眨眼，道："什么事可惜？"

花满天道："阁下年纪还轻，就这样死了，岂非可惜得很。"

叶开笑了，道："谁说我要死了？我连一点都不想死。"

花满天沉下了脸，道："我也不想你死，只可惜有样东西不答应。"

叶开道："什么东西？"

花满天的手突然垂下，在腰畔一掌宽的皮带上轻轻一拍。

"锵"的一声，一柄百炼精钢打成的软剑已出鞘，迎风抖得笔直。

叶开脱口赞道："好剑！"

花满天道："比起那柄刀如何？"

叶开道："那就得看刀在什么人手里。"

花满天道："若在阁下的手里？"

叶开笑了笑，道："我手里从来没有刀，也用不着刀。"

花满天道："用不着？"

叶开微笑道："我杀人喜欢用手，因为我很欣赏那种用手捏碎别人骨头的声音。"

花满天脸色变了变，道："剑尖刺入别人肉里的声音你听见过没有？"

叶开道："没有。"

花满天冷冷道："那种声音也蛮不错的！"

叶开笑道："什么时候你能让我听听？"

花满天道："你立刻就会听到。"

他长剑一挥，剑尖斜斜挑起，迎着朝阳闪闪生光。

云在天身形游走，已绕到叶开身后。

突听一个孩子的声音道："三姨，你看，他们又要在这里杀人了，我们看看好不好？"

一个温柔的女子声音道："傻孩子，杀人有什么好看的。"

孩子道："很好看，至少总比杀猪好看得多。"

花满天皱了皱眉，剑尖又垂下。

叶开忍不住回头瞧了一眼，就看见了一个白衣妇人，牵着个穿红衣的孩子，正从屋角后走出来。

这妇人长身玉立，满头秀发漆黑，一张瓜子脸却雪白如玉。

她并不是那种令人一见销魂的美女，但一举一动间都充满了一种成熟的妇人神韵。

无论什么样的男人，只要看见她立刻就会知道，你不但可以在她身上得到安慰和满足,也可以得到了解和同情。

她牵着的孩子满身红衣,头上一根冲天杵小辫子,也用条红绸带系住,身子长得虽然特别瘦小,但眼睛却特别大,一双乌溜溜的眼珠子,不停地转来转去,显得又活泼、又机灵。

叶开当然也对他们笑了笑。

看到女人和孩子时,他的笑容永远都是亲切而动人的。

孩子看见了他,却像是怔了怔,突然跳起来,大声道:"我认得这个人。"

妇人皱了皱眉:"别胡说,快跟我回去。"

孩子却挣脱了她的手,跳着跑过来,用手划着脸笑着道:"丑丑丑,抱着我姐姐不放手,你说你自己丑不丑?……"

花满天沉着脸道:"小虎子,胡说八道些什么?"

孩子眼珠子转动,道:"我没有胡说八道,我说的是真话,昨天晚上,我明明看见他跟我姐姐抱在一起,叫他放手都不行。"

花满天动容道:"昨天晚上什么时候?"

孩子道:"就在快天亮的时候。"

花满天脸色变了。

云在天厉声道:"这事是不是你亲眼看见的?千万不可胡说!"

孩子道:"当然是我亲眼看见的。"

云在天道:"怎么会看得见?"

孩子道:"昨天晚上敲过锣之后,姐姐就要出来看看,我也要跟她出来,她不肯,我就趁她一个不留神,藏到她马肚子下。"

云在天道:"然后呢?"

孩子道:"姐姐还不知道,骑着马刚走了没多久,就看见了这个人,然后他们就……"

他话未说完,已被那妇人拉走,嘴里却还在大叫大嚷,道:"我说的是真话,我亲眼看见的么,我为什么不能说?"

花满天、云在天面面相觑,脸上是一片死灰,哪里还能开口。

叶开脸上的表情却很奇特,心里又不知在想着些什么。

突听一人沉声道:"你跟我来。"

马空群不知何时已走了出来,脸色铁青地向叶开招了招手,大步走出了院子。

叶开只有跟着他走了出去。

这时外面的大草原上,正响起了一片牧歌:

> 天苍苍,野茫茫,
> 风吹草低见牛羊。

没有牛羊,只有马。

马群在阳光下奔驰,天地间充满了生命的活力。

马空群身子笔挺,端坐在雕鞍上,鞭马狂驰,似要将胸中的愤怒,在速度中发泄。

幸亏叶开座下的也是匹好马,总算能勉强跟住了他。

远山一片青绿,看来并不高,也不太远。

但他们这样策马狂奔,还是奔驰了一个多时辰,才到山坡下。

马空群翻身下马,片刻不停,直奔上山。

叶开也只好跟着。

山坡上一座大坟,坟上草色已苍,几棵白杨,伶仃地站在西风里。

坟头矗立着一块九尺高的青石碑。

碑上几个擘窠大字是:"神刀堂烈士之墓"。

旁边还有几个人的名字:"白天羽夫妻、白天勇夫妻,合葬于此。"

马空群直奔到石碑前,才停下脚步,汗气已湿透重衣。

山上的风更冷。

他在石碑前跪了下来,良久良久,才站起来,转过身,脸上的皱纹更深了,每一条皱纹里,都不知埋藏着多少凄凉惨痛的往事。

也不知埋藏了多少悲伤,多少仇恨!

叶开静静地站在西风里,心里也只觉凉飕飕的,说不出是什么滋味。

马空群凝视着他,忽然道:"你看见了什么?"

叶开道:"一座坟。"

马空群道:"你知道这是谁的坟?"

叶开道:"白天羽、白天勇……"

马空群道:"你知道他们是谁?"

叶开摇摇头。

马空群神色更悲伤,黯然道:"他们都是我的兄长,就好像我嫡亲的手足一样。"

叶开点点头,现在才明白为什么别人都称他为三老板。

马空群又问道:"你可知道我为什么要将他们合葬在这里?"

叶开又摇摇头。

马空群咬着牙,握紧双拳道:"只因我找着他们的时候,他们的血肉已被草原上的饿狼吮光,只剩下了一堆白骨,无论谁都已无法分辨。"

叶开的双手也不由自主紧紧握起,掌心似也沁出了冷汗。

山坡前一片大草原,接连着碧天。

风吹长草,正如海洋中的波浪。

马空群转过身,遥远着远方,过了很久,才缓缓道:"现在你看见的是什么？"

叶开道："草原、大地。"

马空群道："看不看得见这块地的边？"

叶开道："看不见。"

马空群道："这一块看不见边际的大地，就是我的！"

他神色忽然激动，大声接着道："大地上所有的生命，所有的财产，也全都属于我！我的根已长在这块地里。"

叶开听着，他只有听着。

他实在不能了解这个人，也不能了解他说这些话的意思。

又过了很久，马空群的激动才渐渐平息，长叹道："无论谁要拥有这一片大地，都不是件容易事。"

叶开忍不住叹道："的确不容易。"

马空群道："你知不知道，这一切我是怎么样得来的？"

叶开道："不知道。"

马空群突然撕开了衣襟，露出钢铁般的胸膛，道："你再看看这是什么？"

叶开看着他的胸膛，呼吸都似已停顿。

他从未看过一个人的胸膛上，有如此多刀伤，如此多剑痕！

马空群神情突又激动，眼睛里发着光，大声道："这就是我付出的代价，这一切都是用我的血、我的汗，还有我无数兄弟的性命换来的！"

叶开叹道："我明白。"

马空群厉声道："所以无论什么人，都休想将这一切从我手里抢走——无论什么人都不行！"

叶开道："我明白。"

马空群喘息着，这身经百战的老人，胸膛虽仍如钢铁般坚强，但他的体力，却已显然比不上少年。

这岂非正是老去的英雄同有的悲哀。

直等他喘息平复时，他才转过身，拍了拍叶开的肩，声音也变得很和蔼，缓缓道："我知道你是个很有志气的少年，宁死也不愿损害别人的名誉，像你这样的少年，世上已不多。"

叶开道："我做的只不过是我自觉应该做的事，算不了什么。"

马空群道："你做得不错，我很想要你做我的朋友，甚至做我的女婿……"

他的脸突又沉下，眼睛里又射出刀一般凌厉的光芒，盯着叶开，一字一字缓缓地道："可是你最好还是赶快走。"

叶开道："走？"

马空群道："不错，走，快走，愈快愈好。"

叶开道："为什么要走？"

马空群沉着脸，道："因为这里的麻烦太多，无论谁在这里，都难免要被沾上血腥。"

叶开淡淡一笑道："我不怕麻烦也不怕血腥。"

马空群厉声道："但这地方你本就不该来的，你应该回去。"

叶开道："回到哪里去？"

马空群道："回到你的家乡，那里才是你安身立命的地方。"

叶开也慢慢地转身面向草原，过了很久，才缓缓道："你可知道我的家乡在哪里？"

马空群摇摇头，道："无论你的家乡多么遥远，无论你要多少盘缠，我都可以给你。"

叶开忽又笑了笑，道："那倒不必，我的家乡并不远。"

马空群道："不远？在哪里？"

叶开眺望着天畔的一朵白云，一字字道："我的家乡就在这里。"

马空群怔住。

叶开转回身,凝视着他,脸上带着种很奇特的表情,沉声道:"我生在这里,长在这里,你还要叫我到哪里去?"

马空群胸膛起伏,紧握双拳,喉咙里咯咯作响,却连一个字也说不出来。

叶开淡淡道:"我早已说过,只做我自己应该做的事,而且从不怕麻烦,也不怕血腥。"

马空群厉声道:"所以你一定要留在这里?"

叶开的回答很简单,也很干脆。

他的回答只有一个字:"是!"

西风卷起了木叶,白杨伶仃地颤抖。

一片乌云卷来,掩住了日色,天已暗了下来。

马空群的腰虽仍挺得笔直,但胃却在收缩,就好像有一只看不见的手,在他的胸与胃之间压迫着,压得他几乎忍不住要呕吐。

他只觉得满嘴酸水,又酸又苦。

叶开已走了。

他知道,可是并没有拦阻,甚至连看都没有回头去看一眼。

既不能拦阻,又何必看?

若是换了五年前,他绝不会让这少年走的。

若是换了五年前,他现在也许已将这少年埋葬在这山坡上。

从来也没有人拒绝过他的要求,他说出的话,从来也没有人敢违抗。

可是现在已有了。

刚才他们面对着面时,他本有机会一拳击碎这少年的鼻梁。

他第一拳出手的速度,快得简直就像是雷电下击,若是换了五年前,他自信可以将任何一个站在他面前的人击倒!

无论谁只要鼻梁击碎,头就会发晕,眼睛就会被自己鼻子里飙出来的血封住,就很难再有闪避还击的机会。

这就叫一拳封门!

这一拳他本极有把握,而且几乎从未失手过。

但这一次他竟未出手!

多年来,他的肌肉虽仍紧紧结实,甚至连脖子上都没有生出一点多余的脂肪肥肉,无论是坐着,还是站着,身子仍如标枪般笔挺。

多年来,他外表几乎看不出有任何改变。

但一个人内部的衰老,本就是任何人都无法看出来的。

有时甚至连自己都看不出。

这并不是说他的胃已渐渐受不了太烈的酒,也不是说他对女人的需要,已渐渐不如以前那么强烈。

真正的改变,是在他心里。

他忽然发现自己的顾忌已愈来愈多,无论对什么事,都已不如以前那么有把握。

甚至在床上,拥着他最爱的女人时,他也都已不像以前那样能控制自如,最近这几次,他已怀疑自己是否能真的令对方满足。

这是不是正象征着他已渐渐老了?

一个人只有在自己心里有了衰老的感觉时,才会真的衰老。

五年……也许只要三年……

三年前无论谁敢拒绝他的要求,都绝对休想从他面前站着走开!

但就算他愿以所有的财富和权势去交换,也换不回这三年岁月来了。

剩下的还有多少个三年呢?

他不愿去想,也不敢去想——现在他只想能静静地躺下来。

他忽然觉得很疲倦。

天色更暗,似将有雷雨。

马空群当然看得出,多年的经验,已使他看天气的变化,就如同他看人心的变化一样准。

但他却懒得站起来,懒得回去。

他静静地躺在石碑前,看着石碑上刻着的那几行字:"白天羽夫妻、白天勇夫妻……"

他们本是他的兄弟,他们的确死得很惨。

但他却不能替他们复仇!

为什么呢?

这秘密除了他自己和死去的人之外,知道的人并不多。

这秘密已在他心里隐藏了十九年,就像是一根刺扎在他心里,他只要一想起,心里就会痛。

他并没有听到马蹄声,但却感觉到有人已走上了山坡。

这个人的脚步并不轻,但步子却跨得很大,又大又快。

他知道是公孙断来了。

只有公孙断,是唯一能跟他共享所有秘密的人。

他信任公孙断,就好像孩子信任母亲一样。

脚步声就像是说话的声音,每个人都有他不同的特质。

所以瞎子往往只要听到一个人的脚步声,就能听得出来是什么人。

公孙断的脚步声正如他的人,巨大、猛烈、急躁,一开始就很难中途停下。

他一口气奔上山,看到马空群才停下来,一停下来立刻问道:"人呢？"

马空群道："走了。"

公孙断道："你就这样让他走？"

马空群叹息了一声，道："也许你说得不错，我已老了，已有些怕事。"

公孙断道："怕事？"

马空群苦笑道："怕事的意思，就是不愿再惹不必要的麻烦。"

公孙断道："你认为不是他？"

马空群道："无论如何，至少昨夜的事并不是他做的，有人能替他证明。"

公孙断道："他为什么不肯说出来？"

马空群道："也许只因他还年轻，太年轻……"

说到"年轻"这两个字，他嘴里似又涌出了苦水。又苦又酸。

公孙断垂下头，看到了石碑上的名字，双拳又渐渐握紧，目中的神色也变得奇怪，也不知是悲愤，是恐惧，还是仇恨。

过了很久，他才慢慢地沉声道："你能确定白老大真有个儿子？"

马空群道："嗯。"

公孙断道："你怎知这次是他的孤儿来复仇？"

马空群闭上眼睛，一字字道："这样的仇恨，本就是非报不可的。"

公孙断的手握得更紧，哽声道："但我们做的事那么秘密，除了死人外，又怎会有别人知道？"

马空群长长叹息着，道："无论什么样的秘密，迟早总有人知道的——若要人不知，除非己莫为，这句话你千万不能信。"

公孙断凝视着石碑上的刻字，目中的恐惧之色仿佛更深，咬着牙道："这孤儿若长大了，年纪正好跟叶开差不多。"

马空群道:"跟傅红雪也差不多。"

公孙断霍然转身,俯视着他,道:"你认为谁的嫌疑较大?"

马空群沉吟着,道:"照现在的情况看来,好像是傅红雪。"

公孙断道:"为什么?"

马空群道:"这少年看来仿佛是个很冷静、很能忍耐的人,其实却比谁都激动。"

公孙断冷笑道:"但他却宁可从栏下狗一般钻进来,也不愿杀一个人。"

马空群道:"这只因那个人根本不值得他杀,也不是他要杀的!"

公孙断的脸色有些变了。

马空群缓缓道:"一个天性刚烈激动的人,突然变得委曲求全,只有一种原因。"

公孙断道:"什么原因?"

马空群道:"仇恨!"

公孙断身子一震,道:"仇恨?"

马空群道:"他若有了非报复不可的仇恨,才会勉强控制住自己,才会委曲求全,忍辱负重,只因为他一心一意只想复仇!"

他张开眼,目中似已有些恐惧之色,沉声道:"你可听人说过勾践复仇的故事?就因为他心里的仇恨太深,所以别人不能忍受的事,他才全都能忍受。"

公孙断握紧双拳,嘎声道:"既然如此,你为什么不让我杀了他?"

马空群目光遥视着阴暗的苍穹,久久都没有说话。

公孙断厉声道:"现在我们已有十三条命牺牲了,你难道还怕杀错了人?"

马空群道:"你错了。"

公孙断道:"你认为他还有同党?"

马空群道:"这种事,本就不是一个人的力量能做的!"

公孙断道:"但白家岂非早已死尽死绝?"

马空群的人突然弹簧般跳了起来,厉声道:"若已死尽死绝,这孤儿是哪里来的?若非还有人在暗中相助,一个小孩又怎能活到现在?那人若不是个极厉害的角色,又怎会发现是我们下的手?又怎能避开我们的追踪搜捕?"

公孙断垂下头,说不出话了。

马空群的拳也已握紧,一字字道:"所以我们这一次若要出手,就得有把握将他们的人一网打尽,绝不能再留下后患!"

公孙断咬着牙,道:"但我们这样等下去,要等到几时?"

马空群道:"无论等多久,都得等!"

公孙断道:"现在我们已送了十三条命,若是再等下去……"

马空群冷冷道:"只要是别人的命,再送三百条又何妨?"

公孙断道:"你不怕他先下手为强?"

马空群冷笑道:"你放心,他也绝不会很快就对我们下手的!"

公孙断道:"为什么?"

马空群道:"因为他一定不会让我们死得太快,太过容易!"

公孙断脸色铁青,巨大的手掌又已按上刀柄!

马空群冷冷地道:"最重要的一点,就是他现在一定还没有抓住真实的证据,能证明是我们下的手,所以……"

公孙断道:"所以怎么样?"

马空群道:"所以他才要使我们恐惧,无论谁在恐惧时,都最容易做错事,只有在我们做的事发生错误时,他才有机会抓住我们的把柄!"

公孙断咬着牙道:"所以现在我们什么事也不能做?"

马空群点点头,沉声道:"所以我们现在只有等下去,等他先错!"

他神情又渐渐冷静,一字字慢慢地接着道:"只有等,是永远不会错的!"

等的确永不会错。

一个人只要能忍耐,能等,迟早总会等得到机会的!

但你若要等,往往也得付出代价,那代价往往也很可怕。

公孙断用力握住了刀柄,突然拔刀,一刀砍在石碑上,火星四溅。

就在这时,阴暗的苍穹中,也突有一道霹雳击下!

银刀在闪电中顿时失去了它的光芒。

一粒粒比黄豆还大的雨点,落在石碑上,沿着银刀砍裂的缺口流下,就好像石碑也在流泪一样。

第七章

乌云满天

窗子是关着的,屋里暗得很。

雨点打在屋顶上,打在窗户上,就是战鼓雷鸣,万马奔腾。

叶开斜坐着,伸长了两条腿,看着他那双破旧的靴子,长长叹了口气,喃喃道:"好大的雨。"

萧别离小心翼翼地翻开了最后一张骨牌,凝视了很久,才回过头微笑道:"这地方平时很少下雨。"

叶开沉思着,道:"也许就因为平时很少下雨,所以一下就特别大。"

萧别离点点头,倾听着窗外的雨声,忽也长长叹了口气,道:"这场雨下得实在不是时候。"

叶开道:"为什么?"

萧别离道:"今天本是她们每月一次,到镇上来采购针线、花粉的日子。"

叶开道:"她们?她们是谁?"

萧别离目中带着笑意,道:"她们之中,总有一个是你很想见到的。"

叶开明白了,却还是问道:"你怎么知道我很想见到她?"

萧别离微笑道:"我看得出来。"

叶开道："怎么看法？"

萧别离轻抚着桌上的骨牌，缓缓道："也许你不信，但我的确总是能从这上面看出很多事。"

叶开道："你还看出了什么？"

萧别离凝视着骨牌，脸色渐渐沉重，目中也露出了阴郁之色，缓缓道："我还看到了一片乌云，笼罩在万马堂上，乌云里有把刀，正在滴着血……"

他忽然抬头，盯着叶开，沉声道："昨夜万马堂里是不是发生了一些凶杀不祥的事？"

叶开似已怔住，过了很久，才勉强笑道："你应该改行去替人算命的。"

萧别离长长叹息，道："只可惜我总是只能看到别人的灾祸，却看不出别人的好运。"

叶开道："你……你有没有替我看过？"

萧别离道："你要听实话？"

叶开道："当然。"

萧别离的目光忽然变得很空洞，仿佛在凝视着远方说道："你头上也有朵乌云，显见得你也有很多烦恼。"

叶开笑了，道："我像是个有烦恼的人？"

萧别离道："这些烦恼也许不是你的，但你这人一生下来，就像是已经有很多别人的麻烦纠缠着你，你甩也甩不掉。"

叶开笑得似已有些勉强，勉强笑道："乌云里是不是也有把刀？"

萧别离道："就算有刀也无妨。"

叶开道："为什么？"

萧别离道："因为你命里有很多贵人，所以无论遇着什么事，都能逢凶化吉。"

叶开道："贵人？"

萧别离道："贵人的意思，就是喜欢你，而且能帮助你的人，譬如说……"

叶开道："譬如说你？"

萧别离笑了，摇着头说道："你命中的贵人，大多是女人，譬如说翠浓！"

他看着叶开襟上的珠花，微笑道："她昨夜就一直在等着你，你为什么不去找她？"

叶开也笑了，道："床头金尽，壮士无颜，既然迟早要被赶出来，又何必去？"

萧别离道："你错了。"

叶开道："哦？"

萧别离道："这地方的女人，也未必人人都是拜金的。"

叶开道："我倒宁愿她们如此。"

萧别离道："为什么？"

叶开道："这样子反而无牵无挂，也不会有烦恼。"

萧别离道："你的意思是不是说，有情的人就有烦恼？"

叶开道："对了。"

萧别离微笑道："你却又错了，一个人若是完全没有烦恼，活着也未必有趣。"

叶开笑道："我还是宁可坐在这里，除非这里白天不招待客人。"

萧别离道："你是例外，随便你什么时候来，随便你要坐到什么时候都行，但是我……"

他忽又叹息了一声，苦笑道："我已老了，精神已不济，到了要睡觉的时候，整个人都像是要瘫了下去。"

叶开道："你还没有睡。"

萧别离笑得仿佛有些伤感，悠悠道："老人总是舍不得多睡的，因为他自知剩下的时候已不多了，何况我又是个夜猫子。"

他拿起椅旁的拐杖，挟在肋下，慢慢地站起来，忽又笑道："中午时说不定雨就会停的，你说不定就会看到她了。"

萧别离已上了小楼。

他站起来，叶开才发现他长衫的下摆里空荡荡的。两条腿已都齐膝被砍断。

这双腿是怎会被砍断的？为了什么？

无论谁都可看得出，他若非是个很不平凡的人，又怎会到这边荒小城中来，做这种并不光彩的生意？

他是不是想借此来隐藏自己的过去？是不是真有种神秘的力量，能预知别人的灾祸？

叶开沉思着，看到桌上的骨牌，就忍不住走了过去，伸手摸了摸。忽又发觉这骨牌并不是骨头，而是纯钢打成的。

只听一阵阵干涩的咳嗽声，隐隐从小楼上传下来。

叶开叹了口气，只觉得他实在是个很神秘的人，说出的每句话，仿佛都有某种很神秘的含义，做出的每件事，也仿佛都有某种很神秘的目的。

就连他住的这小楼上，都很可能隐藏着一些没有人知道的秘密。

叶开看着那狭而斜的楼梯，忽又笑了。

他觉得这地方实在很有趣。

正午。

雨果然停了，叶开穿过满是泥泞的街道，走向斜对面的杂货铺。

杂货铺的老板，是个很乐观的中年人，圆圆的脸，无论看到谁都是笑眯眯的。

别人要少付几文钱，多抓两把豆子，他也总是笑眯眯地说："好吧，马马虎虎算了，反正都是街坊邻居嘛。"

他姓李，所以别人都叫他李马虎。

叶开认得李马虎，却忘了看看这杂货铺是不是有针线、花粉卖。

正午的时候，也正是大家都在吃饭的时候，所以这时候杂货铺里总是少有人会来光顾。

李马虎又和平时一样，伏在柜台上打瞌睡。

叶开不愿惊动他，正在四下打量着，突听一阵车辚马嘶，一辆大马车急驰过长街。

车身漆黑如镜，拉车的八匹马也都是训练有素的良驹。

叶开认得这辆车正是昨天来接他去万马堂的，现在这辆车上坐的是什么人呢？

他正想赶出去看看，身后已有人带着笑道："这想必是万马堂的姑奶奶和大小姐又出来买货了，却不知今天她们要不要鸡蛋。"

叶开笑道："她们又不是厨房里的采买，要鸡蛋干什么？"

他转过身，就发现李马虎不知何时已醒了，正笑眯眯地看着他，道："这你就不懂了，女人用鸡蛋清洗脸，愈洗愈年轻的。"

叶开笑道："你媳妇是不是每天也用鸡蛋洗脸？"

李马虎撇着嘴，冷笑着道："她呀，她每天就算用三百斤鸡蛋洗脸，还是一脸的橘子皮——而且是风干了的橘子皮。"

他忽又眯起眼一笑，压低声音道："但万马堂的那两位，却真是水仙花一样的美人儿，大爷你若是有福气能……"

突听一个孩子的声音在门外大声道："李马虎，你在乱嚼什么舌头？"

李马虎朝门外看了一眼，脸色立刻变了，赔笑道："没什么，我正在想给小少爷你做个糖葫芦。"

一个孩子手叉着腰，站在门外，瞪着双乌溜溜的眼睛，身上的衣服比糖葫芦还红。

他年纪虽小，派头却不小，李马虎一看见他，脸就吓得发白。

但他一看见叶开也在店里，脸也吓白了，转过身就想溜。

叶开立刻追出去，一把揪住了他的小辫子，笑道："莫说你是小虎子，就算你是个小狐狸，也一样溜不掉的。"

小虎子好像有点发急，大声道："我又不认得你，你找我干什么？"

叶开道："早上你不是还认得我的？现在怎么忽然又不认得了？"

小虎子脸涨得通红，又想叫。

叶开道："你乖乖地听话一点，要多少糖葫芦我都买给你，否则我就去告诉你爹爹和你四叔，说你早上在说谎。"

小虎子更急，红着脸，道："我……说了什么谎？"

叶开压低声音，道："昨天晚上你早已睡着了，根本就没有出来，也没有躲在你姐姐的马肚子下面，对不对？"

小虎子眼珠子直转，吃吃笑道："那只不过是我想帮你的忙。"

叶开道："是谁教你那么说的？"

小虎子道："没有人，是我自己……"

叶开沉下了脸，道："你不告诉我，我只好把你押回去，交给你爹爹了。"

小虎子脸又吓得发白，这孩子只要一听到他爹爹，立刻就老实了，垂下头道："好，告诉你就告诉你，是我三姨教我说的。"

叶开吃了一惊，道："你三姨？是不是早上把你拉去的那个人？"

小虎子点点头。

叶开皱起眉，道："她怎么知道昨天夜里我跟你姐姐在一起？"

小虎子嘟起嘴，道："我怎么知道？你为什么不问她去？"

叶开只好放开手，这孩子立刻一溜烟似的远远逃走了。逃到街对面，才回过头来，做了个鬼脸，笑嘻嘻道："你可以去问她，但却不能像抱我姐姐那样抱着她，否则我爹爹会吃醋的。"

话未说完，他的人已溜进了街角的一家绸缎庄。

叶开皱着眉，沉思着。

这件事显然又出了他意料之外。

那"三姨"是谁，怎么会知道他昨夜的行动？为什么要替他解围？

他想不通，刚抬起头，就看到这位三姨正从对面的绸缎庄里走出来。

她打扮得还是很素净，一身白衣如雪，既不沾脂粉，也没有装饰，但却自有一种动人的风韵，令人不饮自醉。

叶开看着她的时候，她一双秋水如神的明眸，也正向叶开瞟了过来，也不知是有意，还是无意，还仿佛向叶开嫣然一笑。

没有人能形容这一笑。

叶开竟似也有些痴了，过了半晌，才发现她身边还有双眼睛在盯着他。

这双眼睛本来是明朗的，但现在却笼着一层雾，一层纱。

是不是因为她昨夜没有睡好？还是因为她刚哭过？

叶开的心又跳了起来，跳得很快。

马芳铃脉脉地看着他，偷偷地向他使了个眼色。

叶开立刻点点头。

马芳铃这才垂下脖子，偷偷地一笑，一朵红云已飞到脸上。

他们用不着说话。

他的感情，只要一个眼色，她就已了解；她的意思，也只要一个眼色，他就已知道。

他们又何必说话？

小楼上静寂无声，桌上散乱的骨牌，却已不知被谁收拾了起来。

窗子开着，屋里还是很暗。

叶开又坐到原来那张椅子上，静静地等着。

他明白马芳铃的意思，却实在不明白那"三姨"的意思。

马空群的妻子已去世，像他这样的男人，身侧当然不会缺少女人。

也只有她这样的女人，才配得上他这样的男人。

叶开已猜出她的身份，却更不明白她的意思了。

尤其是那一笑。

叶开叹了口气，不愿再想下去……再想下去，就有点对不起马芳铃了。

可是那一笑，却又令人难以忘记。

她们现在在做什么？是不是在那杂货铺里买鸡蛋？

女人用鸡蛋清洗脸，是不是会真的愈洗愈年轻？

叶开集中注意力，努力要自己去想一些不相干的事，但想来想去，还是离不开她们两个人。

幸好就在这时，门已轻轻地被推开了。

来的当然是马芳铃。

叶开正准备站起来，心就已沉了下去。

来的不是马芳铃，是云在天——叶开暗中叹了口气，知道今天已很难再见到马芳铃了。

云在天看到他在这里，显然也觉得很意外，但既已进来了，又怎能再出去？

叶开忽然笑了笑，道："阁下是不是来找翠浓姑娘的？是不是想问问她，为什么要将这朵珠花送给别人呢？"

云在天干咳了两声，一句话也没说，找了张椅子坐下。

叶开笑道："男人找女人，是件天经地义的事，阁下为什么不进去？"

云在天神色已渐渐恢复镇定，沉声道："我是来找人，却不是来找她！"

叶开道："找谁？"

云在天道："傅红雪。"

叶开道："找他干什么？"

云在天沉着脸，拒绝回答。

叶开道："他岂非还留在万马堂？"

云在天道："不在了。"

叶开道："什么时候走的？"

云在天道："早上！"

叶开皱了皱眉头，道："他既然早上就走了，我为什么没有看到他回镇上来？"

云在天也皱了皱眉，道："别的人呢？"

叶开道："别的人也没有回来，这里根本没什么地方可去，他们若回来了，我一定会看见的。"

云在天脸色有些变了，抬起头，朝那小楼上看了一眼。

叶开目光闪动，道："萧老板在楼上，阁下是不是想去问问他？"

云在天迟疑着，霍然长身而起，推门走了出去。

这时正有十来辆骡子拉的大板车，从镇外慢慢地走上长街。

板车上装着的，赫然竟是棺材，每辆车上都装着四口崭新的棺材。

一个脸色发白的驼子穿着套崭新的青布衣裳，骑着头黑驴，走在马车旁，看他的脸色，好像他终年都是躺在棺材里的，看不见阳光。

无论谁看见这么多棺材运到镇上，都难免会吃一惊的。

云在天也不例外，忍不住问道："这些棺材是送到哪里去的？"

驼子上上下下打量了他两眼，忽然笑道："看这位大爷的装束打扮，莫非是万马堂里的人？"

云在天道："正是。"

驼子道："这些棺材，也正是要送到万马堂的。"

云在天变色道："是谁叫你送来的？"

驼子赔笑道："当然是付过钱的人，他一共订了一百口棺材，小店里正在日夜加工……"

云在天不等他说完，已一个箭步蹿过去，将他从马背上拖下，厉声道："那是个什么样的人？"

驼子的脸吓得更无丝毫血色，吃吃道："是……是个女人。"

云在天怔了怔，道："是个什么样的女人？"

驼子道："是个老太婆。"

云在天又怔了怔，道："你们是从哪里来的，这老太婆的人在哪里？"

驼子道："她也跟着我们来了，就在……就在第一辆车上的棺材里躺着。"

云在天冷笑道："在棺材里躺着，莫非是个死人？"

驼子道："还没有死，是刚才躺进去躲雨的，后来想必是睡着了。"

第一辆车上，果然有口棺材的盖子是虚盖着的，还留下条缝透气。

云在天冷笑着，放开了驼子，一步步走过去，突然闪电般出手，揭起了棺盖……

棺材里果然有个人，但却并不是女人，也不是个活人！

棺材里躺着的是个死人，死了的男人。

这人满身黑衣劲装，一脸青碴碴的须茬子，嘴角的血痕已凝结，脸已扭曲变形，除此之外，身上并没有别的伤痕，显然是被人以内力震伤内腑而死。

叶开高高地站在石阶上，恰巧看到了他的脸，忍不住失声而呼："飞天蜘蛛！"

他当然不会看错，这尸体赫然正是飞天蜘蛛。

飞天蜘蛛已死在这里，傅红雪、乐乐山、慕容明珠呢？

他们本是同时离开万马堂的，飞天蜘蛛的尸体又怎会在这棺材里出现？

云在天慢慢地转过身，盯着那驼子，一字字道："这人不是老太婆！"

驼子全身发抖，勉强地点了点头，道："不……不是。"

云在天道："你说的老太婆呢？"

驼子摇了摇头，道："不知道。"

第二辆车的车夫忽然嘶声道："我也不知道，我本来是走在前面的。"

云在天道："你怎会走在前面？"

车夫道："这辆车本来就是最后一辆，后来我们发现走错了路，原地转回，最后一辆才变成最前面一辆。"

云在天冷笑道："无论怎么变，老太婆也不会变成死男人的，你说这是怎么回事？"

驼子拼命摇头，道："小人真的不知道。"

云在天厉声道:"你不知道谁知道?"

他身形一闪,突然出手,五指如钩,急抓驼子的右肩琵琶骨。

驼子整个人本来瘦得就像是个挂在竹竿上的风球,云在天一出手,他突然不抖了,脚步一滑,已到了云在天右肋后,反掌斜削云在天肩骨。

这一招不但变招快,而且出手的时间、部位,都拿得极准,掌风也极强劲而有力气。

只看这一出手,就知道他在这双手掌上,至少已有三十年的功夫火候。

云在天冷笑道:"果然有两下子!"

这六个字出口,他身法已变了两次,双拳已攻出五招!

他武功本以轻灵变化见长,此番身法乍一展动,虽然还没有完全现出威力,但招式之奇变迅急,已令人难以抵挡。

驼子哈哈一笑,道:"好,你果然也有两下子!"

笑声中,他身子突然陀螺般一转,人已冲天飞起,蹿上对面的屋脊了。

他一招刚攻出,说变招就变招,说走就走,身法竟是快得惊人。

只可惜,他的对手是以轻功名震天下的"云天飞龙"!

他身形掠起,云在天的人已如轻烟般蹿了上去,五指如鹰爪,一把抓住了他背上的驼峰。

"嗤"的一声,他背上崭新的蓝布衣衫,已被扯下了一块,赫然露出了一片夺目的金光。

接着,又是"锵"的一响,他这金光灿灿的驼峰里,竟有三点寒星暴射而出,急打云在天的胸腹。

云在天一声清啸,凌空翻身,"推窗望月飞云式",人已在另一边的屋脊上。

饶是他轻功精妙，身法奇快，那三点寒星，还是堪堪擦着他衣衫而过。

再看那驼子，已在七八重屋脊外，驼背上的金峰再一闪，就已看不见了。

云在天一跃而下，竟不再追，铁青的脸上已现了冷汗，目光看着他身形消失，突然长长叹了口气，喃喃道："想不到'金背驼神'丁求竟会又在边荒出现。"

叶开也叹了口气，摇着头道："我实在也未想到是他！"

云在天沉声道："你也知道这个人？"

叶开淡淡地道："走江湖的人，不知道他的又有几个？"

云在天不再说话，脸色却很凝重。

叶开道："这人隐迹已十余年，忽然辛辛苦苦地送这么多棺材来干什么？难道他也和你们的那些仇家有关系？"

云在天还是不说话。

叶开又道："飞天蜘蛛难道是被他杀了的？为的又是什么？"

云在天瞧了他一眼，冷冷道："这句话本是我想问你的。"

叶开道："你问我，我去问谁？"

他忽然笑了笑，目光移向长街尽头处，喃喃道："也许我应该去问问他。"

第八章

春风解冻

长街尽头处，慢慢地走过一个人来，脚步艰辛而沉重，竟是傅红雪。

他手里当然还是紧紧地握住那柄刀，一步步走过来，好像无论遇着什么事，他这种步伐都绝不会改变，更不会加快。

只有他一个人，乐乐山和慕容明珠还是不见踪影。

叶开穿过长街，迎上了他，微笑着，道："你回来了？"

傅红雪看了他一眼，冷冷道："你还没有死。"

叶开道："别的人呢？"

傅红雪道："我走得慢。"

叶开道："他们都走在你前面？"

傅红雪道："嗯。"

叶开道："走在前面的人，为何还没有到？"

傅红雪道："你怎知他们定要回来这里？"

叶开点了点头，忽又笑了笑，道："你知道最先回来的是谁？"

傅红雪道："不知道。"

叶开道："是个死人。"

他嘴角带着讥诮的笑意，又道："走得快的没有到，不会走的死人反而先到了，这世上有很多事的确都有趣得很。"

傅红雪道:"死人是谁?"

叶开道:"飞天蜘蛛。"

傅红雪微微皱了皱眉,沉默了半晌,忽然道:"他本来留在后面陪着我的。"

叶开道:"陪着你?干什么?"

傅红雪道:"问。"

叶开道:"问你的话?"

傅红雪道:"他问,我听。"

叶开道:"你只听,不说?"

傅红雪冷冷道:"听已很费力。"

叶开道:"后来呢?"

傅红雪道:"我走得很慢。"

叶开道:"他既然问不出你的话,所以就赶上前去了?"

傅红雪目中也露出一丝讥诮的笑意,淡淡道:"所以他先到。"

叶开笑了,只不过笑得也有点不是味道。

傅红雪道:"你问,我说了,你可知道为什么?"

叶开笑道:"我也正在奇怪。"

傅红雪道:"那只因我也有话要问你。"

叶开道:"你问,我也说。"

傅红雪道:"现在还未到问的时候。"

叶开道:"要等到什么时候再问?"

傅红雪道:"我想问的时候。"

叶开微笑道:"好,随便你什么时候想问,随便你问什么,我都会说的。"

他闪开身,傅红雪立刻走了过去,连看都没有往棺材里的尸体看一眼。他的目光就仿佛十分珍贵,无论你是死是活,他都绝不肯随便看你一眼的。

叶开苦笑着，叹了口气，转过头，就看到云在天已准备盘问那些车夫。

他也懒得去听了——你若想从这些车夫嘴里问出话来，还不如去问死人也许反倒容易。

死人有时也会告诉你一些秘密的，只不过他说话的方式不同而已。

飞天蜘蛛的尸体已僵硬、冷透，一双手却还是紧紧地握着，就像是紧紧握着某种看不见的珠宝一样，死也不肯松手。

叶开站在棺材旁，对着他凝视了很久，喃喃道："密若游丝，快如闪电……你是不是还有什么话想要告诉我？……"

正午后，阴暗的苍穹里，居然又有阳光露出。

但街道上的泥泞却仍未干，尤其是因为刚才又有一连串载重的板车经过。

现在这一列板车已入了万马堂。

若不问个详详细细、水落石出，云在天是绝不会放他们走的。

那辆八匹马拉着的华丽马车，居然还停留在镇上，有四五个人正在洗刷车上的泥泞，拌着大豆草料准备喂马。

杂货铺隔壁，是个屠户，门口挂着个油腻的招牌，写着："专卖牛羊猪三兽。"

再过去就是个小饭馆，招牌更油腻，里面的光线更阴暗。

傅红雪正坐在里面吃面。

他右手像是特别灵巧，别人要用两只手做的事，他用一只手就已做得很好。

再过去就是傅雪红住的那条小巷，巷子里住的人家虽不少，但进出的人却不多，只有那白发苍苍的老太婆，正佝偻着身子，蹒跚地走出来，将手里一张已抹上浆糊的红纸，小心翼翼地贴在巷子的墙角，又佝偻着身子走了回去。

红纸上写着："吉屋招租，雅房一间，床铺新，供早膳。月租纹银十二两正，先付。限单身无孩。"

这老太婆早上刚收了五十两银子的房租，好像已尝出了甜头，所以就想把自己住的一间屋子，也租给别人了，而且每个月的租金还涨了二两。

杂货铺的老板又在打瞌睡。

对面的绸缎庄里，正有两个打扮得花枝招展的小媳妇在买针线，一面还嘀嘀咕咕的，又说又笑，只可惜比那三姨和马芳铃丑多了。

马芳铃她们的人呢？

马车虽然还留在镇上，但她们的人却已好像找不着了。

叶开在街上来来回回走了两遍，都没有看见她们的人影。

他本来想到那小饭馆吃点东西的，但忽然又改变了主意，却走过去将巷口贴着的那张红纸揭了下来，卷成一条，塞在靴子里。

他靴筒里好像还有条硬邦邦的东西，也不知是金条，还是短刀？

街上最窄的一扇门，就是这里的销金窟。

门虽最窄，屋子占的地方却最大。

窄门上既没有招牌，也没有标志，只悬着一盏粉红色的灯。

灯亮起的时候，就表示这地方已开始营业，开始准备收你囊里的钱了。

灯熄着的时候，这里几乎从未看到有人出来，当然也没人进去。

这里竟像是镇上最安静的地方。

叶开打了个呵欠,目中已有些疲倦之意,迟疑了半晌,终于又推门走了进去。

暗沉沉的屋子,居然有个人,居然不是萧别离,是马芳铃。

叶开到处找不着的人,原来早已在这里等着他。

女孩子的行动,岂非是令人难以捉摸的?

叶开笑了,道:"你怎么会在这里?"

马芳铃瞪了他一眼,忽然站起来,扭头就走。

她本来一直坐在那里发怔,看见叶开进来本已忍不住露出喜色,但也不知为了什么,忽又板起了脸,扭头就走。

叶开知道这位大小姐想必已等得生气了。

你看到大小姐生气的时候,最好的法子,就是等她气消了再说。

在这种时候你若还想拦住她,劝劝她,你一定是个笨蛋。

叶开不是笨蛋。所以他什么也没说,只叹了口气,坐下来。

马芳铃本来已快冲出了门,突又转回来,瞪着叶开道:"喂,你来干什么的?"

叶开眨了眨眼,道:"来找你。"

马芳铃冷笑道:"来找我?现在才来?你以为我一定会等你?"

叶开笑道:"你现在不是在等我?"

马芳铃道:"当然不是。"

叶开道:"不是等我,是在等谁?"

马芳铃道:"等三姨。"

叶开怔了怔,道:"三姨?她也要来?"

马芳铃道:"你以为这地方只有男人才能来?"

叶开苦笑道:"我什么都没有以为,也不知道你已经来了,所以满街在找你。"

马芳铃瞪着他,又瞪了半天,道:"你一直都在找我?"

叶开道:"不找你找谁?"

马芳铃忽然扑哧一笑,道:"呆子,你以为这里只有一个门可以进来?"

原来她是从后门进来的,女孩子到这种地方来,当然要避旁人耳目。

叶开叹了口气,苦笑道:"我实在没有想到你也会走后门。"

马芳铃道:"不是我要走,是三姨。"

叶开又怔了怔,道:"她也来了?"

马芳铃咬着嘴唇,笑道:"呆子,我刚才不是已告诉了你吗?"

叶开道:"她的人呢?"

马芳铃向左面的第三扇门努了努嘴,道:"在里面。"

这扇门里,正是翠浓的香闺。

叶开瞪大了眼睛,讶道:"她在里面?在里面干什么?"

马芳铃道:"聊天。"

叶开道:"跟翠浓聊天?"

马芳铃道:"她们本来是朋友,三姨每次到镇上来,都要找她聊聊的。"

她忽又瞪起了眼,瞪着叶开道:"你怎么知道她叫翠浓?你也认得她?"

叶开讷讷道:"好像见过一次。"

马芳铃眼睛瞪得更大,道:"是好像见过?还是真的见过?"

叶开苦笑道:"真的见过。"

马芳铃歪起头,用眼角瞟着他,道:"你好像是前天晚上来的。"

叶开道:"嗯。"

马芳铃:"前天晚上你住在哪里?"

叶开道:"好像……好像是……"

马芳铃咬着嘴唇，突又一扭头，头也不回地冲了出去。

这位大小姐的脾气，真有点像是五月里的天气，变得真快。

叶开只有叹息，除了叹气之外，他还能怎么办呢？

男人在女人面前说话，真应该小心些，尤其是喜欢你的女人。

也不知过了多久，门忽然又被轻推开了，马芳铃又慢慢地走了回来，走到叶开面前，在对面找了张椅子坐下。

她脸色已好看多了，似笑非笑地看着叶开，忽然道："你怎么不说话？"

叶开道："我不敢说。"

马芳铃道："不敢？"

叶开道："我怕又说错了话，让你生气。"

马芳铃道："你怕我生气？"

叶开道："怕得厉害。"

马芳铃眼波流动，突又扑哧一笑道："呆子，不该说的时候嘴巴不停，该说的时候反而不说了。"

她目光渐渐温柔，凝视着叶开，道："今天早上，别人问你昨天晚上在哪里，你为什么不说？"

叶开道："不知道。"

马芳铃柔声道："我知道，你是怕连累了我，怕别人说我的闲话，是不是？"

叶开道："不知道。"

聪明的男人总是会选个很适当的时候来装装傻的。

马芳铃眼波更温柔，道："你难道不怕他们真的杀了你？"

叶开道："不怕，我只怕你生气。"

马芳铃嫣然一笑，温柔得就仿佛是可以令冰河解冻的春风。

叶开盯着她，似又有些痴了。

马芳铃慢慢地垂下头,道:"我爹爹早上是不是找你谈过话?"

叶开道:"嗯。"

马芳铃道:"他说了些什么?"

叶开道:"他要我走,要我离开这地方。"

马芳铃咬着嘴唇,道:"你说什么?"

叶开道:"我不走!"

马芳铃抬起头,忽然站起来,握住了他的手,道:"你……你真的不走?"

叶开点了点头。

马芳铃道:"别的地方没有人等你?"

叶开柔声道:"只有一个地方有人等我。"

马芳铃立刻问道:"哪里?"

叶开道:"这里。"

马芳铃又笑了,笑得更甜,眼波蒙蒙眬眬,就像是在做梦似的,轻轻道:"我这一辈子,从来也没有人跟我这样子说过话,从来也没有人拉过我的手……你知不知道?相不相信?"

叶开道:"我相信。"

马芳铃道:"就因为别人都觉得我很凶,所以我自己也愈来愈觉得自己凶了,其实……"

叶开忍不住笑道:"其实你本来就很凶。"

马芳铃嫣然一笑,道:"其实有时我跟你生气,根本就是假的。"

叶开道:"为什么要假装生气?"

马芳铃道:"因为……因为我总觉得若不时常发发脾气,别人就会来欺负我。"

叶开柔声道:"以后绝没有人敢再欺负你。"

马芳铃眨着眼,道:"若有人欺负我,你去跟他拼命?"

叶开道:"当然,只不过……你以后可不许假装生气了。"

马芳铃又咬起嘴唇,道:"但以后你若敢再住在这里,我可真的生气了。"

叶开什么话也不说,从靴筒里拿出了那卷红纸。

马芳铃打开来一看,脸上立刻又露出春风般温柔的微笑。

叶开看着她,从心里觉得她真是个很可爱的少女,又直爽,又天真,有时简直就像是个孩子一样。

他忍不住捧起了她的手,轻轻地亲了亲。

她的脸又红了,红得发烫。

就在这时,忽然听到有人轻轻咳嗽。

那人正带着微笑,看着他们。

马芳铃的脸更红,一双手立刻藏到背后。

三姨微笑道:"我们该回去了!"

马芳铃红着脸垂下头,道:"嗯。"

三姨道:"我先到外面去等你。"

她出去的时候,似有意,似无意,又回眸向叶开一笑。

令人销魂的一笑。

马芳铃的笑是明朗的、可爱的,就好像是初春的阳光。

她的笑却如浓春,浓得令人化不开,浓得令人不饮自醉。

在她面前,马芳铃看来就更像个孩子。

无论谁看到她走出去,都会觉得有些特别的滋味,就仿佛被她偷走了什么东西。

叶开当然不能将这种感觉露出来,所以忽然问道:"你们每次到镇上,坐的都是那辆马车?"

马芳铃显然不明白他为什么要问这句话,但还是点了点头。

叶开道:"像那样的马车,你们一共有几辆?"

马芳铃道:"只有一辆。这里的人,都比较喜欢骑马。"

叶开叹了口气,道:"就因为你们要坐这辆马车,所以他们就只能自己回来了。"

马芳铃道:"他们是谁?"

叶开道:"昨天晚上跟我一起去的客人。"

马芳铃笑道:"他们又不是孩子了,自己回来又有什么关系?你又何必叹气?"

叶开却又叹了口气,道:"因为他们十三个人来,现在已死了一个,不见了十一个。"

马芳铃睁大眼睛,道:"死的是谁?"

叶开道:"飞天蜘蛛。"

马芳铃道:"不见了的呢?"

叶开道:"乐大先生、慕容明珠和他那九个跟班的。"

马芳铃道:"这么大的人了,怎么会不见呢?"

叶开缓缓道:"这地方本来就随时都会有怪事发生的。"

马芳铃抿嘴一笑,道:"也许这只不过是你的疑心病,他们说不定很快就会回来的。"

叶开摇摇头,忽又道:"我能不能顺便搭你们的马车到前面去?"

马芳铃道:"当然可以。只不过……你到前面去干什么呢?"

叶开道:"去找那些不见了的人。"

马芳铃道:"你怎么知道他们还在附近?也许他们从别的路回去了呢?"

叶开道:"不会的。"

马芳铃道:"为什么不会?"

叶开道:"我知道。"

马芳铃道:"怎么知道的。"

叶开道:"有人告诉我。"

马芳铃道:"是什么人告诉你的?"

叶开垂头看着自己的手,一字字地说道:"是个死人……"

马芳铃骇然道:"死人?"

叶开点了点头,缓缓道:"你知不知道,死人有时也会说话的,只不过他们说话的方法和活人不同而已。"

马芳铃吃惊地看着他,讷讷道:"死人说的话你也相信?"

叶开又点点头,嘴角带着种神秘的笑意,道:"只有死人告诉你的事,才永远不会是假的……因为他已根本不必骗你。"

这死人紧握着的双拳已松开了,手指弯曲僵硬。死人纵然还能说出一些秘密,但他的手却是绝不会自己松开的。飞天蜘蛛紧紧地握着的双拳已松开,手指弯曲而僵硬。

马空群站在棺材旁,目光炯炯,盯着这双手。

他既不看这死人扭曲变形的脸,也不看那嘴角凝结了的血渍,只是盯着这双手。

所以每个人都在盯着这双手。

马空群忽然道:"你们看出了什么?"

花满天和云在天对望了一眼,沉默着。

公孙断道:"这只不过是双死人的手,和别的死人并没有什么地方不同。"

马空群道:"有。"

公孙断道:"有什么不同?"

马空群道:"这双手本来握得很紧,后来才被人扳开来的。"

公孙断道:"你看得出?"

马空群道："死人的骨头和血已冷硬，想扳开死人的手并不容易，所以他的手指才会这样子扭曲，而且上面还有伤痕。"

公孙断道："也许是他临死前受的伤。"

马空群道："绝不是。"

公孙断道："为什么？"

马空群道："因为若是生前受的伤，伤口一定有血渍，只有死了很久的人才不会流血。"

他忽然转向云在天，道："你看见这尸体时，他是不是已死了很久？"

云在天点点头，道："至少已死了一个时辰，因为那时他的人已冷透。"

马空群道："那时他的手呢？是不是握得很紧？"

云在天沉吟着，垂下头，道："那时我没有留意他的手。"

马空群沉下脸，冷冷道："那时你留意着什么？"

云在天道："我……我正急着去盘问别的人。"

马空群道："你问出了什么？"

云在天垂首道："没有。"

马空群沉声道："下次你最好记得，死人能告诉你的事，也许比活人还多，而且也远比活人可靠。"

云在天道："是。"

马空群道："他这双手里，必定紧握一样东西，这样东西必定是个很重要的线索，说不定就是他从凶手身上抓下来的。当时你若找出了这样东西，现在我们说不定就已知道凶手是谁了。"

云在天目中露出了敬畏之色，道："下次我一定留意。"

马空群脸色这才和缓了些，又问道："当时除了你之外，还有谁在这口棺材附近？"

云在天眼睛里忽然闪出了光,道:"还有叶开!"

马空群道:"你有没有看见他动过这尸体?"

云在天又垂下头,摇头道:"我也没有留意,只不过……"

马空群道:"只不过怎样?"

云在天道:"只不过他对这尸体,好像也很有兴趣,站在棺材旁看了很久。"

马空群冷笑着,道:"这少年看出的事,只怕远比你想的多得多。"

公孙断忍不住道:"这人只不过是个飞贼,他是死是活,和我们有什么关系?"

马空群道:"有。"

公孙断道:"有关系?"

马空群点点头,道:"这人虽是个飞贼,却是个最精明的飞贼,只要一出手,必定万无一失,可见他对别人的观察必是十分准确仔细。"

他缓缓接道:"所以,我才特地叫人找他到这里来……"

公孙断失声道:"这人是你特地找来的?"

马空群沉声道:"是我花了五千两银子请来的。"

公孙断道:"请他来干什么?"

马空群道:"请他来替我在暗中侦查,谁是来寻仇的人。"

公孙断道:"为什么要找他?"

马空群道:"因为他和这件事全没有关系,别人对他的警戒自然就比较疏忽,他查出真相的机会,自然也比较多。"

公孙断叹了口气,道:"只可惜他什么也没有查出来,就已死了。"

马空群沉声道:"他若什么都没有查出来,就不会死!"

公孙断道:"哦?"

马空群道:"就因为他已发现了那凶手的秘密,所以才会被人杀了灭口!"

公孙断瞪起了眼,道:"所以我们只要找出是谁杀他的,就可以知道谁是来找我们麻烦的人了。"

马空群冷冷道:"所以他手里握着的线索,关系才如此重要!"

公孙断道:"我去问问叶开,那东西是不是他拿走的?"

马空群道:"不必。"

公孙断道:"为什么?"

马空群道:"他死的时候,叶开在镇上,所以杀他的凶手绝不是叶开。"

他冷冷接着道:"何况,叶开若真从他手上拿走了什么,也没有人能问得出来。"

公孙断的手又按上刀柄,冷笑着,满脸不服气的样子。

马空群沉吟着,又道:"他临死之前,是谁跟他在一起的?"

云在天道:"乐大先生、慕容明珠、傅红雪。"

马空群道:"现在他们的人呢?"

云在天道:"傅红雪已回到镇上,乐乐山和慕容明珠却已失踪了。"

马空群沉下了脸,道:"去找他们,带四十个人去找。"

云在天道:"是。"

马空群道:"十个人一组,分成四组,多带食水口粮,找不到线索就不许回来!"

云在天道:"是。"

无论马空群说什么,他脸色永远都很恭顺。在马空群面前,这昔年也曾叱咤一方的武林高手,竟像是变成了个奴才。

公孙断突又大声道:"我去找傅红雪!"

马空群道:"不必。"

公孙断怒道:"为什么又不必?难道这小子就找不得?"

马空群叹了口气,道:"你难道看不出这人是怎么死的?"

公孙断垂下头去看手里的刀柄,道:"谁规定带刀的一定要用刀杀人?"

马空群没有立刻回答这句话,云在天即已知趣地退了出来,带上门。

公孙断的头抬起,又问了一句:"谁规定他一定要用刀杀人?"

马空群道:"他自己。"

公孙断道:"他自己?"

马空群道:"他若真是来复仇的,那么他手里的刀就是他复仇的象征,他要杀人,就一定要用刀!"

他淡淡地笑了笑,接下去道:"他若不是来复仇的,你又何必去找他?"

公孙断没有再说话,他转身走了出去,脚步声沉重得像是条愤怒的公牛。

马空群看着他巨大的背影,眼里忽然露出忧郁恐惧之色,仿佛已从这个人的身上,看出了一些十分悲惨不幸之事。

四十个人,四十匹马。

四十个大羊皮袋中,装满了清水和干粮。

刀已磨利,箭已上弦。

云在天仔细地检查了两次,终于满意地点了点头,但声音却更严厉:"十个人一组,分头去找,找不到你们自己也不必回来!"

公孙断已回到自己的屋子。

屋里虽显得有些凌乱，但却宽大而舒适，墙上排满了光泽鲜艳的兽皮，桌上摆满了各种香醇的美酒，在寂寞的晚上只要他愿意，就有人会从镇上为他将女人送来。

这是他应得的享受。他流的血和汗都已够多。

可是他从来未对这种生活觉得满意，因为在他内心深处，还埋藏着一柄刀，一条鞭子。

是他自己用自己沾满血腥的手埋下去的！

无论他在做什么，这柄刀总是在他心里不停地搅动，这条鞭子也总是在不停地抽打着他的灵魂。

桌上的大金杯里酒还满着，他一口气喝了下去，眼睛里已被呛出泪水。

现在终于已有人来复仇了，但他却只能像是个见不得人的小媳妇般坐在屋子里，用袖子偷偷擦眼角的泪水——无论是为了什么原因流下来的，眼泪总是眼泪。

他又倒了满满一杯酒，喝了下去。

"忍耐！为什么要忍耐？你既然有可能要来杀我，我为什么不能先去杀你？"

他冲了出去。

也许他并不想去杀人的，可是他心里实在太恐惧。

不是仇恨，也不是愤怒，而是恐惧！

一个人想去杀人时，为了仇恨和愤怒的反而少，为了恐惧而杀人的反而多！

一个人想去杀人时，往往也不是为了别人伤害了他，而是因为他伤害了别人。

这也正是自古以来，人类最大的悲剧。

第九章

稳若磐石

黄昏。

斜阳从小窗里斜照进来，照在傅红雪的腿上，使他想起了前夜轻抚着他大腿的，那双温暖而又柔软的手。

他躺在床上，疲倦得连靴子都懒得脱了。

但只要想起那双手，那个女人，那光滑如丝缎的皮肤，那条结实修长的腿，和腿的奇异动作……

他心里立刻就会涌起一种奇异的冲动，好像连裤裆都要被冲破。

他知道如何解决这种冲动。

他做过。

可是现在他已不同，因为他已有过女人，真正的女人。

他本不该想这件事的——他所受的训练也许比世上所有的男人都严厉艰苦。

但他也是个男人，被这种见鬼的夕阳晒着，除了这件事外，他简直什么都不愿想——他太疲倦。

雨是什么时候停的？

骤雨后的夕阳为什么总是特别温暖？

他跳下床，冲出去！

他需要发泄，却偏偏只能忍耐！

街上很安静。

山城里的居民，仿佛都已看出这地方将要有件惊人的大事发生，连平常喜欢在街上游荡的人，都宁可躲在家里抱孩子了。

叶开站在屋檐下，看着街上的泥泞，似在思索着件很难解决的问题。

然后他就看到傅红雪从对面的小巷里走出来。

他微笑着打了个招呼，傅红雪却像是没有看见他，苍白的脸上，仿佛带着种激动的红晕，眼睛直勾勾地盯着对面的一道窄门。

门上的灯笼已燃起。

傅红雪的眼睛似也如这盏灯一样，也已在燃烧。

他手里紧紧地握着他的刀，慢慢地，一步步地走过去。

叶开忽然发现这冷漠沉静的少年，今天看来竟像是变得有些奇怪。

一个人若是忍耐得太久，憋得太久，有些时候总难免会想发泄一下的，否则无论谁都难免要爆炸。

叶开叹了口气，喃喃道："看来他的确应该痛痛快快地喝顿酒了。"

最好能喝得烂醉如泥，不省人事，那么等他醒来时，虽然会觉得头痛如裂，但精神却一定会觉得已松弛了下来。

当然最好还能有个女人。

叶开在奇怪，也不知道这少年一生是不是曾接触过女人。

若是完全没有接触过女人，也许反倒好些——完全没有接触过女人的男人，就像是个严密的堤防，是很难崩溃的。

已有过很多女人的男人，也不危险——假如已根本没有堤防，又怎会崩溃。

最危险的是，刚接触到女人的男人，那就像是堤防上刚有了一点缺口，谁也不知道它会在什么时候让洪水冲进来。

傅红雪慢慢地穿过街道，眼睛还是盯着那扇门，门上的灯笼。

灯笼亮着，就表示营业已开始。

今天的生意显然不会好，这地方主要的客人就是马场中的马师和远地来的马贩子，今天这两种人只怕都不会上门。

傅红雪推开了门，喉结上下滚动着。

屋子里只有两个刚和老婆呕过气的本地客人，萧别离已下了楼，当然还是坐在那同样的位子，正在享受着他的"早点"。

他的早点是一小碟烤得很透的羊腰肉，一小碗用羊杂汤煮的粉条和一大杯酒，好像是从波斯来的葡萄酒，盛在夜光杯里。

他是个懂得享受的人。

傅红雪走进去，迟疑着，终于又在前夜他坐的那位子上坐下。

"喝什么酒？"

他又迟疑了很久！

"不要酒。"

"要什么？"

"除了酒之外，别的随便什么都行。"

萧别离忽然笑了笑，转头吩咐他的伙计。

"这里刚好有新鲜的羊奶，给这位傅公子一盅，算店里的敬意。"

傅红雪没有看他，冷冷道："用不着，我要的东西，我自己付账。"

萧别离又笑了笑，将最后一片羊腰肉送到嘴里，慢慢地嚼着，享受着那极鲜美中微带膻气的滋味，他绝不是个喜欢争执的人。

但他却知道已有个喜欢争执的人来了。

急骤的马蹄声停在门外。

"砰"地，门被用力推开，一条高山般的大汉，大步走了进来，不戴帽子，衣襟散开，腰上斜插着把银柄弯刀。

公孙断！

萧别离微笑着招呼，他也没有看见。

他已看见了傅红雪。

他的眼睛立刻像是一只发现了死尸的兀鹰。

羊奶已送上，果然很新鲜。

这种饮料只有边城中的人才能享受得到，也只有边城的人才懂得享受。

傅红雪勉强喝了一口，微微皱了皱眉。

公孙断突然冷笑，道："只有羊才喝羊奶。"

傅红雪听不见，端起羊奶，又喝了一口。

公孙断大声道："难怪这里有羊骚臭，原来这里有条臭羊。"

傅红雪还是听不见，可是他握着刀的手，青筋已凸起。

公孙断忽然走过去，"砰"地一拍桌子，道："走开！"

傅红雪目光凝视着碗里的羊奶，缓缓道："你要我走开？"

公孙断道："这里是人坐的，后面有羊栏，那才是你该去的地方。"

傅红雪道："我不是羊。"

公孙断又一拍桌子，道："不管你是什么东西，都得滚开，老子喜欢坐在你这位子上。"

傅红雪道："谁是老子？"

公孙断道："我，我就是老子，老子就是我。"

"砰"地，碗碎了。

傅红雪看着羊奶泼在桌子上，身子已激动得开始颤抖。

公孙断瞪着他，巨大的手掌也已握住刀柄，冷笑道："你是要自己滚，还是要人抬你出去？"

傅红雪颤抖着，慢慢地站起来，努力控制着自己，不去看他。

公孙断大笑道："看来这条臭羊已要滚回他的羊栏去了，为什么不把桌上的奶舔干净再滚？"

傅红雪霍的抬起头，瞪着他。一双眼睛似已变成了燃烧着的火炭。

公孙断的眼睛也已因兴奋而布满红丝，狞笑道："你想怎么样？想拔刀？"

傅红雪的手握着刀，握得好紧。

公孙断道："只有人才会拔刀，臭羊是不会拔刀的，你若是个人，就拔出你的刀来。"

傅红雪瞪着他，全身都已在颤抖。

本来在喝酒的两个人早已退入角落里，吃惊地看着他们。

萧别离慢慢地啜着杯中酒，拿杯子的手似也已因紧张而僵硬。

屋里静得只剩下呼吸声。

傅红雪的呼吸声轻而短促，公孙断的呼吸声长而短促，萧别离的呼吸声长而沉重。

别的人却似连呼吸都已停止。

傅红雪忽然转过身，往外走，左腿先迈出一步，右腿再跟着拖了过去。

公孙断重重地往地上啐了一口，冷笑道："原来这条臭羊还是个跛子。"

傅红雪的脚步突然加快，却似已走不稳了，踉跄冲了出去。

公孙断大笑道："滚吧，滚回你的羊栏去，再让老子看见你，小心老子打断你的那条腿。"

他拉开椅子坐下来，又用力一拍桌子，大声道："拿酒来，好酒。"

突听门口一人大声道："拿酒来，好酒。"

叶开已走了进来，手里居然还牵着一条羊。

公孙断瞪着他，他却好像没有看见公孙断，找了个位子坐下。

他找的位子恰好就在公孙断对面。

公孙断冷笑，又指着桌子道："酒呢？赶快。"

叶开也拍着桌子，道："酒呢？赶快。"

在这种情况下，酒当然很快就送了上来。

叶开倒了杯酒，自己没有喝，却捏着那条羊的脖子，将一杯酒灌了下去。

公孙断的浓眉已皱起，萧别离却忍不住笑了。

叶开仰面大笑，道："原来人喝奶，羊却是来喝酒的。"

公孙断的脸色变了，霍然飞身而起，厉声道："你说什么？"

叶开淡淡笑道："我正在跟羊说话，阁下难道是羊？"

萧别离忽也笑道："这地方又不是羊栏，哪来的这么多羊？"

公孙断转过头，瞪着他。

萧别离微微笑道："公孙兄莫非也想打断我的腿？只可惜我的两条腿都早已被人打断了。"

公孙断紧握双拳，一字字道："只可惜还有人的腿没有断。"

叶开笑道："不错，我的腿没有断。"

公孙断怒道："好，你站起来！"

叶开悠然道:"能坐着的时候,我通常都很少站起来。"

萧别离道:"还能够站着的时候,我通常都很少坐下去。"

叶开道:"我是个懒人。"

萧别离道:"我是个没有腿的人。"

两人忽然一起大笑。

叶开轻拍着羊头,眼角却瞟向公孙断,笑道:"羊兄羊兄,你为什么总是喜欢站着呢?"

公孙断是站着的。

他额上已暴出青筋,突然反手握刀,大喝道:"坐着我也一样能砍断你的腿。"

银光一闪,刀已出鞘。

"噗"的一响,坚实的桌子竟已被他一刀劈成了两半!

桌子就在叶开面前裂开,倒下。刀光就在叶开面前劈下去。

叶开没有动,甚至连眼睛都没有眨。

他还是微笑着,淡淡道:"想不到你的刀是用来劈桌子的。"

公孙断怒吼一声,银刀划成圆弧。

叶开全身都已在刀光笼罩中,眼睛里仿佛也有银光闪动。

"叮"的一响,火星四溅。

一根银拐忽然从旁边伸过来,架住了银刀。

萧别离用一根铁拐架住了银刀,另一根铁拐已钉入地下五寸。

这一刀的力量好可怕。

但萧别离的身子却还是稳稳地站着,手里的铁拐还是举得很平。

因为这一刀的力量,已被他移到另一根铁拐上,再化入大地中。

公孙断的脸上已无血色,瞪着他,一字字道:"这不干你的事。"

萧别离淡淡道:"这里也不是杀人的地方。"

公孙断脖子上的血管不停跳动,但手里的刀却没动。

铁拐也没有动。

忽然间,刀锋开始摩擦铁拐,发出一阵阵刺耳的声音。

另一枝铁拐又开始一分分向地下陷落。

但萧别离还是稳稳地挂在这根铁拐上,稳如磐石。

公孙断突然跺了跺脚,地上青石裂成碎片,他的人却已大步走了出去。

他连一句话都没有再说。

叶开长长地叹了口气,赞道:"萧先生好高明的内功!"

萧别离道:"惭愧。"

叶开微笑说道:"无论谁若已将内功练到'移花接木'这一层,世上就再也没有什么值得他惭愧的事了。"

萧别离也笑了笑,道:"叶兄好高明的眼力。"

叶开道:"公孙断的眼力想必也不错,否则他怎么肯走。"

萧别离目中带着深思的表情,道:"这也许只因为他真正要杀的并不是你。"

叶开叹道:"但若非萧先生,今日我只怕已死在这里了。"

萧别离微笑道:"今日若不是我,只怕真的要有个人死在这里,但却绝不是你。"

叶开道:"不是我?是谁?"

萧别离道:"是他。"

叶开道:"怎么会是他?"

萧别离也叹了口气,道:"他是个莽夫,竟看不出叶兄你的武功至少比他高明十倍。"

叶开又笑了笑,仿佛听到了一件世上最可笑的事,摇着头笑道:"萧先生这次只怕算错了。"

萧别离淡淡道:"我两腿虽断,两眼却未瞎,否则我已在这里忍了十几年，今日又怎会出手。"

叶开在等着他说下去。

萧别离道："数十年来，我还未看见过像叶兄这样的少年高手，不但武功深不可测，而且深藏不露，所以……"

他停住嘴，好像在等着叶开问下去。

叶开只有问道："所以怎么样？"

萧别离又长长叹息了一声，道："一个无亲无故的残废人，要在这里活着并不容易，若能结交叶兄这样的朋友……"

叶开忽然打断了他的话，笑道："若结交我这样的朋友，以后你的麻烦就多了。"

萧别离目光灼灼，凝视着他，道："我若不怕麻烦呢？"

叶开道："我们就是朋友。"

萧别离立刻展颜而笑，道："那么你为何不过来喝杯酒？"

叶开笑道："你就算不想请我喝酒，我还是照样要喝的。"

一个人骑马驰过长街，突然间，一只巨大的手掌将他从马上拉下，重重地跌坐地上。

他正想怒骂，又忍住。

因为他已看出拉他下马的人正是公孙断，也看出了公孙断面上的怒容，正在发怒的公孙断，是没有人敢惹的。

公孙断已飞身上马，打马而去。

他自己的马呢？

公孙断的马正在草原上狂奔，那鞍上的人却是傅红雪。

他冲出门，就跳上这匹马，用刀鞘打马，打得很用力。

就好像已将这匹马当作公孙断一样。

他需要发泄，否则他只怕就要疯狂。

马也似疯狂,由长街狂奔入草原,由黄昏狂奔入黑暗,无边无际的黑暗。

星群犹未升起,他宁愿天上永远都没有星,没有月,他宁愿黑暗。

一阵阵风刮在脸上,一粒粒砂子打在脸上,他没有闪避,反而迎了上去。

连那样的羞侮都已忍受,世上还有什么是他不能忍受的?

他咬着牙,牙龈已出血。

血是苦的,又苦又咸。

忽然间,黑暗中有一粒孤星升起。

不是星,是万马堂旗杆上的大灯,却比星还亮。

星有沉落的时候,这盏灯呢?

他用力抓住马鬃,用力以刀鞘打马,他需要发泄,速度也是种发泄。

但是马已倒下,长嘶一声,前蹄跪倒。

他的人也从马背上蹿出,重重地摔在地上。

地上没有草,只有砂。

砂石磨擦着他的脸,他的脸已出血。

他的心也已出血。

忍耐!忍耐!无数次忍耐,忍耐到几时为止?

有谁能知道这种忍耐之中带有多少痛苦?多少辛酸?

他眼泪忍不住流了下来——带着血的泪,带着泪的血。

星已升起,繁星。

星光下忽然有匹马踩着砂粒奔来,马上人的眸子宛如星光般明亮灿烂。

鸾铃清悦如音乐——马芳铃。

她脸上带着甜蜜的微笑,眸子里充满了幸福的憧憬,她比以前无论什么时候看来都美。

这并不是因为星光明媚,也不是因为夜色凄迷,而是因为她心里的爱情。

爱情本就能令最平凡的女人变得妩媚,最丑陋的女人变得美丽。

"他一定在等我,看到我又忽然来了,他一定比什么都高兴。"

她本不该出来的。

可是她心里的热情,却使得她忘去一切顾忌。

她本不能出来的。

可是爱情却使得她有了勇气,不顾一切的勇气。

她希望能看到他,只要能看到他,别的事她全不放在心上。

风是冷的,冷得像刀。

但在她感觉中,连这冷风都是温柔的,但就在这时,她已听到风中传来的啜泣声音。

是谁在如此黑暗寒冷的荒漠上偷偷啜泣?

她本已走过去,又转回来,爱情不但使得她的人更美,也使得她的心更美。

她忽然变得很仁慈,很温柔,很容易同情别人、了解别人。

她找到了那匹已力竭倒地的马,然后就看见了傅红雪。

傅红雪蜷曲在地上,不停地颤抖。

他似乎完全没有听见她的马蹄声,也没有看见她跳下马走过来。

他正在忍受着世上最痛苦的煎熬,最可怕的折磨。

他的脸在星光下苍白如纸,苍白的脸上正流着带血的泪、带泪的血。

马芳铃已看清了他，吃惊地瞪大了眼睛，失声道："是你？"

她还记得这奇特的少年，也没有忘记这少年脸上被她抽出来的鞭痕。

傅红雪也看到了她，目光迷惘而散乱，就像是一匹将疯狂的野马。

他挣扎着，想站起来，但四肢却仿佛被一双看不见的巨手拧绞着，刚站起，又倒下。

马芳铃皱起眉，道："你病了？"

傅红雪咬着牙，嘴角已流出了白沫，正像是那匹死马嘴角流出的白沫。

他的确病了。

这种可怕的病，已折磨了他十几年，每当他被逼得太紧，觉得再也无法忍耐时，这种病就会突然地发作。

他从不愿被人看到他这种病发作的时候，他宁可死，宁可入地狱，也不愿被人看到。

但现在他却偏偏被人看到了。

他紧咬着牙，用刀鞘抽打着自己。

他恨自己。

一个最倔强、最骄傲的人，老天为什么偏偏要叫他染上这种可怕的病痛？

这是多么残忍的煎熬折磨？

马芳铃也看出这种病了，叹了口气，柔声道："你何必打自己？这种病又死不了人的，而且还很快就会……"

傅红雪突然用尽全身力气，拔出了他的刀，大吼道："你滚，快滚，否则我就杀了你！"

他第一次拔出了他的刀。

好亮的刀!

刀光映着他的脸,带着血泪的脸。

苍白的刀光,使他的脸看来既疯狂,又狞恶。

马芳铃情不自禁地后退了两步,目中也已露出了惊惧之色。

她想走,但这少年四肢突又一阵痉挛,又倒了下去。

他倒在地上挣扎着,像是一匹落在陷阱里的野马,孤独、绝望、无助。

刀还在他手里,出了鞘的刀。

他突然反手一刀,刺在他自己的腿上。

刺得好深。

鲜血沿着刀锋涌出。

他身子的抽动和痉挛却渐渐平息。

但是他还在不停地颤抖,抖得整个人都缩成了一团。

抖得就像是个受了惊骇的孩子。

马芳铃目中的恐惧已变为同情和怜悯。

如此黑暗,如此寒冷,一个孤独的孩子……

她忍不住轻轻叹息了一声,走了过去,轻抚着他的头发,柔声道:"这又不是你的错,你何必这样子折磨自己?"

她的声音温柔像慈母。

这孤独无助的少年,已激发了她与生俱来的母性。

傅红雪的泪已流下。

无论他多么坚强,多么骄傲,在这种时候也被深深打动。

他流着泪,突然嘶声大叫,道:"我错了,我根本就不该生下来,根本就不该活在这世上的。"

呼声中充满了绝望的悲哀。

马芳铃心中又是一阵刺痛——同情和怜悯有时也像是一根针,同样会刺痛人的心。

她忍不住抱起了他,将他抱在怀里,柔声道:"你用不着难过,你很快就会好的……"

她没有说完这句话,因为她的眼泪也已流了下来。

风在呼啸,草也在呼啸。

一望无际的大草原,看来就像是浪涛汹涌的海洋,你只要稍微不小心,立刻就会被它吞没。

但人类情感的澎湃冲击,岂非远比海浪还要可怕,还要险恶?

傅红雪的颤抖已经停止,喘息却更急更重。

马芳铃可以感觉到他呼吸的热气,已透过了她的衣服。

她的胸膛似已渐渐发热。

一种毫无目的、全无保留的同情和怜悯,本已使她忘了自己抱着的是个男人。

那本来是人类最崇高伟大的情操,足以令人忘记一切。

但现在,她心里却忽然有了种奇异的感觉,这种感觉来得竟是如此强烈。

她几乎立刻推开他,却又不忍。

傅红雪忽然道:"你是谁?"

马芳铃道:"我姓马……"

她声音停顿,因为她已感觉到这少年的呼吸似也突然停顿。

她想不出这是为了什么。

没有人能想到仇恨的力量是多么强烈,有时远比爱情更强烈。

因为爱是柔和的、温暖的,就像是春日的风、春风中的流水。

仇恨却尖锐得像是一把刀,一下子就可以刺入你的心脏。

傅红雪没有再问,突然用力抱住她,一把撕开了她的衣裳。

这变化来得太快,太可怕。

马芳铃已完全被震惊，竟忘了闪避，也忘了抵抗。

傅红雪冰冷的手已滑入她温暖的胸膛，用力抓住了她……

这种奇异的感觉也像是一把刀。

马芳铃的心已被这一刀刺破，惊慌、恐惧、羞辱、愤怒，一下子全都涌出。

她的人跃起，用力猛掴傅红雪的脸。

傅红雪也没有闪避抵抗，但一双手却还是紧紧地抓住她。

她疼得眼泪又已流出，握紧双拳，痛击他的鼻梁。

他一只手放开，一只手捉住她的拳。

她的胸立刻裸露在寒风中，硬而坚挺。

他眼睛已有了红丝，再扑上去。

她弯起膝盖，用力去撞。

也不知为了什么，两个人都没有说话，也没有呼喊，呼喊在这种时候也没有用。

两个人就像是野兽般在地上翻滚、挣扎、撕咬。

她身上裸露的地方更多。

他已接近疯狂，她也愤怒得如同疯狂，但却已渐渐无力抵抗。

忽然间，她放声嘶喊："放开我，放开我……你为什么要这样对我？为什么……"

她知道这时绝不可能有人来救她，也知道他绝不会放过她。

她这是向天哀呼。

傅红雪喘息着，道："这本就是你自己要的，我知道你要。"

马芳铃已几乎放弃挣扎，听了这句话，突然用尽全身力气，一口咬在他肩上。

他疼得全身都收缩，但还是紧紧压着她，仿佛想将她的生命和欲望一起压出来。

她的嘴却已离开他的肩,嘴里咬着他的血,他的肉……

她突然呕吐。

呕吐使得她更无力抵抗,只有高呼。

"求求你,求求你,你不能这样做。"

他已几乎占有她,含糊低语:"为什么不能?谁说不能?"

突听一人道:"我说的!你不能!"

声音很冷静,冷静得可怕。

愤怒到了极点,有时反而会变得冷静——刀岂非也是冷静?

这声音听在傅红雪耳里,的确也像是一把刀。

他的人立刻滚出。

然后就看见了叶开!

第十章

杀人灭口

叶开站在黑暗里,站在星光下,就像是石像,冰冷的石像。

马芳铃也看见了他,立刻挣扎着扑过来,扑在他怀里,紧紧抱住了他,失声痛哭,哭得连一个字都说不出来。

叶开也没有说话。

在这种时候,安慰和劝解都是多余的。

他只是除下了自己的长衫,无言地披在她身上。

这时傅红雪已握住了他的刀,翻身掠起,瞪着叶开,眼睛里也不知是愤怒,还是羞惭。

叶开根本连看都没有看他一眼。

傅红雪咬着牙,一字字道:"我要杀了你!"

叶开还是不理他。

傅红雪突然挥刀扑了过来。

他一条腿虽然已残废,腿上虽然还在流着血,但此刻身形一展,却还轻捷如飞鸟,剽悍如虎豹。

没有人能想像一个残废的行动能如此轻捷剽悍。

没有人能形容这一刀的速度和威力!

"我要杀了你!"

没有人能形容这一刀的速度和威力,刀光已闪电般向叶开劈下。

叶开没有动。

刀光还未劈下,突然停顿。

傅红雪瞪着他,握刀的手渐渐发抖,突然转过身,弯下腰,猛然地呕吐。

叶开还是没有看他,但目中却已露出了同情怜悯之色。

他了解这少年,没有人比他了解得更深更多,因为他也经历过同样的煎熬和痛苦。

马芳铃还在哭。

他轻拍着她的肩,柔声道:"你先回去。"

马芳铃道:"你……你不送我?"

叶开道:"我不能送你。"

马芳铃道:"为什么?"

叶开道:"我还要留在这里。"

马芳铃用力咬着嘴唇,道:"那么我也……"

叶开道:"你一定要回去,好好地睡一觉,忘记今天的事,到了明天……"

马芳铃仰面看着他,目中充满期望渴求之色,道:"明天你来看我?"

叶开眼睛里的表情却很奇特,过了很久,才缓缓地道:"我当然会去看你。"

马芳铃用力握着他的手,眼泪又慢慢地流下,黯然道:"你就算不去,我也不怪你。"

她突然转身,掩着脸狂奔而去。

她的哭声眨眼间就被狂风淹没。

马蹄声也已远去,天地间又归于寂静,大地却像是一面煎锅,锅下仍有看不见也听不见的火焰在燃烧着，煎熬着它的子民。

傅红雪呕吐得整个人都已弯曲。

叶开静静地看着他，等他吐完了，忽然冷冷道："你现在还可以杀我。"

傅红雪弯着腰，冲出几步，抄起了他的刀鞘，直往前冲。

他一口气冲出很远的一段路，才停下来，仰面望天，满面血泪交流。

他整个人都似已将虚脱。

叶开却也跟了过来，正在他身后，静静地看着他，冷冷道："你为什么不动手？"

傅红雪握刀的手又开始颤抖，突然转身，瞪着他，嘶声道："你一定要逼我？"

叶开道："没有人逼你，是你自己在逼自己，而且逼得太紧。"

他的话就像是条鞭子，重重地抽在傅红雪身上。

叶开慢慢地接着道："我知道你需要发泄，现在你想必已舒服得多。"

傅红雪握紧双手，道："你还知道什么？"

叶开笑了笑，道："我也知道你绝不会杀我，也不想杀我。"

傅红雪道："我不想？"

叶开道："也许你唯一真正想伤害的人，就是你自己，因为你……"

傅红雪目露痛苦之色，突然大喝道："住口！"

叶开叹了口气，还是接着说了下去，道："你虽然自觉做错了事，但这些事其实并不是你的错。"

傅红雪道："是谁的错？"

叶开凝注着他，道："你应该知道是谁……你当然知道。"

傅红雪的瞳孔在收缩,突又大声道:"你究竟是谁?"

叶开又笑了笑,淡淡道:"我就是我,姓叶,叫叶开。"

傅红雪厉声道:"你真的姓叶?"

叶开道:"你真的姓傅?"

两个人互相凝视着,像是都想看到对方心里去,挖出对方心里的秘密。

只不过叶开永远是松弛的、冷静的,傅红雪却总是紧张得像是一张绷紧了的弓。

然后他们突然同时听到一种很奇怪的声音,仿佛是马蹄踏在烂泥上发出的声音,又像是屠夫在斩肉。

这声音本来很轻,可是夜太静,他们两人的耳朵又太灵。而且风也正是从那里吹过来的。

叶开忽然道:"我到这里来,本来不是为了来找你的。"

傅红雪道:"你找谁?"

叶开道:"杀死飞天蜘蛛的人。"

傅红雪道:"你知道是谁?"

叶开道:"我没有把握,现在我就要去找出来。"

他翻身掠出几丈,又停了停,像是在等傅红雪。

傅红雪迟疑着,终于也追了上去。

叶开笑了笑,道:"我知道你会来的。"

傅红雪道:"为什么?"

叶开道:"因为这里发生的每件事,也许都跟你有关系。"

傅红雪的人又绷紧,道:"你知道我是谁?"

叶开微笑道:"你就是你,你姓傅,叫傅红雪。"

狂风扑面,异声已停止。

傅红雪紧闭着嘴，不再说话，始终和叶开保持着同样的速度。

他的轻功身法很奇特、很轻巧，而且居然还十分优美。

在他施展轻功的时候，绝没有人能看出他是个负了伤的残废。

叶开一直在注意着他，忽然叹了口气，道："你好像是从一出娘胎就练武功的。"

傅红雪板着脸，冷冷道："你呢？"

叶开笑了，道："我不同。"

傅红雪道："有什么不同？"

叶开道："我是个天才。"

傅红雪冷笑，道："天才都死得快。"

叶开淡淡道："能快点死，有时也未尝不是一件好事。"

傅红雪目中又露出痛苦之色。

"我不能死，绝不能死……"他心里一直在不停地呐喊。

然后他就听到叶开突然发出一声轻呼。

狂风中忽然又充满了血腥气，惨淡的星光照着一堆死尸。

人的生命在这大草原中，竟似已变得牛马一样，全无价值。

尸首旁挖了个大坑，挖得并不深，旁边还有七八柄铲子。

显然是他们杀了人后，正想将尸体掩埋，却已发现有人来了，所以匆匆而退。

杀人的是谁？

谁也不知道。

被杀的却是慕容明珠和他手下的九个少年剑客。慕容明珠的剑已出鞘，但这九个人却连剑都没有拔出，就已遭了毒手。

叶开叹了口气，喃喃道："好快的出手，好毒辣的出手！"

若非杀人的专家，又怎会有如此快而毒辣的出手？

傅红雪握紧双手，仿佛又开始激动，他好像很怕看见死人和血腥。

叶开却不在乎。

他忽从身上拿出一块碎布，碎布上还连着个钮扣。

这块碎布正和慕容明珠身上的衣服同样质料，钮扣的形式也完全一样。

叶开长长叹了口气，道："果然是他。"

傅红雪皱了皱眉，显然不懂。

叶开道："这块碎布，是我从飞天蜘蛛手里拿出来的，他至死还紧紧握着这块布。"

傅红雪道："为什么？"

叶开道："因为慕容明珠就是杀他的凶手！他要将这秘密告诉别人知道。"

傅红雪道："告诉你？要你为他复仇？"

叶开道："他不是想告诉我。"

傅红雪道："他想告诉谁？"

叶开叹了口气，道："我也希望我能够知道。"

傅红雪道："慕容明珠为什么要杀他？"

叶开摇摇头。

傅红雪道："他怎会在那棺材里？"

叶开又摇摇头，傅红雪道："是谁又杀了慕容明珠？"

叶开沉吟着，道："我只知道杀死慕容明珠的人，是为了灭口。"

傅红雪道："灭口？"

叶开道："因为这人不愿别人发现，飞天蜘蛛是死在慕容明珠手里，更不愿别人找慕容明珠。"

傅红雪道："为什么？"

叶开道:"因为他生怕别人查出他和慕容明珠之间的关系。"

傅红雪道:"你猜不出他是谁?"

叶开忽然不说话了,似已陷入沉思中。

过了很久,他缓缓道:"你知不知道今天下午,云在天去找过你?"

傅红雪道:"不知道。"

叶开道:"他说他去找你,但他看到你时,却连一句话都没有说。"

傅红雪道:"因为他找的根本不是我!"

叶开点点头,道:"不错,他找的当然不是你,但他找的是谁呢?——萧别离?翠浓?他若是去找这两人,为什么要说谎?"

风更大了。

黄沙漫天,野草悲泣,苍穹就像是一块镶满了钻石的墨玉,辉煌而美丽,但大地却是阴沉而悲怆的。

风中偶尔传来一两声马嘶,却衬得这原野更寂寞辽阔。

傅红雪慢慢地在前面走,叶开慢慢地在后面跟着。

他本来当然可以赶到前面去,可是他没有。

他们两个人之间,仿佛总是保持着一段奇异的距离,却又仿佛有种奇异的联系。

远处已现出点点灯火。

傅红雪忽然缓缓道:"总有一天,不是你杀了我,就是我杀了你!"

叶开道:"总有一天?"

傅红雪还是没有回头,一字字道:"这一天也许很快就会来了。"

叶开道:"也许这一天永远都不会来。"

傅红雪冷笑道："为什么？"

叶开长长叹息了一声，目光凝视着远方的黑暗，缓缓道："因为我们说不定全都死在别人手里！"

马芳铃伏在枕上，眼泪已沾湿了枕头。

直到现在，她情绪还是不能恢复平静，爱和恨就像是两只强而有力的手，已快将她的心撕裂。

叶开、傅红雪。

这是两个多么奇怪的人。

草原本来是寂寞而平静的，自从这两个人来了之后，所有的事都立刻发生了极可怕的变化。

谁也不知道这种变化还要发展到多么可怕的地步。

这两个人究竟是谁？他们为什么要来？

想到那天晚上，在黄沙上，在星空下，她蜷伏在叶开怀里。

叶开的手是那么温柔甜蜜，她已准备献出一切。

但是他没有接受。

她说她要回去的时候，只希望被他留下来，甚至用暴力留下她，她都不在乎。

但是他却就这样让她走了。

他看来是那么狡黠，那么可恶，但他却让她走了。

另一天晚上，在同样的星空下，在同样的黄沙上，她却遇见了个完全不同的人。

她从没有想到傅红雪会做出那种事。

他看来本是个沉默而孤独的孩子，但忽然间，他竟变成了野兽。

是什么原因使他改变的？

只要一想起这件事，马芳铃的心就立刻开始刺痛。

她从未见过两个如此不同的人,但奇怪的是,这两人竟忽然变得同样令她难以忘怀。

她知道她这一生,已必定将为这两人改变了。

她眼泪又流了下来……

屋顶上传来一阵阵沉重的脚步声,她知道这是她父亲的脚步声。

马空群就住在他女儿楼上。

本来每天晚上,他都要下来看看他的女儿,可是这两天晚上,他却似已忘了。

这两天他也没有睡,这种沉重的脚步,总要继续到天亮时才停止。

马芳铃也已隐隐看出了她父亲心里的烦恼和恐惧,这是她以前从未见过的。

她自己心里也同样有很多烦恼恐惧。

她很想去安慰她的父亲,也很想让他来安慰她。

但马空群是严父,虽然爱他的女儿,但父女两人间,总像是有段很大的距离。

三姨呢?这两天为什么也没有去陪他?

马芳铃悄悄地跳下床,赤着足,披起了衣裳,对着菱花铜镜,弄着头发。

"是找三姨聊聊呢?还是再到镇上去找他?"

她拿不定主意,只知道绝不能一个人再待在屋里。

她的心实在太乱。

但就在这时,她忽然听到一阵很急的马蹄声自牧场上直驰而来。

只听这马蹄声,就知道来的必定是匹千中选一的快马,马上骑士也必定是万马堂的高手。

如此深夜,若不是为了很急的事,绝没有人敢来打扰她父亲的。

她皱了皱眉,就听见了她父亲严厉的声音:"是不是找到了?"

"找到了慕容明珠。"这是云在天的声音。

"为什么不带来?"

"他也已遭了毒手,郝师傅在四里外发现了他的尸体,被人乱刀砍死。"

楼上一阵沉默,然后就听到一阵衣袂带风声从窗前掠下。

蹄声又响起,急驰而去。

马芳铃心里忽然涌出一阵恐惧,慕容明珠也死了,她见过这态度傲慢、衣着华丽的年轻人,昨天他还是那么有生气,今夜却已变成尸体。

还有那些马师,在她幼年时,其中有两个教过她骑术。

接下去会轮到什么人呢?叶开?云在天?公孙断?她父亲?

这地方所有的人,头上似乎都笼罩了一重死亡的阴影。

她觉得自己在发抖,很快地拉开门,赤着足跑出去,走廊上的木板冷得像是冰。

三姨的房间就在走廊尽端左面。

她轻轻敲门,没有回应,再用力敲,还是没回应。

这么晚了,三姨怎么会不在房里?

她从后面的一扇门绕了出去,庭院寂寂,三姨的窗内灯火已熄。

星光照着苍白的窗纸,她用力一推,窗子开了,她轻轻呼唤:"三姨。"

还是没有回应。

屋里根本没有人,三姨的被窝里,堆着两个大枕头。

风吹过院子。

马芳铃忽然忍不住激灵灵打了个寒噤。

她忽然发现这地方的人，除了她自己外，每个人好像都有些秘密。

连她父亲都一样。

她从不知道她父亲的过去，也从不敢问。

她抬起头，窗户上赫然已多了个巨大的人影，然后就听到公孙断厉声道："回房去。"

她不敢回头面对他，万马堂中上上下下的人，无论谁都对公孙断怀有几分畏惧之心。

她拉紧衣襟，垂着头，匆匆奔了回去，仿佛听到公孙断正对着三姨的窗子冷笑。

用力关上门，马芳铃的心还在跳。

外面又有蹄声响起，急驰而去。

她跳上床，拉起被，蒙住头，身子忽然抖个不停。

因为她知道这地方必将又有悲惨的事发生，她实在不愿再看，不愿再听。

"……我根本就不该生下来，根本就不该活在这世上的。"

想起傅红雪说的话，她自己又不禁泪流满面。

她忍不住问自己："我为什么要生下来？为什么要生在这里？……"

傅红雪的枕头也是湿的，可是他已睡着。

他醒的时候没有哭，他发誓，从今以后，绝不再流泪。

但他的泪却在他睡梦中流了下来。

因为他的良知只有在睡梦中才能战胜仇恨，告诉他今天做了件多么可耻的事。

报复，本来是人类所有行为中最古老的一种，几乎已和生育同样古老。

这种行为虽然不值得赞同,但却是庄严的。

今天他却冒渎了这种庄严。

他流泪的时候,正在梦中,一个极可怕的噩梦,他梦见他的父母流着血,在冰雪中挣扎,向他呼喊,要他复仇。

然后他忽然感觉到一只冰冷的手伸入他被窝里,轻抚着他赤裸的背脊。

他想跳起来,但这双手却温柔地按住了他,一个温柔的声音在他耳畔低语:"你在流汗。"

他整个人忽然松弛崩溃——她毕竟来了。

黑暗。

窗户已关起,窗帘已拉上,屋子里黑暗如坟墓。

为什么她每次都是在黑暗中悄悄出现,然后又在黑暗中慢慢消失?

他翻过身,想坐起。

她却又按住他!

"你要什么?"

"点灯。"

"不许点灯。"

"为什么?我不能看看你?"

"不能。"她俯下身,压在他胸膛上,带着轻轻地笑,"但我却可以向你保证,我绝不是个很难看的女人,你难道感觉不出?"

"我为什么不能看看你?"

"因为你若知道我是谁,在别的地方看到我时,神情就难免会改变的——我们绝不能让任何人看出我跟你之间的关系。"

"可是……"

"可是以后我总会让你看到的,这件事过了之后,你随便要看我多久都没关系。"

他没有再说,他的手已在忙着找她的衣纽。

她却又抓住他的手。

"不许乱动。"

"为什么?"

"我还要赶着回去。"她叹了口气,"我刚说过,我绝不能让别人知道我们的关系。"

他在冷笑。

她知道男人在这种时候被拒绝,总是难免会十分愤怒的。

"我在这里忍耐了七八年,忍受着痛苦,你永远想不到的痛苦,我为的是什么?"她声音渐渐严厉,"我为的就是等你来,等你来复仇,我们这一生,本就是为这件事而活的,我从没有忘记,你也绝不能忘记。"

傅红雪的身子忽然冰凉僵硬,冷汗已湿透被褥。

他本不是来享乐的。

她将她自己奉献给他,为的也只不过是复仇!

"你总应该知道马空群是个多么可怕的人,再加上他那些帮手。"她又叹息了一声,"我们这一击若不能得手,以后恐怕就永远没有机会了。"

"公孙断、花满天、云在天,这三个人加起来也不可怕。"

"我说的不是他们,花满天和云在天,根本就没有参与那件事。"

"你说的是谁?"

"一些不敢露面的人,到现在为止,我还没有查出他们是谁。"

"也许根本没有别人。"

"你父亲和你二叔,是何等的英雄,就凭马空群和公孙断两个人,怎么敢妄动他们?何况,他们的夫人也都是女中豪杰……"

说到这时,她自己的声音也已硬咽,傅红雪更已无法成声。

过了很久,她才接着说了下去:"自从你父亲他们惨死之后,江湖中本就有很多人在怀疑,有谁能将这两对盖世无双的英雄夫妇置之于死地?"

"当然没有人会想到马空群这人面兽心的畜牲!"

他的声音中充满了愤怒和仇恨。

"但除了马空群外,一定还有别的人,我到这里来,主要就是为了探听这件事,只可惜我从未见过他和江湖中的高手有任何往来,他自己当然更守口如瓶,从来就没有说起过这件事。"

"你查了七八年,都没有查出来,现在我们难道就能查出来?"

"现在我们至少已有了机会。"

"什么机会?"

"现在还有别的人在逼他,他被逼得无路可走时,自然就会将那些人牵出来。"

"是哪些人在逼他?"

她没有回答,却反问道:"昨天晚上,那十三个人是不是你杀的?"

"不是。"

"那些马呢?"

"也不是。"

"既然不是你,是谁?"

"我本就在奇怪。"

"你想不出?"

傅红雪沉吟着："叶开？"

"这人的确很神秘，到这里来也一定有目的，但那些人却绝不是他杀的。"

"哦？"

"我知道他昨天晚上跟谁在一起。"

幸好屋里很暗，没有人能看见傅红雪的表情——他脸上的表情实在很奇怪。

就在这时，突听屋顶上"咯"的一响。

她脸色变了，沉声道："你留在屋里，千万不要出去。"

这十一个字说完，她已推开窗子，穿窗而出。

傅红雪只看到一条纤长的人影一闪，转瞬间就没了踪影。

这里已有四个人醉倒，四个人都是万马堂里资格很老的马师。

他们本来也常常醉，但今天晚上却醉得特别快，特别厉害。

眼见着十三个活生生的伙伴突然惨死，眼见着一件件可怕的祸事接连发生，他们怎么能不醉呢？

第四个倒下的时候，叶开正提着衣襟，从后面一扇门里走进来。

他早已在这里，刚才去方便了一次。酒喝得多，方便的次数也一定多的，只不过他这次方便的时候好像太长了些。

他刚进门，就看到萧别离在以眼角向他示意，他走过去。

萧别离在微笑中仿佛带着些神秘，微笑着道："有人要我转交样东西给你。"

叶开眨眨眼，道："翠浓？"

萧别离也眨了眨眼，道："你是不是一向都这么聪明？"

叶开微笑道："只可惜在我喜欢的女人面前，我就会变成呆子。"

他接过萧别离给他的一张叠成如意结的纸。

淡紫色的纸笺上，只写着一行字："你有没有将珠花送给别人？"

叶开轻轻抚着襟上的珠花，似已有些痴了。

萧别离看着他，忽然轻轻叹息了一声，道："我若年轻二十岁，一定会跟你打架的。"

叶开又笑了，道："无论你年纪多大，都绝不是那种肯为女人打架的男人。"

萧别离叹道："你看错了我。"

叶开道："哦？"

萧别离道："你知不知道我这两条腿是怎么样会断的？"

叶开道："为了女人？"

萧别离苦笑道："等我知道那女人只不过是条母狗时，已经迟了。"

他忽又展颜道："但她却绝不是那种女人，她比我们看见的所有女人都干净得多，她虽然在我这里，却从来没有出卖过自己。"

叶开又眨眨眼，道："她卖的是什么？"

萧别离微笑道："她卖的是男人那种愈买不到愈想买的毛病。"

推开第二扇门，是条走道，很宽的走道，旁边还摆着排桌椅。

走到尽头，又是一扇门，敲不开这扇门，就得在走道里等。

叶开在敲门。

过了很久，门里才有应声："谁在敲门？"

叶开道："客人。"

"今天小姐不见客。"

叶开道："会一脚踢破门的客人呢？见不见？"

门里发出银铃般的笑声："一定是叶公子。"

一个大眼睛的小姑娘，娇笑着开了门，道："果然是叶公子。"

叶开笑道："你们这里会踢破门的客人只有我一个么？"

小姑娘眼珠子滑溜一转，抿着嘴笑道："还有一个。"

叶开道："谁？"

小姑娘道："来替我们推磨的驴子。"

第十一章

夜半私语

小院子里疏疏落落的种着几十竿翠竹,衬着角落里的天竺葵和一丛淡淡的小黄花,显得清雅而有余韵。

竹帘已卷起,一个淡扫蛾眉、不施脂粉的丽人,正手托着香腮,坐在窗口,痴痴地看着他。

她长得也许并不算太美,但却有双会说话的眼睛,灵巧的嘴。

她虽然只是静静地坐在那里,但却自然地有种醉人的风姿和气质,和你们见到的大多数女人都不同。

一个这样的女人,无论对任何男人说来都已足够。

为了要博取这样一个女人的青睐,大多数男人到了这里,都会勉强做出君子正人的模样,一个又有钱、又有教养的君子。

但叶开推开门,就走了进去,往她的床上一躺,连靴子都没有脱,露出了靴底的两个大洞。

翠浓春柳般的眉尖轻轻皱了皱,道:"你能不能买双新靴子?"

叶开道:"不能。"

翠浓道:"不能?"

叶开道:"因为这双靴子能保护我。"

翠浓道:"保护你?"

叶开跷起脚,指着靴底的洞,道:"你看见这两个洞没有?它会咬人的,谁若对我不客气,它就会咬他一口。"

翠浓笑了,站起来走过去,笑道:"我倒要看它敢不敢咬我。"

叶开一把拉住了她,道:"它不敢咬你,我敢。"

翠浓"嘤咛"一声,已倒在他怀里。

门没有关,就算关,也关不住屋里的春色。

小姑娘红着脸,远远地躲起来了,心里却真想过来偷偷地看两眼。

檐下的黄莺儿也被惊醒了,"吱吱喳喳"地叫个不停。

翠浓,春也浓。

黑暗中的屋脊上,伏着条人影,淡淡的星光照着她纤长苗条的身子,她脸上蒙着块纱巾。

她是追一个人追到这里来的,她看见那人的身形在这边屋脊上一闪。

等她追过来时,人却已不见了。

她知道这下面是什么地方,可是她不能下去——这地方不欢迎女人。

"他是谁?为什么要在屋脊上偷听我们说话?他究竟听到了什么?"

若有人能看见她的脸,一定可以看出她脸上的惊惶与恐惧。

她的秘密绝不能让人知道,绝不能!

她迟疑着,终于咬了咬牙,跃了下去。

她决心冒一次险。

这一生中,她看见过很多男人很多种奇怪的表情,可是只有天晓得,当男人们看到一个女人走进妓院时,脸上会是什么样的表情。

161

每个人的眼睛都瞪大了,就像是忽然看到一头绵羊走进了狼窝。

对狼说来,这不仅是挑战,简直已是种侮辱。

天晓得这见鬼的女人为什么要到这里来,可是这女人可真他妈的漂亮。

有个喝得半醉的屠夫眼睛瞪得最大。

他是从外地到这里来买羊的,他不认得这女人,不知道这女人是谁。

反正在这里的女人,就算不是婊子,也差不多了。

他摇摇晃晃地站起来,想走过去。

但旁边的一个人却立刻拉住了他。

"这女人不行。"

"为什么?"

"她已经有了户头。"

"谁是她的户头?"

"万马堂。"

这三个字就像是有种特别的力量,刚涨起的皮球立刻泄了气。

三娘昂着头走进来,脸上带着微笑,假装听不见别人的窃窃私语,假装不在乎的样子。

其实她还是不能不在乎。

有些男人盯着她的时候,那种眼色就好像将她当作是完全赤裸的。

幸好萧别离已在招呼她,微笑着道:"沈三娘怎么来了?倒真是个稀客。"

她立刻走过去,嫣然道:"萧先生不欢迎我?"

萧别离微笑着叹了口气,道:"只可惜我不能站起来欢迎你。"

沈三娘道:"我是来找人的。"

萧别离眨眨眼,道:"找我?"

沈三娘又笑了,轻轻道:"我若要找你,一定会在没人的时候来。"

萧别离也轻轻道:"我一定等你,反正我已不怕被人砍掉两条腿。"

两个人都笑了。

两个人心里都明白,对方是条不折不扣的老狐狸。

沈三娘道:"翠浓在不在?"

萧别离道:"在,你要找她?"

沈三娘道:"嗯。"

萧别离又叹了口气,道:"为什么不管男人女人,都想找她?"

沈三娘道:"我睡不着,想找她聊聊。"

萧别离道:"只可惜你来迟了。"

沈三娘皱了皱眉,道:"难道她屋里晚上也会留客人?"

萧别离道:"这是个很特别的客人。"

沈三娘道:"怎么特别?"

萧别离笑道:"特别穷。"

沈三娘也笑了,道:"特别穷的客人,你也会让他进去?"

萧别离道:"我本想拦住他的,只可惜打又打不过他,跑又跑得没他快。"

沈三娘眼波流动,道:"你没有骗我?"

萧别离叹道:"世上有几个人能骗得了你。"

沈三娘嫣然一笑,道:"那个人是谁?"

萧别离道:"叶开。"

沈三娘皱眉道:"叶开?"

萧别离笑了笑，道："你当然不会认得他的，但他一共只来了两天，认得他的人可真不少。"

沈三娘笑得还是很动人，但瞳孔里却已露出一点尖针般的刺。

然后她的瞳孔突然涣散。

她看到一个人"砰"地推开门，大步走了进来。

一个魔神般的巨人！

公孙断手扶着刀柄，站在门口，脸上那种愤怒狞恶的表情，足以令人呼吸停顿。

沈三娘呼吸已停顿。

萧别离叹了口气，喃喃道："该来的人全没来，不该来的人全来了。"

他拈起一块骨牌，慢慢地放下，摇着头道："看来明天一定又有暴风雨，没事还是少出门的好。"

公孙断突然大喝一声："过来！"

沈三娘咬着嘴唇，道："你……你叫谁过去？"

公孙断道："你！"

那屠户忽然跳起，旁边的人已来不及拉他，他已冲到公孙断面前，指着公孙断的鼻子，大声道："对小姐、太太们说话，怎么能这样不客气，小心我……"

他的话还没有说完，公孙断已反手一个耳光掴了过去。

这屠户也很高大，他百把斤重的身子，竟被这一耳光打得飞了起来，飞过两张桌子，"砰"地，重重地撞在墙上。

他跌下来的时候，嘴里在流血，头上也在流血——连血里好像都有酒气。

公孙断却连看都没有看他，眼睛瞪着沈三娘，厉声道："过来。"

这次沈三娘什么话都没有说，就垂着头，慢慢地走了过去。

公孙断也没有再说话，"砰"地，推开了门，道："跟我出去。"

公孙断在前面走，沈三娘在后面跟着。

他的脚步实在太大，沈三娘很勉强才能跟得上，刚才那种一掠三丈的轻功，她现在似已完全忘了。

夜已很深。

长街上的泥泞还未干透，一脚踩上去，就是一个大洞。

风从原野上吹过来，好冷。

公孙断大步走出长街，一直没有回头，突然道："你出来干什么？"

沈三娘的脸色苍白，道："我不是囚犯，我随便什么时候想出来都行。"

公孙断一字字道："我问你，你出来干什么？"

他的声音虽缓慢，但每个字里都带种说不出的凶猛和杀机。

沈三娘咬起了嘴唇，终于垂首道："我想出来找个人。"

公孙断道："找谁？"

沈三娘道："这也关你的事？"

公孙断道："马空群的事，就是我公孙断的事，没有人能对不起他。"

沈三娘道："我几时对不起他了？"

公孙断厉声道："刚才！"

沈三娘叹了一声，道："想跟女人们聊聊，也算对不起他？莫忘记我也是个女人，女人总是喜欢找女人聊天的。"

公孙断道："你找谁？"

沈三娘道："翠浓姑娘。"

公孙断冷笑道："她不是女人，是个婊子。"

沈三娘也冷笑道："婊子？你嫖过她？你能嫖得到她？"

公孙断突然回身，一拳打在她肚子上。

她没有闪避，也没有抵抗。

她的人已被打得弯曲，弯着腰退出七八步，重重地坐在地上，立刻开始呕吐，连胃里的苦水都吐了出来。

公孙断又蹲过去，一把揪着她的头发，将她从地上揪了起来，厉声道："我知道你也是个婊子，但你这婊子现在已不能再卖了。"

沈三娘咬着牙，勉强忍耐着，但泪水还是忍不住流了下来，颤声道："你……你想怎么样？"

公孙断道："我问你的话，你就得好好地回答，懂不懂？"

沈三娘闭着嘴不说话。

公孙断巨大的手掌已横砍在她腰上。

她整个人都被打得缩成了一团，眼泪又如泉水般流下来。

公孙断盯着她，道："你懂不懂？"

沈三娘流着泪，抽搐着，终于点了点头。

公孙断道："你几时出来的？"

沈三娘道："刚才。"

公孙断道："一出来就到了哪里？"

沈三娘道："你可以去问得到的。"

公孙断道："你见过了那婊子？"

沈三娘道："没有。"

公孙断道："为什么没有？"

沈三娘道："她屋里有客人。"

公孙断道："你没有找过别人？没有到别的地方去过？"

沈三娘道："没有。"

公孙断道:"没有?"

他又一拳打过去,拳头打在肉上,发出种奇怪的声音,他好像很喜欢听这种声音似的。

沈三娘忍不住大叫了起来,道:"真的没有,真的没有……"

公孙断看着她,眼睛里露出凶光,拳头又已握紧。

沈三娘突然扑过去,用力抱住了他,大哭着叫道:"你若喜欢打我,就打死我好了……你打死我好了……"

她用两只手抱住他的脖子,又用两条腿勾住了他的腰。

他的身体突然起了种奇异的变化,他自己可以感觉到。

她立刻伏在他肩上,痛哭着,道:"我知道你喜欢打我,你打吧,打吧……"

她的身子奇异地扭动着,腿也同样在动。

公孙断目中的愤怒已变成欲望,紧握着的拳头已渐渐放开。

她的呼吸就在他耳旁,就在他颈子上。

他的呼吸忽然变得很粗。

沈三娘呻吟着道:"你打死我也没关系,反正我也不会告诉别人的……"

公孙断已开始发抖。

谁也想不到这么样一个人也会发抖。

更想像不到这么样一个巨大健壮的人,在发抖时是什么模样。

你若能看见,绝不会觉得可笑,只会觉得可怕,非常可怕。

他面上也露出痛苦之色,因为他知道自己必须遏制心里这种可怕的欲望。

然后他又一拳重重地打在她小肚子上。

她身子又一阵痉挛,手松开,像一堆泥似的倒在地上。

他握紧双拳,看着她,用力吐了口口水在她脸上,从她身上迈过去，去找他的马。

他恨的不是这女人，而是恨自己，恨自己既不能拒绝这种诱惑，又不敢接受它。

沈三娘已揩干了眼泪。

公孙断的手就像是牛角，被他打过的地方，从肌肉一直疼到骨头里，在明天早上以前，这些地方一定会变得又青又肿。

可是她心里并没有觉得愤恨沮丧，因为她知道公孙断已绝不会将这件事泄露出去了，她不愿马空群知道她晚上出来过。

现在知道她秘密的已只有一个人，那个在屋顶上偷听的人。

是不是叶开？

她希望这人是叶开。

因为一个自己也有秘密的人，通常都不会将别人的秘密泄露。

她觉得自己有对付叶开的把握。

"你真的是叶开？"

"我不能是叶开？"

"但叶开是个怎么样的人呢？"

"一个男人，很穷，却很聪明，对女人也有点小小的手段。"

"你有过多少女人？"

"你猜呢？"

"她们都是些什么样的女人？"

"都不是好女人，但却都对我不坏。"

"她们都在什么地方？"

"什么地方都有，我平生最怕一个人上床睡觉，那就跟一个人下棋同样无味。"

"没有人管你？"

"我自己都管不住自己。"

"你家里没有别的人？"

"我连家都没有。"

"那么，你是从什么地方来的？"

"从来的地方。"

"到要去的地方去？"

"这次你说对了。"

"你从不跟别人谈起你的过去？"

"从不。"

"你是不是有很多秘密不愿让别人知道？"

叶开从她身旁坐起来，看着她，在朦胧的灯光下看来，她显得有些苍白疲倦。

但眼睛却还是睁得很大。

他忽然道："我只有一个秘密。"

翠浓的眼睛睁得更大，道："什么秘密？"

叶开道："我是条活了九千七百年，已修炼成人形的老狐狸。"

他跳下床，套起靴子，披着衣裳走出去。

翠浓咬着嘴唇，看着他走出去，突然用力捶打枕头，好像只希望这枕头就是叶开。

第十二章

暗器高手

小院里悄然无声,后面小楼上有灯光亮着。

萧别离已上了楼?

他留在小楼上的时候,能做些什么事?

小楼上是不是也有副骨牌?还是有个秘密的女人?

叶开总觉得他是个神秘而有趣的人,就在这时,窗户上忽然出现了人的影子。

三个人。

他们刚站起来,人影就被灯光照上窗户,然后又忽然消失。

上面怎么会有三个人?另外两个人是谁?

叶开目光闪动着,他实在无法遏止自己的好奇心。

这院子和小楼距离并不远,他束了束衣襟,飞身掠过去。

小楼四面都围着栏杆,建筑得就像是一个小小的亭阁。

他足尖在栏杆上一点,人已倒挂在檐下。

最上面的一格窗户开了一线,从这里看过去,恰巧可以看见屋子中间的一张圆桌。

桌上摆着酒菜。

有两个人正在喝酒,面对着门的一个人,正是萧别离。

还有个人穿着很华丽,华丽得已接近奢侈,握着筷子的手上,还戴着三枚形式很奇怪的戒指。

看来就像是三颗星。

这人赫然竟是个驼子。

屋里的灯光也并不太亮,酒菜却非常精致。

那衣着华丽的驼子,正用他戴着星形戒指的手,举起了酒杯。

酒杯晶莹剔透,是用整个紫水晶雕成的。

萧别离微笑道:"酒如何?"

驼子道:"酒普通,酒杯还不错。"

这驼子看来竟是个比萧别离还懂得享受的人。

萧别离叹了口气,道:"我早知你难侍候,所以特地托人从南面捎来真正的波斯葡萄酒,想不到只换得你'普通'两个字。"

驼子道:"波斯的葡萄酒也有好几等,这种本来就是最普通的。"

萧别离道:"你自己为什么不带些好的来?"

驼子道:"我本来也想带些来的,只可惜临走时又出了些事,走得太匆忙。"

看来他们原来是早已约好的。

叶开觉得更有趣了,因为他已看出这驼子正是"金背驼龙"丁求。

谁能想到"金背驼龙"丁求竟会躲在这里?而且是已跟萧别离约好的。

他为什么要带那些棺材来?

他跟萧别离是不是也有阴谋要对付万马堂?

叶开只希望萧别离问问丁求,他临走时究竟又出了什么事!

但萧别离却已改变话题,道:"你这次来有没有在路上遇见过特别精彩的女人?"

丁求道:"没有,近来精彩的女人,好像已愈来愈少了。"

萧别离笑道:"那也许只因为你对女人的兴趣已愈来愈少。"

丁求道:"听说你这里有个女人还不错。"

萧别离道:"何止不错,简直精彩。"

丁求道:"你为什么不找她来陪我们喝酒?"

萧别离道:"这两天不行。"

丁求道:"为什么?"

萧别离道:"这两天她心里有别人。"

丁求道:"谁?"

萧别离道:"能令这种女人动心的男人,当然总有几手。"

丁求点点头。

他一向很少同意别人说的话,但这点却同意。

萧别离忽又笑了笑,道:"但这人有时却又像是个笨蛋。"

丁求道:"笨蛋?"

萧别离淡淡道:"他放着又热又暖的被窝不睡,却宁愿躲在外面喝西北风。"

叶开心里本来觉得很舒服。

无论什么样的男子,听到别人说他在女人那方面很有几手,心里总是很舒服的。

但后面的这句话却令他很不舒服了。

他忽然觉得自己就像是个刚被一把从床底下拖出来的小偷。

萧别离已转过头,正微笑着,看着他这面的窗户。

那只戴着星形戒指的手,已放下酒杯,手的姿势很奇怪。

叶开也笑了,大笑着道:"主人在里面喝酒,却让客人在外面喝风,这样的主人也有点不像话吧。"

他推开窗子,一掠而入。

桌上只有两副杯筷。

刚才窗户上明明出现了三个人的影子,现在第三个人呢?

他是谁?是不是云在天?

他为什么要忽然溜走?

屋子里布置得精致而舒服,每样东西都恰巧摆在你最容易拿到的地方。

萧别离一伸手,就从旁边的枣枝木架上,取了个汉玉圆杯,微笑道:"我是个懒人,又是个残废,能不动的时候就不想动。"

叶开叹了口气,道:"像你这样的懒人若是多些,世人一定也可以过得舒服得多。"

他说的并不是恭维话。

一些精巧而伟大的发明,本就是为了要人们可以过得更懒些,更舒服些。

萧别离道:"就凭这句话,已值得一杯最好的波斯葡萄酒。"

叶开笑道:"只可惜这酒是最普通的一种。"

他举杯向丁求,接着道:"上次见到丁先生,多有失礼之处,抱歉抱歉。"

丁求沉着脸,冷冷道:"你并没有失礼,也用不着抱歉。"

叶开道:"只不过我对一个非常懂得酒和女人的男人,总是特别尊敬些的。"

丁求苍白丑陋的脸,也忽然变得比较令人愉快了,道:"萧老板刚才只说错了一件事。"

叶开道:"哦?"

丁求道:"你不但对付女人有两手,对付男人也一样。"

叶开道："那也得看他是不是个真正的男人，近来真正的男人也已不多。"

丁求忍不住笑了。

丑陋的男人总觉得自己比漂亮小伙子更有男人气概，就正如丑陋的女人总觉得自己比美女聪明些。

叶开这才将杯里的酒喝下去。

屋里的气氛已轻松愉快很多，他知道自己恭维的话也已说够。

接下去应该说什么呢？

叶开慢慢地坐下去，这本来应该是那"第三个人"的座位。

要怎么样才能查出这人是谁？要怎么样才能问出他们的秘密？

那不但要问得非常技巧，而且还得问得完全不着痕迹。

叶开正在沉吟着，考虑着，丁求忽然道："我知道你一定有很多话要问我。"

他面上还带着笑容，但眸子里却已全无笑意。慢慢地接道："你一定想问我，为什么要到这地方来？为什么要送那些棺材？怎么会和萧老板认得的？在这里跟他商量什么事？"

叶开也笑了，眸子里也全无笑意。

他已发现丁求远比他想象中更难对付得多。

丁求道："你为什么不问？"

叶开微笑道："我若问了，有没有用？"

丁求道："没有。"

叶开道："所以我也没有问。"

丁求道："但有件事我却可以告诉你。"

叶开道："哦？"

丁求道："有些人说我全身上下每一处都带着暗器，你听说过没有？"

叶开道:"听说过。"

丁求道:"江湖中的传说,通常都不太可靠,但这件事却是例外。"

叶开道:"你全身上下都带着暗器?"

丁求道:"不错。"

叶开眨眨眼问道:"一共有多少种?"

丁求道:"二十三种。"

叶开道:"每种都有毒?"

丁求道:"只有十三种是有毒的,因为有时我还想留下别人的活口。"

叶开道:"还有人说你同时可以发出七八种不同的暗器来。"

丁求道:"七种。"

叶开叹了口气,道:"好快的出手。"

丁求道:"但却还有个人比我更快。"

叶开道:"谁?"

丁求道:"就是在你旁边坐着的萧老板。"

萧别离面上一直带着微笑,这时才轻轻叹了一声,道:"一个又懒又残废的人,若不练几样暗器,怎么活得下去。"

叶开又叹了口气,道:"有理。"

丁求道:"你看不看得出他暗器藏在哪里?"

叶开道:"铁拐里?"

丁求忽然一拍桌子,道:"好,好眼力,除了铁拐之外呢?"

叶开道:"别的地方也有?"

丁求道:"只不过还有八种,但他却能在一瞬间将这九种暗器全发出来。"

叶开叹道:"江湖中能比两位功夫更高的人,只怕已没有几个了。"

丁求淡淡道:"只怕已连一个都没有。"

叶开道:"想不到我竟能坐在当世两大暗器高手之间,当真荣幸得很。"

丁求道:"这种机会的确不多,所以你最好还是安安静静地坐着,因为你只要一动,至少就有十六种暗器要向你招呼过去。"

他沉下了脸,冷冷又说道:"我可以保证,世上绝没有任何人能在这种距离中,将这十六种暗器躲开的。"

叶开苦笑道:"我相信。"

丁求道:"所以无论我们问你什么,你也最好还是立刻回答出来。"

叶开又叹了口气,道:"幸好我这人本就没有什么不可告人的秘密。"

丁求道:"你最好没有。"

他忽然从衣袖中取出一卷纸展开,道:"你姓叶,叫叶开?"

叶开道:"是。"

丁求道:"你是属虎的?"

叶开道:"是。"

丁求道:"你生在这地方附近?"

叶开道:"是。"

丁求道:"但你襁褓中就已经离开这里?"

叶开道:"是。"

丁求道:"十四岁以前,你一直住在黄山上的道观里?"

叶开道:"是。"

丁求道:"你练的本是黄山剑法,后来在江湖中流浪时,又偷偷学了很多种武功,十六岁的时候,还做过几个月和尚,为的就是要偷学少林的伏虎拳？"

叶开道："是。"

丁求道："后来你又在京城的镖局里混过些时候，欠了一身赌债，才不能不离开？"

叶开道："是。"

丁求道："在江南你为了一个叫小北京的女人，杀了盖氏三雄，所以又逃回中原？"

叶开道："是。"

丁求道："这几年来，你几乎走遍了大河两岸，到处惹事生非，却也闯出了个不小的名头。"

叶开叹了口气，苦笑道："我的事你们好像比我自己知道得还多，又何必再来问我。"

丁求目光灼灼，盯着他，道："现在我只问你，你为什么要到这里来？"

叶开道："我若说叶落归根，这里既然是我的老家，我当然也想回来看看——我若这么样说，你们信不信？"

丁求道："不信。"

叶开道："为什么？"

丁求道："因为你天生就是个浪子。"

叶开叹道："我若说除了这见鬼的地方外，根本已无处可走呢？你们信不信？"

丁求道："这么样说听来就比较像话了。"

他又展开那卷纸，接着道："你赚到的最后一笔钱，是不是从一个老关东那里赢来的一袋金豆子？"

叶开道："是。"

丁求道："现在这袋金豆子只怕已经是别人的了，对吗？"

叶开苦笑道："我讨厌豆子，无论是蚕豆、豌豆、扁豆，还是金豆子都一样讨厌。"

丁求又抬起头，盯着他，道："没有别人请你到这里来？"

叶开道："没有。"

丁求道："你知不知道这地方能赚钱的机会并不很多？"

叶开道："我看得出。"

丁求道："那么你准备怎么样活下去？"

叶开笑了笑，道："我还未看到这里有人饿死。"

丁求道："假如你知道别的地方有万两银子可赚，你去不去？"

叶开道："不去。"

丁求道："为什么？"

叶开答道："因为这地方说不定会有更多的银子可赚。"

丁求道："哦？"

叶开道："我看得出这地方已渐渐开始需要我这种人。"

丁求道："你是哪种人？"

叶开悠然答道："一个武功不错，而且能够守口如瓶的人，若有人肯出钱要我去替他做事，一定不会失望的。"

丁求沉吟着，眼睛里渐渐发出了光，忽然道："你杀人的价钱通常是多少？"

叶开道："那就得看是杀谁了。"

丁求道："最贵的一种呢？"

叶开道："三万。"

丁求道："好，我先付一万，事成后再付两万。"

叶开眼睛里也发出了光，道："你要杀谁？傅红雪？"

丁求冷笑道："他还不值三万。"

叶开道："谁值？"

丁求道："马空群！"

萧别离静静地坐着，就好像在听着两个和他完全无关的人，在谈论着一件和他完全无关的交易。

丁求的眸子却是炽热的，正眨也不眨地盯着叶开，那只戴着三颗星形戒指的手，又摆出了一种很奇特的手势。

叶开终于长长叹出了口气，苦笑道："原来是你们，要杀马空群的人，原来是你们。"

丁求目光闪动，道："你想不到？"

叶开道："你们跟他有什么仇恨？为什么一定要杀他？"

丁求冷冷道："你最好明白现在发问的人是我们，不是你。"

叶开道："我明白。"

丁求道："你想不想赚这三万两？"

叶开没有回答，也已用不着回答。

他已伸出手来。

二十张崭新的银票，每张一千两。

叶开道："这是两万？"

丁求道："是。"

叶开笑了笑，道："你至少很大方。"

丁求道："不是大方，是小心。"

叶开道："小心？"

丁求道："你一个人杀不了马空群。"

叶开道："哦。"

丁求道："所以你还需要个帮手。"

叶开道："一万给我，一万给我的帮手？"

丁求道:"不错。"

叶开道:"这地方谁值得这么多?"

丁求道:"你应该知道。"

叶开眼睛里又发出了光,道:"你要我去找傅红雪?"

丁求默认。

叶开道:"你怎知道我能收买他?"

丁求道:"你不是他的朋友?"

叶开道:"他没有朋友。"

丁求道:"一万两已足够交个朋友。"

叶开道:"有人若不卖呢?"

丁求道:"你至少该去试试。"

叶开道:"你自己为何不去试试?"

丁求冷冷道:"你若不想赚这三万两,现在退回还来得及。"

叶开笑了,站起来就走。

萧别离忽然笑道:"为什么不先喝两杯再走?急什么?"

叶开扬了扬手里的银票,微笑道:"急着去先花光这一万两。"

萧别离道:"银子既已在你手里,又何必心急?"

叶开道:"因为现在我若不花光,以后再花的机会只怕已不多。"

萧别离看着他掠出窗子,忽然轻轻叹息了一声,道:"这是个聪明人。"

丁求道:"的确是。"

萧别离道:"你信任他?"

丁求道:"完全不。"

萧别离眯起了眼睛,道:"所以你才要跟他谈交易?"

丁求也微笑道:"这的确是件很特别的交易。"

一个囊空如洗的人，身上若是忽然多了一万两银子，连走路都会觉得轻飘飘的。

但叶开的脚步却反而更沉重。

这也许只因为他已太疲倦。

翠浓本就是个很容易令男人疲倦的女人。

现在翠浓屋子里的灯已熄了，想必已睡着。能在她身旁舒舒服服地一觉睡到天亮，呼吸着她香甜的发香，轻抚着她光滑的背脊，这诱惑连叶开都无法拒绝。

他轻轻走过去，推开门——房门本是虚掩着的，她一定还在等他。

星光从窗外漏进来，她用被蒙住了头，睡得仿佛很甜。

叶开微笑着，轻轻掀起了丝被一角。

突然间，剑光一闪，一柄剑毒蛇般从被里刺出，刺向他胸膛。

在这种情况下，这么近的距离内，几乎没有人能避开这一剑。

但叶开却像是条被猎人追捕已久的狐狸，随时随地都没有忘记保持警觉。

他的腰就像是已突然折断，突然向后弯曲。

剑光点着他胸膛刺过。

他的人已倒蹿而出，一脚踢向握剑的手腕。

被踢中的人也已跳起，没有追击，剑光一圈，护住了自己的面目，扑向后面的窗子。

叶开也没有追，却微笑道："云在天，我已认出了你，你走也没有用。"

这人眼见已将撞开窗户，身影突然停顿、僵硬，过了很久，才慢慢地回过头。

果然是云在天。

他握着剑的手青筋凸起,目中已露出杀机。

叶开道:"原来你来找的人既不是傅红雪,也不是萧别离,你来找的是翠浓。"

云在天冷冷道:"我能不能来找她?"

叶开道:"当然能。"

他微笑着,接着道:"一个像你这样的男人,来找她这样的女人,本是很正当的事,却不知你为什么要瞒着我?"

云在天目光闪动,忽然也笑了笑,道:"我怕你吃醋。"

叶开大笑道:"吃醋的应该是你,不是我。"

云在天沉吟着,忽又问道:"她的人呢?"

叶开道:"这句话本也是我正想问你的。"

云在天道:"你没有看见她?"

叶开道:"我走的时候,她还在这里。"

云在天脸色变了变,道:"但我来的时候,她已不在了。"

叶开皱了皱眉,道:"也许她去找别的男人……"

云在天打断了他的话,道:"她从不去找男人,来找她的男人已够多。"

叶开又笑了笑,道:"这你就不懂了,来找她的男人,当然和她要去找的男人不同。"

云在天沉下了脸,道:"你想她会去找谁?"

叶开道:"这地方值得她找的男人有几个?"

云在天脸色又变了变,突然转身冲了出去。

这次叶开并没有拦阻,因为他已发现了几样他想知道的事。

他发现翠浓也是个很神秘的女人,一定也隐藏着很多秘密。

像她这样的女人,若要做这种职业,有很多地方都可以去,本不必埋没在这里。

她留在这里,必定也有某种很特别的目的。

但云在天来找她的目的,却显然和别的男人不同,他们两人之间,想必也有某种不可告人的秘密。

叶开忽然发觉这地方每个人好像都有秘密,他自己当然也有。

现在这所有的秘密,好像都已渐渐到了将要揭穿的时候。

叶开叹了口气,明天要做的事想必更多,他决定先睡一觉再说。

他脱下靴子,躺进被窝。

然后他就发现了她脱在被里的内衣——是她脱下来的。

她的人既已走了,内衣怎么会留在被里?

莫非她走得太匆忙,连内衣都来不及穿起,莫非是她被人逼着走的?

她为什么没有挣扎呼救?

叶开决定在这里等下去,等她回来。

可是她始终没有再回来。

这时距离黎明还有一个多时辰。

傅红雪还没有睡着。

马芳铃也没有。

萧别离和丁求还在喝酒。在小楼上。

公孙断也在喝酒。在小楼下。

每个人好像在等,等待着某种神秘的消息。

马空群、花满天、乐乐山、沈三娘呢?他们在哪里?是不是也在等?

这一夜真长得很。

这一夜中万马堂又死了十八个人!

风沙卷舞，黎明前的这一段时候，荒野上总是特别黑暗，特别寒冷。

狂风中传来断续的马蹄声。

七八个人东倒西歪地坐在马上，都已接近烂醉。

幸好他们的马还认得回去。

这些寂寞的马师们，终年在野马背上颠沛挣扎，大腿上都已被磨出了老茧，除了偶尔到镇上来猛醉一场，他们几乎已没有别的乐趣。

也不知是谁在含糊着低语？

"明天轮不到我当值，今天晚上我本该找个骚娘们儿搂着睡一宵的。"

"谁叫你的腰包不争气，有几个钱又都灌了黄汤。"

"下次发饷，我一定要记着留几个。"

"我看你还是找条母牛凑合凑合算了，反正也没有女人能受得了你。"

于是大家大笑。

他们笑得疯狂而放肆，又有谁能听得出他们笑声中的辛酸血泪。

没有钱，没有女人，也没有家。

就算忽然在这黑暗的荒野上倒下去，也没有人去为他们流泪。

这算是什么样的生活？什么样的人生？

一个人突然夹紧马股，用力打马，向前冲出去，大声呼啸着。别的人却在大笑。

"小黑子好像快疯了。"

"他至少有七八个月没有碰过女人，上次找的还是个五六十岁的老梆子。"

"像翠浓那样的女人，若能陪我睡一宵，我死了也甘心。"

"我宁可要三姨，那娘们儿倒全身都嫩得好像能拧出水来。"

突然间，一声惨呼。

刚冲入黑暗中的"小黑子"，突然惨呼着从马背上栽倒。

倒在一个人脚下。

一个人忽然鬼魅般从黑暗中出现，手里倒提着斩马刀！

热酒立刻变成了冷汗。

"你是什么人？是人是鬼？"

这人却笑了："连我是谁你们都看不出？"

最前面的两个人终于看清了他，这才松了口气，赔笑道："原来是……"

他的声音刚发出，斩马刀已迎面劈下。

鲜血在他眼前溅开，在夜色中看来就像是黑的。

他身子慢慢地栽倒，一双眼睛还在死盯着这个人，眼睛里充满了惊惧和不信。

他死也想不通这个人怎会对他下这种毒手！

健马惊嘶，人群悲呼。

有的人转身打马，想逃走，但这人忽然间已鬼魅般追上来。

刀光只一闪，立刻就有个人自马背上栽倒。

又有人在悲嘶大呼："为什么？你这究竟是为了什么？"

"这不能怪我，只怪你为什么要入万马堂！"

天地肃杀，火焰在狂风中卷舞，远处的天灯已渐渐暗了。

两个人蜷曲在火堆旁，疲倦的眼睛茫然凝视着火上架着的铁锅。

锅里的水已沸了，一缕缕热气随风四散。

一个人慢慢地将两块又干又硬的马肉投入锅里，忽然笑了笑，笑容中带着种尖针般的讥诮之意。

"我是在江南长大的，小时候总想着要尝尝马肉是什么滋味，现在总算尝到了。"

他咬了咬牙："下辈子若还要我吃马肉，我他妈的宁可留在十八层地狱里。"

另一个人没有理他，正将一只手慢慢地伸进自己裤袋里。

手伸出来时，手掌上已满是血迹。

"怎么？又磨破了，谁叫你的肉长得这么嫩？头一天你就受不了，明天还有的你好受的。"

其实，又有谁真受得了，每天六个时辰不停地奔驰。开始时还好，到第五个时辰时，马鞍上已像是布满了尖针。

他眼看自己手上的血，忍不住低声诅咒："乐乐山，你这狗娘养的，你他妈的躲到哪里去了，要我们这样子苦苦找你。"

"听说这人是个酒鬼，说不定已从马背上跌断了脖子。"

旁边的帐篷里，传出了七八个人同时打鼾的声音，锅里的水又沸了。

不知道马肉煮烂了没有？

年纪较长的一人，刚捡起根枯枝，想去搅动锅里的肉。

就在这时，黑暗中忽然有一人一骑急驰而来。

两个人同时抄住了刀柄，霍然长身而起，厉声喝问："来的是谁？"

"是我。"

这声音仿佛很熟悉。

年轻人用沾满血迹的手，拿起了一根燃烧着的枯枝，举起。

火光照亮了马上人的脸。

两个人立刻同时笑了，赔着笑道："这么晚了，你老人家怎么还没歇下？"

"我找你们有事。"

"什么事？"

没有回答，马上忽有刀光一闪，一个人的头颅已落地。

年轻人张大了嘴巴，连惊呼声都已被骇得陷在咽喉里。

这人为什么要对他们下这种毒手？他死也想不通。

帐篷里的鼾声还在继续着。

已经劳苦了一天的人，本就很难被惊醒。

第一个被惊醒的人最痛苦，因为他听见了一种马踏泥浆的声音，也看见了雨点般的鲜血正从半空中洒下。

他正想惊呼，刀锋已砍在他咽喉上。

这时距离黎明还有半个时辰。

叶开闭着眼睛躺在床上，似已睡着。

傅红雪从后面的厨房舀了盆冷水，正在洗脸。

公孙断已喝得大醉，正踉跄地冲出门，跃上了他的马。

小楼上灯光也已熄了。

现在只剩下马芳铃一个人，还睁大了眼睛在等。

马空群、云在天、花满天、乐乐山、沈三娘呢？

荒野上的鲜血开始溅出的时候，他们在哪里？

翠浓又在哪里？

马芳铃的手紧紧抓住了被，身上还在淌冷汗。

她刚才好像听见远处传来惨厉的呼喊声，若是平时，她也许会出去看个究竟。

但现在她已看见了太多可怕的事，她已不敢再看，不忍再看。

屋子里闷得很，她却连窗户都不敢打开。

这是栋独立的屋子，建筑得坚固而宽敞，除了两个年纪很大的老妈子外，只有她们父女、公孙断和沈三娘住在这里。

也许只因马空群只信任他们这几个人。

现在小虎子当然已睡得很沉，那个老妈子已半聋半瞎，醒着时也跟睡着差不多。

现在屋子里等于只剩下她一个人。

孤独的本身就是种恐惧。

何况还有黑暗，这死一般寂静的黑暗，黑暗中那鬼魅般的复仇人。

马芳铃咬着唇，坐起来。

风吹着新换的窗纸，窗户上突然出现了一条人影。

一个长而瘦削的人影，绝不是她父亲，也绝不是公孙断。

马芳铃只觉得自己的胃在收缩、僵硬，连肚子都似已僵硬。

床头的椅子上挂着一柄剑。

窗上的人影没有动，似乎正在倾听着屋子里的动静，正在等机会闯进来。

马芳铃用力咬着唇，伸出手，轻轻地，慢慢地，拔出了床头的剑，握紧。

窗上的人影开始动了，似乎想撬开窗子，马芳铃掌心的冷汗，已湿透了缠在剑柄上的紫绫。

她勉强控制着自己，不让自己的手发抖，然后再慢慢地将气力提在掌心。

她准备就从这里跃起，一剑刺过去。

屋子里很暗，她已做好了准备的动作，只希望窗外的人没有看见她的动作。

可是她这一剑还未刺出，窗上的人影竟已忽然不见了。

然后，她就听见了风中的马蹄声。

窗外的人想必也已发现有人回来，才被惊走的。

"总算已有人回来了。"

马芳铃倒在床上，全身都似已将虚脱崩溃。她第一次了解到真正的恐惧是什么滋味。

窗外的人呢？

等她再次鼓起力气，想推开窗子去看时，马蹄声已到了窗外。

她听见父亲严厉的声音在发令："不许出声，跟我上去！"

马空群不是一个人回来的！

跟他回来的是谁？

回来的只有一匹马，马空群怎么会跟别人合乘一骑的呢？

她正在觉得惊奇，忽然又听到一声女人的轻轻呻吟，然后他们的脚步声就已在楼梯上。

马空群怎么会带了个女人回来？

她知道这女人绝不会是三姨，那一声呻吟听来娇媚而年轻。

她刚坐起，又悄悄躺下去。

她很体谅她的父亲。

男人愈紧张时，愈需要女人；年纪愈大的男人，愈需要年轻的女人。

三姨毕竟已快老了。

马芳铃忽然觉得她很可怜，男人可以随时出去带女人回来，但女人半夜时若不在屋里，却是件不可原谅的事。

窗纸仿佛已渐渐发白。

方才那个人呢？

他当然不会真的像鬼魅般突然消失，他一定还躲藏在这地方某个神秘的角落里，等着用他冰冷的手，去扼住别人的咽喉。

"他第一个对象也许就是我。"

马芳铃忽然又有种恐惧，幸好这时她父亲已回来，天已快亮了。

她迟疑着，终于握紧了剑，赤着足走出去——若不能找到那个人，她坐立都无法安心。

走廊上的灯已熄了,很暗,很静。

她赤着足走在冰冷的地板上,一心只希望能找到那个人,却又生怕那个人会突然出现。

就在这里,她忽然听到一阵倒水的声音。

声音竟是从三姨房里传出来的。

是三姨已回来了?还是那个人藏在她房里?

马芳铃只觉自己的心跳得好像随时都可能跳出嗓子来。

她用力咬着牙,轻轻地,慢慢地走过去,突然间,地板"吱"的一响。

她自己几乎被吓得跳了起来,然后就发现三姨的房门开了一线。

一双明亮的眼睛正在门后看着她,是三姨的眼睛。

马芳铃这才长长吐出口气,悄悄道:"谢天谢地,你总算回来了。"

第十三章

沈三娘的秘密

这屋子里也没有燃灯。

沈三娘披着件宽大的衣衫，仿佛正在洗脸，她的脸看来苍白而痛苦。

刚才她用过的面巾上，竟赫然带着血迹。

马芳铃道："你……你受了伤？"

沈三娘没有回答这句话，却反问道："你知道我刚才出去过？"

马芳铃笑了，眨着眼笑道："你放心，我也是个女人，我可以装作不知道。"

她在笑，因为她第一次觉得自己是个大人。

替别人保守秘密，本就是种只有完全成熟了的人才能做到的事。

沈三娘没有再说什么，慢慢地将带血的丝巾浸入水里，看着血在水里融化。

她嘴里还带着血的咸味，这口血一直忍耐到回屋后才吐出来。

公孙断的拳头真不轻。

马芳铃已跳上床，盘起了腿。

她在这屋里本来总有些拘谨，但现在却已变得很随便，忽又道："你这里有没有酒，我想喝一杯！"

沈三娘皱了皱眉，道："你是什么时候学会喝酒的？"

马芳铃道："你在我这样的年纪，难道还没有学会喝酒？"

沈三娘叹了口气，道："酒就在那边柜子最下面的一节抽屉里。"

马芳铃又笑了，道："我就知道你这里一定有酒藏着，我若是你，晚上睡不着的时候，也会一个人起来喝两杯的。"

沈三娘叹道："这两天来，你的确好像已长大了很多。"

马芳铃已找到了酒，拔开瓶盖，嘴对着嘴喝了一口，带着笑道："我本来就已是个大人，所以你一定要告诉我，刚才你出去找的是谁？"

沈三娘道："你放心，不是叶开。"

马芳铃眼波流动，道："是谁？傅红雪？"

沈三娘正在拧着丝巾的手突然僵硬，过了很久，才慢慢地转过身，盯着她。

马芳铃道："你盯着我干什么？是不是因为我猜对了？"

沈三娘忽然夺过她手里的酒瓶，冷冷道："你醉了，为什么不回去睡一觉，等清醒了再来找我。"

马芳铃也板起了脸，冷笑道："我只不过想知道你是用什么法子勾引他的，那法子一定不错，否则他怎么会看上你这么老的女人？"

沈三娘冷冷地看着她，一字字道："你喜欢的难道是他？不是叶开？"

马芳铃就好像突然被人在脸上掴了一掌，苍白立刻变得赤红。

她似乎想过来在沈三娘脸上掴一巴掌，但这时她已听到走廊上的脚步声。

脚步声缓慢而沉重，已停在门外，接着就有人在轻唤："三娘，你醒了吗？"

这是马空群的声音。

马芳铃和沈三娘的脸上立刻全都变了颜色，沈三娘向床下努了努嘴，马芳铃咬着嘴唇，终于很快地钻了进去。

她也和沈三娘同样心虚，因为她心里也有不可告人的秘密。

幸好马空群没有进来，只站在门口问："刚起来？"

"嗯。"

"睡得好不好？"

"不好。"

"跟我上去好不好？"

"好。"

他们已有多年的关系了，所以他们的对话简单而亲密。

马芳铃又在奇怪。

她父亲明明已带了个女人回来，现在为什么又要三姨上去？

他带回来的女人是谁呢？

马空群一个人占据了楼上的三间房，一间是书斋，一间是卧房，还有一间是他的密室，甚至连沈三娘都从未进去过。

他上楼的时候，腰干还是挺得笔直，看他的背影，谁也看不出他已是个老人。

沈三娘默默地跟着他。只要他要她上去，她从未拒绝过，她对他既不太热，也不太冷。有时她也会对他奉献出完全满足的热情。

这正是马空群需要的女人，太热的女人已不适于他这种年纪。

楼上的房门是关着的，马空群在门外停下来，忽然转身，盯着她，问道："你知不知道我找你上来做什么？"

沈三娘垂下头，柔声道："随便你要做什么都没关系。"

马空群道："我若要杀了你呢？"

他的语气很严肃，脸上也没有丝毫笑意。

沈三娘忽然觉得一阵寒意自足底升起，这才发现自己也是赤着足的。

马空群忽又笑了笑，道："我当然不会杀你，屋里还有个人在等你。"

沈三娘道："有人在等我？谁？"

马空群笑得很奇怪，缓缓道："你永远猜不到他是谁的！"

他转身推开了门，沈三娘却已几乎没有勇气走进去了。

天终于亮了。

傅红雪正慢慢地在啜着刚煮好的热粥。

叶开已隐隐感觉到翠浓不会再回来，正在穿他的靴子。

小楼上静寂无声，公孙断正将头埋入饮马的水槽里，像马一样在喝着冷水，但现在只怕连一条河的水也无法使他清醒。

荒野上的晨风中，还带着一阵淡淡的血腥气。

花满天和云在天也回到他们自己的屋里，开始准备到大堂来用早餐。

每天早上他们都要到大堂来用早餐，这是马空群的规矩。

沈三娘终于鼓起勇气，走进了马空群的房门。

在里面等她的是谁呢？

翠浓手抱膝盖，蜷曲在书房里一张宽大的檀木椅上。

她看来既疲倦又恐惧。

沈三娘看见她的时候，两个人好像都吃了一惊。

马空群冷冷地观察着她们脸上的表情，忽然道："你们当然是认得的。"

沈三娘点点头。

马空群道："现在我已将她带回来了，也免得你以后再三更半夜的去找她。"

沈三娘的反应很奇特,她好像在沉思着,好像根本没有听见马空群的话。

过了很久,她才慢慢地转身,面对着马空群,缓缓道:"我昨天晚上的确出去过。"

马空群道:"我知道。"

沈三娘道:"我要找的人也不是翠浓。"

马空群道:"我知道。"

他已坐了下来,神色还是很平静,谁也无法从他脸上的表情看出他心里的喜怒。

沈三娘凝视着他,一字字道:"我去找的人是傅红雪!"

马空群在听着,甚至连眼角的肌肉都没有牵动。

他目光中非但没有惊奇和愤怒,反而带着种奇异的了解与同情。

沈三娘也很平静,慢慢地接着道:"我去找他,只因为我总觉得他就是杀死那些人的凶手。"

马空群道:"他不是。"

沈三娘又慢慢地点了点头,道:"他的确不是,但我在没有查明白之前,总是不能安心。"

马空群道:"我明白。"

沈三娘道:"我可以从他对我的态度上看出来,女人天生就有种微妙的感觉,他若恨你,对我的态度也一定不同。"

马空群道:"我懂。"

沈三娘道:"可是他却对我很客气,我去的时候,他虽然显得有些吃惊,我要走的时候,他却并没有留难我。"

马空群道:"他是个君子。"

沈三娘道:"只可惜你有个朋友并不是君子。"

马空群道:"哦?"

沈三娘咬着牙,眼眶已发红,忽然解开了衣襟,衣襟下是赤裸着的。

她虽然已是个三十多岁的女人,但身材仍保养得非常好。她的胸膛坚挺,小腹平坦,双腿修长结实,只可惜现在这晶莹雪白的胴体上,已多了好几块瘀青和青肿。

翠浓忍不住发出了一声轻叫,沈三娘的泪已落下,颤声道:"你知道这是被谁打的?"

马空群凝视着她腰腹上的伤痕,目中已露出愤怒之色,过了很久,才沉声道:"我不想知道。"

他的意思沈三娘当然明白,不想知道的意思,就是他已知道。

沈三娘也没有再说,慢慢地掩起衣襟,黯然道:"你不知道也好,我只不过要你明白,为了你,我什么事都肯做。"

马空群目中的愤怒已变为痛苦,又过了很久,才长长叹息了一声,道:"这些年来,你的确为我做了很多事,吃了很多苦。"

沈三娘哽咽着,突然跪倒,伏在他膝上,失声痛哭了起来。

马空群轻轻抚着她的柔发,目光凝视着窗外。

清晨的微风吹过草原,杂草如波浪起伏,旭日刚刚升起,金黄色的阳光照在翠绿的草浪上,马群正奔向阳光。

马空群叹息着,柔声道:"这地方本是一片荒漠,没有你,我也许根本就不能将这地方改变得如此美丽,没有人知道你对我的帮助有多么大。"

沈三娘轻泣着,道:"只要你知道,我就已心满意足了。"

马空群道:"我当然知道,你帮助我将这块地方改变得如此美丽,只不过是要我在失去它时觉得更痛苦。"

沈三娘霍然抬起头,失声道:"你……你……你在说什么?"

马空群不再看她,缓缓道:"我在说一件秘密。"

沈三娘道:"什么秘密?"

马空群道:"你的秘密。"

沈三娘道:"我……我有什么秘密?"

马空群目中的痛苦之色更深,一字字道:"从你第一天到这里来的时候,我已知道你是谁了!"

沈三娘身子一阵震颤,就好像有一双看不见的手突然扼住了她咽喉。

她连呼吸都已停顿,慢慢地站起来,一步步向后退,目中也充满了恐惧之色。

马空群道:"你不姓沈,姓花。"

这句话又像是一柄铁锤,重重地敲击在沈三娘的头上。

她刚站起来,又将跌倒。

马空群道:"白先羽的外室花白凤,才是你嫡亲的姐姐。"

沈三娘道:"你……你怎么知道?"

马空群叹息了一声,道:"你也许不信,但你还未到这里来时,我已见过你,见过你们姐妹和白先羽在一起,那时你还小,你姐姐肚子里却已有了白先羽的孩子。"

沈三娘颤抖突然停止,全身似已僵硬。

马空群道:"白先羽死了后,我也曾找过你们姐妹,但你姐姐却一直隐藏得很好,又有谁能想到你居然到这里来了?"

沈三娘慢慢地向后退,终于找着张椅子坐下来,看着他。

就是这个人,七年来,每个月她至少有十天要陪他上床,忍受着他那只没有手指的手笨拙的抚摸,忍受着他的汗臭。

有时她甚至会觉得睡在她旁边的是一匹马,一匹老马。

她忍受了七年,因为她总认为自己必有收获,这一切他迟早必将付出代价。

现在她才知道自己错了,错得可笑,错得可怕。

她忽然发觉自己就像是一条孩子手里的蚯蚓,一直在被人玩弄。

马空群道:"我早已知道你是谁,但却一直没有说出来,你知不知道是为了什么?"

沈三娘摇摇头。

马空群道:"因为我喜欢你,而且很需要你这样一个女人。"

沈三娘忽然笑了笑道:"而且还是自己心甘情愿地免费送上门来的。"

她的确在笑,但这笑却比哭还要痛苦。

她忽然觉得要呕吐。

马空群道:"我早就知道你跟翠浓的关系。"

沈三娘道:"哦?"

马空群道:"我这边的消息,由翠浓转出去,外边的消息,也是由翠浓转给你的。"

他也笑了笑,道:"你用她这种人来转达消息,倒的确是个聪明的主意。"

沈三娘叹道:"只可惜还是早已被你知道。"

马空群道:"我一直没有阻止你们,只因为我根本就没有重要的消息给你。"

沈三娘道:"你也许还想从我这里得到外面的消息。"

马空群也叹了口气,道:"只可惜你姐姐比你精明得多,这么多年来,我竟始终查不出她的踪迹。"

沈三娘道:"所以她直到现在还活着。"

马空群道:"她的儿子呢?"

沈三娘道:"也还活着。"

马空群道:"现在是不是已经到这里来了?"

沈三娘道:"你猜呢?"

马空群道:"是叶开?还是傅红雪?"

沈三娘道:"你猜不出?"

马空群又笑了笑,道:"就算你不说,我也有法子知道的。"

沈三娘道:"那么你又何必问我?"

马空群忽然又叹息了一声,道:"其实直到今天为止,我还是不想揭穿你的秘密,因为我还是不忍中断我们现在的这种关系。"

沈三娘道:"只可惜你现在已到了非揭穿我不可的时候。"

马空群道:"因为这件事已不能再拖下去。"

沈三娘道:"既然已拖了十几年,又何妨再拖几天?"

马空群神情更沉重地说道:"我有儿有女,还有几百个兄弟,我不忍眼见着他们再一个个死在我的眼前。"

沈三娘道:"昨天晚上又死了多少?"

马空群黯然道:"死得已够多。"

沈三娘道:"你认为谁是凶手?叶开?傅红雪?"

马空群目中露出憎恨之色,缓缓道:"不管凶手是谁,我可以向你保证,他一定逃不了的!"

沈三娘盯着他,一字字道:"天网恢恢,疏而不漏,杀人者死……对不对?"

马空群道:"不错。"

沈三娘突然冷笑,道:"那么你自己呢?"

马空群目中的愤怒突又变为恐惧,一种深入骨髓的恐惧。

他忽然站起来,面对着窗子,仿佛不愿被沈三娘看到他面上的表情。

就在这时,外面响起了一阵铜铃声。

马空群叹了口气，喃喃道："好快，又是一天，早膳的时候又到了。"

沈三娘道："你今天还吃得下？"

马空群道："这是我自己定下的规矩，至少我自己不能破坏它！"

他没有再看沈三娘一眼，忽然大步走了出去。

沈三娘道："等一等。"

马空群在等。

沈三娘道："你怎么能就这样走了？"

马空群道："为什么不能？"

沈三娘道："你……你准备对我怎么样？"

马空群道："不怎么样。"

沈三娘道："我不懂你的意思。"

马空群道："我没有意思。"

沈三娘道："你既已揭穿了我的隐密，为什么不杀了我？"

马空群道："揭穿你的秘密是一回事，杀你又是另外一回事了！"

沈三娘道："可是……"

马空群道："我知道你当然也不能再留在这里。"

沈三娘道："你让我走？"

马空群笑了笑，笑得很凄凉，缓缓道："我为什么不让你走？难道我真能杀了你？"

沈三娘看着他，目中露出了惊奇之色。

直到现在，她发觉自己还是不能了解这个人，也许始终都没有真的了解过他。

她忍不住又问道："你既然已准备让我走，为什么又要揭穿我的秘密？"

马空群又笑了笑，淡淡道："那也许只因为我要让你知道，我并不是个呆子。"

沈三娘咬着嘴唇，道："那也许只因为你已不愿我再留在这里。"

马空群道："也许。"

他没有再说什么，头也不回地走了出去。

脚步声已下了楼，缓慢而沉重。他的心情也许更沉重。

"他为什么不杀我？难道他真的对我不错？"

沈三娘握紧双拳，自己决定绝不能再想下去，想下去只有更痛苦。

就是这个人，欺骗了她，玩弄了她，但却在别人非杀不可的时候放过了她。

也许并不是他要欺骗她，而是她要欺骗他。

无论他以前做什么，但是他对她这个人，却并没有亏负。

沈三娘心里忽然觉得一阵刺痛。

她本不该有这种感觉，更从未想到自己会有这种感觉。

但人总是人。

人总有人的情感、矛盾和痛苦。

翠浓已站了起来，走到她面前，柔声道："他既然已让我们走，我们为什么还不走？"

沈三娘长长叹息了一声，道："当然要走，只不过……也许我根本不该来的。"

第十四章

健马长嘶

马空群慢慢地坐了下来。

长桌在他面前笔直地伸展出去,就好像一条漫长的道路一样。

从泥沼和血泊中走到这里,他的确已走了段长路,长得可怕。

从这里开始,又要往哪里走呢?

难道又要走向泥沼和血泊中?

马空群慢慢伸出手,放在桌上,面上的皱纹在清晨的光线中显得更多、更深,每一条皱纹都不知是多少辛酸血泪刻画出来的。

那其中有他自己的血,也有别人的!

花满天和云在天已等在这里,静静地坐着,也显得心事重重。

然后公孙断才踉跄走了进来,带着一身令人作呕的酒臭。

马空群没有抬头看他,也没有说什么。

公孙断只有自己坐下,垂下了头,他懂得马空群的意思。

这种时候,的确不是应该喝醉的时候。

他心里既羞惭,又愤怒——对他自己的愤怒。

他恨不得抽出刀,将自己的胸膛划破,让血里的酒流出来。

大堂里的气氛更沉重。

早膳已经搬上来,有新鲜的蔬菜和刚烤好的小牛腿肉。

马空群忽然微笑,道:"今天的菜还不错。"

花满天点点头，云在天也点点头。

菜的确不错，但又有谁能吃得下？天气也的确不错，但清风中却仿佛还带着种血腥气。

云在天垂着头，道："派出去巡逻的第一队人，昨天晚上已经……"

马空群打断了他的话，道："这些话等吃完了再说。"

云在天道："是。"

于是大家都垂下头，默默地吃着。

鲜美的小牛腿肉，到了他们嘴里，却似已变得又酸又苦。

只有马空群却还是吃得津津有味。

他嘴嚼的也许并不是食物，而是他的思想。

所有的事，都已到了必须解决的时候。

有些事绝不是只靠武力就能解决的，一定还得要用思想。

他想的实在太多、太乱，一定要慢慢咀嚼，才能消化。

马空群还没有放下筷子的时候，无论谁都最好也莫要放下筷子。

现在他终于已放下筷子。

窗子很高。

阳光斜斜地照进来，照出了大堂中的尘土。

他看着在阳光中浮动跳跃的尘土，忽然道："为什么只有在阳光照射到的地方，才有灰尘？"

没有人回答，没有人能回答。

这根本不能算是个问题。

这问题太愚蠢。

马空群目光慢慢地在他们面上扫过，忽然笑了笑，道："因为只有在阳光照射到的地方，你才能看得见灰尘，因为你们若看不见那样东西，往往就会认为它根本不存在。"

他慢慢地接着道："其实无论你看不看得见，灰尘总是存在的。"

愚蠢的问题，聪明的答案。

但却没有人明白他为什么要忽然说出这句话来，所以也没有人开口。

所以马空群自己又接着道："世上还有许多别的事也一样，和灰尘一样，它虽然早在你身旁，你却一直看不见它，所以就一直以为它根本不存在。"

他凝视着云在天和花满天，又道："幸好阳光总是会照进来的，迟早总是会照进来的……"

花满天垂首看着面前剩下的半碗粥，既没有开口，也没有表情。

但没有表情却往往是种很奇怪的表情。

他忽然站起来，道："派出去巡逻的第一队人，大半是我属下，我得去替他们料理后事。"

马空群道："等一等。"

花满天道："堂主还有吩咐？"

马空群道："没有。"

花满天道："那等什么？"

马空群道："等一个人来。"

花满天道："等谁？"

马空群道："一个迟早总会来的人。"

花满天终于慢慢地坐下，却又忍不住道："他若不来呢？"

马空群沉下了脸，一字字道："我们就一直等下去好了。"

他沉下脸的时候，就表示有关这问题的谈话已结束，已没有争辩的余地。

所以大家就坐着，等。

等谁呢？

就在这时，他们已听到一阵急骤的马蹄声。

然后就有条白衣大汉快步而入，躬身道："外面有人求见。"

马空群道："谁？"

大汉道："叶开。"

马空群道："只有他一个人？"

大汉道："只有他一个人。"

马空群面上忽然露出一种很奇特的微笑，喃喃道："他果然来了，来得好快。"

他站起来，走出去。

花满天忍不住道："堂主等的就是他？"

马空群没有承认，也没有否认，却沉声道："你们最好就留在这里等我回来。"

他忽又笑了笑，接着道："但这次你们却不必一直等下去，因为我一定很快就会回来的。"

马空群若说你们最好留在这里，那意思就是你们非留在这里不可。

这意思每个人都明白。

云在天仰面看着窗外照进来的阳光，眼目中带着深思的表情，仿佛还在体味着马空群那几句话中的意思。

公孙断紧握双拳，眼睛里满布血丝。

今天马空群竟始终没有看过他一眼，这为的是什么呢？

花满天却在问自己：叶开怎么会突然来了？为什么而来的？

马空群怎么会知道他要来？

每个人心里都有问题，只有一个人能解答的问题。

这个人当然不是他们自己。

阳光灿烂。

叶开站在阳光下。

只要有阳光的时候，他好像就永远都一定是站在阳光下的。

他绝不会站到阴影中去。

现在他正仰着脸，看着那面迎风招展的白绫大旗，好像根本没有觉察到马空群已走过来。

马空群已走过来，站在他身旁，也仰起脸，去看那面大旗。

大旗上五个鲜红的大字："关东万马堂"。

叶开忽然长长叹了口气，道："好一面大旗，不知道你们是不是天天都将它升上去？"

马空群道："是。"

他一直都在凝视叶开，观察着叶开面上的表情，观察得很仔细。

现在叶开终于也转过头，凝视着他，缓缓道："要让这面大旗天天升上去，想必不是件容易事。"

马空群沉默了很久，也长长叹息了一声，道："的确不容易。"

叶开道："不知道世上有没有容易事？"

马空群道："只有一样。"

叶开道："什么事？"

马空群道："骗自己。"

叶开笑了。

马空群却没有笑，淡淡接着道："你要骗别人虽很困难，要骗自己却很容易。"

叶开微笑着，道："但一个人究竟为什么要骗他自己呢？"

马空群道："因为一个人若能自己骗自己，他日子就会过得愉快些。"

叶开道："你呢？你能不能自己骗自己？"

马空群道："不能。"

叶开道："所以你日子过得并不愉快。"

马空群没有回答，也不必回答。

叶开看着他面上的皱纹，目中似已露出一些同情伤感之色。

这些皱纹都是鞭子抽出来的，一条藏在他心里的鞭子。

栅栏里的院子并不太大，外面的大草原却辽阔得无边无际。

人为什么总是将自己用一道栅栏圈住呢？

他们不知不觉地同时转过身，慢慢地走出了高大的拱门。

晴空如洗，长草如波浪般起伏，天地间却仿佛带着种浓冽的悲怆之意。

马空群纵目四顾，又长长叹息，黯然道："这地方死的人已太多了。"

叶开道："死的全是不该死的人。"

马空群霍然回头，目光灼灼，盯着他道："该死的是谁？"

叶开笑了笑，道："有人认为该死的是我，也有人认为该死的是你，所以……"

马空群道："所以怎么样？"

叶开一字字道："所以有人要我来杀你！"

马空群停下了脚步，看着他，面上并没有露出惊奇的表情。

这件事好像本就在他意料之中。

几匹失群的马，也不知从哪里跑了过来。

马空群突然纵身,掠上了一匹马,向叶开招了招手,就打马而出。

他似已算准叶开会跟去。

叶开果然跟去。

这地方本已在天边,这山坡更似在另一个天地里。

叶开来过。

马空群要说机密话的时候,总喜欢将人带来这里。

他好像只有在这里才能将自己心里围着的栏栅撤开去。

石碑上仍有公孙断那一刀砍出的痕迹。

马空群轻抚着碑上的裂痕,就像是在轻抚着自己身上的刀疤一样。

是不是因为这墓碑总要令他忆起昔日那些惨痛的往事?

良久良久,他才转过身。

风吹到这里,似也变得更凄凉萧索。

他鬓边白发已被吹乱,看来仿佛又苍老了些。

但他的眼睛却还是鹰隼般锐利,他盯着叶开,道:"有人要你来杀我?"

叶开点点头。

马空群道:"但你却不想杀我?"

叶开道:"你怎么知道?"

马空群道:"因为你若想杀我,就不会来告诉我了。"

叶开笑了笑,也不知是承认,还是否认。

马空群道:"你想必也已看出,要杀我并不是一件容易的事。"

叶开沉吟着,道:"你为何不问我,是谁要我来杀你?"

马空群道:"我不必问。"

叶开道："为什么？"

马空群冷冷道："因为我根本就从未将那些人看在眼里。"

他慢慢地接着道："要杀我的人很多，但值得重视的却只有一个人。"

叶开道："谁？"

马空群道："我本来也不能断定这人究竟是你还是傅红雪。"

叶开道："现在你已能断定？"

马空群点点头，瞳孔似在收缩，缓缓道："其实我本来早就该看出来的。"

叶开目光闪动，道："你认为那些人全是被傅红雪杀了的？"

马空群道："不是。"

叶开道："不是他是谁？"

马空群目中又露出痛恨之色，慢慢地转过身，眺望着山坡下的草原。

他没有回叶开的话，过了很久，才沉声道："我说过，这地方是我用血汗换来的，绝没有任何人能从我手上抢去。"

这句话也不是回答。

叶开却像是已从他这句话中听出了一些特殊的意义，所以也不再问了。

天是蓝的，湛蓝中带着种神秘的银灰色，就像是海洋。

那面迎风招展的大旗，在这里看来已渺小得很，旗帜上的字迹也已不能辨认。

世上有很多事都是这样子的。

你本来若觉得一件事非常严重，但若能换个方向去看看，就会发现这件事原来也没什么了不起。

过了很久，马空群忽然说道："你知道我有一个女儿吧？"

叶开几乎忍不住要笑了。

他当然知道马空群有个女儿。

马空群道："你也认得她？"

叶开点点头，道："我认得！"

马空群道："你认为她是个怎么样的人？"

叶开道："她很好。"

他的确认为她很好。

有时她虽然像是个被宠坏了的孩子，但内心却还是温柔而善良的。

马空群又沉默了很久，忽又转身盯着叶开，道："你是不是真的很喜欢她？"

叶开忽然发觉自己被问得怔住了，他从未想到马空群会问出这句话来。

马空群道："你一定很奇怪，我为什么要问你这句话？"

叶开苦笑道："我的确有点奇怪。"

马空群道："我问你，只因我希望你能带她走。"

叶开又一怔，道："带她走？到哪里去？"

马空群道："随便你带她到哪里去，只要是你愿意去的地方，你都可以带她去，这里的东西，无论什么你们都可以带走。"

叶开忍不住问道："你为什么要我带她走？"

马空群道："因为……因为我知道她很喜欢你。"

叶开目光闪动，道："她喜欢我，我们难道就不能留在这里？"

马空群的脸上掠过一层阴影，缓缓道："这里马上就有很多事要发生了，我不愿意她也被牵连到里面去，因为她本来就跟这些事全无关系。"

叶开凝视着他，忽然长长叹了口气，道："的确是个很好的父亲。"

马空群道:"你答不答应?"

叶开目中忽然露出一种很奇怪的表情,也慢慢地转过身,去眺望山坡下的草原。

他也没有回答马空群的话,过了很久,才缓缓道:"我说过,这里就是我的家,我既已回来,就不愿再走了。"

马空群变色道:"你不答应。"

叶开道:"我不能带她走,但却可以保证,无论这里发生了什么事,她都绝不会被牵连进去。"

他眼睛里发出了光,慢慢地接着道:"因为那些事本来就跟她毫无关系。"

马空群看着他,眼睛里也发出了光,忽然拍了拍他的肩,道:"我请你喝杯酒去。"

酒在桌上。

酒并不能解决任何人的痛苦,但却能使你自己骗自己。

公孙断紧握着他的金杯,他也不知道自己为什么又要喝酒,现在根本不是应该喝酒的时候。

但这杯酒却已是他今天早上的第五杯。

花满天和云在天看着他,既没有劝他不要喝,也没有陪他喝。

他们和公孙断之间,本就是有段距离的。

现在这距离好像更远了。

公孙断看着自己杯中的酒,忽然觉得一种说不出的寂寞孤独。

他流血,流汗,奋斗了一生,到头来换到的是什么呢?

什么都是别人的。

自己骗自己本就有两种形式,一种是自大;一种是自怜。

一个孩子悄悄地溜了进来：鲜红的衣裳，漆黑的辫子。

孩子虽也是别人的，但他却一直很喜欢。

因为这孩子也很喜欢他——也许只有这孩子才是世上唯一真正喜欢他的人吧！

他伸手揽住了孩子的肩，带着笑道："小鬼，是不是又想来偷口酒喝了？"

孩子摇摇头，忽然轻轻道："你……你为什么要打三姨？"

公孙断动容道："谁说的？"

孩子道："三姨自己说的，她好像还在爹爹面前告了你一状，你最好小心些。"

公孙断的脸沉了下去，心也沉了下去。

他忽然明白马空群今天早上对他的态度为什么和以前不同了。

当然不是真的明白，只不过是他自己觉得已明白了而已。

这远比什么都不明白糟糕得多。

他放开了孩子，沉声道："三姨呢？"

孩子道："出去了。"

公孙断一句话都没有再问，他已经跳了起来，冲了出去。

他冲出去的时候，看来就像是一只负了伤的野兽。

云在天和花满天还是坐着没有动。

因为马空群要他们留在这里。

所以他们就留在这里。

风吹长草，万马堂的大旗在远处迎风招展。

沙子是热的。

傅红雪弯下腰，抓起把黄沙。

雪有时也是热的——被热血染红了的时候。

他紧握着这把黄沙,沙粒都似已嵌入肉里。

然后他就看见了沈三娘,事实上,他只不过看见了两个陌生而美丽的女人。

她们都骑着马,马走得很急,她们的神色看来很匆忙。

傅红雪垂下头。

他从来没有盯着女人看的习惯,他根本从未见过沈三娘。

两匹马却已忽然在他面前停下。

他脚步并没有停下,左脚先迈出一脚后,右脚再跟着慢慢地从地上拖过去。

阳光照在他脸上,他的脸却像是远山上的冰雪雕成的。

一种从不融化的冰雪。

谁知马上的女人却已跳了下来,拦住了他的去路。

傅红雪还是没有抬头。

他可以不去看别人,但却没法子不去听别人说话的声音。

他忽然听到这女人在说:"你不是一直都想看看我的吗?"

傅红雪整个人都似已僵硬,灼热而僵硬。

他没有看见过沈三娘,但却听见过这声音。

这声音在阳光下听来,竟和在黑暗中同样温柔。

那温柔而轻巧的手,那温暖而潮湿的嘴唇,那种秘密而甜蜜的欲望……本来全都遥远得有如虚幻的梦境。

但在这一瞬间,这所有的一切,忽然全都变得真实了。

傅红雪紧握着双手,全身都已因紧张兴奋而颤抖,几乎连头都不敢抬起。

但他的确是一直都想看看她的。

他终于抬起头,终于看见了那温柔的眼波、动人的微笑。

他看见的是翠浓。

站在他面前的人是翠浓。

她带着动人的微笑，凝视着他，沈三娘却像是个陌生人般远远站着。

翠浓柔声道："现在你总算看见我了。"

傅红雪点了点头，喃喃地说道："现在我总算看见你了。"

他冷漠的眼睛里，忽然充满了火一样的热情。

在这一瞬间，他已将所有的情感，全都给了此刻站在他面前的这个女人。

这是他第一个女人，沈三娘远远地站着，看着，脸上完全没有任何表情。

因为她心里本就没有他那种情感。

她只不过做了一件应该做的事，为了复仇，无论做什么她都觉得应该的。

但现在一切事情都已变得不同了，她已没有再做下去的必要。

她也不能让任何人知道她和傅红雪之间的那一段秘密，更不能让傅红雪自己知道。

她忽然觉得自己很恶心。

傅红雪还在看着翠浓，全心全意地看着翠浓，苍白的脸上，也已起了红晕。

翠浓嫣然一笑，道："你还没有看够？"

傅红雪没有回答，也不知该如何回答。

翠浓笑道："好，我就让你看个够吧。"

在风尘中混过的女人，对男人说话总有一种特别的方式。

远山上的冰雪似乎也已融化。

沈三娘忍不住道:"莫忘了我刚才所告诉你的那些话。"

翠浓点点头,忽然轻轻叹息,道:"我现在让你看,因为情况已变了。"

傅红雪道:"什么情况变了?"

翠浓道:"万马堂已经……"

突然间,一阵蹄声打断了她的话。

一匹马冲了过来,马上的人魁伟雄壮如山岳,但行动却矫健如脱兔。

健马长嘶,人已跃下。

沈三娘的脸色变了,很快地躲到翠浓身后。

公孙断就跟着冲过去,一手掴向翠浓的脸,厉声道:"闪开!"

他的喝声突然停顿。

他的手并没有掴上翠浓的脸。

一柄刀突然从旁边伸过来,格住了他的手腕,刀鞘漆黑,刀柄漆黑。

握刀的手却是苍白的。

公孙断额上青筋暴起,转过头,瞪着傅红雪,厉声道:"又是你。"

傅红雪道:"是我。"

公孙断道:"今天我不想杀你。"

傅红雪道:"今天我也不想杀你。"

公孙断道:"那么你最好走远些。"

傅红雪道:"我喜欢站在这里。"

公孙断看了看他,又看了看翠浓,好像很惊奇,道:"难道她是你的女人?"

傅红雪道:"是。"

公孙断突然大笑起来,道:"难道你不知道她是个婊子?"

傅红雪的人突又僵硬。

他慢慢地后退了两步,看看公孙断,苍白的脸似已白得透明。

公孙断还在笑,好像这一生中从未遇见过如此可笑的事。

傅红雪就在等。

他握刀的手似也白得透明。

每一根筋络和血管都可以看得很清楚。

等公孙断的笑声一停,他就一字字地道:"拔你的刀!"

只有四个字,他说得很轻,轻得就像是呼吸。

一种魔鬼的呼吸。

他也说得很慢,慢得就像是来自地狱的诅咒。

公孙断的人似也僵硬,但眸子里却突然有火焰燃烧起来。

他盯着傅红雪,道:"你在说什么?"

傅红雪道:"拔你的刀。"

烈日。

大地上黄沙飞卷,草色如金。

大地虽然是辉煌而灿烂的,但却又带着种残暴霸道的杀机。

在这里,生命虽然不停地滋长,却又随时都可能被毁灭。

在这里,万事万物都是残暴刚烈的,绝没有丝毫柔情。

公孙断的手已握着刀柄。

弯刀,银柄。

冰凉的银刀,现在也已变得烙铁般灼热。

他掌心在流着汗,额上也在流着汗,他整个人都似已将在烈日下燃烧。

"拔你的刀!"

他血液里的酒，就像是火焰般在流动着。

实在太热。

热得令人无法忍受。

傅红雪冷冷地站在对面，却像是一块从不融化的寒冰。

一块透明的冰。

这无情的酷日，对他竟像是全无影响。

他无论站在哪里，都像是站在远山之巅的冰雪中。

公孙断不安地喘息着，甚至连他自己都可能听到自己的喘息声。

一只大蜥蜴，慢慢地从砂石里爬出来，从他脚下爬过去。

"拔你的刀！"

大旗在远方飞卷，风中不时传来马嘶声。

"拔你的刀！"

汗珠流过他的眼角，流入他钢针般的虬髯里，湿透了的衣衫紧贴着背脊。

傅红雪难道从不流汗的？

他的手，还是以同样的姿势握着刀鞘。

公孙断突然大吼一声，拔刀！挥刀！

刀光如银虹掣电。

刀光是圆的。

圆弧般的刀光，急斩傅红雪左颈后的大血管。

傅红雪没有闪避，也没招架。

他突然冲过来。

他左手的刀鞘，突然格住了弯刀。

他的刀也已拔出。

"噗"的一声，没有人能形容出这是什么声音。

甚至连公孙断自己都不知道这是什么声音。

他没有感觉到痛苦，只觉得胃部突然收缩，似将呕吐。

他低下头，就看到了自己肚子上的刀柄。

漆黑的刀柄。

刀已完全刺入他肚子里，只剩下刀柄。

然后他就觉得全身力量突然奇迹般消失，再也无法支持下去。

他看着这刀柄，慢慢地倒下。

只看见刀柄。

他至死还是没有看见傅红雪的刀。

黄沙，碧血。

公孙断倒卧在血泊。

他的生命已结束，他的灾难和不幸也已结束。

但别人的灾难却刚开始。

正午，酷热。

无论在多么酷热的天气中，血一流出来，还是很快就会凝结。

汗却永不凝结。

云在天不停地擦汗，一面擦汗，一面喝水，他显然是个不惯吃苦的人。

花满天却远比他能忍耐。

一匹马在烈日下慢慢地踱入马场。

马背上伏着一个人。

一条蜥蜴，正在舐着他的血。

他的血已凝结。

一柄闪亮的弯刀，斜插在他腰带上，烈日照着他满头乱发。

他已不再流汗。

突然间，一声响雷击下，暴雨倾盆而落。

万马堂中已阴暗了下来，檐前的雨丝密如珠帘。

花满天和云在天的脸色正和这天色同样阴暗。

两条全身被淋得湿透了的大汉，抬着公孙断的尸身走进来，放在长桌上。

然后他们就悄悄地退了下去。

他们不敢看马空群的脸。

他静静地站在屏风后的阴影里，只有在闪电亮起时，才能看到他的脸。

但却没有人敢去看。

他慢慢地坐下来，坐在长桌前，用力握住了公孙断的手。

手粗糙、冰冷、僵硬。

他没有流泪，但面上的表情却远比流泪更悲惨。

公孙断眼珠凸起，眼睛里仿佛还带着临死前的痛苦和恐惧。

他这一生，几乎永远都是在痛苦和恐惧中活着的，所以他永远暴躁不安。

只可惜别人只能看见他愤怒刚烈的外表，却看不到他的心。

雨已小了些，但天色却更阴暗。

马空群忽然道："这个人是我的兄弟，只有他是我的兄弟。"

他也不知是在喃喃自语，还是在对花满天和云在天说话。

他接着又道："若没有他的话，我也绝不能活到现在。"

云在天终于忍不住长长叹息一声，黯然道："我们都知道他是个好人。"

马空群道："他的确是个好人，没有人比他更忠实，没有人比他更勇敢，可是他自己这一生中，却从未有过一天好日子。"

云在天只有听着，只有叹息。

马空群声音已哽咽，道："他本不该死的，但现在却已死了。"

云在天恨恨道："一定是傅红雪杀了他。"

马空群咬着牙，点了点头，道："我对不起他，我本该听他的话，先将那些人杀了的。"

云在天道："现在……"

马空群黯然道："现在已太迟了，太迟了……"

云在天道："但我们却更不能放过傅红雪，我们一定要为他复仇。"

马空群道："当然要复仇，只不过……"

他忽然抬起头，厉声道："只不过，复仇之前，我还有件事要做。"

云在天目光闪动，试探着问道："什么事？"

马空群道："你过来，我跟你说。"

云在天当然立刻就走过去。

马空群道："我要你替我做件事。"

云在天躬身道："堂主就吩咐。"

马空群道："我要你死！"

他的手一翻，已抄起了公孙断的弯刀，刀光已闪电般向云在天削过去。

没有人能形容这一刀的速度，也没有人能想到他会突然向云在天出手。

奇怪的是，云在天自己却似乎早已在提防着他这一招。

刀光挥出，云在天的人也已掠起，一个"推窗望月飞云式"，身子凌空翻出。

鲜血也跟着飞出。

他的轻功虽高，应变虽快，却还是比不上马空群的刀快。

这一刀竟将他右手齐腕砍了下来。

断手带着鲜血落下。

云在天的人居然还没有倒下。

一个身经百战的武林高手，绝不是很容易就会倒下去的。

他背倚着墙，脸上已全无血色，眼睛里充满了惊讶和恐惧。

马空群并没有追过去，还是静静地坐在那里，凝视着自刀尖滴落的鲜血。

花满天居然也只是冷冷地站在一旁看着，脸上居然全无表情。

这一刀砍下去的，只要不是他的手，他就绝不会动心。

过了很久，云在天才能开口说话。

他咬着牙，颤声道："我不懂，我……我真的实在不懂。"

马空群冷冷道："你应该懂的。"

他抬起头，凝视着壁上奔腾的马群，缓缓接着道："这地方本来是我的，无论谁想从我手上夺走，他都得死！"

云在天沉默了很久，忽然长叹了一声，道："原来你已全都知道。"

马空群道："我早已知道。"

云在天苦笑道："我低估了你。"

马空群道："我早就说过，世上有很多事都和灰尘一样，虽然早已在你身旁，你却一直看不见它——我也一直没有看清你。"

云在天的脸已扭曲，冷汗如雨，咬着牙笑道："可是阳光迟早总会照进来的。"

他虽然在笑，但那表情却比哭还痛苦。

马空群道："现在你已懂了么？"

云在天道："我懂了。"

马空群看着他,忽然也长叹了一声,道:"你本不该出卖我的,你本该很了解我这个人。"

云在天脸上突然露出一丝奇特的笑意,道:"我虽然出卖了你,可是……"

他没有说完这句话。

他目光刚转向花满天,花满天的剑已刺入他胸膛,将他整个人钉在墙上。

他已永远没有机会说出他想说的那句话。

花满天慢慢地拔出了剑。

然后云在天就倒下。

每个人迟早总会倒下。

无论他生前多么显赫,等他倒下去时,看来也和别人完全一样。

第十五章

满天飞花

剑尖的血已滴干。

花满天转过身,看着马空群。

马空群也在看着他,淡淡道:"你杀了他!"

花满天道:"因为他出卖了你。"

马空群道:"现在你也懂了?"

花满天道:"我不懂,我只知道出卖你的人,就得死!"

马空群道:"你知不知道他怎么样出卖了我?"

花满天道:"我很想知道。"

马空群道:"慕容明珠、乐乐山他们全都是他找来的。"

花满天面上露出吃惊之色,失声道:"怎么会是他找来的?这两人跟他又有什么关系?"

马空群道:"没有关系。"

花满天道:"既然没有关系,为什么要找他们来?我不明白。"

这两句话都问得很愚蠢,"满天飞花"本不是个愚蠢的人。

但马空群却并不在意,他本也不是惯于回答别人愚蠢问题的人。

他还是回答了这问题:"就因为他们和他本来全无关系,所以他才要找他们来。"

花满天道:"来干什么?"

马空群握紧了弯刀，缓缓道："来杀人！这两天里死的兄弟，全是被他们杀了的。"

花满天吃惊道："是他们杀了的？不是傅红雪？"

马空群摇摇头，冷冷道："傅红雪想杀的人只有一个。"

花满天就算真的很愚蠢，也不会再问了，他当然知道傅红雪要杀的人是谁。

"但云在天为什么要找他们来杀那些人呢？"

马空群道："因为他想逼我走。"

花满天皱眉道："逼你走？"

马空群冷笑道："我若走了，这地方岂非就是他的了。"

花满天叹了口气，道："他本该知道你绝不是个轻易就会被逼走的人。"

马空群说道："但他也知道我有个极厉害的仇家，他这样做，只不过要我以为仇家已找上门来。"

他嘴角露出一丝讥诮的笑意，接着道："开始时我竟也几乎真的相信。"

花满天道："是什么令你开始怀疑？"

马空群冷笑道："他计划虽然周密，却还是算错了几件事。"

花满天道："哦？"

马空群道："他当然想不到我那真的仇家竟在此时赶来了。"

花满天叹道："这倒真巧得很。"

马空群道："傅红雪并不是凑巧赶来的。就因为他知道云在天有这个计划，所以才会来，只有在万马堂发生变乱时，他才有比较好的机会。"

花满天道："云在天的计划，他又怎么会知道？"

马空群目中露出痛苦之色，过了很久，才缓缓道："因为沈三娘本就是他们的人。"

花满天又显得很惊讶，道："但这件事沈三娘又怎会知道的。"

马空群道："因为翠浓也是他们的人。"

花满天道："翠浓？"

马空群冷笑道："他收买了翠浓，用翠浓来传递消息，却不知翠浓同时也将消息告诉了沈三娘。"

花满天长长叹了口气，道："看来一个男人若是太信任女人，他无论做什么事都注定要失败的。"

马空群冷冷道："他看错了翠浓，也看错了飞天蜘蛛。"

花满天道："当时无论谁都没有想到飞天蜘蛛是你找来的人。"

马空群道："所以他们才会被飞天蜘蛛发现了秘密。"

花满天道："所以飞天蜘蛛才会死。"

马空群道："不错，他想必是被慕容明珠杀了灭口的。"

花满天道："但慕容明珠又怎会死了呢？"

马空群道："飞天蜘蛛临死时，手里必定握着一样证据，这样证据想必是慕容明珠身上的。"

花满天点点头，他也想起了飞天蜘蛛那只紧握着的手。

马空群道："云在天当然不会注意到飞天蜘蛛这只手，因为只有他知道飞天蜘蛛是死在谁手上的。"

花满天道："但他却未想到居然还有别人会注意到这只手，而且拿走了手里的证据。"

马空群道："他生怕别人查出他们之间的关系，所以索性将慕容明珠也杀了灭口。"

花满天叹道："看不出他竟是一个如此心狠手辣的人。"

马空群道："现在你已完全明白了么？"

花满天沉吟着，道："还有两件事不明白。"

马空群道:"你可以问。"

花满天道:"乐乐山乃武林名宿,慕容明珠也是家资巨万的世家子弟,以他们的身份地位,怎么会轻易地被他找来?"

马空群道:"慕容明珠早已在垂涎万马堂这片基业,一心想拥为己有,一个人若有了贪心,就难免要被别人利用了。"

花满天点点头,道:"愈富有的人愈贪心,这道理我们也明白,只不过……乐乐山又是怎么会被他打动的呢?"

马空群沉吟着,缓缓地道:"乐乐山并不是他找来的。"

花满天皱眉道:"不是他是谁?"

马空群道:"云在天本来就不是这计划的真正主谋人。"

花满天道:"哦?"

马空群道:"前天晚上,乐乐山、慕容明珠、傅红雪、飞天蜘蛛,全都在自己屋里闭门未出,但你的马场中,却死了十三位兄弟。"

花满天恨恨道:"当时我还以为那是叶开下的毒手。"

马空群道:"凶手本来是想嫁祸给叶开的,想不到叶开居然也有人证。"

花满天道:"你认为凶手是云在天?"

马空群道:"也不是。"

花满天又皱眉道:"为什么不是?"

马空群沉着脸道:"我很了解他的武功,也很清楚那十三位兄弟的身手,就凭他要杀死那十三位兄弟只怕还很不容易。"

花满天神色也很凝重,道:"所以你认为这其中必定还有另一个人。"

马空群道:"不错。"

花满天道:"你认为这人才是真正的主谋?"

马空群道:"不错。"

花满天道:"你知道这人是谁?"

马空群并没有直接回答这句话,缓缓道:"第一,这人和乐乐山的关系必定很深,所以乐乐山才会被他说动,来做这种事。"

花满天慢慢地点了点头,道:"有道理。"

马空群道:"第二,这人在万马堂中的身份地位必定很高。"

花满天道:"怎见得?"

马空群淡淡道:"就因为他有这种身份,将我逼走后,他才能接管万马堂。"

花满天沉思着,终于又慢慢地点了点头,道:"有道理。"

马空群道:"他想必是云在天平日很信服的人,所以云在天才会听命于他。"

花满天道:"有道理。"

马空群脸色沉重,道:"第四,他当然也是那十三位兄弟很信服的人,就因为他们对这人全没有丝毫防范之心,所以才会遭了他的毒手。"

花满天忽然笑了笑,笑得非常奇怪,缓缓道:"就因为他和乐乐山的关系极深,所以才故意在别人面前作出互相厌恶之态,叫人看不出他们之间的关系。"

马空群道:"正是如此。"

花满天凝视着他,道:"这件事真是你自己看出来的?"

马空群道:"并不完全是。"

花满天道:"还有人泄漏了秘密给你?"

马空群道:"不错。"

花满天道:"这人是谁?"

马空群道:"翠浓!"

花满天皱眉道:"又是她?"

马空群道:"云在天以为翠浓已对他死心塌地,沈三娘也认为翠浓对她忠心耿耿,却不知……"

花满天忍不住打断了他的话,抢着说道:"他们全错了。"

马空群点点头,道:"他们全错了,而且错得很可笑。"

花满天道:"其实翠浓是你的人。"

马空群道:"也不是。"

花满天道:"那么她究竟是……"

马空群忽地打断了他的话,道:"你知道她是干什么的?"

花满天目中露出憎恶之色,冷笑道:"我当然知道,她是个婊子。"

马空群道:"你几时听说婊子对人忠心耿耿过?"

花满天恨道:"不错,一个人若连自己都能出卖,当然也能出卖别人。"

马空群淡淡道:"只不过她看来的确并不像是这种人。"

花满天忽又笑了笑,道:"这件事倒也给了我个教训。"

马空群道:"什么教训?"

花满天道:"婊子就是婊子,就算她长得像天仙一样,她还是个婊子。"

马空群道:"你好像很少说这种粗话。"

花满天道:"我今天非但说了不少粗话,也说了不少笨话。"

马空群道:"现在你总该已明白了。"

花满天道:"现在是不是已太迟了?"

马空群冷冷道:"好像已太迟。"

花满天垂下头,沉默了很久,才缓缓道:"你真正的仇人是傅红雪?"

马空群道:"是的。"

花满天道:"我可以替你杀了他。"

马空群道:"你杀不了他。"

花满天道:"现在公孙断和云在天都已死了,你若再杀了我,岂非孤掌难鸣?"

马空群道:"那是我的事。"

花满天又沉默了很久,叹息着道:"我跟着你总算已有十几年。"

马空群道:"十六年。"

花满天道:"这十六年来,我也曾为这地方流过血,流过汗。"

马空群缓缓道:"这地方能有今日的局面,本不是一人之力所能造成的。"

花满天道:"我也只不过想将你逼走而已,并没有想要杀你。"

马空群道:"院子里那棵大树,你想必总是看到过的。"

花满天点点头。

马空群道:"这些年来,它一直长得很快,长得很好。"

花满天目中露出一丝伤感之色,缓缓道:"我来的时候,它还没有栅栏高,现在却已连两个人都抱不过来了。"

马空群道:"但你若要将它移走,它还是很快就会枯死。"

花满天只能承认。

马空群道:"我也和这棵树一样,我的根已生在这里,若有人要我走,我也会枯死。"

花满天握紧双拳,道:"所以……所以你一定也要我死。"

马空群看着他,缓缓道:"你自己说过,无论谁出卖我,都得死。"

花满天看着自己握剑的手,长叹一声道:"我的确说过。"

马空群目中也有些黯然之色,道:"我本可逼你去跟傅红雪交手的。"

花满天道:"我也一定会去。"

马空群道:"但我宁可自己动手,也不愿别人来杀你。"

他一字字接着道:"因为你是万马堂的人,因为你也曾是我的朋友。"

花满天道:"我……我明白。"

马空群长叹道:"你明白就好。"

花满天道:"现在我只想再问你一句话。"

马空群道:"你问。"

花满天忽然抬起头,盯着他,厉声道:"我辛苦奋斗十余年,到现在还是一无所有,还得像奴才般听命于你,你若是我,你会不会也像我这么做?"

马空群想也不想,立刻接口说道:"我会的,只不过……"

他目中露出刀一般的光,接着道:"我若做得不机密,被人发现,我也死而无怨。"

花满天盯着他,突然仰面而笑,道:"好,好一个死而无怨,只可惜我还未必就会死在你手里。"

他长剑一挥,剑花如落花飞舞,厉声道:"只要你能杀得了我,我也一样死而无怨。"

马空群道:"很好,这才是男子汉说的话。"

花满天道:"你为何还不站起来?"

马空群淡淡道:"我坐在这里,也一样能杀你!"

花满天笑声已停止,握剑的手背上,已有一条条青筋凸起。

马空群却还是静静地坐在那里,静静地凝视着掌中弯刀。

他竟连看都不再看花满天一眼。他全身的血肉却似已突然变成钢铁。

花满天盯着他,一步步走过来,剑尖不停地颤动,握剑的手似也在颤抖。

突然间,他轻叱一声,剑光化为长虹,人也跟着飞起。

这一剑并没有攻向马空群,他连人带剑,闪电般向窗外冲了出去。

马空群突然叹道:"可惜……"

这两个字出口,他的人也已掠起,弯刀也化为了银虹。

"叮"的一声,刀剑相击,刀光突然一紧,沿着剑锋削过去。

花满天并不是个不懂得用剑的人,他剑法变化之快,海内很少有人能比得上。

但这一次,他忽然发现自己所有的变化已全部被人先一步封死。

他身子凌空,正是新力未生,余力将尽的时候,亮银般的刀光已封住了他的脸,闭住了他的呼吸。

他突然觉得很冷,冷得可怕。

"你若有勇气和我一战,我也许会饶了你的。"

这就是他听到的最后一句话。

雷电已停了,天色却更阴暗。

马空群又静静地坐在那里,看来仿佛很疲倦,也很伤感。

在他面前的,是公孙断、云在天、花满天三个人的尸身。这本是他最亲近的朋友、最得力的部下,现在却已都变成了没有生命、没有情感的尸体,就和三个陌生人的尸体一样。

但活着的人却绝不会没有情感的。又有谁能了解,这身经百战的垂暮老人的心情,他究竟有过什么?现在还剩下些什么?

墙上的血也已干了,一串串血珠,就像是用颜料画上去的。

两个人悄悄地走进来,看见这情况,立刻屏住了呼吸。

马空群没有回头,过了很久,才沉声道:"传下令去,万马堂内所有兄弟,一律斋戒茹素,即刻准备两位场主和公孙先生的后事。"

第十六章

一入万马堂,休想回故乡

草原上有个茶亭。

马师们喜欢将这地方称作"安乐窝",事实上这地方却只不过是个草篷而已。

但这里却是附近唯一能避雨的地方。

暴雨刚来的时候,叶开和马芳铃就已避了进来。

雨,密如珠帘。

辽阔无边的牧场,在雨中看来,简直就像是梦境一样。

马芳铃坐在茶亭中的那条长板凳上,用两只手拍着膝盖,痴痴地看着雨中的草原。

她已有很久没有说话。

女人不说话的时候,叶开也从不去要她们开口说话的。

他一向认为女人若是少说些话,男人就会变得长命些。

闪电的光,照着马芳铃的脸。

她脸色很不好,显然是睡眠不足,而且有很多心事的样子。

但这种脸色却使她看来变得成熟了些,懂事了些。

叶开倒了碗茶,一口气喝了下去,只希望茶桶里装的是酒。

他并不是酒鬼,只有在很开心的时候,或者是很不开心的时候,他才会想喝酒。

现在他并不开心。

现在他忽然想喝酒。

马芳铃抬起头,看了他一眼,忽然道:"我爹爹一向不赞成我们来往的。"

叶开道:"哦?"

马芳铃道:"但今天他却特地叫我出来,陪你到四面逛逛。"

叶开笑了笑,道:"他选的人虽然对了,选的时候却不对。"

马芳铃咬着嘴唇,道:"你知不知道他怎么会忽然改变主意的?"

叶开道:"不知道。"

马芳铃盯着他道:"今天早上,你一定跟他说了很多话。"

叶开又笑了笑,道:"你该知道他不是个多话的人,我也不是。"

马芳铃忽然跳起来,大声道:"你们一定说了很多不愿让我知道的话,否则你为什么不肯告诉我。"

叶开沉吟着,缓缓道:"你真的要我告诉你?"

马芳铃道:"当然是真的。"

叶开面对着她,道:"我若说他要把你嫁给我,你信不信?"

马芳铃道:"当然不信。"

叶开道:"为什么不信?"

马芳铃道:"我……"

她突然跺了跺脚,扭转身,道:"人家的心乱死了,你还要开人家的玩笑。"

叶开道:"为什么会心乱?"

马芳铃道:"我也不知道,我若知道,心就不会乱了。"

叶开笑了笑,道:"这句话听起来倒也好像蛮有道理。"

马芳铃道:"本来就很有道理。"

她忽又转回身，盯着叶开，道："你难道从来不会心乱的？"

叶开道："很少。"

马芳铃道："你难道从来没有动过心？"

叶开道："很少。"

马芳铃咬了咬嘴唇，道："你……你对我也不动心么？"

叶开道："动过。"

这回答实在很干脆。

马芳铃却像是吃了一惊，脸已红了，红着脸垂下头，用力拧着衣角，过了很久，才轻轻道："这种时候，这种地方，你若真的喜欢我，早就该抱我了。"

叶开没有说话，却又倒了碗茶。

马芳铃等了半天，忍不住道："嗯，我说的话你听见了没有？"

叶开道："没有。"

马芳铃道："你是个聋子？"

叶开道："不是。"

马芳铃道："不是聋子为什么听不见？"

叶开叹了口气，苦笑道："因为我虽然不是聋子，有时却会装聋。"

马芳铃抬起头，瞪着他，忽然扑过来，用力抱住了他。

她抱得好紧。

外面的风很大，雨更大，她的胴体却是温暖、柔软而干燥的。

她的嘴唇灼热。

她的心跳得就好像暴雨打在草原上。

叶开却轻轻地推开了她。

在这种时候，叶开竟推开了她，马芳铃瞪着他，狠狠地瞪着他，整个人却似已僵硬了似的。

她用力咬着嘴唇，好像要哭出来的样子，道："你……你变了。"

叶开柔声道："我不会变。"

马芳铃道："你以前对我不是这样子的。"

叶开沉默着，过了很久，才叹息着道："那也许只因为我现在比以前更了解你。"

马芳铃道："你了解我什么？"

叶开道："你并不是真的喜欢我。"

马芳铃道："我不是真的喜欢你？我……我难道疯了？"

叶开道："你这样对我，只不过因为你太怕。"

马芳铃道："怕什么？"

叶开道："怕寂寞，怕孤独，你总觉得世上没有一个人真的关心你。"

马芳铃的眼睛突然红了，垂下头，轻轻道："就算我真的是这样子，你就更应对我好些。"

叶开道："要怎么样才算对你好？趁没有人的时候抱住你，要你……"

他的话没有说完。

马芳铃突然伸出手，用力在他脸上掴了一耳光。

她打得自己的手都麻了，但叶开却像是连一点感觉都没有，还是淡淡地看着她，看着她眼泪流出来。

她流着泪，跺着脚，大声道："你不是人，我现在才知道你简直不是个人，我恨你……我恨死你了……"

她大叫着跑了出去，奔入暴雨中。

雨下得真大。

她的人很快就消失在珠帘般的密雨中。

叶开并没有追出去，他甚至连动都没有动。

但也不知为了什么，只见他脸上的表情却显得非常痛苦。

因为他心里也有种强烈的欲望，几乎已忍不住要冲出去，追上她，抱住她。

可是他并没有这么样做。

他什么都没有做，只是石像般地站在这里，等着雨停……

雨停了。

叶开穿过积水的长街，走入了那窄门。

屋子里静得很，只有一种声音，洗骨牌的声音。

萧别离并没有回头看他，似已将全部精神都放在这副骨牌上。

叶开走过去，坐下。

萧别离凝视着面前的骨牌，神情间仿佛带着种说不出的忧虑。

叶开道："今天你看出了什么？"

萧别离长长叹息，道："今天我什么都看不出。"

叶开道："既然看不出，为什么叹息？"

萧别离道："就因为看不出，所以才叹息。"

他终于抬起头，凝视着叶开，缓缓接着道："只有最凶险、最可怕的事，才是我看不出的。"

叶开沉默了很久，忽然笑了笑，道："但我却看出了一样事。"

萧别离道："哦？"

叶开道："今天你至少不会破财。"

萧别离在等着他说下去。

他却并没有再说什么，只不过从怀里取出了那沓崭新的银票，轻轻地放在桌上，慢慢地推到萧别离面前。

萧别离看着这沓银票，居然也没有再问什么。

有些事是根本用不着说，也用不着问的。

过了很久，叶开才微笑着道："其实我本不必将这银票还给你的。"

萧别离道："哦？"

叶开道："因为你本来也并不是真的要我去杀他的，是吗？"

萧别离道："哦？"

叶开道："你只不过是想试探试探我，是不是想杀他而已。"

萧别离忽然也笑了，道："你想得太多，想得太多并不是件好事。"

叶开道："无论如何，你现在总该已知道，我并不是那个想杀他的人。"

萧别离道："现在无论谁都已知道。"

叶开道："为什么？"

萧别离道："因为公孙断已死了，死在傅红雪的刀下！"

叶开的微笑突然冻结。

他脸上从未出现过如此奇怪的表情。

萧别离慢慢地接着道："不但公孙断死了，云在天和花满天也死了。"

叶开失声道："难道也是死在傅红雪刀下的？"

萧别离摇摇头。

叶开皱眉道："是谁杀了他们？"

萧别离道："马空群。"

叶开又怔住。

又过了很久，他才长长叹了口气，喃喃道："我想不通，实在想不通。"

萧别离道："有什么想不通的？"

叶开道："现在他明知有个最可怕的仇敌随时都在等着机会杀他，

为什么要将自己最得力的两个帮手在这种时候杀了呢？"

萧别离淡淡道："这也许只因为他本来就是个很奇怪的人，所以总是会做出令人想不到的事。"

这回答根本就不能算是回答，但叶开却居然似已接受了。

他忽然改变话题，问道："昨天晚上楼上那位贵客呢？"

萧别离道："贵客？"

叶开道："金背驼龙丁求。"

萧别离似乎现在才想起丁求这个人，微笑道："他也是个怪人，也常常会做出些令人想不到的事。"

叶开道："哦？"

萧别离道："我就从未想到他会到这种地方来。"

叶开道："他不是来找你的？"

萧别离悠悠的一笑，道："又有谁还会来找我这个残废。"

叶开也笑了笑，道："他还在上面？"

萧别离摇摇头，道："已经走了。"

叶开道："哪里去了？"

萧别离道："去找人。"

叶开道："找人？找谁？"

萧别离道："乐乐山。"

叶开很诧异，道："他们也是朋友？"

萧别离道："不是朋友，是对头，而且是多年的对头。"

叶开沉吟着，道："丁求这次来，难道就是为了要找乐乐山？"

萧别离道："也许。"

叶开道："他们究竟是什么过节？"

萧别离叹了口气，道："谁知道，江湖中人的恩怨，本就是纠缠不清的。"

叶开又沉吟了很久，忽又问道："昔年江湖中，有位手段最毒辣的暗器高手，据说是那红花婆婆的唯一传人。"

萧别离道："你说的是'断肠针'杜婆婆？"

叶开道："不错。"

萧别离道："这名字我倒听说过。"

叶开道："见过她没有？"

萧别离苦笑道："我宁愿还是一辈子不要见着她的好。"

叶开道："昔年'千面人魔'门下的四大弟子，最后剩下的一个叫'无骨蛇'西门春的，你当然也听说过他的名字。"

萧别离道："我宁愿见到杜婆婆，也不想见到这个人。"

叶开缓缓道："只不过，据我所知，这两人也都到这里来了。"

萧别离动容道："什么时候来的？"

叶开道："来了已很久。"

萧别离沉默了半晌，突又摇摇头，道："不会，绝不会，他们若到了这里，我一定会知道。"

叶开凝视着他，道："也许他们已到了，万马堂岂非本就是藏龙卧虎之地？"

萧别离点了点头，又摇了摇头。

叶开道："也许万马堂就因为有了这种帮手，所以才有恃无恐。"

萧别离忽然笑了笑，道："这是万马堂的事，和我们有什么关系？"

叶开也笑了，道："今天我的话确实好像太多了一些。"

他好像已想告辞了，但就在这时，门外已走进了一个人。

一个白衣人，腰上系着条麻布，手里捧着沓东西，像是信封，又像是请帖。

那既不是信封，也不是请帖。

是讣闻。

公孙断、云在天和花满天的讣闻,具名的是马空群。大殓的日子就在后天。

清晨大祭,正午入殓,然后当然还有素酒招待吊客们。叶开居然也接到了一份。

那白衣戴孝的马师双手送上了讣闻,又躬身道:"三老板再三吩咐,到时务必请萧先生和叶公子去一趟,以尽故人之思。"

萧别离长长叹息,黯然道:"多年好友,一旦永别,我怎会不去?"

叶开道:"我也会去的。"

白衣人再三拜谢。叶开忽又道:"这次讣闻好像发得不少。"

白衣人道:"三老板和公孙先生数十年过命的友情,总盼望能将这丧事做得体面些。"

叶开道:"只要在这地方的人,都有一份?"

白衣人道:"差不多都请到了。"

叶开道:"傅红雪呢?"

白衣人目中露出憎恨之色,冷冷道:"他也有一份,只怕他不敢去而已。"

叶开沉思着,缓缓道:"我想他也会去的。"

白衣人恨恨道:"但愿如此。"

叶开道:"你找着他的人没有?"

白衣人道:"还没有。"

叶开道:"你若放心,我倒可以替你送去。"

白衣人沉吟着,终于点头道:"那就麻烦叶公子了,在下也实在不愿见到这个人,他最好也莫要被人见到才好。"

萧别离一直凝视着手里的讣闻,直等白衣人走出去,才轻轻叹息了一声，道："想不到马空群居然也将讣闻发了一份给傅红雪。"

叶开淡淡道："你说过，他是个怪人。"

萧别离道："你想傅红雪真的会去？"

叶开道："会去的。"

萧别离道："为什么？"

叶开笑了笑，道："因为我看得出他绝不是个会逃避的人。"

萧别离沉吟着，缓缓道："但你若是他的朋友，还是劝他莫要去的好。"

叶开道："为什么？"

萧别离道："你难道看不出这份讣闻也是个陷阱吗？"

叶开皱眉道："陷阱？"

萧别离神情很严肃，道："这一次傅红雪若是入了万马堂，只怕就真的休想回故乡了。"

　　天皇皇，地皇皇。
　　眼流血，月无光。
　　一入万马堂，
　　休想回故乡。

午后。

骤雨初晴，晴空万里。

叶开正在敲傅红雪的门。

从今天清晨以后，就没有人再看到过傅红雪了，每个人提起这脸色苍白的跛子时，都会现出奇怪的表情，就像是看到了条毒蛇。

傅红雪杀了公孙断的事，现在想必已传遍了这个山城了。

窄门里没有人回应，但旁边的一扇门里，却有个白发苍苍的老太婆探出头来，带着怀疑而又畏惧的眼色，看着叶开。

她脸上布满了皱纹，皮肤已干瘪。

叶开知道她是这些小木屋的包租婆，带着笑问道："傅公子呢？"

老太婆摇摇头，道："这里没有富公子，这里都是穷人。"

叶开又笑了。

他这人好像从来就很难得生气的。

老太婆忽然又道："你若是找那脸色发白的跛子，他已经搬走了。"

叶开道："搬走了？什么时候搬走的？"

老太婆道："快要搬走了。"

叶开道："你怎么知道他快要搬走？"

老太婆恨恨道："因为我的房子绝不租给杀人的凶手。"

叶开终于明白。

得罪了万马堂的人，在这山城里似乎已很难再有立足之地。

他没有再说什么，只笑了笑，就转身走出巷子。

谁知老太婆却又跟了出来，道："但你若没有地方住，我倒可以将那房子租给你。"

叶开微笑道："你怎么知道我不是杀人的凶手？"

老太婆道："你不像。"

叶开忽然沉下了脸，道："你看错了，我不但杀过人，而且杀了七八十个。"

老太婆倒抽了口凉气，满脸俱是惊骇之色。

叶开已走出了巷子。

他只希望能尽快找到傅红雪。

他没有看到傅红雪，却看到了丁求。

丁求居然就坐在对面的屋檐下，捧着碗热茶在喝。

他华丽的衣衫外，又罩上了一件青袍，神情看来有些无精打采。

这时街那边正有个牧羊人赶着四五条羊慢慢地走过来。

暴雨后天气虽又凉了些，但现在毕竟还是盛暑时。

这牧羊人身上居然披着些破羊皮袄，头上还戴着顶破草帽。

帽子戴得很低，因为他的头本就比帽子小。

他低着头，手里提着条牧羊杖，嘴里有一搭没一搭地哼着小调。

只有最没出息的人才牧羊。

在这种边荒之地，好男儿讲究的是放鹰牧马，牧羊人不但穷，而且没人看得起。

街上的人根本连看都懒得看他一眼，这牧羊人倒也很识相，也不敢走到街心来，只希望快点将这几条瘦羊赶过去。

谁知道街上偏偏就有一个人注意到他。

丁求一看见这牧羊人，眼睛竟忽然亮了，好像本就在等他。

叶开也停下了脚步，看了看这牧羊人，又看了看丁求。

他的眼睛竟似也亮了。

街上积着水。

这牧羊人刚绕过一个小水潭，就看见丁求大步走过来拦住了他的去路。

他连头都没有抬，又想从丁求旁边绕过去。

牧羊人总是没胆子的。

谁知丁求却好像要找定他的麻烦了，突然道："你几时学会牧羊的？"

牧羊人怔了怔，嗫嚅着道："从小就会了。"

丁求冷笑道："难道你在武当门下学的本事，就是牧羊？"

牧羊人又怔了怔，终于慢慢地抬起头，看了丁求两眼，道："我不认得你。"

丁求道："我却认得你。"

牧羊人叹了口气，道："你只怕认错人了。"

丁求厉声道："姓乐的，乐乐山，你就算化骨扬灰，我也一样认得你！这次你还想往哪里走？"

这牧羊人难道真是乐乐山？

他沉默了半晌，又叹了口气，道："就算你认得我，我还是不认得你。"

他居然真是乐乐山。

丁求冷笑着，突然一把扯下了罩在外面的青布袍，露出了那一身华丽的衣服，背后的驼峰上，赫然绣着条五爪金龙。

乐乐山失声道："金背驼龙？"

丁求道："你总算还认得我。"

乐乐山皱眉道："你来找我干什么？"

丁求道："找你算账。"

乐乐山道："算什么账？"

丁求道："十年前的旧账，你难道忘了么？"

乐乐山道："我连见都没有见过你，哪里来的什么旧账？"

丁求厉声道："十七条命的血债，你赖也赖不了的，赔命来吧。"

乐乐山道："这人疯了，我……"

丁求根本不让他再说话，双臂一振，掌中已多了条五尺长的金鞭。

金光闪动，妖矫如龙，带着急风横扫乐乐山的腰。

乐乐山一偏身，右手抓起了披在身上的羊皮袄，乌云般洒了出去，大喝道："等一等。"

丁求不等，金鞭已变了四招。

乐乐山跺了跺脚，反手一拧羊皮袄，居然也变成了件软兵器。

这正是武当内家束湿成棍的功夫。

这种功夫练到家的人，什么东西到了他手里，都可以当作武器。

眨眼间他们就已在这积水的长街上交手十余招。

叶开远远地看着，忽然发现了两件事。

一个真正的酒鬼，绝不可能成为武林高手。乐乐山的借酒装疯，原来只不过是故意做给别人看的姿态而已，其实他也许比谁都清醒。

可是他却好像真的不认得丁求。

丁求当然也绝不会认错人的。

这究竟是怎么回事呢？

叶开沉思着，嘴角又有了笑意。

他忽然觉得这件事很可笑。

但这件事并不可笑。

死，绝不是可笑的事。

乐乐山的武功纯熟、圆滑、老到，攻势虽不凌厉，但却绝无破绽。

一个致命的破绽。

他这种人本不可能露出这种破绽来的，他的手竟似突然僵硬。

就在这一瞬间，叶开看到了他的眼睛。

他眼睛里突然充满了愤怒和恐惧之色，然后他的眼珠子就凸了出来。

丁求的金鞭已毒龙般缠住了他的咽喉。

"咯"的一声，咽喉已被绞断。

丁求仰面狂笑，道："血债血还，这笔账今天总算是算清了。"

笑声中，他的人已掠起，凌空翻身，忽然间已没入屋脊后，只剩下乐乐山还凸着死鱼般的眼珠，歪着脖子躺在那里。

他看来忽然又变得像是个烂醉如泥的醉汉。

没有人走过去，没有人出声。

无论谁看到一个活生生的人突然死了，心里总会觉得很不舒服的。

那杂货店的老板站在门口，用两只手捧着胃，似乎已将呕吐出来。

太阳又升起。

新鲜的阳光照在乐乐山的身上，照着刚从他耳鼻眼睛里流出来的血。

血很快就干了。

叶开慢慢地走过去，蹲下来，看着他狰狞可怖的脸，黯然道："你我总算是朋友一场，你还有什么话要交代我？"

当然没有。

死人怎么会说话呢？

叶开却伸手拍了他的肩，道："你放心，有人会安排你的后事的，我也会洒几樽浊酒，去浇在你的墓上的。"

他叹息着，终于慢慢地站起来。

然后他就看到了萧别离。

萧别离居然也走了出来，用两只手支着拐杖，静静地站在檐下。

他的脸色在阳光下看来，仿佛比傅红雪还要苍白得多。

他本就是个终年看不到阳光的人。

叶开走过去，叹息着道："我不喜欢看杀人，却偏偏时常看到杀人。"

萧别离沉默着，神情也显得很伤感。过了很久，才长叹道："我就知道他会这么样做的，只可惜我已劝阻不及了。"

叶开点点头，道："乐大先生的确死得太快。"

他抬起头，忽又问道："你刚出来？"

萧别离叹道："我本该早些出来的。"

叶开道："刚才我正跟别人说话，竟没有看见你出来。"

萧别离道："你在跟谁说话？"

叶开道："乐大先生。"

萧别离凝视着他，过了很久，才缓缓道："死人不会说话。"

叶开道："会。"

萧别离脸上的表情也变得很奇特，道："死人也会说话？"

叶开点点头，道："只不过死人说的话，很少有人能听得见。"

萧别离道："你能听得见？"

叶开道："能。"

萧别离道："他说了些什么？"

叶开道："他说他死得实在太冤。"

萧别离皱眉道："冤在哪里？"

叶开道："他说丁求本来杀不了他的。"

萧别离道："但他却已死在丁求的鞭下。"

叶开道："那只因有别人在旁边暗算他。"

萧别离皱眉道："有人暗算他？是谁？"

叶开叹息了一声，伸出手掌，在萧别离面前摊开。

他掌心赫然有根针。

惨碧色的针，针头还带着血丝。

萧别离动容道："断肠针？"

叶开道："是断肠针。"

萧别离长长吐出口气，道："如此看来，杜婆婆果然已来了。"

叶开道："而且已来了很久。"

萧别离道："你已看见了她？"

叶开苦笑道："杜婆婆的断肠针发出来时，若有人能看见，她也就不是杜婆婆了。"

萧别离只有叹息。

叶开道："但我却知道她并没有躲在万马堂里。"

萧别离道："怎见得？"

叶开道："因为她就住在这镇上，说不定就是前面那背着孩子的老太婆。"

萧别离脸色变了变，他也已看见一个老妇人在背着她的孩子过街。

叶开道："断肠针既然已来了，无骨蛇想必也不远吧。"

萧别离道："难道他也一直躲在这镇上？"

叶开道："很可能。"

萧别离道："我怎么从未发现这镇上有那样的武林高手？"

叶开淡淡道："真人不露相。真正的武林高手，别人本就看不出来的，说不定他就是那个杂货店的老板。"

他看着萧别离，忽然笑了笑，慢慢地接着道："也说不定就是你。"

萧别离也笑了。

他的笑容在阳光下看来，仿佛带着种说不出的讥诮之意。

然后他就慢慢地转过身，慢慢地走了回去。

叶开看着他微笑时，总会忘记他是个残废，总会忘记他是个多么寂寞，多么孤独的人。

但现在叶开看着的是他的背影。

一个瘦削、残废、孤独的背影。

叶开忽然追上去，拉住了他的臂，道："你难得出来，我想请你喝杯酒。"

萧别离仿佛很惊奇,道:"你请我喝酒?"

叶开点点头,道:"我也难得请人喝酒。"

萧别离道:"到哪里喝?"

叶开道:"随便哪里,只要不在你店里。"

萧别离道:"为什么?"

叶开道:"你店里的酒太贵。"

萧别离又笑了,道:"但是我店里可以挂账。"

叶开大笑,道:"你在诱惑我。"

可以挂账这四个字,对身上没钱的人来说,的确是种不可抗拒的诱惑。

萧别离微笑道:"我只不过是在拉生意。"

叶开叹道:"有时你的确像是生意人。"

萧别离道:"我本来就是。"

他微笑着,看着叶开,道:"现在你要请我到哪里喝酒去?"

叶开眨着眼笑道:"在我说来,可以挂账的地方,就是最便宜、最好的地方,我在这种地方喝酒,总是最开心的。"

萧别离道:"还账的时候呢?"

叶开道:"还账的时候虽痛苦,但那已是以后的事了,我能不能活到那时还是问题。"

他微笑着推开门,让萧别离走进去。

但是他自己却没有走进去。

因为就在这时,他看见了翠浓。

翠浓正低着头,从檐下匆匆地向这里走。

昨天晚上她为什么会忽然失踪?

到哪里去?

从哪里回来的?

叶开当然忍不住要问问她,但是她却好像根本没有看见叶开。

另一个人在瞪着叶开。

傅红雪。

傅红雪终于又出现了。

叶开的手刚伸出去,刚准备去拉住翠浓,就发现了他。

他瞪着叶开的手,冷漠的眼睛似已充满了怒意,苍白的脸已发红。

叶开的手慢慢地缩回,又推开门,让翠浓走进去。

翠浓走进了门,才回过头来对他嫣然一笑,好像直到现在才看见他这个人。

叶开却有点笑不出来。

因为傅红雪还在瞪着他,那眼色就好像一个嫉妒的丈夫在瞪着他妻子的情人。

叶开看着他,再看着翠浓,实在不明白这是怎么回事。

但世上岂非本就有很多莫名其妙的事?这种事岂非本就是每天晚上都可能发生的?

叶开笑了笑,道:"我正在找你。"

傅红雪又瞪了他很久,才冷冷道:"你有事?"

叶开道:"有样东西要留给你。"

傅红雪道:"哦?"

叶开道:"你杀了公孙断?"

傅红雪冷笑道:"我早就该杀了他的。"

叶开道:"这是他的讣闻。"

傅红雪道:"讣闻?"

叶开微笑着,道:"你杀了他,他大祭的那天,马空群却要请你去喝酒，你说是不是妙得很？"

傅红雪凝视着他递过来的讣闻，眼睛里还带着种很奇怪的表情，缓缓道："好得很，的确妙得很。"

叶开凝视着他的眼睛，缓缓道："你当然一定会去的。"

傅红雪道："为什么？"

叶开道："因为那天也一定热闹得很。"

傅红雪忽然抬起头，盯着他道："你好像对我的事很关心？"

叶开又笑了笑，道："那也许只因为我本就是个喜欢管闲事的人。"

傅红雪道："你知不知道公孙断怎么会死的？"

叶开道："不知道。"

傅红雪冷冷道："就因为他管的闲事太多了。"

他再也不看叶开一眼，从叶开身旁慢慢地走过去，走上街心。

街上还积着水。

傅红雪左脚先迈出一步，右脚才跟着慢慢地拖了过去。

他走路的姿态奇特而可笑。

平时他过街的时候，每个人都在盯着他的脚。

但现在却不同。

今天街上每个人都在盯着他的手，他手里的刀。

这把杀了公孙断的刀。

每个人的眼睛里都带着种敌意。

"现在大家都已知道你是万马堂的仇敌，绝不会再有一个人将你当作朋友了。"

"为什么？"

"因为这镇上的人，至少有一半是依靠万马堂为生的。"

"……"

"所以你从此要特别小心,就连喝杯水都要特别小心。"

这些都是沈三娘临走时说的话。

他实在不懂这个女人为什么对他特别关心。

他根本不认得这女人,只知道她是翠浓的朋友,也是马空群的女人。

翠浓怎么会跟这种女人交朋友的?

他也不懂。

也不知为了什么,他对这女人竟有种说不出的厌恶之意,只巴望她快点走开。

可是她却偏偏好像不明白他的意思。

他们在草原上转了很久,只希望找个安静的地方,和翠浓两个安安静静地坐下来。

无论谁都很难相信这是他第一次杀人,甚至连公孙断都不会相信。

但他却的确是第一次杀人。

他将刀从公孙断胸膛上拔出来时,竟忍不住呕吐起来。

无论谁都很难了解他这种心情,甚至连他自己都不了解。

看着一个活生生的人在你手下变成尸体,并不是件愉快的事。

他本不愿杀人的。

但是他却非杀不可!

没有雪,只有沙。

红沙。

鲜血跟着刀锋一起溅出来,染红了地上的黄沙。

他跪在地上呕吐了很久,直到血已干透时,才能站起来。

他站起来的时候,才发现沈三娘一直在看着他,用一种很奇怪的眼色看着他，也不知是同情？是轻蔑？还是怜悯？

无论是什么，都是他不能忍受的！

但他却可以忍受别人的愤恨和轻蔑。

他已习惯。

傅红雪挺直了腰，慢慢地穿过街心。

现在他只想躺下去，躺下去等着翠浓。

直走到镇外，沈三娘才跟他们分手。

他并没有问她要到哪里去，他根本就不想再见到这个人。

但她却拉着翠浓，又去嘀咕了很久。

然后翠浓就说要回去了。

"我回去收拾收拾，然后就去找你，我知道你住在哪里。"

她当然应该知道。

傅红雪当然想不到"她"并不是翠浓，而是他所厌恶的沈三娘。

这秘密也许永不会有人知道。

第十七章

神秘的老太婆

巷口还贴着张招租的红纸条。

傅红雪走过去，就看到那白发苍苍的老太婆站在巷口，用一双狡黠而充满讨厌的眼瞪着他。

这老太婆看来也不是他的朋友。

傅红雪道："请让让路。"

老太婆道："为什么要让路？"

傅红雪道："我要回去。"

老太婆道："听说你嫌这地方不好，已经搬家了，还回到哪里去？"

傅红雪道："谁说我已经搬家了？"

老太婆道："我说的。"

傅红雪皱眉道："谁说我嫌这地方不好？"

老太婆道："也不是你嫌这地方不好，是这地方嫌你不好。"

傅红雪终于明白，所以他什么话都没有再说，也不必再说。

老太婆道："你的包袱我已送到隔壁的杂货店了，你随时都可去拿。"

傅红雪点点头。

老太婆道："还有这锭银子，你还是留着给你自己买棺材吧。"

她手里本已捏着锭银子，此刻忽然用力掷了出来。

傅红雪只有伸手去接。

他没有接住。

银子刚从老太婆手里飞出来，突然又被一样东西打了回去。

一锭银子突然变成了几十根针。

若不是半空中突然飞过来的一样东西将它打了回去，傅红雪就算人不死，这条手臂也必定要废了。

现在银针打的却是老太婆自己。

这走路都要扶着墙的老太婆，身子竟然弹起，凌空一个翻身，已掠上屋脊。

她行藏既露，已准备溜了。

谁知屋脊上竟早已有个人在等着她。

叶开不知何时也已掠上屋脊，正背负着双手，含笑看着她。

老太婆脸色变了，狡黠的眼睛里，也已露出惊惧之意。

她眼睛并没有瞎，当然早已看出叶开不是个好对付的人。

叶开微笑道："老太太，你怎么突然变得年轻起来了？"

老太婆干笑了两声，道："不是年轻，是骨头轻——我看见你这样的小白脸，骨头就会变得很轻。"

叶开淡淡道："听说老人家若是喝了人血，年纪也会变轻的。"

老太婆道："你要我喝你的血？"

叶开道："你刚才岂非也喝过乐乐山的血？"

老太婆狞笑道："那糟老头子血里的酒太多，还是喝你的血好。"

她的手一挥，衣袖中又飞出两条银丝，毒蛇般向叶开脖子上缠了过去。

她用的武器非但奇特，而且恶毒。

但叶开却偏偏专门会对付各种恶毒的武器。

他身子突然溜溜一转,好像从衣袖中摸出一样黑黝黝的东西。只听"叮"的一响,银丝突然就不见了。

老太婆一双鸟爪般的手似也突然僵硬。

叶开又背负起双手,站在那里,微笑着道:"你还有什么宝贝,为什么不一起使出来,也好让我见识见识。"

老太婆盯着他,嘎声说道:"你……你究竟是什么人?"

叶开道:"我姓叶,叫叶开,木叶的叶,开心的开。"

他又笑了笑,接着道:"只可惜我开心的时候,你就不会开心了。"

老太婆什么都不再说,突又凌空翻起,掠出去三四丈。

谁知她身子刚落下,就发现叶开又在那里含笑看着她。笑得就像是条小狐狸。

老太婆叹了口气,道:"好,好轻功。"

叶开微笑道:"倒也不是轻功好,只不过是骨头轻罢了。"

老太婆苦笑道:"看来你骨头比我还轻。"

她一句话未说完,鸟爪般的手突然向叶开攻出了四招。

她的招式也同样奇突诡秘。

但叶开却偏偏专门会对付各种诡秘的招式。

他的出手既不奇怪,也不诡异。只不过很快,快得令人不可思议。

老太婆的手刚击出,就觉得有样东西在她脉门上轻轻一划。

然后她一双手就垂了下去,再也抬不起来。

叶开还是背负着双手,站在那里,笑得比刚才更开心了。

只可惜他开心的时候,别人总是不太开心。

老太婆长长叹了口气道:"我不认得你,你为什么要跟我作对?"

叶开道:"谁说我要跟你作对?"

老太婆道:"那么你想怎么样?"

叶开道:"只不过想请你喝杯酒而已。"

老太婆一愕,道:"请我喝酒?"

叶开道:"我一向难得请人喝酒的,这机会错过可惜。"

老太婆咬了咬牙,道:"到哪里去喝?"

叶开笑道:"当然是萧别离的店里,那地方可以挂账。"

傅红雪手里握着刀,握得很紧。

他还是用刚才一样的姿势站在那里,连动都没有动过。

可是他苍白的脸,又已因激动而发红。

老太婆从屋脊上跳下来,垂着头,傻傻地从他身旁走过去。

傅红雪没有看她,却突然道:"等一等。"

老太婆就停下来等,好像忽然变得听话得很。

傅红雪道:"我已杀过人。"

老太婆听着。

傅红雪道:"我并不在乎多杀一个。"

老太婆的手已在发抖。

叶开也已赶过来,微笑道:"杀人就像喝酒一样,只有第一杯最难入口,你若能喝下第一杯,再多喝几杯当然就不在乎了,只不过……"

傅红雪道:"只不过怎么样?"

叶开道:"杀人也像喝酒一样,喝多了慢慢就会上瘾的。"

他看着傅红雪,微笑着接道:"这件事还是莫要上瘾的好。"

傅红雪冷冷道:"我并不想杀你。"

叶开道:"你想杀她?"

傅红雪道:"我本来只杀两种人,现在却又多了一种。"

叶开道:"哪一种?"

傅红雪道:"想杀我的人。"

叶开点点头,道:"她刚才想杀你,你现在想杀她,这倒也很公平。"

傅红雪道:"你闪开。"

叶开道:"我可以闪开,但你却不能真的杀了她。知道吗?"

傅红雪道:"为什么?"

叶开笑道:"因为她也没有真的杀了你。"

傅红雪看着他,苍白的脸似已渐渐变得透明。

过了很久,他才一字一字道:"你究竟是个什么人?嗯?"

叶开笑道:"你们明明全知道我是什么人,为什么还要问我这句话?"

傅红雪道:"我要问清楚些,只因为我欠你一样东西。"

叶开道:"欠我什么?"

傅红雪道:"欠你一条命。"

他突然转身,慢慢地接着道:"这笔账我迟早总会还你的,你也可以随时问我来要。"

他左脚先迈出一步,右脚再跟着慢慢地拖过去,脚步看来更沉重。

叶开忽然觉得他的背影看来和萧别离差不多,看来也同样是那么寂寞,那么孤独。

也许他的情况更悲惨,因为他只有一条路可走。

一条永不回头的路。

桌上有酒。

叶开为萧别离斟满一杯,又为老太婆斟满一杯,笑道:"这地方如何?"

老太婆道:"不错。"

叶开道:"酒呢?"

老太婆道:"也不错。"

叶开道:"那么你就该感激我。若不是我,你怎么能到这里来喝酒。"

老太婆道:"为什么不能?"

叶开笑了笑,然后说道:"这里是男人的天下,'断肠针'杜婆婆虽然是名闻天下的武林高手,但却是个女人。"

老太婆眨了眨眼,道:"我是杜婆婆?"

叶开道:"我看到乐乐山中的断肠针,就已想到是你。"

老太婆叹了口气,道:"好眼力。"

叶开又笑了笑,道:"可是我并没有替他报仇的意思。"

老太婆道:"哦?"

叶开道:"我只想问问你,你为什么要替万马堂杀人?"

老太婆道:"你认为我替万马堂杀了他?"

叶开点点头。

老太婆道:"因为当时我在旁边,而且是个老太婆,所以我一定就是杜婆婆?"

叶开笑道:"这道理岂非本来就很简单?"

老太婆道:"杜婆婆当然不会是个男人。"

叶开道:"当然不是。"

老太婆忽然笑了笑,笑得很奇怪。

叶开道:"你认为这件事很可笑?"

老太婆道:"只有一点可笑。"

叶开道:"哪一点?"

老太婆道:"我不是杜婆婆。"

叶开道:"你不是?"

老太婆笑道:"做杜婆婆也并没有什么不好,只可惜我是个男人。"

叶开怔住。这老太婆竟真的是个男人!

她从脸上揭下了个精巧的面具,解开了衣襟,挺直了腰。

这老太婆就忽然变成了瘦小枯干的中年男人,无论谁都可以看得出她是个男人。

叶开忽然发觉自己的眼力并不如自己想象中那么高明。

这人微笑着,悠然道:"你还要不要检查检查,我究竟是男是女?"

叶开叹了口气,苦笑道:"不必了。"

这人道:"杜婆婆当然不会是男人。"

叶开道:"当然不是。"

这人道:"那么我当然就不是杜婆婆。"

叶开道:"你不是。"

这人道:"乐乐山当然也不是被我杀了的。"

叶开只有承认,无论谁都知道"断肠针"是杜婆婆的独门暗器!

这人道:"我也没有真的杀了傅红雪。"

叶开也只有承认,傅红雪到现在还活着。

这人长长吐出口气,举杯一饮而尽,笑道:"果然是好酒。"

他喝完了这杯酒,就站起来转身走出去。

萧别离眼中似又露出了一丝讥诡的笑意,微笑道:"下次请再来光顾。"

这人也笑道:"我当然会来的,听说这地方可以挂账,我那几间破屋子又租不出去。"

叶开忽然唤道:"西门春。"

这人立刻回过头。

他脸上本来还带着笑容,但一回过头,脸色就已变了。

笑容已到了叶开脸上。

他开心的时候,别人通常都不会太开心的。

这人显然还想再笑一笑,只可惜脸上肌肉已几乎完全僵硬。

叶开微笑道:"这酒既然不错,西门先生为何不多喝几杯再走?"

这人站在那里,看着他,过了很久,才长长叹息了一声,苦笑道:"我现在当然也不必问你究竟是什么人了。"

叶开道:"的确已不必。"

这人道:"但是,我却想问问你,你究竟是不是个人哪?"

叶开大笑。

他忽然又觉得自己的眼力并不比想象中差多少。

他大笑着道:"千面人魔门下的高足,果然是出手奇诡,易容精妙,我本来早就该看出来的。"

西门春叹道:"你现在看出来也还不太迟。"

叶开道:"杜婆婆当然不会是女人,更不会是老太婆,否则别人岂非一下子就会猜到?"

西门春道:"有理。"

叶开道:"那么她是谁呢?"

萧别离忽又笑了笑,淡淡道:"可能就是你,也可能就是我。"

叶开沉思着,道:"也可能就是……"

他忽然跳起来,大声道:"我明白了,杜婆婆一定就是他。"

西门春又叹了口气,喃喃道:"只可惜你现在明白也许已太迟了。"

傅红雪慢慢地走进了杂货店。

他从没有走进过这杂货店，也从未走进过任何一家杂货店。

他这人本就不是活在凡尘中的，他有他另外一个天地。

那天地中只有仇恨，没有别的。

李马虎伏在柜台上，又在打瞌睡，就好像从来没有清醒过。

傅红雪走过去，用刀柄敲了敲柜台。

李马虎一惊，终于清醒，就看到了傅红雪那柄漆黑的刀。

刀鞘漆黑，刀柄漆黑，但刀锋上还留着鲜红的血！

李马虎的脸已吓白了，失神道："你……你要干什么？"

傅红雪道："要我的包袱。"

李马虎道："你的包袱……哦，不错，这里是有个包袱。"

他这才松了口气，很快地将包袱从柜台里双手捧了出来。

傅红雪当然只用一只手去接。另一只手上还是紧紧地握着他的刀。

公孙断已死在这柄刀下！下一个人是谁呢？

这也许连他自己都不知道。

他慢慢地转过身，看到货架上的蛋，忽又道："蛋怎么卖？"

李马虎道："想买？"

傅红雪点点头。

他忽然发现饥饿这种感觉，有时甚至比仇恨还要强烈。

李马虎看着他，摇了摇头，道："不，这蛋不能卖给你。"

傅红雪也明白，这地方所有的门都已在他面前关了起来，甚至连这杂货店的门都不例外。

他若一定要买，当然也没有任何人能阻拦。

但他却不是这种人。

他发怒的对象绝不是个老太婆，也不是个小杂货店的老板。

月色已淡了，风中已有凉意。

这里难道已真的没有他容身之地？

他紧紧握着他的刀，提着他的包袱——他本就是活在另一个世界中的。

这世界上的人无论对他怎么样，他都不在乎。

谁知李马虎忽又接着道："这蛋不能卖给你，因为蛋是生的，你总不能吃生蛋。"

傅红雪站住。

李马虎道："后面有炉子，炉子里有火，不但可以炒蛋，还可以热酒。"

傅红雪转回头，道："你要多少？"

李马虎笑了，道："公子你既然是个明白人，就马马虎虎算十二两吧。"

十二两银子一顿饭，这杠子实在敲得不轻。

但无论多少银子也不能填饱肚子，饥饿又偏偏如此不能忍受。

李马虎在炒蛋，蛋炒饭。

酒已温好，还有些花生豆干。

"花生豆干全都免费，酒也请尽量喝，马马虎虎算了。"

傅红雪却连一滴酒都没有喝。

他一喝非醉不可，现在却绝不是能喝醉的时候。

李马虎捧上了蛋炒饭，看着他杯中的酒，赔笑道："大爷你嫌这酒不好？"

傅红雪道："酒很好。"

李马虎道："就算不好，也该马马虎虎喝两杯，散散心。"

傅红雪已开始吃饭。

他并不是怕酒里有毒。

分辨食物中是否有毒的法子，一共有三十六种，他至少懂得二十种。

只不过他若不想做一件事时，就绝没有任何人能勉强他做。

李马虎当然也不是喜欢勉强别人的那种人。

傅红雪不喝，他就自己喝。

他将温好的那壶酒一口气喝了下去，苦笑道："凭良心讲，我也常常觉得奇怪，世上为什么有那么多人喜欢喝酒，这酒实在比毒药还难喝。"

傅红雪道："你不喜欢喝酒？"

李马虎叹了口气，道："根本不会喝，现在我已经快醉了。"

他的确已快醉了，不但脸已开始发红，连眼睛都已发红。

傅红雪皱眉道："不会喝为什么要喝？"

李马虎道："酒若温好，不喝就会坏的。"

傅红雪道："所以你宁可喝醉。"

李马虎叹道："无论谁要开杂货铺，都得先学会一件事。"

傅红雪道："什么事？"

李马虎道："宁可自己受点罪，也绝不能糟蹋一点东西。"

他又叹了口气，苦笑道："所以只有最没出息的人，才会开杂货铺。开杂货铺的人非但娶不到老婆，连朋友都没有一个。"

傅红雪慢慢地扒着饭，忽然也轻轻叹息了一声，道："你错了。"

李马虎"扑通"一声，在他旁边坐下，道："我哪点错了？"

傅红雪缓缓道："世上只有一种人是真正没有朋友的。"

李马虎道："哪种人？"

傅红雪道："我这种。"

他抬起头，仿佛在凝视着远方，显得说不出的空虚寂寞。

他从来没有朋友，以后只怕也永不会有。

他的生命已完全贡献给仇恨，一种永远解不开的仇恨。

但是在他内心深处，为什么偏偏总是在渴望着友情呢？

李马虎用发红的眼睛看着他，忽然问道："那位叶公子不是你的朋友？"

傅红雪冷冷道："不是。"

李马虎道："但他却好像已将你当作朋友。"

傅红雪沉着脸，道："那只因为他有毛病。"

李马虎道："有毛病？"

傅红雪握紧手里的刀，缓缓道："拿我当朋友的人，都有毛病。"

李马虎苦笑道："这么看来，我好像也有点毛病了。"

傅红雪道："你？"

李马虎道："因为我现在也很想交你这个朋友。"

他说起话来连舌头都大了，的确醉得很快，但醉话岂非通常都是真话？

傅红雪突然放下筷子，冷冷道："你这饭炒得并不好。"

他再也不看李马虎一眼，慢慢地站起来，转过身，因为他也不愿再让人看到他脸上的表情。

李马虎却还在看着他，看着他的背。

他的肩已后缩，显见得心里很不平静。

李马虎眼睛里突然露出种很奇怪的表情，慢慢地伸出手，好像要去拍他的肩。

就在这时，突然间寒光一闪！

一柄刀已钉入了他的手背。

第十八章

救命的飞刀

一柄三寸七分长的刀。

飞刀!

李马虎看到这把刀,一张脸突然扭曲。

接着,他的人也倒下,竟像是被一道无声无息的闪电击倒。

他倒下去的时候,手里仿佛有些东西掉在桌上。

傅红雪霍然转身,就看到了叶开。

叶开正微笑着走进来。

他没有带刀。

傅红雪看着他,又看了看倒在地上的李马虎,厉声道:"你这是干什么?"

叶开笑了笑。

他总是喜欢用笑来回答一些他根本不必回答的话。

傅红雪永不必再问了。

他也已看见桌上三根针。

惨碧色的针。

针是从李马虎手里掉下来的。

若不是那柄刀，傅红雪现在只怕也和乐乐山一样躺了下去。

难道这马马虎虎的杂货店老板，竟是心狠手辣的杜婆婆？

傅红雪紧握双手，过了很久，才抬起头。

叶开也正在看着他微笑。

傅红雪突然冷冷道："你怎么知道我躲不过他这一招？"

叶开道："我不知道。"

傅红雪道："你为什么总是要来救我？"

叶开又笑了，道："谁说我是来救你的？"

傅红雪道："你来干什么？"

叶开淡淡道："我只不过来将一把刀，打在这个人的手上而已，手是他的，刀是我的，跟你并没有什么关系。"

傅红雪说不出话来了。

叶开施施然走过来，坐下，深深吸了口气，微笑道："饭炒得好像还不错，香得很。"

傅红雪道："哼。"

叶开道："酒好像也不错，只可惜没有了。"

傅红雪正想开口，叶开忽又笑道："我那柄刀够不够换一角酒？"

倒在地上的人没有动，也没有开口。

叶开道："若是不够，你就该还我的刀。"

还是没有人开口。

叶开叹了口气，俯下身，拍了拍这人的肩，道："杜婆婆，我既已认出了你，你又何苦……"

他声音突然停顿，脸上居然也露出惊讶之色。

倒下去的人竟已永远起不来了。

这人的脸已扭曲僵硬，手脚已冰冷。

手背上还钉着那柄刀。

傅红雪看了看这张脸，又看了看这柄刀，道："你刀上有毒？"

叶开道："没有。"

傅红雪道："没有毒这人怎么会？"

叶开沉吟着道："她年纪看来要大得多，老人都是受不了惊吓的。"

傅红雪道："你说她是被骇死的？"

叶开道："手背并不是要害，刀上也绝没有毒。"

傅红雪道："你说她就是'断肠针'杜婆婆？"

叶开叹了口气，道："无骨蛇既然可以是个老太婆，杜婆婆为何不能是个男人？"

傅红雪缓缓道："是的，我知道杜婆婆是个怎么样的人。"

叶开道："你应该知道。"

傅红雪突然冷笑道："像她这种人，难道也会被小小的一把刀吓死？"

叶开道："但她的确已死了。"

傅红雪道："这究竟是把什么样的刀？"

叶开笑了笑。

他也喜欢用笑来回答他不愿回答的话。

他拔起了这柄刀。

刀锋薄面锋利，闪动着淡青的光。

他看着这柄刀时，眼睛里也发出了光。

过了很久，才缓缓道："无论如何，你总不能不承认这也是一柄刀吧。"

傅红雪也沉默了很久，才缓缓道："想不到你也会用刀。"

叶开又笑了笑。

傅红雪道："我从未看过你带刀。"

叶开淡淡道:"刀本就不是给人看的。"

傅红雪也只有承认。

叶开道:"也许只有看不见的刀,才是最可怕的刀呐!"

傅红雪道:"世上没有看不见的刀!"

叶开凝视着手里的刀,缓缓道:"也许你能看得见它,但等你看见它时,往往已太迟了……"

可以吓死人的刀,通常都是看不见的刀。

因为等你看见它时,就已太迟了。

刀又看不见了。

突然间,这柄刀已在叶开手里消失,就像是某种魔法奇迹。

傅红雪垂下头,看着自己手里的刀,眼睛里也露出了种奇怪的表情。

他终于明白了叶开的意思。

公孙断也没有看见过他的这把刀。

公孙断能看到的只是刀柄和刀鞘。

叶开淡淡道:"很容易被人看见的刀,就很难杀人了。"

傅红雪在听着。

叶开慢慢地接着道:"所以懂得用刀的人,也一定懂得收藏他的刀。"

傅红雪轻轻叹息了一声,喃喃道:"只可惜这件事并不容易。"

叶开道:"的确很不容易。"

傅红雪道:"那远比使用它还要困难得多。"

叶开微笑道:"看来你已明白了。"

傅红雪道:"我已明白了。"

他抬起头,看着叶开。叶开的微笑温暖而亲切。

傅红雪突又沉下了脸，冷冷道："所以我希望你也明白一件事。"

叶开道："什么事？"

傅红雪道："以后永远不要再来救我，你走你的路，我走我的，我们本就完全没关系，你就算死在我面前，我也绝不会救你。"

叶开道："我们不是朋友？"

傅红雪道："不是！"

叶开也轻轻叹息了一声，苦笑道："我明白了。"

傅红雪咬着牙，道："那么现在你已可以去走你的路。"

叶开道："你呢，你不出去？"

傅红雪道："我为什么要出去？"

叶开道："外面有人在等你。"

傅红雪道："谁？"

叶开道："一个不是老太婆的老太婆。"

傅红雪皱眉道："他等我干什么？"

叶开道："等你去问他，为什么要暗算你。"

傅红雪的眼睛突然亮了，立刻大步走了出去。

其实他根本不必急着出去。

因为外面那个人，无论再等多久，都不会着急的。

死人永远不会着急。

西门春本就不是个很高大的人，现在似已缩成了一团。

他躺在柜台后的角落里，眼珠凸出，仿佛还带着临死时的愤怒和恐惧。

是谁杀了他？

他自己显然也未想到这个人会来杀他。

一根钢锥，插在他心口上，从创口流出的血，现在还未干透。

附近却没有人。

现在正是吃晚饭的时候了,本就很少有人还留在街上。

傅红雪站在那里,手脚已僵硬,直到听见叶开的脚步声时,才沉声问道:"你说这人就是'无骨蛇'西门春?"

过了很久,叶开才吐出口气,道:"是的。"

傅红雪道:"我也知道他是个怎么样的人。"

叶开道:"你应该知道。"

傅红雪道:"他既没有反抗,也没有呼喊,就已被人杀了。"

叶开道:"这是致命的一锥。"

傅红雪道:"能这样杀他的人并不多。"

叶开道:"很多。"

傅红雪皱眉道:"很多?"

叶开突然长叹,道:"无论谁都可以杀了他,因为他已根本没有反抗之力。"

傅红雪道:"为什么?"

叶开苦笑道:"我怕他不肯等你,所以先点了他的穴道。"

他忽又接着道:"只不过,能杀他的人虽多,想杀他的人却不多,也许只有一个。"

傅红雪道:"谁?"

叶开道:"一个生怕你将他秘密问出来的人。"

傅红雪沉默了很久,道:"他为什么要杀我?是谁要他来杀我的?……这就是他的秘密?"

叶开道:"不错。"

傅红雪突然冷笑,然后就转身走了出去。

叶开道:"你要到哪里去?"

傅红雪道:"我走我的路,你为何不去走你自己的路呢?"

他头也不回，慢慢地走上了长街。

长街寂寂，对面窄门上的灯笼已燃起。

一阵风吹过，将那窄巷口点着的招租红纸吹得飞了起来。

风很冷，夜已将临，是不是秋天也快来了？

晚风中已有秋意，但屋子里却还是温暖如春。

在男人们看来，这地方仿佛永远都是春天。

角落里的桌子上，已有几个人在喝酒，暮色尚未浓，他们的酒意却已很浓了。

叶开刚坐下来，萧别离已将酒杯推过来，微笑道："莫忘记你答应过请我喝酒的。"

酒杯已斟满。

叶开微笑道："莫忘记你答应过可以挂账。"

萧别离笑道："无论谁答应过你的话，想忘记只怕都很难。"

叶开道："的确很难。"

萧别离道："所以你已可以放心喝酒了。"

叶开大笑，举杯一饮而尽，四下看了一眼，道："这里的客人倒真来得早。"

萧别离点点头，道："只要灯笼一亮，立刻就有人来。"

叶开道："所以我总怀疑他们是不是整天都在外面守着那盏灯笼的。"

萧别离又笑了笑，道："这种地方的确很奇怪，只要来过一两次的人，很快就会上瘾了，若是不来转一转，好像连觉都睡不着。"

叶开道："现在我已经上瘾了，今天我就已来了三次。"

萧别离笑道："所以我喜欢你。"

叶开道："所以你才肯让我挂账。"

萧别离大笑。

角落中那几个人都扭过头来看他，目中都带着惊讶之色。

他们到这地方来了至少已有几百次，却从未看过这孤僻的主人如此大笑。

但是他很快又顿住笑声，道："李马虎真的就是杜婆婆？"

叶开点点头。

萧别离道："我还是想不通，你究竟是怎么看出来的？"

叶开道："我没有看出来……我根本就什么也看不出来。"

萧别离道："但是你猜出来了。"

叶开道："我只不过觉得有些奇怪，西门春为什么要叫傅红雪到他那里去拿包袱。"

萧别离道："只有这一点？"

叶开道："我去的时候，又发觉他居然将傅红雪请到里面去吃饭。"

萧别离道："这并没有什么奇怪。"

叶开道："很奇怪。"

他接着又道："现在这地方每个人都已知道傅红雪是万马堂的对头，像他这么圆滑的人，怎么肯得罪万马堂？"

萧别离道："不错，他本该连那包袱都不肯收下来的。"

叶开道："但他却收了下来。"

萧别离道："所以他一定另有目的。"

叶开道："所以我才会猜她是杜婆婆。"

萧别离道："你没有猜错。"

叶开忽然叹了口气，道："幸好我没有猜错。"

萧别离道："为什么？"

叶开道："因为她已经被我吓死了。"

萧别离怔住。

叶开道:"你想不到?"

萧别离叹了口气,道:"西门春呢?"

叶开道:"也死了。"

萧别离拿起面前的酒,慢慢地喝了下去,冷冷道:"看来你的心肠并不软。"

叶开凝视着他,淡淡道:"现在你是不是后悔让我挂账了。"

萧别离又叹了口气,道:"我只奇怪,像他们这种人,怎么会到这种地方来,而且来了就没有走。"

叶开道:"也许他们是避难,也许他们的仇家就是傅红雪。"

萧别离道:"但他们来的时候,傅红雪还只是个小孩子。"

叶开道:"那么他们为何要杀傅红雪?"

萧别离淡淡道:"你不该杀了他们的,因为这句话只有他们才能回答你。"

叶开叹道:"他们的确死得太早,也死得太快,只不过……"

萧别离道:"只不过怎么样?"

叶开忽又笑了笑,悠然道:"莫忘记死人有时也会说话的。"

萧别离道:"他们说了什么?"

叶开道:"现在还没有说,因为我还没有去问。"

萧别离道:"为什么还不问?"

叶开道:"我不急,他们当然更不会急。"

萧别离又笑了,凝视着叶开,微笑道:"你实在也是个很奇怪的人。"

叶开道:"和三老板一样奇怪……"

萧别离道:"比他更怪……"

他这句话刚说完,外面突然响起一阵急骤的铜锣声,还有人在大呼:"火,救火……"

火势猛烈。

起火的地方,赫然就是李马虎的杂货店。

火苗从后面那木板屋里冒出来,一下子就将整个杂货铺都烧着,烧得好快。

就算有人想隔岸观火都不行,因为这条街上的屋子,大多都是木板造的。

片刻间,整条街都已乱了起来,各式各样可以装水的东西,一下子全都出现了。

火光照着萧别离的脸,他苍白的脸也已被映红了,沉吟着道:"看来那火是从杂货铺后面的厨房里烧起来的。"

叶开点点头。

萧别离道:"你走的时候,是不是忘了熄灯?"

叶开道:"那里根本还没有点灯。"

萧别离道:"但炉子里想必还有火。"

叶开道:"每家人的炉子里都有火。"

萧别离道:"你认为有人放火?"

叶开笑了笑,道:"我早该想到有人会放火的。"

萧别离道:"为什么?"

叶开笑得很奇怪,淡淡道:"因为死人烧焦了后,就真的永远不能说话了。"

他忽然抢过一个人手里提着的水桶,也抢着去救火了。

萧别离很快就已看不见他,但眼睛里却还是带着沉思之色。

他身旁忽然悄悄地走过来一个人,悄悄问道:"你在想什么?"

萧别离并没有扭头去看,缓缓道:"我刚得到个教训。"

这人道："什么教训？"

萧别离道："你若想要一个人不说话，只有将他杀了后再烧成焦炭。"

救火的人虽多，水源却不足。

幸好白天下过雨，屋子并不干燥，所以火势虽未被扑灭，总算还没有蔓延得太快。

叶开挤在救火的人丛中，目光就像鹰一样，在四下搜索。

放火的人通常也会混在救火的人丛里的，这也许因为他不愿被别人怀疑，也许因为他很欣赏别人救火的痛苦，很欣赏自己放的火。

这当然是种残酷而变态的心理，但放火的岂非就是残酷而变态的人？

只可惜这种人外表通常都很不容易看出来的。

叶开正觉得失望，忽然发觉有个人在后面用力拉他的衣襟。

他回过头，又发觉有个人很快地转过身，挤出了人群。

是个头戴着毡帽的青衣人。

叶开当然也很快地跟着挤了出去。

他挤出去后，还是只能看到这青衣人的背影。

叶开常常喜欢研究人的背影，他发现每个人的背影多多少少都有些特征，所以若要从一个人的背影认出他来，并不是件困难的事。

这青衣人的背影却像是完全陌生的。

他身材并不高大，行动却很敏捷，很快地就已走出了这条街。

忽然间，四下就已看不见别的人了。

繁星在天，原野静寂。

叶开大步追过去，轻唤道："前面的朋友是否有何指教？请留步说话。"

青衣人的脚步非但没停，反而更加快了，又走出一段路，就忽然一掠而起，施展的竟是"八步赶蝉"的上乘轻功。

这人的轻功非但很不错，身法也很美。叶开看见他宽大的衣袂在风中飞舞，忽又觉得他的身法很眼熟，却还是想不出在哪里见过这么样一个人。

走得愈远，夜色就愈浓。

叶开并没有急着追上去。

这青衣人若是真的不愿见他，刚才为什么要拉他的衣服？

这人若是本就想见人，他又何必急着去追？

风吹草原，长草间居然有条小径。

这人对草原中的地势显然非常熟悉，在草丛间东一转，西一转，忽然看不见了。

叶开却一点也不着急，就停下脚步，等着。

过了半晌，草丛中果然在低语。"你知道我是谁？"

叶开笑了笑，悠然低吟："天皇皇，地皇皇。人如玉，玉生香。万马堂中沈三娘。"

草丛中有人笑了，笑声轻柔而甜美。

一个人带着笑道："好眼力，有赏。"

叶开微笑道："赏什么？"

沈三娘道："赏你进来喝杯酒。"

第十九章

斩草除根

这荒凉的草原上，怎么会有喝酒的地方？

叶开走进去后才明白，沈三娘竟在这里建造了个小小的地室。

若不是她自己带你，你就算有一万人来找，也绝对找不到这地方。

这实在是个很奇妙的地方，里面非但有酒，居然还有张很干净的床，很精致的妆台，妆台上居然还摆着鲜花。

摆酒的桌子上，居然还有几样很精致的小菜。

叶开怔住。

沈三娘看着他，脸上带着笑，正是那种令人一见销魂的笑。

她微笑着道："你是不是很奇怪。"

叶开忽然也笑了笑，道："不奇怪。"

沈三娘道："不奇怪？"

叶开也在看着她，微笑道："像你这样的女人，无论做出什么样的事来，我都不会奇怪。"

沈三娘眼波流动，道："看来你的确是个很懂事的男人。"

叶开道："你也是个很懂事的女人。"

沈三娘道："所以我们就该像两个真正懂事的人一样，先坐下来喝杯酒。"

叶开眨了眨眼,道:"然后呢?"

沈三娘又笑了,咬着嘴唇笑道:"你既然是个懂事的男人,就不该在女人面前问这种话。"

叶开叹了口气,苦笑道:"其实我只不过想听你说个故事。"

沈三娘道:"什么故事?"

叶开道:"神刀堂、万马堂的故事。"

沈三娘道:"你怎么知道我会说这故事?"

叶开又笑了笑,淡淡道:"我知道的事还不止这一样。"

沈三娘忽然不说话了。

灯光照着她的脸,使得她看来更美,但却是种很凄凉而伤感的美,就像是夏阳下的归鸿、残秋时的夕阳。

她慢慢地斟了杯酒,递给叶开。

叶开坐下。

风从上面的洞口吹过,灯光在摇晃,夜仿佛已很深了。

大地寂静,又有谁知道地下有这么样两个人,这么样坐在这里。

又有谁知道他们的心事?

沈三娘又为自己倒了杯酒,慢慢地喝下去,然后才缓缓道:"你知道神刀堂的主人是谁?"

叶开点点头。

沈三娘道:"你知道白先羽和马空群,本来是同生死、共患难的兄弟?"

叶开又点点头。

沈三娘道:"他们并肩作战,从关外闯到中原,终于使神刀堂和万马堂的名头响遍了武林。"

叶开道:"我也早已知道白老前辈是个很了不起的人。"

沈三娘叹了口气，黯然道："就因为他是个了不起的人，所以后来才会死得那么惨。"

叶开道："为什么？"

沈三娘道："因为他使神刀堂一天天壮大，不但已渐渐压过了万马堂，江湖中也几乎没有别人能比得上了。"

叶开叹道："我想他一定得罪了很多人。"

武林大豪的声名，本就是用血泪换来的。

沈三娘咬着牙，道："他自己也知道江湖中一定有很多人恨他，但他却未想到最恨他的人，竟是他最要好的兄弟。"

叶开道："马空群？"

沈三娘点点头，道："他恨他，因为他知道自己比不上他。"

叶开道："难道他真的是死在马空群手下的？"

沈三娘恨恨道："当然还有别的人。"

叶开道："公孙断？"

沈三娘道："公孙断只不过是个奴才，就凭他们两个人，怎么敢动神刀堂，何况白夫人和白二侠也是不可一世的绝顶高手。"

她目中充满了怨毒之意，接着又道："所以那天晚上秘密暗算他们的人，至少有三十个。"

叶开动容道："三十个？"

沈三娘点点头，道："这三十个人想必也一定都是武林中的第一流高手。"

叶开道："你知道他们是谁？"

沈三娘长长叹息了一声，道："没有人知道……除了他们自己外，绝没有别人知道。"

她不让叶开问话，很快地接着又道："那天晚上雪刚停，马空群约了白大哥兄弟去赏雪，说是在城外的梅花庵，准备了一席很精致的酒菜。"

叶开很留意地听着，仿佛每个细节都不肯错过，所以立刻问道："梅花庵既然是出家人的清修之地，怎么会有酒菜？"

沈三娘冷笑道："这世上真正能做到四大皆空的出家人又有几个？"

叶开点点头，替她倒了杯酒。

他了解她的心情。

像她这种人，对世上任何事的看法当然都难免比较尖刻。

沈三娘喝完了这杯酒，才接着说道："那天白大哥的兴致也很高，所以将他一家人全都带去了，谁知道……谁知道马空群要他们去赏的并不是白的雪，而是红的雪！"

她拿着酒杯的手已开始颤抖，明亮的眼睛也已发红了。

叶开的脸色也很沉重，道："马空群是不是已安排好那三十个人埋伏在梅花庵里等着他？"

沈三娘点点头，凄然道："就在那天晚上，白大哥兄弟两家，大小十一口人，全都惨死在梅花庵外，竟没有留下一个活口。"

叶开也不禁黯然，长叹道："斩草除根，寸草不留，他们的手段好毒！"

沈三娘轻拭着眼角的泪痕，道："最惨的是白大哥夫妇，他们纵横一生，死的时候竟连首级都无法保存，连他那才四岁大的孩子，都惨死在剑下。"

她又替自己倒了杯酒，很快地喝了下去，道："但暗算他们的那三十多个蒙面刺客，也被他们手刃了二十多个。"

叶开道："马空群左掌那四根手指，想必也是被他削断了的。"

沈三娘恨恨道："若不是他趁白大哥不备时先以金刚掌力重创了白大哥的右臂，那天晚上他们只怕还休想得手。"

叶开道:"金刚掌?"

沈三娘道:"马空群也是个了不起的人才,他右手练的是破山拳,左手练的却是金刚掌,据说这两种功夫都已被他练到了九成火候。"

叶开道:"白大侠呢?"

沈三娘的眼睛里立刻又发出了光,道:"白大哥惊绝天下,无论武功、机智、胆识,世上都绝没有任何人能比得上他。"

你只要看着她的眼睛,就可以知道她对她的白大哥是多么崇敬佩服。

叶开长长叹息,黯然道:"为什么千古以来的英雄人物,总是要落得个如此悲惨的下场?"

他也举杯一饮而尽,才接着说道:"白大侠满门惨死之后,马空群自然就将责任推到那些蒙面刺客身上。"

沈三娘冷笑道:"最可恨的是,他还当众立誓,说他一定要为白大哥报仇。"

叶开道:"那三十个刺客之中,能活着回去的还有几个?"

沈三娘道:"七个。"

叶开道:"没有人知道他们是谁?"

沈三娘道:"没有。"

叶开叹道:"他们自己当然更不肯说出来,马空群只怕再也没有想到这秘密也会泄漏。"

沈三娘道:"他做梦也没想到。"

叶开苦笑道:"其实连我也想不通,这秘密是怎么泄漏的。"

沈三娘沉吟着,终于缓缓道:"活着的那七个人之中,有一个突然天良发现,将这秘密告诉了一位白凤夫人。"

叶开道:"这种人也有天良?"

沈三娘道:"他本来也已将死在白大哥刀下,但白大哥却从他的武功上认出了他，念在他做人还有一点好处，所以刀下留情，没有要他的命。"

叶开道："这人是谁？"

沈三娘叹道："白凤夫人已答应过他，绝不将他的姓名泄漏。"

叶开道："他做人有什么好处？"

沈三娘道："若是说出了他这点好处，只怕人人都知道他是谁了。"

叶开道："白大侠对他的武功如此熟悉，难道他竟是白大侠的朋友？"

沈三娘恨恨道："马空群难道不是白大哥的朋友？那三十个蒙面刺客，也许全都是白大哥的朋友。"

叶开叹道："看来朋友的确比仇敌还可怕。"

沈三娘道："可是白大哥饶了他一命之后，他回去总算还是天良发现，否则白大哥只怕就要永远冤沉海底了。"

叶开道："他没有说出另外六个人是谁？"

沈三娘道："没有。"

叶开道："为什么不说？"

沈三娘道："因为他也不知道。"

她接着道："马空群一向是个很谨慎、很仔细的人，他选择这三十个人做暗算白大哥的刺客，当然仔细观察过他们很久，知道他们都必定在暗中对白大哥怀恨在心。"

叶开道："想必如此。"

沈三娘道："但这三十个人却都是和马空群直接联系的，谁都不知道另外的二十九个人是谁。"

叶开道："江湖中的一流高手，大多都有他们独特的兵刃和武功，这人多少总该看出一点线索来。"

沈三娘道："行刺的那天晚上，这三十个人不但全都黑衣蒙面，甚至将他们惯用的兵刃也换过了，何况，这个人当然也很了解白大哥武功的可怕，行刺时心情当然也紧张得很，哪有功夫去注意别人。"

叶开垂下头，沉吟着，忽又问道："那位白凤夫人又是谁？"

沈三娘长长叹息，凄然道："她……她是个很了不起的女人，也是个很可怜的女人，她虽然既聪明又美丽，但命运却比谁都悲惨。"

叶开道："为什么？"

沈三娘道："因为她喜欢的男人不但是有妇之夫，而且是那一门的对头。"

叶开道："对头？"

沈三娘道："她本是魔教中的大公主。"

叶开动容道："魔教？"

沈三娘黯然道："三百年来，武林中无论哪一门哪一派的人，提起魔教两个字来，没有不头疼的。其实魔教中的人也是人，也有血有肉，而且，只要你不去犯他们，他们也绝不会来惹你。"

叶开苦笑道："我总认为魔教只不过是种荒唐神秘的传说而已，谁知道世上竟真有它存在。"

沈三娘道："近二十多年来，魔教中人的确已没人露过面。"

叶开道："为什么？"

沈三娘道："因为魔教教主在天山和白大哥立约赌技，输了一招，发誓从此不再入关。"

叶开叹："白大侠当真是人中之杰，当真是了不起。"

沈三娘幽幽地道："只可惜你晚生了二十年，没有见着他。"

叶开道："但他当年的雄姿英发，现在我还一样能想象得到。"

沈三娘看着他，眼睛里露出一抹温柔之意，像是想说什么，又忍住了。

她又喝了杯酒，才接着道："就因为天山这一战，所以魔教中上上下下，都将白大哥当作不共戴天的大对头。"

叶开叹道："魔教中的人，气量果然未免偏狭了一些。"

沈三娘说道："白凤夫人就是那魔教教主的独生女儿。"

叶开道："但她却爱上了白大侠。"

沈三娘点点头，道："就为了白大哥，她不惜叛教出走。"

叶开道："她知道白大侠已有妻子？"

沈三娘道："她知道，白大哥从没有欺骗过她，所以她才动了真情。"

叶开长叹道："你若要别人真情对你，你也得用自己的真情换取。"

沈三娘的目光又变得温柔起来，轻轻道："她明知白大哥不能常去看她，但她情愿等，有时一年中她甚至只能见到白大哥一面，但她已心满意足。"

叶开的眼睛仿佛遥视着远方，过了很久，才问道："白大侠的夫人想必不知道他们这段情感。"

沈三娘道："她至死都不知道，因为白大哥虽然是一世英雄，但对他这位夫人却带着三分畏惧，所以才苦了我们的白凤姑娘。"

叶开叹息着，道："我明白。"

他的确明白。女人最悲惨的事，就是爱上了一个她本不该去爱的男人。

沈三娘凄然道："最惨的是，那时她已有了白大哥的孩子。"

叶开迟疑着，终于忍不住问道："你说的这孩子是不是……"

沈三娘道："这孩子就是傅红雪。"

叶开动容道："他果然是来找马空群复仇的！"

沈三娘点点头，目中又有了泪光，黯然道："为了这一天，她们母子也不知吃了多少苦。"

叶开道:"白凤夫人难道从未去向她的父亲请求帮助?"

沈三娘道:"她也是个很倔强的女人,从不要别人可怜她,何况,魔教中人既然对白大哥恨之彻骨,又怎么会帮她复仇。"

叶开叹道:"她既然本是魔教中的公主,当然也不会有别的朋友。"

沈三娘道:"所以她只有全心全意地来教养她的孩子,希望他能够为白大哥洗雪这血海深仇。"

叶开道:"看来她的儿子并没有令她失望。"

沈三娘道:"他现在的确已可算是绝顶高手,我敢说天下已没有几个人能比得上,但又有谁知道,他为了练武曾经吃过多少苦?"

叶开道:"无论做什么事,若想出人头地,都一样要吃苦的。"

沈三娘凝视着他,忽然问道:"你呢?"

叶开笑了笑,道:"我?……"

他的笑容中似也带着些悲伤,过了很久,才接着道:"我总比他好,因为从来也没有人管我。"

沈三娘道:"没有人管真是件幸运的事么?"

叶开又笑了笑。

他只笑了笑,什么都没有说。

沈三娘轻轻叹息,柔声道:"我相信你有时也必定希望有个人来管管你的,没有人管的那种痛苦和寂寞,我很明白。"

叶开忽然改变话题,道:"这件事的大概情况,我已明白了。"

沈三娘道:"我说的本来就很详细。"

叶开道:"但你却忘了说一件事。"

沈三娘道:"什么事?"

叶开道:"你自己。"

他凝视着沈三娘，缓缓道："你究竟是什么人，和这件事又有什么关系。"

沈三娘沉默了很久，才缓缓道："马空群以为我是白凤夫人的妹妹，其实他错了。"

叶开道："哦？"

沈三娘凄然一笑，道："我本来也是魔教中的人，但却只不过是白凤夫人身边的一个小丫头而已。"

叶开道："傅红雪认得你？"

沈三娘摇摇头道："他不认识我，他很小的时候，我就离开了白凤夫人。"

叶开道："为什么？"

沈三娘道："因为我要找机会，混入万马堂去刺探消息。"

叶开道："要查出那六个人是谁？"

沈三娘道："最主要的，当然是这件事。"

叶开道："你没有查出来？"

沈三娘道："没有。"

她目中又露出悲愤沉痛之色，黯然接着道："所以这几年我都是白活的。"

叶开看着她，道："你只不过是白凤夫人的丫环，但却也为了这段仇恨，付出了你这一生中最好的十年生命？"

沈三娘道："因为她一向对我很好，一向将我当作她的姐妹。"

叶开道："没有别的原因？"

沈三娘垂下头，过了很久，才轻轻道："这当然也因为白大哥一向是我最崇拜的人。"

她忽又抬起头，盯着叶开，道："你好像一定要每件事都问个明白才甘心。"

叶开道:"我本来就是个喜欢刨根挖底的人。"

沈三娘眼睛里的表情忽然变得奇怪,盯着他道:"所以你也常常喜欢躲在屋顶上偷听别人说话。"

叶开笑了,道:"看来你好像也要将每件事都问得清清楚楚才甘心。"

沈三娘咬着嘴唇,道:"但那天晚上,屋子里的女人并不是我。"

叶开看着她,眼睛里的表情也变得很奇怪,过了很久,才慢慢地问道:"不是你是谁?"

沈三娘道:"是翠浓。"

叶开的眼睛突然亮了,直到现在他才明白,傅红雪看着他要拉翠浓时,脸上为什么会露出愤怒之色。

沈三娘慢慢地为他倒了杯酒,道:"所以那天晚上和你在一起的女人,就不是翠浓。"

叶开道:"不是翠浓是谁?"

沈三娘眼波忽然变得雾一样的朦胧,缓缓地道:"随便你要将谁当成她都行,只要不是翠浓……"

叶开长叹了一声,道:"我明白了。"

沈三娘柔声道:"谢谢你。"

叶开问道:"但我又有点不明白,你为什么要这样做?"

沈三娘垂下头,垂得很低,好像不愿再让叶开看到她脸上的表情。

又过了很久,她才叹息着,黯然道:"为了复仇,我做过很多不愿做的事!"

叶开道:"也许每个人都做过一些他本来不愿做的事。"

沈三娘道:"但这一次我却不愿再做。"

叶开眼睛里充满了同情,道:"你当然不是为了自己。"

沈三娘道："我的确是怕害了他,他和我这种女人本不该有任何关系,只不过……我也是为了我自己。"

叶开道："哦?"

沈三娘用力咬着嘴唇,道："我已尽了我的力,现在我再也不愿碰一碰我不喜欢的男人。"

第二十章

一醉解千愁

叶开举杯饮尽，酒似已有些发苦。

他当然也了解一个女人被迫和她们憎恶的男人在一起时，是件多么痛苦的事。

沈三娘忽然抬起头来，掠了掠鬓边的散发，道："我这一生中，从未有过我真正喜欢的男人，你信不信？"

她眼波蒙眬，似已有了些酒意。

叶开轻轻叹息，只能叹息。

沈三娘道："其实马空群对我并不错，他本该杀了我的。"

叶开道："为什么？"

沈三娘道："因为他早已知道我是什么人。"

叶开道："可是他并没有杀你。"

沈三娘点点头，道："所以我本该感激他的，但是我却更恨他。"

她用力握紧酒杯，就好像已将这酒杯当作马空群的咽喉。

樽已空。

叶开将自己杯中的酒，倒了一半给她。

然后她就将这杯酒喝了下去，喝得很慢，仿佛对这杯酒十分珍惜。

叶开凝视着她，缓缓道："我想你现在一定永远再也不愿见到马空群。"

沈三娘道："我不能杀他，只有不见他。"

叶开柔声道："但你的确已尽了你的力。"

沈三娘垂着头，凝视着手里的酒杯，忽然道："你知不知道我为什么要告诉你这些事？"

叶开笑了笑，道："因为我是个懂事的男人？"

沈三娘柔声道："你也是个很可爱的男人，若是我年轻，一定会勾引你。"

叶开凝视着她，道："你现在也并不老。"

沈三娘也慢慢地抬起头，凝视着他，嘴角又露出那动人的微笑，幽幽地说道："就算还不老，也已经太迟了……"

她笑得虽美，却仿佛带着种无法形容的苦涩之意。

一种比甜还有韵味的苦涩之意。

一种凄凉的笑。

然后她就忽然站起来，转过身，又取出一樽酒，带着笑道："所以现在我只想你陪我大醉一次。"

叶开轻轻叹了口气，道："我也有很久未曾真的醉过。"

沈三娘："可是在你还没有喝醉以前，我还要你答应我一件事。"

叶开道："你说。"

沈三娘说道："你当然看得出傅红雪是个怎么样的人。"

叶开点点头，道："我也很喜欢他。"

沈三娘道："他的智慧很高，无论学什么，都可以学得很好，但他却又是个很脆弱的人，有时他虽然好像很坚强，其实却只不过是在勉强控制着自己，那打击若是再大一点，他就承受不起。"

叶开在听着。

沈三娘道："他杀公孙断的时候，我也在旁边，你永远想不到他杀了人后有多么痛苦，我也从未看过吐得那么厉害的人。"

叶开道："所以你怕他……"

沈三娘道："我只怕他不能再忍受那种痛苦，只怕他会发疯。"

叶开叹道："但他却非杀人不可。"

沈三娘叹了口气，道："可是我最担心的，还是他的病。"

叶开皱眉道："什么病？"

沈三娘道："一种很奇怪的病，在医书上叫癫痫，也就是通常所说的羊癫疯，只要这种病一发作，他立刻就不能控制自己。"

叶开面上也现出忧郁之色，道："我看过这种病发作的样子。"

沈三娘道："最可怕的是，谁也不知道他这种病要在什么时候发作，连他自己都不知道，所以他心里永远有一种恐惧，所以他永远都是紧张的，永远不能放松自己。"

叶开苦笑道："老天为什么要叫他这种人得这种病呢？"

沈三娘道："幸好现在还没有别人知道他有这种病，马空群当然更不会知道。"

叶开道："你能确定没有别人知道。"

沈三娘道："绝没有。"

她的确很有信心，因为她还不知道傅红雪的病最近又发作过一次，而且偏偏是在马芳铃面前发作的。

叶开沉吟道："他若紧张时，这种病发作的可能是不是就比较大？"

沈三娘道："我想是的。"

叶开道："他和马空群交手时，当然一定会紧张得很。"

沈三娘叹道："我最怕的就是这件事，那时他的病若是突然发作……"

她嘴唇突然发抖，连话都已说不下去——非但不敢再说，连想都不敢去想。

叶开又替她倒了杯酒，道："所以你希望我能在旁边照顾着他。"

沈三娘道："我并不只是希望，我是在求你。"

叶开道："我知道。"

沈三娘道："你答应？"

叶开的目光仿佛忽然又到了远方，过了很久，才缓缓道："我可以答应，只不过，现在我担心的并不是这件事。"

沈三娘道："你担心的是什么？"

叶开道："你知不知道他回去还不到一个时辰，已有两个人要杀他。"

沈三娘动容道："是什么人？"

叶开道："你总该听说过'断肠针'杜婆婆，和'无骨蛇'西门春。"

沈三娘当然听说过。

她脸色立刻变了，喃喃道："奇怪，这两人为什么要杀他？"

叶开道："我奇怪的也不是这一点。"

沈三娘道："你奇怪的又是什么？"

叶开沉思着，道："我刚说起他们很可能也在这地方，他们就立刻出现了。"

沈三娘道："你是不是觉得他们出现得太快？太恰巧？"

叶开道："不但出现太快，就仿佛生怕别人要查问他们的某种秘密，所以自己急着要死一样。"

沈三娘道："不是你杀了他们的？"

叶开笑了笑，道："我至少并不急着要他们死。"

沈三娘道："你认为是有人要杀了他们灭口？"

叶开道："也许还不止这样简单。"

沈三娘道:"你的意思我懂。"

叶开道:"也许死的那两个人,并不是真的西门春和杜婆婆。"

沈三娘道:"你能不能说得再详细些?"

叶开沉吟着,道:"他们当然是为了一种很特别的理由,才会躲到这里来的。"

沈三娘道:"不错。"

叶开道:"他们躲了很多年,已认为没有人会知道他们的下落。"

沈三娘道:"本就没有人知道他们的下落。"

叶开道:"但今天我却忽然对人说,他们很可能就在这地方。"

沈三娘道:"你怎么知道的?"

叶开又笑了笑,淡淡道:"我知道很多事。"

沈三娘叹道:"也许你知道的已太多。"

叶开道:"我既然已说出他们很可能在这里,自然就免不了有人要去找。"

沈三娘道:"他们怕的并不是别人,而是你,因为他们想不通你怎么会知道他们在这里,也猜不透你还知道些什么事。"

叶开道:"他们生怕自己的行踪泄露,所以就故意安排了那两个人出现,而且想法子让我认为这两个人就是杜婆婆和西门春。"

沈三娘道:"想什么法子?"

叶开道:"有很多法子,最简单的一种,就是叫一个人用断肠针去杀人。"

沈三娘道:"断肠针是杜婆婆的独门暗器,所以你当然就会认为这人是杜婆婆。"

叶开道:"不错。"

沈三娘道:"若要杀人,最好的对象当然就是傅红雪。"

叶开道:"这也正是他们计划中最巧妙的一点。"

沈三娘道:"那两人若能杀了傅红雪,当然很好,就算杀不了傅红雪,也对他们这计划没有妨碍。"

叶开道:"对极了。"

沈三娘道:"等到他们出手之后,那真的杜婆婆和西门春就将他们杀了灭口,让你认为杜婆婆和西门春都已死了。"

叶开道:"谁也不会对一个死了的人有兴趣,以后当然就绝不会有人再去找他们。"

沈三娘眨着眼,道:"只可惜有种人对死人也一样有兴趣的。"

叶开微笑道:"世上的确有这种人。"

沈三娘道:"所以他们只杀人灭口一定还不够,一定还要毁尸灭迹。"

叶开叹了口气,道:"我常听人说,漂亮的女人大多都没有思想,看来这句话对你并不适用。"

沈三娘嫣然一笑,道:"有人说,会动脑筋的男人,通常都不会动嘴,看来这句话对你也不适用。"

叶开也笑了。

现在他们本不该笑的。

沈三娘道:"其实我也还有几件事想不通。"

叶开道:"你说。"

沈三娘道:"死的若不是杜婆婆和西门春,他们是谁呢?"

叶开道:"我只知道其中有个人的武功相当不错,绝不会是无名之辈。"

沈三娘道:"但你却不知道他是谁。"

叶开道:"也许我以后会知道的。"

沈三娘看着他道:"只要你想知道的事,你就总是能知道!"

叶开笑道:"这也许只因为我本就是个很有办法的人。"

沈三娘道："那么你想必也该知道，杜婆婆和西门春是为什么躲到这里来的。"

叶开道："你说呢？"

沈三娘的表情忽然变得很严肃，一字字道："那三十个刺客中活着的还有七个，也许我们现在已找出两个来。"

叶开的表情也严肃起来，道："这是件很严重的事，所以你最好不要太快下判断。"

沈三娘慢慢地点了点头，道："我可不可以假定他们就是？"

叶开叹了口气，叹气有时也是种答复。

沈三娘道："他们若是还没有死，当然一定还在这地方。"

叶开道："不错。"

沈三娘道："这地方的人并不多。"

叶开道："也不太少。"

沈三娘道："以你看，什么人最可能是西门春？什么人最可能是杜婆婆？"

叶开道："我说过，这种事无论谁都不能太快下判断。"

沈三娘道："但只要他们还没有死，就一定还在这地方。"

叶开道："不错。"

沈三娘道："他们既然可以随时找两个人来做替死鬼，这地方想必一定还有他们的手下。"

叶开道："不错。"

沈三娘道："这些人随时随地都可能出现，来暗算傅红雪？"

叶开叹息着点了点头。

沈三娘道："你所担心的，也正是这一点？"

叶开沉吟着，道："以他的武功，这些人当然不是他的对手。"

沈三娘也点了点头。

叶开道:"他既然是魔教中大公主的独生子,旁门杂学会的自然也不少。"

沈三娘道:"实在不少。"

叶开道:"但他却缺少一样事。"

沈三娘道:"哪样事?"

叶开道:"经验。"

他慢慢地接着道:"在他这种情况中,这正是最重要的一件事,却又偏偏是谁也没法子教他的。"

沈三娘道:"所以……"

叶开道:"所以你应该去告诉他,真正危险的地方并不是万马堂,真正的危险就在这小镇上,而且是他看不见,也想不到的。"

沈三娘沉思着,道:"你认为马空群早已在镇上布好了埋伏?"

叶开道:"你说过,他是个很谨慎的人。"

沈三娘道:"他的确是。"

叶开道:"可是现在他身边却已没有一个肯为他拼命的人。"

沈三娘道:"公孙断的死,对他本就是个很大的打击。"

叶开道:"一个像他这么谨慎的人,对自己一定保护得很好,公孙断就算是他最忠诚的朋友,他也绝不会想要倚靠公孙断来保护他。"

沈三娘冷冷道:"公孙断本就不是个可靠的人。"

叶开道:"他当然比你更了解公孙断。"

沈三娘道:"所以你认为他一定早已另有布置?"

叶开笑了笑,道:"他若非早已有了对付傅红雪的把握,现在怎么会还留在这里。"

沈三娘道:"难道你认为傅红雪已完全没有复仇的机会?"

叶开道:"假如他只想杀马空群一个人,也许还有机会。"

沈三娘道:"假如他还想找出那六个人呢?"

叶开道:"那就很难了。"

沈三娘凝视着他,忽然叹了口气,道:"你究竟是在替我们担心?还是为马空群来警告我们的?现在我已渐渐分不清了。"

叶开淡淡道:"你真的分不清?"

沈三娘道:"你虽然说出了很多秘密,但仔细一想,这些秘密我们却连一点用都没有。"

叶开道:"哦?"

沈三娘道:"我若真的将这些话告诉傅红雪,他只有更紧张,更担心,更容易遭人暗算。"

叶开道:"你可以不告诉他。"

沈三娘盯着他的眼睛,像是想从他眼睛里看出他心里的秘密。

可是她什么也没有看见。

她忍不住又长叹了一声,道:"现在我只想知道,你究竟是什么人?"

叶开又笑了,淡淡道:"问我这句话的人,你已不是第一个。"

沈三娘道:"从来没有人知道你的来历?"

叶开道:"那只因连我自己都忘了。"

他举起酒杯,微笑道:"现在我只记得,我答应过要陪你大醉一次的。"

沈三娘眼波流动,道:"你真的想喝醉?"

叶开笑得仿佛有些伤感,缓缓道:"我不醉又能怎么样呢?"

于是叶开醉了,沈三娘也醉了。

他醒来的时候,却已剩下他自己一个人。

空樽下压着张素笺,是她留下来的。

笺上只有一行字,是用胭脂写的,红得就像是血:"夜晚在这里陪你喝酒的女人也不是我。"

樽旁还有胭脂。

于是叶开又加了几个字："昨夜我根本就不在这里。"

不醉又能怎么样呢？还是醉了的好。

凌晨。

轻烟般的晨雾刚刚从长草间升起，东方的穹苍是淡青色的，其余的部分带着神秘的银灰色。

长草碧绿。

叶开走出来，长长吸了口气，空气新鲜而潮湿。

草原尚未苏醒，看不见人，也听不见声音，一种奇妙的和平宁静，正笼罩着大地。

马芳铃现在想必还在沉睡，年轻人很少会连续失眠两个晚上的。

他们的忧郁通常总是无法抗拒他们的睡意。

老年人就不同了。

叶开相信马空群是绝对睡不着的。

像他这种年纪的人，经过这么多事之后，能睡着除非是奇迹。

他在干什么？

是在悲悼着他的伙伴？还是在为自己忧虑？

萧别离现在想必也该回到他的小楼上，也许正在喝他临睡前最后的一杯酒。

丁求是不是也在那里陪他喝？

傅红雪呢？

他是不是找得着能容他安歇一夜的地方？

最让叶开惦记的，也许还是沈三娘。

他实在想不出她还有什么地方可去，但却相信像她这样的女人，无论在什么情况下,总会有地方可去的。

　　除非她已迷失了自己。

　　也不知从哪里飞来一只秃鹰,在银灰色的穹苍下盘旋着。

　　它看来疲倦而饥饿。

　　叶开抬起头,看着它,目中带着深思之色,喃喃道:"你若想找死人,就来错地方了,这里既没有死人,我也还没有死。"

　　他眨眨眼,忽然笑了笑,道:"要找死人,就得到有棺材的地方,是不是?"

　　鹰低唳,仿佛在问他:"棺材呢?棺材呢?……"

第二十一章

无鞘之剑

火熄了。

李马虎的杂货店,已烧成一片焦土;隔壁那"专卖猪牛羊三兽"的屠户和那小面馆,灾情也同样惨重。

那条窄巷里的木屋,也烧得差不多了。

一些被抢救出来的零星家具,还杂乱地堆在路旁,几只破水桶正随风滚动着,也不知它们的主人到底是谁?

焦木还是湿淋淋的,火势显然刚灭不久,甚至连风中都带着焦味。

边城中的人本来起得很早,现在街上却看不见人影,想必是因为昨夜救火劳累,现在正蒙头大睡。

本已荒僻的小镇,看来更凄凉悲惨。

叶开慢慢地走上这条街,心里忽然觉得有种负罪的感觉。

无论如何,若不是他,这场火就不会烧起来,他本该提着水桶来救火的。

但昨天晚上,他提着的却是酒壶。

这一场大火后,镇上有多少人将无家可归?

叶开长长叹息了一声,不禁想起了那小面馆的老板张老实。

张老实真的是个老实人,他不但是这小面馆的老板,也是厨子和伙计,所以一年到头,身上总是围着块油腻腻的围裙,从早上一直忙到天黑,赚来的却连个老婆都养不起。

但他还是整天笑嘻嘻的,你就算只去吃他一碗三文钱的阳春面,他还是拿你当财神爷一样照顾。

所以他煮的面就算像糨糊,也从来没有人埋怨过半句。

现在面馆已烧成平地,这可怜的老实人以后怎么办呢?

隔壁杀猪的丁老四,虽然也是个光棍,情况却比他好多了。

丁老四还可以到萧别离的店里去喝几杯,有时甚至还可以在那里睡一觉。

再过去那家棉花行,居然没有被烧到,竟连外面挂着的那"精弹棉花,外卖雕漆器皿"的大招牌,也还是完整无缺的。

"清水锦绸细缎、工夫作针"。

"精制纨扇、雨具、自捍伏天绒被"。

除了萧别离外,镇上就数这三家店最殷实,就算被火烧一烧也没关系。

但他们却偏偏全都没有被烧到。

叶开苦笑着,正想找个人去问问张老实他们的消息,想不到却先有人来找他了。

窄门上的灯笼,居然还是亮着的。

一个人突然从里面伸出半个身子来,不停地向叶开招手。

这人白白的脸,脸上好像都带着微笑,正是那绸缎行的老板福州人陈大倌。

镇上没有人比他更会做生意,也没有人比他更不得人缘了。

叶开认得他。

这地方只要是开门做生意的人,叶开已差不多认得。

他认为没事的时候找这些人聊聊，总会有些意想不到的收获。

他现在就想不出陈大倌找他干什么？

但他还是走了过去，脸上又故意做出微笑，还没有开口问他，陈大倌的头已缩了回去。

门却开了。

叶开只好走进去，忽然发现他认得的人竟几乎全在这地方，萧别离反而偏偏不在。

除了陈大倌外，每个人的脸色都很沉重，面前的桌子上既没有菜，也没有酒。

他们显然不是请叶开来喝酒的。

天色还没有大亮，屋里也没有燃灯，这些人一个个铁青着脸，瞪着一双双睡眠不足的眼睛，态度一点也不友善。

"难道他们已知道那场火是我惹出来的？"

叶开微笑着，几乎忍不住想要问问他们，是不是想找他来算账的？

他们的确要找人算账，只不过要找的并不是他，是傅红雪。

"自从这姓傅的一来，灾祸也跟着来了。"

"他不但杀了人，而且还要放火。"

"火起之前，有个人亲眼看见他去找李马虎的。"

"他到这里来，为的好像就是要给我们罪受。"

"他若不走，我们简直活不下去。"

说话的人除了陈大倌和棉花行的宋老板外，就是丁老四和张老实，这一向不大说话的老实人，今天居然也开了口。

每个人提起傅红雪，都咬牙切齿，好像恨不得咬下他一块肉。

叶开静静地听着，等他们说完了，才淡淡问道："各位准备对他怎么样？"

陈大倌叹了口气，接着说道："我们本来准备请他走的，但他既然来了，当然不肯就这样一走了之，所以……"

叶开道："所以怎么样？"

张老实抢着道："他既然要我们活不下去，我们也要他活不下去。"

丁老四一拳重重地打在桌上，大声道："我们虽然都是安分守己的良民，但惹急了我们，我们也不是好惹的。"

宋老板捧着水烟袋，摇着头道："狗急了也会跳墙，何况人呢？"

叶开慢慢地点了点头，好像觉得他们说的话都很有道理。

陈大倌又叹了口气，道："我们虽然想对付他，只可惜心有余而力不足。"

宋老板叹了口气，道："像我们这种老实人，当然没法子和杀人的凶手去拼命。"

陈大倌道："幸好我们总算还认得几个有本事的朋友。"

叶开道："你说的是三老板？"

陈大倌道："三老板是有身份的人，我们怎敢去惊动他？"

叶开皱了皱眉，道："除了三老板外，我倒想不出还有谁是有本事的人了。"

陈大倌道："是个叫小路的年轻人。"

叶开道："小路？"

陈大倌道："这人虽年轻，但据说已是江湖中第一流的剑客。"

宋老板悠然道："据说他在去年一年里，就杀了三四十个人，而且杀的也都是武林高手。"

张老实咬着牙，道："像他这种杀人的凶手，就得找个同样的人来对付他。"

陈大倌道："这就叫以眼还眼，以牙还牙。"

叶开沉吟着，忽然问道："你们说的小路，是不是道路的路？"

陈大倌道："不错。"

叶开道："是不是路小佳？"

陈大倌道："就是他。"

宋老板慢慢地吐出口气道："叶公子莫非也认得他？"

叶开笑了，道："我听说过，听说他的剑又狠又快。"

宋老板也笑了，道："这两年来，江湖中没有听说过他的人，只怕不多。"

叶开道："的确不多。"

宋老板道："听说连昆仑山的神龙四剑和点苍的掌门人都已败在他的剑下。"

叶开点点头，说道："宋老板好像对他的事熟悉得很。"

宋老板又笑了笑，悠然道："好教叶公子得知，这位了不起的年轻人，就是我一门远亲的大少爷。"

叶开道："他来了？"

宋老板道："总算他还没有忘记我这个穷亲戚，前两天才托人带了信来，所以，我才知道他就在这附近。"

丁老四抢着道："所以昨天晚上我们已找人连夜赶去谈了。"

宋老板道："若是没有意外，今天日落之前，他想必就能赶到这里。"

张老实捏紧拳，恨声道："那时我们就得要傅红雪的好看了。"

叶开听着，忽又笑了笑，道："这件事各位既已决定，又何必告诉我？"

陈大倌笑道："叶公子是个明白人，我们一向将叶公子当作自己的朋友。"

他好像生怕叶开开口说出难听的话，所以赶紧又接着解释道："但我们也知道叶公子对那姓傅的一向不错。"

叶开道:"你们是不是怕我又来多管闲事?"

陈大倌道:"我们只希望叶公子这次莫要再照顾他就是。"

张老实道:"我是个老实人,只会说老实话。"

叶开道:"你说。"

张老实道:"你最好能帮我们的忙杀了他,你若不帮我们,至少也不能帮他,否则……"

叶开道:"否则怎么样?"

张老实站起来,大声道:"否则我就算打不过你,也要跟你拼命。"

叶开大笑,道:"好,果然是老实话,我喜欢听老实话。"

张老实大喜道:"你肯帮我们?"

叶开道:"我至少不帮他。"

陈大倌松了口气,赔笑道:"那我们就已感激不尽了。"

叶开道:"我只希望路小佳来的时候,你们能让我知道。"

陈大倌道:"当然。"

叶开叹息着,喃喃道:"我实在早就想看看这个人了,还有他那柄剑……"

突听一人道:"据说他那柄剑也很少给人看的。"

这是萧别离的声音。

他的人还在楼梯上,声音已先传了下来。

叶开抬起头,笑了笑,道:"他的剑是不是也和傅红雪的刀一样?"

萧别离也在微笑着,道:"只有一点不同。"

叶开道:"哪一点?"

萧别离道:"傅红雪的刀还杀三种人,他的剑却只杀一种。"

叶开道："只杀哪种人？"

萧别离道："活人！"

他慢慢地走下楼，苍白的脸上带着种惨淡的笑容，接着道："他和傅红雪不同，在他看来，世上只有两种人，活人和死人。"

叶开道："只要是活人他都杀？"

萧别离叹了口气，道："至少我还未听说他剑下有过活口。"

叶开也叹了口气，道："现在，我只想知道一件事了。"

萧别离道："什么事？"

叶开说道："不知道是他的剑快？还是傅红雪的刀快？"

这件事也正是每个人都想知道的。

阳光已升起。

镇上的地保赵大，正在指挥着他手下的几个兄弟清理火场。

屋子里的人都已走出来，站在屋檐下看着，发表着议论。

萧别离和叶开却还留在屋子里。

叶开从窗口看着外面的人，微笑道："想不到赵大做事倒很卖力。"

萧别离道："他当然应该卖力。"

叶开道："哦。"

萧别离道："镇上人人都知道李马虎并不马虎，他干了十来年，据说已存下上千两的银子。"

叶开沉吟着，道："银子是烧不化的。"

萧别离道："他也没有后人。"

叶开道："所以只要能找得出那些银子来，就是地保的。"

萧别离笑道："难怪他们都说你是个明白人。"

叶开道："他们说的话你全都听见了？"

萧别离叹道:"这些人说起话来,好像就生怕别人听不见。"

叶开道:"这就难怪你睡不着了,我本来还以为有人陪你在楼上喝酒哩。"

萧别离目光闪动,道:"你以为是丁求?"

叶开笑了笑,拉开张椅子坐下去。

萧别离道:"你想找他?"

叶开道:"说老实话,我真正想要找的人就是傅红雪。"

萧别离道:"你不知道他在哪里?"

叶开道:"你知道?"

萧别离想了想,道:"他当然不会离开这地方。"

叶开笑道:"只怕连鞭子都赶不走。"

萧别离道:"但他在这里却已很难再找得到欢迎他的人。"

叶开道:"看来的确不容易。"

萧别离沉吟着,缓缓道:"只不过有些地方既没有主人,门也从来不关的。"

叶开道:"譬如说哪些地方?"

萧别离道:"譬如说,关帝庙……"

叶开的眼睛跟着亮了,忽然站起来,道:"我最佩服的人就是这位关夫子,早该到他庙里去烧几根香了。"

萧别离笑道:"最好少烧几根,莫要烧着了房子。"

叶开也笑了笑,道:"幸好关夫子一向不开口的,否则很有这种可能。"

烧焦了的尸骨已清理出来,银子却还没有消息。

赵大已歇下来,正用大碗在喝着水,大声地吆喝着,叫他手下的弟兄别偷懒。

银子若找出来，大家全有一份的。

叶开走过去，站在他旁边看着，忽然悄悄道："听说有些人总是喜欢将银子埋在铺底下的。"

赵大精神为之一震，道："对，我早该想到这种地方了。"

他好像这才发觉说话的人是叶开，立刻又回头笑道："若是找到了，叶公子你在这地方的酒账，全算我赵大的。"

叶开道："那倒不必，我只希望你能照顾照顾这个死人，替他们弄两口薄皮棺材。"

赵大道："棺材是现成的，而且用不着花钱买。"

叶开道："哦，这里居然有不要钱的棺材，我倒从未听说过。"

赵大笑道："公子你莫非忘了，前天岂非有人送了好几副棺材来。"

叶开眼睛又亮了，却又问道："棺材岂非是要送到万马堂的？"

赵大悄悄道："这两天三老板正在走霉运，谁敢把棺材往那里送？"

叶开道："棺材呢？"

赵大道："本来就堆在后面的空地上，昨天起火的时候，我才叫人移到关帝庙去了，只便宜了这两天死的人，每人都可以落一口。"

叶开笑道："看来这两天死在这里的人，倒真是死对了地方。"

赵大却叹了口气，道："但没死的人待在这种穷地方，却真是活受罪。"

叶开道："谁说这地方穷，说不定那边就有上千两的银子在等着你去拿哩。"

赵大大笑，道："多谢公子吉言，我这就去拿。"

他卷起衣袖，赶过去，忽又回过头，道："公子你若在这里有什么三长两短，我赵大一定选口最好的棺材给你。"

309

叶开看着他走开了,也不知是好气还是好笑,过了很久,才苦笑着,喃喃道:"看你这小子倒真他妈的够朋友。"

这条街虽然是这地方的精华,这地方却当然不止这么样一条街!

走出这条街往左转,屋子就更简陋破烂,在这里住的不是牧羊人,就是赶车洗马的,那几个大老板店里的伙计,也住在这里。

一个大肚子的妇人,正蹲在那里起火。

她的背上背着个孩子,旁边还站着三个,一个个都是面有菜色。她自己看来却更憔悴,苍老得像是老太婆。

叶开暗中叹了口气——为什么愈穷的人家,孩子偏偏愈多呢?

是不是因为他们没钱在晚上点灯,也没别的事做?

无论如何,人愈穷,孩子愈多,孩子愈多,人就更穷,这好像已成了条不变的定律。

叶开忽然觉得这是一个很严重的问题,却又想不出什么方法来让别人少生几个孩子。

但他相信,这问题以后总有法子解决的。

再往前面走不多远,就可以看到那间破落的关帝庙了。

庙里的香火并不旺,连关帝老爷神像上的金漆都已剥落。

大门也快塌了,棺材就堆在院子里,院子并不大,所以棺材只能叠起来放。

庙里的神案倒还是完整的,若有个人睡上去,保证不会垮下来。

因为现在就有个人睡在上面。

一个脸色苍白的人,手里紧紧地握着一柄漆黑的刀,一双发亮的眼睛,正在瞪着叶开。

叶开笑了。

傅红雪却没有笑，冷冷地瞪着他，道："我说过，你走你的路，我走我的。"

叶开道："我听你说过。"

傅红雪道："你为什么又来找我？"

叶开道："谁说我是来找你的？"

傅红雪道："我。"

叶开又笑了。

傅红雪道："这地方只有两个人，一个活人，一个木头人，你来找的总不会是木头人。"

叶开道："你说的是关夫子？"

傅红雪道："我只知道他是个木头人。"

叶开叹了口气，道："我知道你从来不会尊敬别人，但至少总该对他尊敬的。"

傅红雪道："为什么？"

叶开道："因为……因为他已成神。"

傅红雪冷笑道："他是你的神，不是我的。"

叶开道："你从不信神。"

傅红雪道："我信的不是这种人，也想不出他做过什么值得我尊敬的事。"

叶开道："他至少没有被曹操收买，至少没有出卖朋友。"

傅红雪道："没有出卖朋友的人很多。"

叶开道："但你总该知道……"

傅红雪打断了他的话，冷冷道："我只知道若不是他的狂妄自大，蜀汉就不会亡得那么快。"

叶开叹了口气，道："我也知道你为什么不尊敬他了。"

傅红雪道："哦？"

叶开道："因为别人都尊敬他,你无论做什么事,都一定要跟别人不同。"

傅红雪忽然翻身掠起,慢慢地走了出去。

叶开道："你这就走?"

傅红雪冷冷地道："这里的俗气太重,我实在受不了。"

叶开叹道："一个人若要活在这世上,有时就得俗一点的。"

傅红雪道："那是你的想法,随便你怎么想,都跟我没关系。"

叶开道："你怎么想?"

傅红雪道："那也跟你没关系。"

叶开道："难道你不准备在这世界上活下去?"

傅红雪道："我根本就没有在你这世界上活过。"

他没有回头。

叶开看不见他的脸,却看见他握刀的手突然握得更紧。

只可惜无论他如何用力,也握不碎心里的痛苦。

叶开看着他,缓缓道："无论你怎么想,总有一天,你还是会回到这世界上来的,因为你还是要活下去,而且非活下去不可。"

傅红雪似已听不见这些话,他左脚先迈出一步,僵直的右腿才跟着拖过去。

叶开看着他的眼,目中忽又露出了忧虑之色。

纵然他的刀能比路小佳的剑快,但是这条腿……

傅红雪已走出了院子。

叶开并没有留他,也没有提起路小佳的事。

路小佳至少还有两三个时辰才能来,他不愿让傅红雪从现在一直紧张到日落时。

他到这里来,本来就不是为了警告傅红雪。

他为的是院子里的棺材。

棺材本来是全新的，漆得很亮，现在却已被碰坏了很多地方，有些甚至已经被烧焦。

若不是赵大突然心血来潮，这些棺材只怕也已被那一把火烧光。

也许那放火的人本就打算将这些棺材烧了的。

叶开捡了一大把石子，坐在石阶上，将石子一粒粒往棺材上掷过去。

石子打中棺材，就发出"咚"的一响。

这棺材是空的。

但等到他掷出的第八粒石子打在棺材上时，声音却变了。

这口棺材竟好像不是空的。

棺材里有什么？

空棺材固然比较多，不空的棺材居然也有好几口。

叶开脸上带着种很奇怪的表情，竟走过去将这几口棺材搬出来。

他为什么突然对空棺材发生了兴趣？

打开棺盖，里面果然不是空的。

棺材里竟有个死人。

除了死人，棺材里还会有什么？

棺材里有死人，本不是件奇怪的事。

但这死人竟赫然是刚才还在跟他说话的张老实。

他静静地躺在棺材里，身上那块油围裙总算已被脱了下来。

这辛苦了一辈子的老实人，现在总算已安息了。

但他刚才明明还在镇上，身上明明还系着那块油围裙，现在怎么已躺在棺材里。

更奇怪的是,陈大倌、丁老四、宋老板和街头粮食行的胡掌柜,居然也都在棺材里。

这些人刚才明明也都在镇上的,怎么会忽然都死在这里?

是什么时候死的?

摸摸他们的胸口,每个人都已冰冷僵硬,至少已死了十个时辰。

他们都已死了十来个时辰。

他们若已死了十来个时辰,刚才在镇上和叶开说话的那些人又是谁呢?

叶开看着这些尸身,脸上居然也没有惊奇之色,反而笑了,竟似对自己觉得很满意。

难道这件事本就在他意料之中?

人既然死了,当然有致命的原因。

叶开将这些人的致命伤痕,很仔细地检查了一遍,忽然将他们全都从棺材里拖了出来,藏到庙后的深草中。

然后他就将这几口棺材,又摆回原来的地方。

他自己却还是不肯走,居然掠上屋脊,藏在屋脊后等着。

他在等谁?

他并没有等多久,就看到一骑马自草原上急驰而来,马上人衣衫华丽,背后驼峰高耸,竟是"金背驼龙"丁求。

丁求当然没有看见他,急驰到庙前,忽然自鞍上掠起,掠上墙头。

棺材仍还好好地放在院子里,并不像被人动过的样子。

丁求四下看了一眼,附近也没有人影。

这正是放火的好机会。

于是他就开始放火。

放火也需要技巧的,他在这方面竟是老手,火一燃起,就烧得很快。

将这些棺材带来的人是他,将这些棺材烧了的人也是他。

他为什么要辛辛苦苦将这些棺材带来,又放火烧了呢?

太阳已升得很高了,但距离日落却还有段时候。

叶开已回到镇上来。

他不能不回来,他忽然发觉自己饿得简直可以吞下一匹马。

关帝庙的火已烧了很久,现在火头已小,犹在冒着浓烟。

"关帝庙的火怎么会烧起来的?"

"一定又是那跛子放的火。"

"有人亲眼看见他睡在庙里的神案上。"

一堆人围在火场前议论纷纷,其中赫然又有陈大倌、丁老四和张老实。

叶开却一点也没有觉得奇怪,好像早已算准会在这里看到他们。

但他却没有想到会看见马芳铃。

马芳铃也看见了他,脸上立刻露出很奇怪的表情,似乎正在考虑,不知道是不是应该跟他打招呼。

叶开却已向她走了过去,微笑着道:"你好。"

马芳铃咬着嘴唇,道:"不好。"

她今天穿的不是一身红,是一身白,脸色也是苍白的,看来竟似瘦了很多。

难道她竟连着失眠了两个晚上?

叶开眨了眨眼,又问道:"三老板呢?"

马芳铃瞪着眼,道:"你问他干什么?"

叶开道:"我只不过问问而已。"

马芳铃道:"用不着你问。"

叶开叹了口气,苦笑道:"那么我就不问。"

马芳铃却还是瞪着眼,道:"我倒要问问你,你刚才到哪里去了?"

叶开又笑了,道:"我既然不能问你,你为什么要问我?"

马芳铃道:"我高兴。"

叶开淡淡道:"我也很想告诉你,只可惜男人做的事,有些是不便在女人面前说的。"

马芳铃咬了咬嘴唇,恨恨道:"原来你做的都是些见不得人的事。"

叶开道:"幸好我还不会放火。"

马芳铃道:"放火的是谁?"

叶开道:"你猜呢?"

马芳铃道:"你看见那姓傅的没有?"

叶开道:"当然看见过。"

马芳铃道:"几时看见的?"

叶开道:"好像是昨天。"

马芳铃瞪着他,狠狠地跺了跺脚,苍白的脸已气红了。

陈大倌想了想,忽然道:"不知他会不会去找三老板……"

马芳铃冷笑道:"他找不着的。"

陈大倌道:"为什么?"

马芳铃道:"因为连我都找不着。"

三老板怎么会忽然不见了呢?到哪里去了?

有人正想问,但就在这时,已有一阵马蹄声响起,打断了他们的话。

一匹油光水滑、黑得发亮的乌骓马,自镇外急驰而来。

马上端坐个铁塔般的大汉,光头、赤膊,黑缎绣金花的灯笼裤,倒赶千层浪的绑腿,搬尖大洒鞋,一双手没有提缰,却抱着根海碗粗的旗杆。

四丈多高的旗杆上,竟还站着个人。

一个穿着大红衣裳的人,背负着双手,站在杆头,马跑得正急,他的人却纹风不动,竟似比站在平地上还稳些。

叶开只抬头看了一眼,就忍不住叹了口气,喃喃道:"他来得倒真早。"

乌骓已急驰入镇,每个人都不禁仰起了头去看,显得又是惊奇,又是欢喜。

每个人都已猜出来此人是谁了。

突然间,健马长嘶,已停下了脚。

红衣人还是背负着双手,纹风不动地站在长杆上,仰着脸道:"到了么?"

光头大汉立刻道:"到了。"

红衣人道:"有没有出来迎接咱们?"

光头大汉道:"好像有几个。"

红衣人道:"都是些什么样的人?"

光头大汉道:"看起来倒都还像个人。"

红衣人这才点了点头,喃喃道:"今天的天气真不错,倒真是杀人的天气。"

叶开笑了,微笑着道:"只可惜在那上面只能杀几只小鸟,人是杀不到的。"

红衣人立刻低下头,瞪着他。

从下面看上去,也可以看得出他是个很漂亮的年轻人,一双眸子更亮如点漆。

他高高在上，瞪着叶开，厉声道："你刚才在跟谁说话？"

叶开道："你。"

红衣人道："你知道我是什么人？"

叶开道："莫非你就是杀人不眨眼的路小佳？"

红衣人冷笑道："总算你还有些眼力。"

叶开笑道："过奖。"

红衣人道："你是什么人？"

叶开道："我姓叶。"

红衣人道："他们请我到这里来杀的人，是不是就是你？"

叶开道："好像不是。"

红衣人叹了口气，冷冷道："可惜。"

叶开也叹了口气，道："实在可惜。"

红衣人道："你也觉得可惜？"

叶开道："有一点。"

红衣人道："我杀了那人后，再来杀你好不好？"

叶开道："好极了。"

他居然好像觉得很愉快的样子。

红衣人仰起脸，冷冷道："谁说他看起来像个人的，真是瞎了眼睛。"

光头大汉道："是，奴才是瞎了眼睛。"

红衣人道："这里是不是有个姓陈的？"

陈大倌立刻抢身道："就是在下。"

红衣人道："你找我来杀的人呢？"

陈大倌赔笑道："路大侠来得太早了些，那人还没有到。"

红衣人沉下了脸，道："去叫他来，让我快点杀了他，我没空在这里等。"

听他说话的口气,就好像能死在他手里本是件很荣幸的事,所以早就该等在这里挨宰。

连陈大倌听了都似也觉得有些哭笑不得,又赔着笑道:"路大侠既然来了,为何不先下来坐坐?"

红衣人冷冷道:"这上面凉快……"

一句话未说完,突听"嚓"一声,海碗般粗的旗杆,竟突然断了。

红衣人双臂一振,看来就像是只长着翅膀的红蝙蝠,盘旋着落下。

每个人的眼睛都已看直了,马芳铃突然拍手道:"好轻功……"

她刚说完这三个字,就发现红衣人已落在她面前,瞪大了一双眼睛看着她,冷冷地道:"你又是什么人?"

他的眼睛又黑又亮。

马芳铃的脸却似已有些发红,垂下头道:"我……我姓马。"

又是"砰"的一声,断了的半截旗杆,这时才落下来,打在屋脊上,再掉下来眼看就要打中好几个人的头。

谁知那大汉竟蹿过来,用光头在旗杆上一撞,竟将这段旗杆撞出去四五丈,远远抛在屋脊后。

马芳铃又忍不住嫣然一笑,道:"这个人的头好硬啊。"

红衣人道:"你的头最好也跟他一样硬。"

马芳铃眨了眨眼,道:"为什么?"

红衣人道:"因为还有那半截旗杆,马上就要敲到你头上来了。"

马芳铃怔住。

红衣人沉着脸道:"这旗杆怎么会忽然断了的?难道不是你捣的鬼?我一看见你,就知道你不是什么好东西。"

马芳铃的脸又通红，这次是气红的，她手里还提着马鞭，忽然一鞭向红衣人抽了过去。

谁知红衣人一伸手，就将鞭梢抓住，冷笑道："好呀，你胆子倒真不小，竟敢跟我动手。"

他的手往后一带，马芳铃就身不由主向这边跌了过来，刚想伸手去捆他的脸，但这只手一伸出来，也被他抓住。

马芳铃连脖子都已涨红，咬着牙道："你……你放不放开我？"

红衣人道："不放。"

马芳铃道："你想怎么样？"

红衣人道："先跪下来跟我磕三个头，在地上再爬两圈，我就饶了你！"

马芳铃叫了起来，道："你休想！"

红衣人道："那么你也休想要我放了你。"

马芳铃咬着牙，跺脚道："姓叶的，你……你难道是个死人？"

叶开叹了口气，悠悠道："这里的确有个死人，但却不是我。"

马芳铃恨恨道："不是你是谁？"

叶开笑了笑，却抬起了头，看着对面的屋脊道："旗杆明明是你打断的，你何苦要别人替你受罪。"

大家都忍不住跟着他看了过去，屋顶上空空的，连个鬼影子都没有。

但屋檐后却忽然有样东西抛了出来，"噗"地掉落地上，竟是个花生壳。

过了半晌，又有样东西抛出来，却是个风干了的桂圆皮。

红衣人的脸色竟似变了，咬着牙道："好像那个鬼也来了。"

光头大汉点点头，突然大喝一声，跳起七尺高，抡起了手里的半截旗杆，向屋檐上扑了下去。

只听风声虎虎，整栋房子都像是要被打垮。

谁知屋檐后突然飞出道淡青色的光芒，只一闪，旗杆竟又断了一截。

光头大汉一下子打空，整个人都栽了下来，重重地摔在地上。

那截被削断了的旗杆，却突然弹起，再落下。

屋檐下又有青光闪了闪。

一截三尺多长的旗杆，竟然又变成了七八段，一片片落了下来。

每个人的眼睛都看直了。

叶开又叹了口气，喃喃道："好快的剑，果然名不虚传。"

红衣人却用力跺了跺脚，恨恨道："你既然来了，为什么还不下来？"

屋檐后有个人淡淡道："这上面凉快。"

红衣人跳起来，大声道："你为什么总是要跟我作对？"

这人道："你为什么总是要跟别人作对？"

红衣人道："我跟谁作对？"

这人道："你明明知道旗杆不是这位马姑娘打断的，为什么要找她麻烦？"

红衣人道："我高兴。"

叶开笑了。

马芳铃本来已经够不讲理了，谁知竟遇着个比她更不讲理的。

红衣人大声道："我就是看她不顺眼，跟你又有什么关系？你为什么要帮她说话，我受了别人气时，你为什么从来不帮我？"

这人道："你是谁？"

红衣人道："我……我……"

这人道："杀人不眨眼的路小佳，几时受过别人气的？"

红衣人居然垂下了头，道："谁说我是路小佳？"

这人道："不是你说的？"

红衣人道："是那个人说的，又不是我。"

这人道："你不是路小佳，谁是路小佳？"

红衣人道："你。"

这人道："既然我是路小佳，你为什么要冒充？"

红衣人忽又叫起来，道："因为我喜欢你，我想来找你。"

这句话说出来，大家又怔住，一个个全都睁大了眼睛，看着他。

红衣人道："你们看着我干什么，难道我就不能喜欢他？"

他突然将束在头上的红巾用力扯了下来，然后大声道："你们的眼睛难道全都瞎了，难道竟看不出我是个女人？"

她居然真的是个女人！

她仰起了脸，道："我已经放开了她，你为什么还不下来？"

屋檐后竟忽然没有人开腔了。

红衣女人道："你为什么不说话？难道忽然变成了哑巴？"

屋檐后还是没有声音。

红衣女人咬了咬嘴唇，忽然纵身一跃，跳了上去。

屋檐后哪里有人？

人竟已不见，却留下一堆剥空了的花生壳。

红衣女人脸色变了，大喊道："小路，姓路的，你死到哪里去了，还不给我出来。"

没有人出来。

她跺了跺脚，恨恨道："我看你能躲到哪里去？你就算躲到天边，我也要找到你。"

只见红影一闪，她的人也不见了。

那光头大汉竟也突然从地上跃起，跳上马背，打马而去。

陈大倌怔在那里，苦笑着，喃喃道："看来这女人毛病倒不小。"

马芳铃也在发着怔，忽然轻轻叹息了一声，道："我倒很佩服她。"

陈大倌又一怔，道："你佩服她？"

马芳铃垂下头，轻轻道："她喜欢一个人时，就不怕当着别人面前说出来，她至少比我有勇气。"

一阵风吹过，吹落了屋檐上的花生壳，却吹不散马芳铃心中的幽怨。

她目光仿佛在凝视着远方，但有意无意，却又忍不住向叶开瞧了过去。

叶开却在看着风中的花生壳，仿佛世上再也没有比花生壳更好看的东西。

也不知为了什么，马芳铃的脸突又红了，轻轻跺了跺脚，呼哨一声，她的胭脂马立刻远远奔来。

她立刻蹿上去，忽然反手一鞭，卷起了屋檐上还没有被吹落的花生壳，撒在叶开面前，大声道："你既然喜欢，就全给你。"

花生壳落下来时，她的人和马都已远去。

陈大倌似笑非笑地看着叶开，悠然道："其实有些话不说，也和说出来差不多，叶公子你说对吗？"

叶开淡淡道："不说总比说了的好。"

陈大倌道："为什么？"

叶开道："因为多嘴的人总是讨人厌的。"

陈大倌笑了，当然是假笑。

叶开已从他面前走过去，推开了那扇窄门，喃喃道："不说话没关系，不吃饭才真的受不了，为什么偏偏有人不懂这道理？"

只听一人悠然道："但只要有花生，不吃饭也没关系的。"

这人就坐在屋子里，背对着门，面前的桌子上，摆着一大堆花生。

他剥开一颗花生，抛起，再用嘴接住，抛得高，也接得准。

叶开笑了，微笑着道："你从未落空过？"

这人没有回头，道："绝不会落空的。"

叶开道："为什么？"

这人道："我的手很稳，嘴也很稳。"

叶开道："所以别人才会找你来杀人。"

杀人的确不但要手稳，也要嘴稳。

这人淡淡道："只可惜他们并不是要我来杀你。"

叶开道："你杀了那人后，再来杀我好不好？"

这人道："好极了。"

叶开大笑。

这人忽然也大笑。

刚走进来的陈大倌却怔住了。

叶开大笑着走过去，坐下，伸手拿起了一颗花生。

这人的笑容突然停顿。

他也是个年轻人。一个奇怪的年轻人，有着双奇怪的眼睛，就连笑的时候，这双眼睛都是冰冷的，就像是死人的眼睛，没有情感，也没有表情。

他看着叶开手里的花生，道："放下去。"

叶开道："我不能吃你的花生？"

这人冷冷道："不能，你可以叫我杀了你，也可以杀了我，但却不能吃我的花生。"

叶开道："为什么？"

这人道："因为路小佳说的。"

叶开道："谁是路小佳？"

这人道:"我就是。"

眼睛是死灰色的,但却在闪动着刀锋般的光芒,叶开看着自己手里的花生,喃喃道:"看来这只不过是颗花生而已。"

路小佳道:"是的。"

叶开道:"和别的花生有没有什么不同?"

路小佳道:"没有。"

叶开道:"那么我为什么一定要吃这颗花生呢?"

他微笑着,将花生慢慢地放回去。

路小佳又笑了,但眼睛还是冰冷,道:"你一定就是叶开。"

叶开道:"哦?"

路小佳道:"除了叶开外,我想不出还有你这样的人。"

叶开道:"这是恭维?"

路小佳道:"有一点。"

叶开叹了口气,苦笑道:"只可惜十斤恭维话,也比不上一颗花生。"

路小佳凝视着他,过了很久,才缓缓道:"你从不带刀的?"

叶开道:"至少还没有人看见我带刀。"

路小佳道:"为什么?"

叶开道:"你猜呢。"

路小佳道:"是因为你从不杀人?还是因为你杀人不必用刀?"

叶开笑了笑,但眼睛里却也没有笑意。

他眼睛正在看着路小佳的剑。

一柄很薄的剑,薄而锋利。

没有剑鞘。

这柄剑就斜斜地插在他腰带上。

叶开道:"你从不用剑鞘?"

路小佳道："至少没有人看过我用剑鞘。"

叶开道："为什么？"

路小佳道："你猜呢？"

叶开道："是因为你不喜欢剑鞘？还是因为这柄剑本就没有鞘？"

路小佳道："无论哪柄剑，炼成时都没有鞘。"

叶开道："哦？"

路小佳道："剑鞘是后来才配上去的。"

叶开道："这柄剑为何不配鞘？"

路小佳道："杀人的是剑，不是鞘。"

叶开道："当然。"

路小佳道："别人怕的也是剑，不是鞘。"

叶开道："有道理。"

路小佳道："所以剑鞘是多余的。"

叶开道："你从来不做多余的事？"

路小佳道："我只杀多余的人！"

叶开道："多余的人？"

路小佳道："有些人活在世上，本就是多余的。"

叶开又笑了，道："你这道理听起来倒的确很有趣的。"

路小佳道："现在你也已同意？"

叶开微笑着，道："我知道有两个人佩剑也从来不用鞘的，但他们却说不出如此有趣的道理。"

路小佳道："也许他们纵然说了，你也未必能听得到。"

叶开道："也许他们根本不愿说。"

路小佳道："哦？"

叶开道："我知道他们都不是多话的人，他们的道理只要自己知道就已足够，很少会说给别人听。"

路小佳盯着他，说道："你真知道他们是什么样的人？"

叶开点点头。

路小佳冷冷道："那么你就知道得太多了。"

叶开道："但我却不知道你。"

路小佳道："幸好你还不知道，否则这里第一个死的人就不是傅红雪，是你。"

叶开道："现在呢？"

路小佳道："现在我还不必杀你。"

叶开笑了笑，道："你不必杀我，也未必能杀得了他。"

路小佳冷笑。

叶开道："你见过他的武功？"

路小佳道："没有。"

叶开道："既然没有见过，怎么能有把握？"

路小佳道："但我却知道他是个跛子。"

叶开道："跛子也有很多种。"

路小佳道："但跛子的武功却通常只有一种。"

叶开道："哪一种？"

路小佳道："以静制动，后发制人，那意思就是说他出手一定要比别人快。"

叶开点点头，道："所以他才能后发先至。"

路小佳忽然抓起一把花生，抛起。

突然间，他的剑已出手。

剑光闪动，仿佛只一闪，就已回到他的腰带上。

花生却落入他手里——剥了壳的花生，比手剥得还干净。

花生壳竟已粉碎。

门口突然有人大声喝彩，就连叶开都忍不住要在心里喝彩。

好快的剑！

路小佳拈起颗花生，送到嘴里，冷冷道："你看他是不是能比我快？"

叶开沉默着，终于轻轻叹了口气，道："我不知道……幸好我还不知道。"

路小佳道："只可惜了这些花生。"

叶开道："花生还是你吃的。"

路小佳道："但花生却要一颗颗地剥，一颗颗地吃，才有滋味。"

叶开道："我倒宁愿吃剥了壳的。"

路小佳道："只可惜你吃不到。"

他的手一提，花生突然一连串飞出，竟全都像钉子般钉入柱子里。

叶开叹道："你的花生宁可丢掉，也不给人吃？"

路小佳淡淡道："我的女人也一样，我宁可杀了她，也不会留给别人。"

叶开道："只要是你喜欢的，你就绝不留给别人？"

路小佳道："不错。"

叶开又叹了口气，苦笑道："幸好你喜欢的只不过是花生和女人。"

路小佳道："我也喜欢银子。"

叶开道："哦？"

路小佳道："因为没有银子，就没有花生，更没有女人。"

叶开道："有道理，世上虽然有很多东西比金钱重要，但这些东西往往也只有钱才能得到。"

路小佳也笑了。

他的笑冷酷而奇特，冷冷地笑着道："你说了半天，也只有这一句才像叶开说的话。"

第二十二章

杀人前后

陈大倌、张老实、丁老四,当然已全都进来了,好像都在等着路小佳吩咐。

但路小佳却仿佛一直没有发觉他们的存在。

直到现在,他还是没有回头去看他们一眼,却冷冷道:"这里有没有替我付钱的人?"

陈大倌立刻赔笑道:"有,当然有。"

路小佳道:"我要的你全能做到?"

陈大倌道:"小人一定尽力。"

路小佳冷冷道:"你最好尽力。"

陈大倌道:"请吩咐。"

路小佳道:"我要五斤花生,要干炒的,不太熟,也不太生。"

陈大倌道:"是。"

路小佳道:"我还要一大桶热水,要六尺高的大木桶。"

陈大倌道:"是。"

路小佳道:"还得替我准备两套全新的内衣,麻纱和府绸的都行。"

陈大倌道:"两套?"

路小佳道:"两套,先换一套再杀人,杀人后再换一套。"

陈大倌道:"是。"

路小佳道:"花生中若有一颗坏的,我就砍断你的手,有两颗,就要你的命。"

陈大倌倒抽了口凉气,道:"是。"

叶开忽然道:"你一定要洗过澡才杀人?"

路小佳道:"杀人不是杀猪,杀人是件很干净痛快的事。"

叶开带着笑道:"被你杀的人,难道也一定要先等你洗澡?"

路小佳冷冷道:"他可以不等,我也可以先砍断他的腿,洗过澡后再要他的命。"

叶开叹了口气,苦笑道:"想不到你杀人之前还有这么多麻烦。"

路小佳道:"我杀人后也有麻烦。"

叶开道:"什么麻烦?"

路小佳道:"最大的麻烦。"

叶开道:"女人?"

路小佳道:"这是你说的第二句聪明话。"

叶开笑道:"男人最大的麻烦本就是女人,这道理只怕连最笨的男人也懂得。"

路小佳道:"所以你还得替我准备个女人,要最好的女人。"

陈大倌迟疑着,道:"可是刚才那位穿红衣服的姑娘如果又来了呢?"

路小佳忽然又笑了,道:"你怕她吃醋?"

陈大倌苦笑道:"我怎么不怕,我这脑袋很容易就会被敲碎的。"

路小佳道:"你以为她真是来找我的?"

陈大倌道:"难道不是?"

路小佳道:"我根本从来就没有见过她这个人。"

陈大倌怔了怔,道:"那么她刚才……"

路小佳沉下了脸,道:"你难道看不出她是故意来捣乱的!"

陈大倌怔住。

路小佳道:"那一定是你们泄露了风声,她知道我要来,所以就抢先来了。"

陈大倌道:"来干什么呢?"

路小佳冷冷道:"你为何不问她去?"

陈大倌眼睛里忽然露出种惊惧之色,但脸上却还是带着假笑。

这假笑就好像是刻在他脸上的。

陈大倌的绸缎庄并不大,但在这种地方,已经可以算是很有气派了。

今天绸缎庄当然不会有生意,所以店里面两个伙计也显得没精打采的样子,只希望天快黑,好赶回家去,他们在店里虽然是伙计,在家里却是老板。

陈大倌并没有在店里停留,一回来就匆匆赶到后面去。

穿过后面小小的一个院子,就是他住的地方。

他永远想不到院子里竟有个人在等着他。

院子里有棵榕树,叶开就站在树下,微笑着,道:"想不到我在这里?"

陈大倌一怔,也立刻勉强笑道:"叶公子怎么没有在陪路小佳聊天?两位刚才岂非聊得很投机?"

叶开叹了口气,道:"他连颗花生都不请我吃,我却饿得可以吞下一匹马。"

陈大倌道:"我正要赶回来起火烧水的,厨房里也还有些饭菜,叶公子若不嫌弃……"

叶开抢着道:"听说陈大嫂烧得一手好菜,想不到我也有这口福尝到。"

陈大倌叹了口气,道:"只可惜叶公子今天来得不巧,正赶上她有病。"

叶开皱眉道:"有病?"

陈大倌道:"而且病得还不轻,连床都下不来。"

叶开突然冷笑,道:"我不信。"

陈大倌又怔了怔,道:"这种事在下为什么要骗叶公子?"

叶开冷冷道:"她昨天还好好的,今天怎么就忽然病了?我倒要看看她得的什么怪病。"

他沉着脸,竟好像准备往屋里闯。

陈大倌垂下头,缓缓道:"既然如此,在下就带公子去看看也好。"

他真的带着叶开从客厅走到后面的卧房,悄悄推开门,掀起了帘子。

屋里光线很暗,窗子都关得严严的,充满了药香。

一个女人面向着墙,睡在床上,头发乱得很,还盖着床被,果然是在生病的样子。

叶开叹了口气,道:"看来我倒错怪你了。"

陈大倌赔笑道:"没关系。"

叶开道:"这么热的天,她怎么还盖被?没病也会热出病来的。"

陈大倌道:"她在打摆子,昨天晚上盖了两床被还在发抖。"

叶开忽然笑了笑,淡淡道:"死人怎么还会发抖的呢?"

这句话没说完,他的人已冲了进去,掀起了被。

被里是红的。

血是红的!人已僵硬冰冷。

叶开轻轻地盖起了被,就好像生怕将这女人惊醒。

他当作她永不会醒。

叶开叹息了一声,慢慢地回过头。

陈大倌还站在那里,阴沉沉的笑容——就仿佛刻在脸上的。

叶开叹道:"看来我已永远没有口福尝到陈大嫂做的菜了。"

陈大倌冷冷道:"死人的确不会做菜。"

叶开道:"你呢?"

陈大倌道:"我不是死人。"

叶开道:"但你却应该是的。"

陈大倌道:"哦。"

叶开道:"因为我已在棺材里看过你。"

陈大倌的眼皮在跳,脸上却还是带着微笑——这笑容本就是刻在脸上的。

叶开说道:"要扮成陈大倌的确并不太困难,因为这人本就整天在假笑,脸上本就好像在戴着个假面具。"

陈大倌冷冷道:"所以这人本就该死。"

叶开道:"但你无论扮得多像,总是瞒不过他老婆的,天下还没有这么神秘的易容术。"

陈大倌道:"所以他的老婆也该死。"

叶开道:"我只奇怪,你们为什么不将他老婆也一起装进棺材里?"

陈大倌道:"有个人睡在这里总好些,也免得伙计疑心。"

叶开道:"你想不到还是有人起疑心。"

陈大倌道:"的确想不到。"

叶开道:"所以我也该死?"

陈大倌忽然叹了口气,道:"其实这件事根本就和你完全没有关系。"

叶开点点头,道:"我明白,你们为的是要对付傅红雪。"

陈大倌也点点头,道:"他才真的该死。"

叶开道:"为什么?"

陈大倌冷笑道:"你不懂?"

叶开道:"只要是万马堂的对头都该死?"

陈大倌的嘴闭了起来。

叶开道:"你们是万马堂找来的?"

陈大倌的嘴闭得更紧。

但是他的手却松开了,手本是空的,此刻却有一蓬寒光暴雨般射了出来。

就在这同一刹那间,窗外也射入了一点银星,突然间,又花树般散开。

一点银星竟变成了一蓬花雨,银光闪动,亮得令人连眼睛都张不开。

也就在这同一刹那间,一柄刀已插入了"陈大倌"的咽喉。

他至死也没有看见这柄刀是从哪里来的。

刀看不见,暗器却看得见。

暗器看得见,叶开的人却已不见了。

接着,满屋闪动的银光、花雨也没有了消息。

叶开的人还是看不见。

风在窗外吹,屋子里却连呼吸都没有。

过了很久,突然有一只手轻轻地推开了窗子——一只很好看的手,手指很长,指甲也很干净。

但衣袖却脏得很,又脏、又油、又腻。

这绝不是张老实的手,却是张老实的衣袖。

一张脸悄悄地伸进来,也是张老实的脸。

他还是没有看见叶开,却看见陈大倌咽喉上的刀。

他的手突然僵硬。

然后他自己咽喉上也突然多了一柄刀。

他至死也没有看见这柄刀。

插在别人咽喉上的刀,当然就已没有危险,他当然看得见。

不幸的是,他只看见了刀柄。

难道真的只有看不见的刀,才是最可怕的?

叶开轻烟般从屋梁上掠下来,先拾取了两件暗器,再拔出了他的刀。

他凝视着他的刀,表情忽然变得非常严肃,严肃得甚至已接近尊敬。

"我绝不会要你杀死多余的人。我保证,我杀的人都是非杀不可的!"

宋老板张开了眼睛。

屋子里有两个人,两个人都睡在床上,一个女人面朝着墙,睡的姿势几乎和陈大倌的妻子完全一样,只不过头发已灰白。

他们夫妻年纪都已不小。

他们似乎都已睡着。

直到屋子里有了第三个人的声音时,宋老板才张开眼睛。

他立刻看见了一只手。

手里有两样很奇怪的东西,一样就像是山野中的芒草,一样却像是水银凝结成的花朵。

他再抬头，才看见叶开。

屋子里也很暗，叶开的眼睛却亮得像是两盏灯，正凝视着他，道："你知道这是什么？"

宋老板摇了摇头，目中充满了惊讶和恐惧，连脖子都似已僵硬。

叶开道："这是暗器。"

宋老板道："暗器？"

叶开道："暗器就是种可以在暗中杀人的武器。"

宋老板也不知是否听懂，但总算已点了点头。

叶开道："这两样暗器，一种叫'五毒如意芒'，另一种叫'火树银花'，正是采花蜂、潘伶的独门暗器。"

宋老板舔了舔发干的嘴唇，勉强笑道："这两位大侠的名字我从未听说过。"

叶开道："他们不是大侠。"

宋老板道："不是？"

叶开道："他们都是下五门的贼，而且是采花贼。"

他沉下了脸，接着道："我一向将别人的性命看得很重，但他们这种人却是例外。"

宋老板道："我懂……没有人不恨采花贼的。"

叶开道："但他们也是下五门中，最喜用暗器的五个人。"

宋老板道："五个人？"

叶开道："这五个人就叫作江湖五毒，除了他们两个人，还有三个更毒的。"

宋老板动容道："这五个人难道已全都来了？"

叶开道："大概一个也不少。"

宋老板道："是什么时候来的？"

叶开道:"前天,就是有人运棺材来的那一天。"

宋老板道:"我怎么没看见那天有五个这样的陌生人到镇上来!"

叶开道:"那天来的还不止他们五个,只不过全都是躲在棺材中来的,所以镇上没有人发现。"

宋老板道:"那驼子运棺材来,难道就是为了要将这些人送来?"

叶开道:"大概是的。"

宋老板道:"现在他们难道还躲在棺材里?"

叶开道:"现在棺材里已只有死人。"

宋老板松了口气,道:"原来他们全都死了。"

叶开道:"只可惜死的不是他们,是别人。"

宋老板道:"怎么会是别人?"

叶开道:"因为他们出来时,就换了另一批人进去了。"

宋老板失声道:"换了什么人进去?"

叶开道:"现在我只知道采花蜂换的是陈大官,潘伶换的是张老实。"

宋老板道:"他……他们怎么换的?"

叶开道:"这镇上有个人,本是天下最善于易容的人!"

宋老板道:"谁?"

叶开道:"西门春。"

宋老板皱眉道:"西门春又是谁呢?我怎么也从未听见过?"

叶开道:"我现在也很想找出他是谁,我迟早总会找到的。"

宋老板道:"你说他将采花蜂扮成陈大官,将潘伶扮成了张老实?"

叶开点点头,道:"只可惜无论多精妙的易容术,也瞒不过自己亲人的,所以他们第一个选中的就是张老实。"

宋老板道:"为什么?"

叶开道:"因为张老实既没有亲人,也没有朋友,而且很少洗澡,敢接近他的人本就不多。"

宋老板道:"所以他就算变了样子,也没有人会去注意的。"

叶开道:"只可惜像张老实、丁老四这样的人,镇上也没几个。"

宋老板道:"他们为什么要选中陈大倌呢?"

叶开道:"因为他也是个很讨厌的人,也没有什么人愿意接近他。"

宋老板道:"但他却有老婆。"

叶开道:"所以他的老婆也非死不可。"

宋老板叹了口气,道:"这真是闭门家中坐,祸从天上来了。"

他叹息着,想坐起来,但叶开却按住了他的肩,道:"我对你说了很多事,也有件事要问你。"

宋老板道:"请指教。"

叶开道:"张老实既然是潘伶,陈大倌既然是采花蜂,你是谁呢?"

宋老板怔了怔,讷讷道:"我姓宋,叫宋大极,只不过近来已很少有人叫我名字。"

叶开道:"那是不是因为大家都知道你老奸巨猾,没有人敢缠你?"

宋老板勉强笑道:"幸好那些人还没有选中我做他们的替身。"

叶开道:"哦?"

宋老板道:"我想,叶公子总不会认为我也是冒牌的吧?"

叶开道:"为什么不会?"

宋老板道:"我这黄脸婆,跟了我几十年,难道还会分不出我是真是假?"

叶开冷冷道:"她若已是死人的话,就分不出真假来了。"

宋老板失声道:"我难道还会跟死人睡在一张床上不成?"

叶开道:"你们还有什么事做不出的?莫说是死人,就算是死狗……"

他的话还没有说完,床上睡着的老太婆突然叹息着,翻了个身。

叶开的话说不下去了。

死人至少是不会翻身的。

只听他老婆喃喃自语,仿佛还在说梦话……死人当然也不会说梦话。

叶开的手缩了回去。

宋老板目中露出了得意之色,悠然道:"叶公子要不要把她叫起来,问问她?"

叶开只好笑了笑,道:"不必了。"

宋老板终于坐了起来,笑道:"那么就请叶公子到厅上奉茶。"

叶开道:"也不必了。"

他似乎已不好意思再耽下去,已准备要走,谁知宋老板突然抓起那老太婆的腕子,将她整个人向叶开掷过来。

这一招当然也很出人意料,叶开正不知是该伸手去接,还是不接。

就在这时,被窝里已突然喷出一股烟雾。

浅紫色的烟雾,就像是晚霞般美丽。

叶开刚伸手托住那老太婆,送回床上,他自己的人已在烟雾里。

宋老板看着他,目中带着狞笑,等着他倒下去。

叶开居然没有倒下去。

烟雾消散时,宋老板就发现他的眼睛还是和刚才一样亮。

这简直是奇迹。

只要闻到一丝化骨瘴，铁打的人也要软成泥。

宋老板全身都似已因恐惧而僵硬。

叶开看着他，轻轻叹了口气，道："果然是你。"

宋老板道："你早就知道我是谁了？"

叶开道："若不知道，我现在已倒了下去。"

宋老板道："你来的时候已有准备？"

叶开笑了笑，道："我既然已对你说了那些话，你当然不会再让我走的，若是没有准备，我怎么还敢来？"

宋老板咬着牙，道："但我却想不出你怎能化解我的化骨瘴。"

叶开道："你可以慢慢地去想。"

宋老板眼睛又亮了。

叶开道："只要你说出是谁替你易容改扮的，也许还可以再想个十年二十年。"

宋老板道："我若不说呢？"

叶开淡淡道："那么你只怕永远没时间去想了。"

宋老板瞪着他，冷笑道："也许我根本不必想，也许我可以要你自己说出来。"

叶开道："你连一分机会也没有。"

宋老板道："哦？"

叶开道："只要你的手一动，我就立刻叫你死在床上。"

他的语调温文，但却充满一种可怕的自信，令人也不能不信。

宋老板看着他，长长叹了口气，道："我连你究竟是谁都不知道，但是我却相信你。"

叶开微笑道："我保证你绝不会后悔的。"

宋老板道："我若不说，你永远想不到是谁……"

他这句话并没有说完。

突然间，他整个人一阵痉挛，眼睛已变成死黑色，就好像是两盏灯突然熄灭。

叶开立刻蹲过去，就发现他脖子上钉着一根针。

惨碧色的针。

杜婆婆又出手了！她果然没有死。

她的人在哪里？难道就是宋老板的妻子？

但那老太婆的人却已软瘫，呼吸也已停顿，化骨瘴并不是人人都可以像叶开一样抵抗的。

断肠针是从哪里打来的呢？

叶开抬起头，才发现屋顶上有个小小的气窗，已开了一线。

他并没有立刻蹿上去。

他很了解断肠针是种什么样的暗器。

刚才他是从什么地方进来，现在也要从什么地方出去。

因为他知道这是条最安全的路。

第二十三章

铃儿响叮当

外面也有个小小的院子。

叶开退出门,院子里阳光遍地。一条黑猫正懒洋洋地躺在树荫下,瞪着墙角花圃间飞舞着的蝴蝶,想去抓,又懒得动。

屋顶上当然没有人。

叶开也知道屋顶上已绝不会有人了,杜婆婆当然不会还在那里等着他。

他叹了口气,忽然觉得自己就像这条猫一样,满心以为只要一出手,就可以抓住那蝴蝶。

其实它就算不懒,也一样抓不到蝴蝶的。蝴蝶不是老鼠,蝴蝶会飞。

蝴蝶飞得更高了。

突然间,一双手从墙外伸进来,"啪"的一声,就将蝴蝶夹住。

蝴蝶不见了,手也不见了。

墙头上却已有个人在坐着。

墙外是一片荒瘠的田地,也不知种的是麦子,还是梅花。

在这种地方,无论种什么,都不会有好收成的,但却还是要将种子种下去。

这就是生活。每个人都要活下去，每个人都得要想个法子活下去。

荒田间，也有些破烂的小屋，他们才是这贫穷的荒地上，最贫穷的人。

在这小屋子里长大的孩子，当然一个个都面有菜色。但孩子毕竟还是孩子，总是天真的。

现在正有七八个孩子，围在墙外，睁大了眼睛，看着树下的一个人。

坐在墙头上的叶开，也正在看着这个人。

这人圆圆的脸，大大的眼睛，皮肤雪白粉嫩，笑起来一边一个酒窝。

她也许并不能算是个美人，但却无疑是个很可爱的女人。

现在她穿着件轻飘飘的月白衫子，雪白的脖子上，戴着个金圈圈，金圈圈上还挂着两枚金铃铛。

她手上也戴着个金圈圈，上面也有两枚金铃铛，风吹过的时候，全身的铃铛就"叮铃铃"地响。

但刚才她并不是这种打扮的，刚才她穿着的是件大红衣裳。

刚才她站在旗杆上，现在却站在树下。

她面前摆着张破木桌子，桌上摆着一个穿红衣服的洋娃娃、一面刻着花的银牌、一块紫水晶、一条五颜六色的链子、一对绣花荷包、一个鸟笼、一个鱼缸。

她刚抓来的那只蝴蝶，也和这些东西放在一起。谁也想不出她是从什么地方将这些东西弄到这里来的。最妙的是，鸟笼里居然有对金丝雀，鱼缸里居然也有双金鱼。

孩子们看着她，简直就好像在看着刚从云雾中飞下来的仙女。

她拍着手，笑道："好，现在你们排好队，一个个过来拿东西，但一个人只能选一样拿走，贪心的人我是要打他屁股的。"

孩子们果然很听话。

第一个孩子走过，直着眼睛发了半天愣，这些东西每样都是他没看过的，他实在已看得眼花缭乱，到最后才选了那面银牌。第二个孩子选的是金丝雀。

大眼睛的少女笑道："好，你们都选得很好，将来一个可以去学做生意，一个可以去学作诗。"

两个孩子都笑了，笑得很开心。

第三个是女孩子，选的是那绣花荷包。

第四个孩子最小，正在流着鼻涕，选了半天，竟选了那只死蝴蝶。

少女皱了皱眉，道："你知不知道别的东西比这死蝴蝶好？"

孩子点了点头。

少女道："那么你为什么要选这只死蝴蝶呢？"

孩子嗫嚅着，吃吃道："因为我选别的东西，他们一定会想法子来抢走的，我又打不过他们，不好的东西才没有人抢，我才可以多玩几天。"

少女看着他，忽然笑了，嫣然道："想不到你这孩子倒很聪明。"

孩子红着脸，垂下头。

少女眨着眼，又笑道："我认得一个人，他的想法简直就跟你完全一样。"

孩子忍不住道："他打不过别人？"

少女道："以前他总是打不过别人，所以也跟你一样，总是情愿自己吃点亏。"

孩子道："后来呢？"

少女笑道："就因为这缘故，所以他就拼命地学本事，现在已没有人打得过他了。"

孩子也笑一笑,道:"现在好东西一定全是他的了。"

少女道:"不错,所以你若想要好东西,也得像他一样,去拼命学本事,你懂不懂?"

孩子点头道:"我懂,一个人要不被别人欺负,就要自己有本事。"

少女嫣然道:"对极了。"

她从手腕上解下个金铃铛,道:"这个给你,若有别人抢你的,你告诉我,我就打他屁股。"

孩子却摇摇头,道:"现在我不要。"

少女道:"为什么?"

孩子道:"因为你一定会走的,我要了,迟早还是会被抢走,等以后我自己有了本事,我自然就会有很多好东西的。"

少女拍手道:"好,你这孩子将来一定有出息。"

孩子眨着眼,道:"是不是就跟你那朋友一样?"

少女道:"对极了。"

她忽就弯下腰,在这孩子脸上亲了亲。

孩子红着脸跑走了,却又忍不住回过头问道:"那个拼命学本事的人,叫什么名字?"

少女道:"你为什么要问?"

孩子道:"因为我要学他,所以我要把他的名字记在心里。"

少女眨着眼,柔声道:"好,你记着,他姓叶,叫叶开。"

孩子们终于全都走了。少女伸了个懒腰,靠在树上,一双美丽的大眼睛正在瞟着叶开。

叶开在微笑。

少女眼波流动,悠然道:"你得意什么?我只不过叫一个流鼻涕的小鬼来学你而已。"

叶开笑道："其实他应该学你的。"

少女道："学我什么？"

叶开道："只要看见好东西，就先拿走再说，管他有没有人来抢呢？"

少女咬着嘴唇，瞪着他，过了很久，才慢慢地说道："但若是我真喜欢的东西，就算有人拿走，我迟早也一定要抢回来的，拼命也要抢回来。"

叶开叹了口气，苦笑道："可是丁大小姐喜欢的东西，又有谁敢来抢呢？"

少女也笑了，嫣然道："他们不来抢，总算是他们的运气。"

她笑得花枝招展，全身的铃铛也开始"叮铃铃"地直响。

她的名字就叫丁灵琳。她身上的铃铛，就叫"丁灵琳的铃铛"。

丁灵琳的铃铛并不是很好玩的东西，也并不可笑。非但不可笑，而且可怕。

事实上，江湖中有很多人简直对丁灵琳的铃铛怕得要命。

但叶开却显然不怕。这世界上好像根本就没什么是他害怕的。

丁灵琳笑完了，就又瞪起眼睛看着他，道："喂，你忘了没有？"

叶开道："忘了什么？"

丁灵琳道："你要我替你做的事，我好歹已替你做了。"

叶开道："哦？"

丁灵琳道："你要我冒充路小佳，去探听那些人的来历。"

叶开道："你好像并没有探听出来。"

丁灵琳道："那也不能怪我。"

叶开道："不怪你怪谁？"

丁灵琳道:"怪你自己,你自己说他不会这么早来的。"

叶开道:"我说过?"

丁灵琳道:"你还说,就算他来了,你也不会让我吃亏。"

叶开道:"你好像也没有吃亏。"

丁灵琳恨恨道:"但我几时丢过那种人?"

叶开道:"谁叫你整天正事不做,只顾着去欺负别人。"

丁灵琳的眼睛突然瞪得比铃铛还圆,大声道:"别人?别人是谁?你和她又有什么关系?到现在还帮着她说话?"

叶开苦笑道:"至少她并没有惹你。"

丁灵琳道:"她就是惹了我,我看见她在你旁边,我就不顺眼。"

别人还以为她在为了路小佳吃醋,谁知她竟是为了叶开。

她对路小佳说的那些话,原来也只不过是说给叶开听的。

她的手叉着腰,瞪着眼睛,又道:"我追了你三个多月,好容易才在这里找到你,你要我替你装神扮鬼,我也依着你,我有哪点对不起你,你说!"

叶开还有什么话可说的?

丁灵琳跺着脚,脚上也有铃铛在响,但她说话却比铃铛还脆还急。

叶开就算有话说,也没法子说得出来。

丁灵琳道:"我问你,你明明要对付马空群,为什么又帮着他的女儿?那小丫头究竟跟你有什么见不得人的关系?"

叶开道:"什么关系也没有。"

丁灵琳冷笑道:"好,这是你说的,你们既然没有关系,我现在就去杀了她。"

丁大小姐说出来的话,一向是只要说得出,就做得到的。

叶开只有赶紧跳下来,拦住她,苦笑道:"我认得的女人也不知道有多少个，你难道要把她们一个个全都杀了？"

丁灵琳道："我只杀这一个。"

叶开道："为什么？"

丁灵琳道："我高兴。"

叶开叹了一口气，说道："好吧，你究竟要我怎么样？"

丁灵琳眼珠子转了转，道："第一，我要你以后无论到哪里去，都不许甩开我。"

叶开道："嗯。"

丁灵琳的大眼睛眯起来了，用她那晶莹的牙齿，咬着纤巧的下唇，用眼角瞟着叶开，道："还有，我要你拉着我的手，到镇上去走一圈，让每人都知道我们是……是好朋友，你答不答应？"

叶开又叹了口气，苦笑道："莫说只要我拉着你的手，就算要我拉着你的脚都没关系。"

丁灵琳笑了。

她笑起来的时候，身上的铃铛又在"叮铃铃"地响，就好像她的笑声一样清悦动人。

烈日。

大地被烘烤得就像是一张刚出炉的麦饼，草木就是饼上的葱。你若伸手去摸一摸，就会感觉出它是热的。

马芳铃打着马，狂奔在草原上。

草原辽阔，晴空万里。

一粒粒珍珠般的汗珠，沿着她纤巧的鼻子流下来，她整个人都像是在烤炉里。

她根本不知道要往哪里去。直到现在，她才知道自己是个多么可怜的人，她忽然对自己起了种说不出的同情和怜悯。

她虽然有个家，但家里却已没有一个可以了解她的人。

沈三娘走了，现在连她的父亲都已不在。

朋友呢？没有人是她的朋友，那些马师当然不是，叶开……叶开最好去死。

她忽然发觉自己在这世界上竟是完全无依无靠的。这种感觉简直要令她发疯。

第二十四章

烈日照大旗

"关东万马堂"鲜明的旗帜,又在风中飘扬。

你若站在草原上,远远看过去,有时甚至会觉得那像是一个离别的情人,在向你挥着丝巾。

那上面五个鲜血的字,却像是情人的血和泪。

这五个字岂非就是血泪交织成的。

现在正有一个人静静地站在草原上,凝视着这面大旗。

他的身形瘦削而倔强,却又带着种无法描述的寂寞和孤独。

碧天长草,他站在那里,就像是这草原上一棵倔强的树。

树也是倔强、孤独的。却不知树是否也像他心里有那么多痛苦和仇恨?

马芳铃看到了他,看到了他手里的刀:阴郁的人,不祥的刀。

但她看见他时,心里却忽然起了种说不出的温暖之意,就仿佛刚把一杯辛辣的苦酒,倒下咽喉。

她本不该有这种感觉。

一个孤独的人,看到另一个孤独的人时,那种感觉除了他自己外,谁也领略不到。

她什么都不再想,就打马赶了过去。

傅红雪好像根本没有发现她——至少并没有回头看她。

她已跃下马，站着凝视着那面大旗，有风吹过的时候，他就可以听见她急促的呼吸。

风并不大。烈日之威，似已将风势压了下去，但风力却刚好还能将大旗吹起。

马芳铃忽然道："我知道你心里在想什么。"

傅红雪没有听见，他拒绝听。

马芳铃道："你心里一定在想，总有一天要将这面大旗砍倒。"

傅红雪闭紧了嘴，也拒绝说。

但他却不能禁止马芳铃说下去，她冷笑了一声，道："可是你永远砍不倒的！永远！"

傅红雪握刀的手背上，已暴出青筋。

马芳铃道："所以我劝你，还是赶快走，走得愈远愈好。"

傅红雪忽然回过头，瞪着她。他的眼睛里仿佛带着种火焰般的光，仿佛要燃烧了她。

然后他才一字字道："你知道我要砍的并不是那面旗，是马空群的头！"

他的声音就像刀锋一样。

马芳铃竟不由自主后退了两步，却又大声道："你为什么要这样恨他？"

傅红雪笑了，露出了雪白的牙齿，笑得就像头愤怒的野兽。

无论谁看到这种笑容，都会了解他心里的仇恨有多么可怕。

马芳铃又不由自主后退了半步，大声道："可是你也永远打不倒他的，他远比你想象的强得多，你根本比不上他！"

她的声音就像是在呼喊。一个人心里愈恐惧时，说话的声音往往就愈大。

傅红雪的声音却很冷静，缓缓道："你知道我一定可以杀了他的，他已经老了，太老了，老得已只敢流血。"

马芳铃拼命咬着牙，但是她的人却已软了下去，她甚至连愤怒的力量都没有，只是恐惧。

她忽然垂下了头，黯然道："不错，他已老了，已只不过是个无能为力的老头子，所以你就算杀了他对你也没什么好处。"

傅红雪目中也露出一种残酷的笑意，道："你是不是在求我不要杀他？"

马芳铃道："我……我是在求你，我从来没有这样求过别人。"

傅红雪道："你以为我会答应？"

马芳铃道："只要你答应，我……"

傅红雪道："你怎么样？"

马芳铃的脸突然红了，垂着头道："我就随便你怎么样，你要我走，我就跟着你走，你要我到哪里，我就到哪里。"

她一口气说完了这些话，说完了之后，才后悔自己为什么会说出这些话。连她自己也不知道这些话是不是她真心想说的。

难道这只不过是她在试探傅红雪，是不是还像昨天那么急切地想得到她！

用这种方法来试探，岂非太愚蠢、太危险、太可怕了！

幸好傅红雪并没有拒绝，只是冷冷地看着她。

她忽然发现他的眼色不但残酷，而且还带着种比残酷更令人无法忍受的讥诮之意。

他好像在说："昨天你既然那样拒绝我，今天为什么又来找我？"

马芳铃的心沉了下去。这无言的讥诮，实在比拒绝还令人痛苦。

傅红雪看着她，忽然道："我只有一句话想问你——你是为了你父亲来求我的？还是为了你自己？"

他并没有等她回答,问过了这句话,就转身走了,左腿先跨出一步,右腿再慢慢地跟了上去。这种奇特而丑陋的走路姿态,现在似乎也变成了一种讽刺。

马芳铃用力握紧了她的手,用力咬着牙,却还是倒了下去。

砂土是热的,又咸又热又苦。她的泪也一样。

刚才她只不过是在可怜自己,同情自己,此刻却是在恨自己,恨得发狂,恨得要命,恨不得大地立刻崩裂,将她埋葬!

刚才她只想毁了那些背弃她的人,现在却只想毁了自己……

太阳刚好照在街心。

街上连个人影都没有,但窗隙间,门缝里,却有很多双眼睛在偷偷地往外看,看一个人。

看路小佳。

路小佳正在一个六尺高的大木桶里洗澡,木桶就摆在街心。

水很满,他站在木桶里,头刚好露在水面。

一套雪白崭新的衫裤,整整齐齐地叠着,放在桶旁的木架上。

他的剑也在木架上,旁边当然还有一大包花生。

他一伸手就可以拿到剑,一伸手也可以拿到花生,现在他正拈起一颗花生,捏碎,剥掉,抛起来,张开了嘴。

花生就刚好落入他嘴里。

他显然惬意极了。

太阳很热,水也在冒着热气,但他脸上却连一粒汗珠都没有。

他甚至还嫌不够热,居然还敲着木桶,大声道:"烧水,多烧些水。"

立刻有两个人提着两大壶开水从那窄门里出来,一人是丁老四,另一人面黄肌瘦,留着两撇老鼠般的胡子,正是粮食行的胡掌柜。

他看来正像是个偷米的老鼠。

路小佳皱眉道:"怎么只有你们两个人,那姓陈的呢?"

胡掌柜赔笑道:"他会来的,现在他大概去找女人去了,这地方中看的女人并不多。"

他刚说完这句话,就立刻看到了一个非常中看的女人。

这女人是随着一阵清悦的铃声出现的,她的笑声也正如铃声般清悦。

太阳照在她身上,她全身都在闪着金光,但她的皮肤却像是白玉。

她穿的是件薄薄的轻衫,有风吹过的时候,男人的心跳都可能要停止。

她的手腕柔美,手指纤长秀丽,正紧紧地拉着一个男人的手。

胡掌柜的眼睛已发直,窗隙间,门隙里的眼睛也全都发了直。

他们还依稀能认得出她,就是那"很喜欢"路小佳的红衣姑娘。

谁也想不到她竟会拉着叶开的手,忽然又出现在这里。

就算大家都知道女人的心变得快,也想不到她变得这么快。

丁灵琳却全不管别人在想什么。

她的眼睛里根本就没有别人,只是看着叶开,忽然笑道:"今天明明是杀人的天气,为什么偏偏有人在这里杀猪?"

叶开道:"杀猪?"

丁灵琳道:"若不是杀猪,要这么烫的水干啥?"

叶开笑了,道:"听说生孩子也要用烫水的。"

丁灵琳眨着眼,道:"奇怪,这孩子一生下来,怎么就有这么大了。"

叶开道:"莫非是怪胎?"

丁灵琳一本正经地点点头，忍住笑道："一定是怪胎。"

门后面已有人忍不住笑出声来。

笑声突又变成惊呼，一个花生壳突然从门缝里飞进来，打掉他两颗大牙。

路小佳的脸色铁青，就好像坐在冰水里，瞪着丁灵琳，冷冷道："原来是要命的丁姑娘。"

丁灵琳眼波流动，嫣然道："要命这两个字多难听，你为什么不叫我那好听一点的名字？"

路小佳道："我本就该想到是你的，敢冒我的名字的人并不多。"

丁灵琳道："其实你的名字也不太好听，我总奇怪，为什么有人要叫你梅花鹿呢？"

路小佳淡淡道："那也许只因为他们都知道梅花鹿的角也很利，碰上它的人就得死。"

丁灵琳道："那么你就该叫大水牛才对，牛角岂非更厉害？"

路小佳沉下了脸。他现在终于发现跟女人斗嘴是件不智的事，所以忽然改口道："你大哥好吗？"

丁灵琳笑了，道："他一向很好，何况最近又赢来了一口好剑，是跟南海来的飞鲸剑客比剑赢来的，你知道他最喜欢的就是好剑了。"

路小佳又道："你二哥呢？"

丁灵琳道："他当然也很好，最近又把河北'虎风堂'打得稀烂，还把那三条老虎的脑袋割了下来，你知道他最喜欢的就是杀强盗了。"

路小佳道："你三哥呢？"

丁灵琳道："最好的还是他，他和姑苏的南宫兄弟斗了三天，先斗唱、斗棋，再斗掌、斗剑，终于把'南宫世家'藏的三十坛陈年女儿红全赢了过来，还加上一班清吟小唱。"

她嫣然接着道："丁三少最喜欢的就是醇酒美人，你总该也知道的。"

路小佳道:"你姐夫喜欢的是什么?"

丁灵琳失笑道:"我姐夫喜欢的当然是我姐姐。"

路小佳道:"你有多少姐姐?"

丁灵琳笑道:"不多,只有六个。你难道没听说过丁家的三剑客、七仙女?"

路小佳忽然笑了笑,道:"很好。"

丁灵琳眨了眨眼,道:"很好是什么意思?"

路小佳道:"我的意思就是说,幸好丁家的女人多,男人少。"

丁灵琳道:"那又怎么样?"

路小佳道:"你知道我一向不喜欢杀女人的。"

丁灵琳道:"哦?"

路小佳道:"只杀三个人幸好不多。"

丁灵琳好像觉得很有趣,道:"你是不是准备去杀我三个哥哥?"

路小佳道:"你是不是只有三个哥哥?"

丁灵琳忽然叹了口气,道:"很不好。"

路小佳道:"很不好?"

丁灵琳道:"他们不在这里,当然很不好。"

路小佳道:"他们若在这里呢?"

丁灵琳悠然道:"他们只要有一个人在这里,你现在就已经是条死鹿了。"

路小佳看着她,目光忽然从她的脸移到那一堆花生上。

他好像因为觉得终于选择了一样比较好看的东西,所以对自己觉得很满意,连那双锐利的眸子,也变得柔和了起来。

然后他就拈起颗花生,剥开,抛起。

雪白的花生在太阳下带着种赏心悦目的光泽,他看着这颗花生落到自己嘴里，就闭起眼睛，长长地叹了口气，开始慢慢咀嚼。

温暖的阳光，温暖的水，花生香甜。

他对一切事都觉得很满意。

丁灵琳却很不满意。

这本来就像是一出戏，这出戏本来一定可以继续演下去的。她甚至已将下面的戏词全都安排好了，谁知路小佳却是个拙劣的演员，好像突然间就将下面的戏词全都忘记，竟拒绝陪她演下去。

这实在很无趣。

丁灵琳叹了口气，转向叶开道："你现在总该已看出他是个怎么样的人了吧？"

叶开点点头，道："他的确是个聪明人。"

丁灵琳道："聪明人？"

叶开微笑着道："聪明人都知道用嘴吃花生要比用嘴争吵愉快得多。"

丁灵琳只恨不得用嘴咬他一口。

叶开若说路小佳是个聋子，是个懦夫，那么这出戏一样还是能继续演下去。

谁知叶开竟也是一个拙劣的演员，也完全不肯跟她合作。

路小佳嚼完了这颗花生，又叹了口气，喃喃道："我现在才知道原来女人也一样喜欢看男人洗澡的，否则为什么她还不肯走？"

丁灵琳跺了跺脚，拉起叶开的手，红着脸道："我们走。"

叶开就跟着她走。他们转过身，就听见路小佳在笑，大笑，笑得愉快极了。

丁灵琳咬着牙，用力用指甲掐着叶开的手。

叶开道："你的手疼不疼？"

357

丁灵琳道："不疼。"

叶开道："我的手为什么会很疼呢？"

丁灵琳恨恨道："因为你是个混蛋，该说的话从来不说。"

叶开苦笑道："不该说的话，我也一样从来就不说的。"

丁灵琳道："你知道我要你说什么？"

叶开道："说什么也没有用。"

丁灵琳道："为什么没有用？"

叶开道："因为路小佳已知道我们是故意想去激怒他的，也知道在这种时候绝不能发怒。"

丁灵琳道："你怎么知道他知道？"

叶开道："因为他若不知道，用不着等到现在，早已变成条死鹿了。"

丁灵琳冷笑道："你好像很佩服他？"

叶开道："但最佩服的却不是他。"

丁灵琳道："是谁？"

叶开道："是我自己。"

丁灵琳忍住笑，道："我倒看不出你有哪点值得佩服的。"

叶开道："至少有一点。"

丁灵琳道："哪一点？"

叶开道："别人用指甲掐我的时候，我居然好像不知道。"

丁灵琳终于忍不住嫣然一笑，她忽然也对一切事都觉得很满意了，竟没有发现有双嫉恨的眼睛正在瞪着他们。

马芳铃的眼睛里充满了嫉恨之色，看着他们走进了陈大倌的绸缎庄。

他们本就决定在这里等，等傅红雪出现，等那一场可怕的决斗。

丁灵琳也可借这机会在这里添几套衣服。

只要有买衣服的机会，很少女人会错过的。

马芳铃看着他们手拉着手走进去，他们两个人的手，就像是捏着她的心。

这世上为什么从来没有一个人这样来拉着她的手呢？

她恨自己，恨自己为什么总是得不到别人的欢心。

墙角后很阴暗，连阳光都照不到这里。

她觉得自己就像是个一出生就被父母遗弃了的私生子。

热水又来了。

路小佳看着粮食行的胡掌柜将热水倒进桶里，道："人怎么还没有来？"

胡掌柜赔笑道："什么人？"

路小佳道："你们要我杀的人。"

胡掌柜道："他会来的。"

路小佳道："他一个人来还不够。"

胡掌柜道："还要一个什么人来？"

路小佳道："女人。"

胡掌柜道："我也正想去找陈大侉。"

路小佳淡淡道："也许他永远不会来了。"

胡掌柜目光闪动，道："为什么？"

路小佳并没有回答他的话，却半睁着眼，看着他的手。

他的手枯瘦蜡黄，但却很稳，装满了水的铜壶在他手里，竟像是空的。

路小佳忽然笑了笑，道："别人都说你是粮食店的掌柜，你真的是？"

胡掌柜勉强笑道:"当然……"

路小佳道:"但是我愈看你愈不像。"

他忽然压低声音,悄悄道:"我总觉得你们根本不必请我来。"

胡掌柜道:"为什么?"

路小佳悠然道:"你们以前要杀人时,岂非总是自己杀的?"

壶里的水,已经倒空了,但提着壶的手,仍还是吊在半空中。

过了很久,这双手才放下去,胡掌柜忽然也压低声音,一字字道:"我们是请你来杀人的,并没有请你来盘问我们的底细。"

路小佳慢慢地点了点头,微笑道:"有道理。"

胡掌柜道:"你开的价钱,我们已付给了你,也没有人问过你的底细。"

路小佳道:"可是我要的女人呢?"

胡掌柜道:"女人……"

他的话还没有说完,忽然听见一个人大声道:"那就得看你要的是哪种女人了?"

这也是女人说话的声音。

路小佳回过头,就看到一个女人从墙后慢慢地走了出来。

一个很年轻、很好看的女人,但眼睛里却充满了悲愤和仇恨。

马芳铃已走到街心。

太阳照在她脸上,她脸上带着种很奇怪的表情,通常只有一个人被绑到法场时脸上才会有这种表情。

路小佳的目光已从她的脚,慢慢地看到她的脸,最后停留在她的嘴上。

她的嘴柔软而丰润,就像是一枚成熟而多汁的果实一样。

路小佳笑了,微笑着道:"你是在问我想要哪种女人?"

马芳铃点点头。

路小佳笑道:"我要的正是你这种女人,你自己一定也知道的。"

马芳铃道:"那么你要的女人现在已有了。"

路小佳道:"是你?"

马芳铃道:"是我!"

路小佳又笑了。

马芳铃道:"你以为我在骗你?"

路小佳道:"你当然不会骗我,只不过我总觉得你至少也该先对我笑一笑的。"

马芳铃立刻就笑,无论谁也不能不承认她的确是在笑。

路小佳却皱起了眉。

马芳铃道:"你还不满意?"

路小佳叹了口气,道:"因为我一向不喜欢笑起来像哭的女人。"

马芳铃用力咬着嘴唇,过了很久,才轻轻道:"我笑得虽然不好,但别的事却做得很好。"

路小佳道:"你会做什么?"

马芳铃道:"你要我做什么?"

路小佳看着她,忽然将盆里的一块浴巾抛了过去。

马芳铃只有接住。

路小佳道:"你知不知道这是做什么用的?"

马芳铃摇摇头。

路小佳道:"这是擦背的。"

马芳铃看看手里的浴巾,一双手忽然开始颤抖,连浴巾都抖得跌了下去。

可是她很快地就又捡起来,用力握紧。

她仿佛已将全身力气都使了出来,光滑细腻的手背,也已因用力而凸出青筋。

可是她知道，这次被她抓在手里的东西，是绝不会再掉下去的。她绝不能再让手里任何东西掉下去，她失去的已太多。

路小佳当然还在看着她，眼睛里带着尖针般的笑意，像是要刺入她心里。

她咬紧牙，忽然问道："我还有句话要问你。"

路小佳悠然道："我也不喜欢多话的女人，但这次却可以破例让你问一问。"

马芳铃道："你的女人现在已有了，你要杀的人现在还活着。"

路小佳道："你不想让他活着？"

马芳铃点点头。

路小佳道："你来，就是为了要我杀了他？"

马芳铃又点点头。

路小佳又笑了，淡淡道："你放心，我保证他一定活不长的。"

第二十五章

一剑震四方

酷热。

刚下过雨的天气，本不该这么热的。

汗珠沿着人们僵硬的脖子流下去，流入几乎已湿透的衣服里。

变色的大蜥蜴在砂石间爬行，仿佛也想找个比较阴凉的地方。

刚被雨水打湿的草，已又被晒干了。

连风都是热的。

风从草原上吹过来，吹在人身上，就像是地狱中魔鬼的呼吸。

只有在屋子里比较阴凉些。

三尺宽的柜台上，堆满了一匹匹鲜艳的绸缎，一套套现成的衣服。

叶开坐在旁边一张藤椅里，伸长了两条腿，懒懒地看着丁灵琳选她的衣服。

店里的两个伙计，一个年纪比较大的，垂着手，赔笑在旁边等着。

另一个年轻人，已乘机溜到门口去看热闹了。

他们在这行已干了很久，已懂得女人在选衣服的时候，男人最好不要在旁边参加意见。

丁灵琳选了件淡青色的衣服，在身上比了比，又放下，轻轻叹了口气,道:"想不到这地方的存货倒还不少。"

叶开道:"别人只有嫌货少的,你难道还嫌货多了不成?"

丁灵琳点点头,道:"货愈多,我愈拿不定主意,若是只有几件,说不定我已全买了下来。"

叶开也叹了口气,道:"这倒是实话。"

年轻的伙计赔笑道:"只因为万马堂的姑奶奶和小姐们常来光顾,所以小店才不能不多备些货,实在抱歉得很。"

丁灵琳忍不住笑了,道:"你用不着为这点抱歉的,这不是你的错。"

年长的伙计道:"但主顾永远是对的,姑娘若嫌小店的货多了,就是小店的错。"

丁灵琳笑道:"你倒真会做生意,看来我想不买也不行了。"

站在门口的年轻伙计,忽然长长叹息了一声,喃喃道:"想不到,真想不到……"

丁灵琳皱眉道:"你想不到我会买?"

年轻的伙计怔了怔,转过身赔笑道:"小的怎么敢有这意思!"

丁灵琳道:"你是什么意思?"

年轻的伙计道:"小的只不过绝想不到马大小姐真会替人擦背而已。"

丁灵琳道:"马大小姐?"

伙计道:"就是万马堂三老板的千金。"

丁灵琳道:"是不是那个穿红衣服的?"

伙计道:"三老板只有这么样一位千金。"

丁灵琳道:"她在替谁擦背?"

伙计道:"就是……就是那位在街上洗澡的大爷呐。"

丁灵琳眼珠子一转,转过头去看叶开。

叶开眯着眼，似乎在打瞌睡。

丁灵琳道："喂，你听见了没有？"

叶开道："嗯。"

丁灵琳道："你的好朋友在替人擦背，你难道不想出去看看？"

叶开道："嗯。"

丁灵琳道："嗯是什么意思？"

叶开打了个呵欠，道："若是男人在替女人擦背，用不着你说，我早已出去看了，女人替男人擦背是天经地义的事，有什么好看的。"

丁灵琳瞪着他，终于又忍不住笑了。

那年轻的伙计忽又叹了口气，道："小的倒明白马姑娘是什么意思。"

丁灵琳道："哦？"

这伙计叹道："马姑娘这样委屈自己，全是为了三老板。"

丁灵琳道："哦？"

这伙计道："因为那跛子是三老板的仇家，马姑娘生怕三老板年纪大了，不是他的对手。"

丁灵琳道："所以她不惜委屈自己，为的就是要路小佳替她杀了那跛子？"

这伙计点头叹道："她实在是位孝女。"

丁灵琳突然冷笑，道："也许她只不过是喜欢替男人擦背而已。"

这伙计怔了怔，想说什么，但被那年长的伙计瞪了一眼后，就垂下了头。

这时外面突然传来一阵马蹄声。蹄声很乱，来的人显然不止一个。

丁灵琳眼珠流动，道："你出去看看，是些什么人来了！"

这伙计虽然对她很不服气，还是垂着头走了出去。

"来的是万马堂的老师傅。"

"来了多少？"

"好像有四五十位。"

丁灵琳沉吟着，用眼角瞟着叶开，道："你看他们是想来帮忙的？还是来看热闹的？"

叶开又打了个呵欠，道："这就得看他们是笨蛋，还是聪明人了。"

丁灵琳道："假如他们是想来帮忙的，就是如假包换的笨蛋？"

叶开道："不折不扣的笨蛋。"

他笑了笑，又道："这么好看的热闹，也只有笨蛋才会错过的。"

丁灵琳也笑了笑，道："你是不是一心一意等着看究竟是傅红雪的刀快，还是路小佳的剑快？"

叶开道："就算要我等三天，我都会等。"

丁灵琳道："所以你不是笨蛋。"

叶开道："绝不是。"

这时街上已渐渐有各式各样的声音传了进来，有咳嗽声，有低语声，但大多数却还都是充满了惊讶和感慨的叹息声。

看到马大小姐在替人擦背，显然有很多人惊讶，有很多人不平。但却没有一个人敢出来管这闲事的。这世上的笨蛋毕竟不多。

突然间，所有的声音全部停止，连风都仿佛也已停止。

店里的两个伙计仿佛突然感觉到有种说不出的压力，令人窒息。

丁灵琳的眼睛里却突然发出了光，喃喃道："来了，终于来了……"

没有人动，没有声音。

每个人都已感觉到这种不可抗拒的压力，压得人连气都透不过来。

"来了！终于来了……"

好热的太阳，好热的风！

风从草原上吹过来，这人也是从草原上来的。

路上的泥泞已干透。

他慢慢地走上了这条路，左腿先迈出一步，右腿再慢慢地跟上来。

每个人都在看着他，太阳也正照在他脸上。

他的脸却是苍白的，白得透明，就像是远山上亘古不化的冰雪。

但他的眼睛却似已在燃烧。他的眼睛在瞪着马芳铃。

马芳铃的手停下，手里的浴巾，还在往下滴着水。

她心里却在滴着血。

一滴，两滴……悲哀、愤怒、羞侮、仇恨。

"你为什么还不走？为什么还要留在这里？"

"我不能走，因为我要看着他死，死在我面前！"

她的心里在挣扎、呐喊，可是她的脸上却全没有一丝表情。

傅红雪的眼睛已盯在路小佳脸上。

路小佳却连看都没有看他，反而向丁老四和胡掌柜招了招手。

他们只好走过去。

路小佳道："你们要我杀的就是这个人？"

丁老四迟疑着，看了看胡掌柜，两个人终于同时点了点头。

路小佳道："你们真要我杀他？"

丁老四道："当然。"

路小佳忽然笑了笑，道："好，我一定替你们把他杀了。"

他伸出一只手，慢慢地拿起了木架上的剑。

傅红雪握刀的手立刻握紧。

路小佳还是没有看他,却凝注着手里的剑,缓缓道:"我答应过的事,就一定会做到。"

丁老四赔笑道:"当然。"

路小佳道:"你放心?"

丁老四道:"当然放心。"

路小佳轻轻叹了口气,道:"你们既然已放心,就可以死了。"

丁老四皱眉道:"你说什么?"

路小佳道:"我说你们已可以死了。"

他手里的剑突然挥出,慢慢地挥出,并不快,也并没有刺向任何人。

丁老四看着他手里的剑挥出,一张脸突然抽紧,整个人都突然抽紧。

大家诧异地看着他的脸,谁也不知道这究竟是怎么回事?

丁老四的人却已倒了下去。他倒下去的时候,小腹下竟突然有股鲜血箭一般飙出去。

大家这才看出,木桶里刺出了一柄剑,剑尖还在滴着血。

丁老四正在看着路小佳右手中的剑时,路小佳左手的剑已从木桶里刺出,刺进了他的小肚子。

就在这时,胡掌柜也倒了下去,咽喉里也有股鲜血飙出来。

路小佳右手的剑,剑尖也在滴着血。

胡掌柜看到那柄从木桶刺出的剑时,路小佳右手的剑已突然改变方向,加快,就仅是电光一闪,已刺穿了他的咽喉!

没有人动,也没有声音。每个人连呼吸都似已停顿。

剑尖还在滴着血。

路小佳看到鲜血从他的剑尖滴落,轻轻叹息着,喃喃道:"干我这一行的人,就算洗澡的时候,也会在澡盆留一手的,现在你们总该懂了吧。"

马芳铃突然嘶声道:"可是我不懂。"

路小佳道:"你不懂我为什么要杀他们?"

马芳铃当然不懂,道:"你要杀的人并不是他们!"

路小佳忽又笑了笑,转过头,目光终于落到傅红雪身上。

"你懂不懂?"

傅红雪当然也不懂,没有人懂。

路小佳道:"其实他们并不是真的要我来杀你的。他们只不过要在我跟你交手时,从旁边暗算你。"

傅红雪还是不太懂。

路小佳道:"这主意的确很好,因为无论谁跟我交手时,都绝无余力再防备别人的暗算了,尤其是从木桶里发出的暗算。"

傅红雪道:"木桶里?"

就在这时,突听"砰"的一声大震。声音竟是从木桶里发出来的,接着,木桶竟已突然被震开。

水花四溅,在太阳下闪起了一片银光。竟突然有条人影从木桶里蹿了出来。

这人的身手好快。但路小佳的剑更快,剑光一闪,又是一声惨呼。

太阳下又闪起了一串血珠,一个人倒在地上,赫然竟是金背驼龙!

没有声音,没有呼吸。惨呼声已消失在从草原上吹过来的热气里。

也不知过了多久，丁灵琳才长长吐出口气，道："好快的剑！"

叶开点点头，他也承认。

无论谁都不能不承认，一柄凡铁打成的剑到了路小佳的手里，竟似已变得不是剑了。

竟似已变成了一条毒蛇、一道闪电，从地狱中击出的闪电。

丁灵琳叹道："现在连我都有点佩服他了。"

叶开道："哦？"

丁灵琳道："他虽然未必是聪明人，也未必是好人，但他的确会使剑。"

最后一滴血也滴了下去。

路小佳的眼睛这才从剑尖上抬起，看着傅红雪，微笑道："现在你懂了么？"

傅红雪点点头。

现在他当然已懂了，每个人都懂了。

木桶下面竟有一节是空的，里面竟藏着一个人。

水注入木桶后，就没有人能再看得出桶有多深。

路小佳当然也没有站直，所以也没有人会想到木桶下还有夹层。

所以金背驼龙若从那里发出暗器来，傅红雪的确是做梦也想不到的。

路小佳道："现在你总该明白，我洗澡并不是为了爱干净，而是因为有人付了我五千两银子。"

他笑了笑，又道："为了五千两银子，也许连叶开都愿意洗个澡了。"

叶开在微笑。

傅红雪的脸却还是冰冷苍白的，在这样的烈日下，他脸上甚至连一滴汗都没有。

路小佳悠然道:"这主意连我都觉得不错,只可惜他们还是算错了一件事。"

傅红雪忍不住问道:"什么事?"

路小佳道:"他们看错了我。"

傅红雪道:"哦?"

路小佳道:"我杀过人,以后还会杀人;我也喜欢钱,为了五千两银子,我随时随地都愿意洗澡。"

他又笑了笑,淡淡地接着道:"但是我却不喜欢被人利用,更不喜欢被人当作工具。"

傅红雪长长吐出口气,目中的冰雪似已渐渐开始融化。

他忽然觉得湿淋淋地站在他面前的这个人,至少还是个人。

路小佳道:"我若要杀人,一向都自己动手的。"

傅红雪道:"这是个好习惯。"

路小佳道:"其实我还有很多好习惯。"

傅红雪道:"哦?"

路小佳道:"我还有个好习惯,就是从不会把自己说出的话再吞下去。"

傅红雪道:"哦?"

路小佳道:"现在我已收了别人的钱,也已答应别人要杀你。"

傅红雪道:"我听见了。"

路小佳道:"所以我还是要杀你。"

傅红雪道:"但我却不想杀你。"

路小佳道:"为什么?"

傅红雪道:"因为我一向不喜欢杀你这种人。"

路小佳道:"我是哪种人?"

傅红雪道:"是种很滑稽的人。"

路小佳很惊讶,道:"我很滑稽?"

有很多人骂过他很多种难听的话,却从来还没有人说过他滑稽的!

傅红雪淡淡道:"我总觉得穿着裤子洗澡的人,比脱了裤子放屁的人还滑稽得多。"

叶开忍不住笑了,丁灵琳也笑了。

一个大男人身上若只穿着条湿裤子,样子的确滑稽得很。

这种样子至少绝不像杀人的样子。

路小佳忽然也笑了,微笑着道:"有趣有趣,我实在想不到你这人也会如此有趣的,我一向最喜欢你这种人了。"

他忽又沉下脸,冷冷地说道:"只可惜我还是要杀你!"

傅红雪道:"现在就杀?"

路小佳道:"现在就杀!"

傅红雪道:"就穿着这条湿裤子?"

路小佳道:"就算没有穿裤子,也还是一样要杀你的。"

傅红雪道:"很好。"

路小佳道:"很好?"

傅红雪道:"我也觉得这机会错过实在可惜。"

路小佳道:"什么机会?"

傅红雪道:"杀我的机会。"

路小佳道:"现在我才有杀你的机会?"

傅红雪道:"因为你知道我现在绝不会杀你!"

路小佳动容道:"你这是什么意思?"

傅红雪淡淡道:"我只不过告诉你,我说出的话,也从来不会吞回去的。"

路小佳看着他，脸上带着很奇怪的表情。

傅红雪的脸上却全无表情。

路小佳忽然笑了。

木架上有个皮褡包，被压在衣服下。

他忽然用剑尖挑起，从褡包中取出两张银票。

一张是一万两的，一张是五千两的。

路小佳道："人虽没有杀，澡却已洗过了，所以这五千两我收下，一万两却得还给你。"

他将一万两的银票抛在丁老四身上，喃喃道："抱歉得很，每个人都难免偶尔失信一两次的，你们想必也不会怪我。"

没有人怪他，死人当然更不会开口。

路小佳竟已用剑尖挑着他的褡包，扬长而去，连看都没有再看傅红雪一眼，也没有再看马芳铃一眼。

大家只有眼睁睁地看着。

可是他走到叶开面前时，却又忽然停下了脚步。

叶开还是在微笑。

路小佳上上下下看了他两眼，忽也笑了笑，道："你知道我为什么要将这五千两留下来？"

叶开微笑道："不知道。"

路小佳将银票送过去，道："这是给你的。"

叶开道："给我？为什么给我？"

路小佳道："因为我要求你一件事。"

叶开道："什么事？"

路小佳道："求你洗个澡，你若再不洗澡，连我都要被你活活臭死了。"

他不让叶开再开口，就已大笑着扬长而去。

叶开看着手里的银票，也不知是好气，还是好笑。

丁灵琳却已忍不住笑道："无论如何，洗个澡就有五千两银子可拿，总是划得来的。"

叶开故意板着脸，冷冷道："你好像很佩服他。"

丁灵琳眨了眨眼，道："可是我最佩服的人并不是他。"

叶开道："你最佩服的是你自己？"

丁灵琳道："不是我，是你。"

叶开道："你也最佩服我？"

丁灵琳点点头道："因为这世上居然有男人肯花五千两银子要你洗澡。"

叶开忍不住要笑了，但却没有笑。

因为就在这时，他已听到有个人放声大哭起来。

哭的是马芳铃。

她已忍耐了很久，她已用了最大的力量去控制她自己。

但她还是忍不住要哭，要放声大哭。

她不但悲伤，而且气愤。

因为她觉得被侮辱与损害了的人总是她，并没有别人。

她开始哭的时候，傅红雪正走过来，走过她身旁。

可是他并没有看她，连一眼都没有看，就好像走过金背驼龙的尸身旁一样。

万马堂的马师们，全都站在檐下，有的低下了头，有的眼睛望着别的地方。

他们本也是刚烈凶悍的男儿，但现在眼看着他们堂主的独生女在他们面前受辱，大家竟也全都装作没有看见。

马芳铃突然冲过去，指着傅红雪，嘶声道："你们知道他是谁？他就是你们堂主的仇人，就是杀死你们那些兄弟的凶手，他存心要毁了万马堂，你们就这样在旁边看着？"

还是没有人开口，也没有人看她一眼。

大家的眼睛都在看着一个满脸风霜的中年人。

他们叫这人焦老大，因为他正是马师中年纪最长的一个。

他这一生，几乎全都是在万马堂度过的，他已将这一生中最宝贵的岁月，全都消磨在万马堂中的马背上。

现在他双腿已弯曲，背也已有些弯了，一双本来很锐利的眼睛，已被劣酒泡得发红。

每当他睡在又冷又硬的木板床上抚摸到自己大腿上的老茧时，他也会想到别处去闯一闯。

可是他已没有别的地方可去，因为他的根也已生在万马堂。

马芳铃第一次骑上马背，就是被他抱上去的，现在她也在瞪着他，大声道："焦老大，只有你跟我爹爹最久，你为什么也不开口？"

焦老大目中似也充满悲愤之色，但却在勉强控制着，过了很久，才长长叹息了一声，缓缓道："我也无话可说。"

马芳铃道："为什么？"

焦老大握紧双拳，咬着牙道："因为我已不是万马堂的人了。"

马芳铃悚然道："谁说的？"

焦老大道："三老板说的。"

马芳铃怔住。

焦老大道："他给了我们每个人一匹马，三百两银子，叫我们走。"

他拳头握得更紧，牙也咬得更紧，嘎声道："我们为万马堂卖了一辈子命，可是三老板说要我们走，我们就得走。"

马芳铃看着他，一步步往后退。

她也已无话可说。

叶开一直在很注意地听着，听到这里，忽然失声道："不好！"

丁灵琳道："什么事不好？"

叶开摇了摇头，还没有说话，忽然看见一股浓烟冲天而起。

那里本来正是万马堂的白绫大旗升起处！

浓烟，烈火。

叶开他们赶到那里时，万马堂竟已赫然变成了一片火海。

天干物燥，火势一发，就不可收拾。

何况火上加了油——草原中独有的，一种最易燃烧的乌油。

同时起火的地方至少有二三十处，一烧起来，就烧成了火海。

马群在烈火中惊嘶，互相践踏，想在这无情烈火中找条生路。

有的侥幸能冲出，四散飞奔，但大多数却已被困死。

烈火中已发出炙肉的焦臭。

"万马堂已毁了，彻底毁了。"

"毁了这地方的人，也正是建立这地方的人。"

叶开仿佛还可以看见马空群站在烈火中，在向他冷笑着说："这地方是我的，没有人能够从我手里抢走它！"

现在他已实践了他的诺言，现在万马堂已永远属于他。

火势虽猛，但叶开的掌心却在淌着冷汗。

谁也不会了解他现在的心情，谁也不知道他在想着什么？

丁灵琳忽然叹了口气，道："既然得不到，不如就索性毁了它，这人的做法也并不是完全错的。"

她苍白的脸，也已被火焰照得发红，忽又失声道："奇怪，那里怎么还有个孩子？"

烈火将天都烧红了，看来就像是一块透明的琥珀。

血红的太阳,动也不动地挂在琥珀里。

也不知何时又起了风。

有火的地方,总是有风的。

远处一块还未被燃起的长草,在风中不停起伏,黄沙自远处卷过来,消失在烈火里。

烈火中的健马悲嘶未绝,听在耳里,只令人忍不住要呕吐。

血红的太阳下,起伏的长草间,果然有个孩子痴痴地站在那里。

他看着这连天的烈火,将自己的家烧得干干净净。

他的泪似也被烤干了,似已完全麻木。

"小虎子。"

这孩子正是马空群最小的儿子。

叶开忍不住匆忙赶过去,道:"你……你怎么还在这里?"

小虎子并没有抬头看他,只是轻轻地说道:"我在等你。"

叶开道:"等我?怎么会在这里等我?"

小虎子道:"我爹爹叫我在这里等你,他知道你一定会来的。"

叶开忍不住问道:"他的人呢?"

小虎子道:"走了……已经走了……"

这小小的孩子直到这时,脸上才露出一丝悲哀的表情,像是要哭出来。

但他却居然忍住了。

叶开忍不住拉起这孩子的手,道:"他什么时候走的?"

小虎子道:"走了已经很久。"

叶开道:"他一个人走的?"

小虎子摇摇头。

叶开道:"还有谁跟着他走?"

小虎子道:"三姨。"

叶开失声道："沈三娘？"

小虎子点点头，嘴角抽动着，嗄声道："他带着三姨走，却不肯带我走，他……他……"

这句话还没有说完，这孩子终于已忍不住失声痛哭了起来。

哭声中充满了悲恸、辛酸、愤怒，也充满了一种不可知的恐惧。

他毕竟还是个孩子。

叶开看着他，心里也不禁觉得很酸楚，丁灵琳已忍不住在悄悄地擦眼泪。

这孩子突然扑到叶开怀里，痛苦着道："我爹爹要我在这里等你，他说你答应过他，一定会好好照顾我的，还有我姐姐……是不是？是不是？"

叶开又怎么能说不是？

丁灵琳已将这孩子拉过去，柔声道："我保证他一定会好好照顾你的，否则连我都不答应。"

孩子抬头看了看她，又垂下头，道："我姐姐呢？你们是不是也会好好照顾她？"

丁灵琳没法子回答这句话了，只有苦笑。

叶开这才发现马芳铃竟已不知到什么地方去了。

还有傅红雪呢？

太阳已渐西沉。

草原上的火势虽然还在继续燃烧着，但总算也已弱了下去。

西风怒嘶，暮霭渐临。

显赫一时的关东万马堂现在竟已成了陈迹，火熄时最多也只不过还能剩下几丘荒坟，一片焦土而已。

一手创立这基业的马空群，现在竟已不知何处去。

这一切是谁造成的?

仇恨!有时甚至连爱的力量都比不上仇恨!

傅红雪的心里充满了仇恨。他也同样恨自己——也许他最恨的就是他自己。

长街上没有人,至少他看不见一个活人。

所有的人都已赶到火场去了。这场大火不但毁了万马堂,无疑也必将毁了这小镇,很多人都能看得出,这小镇很快也会像金背驼龙他们的尸身一样僵硬干瘪的。

街上泥土也同样僵硬干瘪。

傅红雪一个人走过长街,他左腿先迈出一步,右腿再慢慢地跟上去。他走的虽慢,却绝不会停。

"也许我应该找匹马。"他正在这么样想的时候,就看见一个人悄悄地从横巷中走出来。

一个纤弱而苗条的女人,手里提着很大的包袱。

翠浓。

傅红雪心里突然一阵刺痛,因为他本已决心要忘记她了。

自从他知道她在这些年来一直在为萧别离"工作"时,他已决心忘记她了。

但她却是他这一生中唯一的女人。

翠浓仿佛早已在这里等着他,此刻垂着头,慢慢地走过来,轻轻道:"你要走?"

傅红雪点点头。

翠浓道:"去找马空群?"

傅红雪又点点头,他当然非找马空群不可。

翠浓道:"你难道要把我一个人留在这里?"

傅红雪的心又是一阵刺痛。他本已决心不再看她,但到底还是忍不住看了她一眼。

这一眼已足够。

血红的太阳,正照在她脸上,她的脸苍白、美丽而憔悴。

她的眼睛里充满了一种无助的情意,仿佛正在对他说:"你不带我走,我也不敢再求你,可是我还是要你知道,我永远都是你的。"

黑暗中甜蜜的欲望,火一般的拥抱,柔软香甜的嘴唇和胸膛——就在这一刹那间,全部又涌上了傅红雪的心头。

他的掌心开始淌出了汗。

太阳还照在他头上,火热的太阳。

翠浓的头垂得更低,漆黑浓密的头发,流水般散落下来。

傅红雪忍不住慢慢地伸出手,握着了她的头发。

她头发黑得就像是他的刀一样。

第二十六章

血海深仇

太阳已消失,长街上寂无人迹。只有小楼上亮起了一点灯光,一个人推开了楼上的窗子,凝视着静寂的长街。他知道黑夜已快来了。

血迹已干透。一阵风吹过来,卷起了金背驼龙的头发。

萧别离阖起眼睛,轻轻叹息了一声,慢慢地关起窗子。

灯刚点起来。他在孤灯旁坐了下去,他的人也正和这盏灯同样孤独。

灯光照在他脸上,他脸上的皱纹看来已更多,也更深了。

每一条皱纹中,不知隐藏着多少辛酸、多少苦难、多少秘密?

他替自己倒了杯酒,慢慢地喝下去,仿佛在等着什么。

可是他又还能等待什么呢?生命中那些美好的事物,早都已随着年华逝去,现在他唯一还能等得到的,也许就是死亡。

寂寞的死亡,有时岂非也很甜蜜!

黑夜已来了。他用不着回头去看窗外的夜色,也能感觉得到。

酒杯已空,他正想再倒一杯酒时,就已听到从楼下传来的声音。

洗骨牌的声音。

他嘴角忽然露出种神秘而辛涩的笑意,仿佛早已知道一定会听到这种声音。

于是他支起了拐杖,慢慢地走了下去。

楼下不知何时也已燃起了一盏灯。

一个人坐在灯下，正将骨牌一张张翻起来，目光中也带着种神秘而辛涩的笑意。

叶开很少这么笑的。他凝视着桌上的骨牌，并没有抬头去看萧别离。

萧别离却在凝视着他，慢慢地在他对面坐下，忽然道："你看出了什么？"

叶开沉默了很久，才叹息着，道："我什么也看不出来。"

萧别离道："为什么？"

叶开在听着。他看得出萧别离已准备在他面前说出一些本来绝不会说的话。

过了很久，萧别离果然又叹息着道："你当然早已想到我本不姓萧。"

叶开承认。

萧别离道："一个人的姓，也不是他自己选的，他根本没有选择的余地。"

叶开道："这句话我懂，但你的意思我却不懂。"

萧别离道："我的意思是说，我们本是同一种人，但走的路不同，只不过因为你的运气比我好。"

他迟疑着，终于下了决心，一字字接着道："因为你不姓西门。"

叶开道："西门？西门春？"

萧别离苦笑道："你是不是早已想到了？"

叶开道："我看到假扮老太婆的人，死在李马虎店里时才想到的。"

萧别离道："哦？"

叶开道:"那时我才想到,我叫了一声西门春,他回过头来,并不是在看我,而是在看你。"

萧别离道:"哦?"

叶开道:"他回头,只因为觉得惊讶,我怎会突然叫出你的名字。"

萧别离道:"所以你才会认为他就是西门春。"

叶开叹道:"每个人都有错的。"

萧别离道:"何况他自己也并不否认。"

叶开道:"他在你面前怎么敢否认?"

萧别离道:"那时你还以为李马虎就是杜婆婆。"

叶开苦笑道:"直到现在,我还是想不出杜婆婆究竟藏在哪里。"

萧别离道:"你永远想不出的。"

叶开道:"为什么?"

萧别离缓缓道:"因为谁也想不到杜婆婆和西门春本是一个人。"

叶开长长吐出口气,苦笑道:"我实在想不到!"

他又看了萧别离两眼,叹道:"直到现在,我还是看不出你能扮成老太婆。"

萧别离淡淡道:"你若能看得出,我就不是西门春了。"

叶开叹道:"这也就难怪江湖中人都说只有西门春才是千面人门下唯一的衣钵弟子。"

萧别离道:"不是衣钵弟子。"

叶开道:"是什么?"

萧别离道:"是儿子!"

叶开动容道:"令尊就是千面人?"

萧别离道:"嗯!"

叶开道:"因为我从一开始就已错了。"

萧别离叹息着，慢慢地点了点头，道："每个人都难免会错的。"

叶开叹道："我没有想到马空群会走，从来也没有想到。"

萧别离淡淡道："我本来也以为他走不了的。"

叶开道："可是他比我们想象中更聪明，他知道谁也不会错过路小佳和傅红雪的决斗。"

萧别离道："他若要走，这的确是个再好也没有的机会。"

叶开道："也许他正是为了这缘故，才去找路小佳的。"

萧别离道："哦？"

叶开道："他故意安排好那些诡计，故意要别人发现，为的只不过是要别人相信他的确是想暗算傅红雪，想杀了傅红雪。"

他叹了口气，苦笑道："假如别人对他这目的完全没有怀疑的话，当然就想不到他其实是想乘此机会逃走而已。"

萧别离也笑了，淡淡道："你最大的毛病，也许就是你总是想得太多了。"

叶开叹道："不错，一个人的确还是不要想得太多的好。"

萧别离忽也长长叹了口气，道："你知道我最大的毛病是什么？"

叶开摇摇头。

萧别离苦笑道："我的毛病也是想得太多了。"

叶开凝视着他，道："所以你也没有想到他会走？是吧？"

萧别离点点头。

叶开眼睛里又露出那种尖针般的笑意，看着他一字字道："所以你才会替他去找路小佳来。"

萧别离道："你什么时候知道的？"

他非但神色还是很平静，而且竟完全没有否认的意思。

叶开反问道："你不否认？"

萧别离淡淡地笑了笑，道："在你这种人面前，否认又有什么用？"

叶开也笑了，笑得并不像平时那么开朗，仿佛对这个人觉得很惋惜。

萧别离叹了口气，黯然地道："也许我的确走错了路。"

叶开道："但你看来根本并不像是一个容易走错路的人。"

萧别离道："走对了路的原因只有一种，走错路的原因却有很多种。"

叶开道："哦？"

萧别离道："每个走错路的人，都有他的种种原因。"

叶开道："你的原因是什么？"

萧别离道："我走的这条路，也许并不是我自己选择的。"

他目中露出了迷惘沉痛之色，仿佛在凝视着远方，过了很久，才慢慢地接着道："也许有些人一生下来就已在这条路上，所以他根本没有别的路可走。"

萧别离目中又露出那种凄凉的笑意，道："连我自己也不知道这究竟是我的幸运？还是我的不幸？"

叶开没有说话，这句话本不是任何人能答复的。

萧别离道："无论谁都不能不承认，先父是武林中的一位奇才，他武功的渊博和神奇之处，直到现在还没有人能比得上。"

叶开也不能不承认。

萧别离道："他这一生中，忽男忽女，忽邪忽正，有人尊称他为千面人神，也有人骂他是千面魔人，谁都不知道他究竟是怎么样一个人。"

叶开道："你呢？"

萧别离道："我也不知道。我只知道他虽然将平生所学全都传给了我，但也留给我一副担子。"

叶开道："什么担子？"

萧别离道："仇恨。"

这两个字他说得很慢，仿佛用了很大力气才能说出来。

叶开了解这种心情，也许没有人比他更能了解仇恨是副多么沉重的担子了。

萧别离道："直到现在，江湖中人也还不知道他究竟是不是已经死了，有人说他已浮海东去，有人甚至说他已得道成仙。"

叶开道："其实呢？"

萧别离黯然道："其实他当然早已死了。"

叶开忍不住问道："怎么死的？"

萧别离道："死在刀下。"

叶开道："谁的刀？"

萧别离霍然抬起头，盯着他，道："你应该知道是谁的刀！世上并没有几个人的刀能杀得死他！"

叶开沉默。他只有沉默，因为他的确知道那是谁的刀！

萧别离冷冷道："据说白大侠也是武林中的一位奇才，据说他刀法不但已独步武林，而且可以算得上是空前绝后。"

他语声中已带着种比刀锋还利的仇恨之意，冷笑着道："但他的为人呢？他……"

叶开立刻又打断了他的话，道："你无权批评他的为人，因为你恨他。"

萧别离道："你错了，我并不恨他，我根本不认得他。"

叶开道："但你却想杀了他。"

萧别离道："我的确想杀他，甚至不惜付出任何代价，你知不知道那是为了什么？"

叶开摇摇头。他就算知道，也只能摇头。

萧别离道："因为仇恨和爱不一样，仇恨并不是天生的，假如有人也将一副仇恨的担子交给了你，你就会懂得了。"

叶开道："可是……"

萧别离打断了他的话，道："傅红雪就一定会懂的，因为这道理就跟他要杀马空群一样。"

他叹了口气，接着道："傅红雪也不认得马空群，但却也非杀他不可！"

叶开终于点了点头，长叹道："所以那天晚上，你也到了梅花庵。"

萧别离目光似又到了远方，喃喃地叹息着道："那天晚上的雪真大……"

叶开眼睛突地露出刀锋般的光，盯着他，道："那天晚上的事你还记得很清楚？"

萧别离黯然道："我本来想忘记的，只可惜偏偏忘不了。"

叶开道："因为你的这双腿就是在那天晚上被砍断的。"

萧别离看着自己的断腿，淡淡道："世上又有几个人的刀能砍断我的腿。"

叶开道："他虽然砍断了你的腿，但却留下了你的命。"

萧别离道："留下我这条命的，并不是他，而是那场大雪。"

叶开道："大雪？"

萧别离道："就因为雪将我的断腿冻住了，所以我才能活到现在，否则我连人都只怕已烂光了。"

叶开道："所以你忘不了那场雪！"

萧别离道："我也忘不了那柄刀。"

他目中忽又露出种说不出的恐惧之色，那一场惊心动魄的血战，仿佛又回到他面前。

白的雪，红的血……血流在雪地上，白雪都被染红。刀光也仿佛是红的，刀光到了哪里，哪里就立刻飞溅起一片红雾。

萧别离额上已有了汗珠，是冷汗。过了很久，他才长叹道："没有亲眼看见的人，绝对想不到那柄刀有多么可怕，那许多武林中的绝顶高手，竟有大半死在他的刀下。"

叶开立刻追问道："你知道那些人是谁？"

萧别离不知道。除了马空群自己外，没有人知道。

萧别离道："我只知道，那些人没有一个人不恨他。"

叶开道："难道每个人都跟他有仇？"

萧别离冷笑道："我就算无权批评他的人，但至少有权批评他的刀！"

他目中的恐惧之意更浓，握紧双拳，嘎声接着道："那柄刀本不该在一个有血肉的凡人手里，那本是柄只有在十八层地狱下才能炼成的魔刀。"

叶开道："你怕那柄刀？"

萧别离道："我是个人，我不能不怕。"

叶开道："所以现在你也同样怕傅红雪，因为你认为那柄刀现在已到了他手里。"

萧别离道："只可惜这也不是他的运气。"

叶开道："哦？"

萧别离道："因为那本是柄魔刀，带给人的只有死和不幸！"

他声音突然变得很神秘，也像是某种来自地狱中的魔咒。

叶开竟忍不住打了个寒噤，勉强笑道："可是他并没有死。"

萧别离道："现在虽然还没有死，但他这一生已无疑都葬送在这柄刀上。他活着，已不会再有一点快乐，因为他心里只有仇恨，没有别的！"

叶开忽然站起来，转身走过去，打开了窗子。他好像忽然觉得这里很闷，闷得令人窒息。

萧别离看着他的背影，忽然笑了笑，道："你知不知道我本来一直都在怀疑你！"

叶开没有回答，也没有回头。

窗外夜色如墨。

萧别离道："我要你去杀马空群，本来是在试探你的。"

叶开道："哦？"

萧别离道："但这主意并不是我出的，那天晚上，楼上的确有三个人。"

叶开道："还有一个是马空群！"

萧别离道："就是他。"

叶开道："丁求也是那天晚上在梅花庵外的刺客之一？"

萧别离冷笑道："他还不够，他只不过是个贪财的驼子。"

叶开道："所以你们收买了他。"

萧别离道："但我们却没有买到你，当时连我都没有想到你会将这件事去告诉马空群，我付出的代价并不小。"

叶开冷冷道："那价钱的确已足够买到很多人了，只可惜那些人现在都已变成了死人。"

萧别离道："他们死得并不可怜，也不可惜。"

叶开道："可惜的是傅红雪没有死？"

萧别离冷冷道："那也不可惜，因为我知道迟早总有一天，他也必将死在刀下。"

叶开道："马空群呢？"

萧别离道："你认为傅红雪能找到他？"

叶开道："你认为找不到？"

萧别离道："他本来是匹狼，现在却已变成条狐狸，狐狸是不容易被找到的，也很不容易被杀死。"

叶开道："你这句话皮货店老板一定不同意。"

萧别离道："为什么？"

叶开道："若没有死狐狸，那些狐皮袍子是哪里来的？"

萧别离说不出话来了。

叶开道："莫忘记世上还有猎狗，而猎狗又都有鼻子。"

萧别离突又冷笑道："傅红雪就算也有个猎狗般的鼻子，但是现在恐怕也只能嗅得到女人身上的脂粉香气了。"

叶开道："是因为翠浓？"

萧别离点点头。

叶开道："难道翠浓在他身旁，他就找不到马空群了？"

萧别离淡淡道："莫忘记女人喜欢的通常都是珠宝，不是狐皮袍子。"

这次是叶开说不出话来了。

萧别离忽又笑了，道："其实傅红雪是否能找到马空群，跟我有什么关系？又跟你有什么关系？"

叶开又沉默了很久，才一个字一个字地慢慢说道："只有一点关系。"

萧别离道："什么关系？"

叶开忽然转过身，凝视着他，缓缓道："你为何不问问我是什么人？"

萧别离道："我问过，很多人都问过。"

叶开道："现在你为何不问？"

萧别离道："因为我已知道你叫叶开，木叶的叶，开心的开。"

叶开道："但叶开又是个什么样的人呢？"

萧别离微笑道："在我看来像是个很喜欢多管闲事的人。"

叶开忽然也笑了笑，道："这次你错了。"

萧别离道："哦？"

叶开道："我管的并不是闲事。"

萧别离道："不是？"

叶开道："绝不是！"

萧别离看着他，看了很久，忽然问道："你究竟是什么人？"

叶开又笑了，道："这句话我知道你一定会再问一次的。"

萧别离道："你知道的实在太多。"

叶开道："你知道的实在太少。"

萧别离冷笑。叶开忽然走过来，俯下身，在他耳边低低说了几句话。他声音说得很轻，除了萧别离外，谁也不能听见他在说什么。

萧别离只听了一句，脸上的笑容就忽然冻结，等叶开说完了，他全身每一根肌肉都似已僵硬。

风从窗外吹进来，灯光闪动。

闪动的灯光照在他脸上，这张脸竟似已变成了另外一个人的脸。他看着叶开时，眼色也像是在看着另外一个人。

没有人能形容他脸上这种表情。那不仅是惊讶，也不仅是恐惧，而是崩溃……只有一个已完全彻底崩溃了的人，脸上才会有这种表情。

叶开也在看着他，淡淡道："现在你是不是已承认了？"

萧别离长长叹息了一声，整个人就像是突然萎缩了下去。

又过了很久，他才叹息着道："我的确知道的太少，我的确错了。"

叶开也叹了口气，道："我说过，每个人都难免会错的。"

萧别离凄惨地点点头，道："现在我总算已明白你的意思，这虽然已经太迟，但至少总比永远都不明白的好。"

他垂下头，看着桌上的骨牌，苦笑着又道："我本来以为它真的能告诉我很多事，谁知道它什么也没有告诉我。"

骨牌在灯下闪着光，他伸出手，轻轻摩挲。

叶开看着他手里的骨牌，道："无论如何，它总算已陪了你很多年。"

萧别离叹道："它的确为我解除了不少寂寞，若没有它，日子想必更难过，所以它虽然骗了我，我并不怪它。"

叶开道："能有个人骗骗你，至少也比完全寂寞的好。"

萧别离凄然笑道："你真的懂，所以我总觉得能跟你在一起谈谈，无论如何都是件令人愉快的事。"

叶开道："多谢。"

萧别离道："所以我真想把你留下来陪陪我，只可惜我也知道你绝不肯的。"

他苦笑着，叹息着，突然出手，去抓叶开的腕子。

他的动作本来总是那么优美，那么从容。但这个动作却突然变得快如闪电，快得几乎已没有人能闪避。

他指尖几乎已触及了叶开的手腕。只听"咔嚓"的一声，已有样东西被他捏碎了，粉碎！

但那并不是叶开的手腕，而是桌上装骨牌的匣子。就在那电光石火般的一瞬间，叶开用这匣子代替了自己的腕子。

这本是个精巧而坚固的匣子，用最坚实干燥的木头做成的。

这种木头本来绝对比任何人的骨头都结实得多了，但到了他手里，竟似突然变成了腐朽的干酪，变成了粉末。

木屑粉末般从他指缝里落下来。叶开的人却已在三尺外。

过了很久，萧别离才抬起头，冷冷道："你有双巧手。"

叶开微笑道:"所以我很想留着它,留在自己的腕子上。"

萧别离道:"你想必还有个猎犬般的鼻子。"

叶开道:"鼻子也捏不得,尤其是你这双手更捏不得。"

摸了十几年铁铸的骨牌后,无论什么东西到了这双手里,都会变得不堪一捏了。

萧别离道:"你难道真的不肯留下来陪陪我?"

叶开笑道:"这副骨牌陪了你十几年,你却还是把它的匣子捏碎了,岂非叫人看着寒心。"

萧别离又长长叹息了一声,喃喃道:"看来你真是个无情的人。"

他身子突然跃起,以左手的铁拐作圆心,将右手的铁拐横扫了出去。

没有人能形容这一扫的威力。这么大的一间屋子,现在几乎已完全在他这只铁拐的威力笼罩下。

这一拐扫出,屋子里就像是突然卷起了一阵狂风!

叶开的人却已到了屋梁上。

他刚用脚尖勾住了屋梁,萧别离突又凌空翻身,铁拐双举。铁拐里突然暴雨般射出了数十点寒星。

断肠针!他的断肠针,原来竟是从铁拐里发出来的,他的手根本不必动,难怪没有人能看得出了。

每一根断肠针,都没有人能闪避。现在他发出的断肠针,已足够要三十个人的命!

但叶开却偏偏是第三十一个人。

他的人突然不见了。

等他的人再出现时,断肠针却已不见了。

萧别离已又坐到他的椅子上,仿佛还在寻找着那已不存在了的断肠针。

他不能相信。数十年来，他的断肠针只失手过一次——在梅花庵外的那一次。

他从不相信还有第二次。但现在他却偏偏不能不信。

叶开轻飘飘落下来，又在他对面坐下，静静地凝视着他。

屋子里又恢复了平静，没有风，没有针，就像是什么都没有发生过。

也不知过了多久，萧别离终于叹息了一声，道："我记得有人问过你一句话，现在我也想问问你。"

叶开道："你问。"

萧别离盯着他，一字字道："你究竟是不是个人？算不算是一个人？"

叶开笑了。有人问他这句话，他总是觉得很愉快，因为这表示他做出的事，本是没有人能做得到的。

萧别离当然也不会等他答复，又道："我刚才对你三次出手，本来都是没有人能闪避的。"

叶开道："我知道。"

萧别离道："但你却连一次都没有还击。"

叶开道："我为什么要还击，是你想要我死，并不是我想要你死。"

萧别离道："你想怎么样？"

叶开道："不怎么样。你还是可以在这里开你的妓院，摸你的骨牌，喝你的酒。"

萧别离双拳突又握紧，眼角突然收缩，缓缓道："以前我能这么做，因为我有目的，因为我想保护马空群，想等那个人来杀了他！"

他的脸已因痛苦而扭曲，嘎声道："现在我已没什么可想，我怎么能再这样活下去！"

叶开吐出口气，淡淡道："那就是你自己的事，你应该问你自己。"

他微笑着站起来，转身走出去，他走得并不快，却没有回头，也没有停下来。

现在世上再也没有人能令他留在这里。

但萧别离却已只能留在这里。

他已无处可去。

看着叶开走出了门，他身子突然颤抖起来，抖得就像是刚从噩梦中惊醒的孩子。

他的确刚从噩梦中惊醒，但醒来时却比在噩梦中更痛苦。

夜更深，更静。没有人，没有声音，只有那骨牌还在灯下看着他。

他忽然抓起骨牌，用力抛出。

骨牌被抛出时，他的泪已落了下来……

一个人若已没有理由活下去，就算还活着，也和死全无分别了。

这才是一个人最悲痛的。

绝没有更大的。

东方已依稀现出了曙色。黑暗终必要过去，光明迟早总会来的。

青灰色的苍穹下，已看不见烟火，无论多猛烈的火势，也总有熄灭的时候。

救火的人已归去，叶开站在山坡上，看着面前的一片焦土。

他心里虽也觉得有点惋惜，却并不觉得悲伤。因为他知道大地是永远不会被毁灭的，就跟生命一样。

宇宙间永远都有继起的生命！大地也永远存在。

他知道用不着再过多久,生命就又会从这片焦土上长出来。

美丽的生命。

他眼前仿佛又出现了一片美丽的远景,一片青绿。

这时风中已隐约有铃声传来,铃声清悦,笑声也同样清悦。

丁灵琳已牵着那孩子向他走过来,银铃般笑道:"这次你倒真守信,居然先来了。"

叶开微笑着,看着这孩子。

看到这孩子充满生命力的脸,他就知道自己的信念永远是正确的。

他走上去,拉起这孩子的手,他要带这孩子到一个地方去,将这孩子心里的仇恨和痛苦埋藏在那里。

他希望这孩子长大后,心里只有爱,没有仇恨!

这一代的人之所以痛苦,就因为他们恨得太多,爱得太少。

只要他们的下一代能健康快乐地活下去,他们的痛苦也总算有了价值。

石碑上的刀痕仍在,血泪却已干了。

叶开拉着孩子的手跪下去,跪在石碑前。

"这是你父亲的兄弟,你要永远记着,千万不能和这家人的后代成为仇敌。"

"我会记得的。"

"你发誓永远不忘记?"

"我发誓。"

叶开笑了,笑得从未如此欢愉。

"我知道你是个好孩子。"

"我想去找我爹爹和我姐姐,你带不带我去?"

"当然带你去。"

"你能找到他们?"

"你要记着,只要你有信心,天下本没有做不到的事。"

孩子也笑了。

笑容在孩子的脸上,就像是草原上马群的奔驰,充满了一种无比美丽的生命力,足以鼓舞人类前进。

但现在草原上却仍是悲怆荒凉,放眼望去,天连着大地,地连着天,一片灰暗。

万马堂的大旗,是不是还会在这里升上去?

风在呼啸。

叶开大步走过寂静的长街。

这些日子,他对这地方已很熟悉,甚至已有了感情,但现在他并没有那种比风还难斩断的离愁别绪。

因为他知道他必将回来的!

读客文化将出版以下古龙经典作品

《小李飞刀：多情剑客无情剑》

《小李飞刀2：边城浪子》

《小李飞刀3：九月鹰飞》

《小李飞刀4：天涯·明月·刀》

《陆小凤传奇：金鹏王朝》

《陆小凤传奇2：绣花大盗》

《陆小凤传奇3：决战前后》

《陆小凤传奇4：银钩赌坊》

《陆小凤传奇5：幽灵山庄》

《陆小凤传奇6：凤舞九天》

《陆小凤传奇7：剑神一笑》

《楚留香新传：借尸还魂》

《楚留香新传2：蝙蝠传奇》

《楚留香新传3：桃花传奇》

《楚留香新传4：新月传奇·午夜兰花》

《七种武器：长生剑·孔雀翎》

《七种武器2：碧玉刀·多情环》

《七种武器3：离别钩·霸王枪》

《七种武器4：愤怒的小马·七杀手》

《萧十一郎》

《火并萧十一郎》

《绝代双骄》

《欢乐英雄》

《三少爷的剑》

《流星·蝴蝶·剑》

《武林外史》

《白玉老虎》

《圆月弯刀》

《大人物》

《绝不低头》

《碧血洗银枪》

《彩环曲》

《苍穹神剑》

《大地飞鹰》

《风铃中的刀声》

《护花铃》

《剑毒梅香》

《剑客行》

《猎鹰·赌局》

《名剑风流》

《飘香剑雨》

《七星龙王》

《失魂引》

《血鹦鹉》

《英雄无泪》

《游侠录》

《月异星邪》

激发个人成长

多年以来,千千万万有经验的读者,都会定期查看熊猫君家的最新书目,挑选满足自己成长需求的新书。

读客图书以"激发个人成长"为使命,在以下三个方面为您精选优质图书:

1、精神成长

熊猫君家精彩绝伦的小说文库和人文类图书,帮助你成为永远充满梦想、勇气和爱的人!

2、知识结构成长

熊猫君家的历史类、社科类图书,帮助你了解从宇宙诞生、文明演变直至今日世界之形成的方方面面。

3、工作技能成长

熊猫君家的经管类、家教类图书,指引你更好地工作、更有效率地生活,减少人生中的烦恼。

每一本读客图书都轻松好读,精彩绝伦,充满无穷阅读乐趣!

认准读客熊猫

读客所有图书,在书脊、腰封、封底和前后勒口都有"**读客熊猫**"标志。

两步帮你快速找到读客图书

1、找读客熊猫

2、找黑白格子

马上扫二维码,关注**"熊猫君"**

和千万读者一起成长吧!

图书在版编目（CIP）数据

小李飞刀. 2，边城浪子 / 古龙著. -- 上海：文汇出版社，2018.6
（古龙文集）
ISBN 978-7-5496-2371-6

Ⅰ. ①小… Ⅱ. ①古… Ⅲ. ①侠义小说－中国－当代 Ⅳ. ①I247.5

中国版本图书馆CIP数据核字（2017）第273716号

著作权合同登记号：09-2017-966

边城浪子

作　　者 /	古　龙
责任编辑 /	甘　棠
特邀编辑 /	周奥扬　周量航
封面装帧 /	文　薇
出版发行 /	文汇出版社 上海市威海路755号 （邮政编码200041）
经　　销 /	全国新华书店
印刷装订 /	北京中科印刷有限公司
版　　次 /	2018年6月第1版
印　　次 /	2018年6月第1次印刷
开　　本 /	890mm×1270mm　1/32
字　　数 /	647千字
印　　张 /	25.75

ISBN 978-7-5496-2371-6
定　　价 / 119.00元

古龙著作管理发展委员会　侵权必究

装订质量问题，请致电010-87681002（免费更换，邮寄到付）

小李飞刀 2

边城浪子 下

古龙 著

文汇出版社

目　录

001　/　第二十七章　出鞘一刀

026　/　第二十八章　有女同行

042　/　第二十九章　蛇蝎美人

053　/　第三十章　护花剑客

069　/　第三十一章　刻骨铭心

090　/　第三十二章　小李飞刀

107　/　第三十三章　刀下亡魂

125　/　第三十四章　神刀堂主

145　/　第三十五章　前辈高人

156　/　第三十六章　戏剧人生

190　/　第三十七章　浪子回头

207　/　第三十八章　桃花娘子

225 / 第三十九章　情深似海

246 / 第四十章　新仇旧恨

279 / 第四十一章　英雄末路

298 / 第四十二章　绝路绝刀

328 / 第四十三章　世家之后

355 / 第四十四章　丁氏双雄

370 / 第四十五章　恩仇了了

390 / 第四十六章　爱是永恒

第二十七章

出鞘一刀

秋。秋色染红了枫林,枫林在群山深处。

三十四匹马,二十六个人。人在马上欢呼,欢呼着驰入枫林。马是快马,人更剽悍。他们的脸上却带着风霜,有的甚至已受了伤,可是他们不在乎,因为这一次出猎的收获很丰富。

他们猎的是人,是别人的血汗。他们的收获就在马背上,是四十个沉重的银箱子。

别人骂他们是土匪,是马贼,是强盗,可是他们一点也不在乎。因为他们认为自己是好汉——绿林好汉。

绿林好汉喝酒当然要用大碗,吃肉当然要切大块。

大碗的酒,大块的肉,和银鞘子一起摆在桌上,等着他们的老大分配。

他们的老大是个独眼龙,所以他的名字就叫作独眼龙。他喜欢用一块黑布蒙着这只瞎了的眼睛,因为他觉得这样子看来很有威严。事实上,他也的确是个很有威严的人,因为他虽然残忍,却很公平。

只有公平的人,才能做个绿林好汉的老大。

何况他还有两个随时都肯为他拼命的好兄弟,一个勇敢,一个机智。

勇敢的叫屠老虎。

机智的叫白面郎中。

绿林好汉若没有一个响亮的外号,那还成什么绿林好汉。

所以他们几乎已将自己本来的名字忘了。

屠老虎的头脑本来就比一只真老虎聪明不了多少,尤其在喝了酒之后,他简直比老虎还笨,也比老虎还要凶。

他最凶的是拳头。据说他一拳可以打死只活老虎,这虽然没有人真的看过,却没有人敢怀疑。

因为他一拳打死的人已不少。

这次他们出猎时,镇远镖局的二镖头"铁金刚",就是被他一拳打死的。

所以这次他分的银子最多,被人恭维的也最多。

"那个铁金刚到了我们二寨主拳头下,简直就像是纸扎的。"

屠老虎大笑,觉得开心极了。

可是他忽然发现人们的笑声都已停顿,一双双眼睛都在盯着大门。

他跟着看过去,笑声也立刻停顿。他几乎不能相信自己的眼睛。

一个人正从大门外慢慢地走进来,一个本来绝不可能在这里出现的人。

一个女人,美丽得令人连呼吸都随时会停顿的那种女人。

这地方叫龙虎寨,就在枫林后,四面群山环抱,奇峰矗立,看起来就像是一只野兽,正张大了嘴在等着择人而噬。

他们这些人,也正像是一群野兽。

谁也不愿意被野兽吞下去,所以这地方非但很少看得见陌生人,连飞鸟都已几乎绝迹。

但现在这地方竟来了个陌生的女人。

她身上穿的是件质料极高贵的墨绿百褶裙,漆黑的长发,挽着当时最时髦的杨妃堕马髻,满头珠翠,衬得她的头发更黑,皮肤更白。

她脸上带着甜蜜而成熟的微笑,莲步姗姗,慢慢地走了进来,就像是一个盛装赴宴的贵妇,正步入一个特地为她举行的宴会里。

每个人的眼睛都直了。他们并不是没有见过女人的男人,却实在没见过这种女人。

他们的老大虽然清醒得最早,但老大是一向不轻易开口的。

他沉着脸,向屠老虎打了个眼色,屠老虎立刻一拍桌子,厉声道:"你是什么人?"

这绿裙丽人嫣然一笑,柔声道:"各位难道看不出我是个女人?"

她的确从头到脚都是个女人,连瞎子都能看得出她是个女人。

屠老虎板着脸,道:"你来干什么?"

绿裙丽人笑得更甜:"我们想到这里来住三个月,好吗?"

这女人莫非疯了,竟想到强盗窝里来住三个月?

"我希望你们能把这里最好的屋子让给我们住,床上的被褥最好每天换两次。"

"……"

"我们一向是很喜欢干净的人,但吃得倒很随便,每天三餐只要有牛肉就够了,但却要最嫩的小牛腰肉,别的地方的肉都吃不得的。"

"……"

"我们白天不大喝酒,但晚上却希望你们准备几种好酒,其中最好能有波斯来的葡萄酒,和三十年陈的竹叶青。"

"……"

"我们睡觉的时候,希望你们能派三班人轮流在外面守夜,但却千万不可发出声音来,因为我们很容易被惊醒,一醒就很难再睡着。"

"……"

"至于别的地方,我们就可以马虎一点了,我知道你们本都是个粗人,所以并不想太苛求。"

"……"

大家面面相觑,听着她一个人在自说自话,就好像在听着疯子唱歌似的。但她却说得很自然,仿佛她要求的本是天经地义的事,没有人能拒绝她。

等她说完了,屠老虎才忍不住大笑,道:"你当这里是什么地方?是个客栈?是个饭馆?"

绿裙丽人嫣然笑道:"但是我们也并没有准备付钱。"

屠老虎忍住笑道:"要不要我们付钱给你?"

绿裙丽人笑道:"你若不提醒,我倒差点忘了,这桌上的银鞘子,我们当然也要分一份。"

屠老虎道:"分多少?"

绿裙丽人道:"只要分一半就行了。"

屠老虎道:"一半不嫌太少么?"

绿裙丽人道:"我刚才说过,我们并不是十分苛求的人。"

屠老虎又仰面大笑,就像是从来也没听见这么可笑的事。

每个人都在笑,只有独眼龙和白面郎中的神色还是很严肃。

白面郎中的脸看来比纸还白,突然道:"你刚才说你们要来,你们有多少人?"

绿裙丽人道:"只有两个人。"

白面郎中道:"还有一个是谁?"

绿裙丽人笑道:"当然是我丈夫,我难道还能跟别的男人住在一起么?"

白面郎中道:"他的人呢?"

绿裙丽人道:"就在外面。"

白面郎中忽然笑了笑,道:"为什么不请他一起进来?"

绿裙丽人道:"他脾气一向不好,我怕他出手伤了你们。"

白面郎中微笑道:"你不是怕我们伤了他吧?"

绿裙丽人也笑了,嫣然道:"不管怎么样,我们总是来做客的,不是来打架。"

白面郎中道:"这样你就来对了,我们这里的人本就从来不喜欢打架的。"

他忽然沉下了脸,冷冷道:"我们这里的人,一向只杀人!"

从院子里还可以看见那片枫林。

这个人就站在院子里,面对着枫林外的远山。

暮色苍茫,远山是青灰色的,青灰中带着墨绿,在这秋日的黄昏里,天地间仿佛总是充满了一种说不出的惆怅萧索之意。

这人的眼睛也和远山一样,苍凉、迷茫、萧索。

他背负着双手,静静地站在那里,静静地眺望着远山。他的人却似比远山更遥远,似已脱离了这世界。

最后的一抹夕阳,淡淡地照在他脸上。他脸上的皱纹又多又深,每一条皱纹中,都仿佛藏着有数不清的辛酸往事、痛苦经验。

也许他已太老了,可是他的腰仍然笔挺,身子里仍然潜伏着一种可怕的力量。

他虽然并不高,也不魁伟,但有股力量使得他看来显得很严肃,令人不由自主会对他生出尊敬之意。

只可惜这里的绿林好汉们,从来也不懂得尊敬任何人。

屠老虎第一个冲出来,第一个看见这个人。

"就是这老头子?"

屠老虎仰天狂笑道:"我一拳若打不死他,我就拿你们当祖宗一样养三年。"

绿裙丽人淡淡道:"你为何不去试试?"

屠老虎大笑道:"你不怕做寡妇?"

他大笑着冲过去。他的身材魁伟,笑声如洪钟。

但这老人却像是完全没有看见,完全没有听见。他神情看来更萧索,更疲倦,仿佛只想找个地方静静地躺下来。

屠老虎冲到他面前,又上上下下看了他几眼,道:"你真的想到这里来住三个月?"

老人叹了口气,道:"我很疲倦,这地方看来又很宁静……"

屠老虎狞笑道:"你若真的想找个地方睡觉,就找错地方了,这里没有床,只有棺材。"

老人连看都没有看他一眼,淡淡道:"你们若不答应,我们可以走。"

屠老虎狞笑道:"既然已来了,你还想走?"

老人嘴角忽然露出一丝讥诮的笑意,道:"那么我只好在这里等了。"

屠老虎道:"等什么?"

老人道:"等你的拳头。"

屠老虎狞笑道:"你也用不着再等了。"

他突然出手,迎面一拳向老人痛击过去。

这的确是致命的一拳,迅速、准确、有力,非常有力。拳头还未到,拳风已将老人花白的头发震得飞舞而起。

老人却没有动,连眼睛都没有眨。

他看着这只拳头,嘴角又露出了那种讥诮的笑意。然后他的拳头也送了出去。

他的人比较矮,出拳也比较慢。可是屠老虎的拳头距离他的脸还有三寸时,他的拳头已打在屠老虎的鼻梁上。

每个人都听到一声痛苦的骨头折碎声。

声音刚响起,屠老虎那一百多斤重的身子,也已被打得飞了出去。飞出去四丈外,重重地撞在墙上,再沿着墙滑下来。

他倒下去的时候,鼻梁已歪到眼睛下,一张脸已完全扭曲变形。

老人还是连看都没有看他一眼,慢慢地取出一块丝巾,擦干了拳上的血迹,目光又凝视在远山外。

他的眼睛也和远山一样,是青灰色的。

独眼龙的脸色已变了。他手下的弟兄们在震惊之后,已在怒喝着,想扑上去。

但白面郎中却阻止了他们,在独眼龙耳畔,悄悄说了几句话。

独眼龙迟疑着,终于点了点头,忽然挑起大拇指,仰面笑道:"好,好身手!这样的客人我们兄弟请都请不到,哪有拒绝之理。"

白面郎中笑道:"小弟老早就知道大哥一定很欢迎他们的。"

独眼龙大步走到老人面前,抱拳笑道:"不知朋友高姓大名?"

老人淡淡道:"你用不着知道我是谁,我们也不是朋友。"

独眼龙居然面不改色,还是笑着道:"却不知阁下想在这里逗留多久?"

绿裙丽人抢着道:"你放心,我们说过只住三个月的。"

她嫣然一笑,接着道:"三个月后我们就走,你就算要求我们多留一天都不行。"

其实她当然也知道,绝对没有人会留他们的。

"三个月后呢?那时再到哪里去?"

无论如何，那已是三个月以后的事了，现在又何必想得太多呢？

他慢慢地在前面走着，左脚先迈出一步，右腿才跟着慢慢地拖过去。

他手里紧紧握着一柄刀。漆黑的刀！

他的眼睛也是漆黑的，又黑又深，就跟这已逐渐来临的夜色一样。

秋夜，窄巷。就这样走着，在无数个有月无月的晚上，他已走过无数条大街小巷。

走到什么时候为止？

他一定要找到的人，还是完全没有消息。他也问过无数次。

"你有没有看见过一个老头子？"

"每个人都看见过很多老头子，这世上的老头子本就很多。"

"但是这老头子不同，他有一只手上的四根指头全都削断了。"

"没有看过，也没有人知道这老人的消息。"

他只有继续走下去。

她垂着头，慢慢地跟在他身后。这并不是因为她不想走在他身旁，而是她总觉得他不愿让她走在身旁。

虽然他从来没有说出来过，可是他对她好像总有些轻视。

也许他轻视的并不是别人，而是自己。

她也从来没有劝过他，叫他不要再找了，只是默默地跟着他走。

也许她心里早已知道他是永远找不到那个人的。

空巷外的大街上，灯火通明。

也不知为了什么，若不是因为要向人打听消息，他总是宁愿留在黑暗的窄巷里。

现在他们总算已走了出来。

她眼睛立刻亮了，美丽的嘴角也露出了笑意，整个人都有了生气。

她跟他不同。她喜欢热闹，喜欢享受，喜欢被人赞美，有时也会拒绝别人，但那只不过是在抬高自己的身价而已。

她一向都懂得要怎样才能使男人喜欢她，男人绝不会喜欢一个他看不起的女人。

这时正是酒楼饭铺生意最好的时候，你若想打听消息，也没有比酒楼饭铺更好的地方。这条街正是酒楼饭铺最多的一条街。

他们从窄巷里走出来，走上这条街，忽然听到有人大呼："翠浓！"

两个人刚从旁边的酒楼下来，两个衣着很华丽的大汉，一个人身上佩着刀，一个人腰畔佩着剑。

佩刀的人拉住了她的手。

"翠浓，你怎么会到这里来了？什么时候来的？"

"……"

"我早就劝过你，不要待在那种穷地方。像你这样的人才，到了大城里来，用不着两年，我保证你就可以把金元宝一车车地装回去。"

"……"

"你为什么不说话？我们是老交情了，你难道会忘了我！"

这佩刀的大汉显然喝了几杯，在街上大喊大叫，好像生怕别人不知道他跟这美丽的人有交情。

翠浓却只是低着头，用眼角瞟着傅红雪。

傅红雪并没有回头，却已停下脚，握刀的手背上已现出青筋。

佩刀的大汉回头看了看，又看了看翠浓，终于明白了。

"难怪你不敢开口，原来你已有了个男人，但是你什么人不好找，为什么要找个跛子？"

这句话还没有说完，他已发现翠浓美丽的眼睛里忽然充满了恐惧之色。

他跟着翠浓的目光一起看过去，就看见了另一双眼睛。

这双眼睛并不太大，也并不锐利，但却带着种说不出的冷酷之意。

佩刀的大汉并不是个懦夫，而且刚喝了几杯酒，但这双眼睛看着他时，他竟不由自主忽然觉得手足冰冷。

傅红雪冷冷地看着他，看着他身上的刀，忽然道："你姓彭？"

佩刀的大汉厉声道："是又怎么样？"

傅红雪道："你是山西五虎断门刀彭家的人？"

佩刀的大汉道："你认得我？"

傅红雪冷冷道："我虽然不认得你，但却认得你的刀！"

这柄刀就和他身上的衣着一样，装饰华丽得已接近奢侈。刀的形状很奇特，刀头特别宽，刀身特别窄，刀柄上缠着五色彩缎。

佩刀的大汉挺起胸，神气十足地大声道："不错，我就是彭烈！"

傅红雪慢慢地点了点头，道："我听说过。"

彭烈面有得色，冷笑道："你应该听说过。"

傅红雪道："我也听说过彭家跟马空群是朋友。"

彭烈道："我们是世交。"

傅红雪道："你到万马堂去过？"

彭烈当然去过，否则他怎么会认得翠浓。

傅红雪道："你知不知道马空群的下落？"

彭烈道："他不在万马堂？"

他觉得很诧异，显然连万马堂发生了什么事都不知道。

傅红雪轻轻叹息了一声，觉得很失望。

彭烈道："你也认得三老板？"

傅红雪冷冷地笑了笑，目光又落在他的刀上，道："这柄刀的确很好看。"

彭烈面上又露出得意之色，他的刀实在比傅红雪的刀好看得多。

傅红雪道："只可惜刀并不是看的。"

彭烈道："是干什么的？"

傅红雪道："你不知道刀是杀人的？"

彭烈冷笑道："你以为这柄刀杀不死人？"

傅红雪冷冷道："至少我没有看见它杀过人。"

彭烈变色道："你想看看？"

傅红雪道："的确很想。"

他的脸色也已变了，变得更苍白，苍白得已接近透明。

彭烈看着他的脸，竟不由自主后退了半步，忽然大笑道："你这柄刀呢？难道也能杀人？"

他心里愈恐惧，笑声愈大。

傅红雪没有再说话。现在他若要再说话时，就不是用嘴说了，而是用他的刀！

用刀来说话，通常都比用嘴说有效。

那佩剑的是个很英俊的少年，身材很高，双眉微微上挑，脸上总是带着种轻蔑之色，好像很难得将别人看在眼里。

他一直在旁边冷冷地看着，这时竟忽然叹了口气，道："以前也有人说过这句话。"

彭烈道："说过什么话？"

佩剑的少年道："说他这柄刀不能杀人。"

彭烈道："是什么人说的？"

佩剑的少年道:"是个现在已经死了的人。"

彭烈道:"是谁?"

佩剑的少年,道:"公孙断!"

彭烈悚然失色,道:"公孙断已死了?"

佩剑的少年道:"就是死在这柄刀下的。"

彭烈额上忽然沁出了冷汗。

佩剑的少年道:"而且三老板也已经被逼出了万马堂。"

彭烈道:"你……你怎么知道?"

佩剑的少年道:"我刚从西北回来。"

傅红雪的眼睛已在盯着他,忽然问道:"去干什么的?"

佩剑的少年道:"去找你。"

这次傅红雪也不禁觉得很意外。

佩剑的少年又道:"我想去看看你。"

傅红雪道:"特地去看我?"

佩剑的少年道:"不是去看你的人,而是去看你的刀!我只想看看你的刀究竟有多快!"

傅红雪握刀的手突然握紧,苍白的脸几乎已完全透明。

佩剑的少年道:"我姓袁,叫袁青枫,袁家和万马堂也是世交。"

傅红雪又慢慢地点了点头,道:"我明白了。"

袁青枫道:"你应该明白的。"

傅红雪道:"你现在是不是还想看看我的刀?"

袁青枫道:"是。"

傅红雪垂下头,凝视着自己握刀的手。

袁青枫道:"你还不拔刀?"

傅红雪道:"好,先拔你的剑!"

袁青枫道:"天山剑派的门下,从来还未向人先拔过剑!"

傅红雪脸上忽然出现了种很奇怪的表情，喃喃道："天山……天山……"

他目光已在眺望着远方，眼睛里仿佛已充满了思念和悲哀。

袁青枫道："拔你的刀！"

傅红雪握刀的手更用力。他左手握刀，右手忽然握住了刀柄。

彭烈竟又不由自主后退了半步，翠浓美丽的眼睛似已因兴奋而燃烧起来。

袁青枫的脸上，虽然还是全无表情，但他的手也不禁握住了剑柄。

"天山……天山……"

忽然间，刀光一闪！

只一闪！

等到人的眼睛看见这比闪电还快的刀光时，刀已又回到刀鞘里。

有风吹过，一根根红丝飞起。

袁青枫剑上的红丝绦却已赫然断了。

傅红雪还是低着头，看着自己握刀的手，道："现在你已看过了。"

袁青枫脸上还是全无表情，但额上却已有冷汗流下来了。

傅红雪道："我这柄刀本不是看的，但却为你破例了一次。"

袁青枫什么话都没有再说，慢慢地转过身，走入酒楼旁的窄巷里。

他还没有看见傅红雪的刀，只不过看见了刀光。

但这已足够。

人已去了，血红的丝绦却还有一两条留在风中。

彭烈握刀的手已湿透。

傅红雪转过头来，凝视着他，道："我的刀你已看过？"

彭烈点点头。

傅红雪道："现在我想看看你的刀。"

彭烈咬着牙，咬牙的声音，听来就像是刀锋摩擦一样。

突听一人道："这把刀不好看。"

路上刚有顶轿子经过，现在已停下，这声音就是从轿子里发出来的。

是女人的声音，很好听的女人声音，但却看不见她的人。

轿上的帘子是垂着的。

傅红雪冷冷道："这柄刀不好看？什么好看？"

轿子里的人笑道："我就比这柄刀好看。"

她不但笑声如银铃，而且真的好像有铃铛"叮铃铃"地响。

清脆的铃声中，轿子里已有个人走下来，就仿佛一朵白莲开放。

她穿的是件月白衫子，颈子上，腕子上，甚至连足踝上都挂满了带着金圈子的铃铛。

丁灵琳。

傅红雪眉尖已皱起，道："是你？"

丁灵琳眼波流动，嫣然道："想不到你居然还认得我。"

其实傅红雪根本不认得她，只不过看见过她跟叶开在一起。

丁灵琳笑道："我说这把刀不好看，因为这并不是真正的五虎断门刀。"

傅红雪道："不是？"

丁灵琳道："你若要看真正的五虎断门刀，就该到关中的五虎庄去。"

她忽又转身向彭烈一笑，道："现在他一定不想再看你的刀，你还是快去喝酒吧，小叶一定已经等得急死了。"

傅红雪道："小叶？"

丁灵琳道："今天晚上小叶请客，我们都是他的客人。"

她娇笑着，接着道："他不喜欢死客人，也不喜欢客人死。"

傅红雪道："叶开？"

丁灵琳道："除了他还有谁？"

傅红雪道："他也在这里？"

丁灵琳道："就在那边的天福楼，看见你去了，他一定开心得要命！"

傅红雪冷冷道："他看不见我的。"

丁灵琳道："你不去？"

傅红雪道："我不是他的客人。"

丁灵琳叹了口气，道："你若不去，也没有人能勉强你，只不过……"

她用眼角瞟着傅红雪，悠然道："他今天请的客人，消息全都灵通得很，若要打听什么消息，到那里去是再好也没有的了。"

傅红雪没有再说什么。

他已转身向天福楼走了过去，似已忘记了还有个人在等他。

丁灵琳看了翠浓一眼，又叹了口气，道："他好像已忘记你了。"

翠浓笑了笑，道："但是我并没有忘记他。"

丁灵琳眨了眨眼，道："他为什么不带你去？"

翠浓柔声道："因为他知道我自己会跟着去的。"

她果然跟着去了。

丁灵琳看着她苗条的背影，婀娜的风姿，喃喃道："看来这才是对付男人最好的法子。"

她说话的声音并不高，翠浓的耳朵很尖，忽又回眸一笑，道："你为什么不学学我呢？"

丁灵琳嫣然一笑，道："因为这种人盯人的法子本是我创出来的。"

天福楼上的客人很多，每个人的衣着都很考究，气派都很大。

丁灵琳并没有替叶开吹牛，真正消息灵通的人，当然都是有地位、有办法的人。

能请到这种人并不容易，何况一下子就请了这么多人。

两个多月不见，叶开好像也突然变成个很有办法的人了。

他身上穿的是五十两银子一件的袍子，脚上着的是粉底官靴，头发梳得又黑又亮，还戴着花花大少们最喜欢戴的那种珍珠冠。

这人以前本来不是这样子的，傅红雪几乎已不认得他了。

但叶开却还认得他。

他一上楼，叶开就一眼看见了他。

灯火辉煌。

傅红雪的脸在灯下看来却更黑。

已经有很多人看见了这柄刀，先看见这柄刀，再看见他的人。

傅红雪眼睛里却好像连一个人都没有看见。

叶开已到了他面前，也带着笑在看他。

只有这笑容还没有变，还是笑得那么开朗，那么亲切。

也许就因为这一点，傅红雪才看了他一眼，冷冷的一眼。

叶开笑道："真想不到你会来。"

傅红雪道："我也想不到。"

叶开道："请坐。"

傅红雪道："不坐。"

叶开道:"不坐?"

傅红雪道:"站着也一样可以说话。"

叶开又笑了,道:"我知道你要说什么。"

傅红雪道:"你知道?"

叶开点点头,又叹道:"只可惜我也没有听过那人的消息。"

傅红雪沉默着,过了很久,突然道:"再见。"

叶开道:"不喝杯酒?"

傅红雪道:"不喝。"

叶开笑道:"一杯酒绝不会害人的。"

傅红雪道:"但我却绝不会请你喝酒。"

叶开苦笑道:"我碰过你的钉子。"

傅红雪道:"我也绝不喝你的酒。"

叶开道:"我们不是朋友?"

傅红雪道:"我没有朋友。"

他忽然转过身,走出去,左脚先迈出一步,右腿再跟着慢慢地拖过去。

叶开看着他的背影,笑容已变得有些苦涩。

可是,傅红雪并没有走下楼,因为这时丁灵琳正和翠浓从楼梯走上来。

楼梯很窄。

翠浓站在楼梯口,似已怔住,她已看见了叶开,叶开正在看着她。

傅红雪也在看着她,丁灵琳却在看着叶开。

四双眼睛里的表情全都不同,没有人能形容他们此刻的表情。

幸好翠浓很快就垂下了头。

但叶开还是在盯着她。

丁灵琳走上来,傅红雪走下去。

翠浓也无言地转过身,跟着他走下去,没有再看叶开一眼。

但叶开却还是在盯着那空了的楼梯口,痴痴地出了神。

丁灵琳忍不住拍他的肩,冷冷道:"人家已走了。"

叶开道:"哦?"

丁灵琳道:"跟着你的朋友走了。"

叶开道:"哦。"

丁灵琳冷冷道:"你若想横刀夺爱,可得小心些,因为那个人的刀也很快。"

叶开笑了。

丁灵琳也在笑,却是冷笑,冷笑着道:"只不过那个女人的确不难看,听说她以前就是靠这张脸赚钱的,你的钱大概也被她赚了不少。"

叶开道:"你以为我在看她?"

丁灵琳道:"你难道没有?"

叶开道:"我只不过在想……"

丁灵琳道:"在心里想比用眼睛更坏。"

叶开叹了口气,道:"我心里在想什么,你永远不会相信的。"

丁灵琳眼珠子一转,道:"我相信,只要你告诉我,我就相信。"

叶开叹道:"我只希望她真的喜欢傅红雪,真的愿意一辈子跟着他,否则……"

丁灵琳道:"否则怎么样?"

叶开目中似乎有些忧郁之色,缓缓道:"否则也许我就不得不杀了她!"

丁灵琳道:"你舍得?"

叶开淡淡道:"我本不是个怜香惜玉的人。"

丁灵琳咬着嘴唇,用眼角瞟着他,轻轻道:"我知道你是个什么样的人。"

叶开道:"哦?"

丁灵琳道:"你是个口是心非的小色鬼,所以你说的话我一个字也不相信。"

叶开又笑了,却是苦笑。

就在这时,突然楼下有人在高呼:"叶开,叶开……"

一个紫衣笠帽的少年,刚纵马而来,停在天福楼外,用一只手勒紧缰绳,另一只手却在剥着花生。

站在窗口的人,一转头就看到了他,也看到了他斜插在腰带上的那柄剑。

一柄没有鞘的剑,薄而锋利。

有的人已在失声惊呼:"路小佳!"

路小佳这三个字竟似有种神秘的吸引力,听到这名字的人,都已赶到窗口。

叶开也赶过来,笑道:"不上来喝杯酒?"

路小佳仰起了脸,道:"你吃不到我的花生,为何要请我喝酒?"

叶开道:"那是两回事。"

他转身拿起桌上一杯酒,抛过去。

这杯酒就平平稳稳地飞到路小佳面前,就像是有人在下面托着一样。

路小佳笑了笑,手指轻轻一弹,酒杯弹起,在空中翻了个身。

杯中的酒就不偏不倚恰好倒在路小佳嘴里。

路小佳笑道:"好酒。"

叶开道:"再来一杯?"

路小佳摇摇头,道:"我只想来问问你,你是不是也接着了帖子?"

叶开道:"昨天才接到。"

路小佳道:"你去不去?"

叶开道:"你知道我是一向喜欢凑热闹的。"

路小佳道:"好,我们九月十五,白云庄再见。"

他捏开花生,抛起,正准备用嘴去接。

谁知叶开的人已飞了出去,一张嘴,接着了这颗花生,凌空倒翻,轻飘飘地又飞了回来,大笑道:"我总算吃到了你的花生了。"

路小佳怔了怔,突也大笑,大笑着扬鞭而去,只听他笑声远远传来,道:"好小子,这小子真他妈的是个好小子。"

面已经凉了。面汤是混浊的,上面漂着几根韭菜。

只有韭菜,最粗的面,最粗的菜,用一只缺了口的粗碗装着。

翠浓低着头,手里拿着双已不知被多少人用过的竹筷子,挑起了几根面,又放下去。

她虽然已经很饿,但这碗面却实在引不起她的食欲来。

平时她吃的面通常是鸡汤下的,装面的碗是景德镇来的瓷器。

看着面前的这碗面,她忍不住轻轻叹了口气,放下筷子。

傅红雪碗里的面已吃光了,正在静静地看着她,忽然道:"你吃不下?"

翠浓勉强笑了笑,道:"我……不饿。"

傅红雪冷冷道:"我知道你吃不惯这种东西,你应该到天福楼去的。"

翠浓垂着头,轻轻地道:"你知道我是不会去的,我……"

傅红雪道:"你是不是怕别人不欢迎?"

翠浓摇摇头。

傅红雪道:"你为什么不去?"

翠浓慢慢地抬起了头,凝视着他,柔声道:"因为你在这里,所以我也在这里,别的无论什么地方我都不会去。"

傅红雪不说话。

翠浓悄悄地伸出手,轻抚着他的手——那只没有握刀的手。

她的手柔白纤美。她的抚摸也是温柔的,温柔中又带着种说不出的挑逗之意。

她懂得怎么样挑逗男人。

傅红雪忽然甩开了她的手,冷冷道:"你认得那个人?"

翠浓又垂下头,道:"只不过……只不过是个普通客人。"

傅红雪道:"什么叫普通客人?"

翠浓轻轻道:"你知道我以前……在那种地方,总免不了要认得些无聊的男人。"

傅红雪目中已露出痛苦之色。

翠浓道:"你应该原谅我,也应该知道我根本不想理他。"

傅红雪的手握紧,道:"我只知道你一直都在死盯着他。"

翠浓道:"我什么时候死盯着他了,只要看他一眼,我就恶心得要命。"

傅红雪道:"你恶心?"

翠浓道:"我简直恨不得你真的杀了他。"

傅红雪又冷笑,道:"你以为我说的是那个姓彭的?"

翠浓道:"你不是说他?"

傅红雪冷笑道:"我说的是叶开。"

翠浓怔住。

傅红雪道:"你是不是也认得他?他是不是个普通的客人?"

翠浓脸上也露出痛苦之色,凄然道:"你为什么要说这种话?你是在折磨我？还是在折磨你自己？"

傅红雪苍白的脸已因激动而发红，他勉强控制着自己，一字字道："我只不过想知道，你是不是认得他而已。"

翠浓道："就算我以前认得他，现在也已经不认得了。"

傅红雪道："为什么？"

翠浓道："因为现在我只认得你一个人，只是认得你。"

她又伸出手，用力握住了他的手。

傅红雪看着她的手，神色更痛苦，道："只可惜我不能让你过你以前过惯的那种日子，你跟着我，只能吃这种面。"

翠浓柔声道："这种面也没什么不好。"

傅红雪道："但你却吃不下去。"

翠浓道："我吃。"

她又拿起筷子，挑起了碗里的面，一根根地吃着，看她脸上勉强的笑容，就像是在吃毒药似的。

傅红雪看着她，突然一把夺过她的筷子，大声道："你既然吃不下，又何必吃？……我又没有勉强你。"

他声音已因激动而嘶哑，手也开始发抖。

翠浓眼睛已红了，眼泪在眼睛里打着滚，终于忍不住道："你何必这样子对我？我……"

傅红雪道："你怎么样？"

翠浓咬了咬牙，道："我只不过觉得我们根本不必过这种日子的。"

她叹息着，柔声道："你带出来的钱虽然已快用完了，但是我还有。"

傅红雪胸膛起伏着，嗄声道："那是你的，跟我没有关系。"

翠浓道："连我的人都已是你的，我们为什么还要分得这么清楚？"

傅红雪苍白的脸已通红，全身都已因激动而颤抖，一字字道："但你为什么不想想，你的钱有多脏？我只要一想起你那些钱是怎么来的，我就要吐。"

翠浓的脸色也变了，身子也开始发抖，用力咬着嘴唇道："也许不但我的钱脏，我的人也是脏的。"

傅红雪道："不错。"

翠浓道："你用不着叫我想，我已想过，我早已知道你看不起我。"

她嘴唇已咬出血来，嘶声接着道："我只希望你自己也想想。"

傅红雪道："我想什么？"

翠浓道："你为什么不想想，我是怎么会做那种事的？我为了谁？我……我这又是何苦？"

她虽然尽力在控制着自己，还是已忍不住泪流满面，忽然站起来，流着泪道："你既然看不起我，我又何必定要缠着你，我……"

傅红雪道："不错，你既然有一串串的银子可赚，为什么要跟着我，你早就该走了。"

翠浓道："你真的不要我？"

傅红雪道："是的。"

翠浓道："好，好，好……你很好。"

她突然用手掩着脸，痛哭着奔出去。

傅红雪没有阻拦她，也没有看她。

她已冲出去，"砰"地，用力关上了门。

傅红雪还是动也不动地坐着。他身子也不再颤抖，但一双手却已有青筋凸出，额上已有冷汗流下。可是他突然倒了下去，倒在地上不停地抽搐、痉挛，嘴角吐出了白沫。然后他就开始在地上打着滚，像野兽般低嘶着，喘息着……就像是一只在垂死挣扎着的野兽。

门又开了。

翠浓又慢慢地走了进来。她面上泪痕竟已干了，干得很快，眼睛里竟似在发着光。但是她的手却又在颤抖。那绝不是因为痛苦而颤抖，而是因为兴奋！紧张！她眼睛盯着傅红雪，一步步走过去……突然间，她听到一种奇怪的声音——咀嚼的声音！

一个人不知何时已从窗外跳进来，正倚在窗口，咀嚼着花生。

路小佳！

翠浓脸色变了，失声道："你来干什么？"

路小佳道："我不能来？"

翠浓道："你想来杀他？"

路小佳笑了笑，淡淡道："是我想杀他？还是你想杀他？"

翠浓脸色又变了变，冷笑道："你疯了，我为什么想杀他？"

路小佳叹了口气：道："女人若要杀男人，总是能找出很多理由来的。"

翠浓忽然挡在傅红雪前面，大声道："不管你怎么说，我也不许你碰他。"

路小佳冷冷道："就算你请我碰他，我也没兴趣，我从来不碰男人的。"

翠浓道："你只杀男人？"

路小佳答道："我也从来不杀一个已经倒下去的男人。"

翠浓道："你究竟是来干什么的？"

路小佳道："只不过来问问你们，有没有接到帖子而已。"

翠浓道："帖子？什么帖子？"

路小佳又叹了口气，道："看来你们的交游实在不够广阔。"

翠浓道："我们用不着交游广阔。"

路小佳道："不交游广阔怎么能找到人？"

他突然拔剑，眨眼间就在墙上留下了八个字！

"九月十五，白云山庄。"

翠浓道："这是什么意思？"

路小佳笑了笑，道："这意思就是，我希望你们能在九月十五那天，活着到白云山庄去，死人那里是不欢迎的。"

一阵风吹过，窗台上有样东西被吹了下来，是个花生壳。路小佳的人却似已被吹走了。

风吹木叶，簌簌地响，傅红雪的喘息却已渐渐平静下来。

翠浓痴痴地站在那里，怔了许久，终于俯下身，抱起了他。

她的怀抱温暖而甜蜜。她一向懂得应该怎么样去抱男人。

第二十八章

有女同行

九月十四。土王用事，曲星。宜沐浴，忌出行。冲虎煞南，晴。

黄昏。

官道旁有个茶亭。

并不是每个茶亭都只供应茶水，有些茶亭中也有酒。茶是免费的，酒却要用钱买。

这茶亭里有四种酒，都是廉价的劣酒，而且大多是烈酒。除了酒之外，当然还有廉价的食物，豆干、卤蛋、馒头、花生。

茶亭四面的树荫下摆着些长板凳，很多人早就在板凳上，跷着脚，喝着酒，剥着花生。

傅红雪却在看别人剥着花生，似已看得出了神。有的人正在用花生和豆干配酒，有些人正在用花生和豆干配馒头。花生和豆干，本来就好像说相声的一样，一定要一搭一档才有趣，分开来就淡而无味了。但他却只要豆干，拒绝花生。好像花生只能看，不能吃的。

翠浓忍不住悄悄道："你还在想那个人？"

傅红雪闭着嘴。

翠浓道："就因为他喜欢吃花生，所以你不吃？"

傅红雪还是闭着嘴。

翠浓叹了口气，道："我知道……"

傅红雪突然道："你知道什么？"

翠浓道："你的病发作时，不愿被人看见，但他却偏偏看见了，所以你恨他。"

傅红雪又闭起了嘴，闭得很紧，就和他握刀的手一样紧。除了他之外，这里很少有人带刀。也许就因为这柄刀，所以大家都避开了他，坐得很远。

翠浓又叹了一口气，道："九月十五，白云庄，他为什么要在九月十五这天到白云庄去呢？我真不明白……"

傅红雪冷冷道："你不明白的事很多。"

翠浓道："但是我却不能不想。"

傅红雪道："想什么？"

翠浓道："他要我们去，一定没什么好意，所以我更不懂你为什么一定偏偏要去。"

傅红雪道："没有人要你去。"

翠浓垂下头，咬着嘴唇，不说话了。她已不能再说，也不敢再说。

茶亭外的官道旁，停着几辆大车，几匹骡马。到这里来的，大多是出卖劳力的人，除了喝几杯酒外，生命中并没有太多乐趣。几杯酒下肚后，这世界立刻就变得美丽多了。

一个黝黑而健壮的小伙子，刚刚下了他的大车走进来，带着笑跟几个伙伴打过招呼，就招呼这里的老板，叫道："王聋子，给我打五斤酒，切十个卤蛋，今天我要请客。"

王聋子其实并不聋，只不过有人要欠账时，他就聋了。

他斜着白眼，瞧着那小伙子，冷冷地道："你小子疯了？"

小伙子瞪眼道:"谁说我疯了?"

王聋子道:"没有疯好好的请什么客?"

小伙子道:"今天我发了点小财,遇见了个大方客人。"

他故作神秘地笑了笑,又道:"提起这个人来,倒真是大大的有名。"

于是大家立刻都忍不住抢着问:"这人是谁?"

小伙子又笑了笑,摇着头道:"我说出来,你们也未必听说过。"

"这是什么话?"

"既然大大的有名,我们为什么没听说过?"

"因为你们还不配。"

"我们不配,你配?"

"我若不是有个堂兄在镖局里做事,我也不会听说的。"

"你少卖关子好不好,那人到底是姓什么?叫什么?"

小伙子跷起了泥脚,悠然道:"他姓路,叫作路小佳。"

傅红雪本已站起来要走,突又坐了下去。

幸好别的人都没有注意他,都在问:"这路小佳是干什么的?"

"是个刺客。"

他故意压低了语声,但声音又刚好能让每个人都听得见。

"刺客?"

"刺客的意思就是说,你只要给他银子,他就替你杀人,据说他杀一个人至少也要上万两的银子。"

每个人都瞪大了眼睛,几乎连气都喘不过来了。

"我堂兄那家镖局的总镖头,就是被他杀了的。"

"你说的是上半年刚做过丧事的那位邓大爷?"

"不错,他出丧的那天,你们都去了,每个人都得了五两银子,是不是?"

"嗯,那天的气派真不小。"

"所以你们总该看得出,他活着时当然也是个很了不起的人,可是他遇见这位路大爷,连刀都没拔出来,就被人家一剑刺穿了喉咙。"

"你怎么知道的?"

"我堂兄在旁边亲眼看见的,就因为他一回去就把这位路大爷的样子告诉了我,所以今天我才认出了他——倒也不是认出了他的人,是认出了他的剑。"

"他的剑有什么特别?"

"他的剑没有鞘,看来就像是把破铜烂铁,但我堂兄却告诉我,他这一辈子从来也没有看见过这么可怕的剑了。"

大家惊叹着,却还是有点怀疑。

"人家杀个人就能赚上万两的银子,怎么会坐上你的破车?"

"他的马蹄铁磨穿了,我刚巧路过,从前面的清河镇到白云庄这么点路,他就给了我二十两。"

"看来你这小子的造化真不错。"

大家惊讶着,叹息着,又都有点羡慕:"不吃白不吃,今天我们若不吃他个三五两银子,这小子回去怎么睡得着?"

突然一人道:"要请客也得请我。"

这人就躺在后面的树荫下,躺在地上,用一顶连边都破了的马连坡大草帽盖着脸。

他不但帽子是破的,衣服也又脏又破,看来连酒都喝不起,所以只有躺在那里干睡。

有的人已皱起眉头在嘀咕:"请你,凭什么请你?"

那小伙子却笑道:"四海之内皆兄弟,就请请你也没什么,朋友你既然要喝酒,就请起来吧。"

这人冷冷道:"我虽然喝你的酒,却不是你的朋友,你最好记着。"

他把帽子往头上一推,懒洋洋地站了起来,赫然竟是条身高八尺的彪形大汉,肩膀几乎有平常人两个宽,一双蒲扇般的大手垂下来,几乎已盖过了膝盖,脸上颧骨高耸,生着两道扫帚般的浓眉,一张大嘴。

他身上穿的衣服虽然又脏又破,但这一站起,可是威风凛凛,叫人看着害怕。

本来已经有人要教训他了,问他为什么要喝人家的酒,却不承认人家是朋友。

现在哪里还有人敢开口的。

王聋子刚把五斤酒、十个卤蛋搬出来,这人就走过去,道:"这一份归我。"

他说的话好像就是命令,既简单,又干脆。只见他抓起两个蛋,往嘴里一塞,三口两口就吞了下去。吃两个蛋,喝一口酒,眨眼间五斤酒十个蛋就全下了肚。大家在旁边看着,眼珠子都快掉了下来。

他喝完最后一口酒,才总算停下来歇口气,懒洋洋地摸着肚子,道:"照这样再来一份。"

王聋子又吓了一跳,失声道:"再来一份?"

大汉沉下了脸,厉声道:"我说的话你听不见?"

这一声大喝,就像是半空中打下个霹雳,连聋子的耳朵都要被震破。

那小伙子正跷着脚坐在旁边的凳子上,竟被他吓得跌了下去。大汉伸出蒲扇般的大手,像抓小鸡似的把他从地上抓了起来,忽然对他咧嘴一笑,道:"你怕什么?怕请客?"

他不笑还好,这一笑起来,一张嘴几乎已裂到耳朵根子,看来就像是庙里的金刚恶鬼。

小伙子脸都吓白了，吃吃道："我……我……"

大汉道："你不请，我请。"

他随手一掏，就掏出锭银子来，竟是五十两一锭的大元宝。小伙子的眼睛又发了直。

大汉道："这锭银子全是你的了，但明天一早，你就得在这里等着，载我去白云庄，你若敢误了我的事，你的脑袋就会变得像这锭银子一样。"

他的手一用力，手里的银子竟被捏得像团烂泥。

小伙子刚站起来，又吓得一跤跌倒。大汉仰面大笑，将银子往这小伙子面前一抛，头也不回地扬长而去。

他走得虽不快，但一步迈出去就是四五丈，眨眼间就已消失在暮色里，只听一阵悲壮苍凉的歌声自秋风中传来：

> 九月十五月当头，
> 月当头兮血可流。
> 流不尽的英雄泪，
> 杀不尽的仇人头……

歌声也愈来愈远，终于听不见了。

傅红雪痴痴地出了半晌神，忽然仰天长叹，道："好一个杀不尽的仇人头！"

凌晨。东方刚现出鱼肚白色，大地犹在沉睡。茶亭里已没有人了，王聋子晚上并不睡在这里，现在这里只有那小伙子的大车还停在树下，他的人已蜷曲在车上睡着。

他生怕自己来迟了，那凶神般的大汉会将他脑袋捏成烂泥。

风很冷，大地苍茫，远处刚传来一两声鸡啼。

一个人慢慢地从熹微的晓色中走过来，左脚先迈出一步，右腿再跟着拖上去。

一个苗条美丽的女人，手里提着个包袱，垂着头跟在他身后。

风吹着木叶，晨雾刚升起。

雾也是冷的。

冷雾，晓风，残月。

傅红雪在茶亭上停下来，回头看着翠浓。

翠浓的脸也是苍白的，虽然拉紧了衣襟，还是冷得不停发抖。

在雾中看来，她显得更美，但神色间却已显得有些疲倦、憔悴。

傅红雪静静地看着她，冷漠的目光已渐渐变得温柔，忍不住轻轻叹息了一声，道："你累了。"

翠浓柔声道："累的应该是你，你本该多睡一会儿的。"

傅红雪道："我睡不着，可是你……"

翠浓垂下头嫣然一笑，道："你睡不着，我怎么能睡得着？"

傅红雪忍不住走过去，拉住了她的手。

她的手冰冷。

傅红雪黯然道："还没有找到马空群之前，我绝不能回去，也没有脸回去。"

翠浓道："我知道。"

傅红雪道："所以我只有要你陪着我吃苦。"

翠浓抬起头，凝视着他，柔声道："你应该知道我不怕吃苦，什么苦我都吃过。"

她拉起傅红雪的手，贴在自己脸上，轻轻道："只要你能对我好一点，不要看不起我，就算叫我死，我也愿意。"

傅红雪又长长叹息了一声，道："我实在对你不好，我自己也知道，所以那天你就算真的走了，我也不会怪你的。"

翠浓道："可是我怎么会走？就算你用鞭子来赶我，我也不会走的。"

傅红雪忽然笑了。

他的笑容就像是冰上的阳光，显得分外灿烂，分外辉煌。

翠浓看着他的笑容，竟似有些痴了，过了很久，才叹息着道："你知道我最喜欢的是什么？"

傅红雪摇摇头。

翠浓道："我最喜欢看到你的笑，但你却偏偏总是不肯笑。"

傅红雪柔声道："我会常常笑给你看的，只不过，现在……"

翠浓道："现在还不到笑的时候？"

傅红雪慢慢地点了点头，忽然改变话题，道："那个人为什么还不来？"

他仿佛总不愿将自己的情感表露得太多，仿佛宁愿被人看成个冷酷的人。

翠浓失望地叹了口气，勉强笑道："你放心，我想他绝不会不来的。"

傅红雪沉吟着，道："你看他是个怎么样的人？"

翠浓道："我看他一定是路小佳的仇人，既然已知道路小佳在白云庄，他怎么会不去？"

傅红雪抬起头，遥望着已将在冷雾中逐渐消失的晓月喃喃道："今天已经是九月十五了，今天究竟会发生些什么事？……"

有风吹过，突听一阵歌声隐隐随风而来：

流不尽的英雄血，

杀不尽的仇人头。

　　头可断，血可流，

　　仇恨难罢休……

　　歌声在这愁煞人的秋晨中听来，显得更苍凉，更悲壮。

　　翠浓动容道："果然来了。"

　　傅红雪道："嗯。"

　　翠浓道："我们要不要先躲一躲？"

　　傅红雪冷冷道："我从来不逃，也从来不躲。"

　　只听远处有人大笑，道："好一个从来不逃，从来不躲，这才是真正的男子汉。"

　　翠浓叹了口气，苦笑道："这人的耳朵好尖。"

　　这句话刚说完，那大汉已迈着大步，走到他们面前，头上还是戴着那顶破旧的大草帽，手里却多了个漆黑发亮的酒葫芦，看着傅红雪大笑道："果然是你，我就知道你一定也会在这里等的。"

　　傅红雪道："你知道？"

　　大汉道："我不知道谁知道？"

　　他扬起脸，将酒葫芦凑上嘴，"咕嘟咕嘟"地喝了几大口，忽然沉下了脸，厉声道："我既已来了，你为何还不动手？"

　　傅红雪怔了怔，道："我为什么要动手？"

　　大汉道："来取我项上的人头。"

　　傅红雪道："我为什么要取你项上的人头？"

　　大汉仰天笑道："薛果纵横天下，杀人无算，有谁不想要我这颗大好头颅？"

　　傅红雪道："我不想。"

　　这次是大汉怔住。

傅红雪道:"我根本不认得你。"

大汉冷笑道:"薛果仇家虽遍布天下,认得我的却早已被我杀光了,还能活着来杀我的,本就已只剩下些不认得的。"

傅红雪道:"你常常等着别人来杀你?"

大汉道:"不错。"

傅红雪淡淡道:"只可惜这次你却要失望了。"

大汉皱眉道:"你不是在这里等杀我的?"

傅红雪道:"我已立誓杀人绝不再等。"

大汉道:"你说的不错,杀人的机会本就是稍纵即逝,错过了实在可惜,实在是等不得的!"

傅红雪冷冷道:"所以你若是我的仇人,我昨夜就已杀了你!"

大汉道:"所以我并不是你的仇人?"

傅红雪道:"不是。"

大汉忽又大笑,道:"看来我运气还不错,看来做你的仇人并不是件愉快的事。"

傅红雪道:"绝不是。"

大汉道:"做你的朋友呢?"

傅红雪道:"我没有朋友。"

大汉道:"连薛大汉也做不了你的朋友?"

傅红雪道:"薛大汉?"

大汉笑道:"我就是薛大汉。"

傅红雪道:"我还是不认得你。"

薛大汉道:"你也不想认得我?"

傅红雪道:"不想。"

薛大汉又叹了口气,喃喃道:"既不想要我人头,也不想做我朋友,这种人倒少见得很。"

傅红雪道："本来就少见得很。"

薛大汉道："你想要什么？"

傅红雪道："只想跟着你的大车，到白云庄去。"

薛大汉道："就这样？"

傅红雪道："就这样。"

薛大汉道："好，上车吧。"

傅红雪道："我不上车。"

薛大汉又怔了怔，道："为什么又不上车了？"

傅红雪道："因为我没有五十两银子付车钱。"

薛大汉道："你难道要跟在车子后面走？"

傅红雪道："你坐你的车，我走我的路，我们本就没有关系。"

薛大汉看着他，看着他苍白的脸、漆黑的刀，又忍不住叹道："你真是个怪人，简直比我还怪！"

他的确也是个怪人。

天渐渐亮了。

初升的阳光，就像是刀一样，划破了轻纱般的冷雾，大地上的生命已开始苏醒了。

那小伙子还没有醒。

薛大汉大步走过去，一把抓起了他，大声道："快起来，赶车到白云庄去。"

小伙子揉着惺忪的睡眼，赔着笑道："大爷就请上车。"

薛大汉道："大爷不上车。"

小伙子怔了怔，道："为什么不上车？"

薛大汉道："因为大爷高兴。"

这小伙子年纪虽轻，赶车也赶了六七年，却还没有见过这样的人。明明花了钱雇车，却情愿跟在车子后面走。但只要是人家大爷高兴，他就算要在后面爬，也没有人管得着。

小伙子心里虽奇怪，倒也落得个轻松。他赶着车在前面走，后面居然有三个人在跟着——一个凶神般的大汉，一个脸色苍白的跛子，一个风姿绰约的美女。

这样一行人走在路上，有谁能不多看几眼的。

但薛大汉洋洋自得，别人对他是什么看法，他完全不放在心上。

傅红雪心事重重，我行我素，仿佛根本就不属于这世界的。翠浓眼睛里更没有别的人，在傅红雪面前，她根本连看都不看别人一眼。

赶车的小伙子心里又不禁嘀咕，他实在想不通这三个人为什么要到白云庄去。白云庄本来根本不是他们这种人去的地方。

薛大汉喝了几大口酒，忽然用力赶上大车，道："我们又不是赶去奔丧的，你慢点行不行？"

小伙子赔笑道："行，当然行。"

雇车的不急，他当然更不急。

薛大汉自己也放慢了脚步，道："白云庄又不远，反正今天一定可以赶到的。"

他这句话显然是说给傅红雪听的，傅红雪却像是没听见。

薛大汉已落在他身旁，又问道："却不知你到白云庄去干什么？"

傅红雪还是听不见。

薛大汉道："你认得袁秋云？"

傅红雪终于忍不住问道："袁秋云是谁？"

薛大汉道："就是白云庄的庄主。"

傅红雪道："不认得。"

薛大汉笑了笑，道："你连薛大汉都不认得，当然是不会认得袁秋云的了。"

傅红雪道:"你认得他?"

薛大汉道:"我怎么会认得那种老古董。"

傅红雪沉默了半晌,忽然又问道:"你只认得路小佳?"

薛大汉动容道:"你怎么知道我认得他?"

他忽又摇了摇头,叹息着道:"你当然知道,无论谁都应该看得出,我是去找他的。"

傅红雪道:"找他干什么?"

薛大汉冷笑道:"也不干什么,只不过想把他的脑袋切下来,一脚踢到阴沟里去。"

傅红雪道:"他是你的仇人?"

薛大汉道:"本来不是。"

他又喝了两口酒,道:"本来他是我的朋友。"

傅红雪道:"朋友?"

薛大汉咬着牙,道:"朋友有时比仇人还可怕,更可怕,尤其是像他这样的朋友。"

傅红雪道:"你上过他的当?"

薛大汉恨恨道:"我把全副家当都交付于他,把我最喜欢的女人也交给了他,但他却溜了,带着我的全副家当和我的女人溜了。"

傅红雪皱了皱眉,道:"看来他倒不像是个这么样的人。"

薛大汉沉声道:"就因为他不像,所以我才会信任他。"

傅红雪又沉默了半晌,淡淡道:"朋友有时的确比仇人还可怕。"

薛大汉道:"你从来都没有朋友?"

傅红雪道:"没有。"

薛大汉叹了口气,又一大口一大口地喝起酒来。

过了很久,傅红雪忽然又道:"你本来不必陪我走的。"

薛大汉道:"的确不必,本来我们可以一起坐在车上。"

傅红雪也不说话了。

又走了段路,薛大汉忽然把酒葫芦递过去,道:"喝口酒?"

傅红雪道:"不喝。"

薛大汉道:"你从来都不喝酒?"

傅红雪道:"从来不喝。"

薛大汉道:"赌钱呢?"

傅红雪道:"从来不赌。"

薛大汉道:"你喜欢干什么?"

傅红雪道:"什么都不喜欢。"

薛大汉叹道:"一个人若是什么都不喜欢,活着还有什么乐趣?"

傅红雪道:"我本不是为了有趣而活着的。"

薛大汉道:"你活着是为了什么?"

傅红雪紧握着他的刀,一字字道:"为了复仇。"

薛大汉看着他苍白的脸,心里竟也忍不住升起一股寒意,苦笑着道:"看来做你的仇人,的确不是件愉快的事。"

傅红雪垂下头,看着自己手里的刀,又不说话了。

薛大汉目光闪动,试探着问道:"你是不是也认得路小佳?"

傅红雪道:"我只见过他。"

薛大汉道:"怎么会见到的?"

傅红雪道:"他想来杀我。"

薛大汉动容道:"后来呢?"

傅红雪淡淡道:"后来他就走了。"

薛大汉道:"你就让他走?"

傅红雪道:"我并不想杀他……我想杀的只有一个人。"

薛大汉道:"你的仇人?"

傅红雪点点头。

薛大汉道："你的仇人只有一个？"

傅红雪道："现在我只知道一个。"

薛大汉叹了口气，道："你的运气比我好。"

傅红雪忽然也长叹了一口气，道："其实你的运气比我好。"

薛大汉道："为什么？"

傅红雪道："若有杀不尽的仇人可杀，倒也是人生一快，只可惜我……"

他目中露出痛苦之色，黯然道："只可惜我连那一个仇人都找不到。"

薛大汉道："你那仇人是谁？"

傅红雪道："你不必知道。"

薛大汉目光闪动，道："但是我却说不定可以帮你找到他。"

傅红雪沉吟着，终于道："他姓马，马空群。"

薛大汉悚容道："万马堂的主人？"

傅红雪也悚然动容，道："你认得他！"

薛大汉摇摇头，没有回答这句话，却喃喃道："这就难怪你要到白云庄去了！"

傅红雪道："白云庄和万马堂又有什么关系？"

薛大汉道："本来是没有的。"

傅红雪道："现在呢？"

薛大汉道："你难道真不知道今天是什么日子？"

傅红雪道："我怎么会知道？"

薛大汉道："你也没有接到帖子？"

傅红雪道："谁发的帖子？"

薛大汉道："当然是白云庄，今天就是他们少庄主大喜的日子。"

傅红雪道："我也不认得他。"

薛大汉道："但新娘子你却一定认得的。"

傅红雪道："新娘子是谁？"

薛大汉说道："就是马空群的女儿，听说叫作马芳铃。"

傅红雪的脸色变了。

薛大汉沉吟着，道："所以马空群今天想必也会到白云庄去。"

这句话还没有说完，傅红雪已纵身跃上了马车。

他轻功一施展出来，行动就突然变得箭一般迅速，绝没有人再能看得出他是个跛子。

薛大汉看着他，目中带着深思之色，过了半晌，才叹息着道："果然是好身手！"

这时傅红雪却已蹿上了马车的前座，夺过了那小伙子的马鞭，"唰"的一鞭往马腹上抽了下去。

马车已绝尘而去，竟将薛大汉和翠浓抛在后面。

翠浓垂下头，眼泪似已忍不住要夺眶而出。

薛大汉忽然对她笑了笑，道："你放心，我不会让他甩下你的。"

语声中他已迈开大步追上去，只五六步就已追上了马车，一伸手，拉住了车辕。

拉车的马一声长嘶，人立而起，车马竟硬生生被他拉住了，再也没法子往前走半步。

薛大汉又回头向翠浓笑了笑，道："请上车。"

翠浓终于抬起头，轻轻道："那女人不该抛下你跟路小佳走的，你是个君子。"

薛大汉叹了口气，苦笑道："只可惜这年头君子在女人面前已不吃香了。"

第二十九章

蛇蝎美人

天大亮，阳光普照。

今天已是九月十五。

九月十五。

乌兔太阳申时。

大吉。

忌嫁娶。

忌安葬。

冲龙煞北。

晴。

艳阳天。

大地清新，阳光灿烂。路上不时有鲜衣怒马的少年经过，打马赶向白云山庄。

拉车的马当然不会是快马，但现在它的确已尽了它的力了。傅红雪已将马鞭交回给那小伙子，坐到后面来，手里紧紧握着他的刀。

这双手本就不适于赶车的。

"你为何不留些力气，等着对付马空群！"

傅红雪紧紧地闭着嘴，脸色又苍白得接近透明。

翠浓坐在他身旁，看着他，目中充满了忧郁之色，却又不知是为谁忧虑。

薛大汉一大口一大口地喝着酒，喃喃道："我只希望路小佳和马空群都在那里……"

傅红雪突然道："那么你就该少喝些酒。"

薛大汉皱眉道："为什么？"

傅红雪冷冷道："醉鬼是杀不死人的，尤其杀不死路小佳那种人。"

薛大汉冷笑道："难道要杀人前只能吃花生？"

傅红雪道："花生至少比酒好。"

薛大汉道："哪点比酒好？"

傅红雪道："哪点比酒都好。"

嘴里有东西嚼着的时候，的确可以令人的神情松弛，而且花生本就是件很有营养的东西，可以补充人的体力。

薛大汉刚瞪起眼睛，像是想发脾气，却又叹了口气，苦笑道："看来我们都应该吃点花生才是，我们好像都太紧张了。"

赶车的小伙子忽然回过头来，笑说道："现在咱们已经走上往白云庄的大道了，从这里已经可以看到白云庄。"

薛大汉立刻忍不住伸长了脖子去瞧。

大道上黄尘滚滚，山色却是青翠的，翠绿色的山坡上，一排排青灰色的屋顶在太阳下闪着光。

薛大汉皱着眉，道："看来这白云庄的规模倒真不小。"

赶车的小伙子笑道："袁家本是这里的首户，提起袁家的大少爷来，在这周围八百里的人有谁不知道的呢？"

薛大汉又瞪起眼，厉声道："大爷我就不知道他是什么东西！"

赶车的小伙子一看见他瞪眼，早已吓得转回头，再也不敢开腔了。

马车已渐渐走入了山路，两旁浓荫夹道，人迹却已渐少。

该来的人，此刻想必都已到了白云庄。

"马空群是不是真的会在那里？"

傅红雪握刀的手背上已凸出青筋，若不是如此用力，这双手只怕已在发抖。

翠浓悄悄地握住了他的手，柔声道："他若在这里，就跑不了的，你何必着急？"

傅红雪好像根本没听见她在说什么，只是瞪大了眼睛，看着自己手里的刀。

刀鞘漆黑，刀柄漆黑。

薛大汉也正在看着这柄刀。

这本来是柄很普通的刀，但是被握在傅红雪苍白的手里时，刀的本身就似已带着一种神秘的、符咒般的魔力。

无论谁看着这柄刀就像是已被魔神诅咒过的。

薛大汉轻轻叹了口气，忽然道："你能不能让我看看你的刀？"

傅红雪道："不能。"

薛大汉道："为什么？"

傅红雪道："没有人看过我的刀！"

薛大汉道："我若一定要看呢？"

傅红雪冷冷道："那就一定有人要死——不是你死，就是我死。"

薛大汉的脸色已有些变了，却笑了笑，道："路小佳的剑就不怕被人看，他的剑根本就没有鞘。"

傅红雪道："你随时都可以去看他的剑，但最好永远也不要想看我的刀。"

他目光忽然变得很遥远，一字字接着道："这本来就是柄不祥的刀，看到它的人必遭横祸。"

薛大汉脸色又变了变，还想再问，但就在这时，马车忽然停下。

他转过头，就看见有样东西在太阳下闪着光，赫然竟是一粒花生。

剥了皮的花生。

花生落下，落在路小佳嘴里。

路小佳懒洋洋地站在路中央，他的剑也在太阳下闪着光。

薛大汉跳了起来，乌篷大车的顶，立刻被他撞得稀烂。

路小佳叹了口气，道："幸好这辆车不结实，否则你的头岂非要被撞出个大洞？"

薛大汉厉声道："你岂非就想我头上多个大洞。"

路小佳微笑道："仔细想一想，那倒也不坏，把酒往洞里倒，的确比用嘴喝方便些。"

薛大汉又跳起来，怒道："你还想在我面前说风凉话？你还敢来见我？"

路小佳道："为什么不敢？我本来就是在这里等你的。"

薛大汉怔了怔，道："你知道我要来？"

路小佳道："别人都在奇怪，你为什么不坐在车上，我却一点也不奇怪，就算你把车子扛在背上走，我都不会奇怪。"

他微笑着又道："你这个人本就是什么事都做得出的。"

薛大汉道："你呢？天下还有什么事是你做不出来的？"

路小佳道："笨蛋做的事，我就做不出。"

薛大汉冷笑道："你当然不是笨蛋，我才是笨蛋，我居然将你这种人当作朋友。"

路小佳道："我本来就是你的朋友。"

薛大汉厉声道："你是我的朋友？我交给你的八十万两银子呢？"

路小佳淡淡道："我花了。"

薛大汉大叫道："什么？你花了？"

路小佳道："我们既然是好朋友，朋友本就有通财之义，你的银子我为什么不能花？"

薛大汉怔了怔道："你……你怎么花的？"

路小佳道："全送了人。"

薛大汉道："送给了谁？"

路小佳道："一大半送给了黄河的灾民，一小半送给了那些老公被你杀死了的孤儿寡妇。"

他不让薛大汉开口，又抢着道："你的银子来路本不正，我却替你正大光明地花了出去，你本该感激我才是。"

薛大汉怔住了，怔了半天，突又大声道："我的女人你难道也送给了别人？"

路小佳道："那倒没有。"

薛大汉道："她的人呢？"

路小佳道："我已杀了她。"

薛大汉又跳起来，大叫道："什么，你杀了她？"

路小佳淡淡道："我杀人又不是什么稀奇的事，你何必大惊小怪？"

薛大汉道："你……你为什么要杀她？"

路小佳道："因为她想偷人。"

薛大汉怒道："她偷的男人是谁？"

路小佳道："我。"

薛大汉又怔住。

路小佳道："她虽然想偷我，却没有偷着，但我既不能保证别的男人都像我一样，也不能保证她不去偷别人，所以只好杀了她。我只有用这种法子才能让你不戴绿帽子。"

薛大汉道:"你难道不能用别的法子?"

路小佳冷冷地答道:"别的法子我不会,我只会杀人。"

薛大汉怔在那里,又怔了半天,忽然仰面大笑,道:"好,杀得好。"

路小佳道:"本来就杀得好。"

薛大汉道:"你杀人好像总是杀得大快人心。"

路小佳道:"我花钱也花得痛快。"

薛大汉大笑道:"花得真痛快,痛快极了,连我都有点佩服你了。"

路小佳道:"我早就知道你会佩服我的。"

薛大汉道:"这酒还不错,来两口吧。"

路小佳道:"这花生也不错,正下酒。"

两人大笑着,你勾起了我的肩,我握紧了你的手。

赶车的小伙子已经在旁边看得连眼睛都直了,他还真没有看见过这样的人,这样的朋友。

薛大汉忽又问道:"可是你为什么不等我回去就走了呢?"

路小佳道:"我赶着去杀别人。"

薛大汉道:"杀谁?"

路小佳笑了笑,道:"就是那个刚才还在你车上的人。"

薛大汉道:"刚才?……"

他回过头,才发现刚才还在车上的傅红雪,竟已不见了,只剩下翠浓一个人坐在那里。

现在她却已不再低垂着头,正瞪大了眼睛,看着路小佳。

薛大汉皱眉道:"你那男人呢?"

翠浓咬着嘴唇,道:"他不是我的男人,因为他从来也没有把我当作他的女人,他简直从来没有把我当作人。"

薛大汉道:"也许你看错了他。"

翠浓道:"我没有……我从来不会看错任何一个男人的。"

她说话的时候,眼睛还是盯着路小佳,忽又冷笑道:"我现在总算也看出你是哪种男人了。"

路小佳淡淡道:"我是哪种男人?"

翠浓道:"是个没胆子的男人!"

路小佳笑了。

翠浓道:"你若还有一点胆量,为什么不敢娶马芳铃?"

路小佳道:"我为什么一定要娶她?"

翠浓道:"因为我知道她是跟着你走的。"

路小佳道:"你知道?"

翠浓道:"我看见她去追你的,也知道她一定追上了你。"

路小佳叹了口气,道:"你知道的事倒真不少。"

翠浓道:"只可惜她知道的事却太少,所以才会喜欢你。"

路小佳又笑了,道:"你以为她真的喜欢我?"

翠浓道:"她若不喜欢你,为什么要去追你?"

路小佳道:"也许她只不过是为了要我替她杀人而已。"

翠浓道:"男人为女人杀人,也并不是什么稀奇的事,你难道从来没有杀过人?"

路小佳道:"你是不是也想要我去杀了傅红雪?"

翠浓道:"你敢不敢去?"

路小佳冷笑!

翠浓道:"就因为你不敢,所以就想法子将她送给了别人。"

路小佳道:"你以为是我不要她的?"

翠浓道:"她既然不顾一切去追你,又怎么会不要你?"

路小佳叹道:"这其中当然还有个故事。"

翠浓道:"什么故事?"

路小佳道:"我带她到白云庄来,她看到了小袁,忽然发现小袁比我好,所以就爱上了小袁,把我一脚踢了出去。"

他叹了口气,苦笑道:"这故事既不曲折,也不离奇,因为这事本就常常会发生的。"

翠浓道:"你为什么要带她到白云庄来?"

路小佳道:"这地方我本就常常来的。"

翠浓冷笑道:"也许你只不过是为了要摆脱她,所以才故意带她来,故意替他们制造这个机会。"

路小佳道:"哦?"

翠浓道:"因为你本来就怕傅红雪,怕他的刀比你的剑快。"

路小佳道:"哦?"

翠浓道:"但现在你当然已用不着怕他了,因为他已绝不会再找你,现在你已跟万马堂的人完全没有关系。"

路小佳冷冷地说道:"我本来就跟他们完全没有关系。"

翠浓道:"但现在白云庄已跟万马堂结了亲。"

路小佳微笑道:"这门亲事岂非本来就是门当户对的?"

翠浓道:"而且他当然不会知道是你将马芳铃带来的。"

路小佳道:"他知道的事的确不多。"

翠浓道:"所以他一定会认为袁秋云也是他的仇人之一。"

路小佳道:"很可能。"

翠浓道:"所以他现在很可能已杀了袁秋云。"

路小佳道:"也很可能。"

翠浓道:"你一点也不关心?"

路小佳语气淡淡地道:"我为什么要关心?是他杀了袁秋云也好,是袁秋云杀了他也好,跟我又有什么关系?"

翠浓盯着他，道："你关心的是什么？"

路小佳道："我只关心我自己。"

他忽又笑了笑，道："就跟你一样，你几时关心过别人？"

翠浓努着嘴唇，缓缓地道："但我却实在是关心他的。"

路小佳道："哦？"

翠浓道："你不信？"

她美丽的眼睛里忽然涌出了晶莹的泪珠，凄然道："你当然不信，有时连我自己都不信，我怎么会忽然变得关心他了。"

路小佳道："你流泪的样子实在很好看，可惜我一向只喜欢会笑的女人，并不喜欢会哭的。"

翠浓咬着牙，突然从车上扑了过去，手里已多了柄尖刀，一刀刺向他的胸膛。

但她的手很快就被抓住。

路小佳微笑着，紧紧地捏住了她的手，悠然道："你杀人本不该用刀的，像你这样的女人，杀人又何必用刀？"

"叮"的一声，刀落在地上。

翠浓忽然倒在他怀里，失声痛哭了起来。

她刚才还想杀了他，真的想杀了他，但现在却伏在他胸膛上，似已将整个人都交给他。

因为他比她强。女人一向只尊敬比自己强的男人。

薛大汉在旁边冷冷地看着，忽然笑了笑，道："刚才她好像真的想杀了你。"

路小佳道："本来就是真的。"

薛大汉道："但现在……"

路小佳道："现在她已知道杀不了我。"

薛大汉道："所以她现在已准备让你宰了。"

路小佳道:"宰?"

薛大汉笑道:"你难道真不懂我说的这'宰'字是什么意思?"

路小佳当然懂。

每个男人都懂。

薛大汉道:"女人就是这样子的,她宰不了你,你就可以宰她。"

路小佳垂下头,看着怀中的翠浓。

翠浓显然已听见了他们所说的话,但却一点反应也没有,她的躯体柔软而温暖。

薛大汉道:"傅红雪还是个不懂风情的孩子,这女人看来却一定要我们这样的男人才能对付得了。"

路小佳冷冷道:"她本来就是个婊子。"

他忽然一把抓住了她的乳房,抓得很用力。

但翠浓还是一点反应也没有。

路小佳看着她,眼睛里忽然露出痛苦厌恶之色,又一把揪住她头发,重重的一个耳光掴了下去。

她苍白美丽的脸立刻被打出了个掌印,鲜红的血慢慢地从嘴角流了下来。

可是她眼睛里却发出了光,看着路小佳,忽然大笑道:"原来你是个……"

路小佳不让她这句话说完,又一掌掴在她脸上。

她的人立刻被打得滚在马车下,像一摊泥般倒在那里。

薛大汉长长叹了口气,道:"你不该打她的,你应该……"

路小佳道:"我应该杀了她。"

薛大汉道:"为什么?因为她偷人?但傅红雪又不是你的朋友,何况她本就是婊子。"

路小佳道:"婊子并不该杀,世上还有种比婊子更下贱的女人。"

薛大汉道:"哪种?"

路小佳道:"一种天生的婊子。"

薛大汉又笑了,道:"你难道希望天下所有的女人都是处女?"

路小佳脸色变了变,冷冷道:"我们又何必站在这里谈这种女人?"

薛大汉道:"我们应该到哪里去?"

路小佳道:"去看杀人。"

他神情忽然变得很兴奋,他一向觉得杀人比女人好看得多。

薛大汉道:"杀人?谁杀人?"

路小佳道:"除了傅红雪外,还有谁杀人值得我们去看?"

忽又笑了笑,道:"你一定也想看看傅红雪那柄刀究竟有多快的。"

薛大汉脸上忽然也露出种很奇怪的表情,微笑着道:"我只希望他莫要杀错了人。"

第三十章

护花剑客

　　路小佳和薛大汉都已走了，翠浓却还蜷伏在马车下，动也不动。

　　赶车的小伙子已被刚才的事吓得面无人色，又怔了半天，才蹲下身，从马车下拉出了翠浓。

　　他以为翠浓一定很气愤，很痛苦。

　　谁知她却在笑。

　　她的脸虽然已被打青了，嘴角虽然在流着血，但眼睛里却充满了兴奋之意。

　　挨了揍的人，居然还笑得出。

　　小伙子怔住。

　　翠浓忽然道："你知不知道他为什么要打我？"

　　小伙子摇摇头。

　　翠浓道："因为他在对自己生气。"

　　小伙子更不懂，忍不住问道："为什么要对自己生气？"

　　翠浓道："他恨自己不是个男人，我虽然是个女人，他却只能看着我。"

　　小伙子还不懂。

　　翠浓笑道："我现在才知道，他只不过是条蚯蚓而已。"

　　小伙子道："蚯蚓？"

翠浓道:"你没有看见过蚯蚓?"

小伙子道:"我当然看见过。"

翠浓道:"蚯蚓是什么样子?"

小伙子道:"软软的,黏黏的……"

翠浓眨着眼,道:"是不是硬不起来的?"

小伙子道:"一辈子也硬不起来。"

翠浓嫣然道:"这就对了,所以他就是条蚯蚓,在女人面前,一辈子也硬不起来。"

小伙子终于懂了。

"她天生就是个婊子。"

想到别人对她的批评,看着她丰满的胸膛、美丽的脸……

他的心忽然跳了起来,跳得好快,忽然鼓起勇气,吃吃道:"我……我不是蚯蚓。"

翠浓又笑了。

她笑的时候,眼睛里反而露出种悲伤痛苦之色,柔声道:"你看我是个怎么样的女人?"

小伙子看着她,脸涨得通红,道:"你……你……你是个很漂亮的女人。"

翠浓道:"还有呢?"

小伙子道:"而且……而且你很好,很好……"

他实在想不出什么赞美的话说,但"很好"这两个字却已足够。

翠浓道:"你会不会抛下我一个人走?"

小伙子立刻大声道:"当然不会,我又不是那种混蛋。"

翠浓道:"抛下我一个人走的男人就是混蛋?"

小伙子道:"不但是混蛋,而且是呆子。"

翠浓看着他,美丽的眼睛里忽然又有泪光涌出,过了很久,才慢慢地伸出手。

她的手纤秀柔白。小伙子看着她的手,似已看得痴了。

翠浓道:"快扶我上车去。"

小伙子道:"到……到哪里去?"

翠浓柔声说道:"随便到哪里去,只要是你带着我走。"

说完了这句话,她眼泪已流了下来。

"今天真是他们家办喜事?"

"当然是真的,否则他们为什么要请这么多的客人来?"

"但这些人脸上为什么连一点喜气都没有,就好像是来奔丧的?"

"这其中当然有缘故。"

"什么缘故?"

"这本来是个秘密,但现在已瞒不住了。"

"究竟为了什么?"

"该来的人,现在已经全都来了,只不过少了一个而已。"

"一个什么人?"

"一个最重要的人。"

"究竟是谁?"

"新郎官。"

"……"

"他前天到城里去吃人家的酒,本来早就该回来了,却偏偏直到现在还连人影都不见。"

"为什么?"

"没有人知道。"

"他的人呢?到哪里去了?"

"也没有人看见，自从那天之后，他这个人就忽然失踪了。"

"奇怪……"

"实在奇怪。"

看着喜宴中每个客人都板着脸，紧张得神经兮兮的样子，并不能算是件很有趣的事。

但叶开却觉得很有趣。

这无疑是种很难得的经验，像这样的喜宴并不多。

他留意地看着每个从他面前经过的人，他在猜，其中不知道有几个人是真的在为袁家担心。

有些人脸上的表情虽然很严肃，很忧郁，但却也许只不过是因为肚子饿了，急着要喝喜酒。

有些人也许在后悔，觉得这次的礼送得太多，太不值得。

叶开笑了。

丁灵琳坐在他旁边，悄悄道："你不该笑的。"

叶开道："为什么？"

丁灵琳道："现在每个人都知道新郎官已失踪了，你再笑，岂非显得有点幸灾乐祸？"

叶开笑道："不管怎么样，笑总比哭好，今天人家毕竟是在办喜事，不是出葬。"

丁灵琳嘟起了嘴，道："你能不能少说几句缺德的话？"

叶开道："不能。"

丁灵琳道："不能？"

叶开笑道："因为我若不说，你就要说了。"

丁灵琳也板起了脸，看来好像很生气的样子，其实心里却很愉快。

因为她觉得叶开的确是个与众不同的男人,而且没有失踪。

午时。

新郎官虽然还没有消息,但客人们总不能饿着肚子不吃饭。

喜宴已摆了上来,所以大家的精神显得振奋了些。

丁灵琳却皱起了眉,道:"我那些宝贝哥哥怎么还没有来?"

叶开道:"他们会来?"

丁灵琳道:"他们说要来的。"

叶开道:"你希望他们来?"

丁灵琳点点头,忍不住笑道:"我想看看路小佳看见他们时会有什么表情。"

叶开道:"路小佳若真的把他们全都杀了呢?"

丁灵琳又嘟起嘴,道:"你为什么总是看不起我们丁家的人?"

叶开笑了笑,说道:"因为你们丁家的人也看不起我。"

丁灵琳冷笑道:"马家的人看得起你,所以把儿子女儿都交托给了你。"

叶开忽然叹了口气,道:"早知道马芳铃会忽然成亲,我就该把小虎子也带来的。"

现在他已将小虎子寄在他的朋友家里。

他的朋友是开武场的,夫妇两个人就想要个儿子,一看见小虎子,就觉得很欢喜。

叶开有很多朋友,各式各样的朋友,做各种事的朋友。

他本来就是一个喜欢朋友的人,朋友们通常也很喜欢他。

丁灵琳瞪着他,忽然冷笑道:"你叹什么气?是不是因为马大小姐嫁给了别人,所以你心里难受。"

叶开淡淡道:"丁大小姐还没有嫁给别人,我难受什么?"

丁灵琳又忍不住笑了，悄悄道："你再不来我家求亲，总有一天，我也会嫁给别人的。"

叶开笑道："那我就……"

这句话只说了一半，因为这时他已看见了傅红雪。

傅红雪手里紧紧握住他的刀，慢慢地走入了这广阔的大厅。

大厅里拥挤着人群，但看他的神情，却仿佛还是走在荒野中一样。

他眼睛里根本没有别的人！

但别的人却都在看着他，每个人都觉得屋子里好像忽然冷了起来。

这脸色苍白的年轻人身上，竟仿佛带着种刀锋般的杀气。

叶开也感觉到了，皱着眉，轻轻道："他怎么也来了？"

丁灵琳道："说不定也是路小佳找来的？"

叶开道："他为什么要特地把我们找来？我本来就觉得奇怪。"

他语声又忽然停顿，因为这时傅红雪也看到了他，眼睛里仿佛结着层冰。

叶开微笑着站起来，他一直都将傅红雪当作他的朋友。

但傅红雪却很快地扭过头，再也不看他一眼，慢慢地穿过人丛，脸也仿佛结成了冰。

但他握刀的手，却似在轻轻颤抖着，虽然握得很紧，还是在轻轻颤抖着。

他走得虽然很慢，但呼吸却很急。

丁灵琳摇了摇头，叹道："他看来更不像是来喝喜酒的！"

叶开道："他本来就不是。"

丁灵琳道："你想他是来干什么的？"

叶开道:"来杀人的!"

丁灵琳动容道:"杀谁?"

叶开道:"他既然到这里来,要杀的当然是这地方的人!"

他的声音缓慢,神色也很凝重。

丁灵琳从未看过他表情如此严重,忍不住又问道:"难道他要杀袁……"

叶开的表情更严肃,慢慢地点了点头。

丁灵琳道:"就在这里杀?现在就杀?"

叶开道:"他杀人已绝不会再等。"

丁灵琳道:"你不去拦阻他?"

叶开冷冷道:"他杀人也绝没有人能拦得住。"

他目光忽然也变得刀锋般锐利,只有心怀仇恨的人,目光才是这样子的。

丁灵琳此刻若是看到了他的眼睛,也许已不认得他了,因为他竟像是忽然变成了另外的一个人。

但丁灵琳却已在看着傅红雪的刀,轻轻地叹息,道:"看来今天的喜事只怕真的要变成丧事了……"

苍白的脸,漆黑的刀。

这个人的心里也像是黑与白一样,充满了冲突和矛盾。

生命是什么?死亡又是什么?

也许他全部不懂。

他只懂得仇恨。

傅红雪慢慢地穿过人群,走过去。

大厅的尽头处挂着张很大的"喜"字,金色的字,鲜红的绸。

红是吉祥的，象征着喜气。

但血也是红的。

一个满头珠翠的妇人，手里捧着碗茶，本来和旁边的女伴窃窃私语。

她忽然看到了傅红雪。

她手里的茶碗就跌了下去。

傅红雪并没有看她，但手里紧握的刀已伸出。

看来他的动作并不太快，但掉下去的茶碗却偏偏恰巧落在他的刀鞘上。

碗里的茶连一滴都没有溅出来。

叶开叹了口气，道："好快的刀。"

丁灵琳也叹了口气，道："的确快。"

傅红雪慢慢地抬起手，将刀鞘上的茶碗又送到那妇人面前。

这妇人想笑，却笑不出，总算勉强说了一声："多谢。"

她伸出手，想去接这碗茶。

但她的手却实在抖得太厉害。

忽然间，旁边伸出一只手，接过那碗茶。

一只很稳定的手。

傅红雪看着这只手，终于抬起头，看到了这个人。

一个很体面的中年人，穿着很考究，须发虽已花白，看来却还是风度翩翩，很能吸引女人。

事实上，你很难判断他的年纪。

他的手也保养得很好，手指修长、干燥、有力。不但适于握刀剑，也适于发暗器。

傅红雪盯着他，忽然问道："你就是袁秋云？"

这人微笑着摇摇头，道："在下柳东来。"

傅红雪道:"袁秋云呢?"

柳东来道:"他很快就会出来的。"

傅红雪道:"好,我等他。"

柳东来道:"阁下找他有什么事?"

傅红雪拒绝回答。

他目光似已到了远方,他眼前似已不再有柳东来这个人存在。

柳东来居然也完全不放在心上,微笑着将手里的一碗茶送到那妇人面前,道:"茶已有点凉了,我再去替你换一碗好不好?"

这妇人嫣然一笑,垂下头,轻轻道:"谢谢你。"

看到柳东来,她好像就立刻变得轻松多了。

丁灵琳也在看着柳东来,轻轻道:"这人就是'护花剑客'柳东来?"

叶开笑了笑,道:"也有人叫他夺命剑客。"

丁灵琳道,"他是不是袁秋云的大舅子?"

叶开点点头,道:"他们不但是亲戚,也是结拜兄弟。"

丁灵琳眼波流动,道:"听说他是个很会讨女人欢喜的人。"

叶开道:"哦?"

丁灵琳道:"我看他对女人实在很温柔有礼,你为什么不学学他?"

叶开淡淡道:"我实在应该学学他,听说他家里有十一房妾,外面的情人更不计其数。"

丁灵琳瞪起了眼,咬着嘴唇道:"你为什么不学学好的?"

她的脸忽然红了,因为她忽然发现大厅里只有他们两个人在说话,所以已有很多人扭过头来看她。

大家现在虽然还不知这脸色苍白的年轻人究竟是来干什么的,但却都已感觉到一种不祥的预兆,仿佛立刻就要有灾祸发生在这里。

就在这时，他们看见一个人从后面冲了出来，一个已穿上凤冠霞帔的女人。

新娘子马芳铃。

新郎官下落不明，新娘子却冲出了大厅，大家瞪大了眼睛，张大了嘴，几乎连气都已喘不过来。

马芳铃身上穿的衣服虽然是鲜红的，但脸色却苍白得可怕。

她一下子就冲到傅红雪面前，嘎声道："是你，果然是你！"

傅红雪冷冷地看了她一眼，就好像从来没有见到这个人似的。

马芳铃瞪着他，眼睛也是红的，大声道："袁青枫呢？"

傅红雪皱了皱眉，道："袁青枫？"

马芳铃大声道："你是不是已经杀了他？有人看见你们的……"

傅红雪终于明白，这地方的少庄主，今天的新郎官，原来就是那在长安市上的佩剑少年。

他也看见了彭烈。

彭烈也是这里的客人，这消息想就是彭烈告诉他们的。

傅红雪淡淡道："我本来的确可以杀了他。"

马芳铃的身子颤抖，突然大叫，道："一定是你杀了他，否则他为什么还不回来，你……你……你为什么总要害我，你……"

她声音嘶哑，目中也流下泪来。

她衣袖里早已藏着柄短剑，突然冲过去，剑光闪电般向傅红雪刺下。

她的出手又狠又毒辣，只恨不得一剑就要傅红雪的命。

傅红雪冷冷看着她，刀鞘横出一击。

马芳铃已踉跄倒退了出去，弯下了腰不停地呕吐起来。

可是她手里还是紧紧地握着那柄剑。

傅红雪冷冷道："我本来也可以杀了你的。"

马芳铃流着泪，喘息着，突又大喊，挥剑向他扑了过来。

她似已用了全身的力量。

但旁边有个人只轻轻一拉她衣袖，她全身力量就似已突然消失。

这是内家四两拨千斤，以力解力的功夫。

懂得这种功夫的人并不多，能将这种功夫运用得如此巧妙的人更少。

那至少要二三十年以上的功夫。

所以这人当然已是个老人，是个很有威仪的老人。

他穿着也极考究，态度却远比柳东来严肃有威，一双炯炯有神的眼睛，正瞪着傅红雪，厉声道："你知不知道她是个女人？"

傅红雪闭着嘴。

老人目中带着怒色，道："就算她不是我的媳妇，我也不能看你对一个女人如此无礼。"

傅红雪突然开口，道："她是你的媳妇？"

老人道："是的。"

傅红雪道："你就是袁秋云？"

老人道："正是。"

傅红雪道："我没有杀你的儿子。"

袁秋云凝视着他，终于点了点头，道："你看来并不像是个会说谎的人。"

傅红雪缓缓道："但是我却可能要杀你！"

袁秋云怔了怔，突然大笑。

他平时很少这样大笑的，现在他如此大笑，只因为他心里忽然觉得有种无法形容的恐惧。

他大笑着道："你说你可能要杀我？你竟敢在这里说这种话？"

傅红雪道："我已说过，现在我只有一句话还要问你。"

袁秋云道："你可以问。"

傅红雪握紧了他的刀，一字字问道："十九年前，一个大雪之夜，你是不是也在落霞山下的梅花庵外？"

袁秋云的笑声突然停顿，目光中忽然露出恐惧之色，一张严肃有威的脸，也突然变得扭曲变形，失色道："你是白……白大侠的什么人？"

他知道这件事！

这句话已足够说明一切。

傅红雪苍白的脸突然发红，身子突然发抖。

奇怪的是，他本来在发抖的一双手，此刻却变得出奇稳定。

他咬紧牙关，一字字道："我就是他的儿子！"

他说完了这句话。

袁秋云也听了这句话，但这句话却已是他最后能听见的一句话了。

傅红雪的刀已出鞘！

他杀人已绝不再等！

刀光一闪。

闪电也没有他的刀光这么凌厉，这么可怕！

每个人都看到了这一闪刀光，但却没有人看见他的刀。

袁秋云也没有看见。

刀光只一闪，已刺入了他的胸膛。

所有的声音突然全都停顿，所有的动作也突然全都停顿。

然后袁秋云的喉咙里才突然发出一连串"咯咯"声，响个不停。

他瞪大了眼睛，看着傅红雪，眼睛里充满了惊讶、恐惧、悲哀和怀疑。

他不信傅红雪的刀竟如此快。

他更不信傅红雪会杀他！

傅红雪的脸又已变为苍白，苍白得几乎透明。

袁秋云看着他，忽然用力将自己的身子从他的刀上拔出。

于是他倒了下去。

鲜血雨点般溅出，落在他自己身上。

他眼珠渐渐凸出，忽然用尽全身力气大嘶："那天我不在梅花庵外！"

这就是他说的最后一句话，但却不是傅红雪听到的最后一句话。

刀已入鞘，刀上还带着血。

他忽然听见一个人用比刀还冷的声音说："你杀错人了！"

"你杀错人了！"

没有人出声，没有人动，甚至连惊呼和叹息都没有，每个人都已被这幕就在他们眼前发生的事情所震惊，震惊得几乎麻木。

"你杀错人了！"

傅红雪的耳朵里似也被震得"嗡嗡"地响。

这句话说的声音虽不大，但在他听来，却像是一声霹雳。

过了很久，他才慢慢转过身。

柳东来就站在他面前，那张永远带着微笑的脸，已变成死灰色！

他的眼睛看来却像是把刀，正像刀锋般在刮着傅红雪的脸，缓缓道："那天晚上，他的确不在梅花庵外。"

傅红雪咬紧牙关，终于忍不住问："你知道？"

"只有我知道。"

柳东来的脸也已扭曲，因痛苦和悲伤而扭曲，接着说道："那天晚上，也正是他妻子因难产而死的时候，他一直都守在床边，没有离开过半步。"

这绝不是谎话。

傅红雪只觉得自己胸膛上仿佛也被人刺了一刀，全身都已冰冷。

柳东来道："但他却知道那天晚上在梅花庵外的血战。"

傅红雪道："他……他怎么会知道的？"

柳东来道："因为有人将这秘密告诉了他。"

傅红雪道："是谁告诉了他？"

柳东来道："我！"

这一个字就像是一柄铁锤，又重重地击在傅红雪胸膛上。

柳东来充满痛苦和悲伤的眼睛里，又露出种说不出的讥嘲之色，道："我才是那天晚上在梅花庵刺杀你父亲的人！"

他转过脸看着袁秋云的尸身，目中早已有泪将出，黯然接着道："他不但是我的姻亲，也是我最好的朋友，我们从小就同生死、共患难，我们之间从无任何的秘密。"

傅红雪道："所以你才将这秘密告诉了他？"

柳东来凄然道："但我却从未想到我竟因此而害了他。"

他的话就像是尖针一样，在刺着傅红雪。

他接着道："我将这秘密告诉他的时候，他还责备我，说我不该为了个女人，就去做这件事，那只因他还不知道我跟那女人的情感有多深。"

傅红雪颤声道："你……你去行刺，只不过是为了个女人？"

柳东来道："不错，是为了个女人，她叫作洁如，她本来是我的，但是白天羽却用他的权势和钱财，强占了她！"

傅红雪突然大吼，道："你说谎！"

柳东来仰面狂笑，道："我说谎？我为什么要说谎？你难道从未听说过你父亲是个怎么样的人？那么我可以告诉你，他是个……"

傅红雪的脸又已血红，身子又在剧烈地颤抖，忽然大吼拔刀！

雪亮的刀光，匹练般向柳东来刺过去，刀又入鞘。

柳东来前胸的衣襟却已裂开，鲜血像雨点般溅了出来。

但是他连动也没有动，脸上还是带着那种狠毒讥诮的笑容。

傅红雪厉声道："你敢再说一句这种无耻的谎话，我就要你慢慢地死。"

柳东来冷冷道："袁老二已因我而死了，我本就没有准备再活下去，怎么死都一样。"

傅红雪道："所以你才血口喷人，用这种话来侮辱他。"

柳东来道："我随便你用什么法子都行，但你却一定要相信我说的是真话，每个字都是。"

他声音虽已因痛苦而颤抖嘶哑，但却还是动也不动地站在那里。

傅红雪却在发抖，突然转身，拔出了一个人的剑，抛给他。

柳东来接住。

傅红雪厉声道："现在你手里已有剑了。"

柳东来道："是的。"

傅红雪道："你为什么还不动手，难道你只有在蒙着脸的时候才敢杀人？"

柳东来凝视着他手里握着的剑，喃喃道："我的确该杀了你，免得你再杀错别人，但血已经流得太多了，太多了……"

他忽然挥手，手里的剑立刻洒出了一片光幕。

他的剑轻灵、巧妙。

他出手的部位奇特，剑招的变化奇诡而迅速。

护花剑客本是武林中最负盛名的几位剑客之一，他的声名并不是骗来的。

你可以骗得到财富，骗得到权力，但无论谁也骗不到武林中的名声。

那只有用血才能换来——用别人的血才能换来。

但这次他流的却是自己的血。

轻灵美妙的剑光刚洒出去，还很灿烂，很辉煌，但突然间就已消失。

刀已在他胸膛上。

他的脸已扭曲，但嘴角却还是带着那种讥诮恶毒的笑。

他还是在看着傅红雪，喘息着道："果然是举世无双的快刀，只可惜无论多么快的刀，也改变不了事实的真相！"

说完了这句话他才倒下去。

他一定要说完这句话才能倒下去，才肯倒下去。

第三十一章

刻骨铭心

刀已入鞘。

刀上的血当然绝不会干的。

傅红雪慢慢地转过身,左脚先迈出去,右腿再慢慢地跟上去。

他身子还在发抖,正用尽全身力气,控制着自己。

"你说谎,你说的每个字都是谎话。"

他慢慢地走过人群,眼睛笔直地看着前面,他已没有勇气再去看地上的尸体,也没有勇气再去看别的人。

后面突然传来痛哭的声音。

是马芳铃在哭。

她痛哭,咒骂,将世界上所有恶毒的话全都骂了出来。

傅红雪却听不见,他整个人都已麻木。

没有人阻拦他,没有人敢阻拦他。

他的手还是紧紧地握着他的刀。

漆黑的刀!

外面的阳光却还是明亮灿烂的,他已走到阳光下。

马芳铃头发已披散,疯狂般嘶喊:"你们难道不是袁秋云的朋友?你们难道就这样让凶手走出去?"

没有人回答，没有人动。

这仇恨本是十九年前结下的，和这些人完全没有关系。

以牙还牙，以血还血，这本就是江湖中最古老的规律。

何况白天羽他在当年也实在死得太惨。

除了痛哭和咒骂外，马芳铃已完全没有别的法子。

但痛哭和咒骂是杀不死傅红雪的。

她忽然用力咬住了嘴唇，哭声就立刻停止。嘴唇虽已咬出了血，但她却拉直了衣服，将头上戴的凤冠重重地摔在地上，理了理凌乱的头发，挺起了胸，大步从吃惊的人群中走了出去。

走过叶开面前的时候，她又停下来，用那双已哭红的眼睛，瞪着叶开，忽然道："现在你总该满意了吧。"

叶开只有苦笑。

丁灵琳却忍不住道："他满意什么？"

马芳铃狠狠地瞪着她，冷冷道："你也用不着太得意，总有一天，他也会甩了你的。"

说完了这句话，她就头也不回地走了出去。

刚走到门口，就有个白发苍苍的老管家赶过来，在她面前跪下，道："现在老庄主已去世了，少庄主也下落不明，少奶奶你……你怎么能走？"

这老人满脸泪痕，声音已嘶哑。

马芳铃却连看都不看他一眼，仰起了脸，冷冷道："我不是你们袁家的少奶奶，我根本还没有嫁到袁家来，从现在起，我跟你们袁家一点关系也没有。"

她大步走出院子，再也没有回头。

"从现在起，我再也不会踏入白云庄一步。"

秋风飒飒，秋意更浓了。

丁灵琳轻轻叹了口气，道："想不到她竟是这么样一个无情的人。"

叶开也叹了口气，道："无情本就是他们马家人的天性。"

丁灵琳用眼角瞟着他，道："你们叶家的人呢？"

这句话刚说完，就听见身后有个人冷冷道："他们叶家的人也差不多。"

丁灵琳还没有回头，叶开又叹了口气，道："你大哥果然来了。"

一个人正施施然从后面走过来，羽衣星冠，白面微须，背后斜背着柄形式奇古的长剑，杏黄色的剑穗飘落在肩头。

他穿着虽然是道人打扮，但身上每一样东西都用得极考究，衣服的剪裁也极合身，一双保养极好的手上，戴着个色泽柔润的汉玉扳指，无论谁都看得出那一定是价值连城的古物。

他身材修长，儒雅俊秀，可以说是个少见的美男子，但神色间却显得很骄傲、很冷漠，能被他看上眼的人显然不多。

这正是江湖中的大名士，名公子，自号"无垢道人"的丁大少爷——丁云鹤。

丁灵琳已欢呼着迎上去，身上的铃铛"叮铃铃"地响个不停。

丁云鹤却皱起了眉，道："你在外面还没有野够？还不想回家去？"

丁灵琳嘟起了嘴，道："人家已经不是小孩子了，大哥怎么还是一见面就骂人？"

丁云鹤叹息着摇了摇头，皱着眉看了看叶开冷冷道："想不到阁下居然还没有死。"

叶开微笑道："托你的福，最近我吃也吃得下，睡也睡得着，看来一时还死不了。"

丁云鹤叹了口气，道："好人不长命，祸害遗千年。这句话真不假。"

丁灵琳嘟着嘴，道："大哥你为什么老是要咒他死呢？"

丁云鹤道："因为他若死了，你也许就会安安分分地在家里待着了。"

丁灵琳眨了眨眼，道："不错，他若死了，我一定就不会在外面乱跑了，因为那时我已进了棺材。"

丁云鹤沉下了脸，还未开口，丁灵琳忽又拉了拉他的衣袖，悄然道："你看见门口那个人没有？那个腰带上插着柄剑的人。"

刚从门外走进来的人，正是路小佳。

丁云鹤又皱起了眉，道："你难道跟那种人也有来往？"

丁灵琳道："你知道他是谁？"

丁云鹤点了点头。

看到了那柄剑，江湖上还不知道他是谁的人并不多。

丁灵琳道："他说他要杀了你。"

丁云鹤道："哦？"

丁灵琳道："你难道就这样'哦'一声就算了？"

丁云鹤淡淡道："我现在还活着。"

丁灵琳眼珠子转了转，道："你难道不想跟他比比是谁的剑快？"

丁云鹤道："我的剑一向不快。"

内家剑法讲究的本是以慢制快，以静制动。能后发制人的，才算懂得内家剑法的真义。

丁灵琳叹了口气，用一双大眼睛狠狠地去瞪着路小佳。

路小佳却不睬她。

丁灵琳忽然大步走过去，道："喂。"

路小佳剥了个花生，抛起。

丁灵琳道:"那边站着的就是我大哥,你看见了没有?"

路小佳正在看着那粒花生落下来。

丁灵琳道:"你好像说过你要杀他的。"

花生已落入路小佳嘴里,他才淡淡地道:"我说过么?"

丁灵琳道:"你现在为什么不过去动手?"

路小佳慢慢地嚼着花生,道:"巧得很,今天我刚巧不想杀人。"

丁灵琳道:"为什么?"

路小佳道:"今天死的人已够多了。"

丁灵琳眼珠子又一转,忽然笑道:"我明白了,原来你嘴巴说得虽凶,心里却是怕我们的。"

路小佳笑了。

他并没有否认,因为他的确对一个人有些畏惧。

但是他畏惧的人却绝不姓丁。

傅红雪站在那里,就站在路的中央,就站在他们马车刚才停下来的地方。就站在刚才和翠浓分手的地方。

白云庄的客人已散了。

只要有一个人先开始走,立刻就有十个人跟着走,一百个人跟着走。除非是真正肝胆相照、患难相共的朋友,谁也不愿意再留在那里。

这种朋友并不多,绝不多。

人群倒水般从白云庄里涌出来,有的骑着马,有的乘着车,也有的一面走路,一面还在窃窃私语,表示他们虽然走了,却并不是不够义气,只不过这种事实在不是他们能插手的。

无论哪种人,都远远地就避开了傅红雪,好像只要靠近了这个人,就会给自己带来灾祸。

但大家心里还是在奇怪:"这个人为什么还留在这里?"

傅红雪根本没有看见他们。

他眼睛里根本没有看见任何人、任何事。

对他说来，这世界已是空的，因为翠浓已经不在这里。

他本来以为她一定会在这里等他的。

他从来也没有想到她会走，就这样一个人悄悄地走了，甚至连一句话都没有留下来。

她怎么能这样对他？

虽然他刚才也是自己一个人走了的，但他是为了要去复仇。

他不愿她陪着他去冒险。

最重要的是，他绝不会真的把她一个人留在这里，他一定会回来找她的。

这些话他虽然没有说出来，但是她应该明白。

因为她应该了解他的。

有时他对她虽然很凶恶、很冷淡，甚至会无缘无故地对她发脾气。

但那也只不过因为他太爱她，太怕失去她。

所以有时他明知那些事早已过去，却还是会痛苦嫉妒。

只要一想起那些曾经跟她好过的男人，他的心里就会像针一样在刺着。

他觉得那些男人都不配，他觉得她本来应该是个高高至上的女神。

这些话他虽然没有说出来，但是她也应该明白的。

她应该知道他爱她，爱得有多么深。

可是她现在却走了，就这样一个人悄悄地走了，连一句话、一点消息都没有留下。

这是为什么？

她为什么会如此狠心?

风还是刚才一样的风,云还是刚才一样的云。
但是在他感觉中,这世界已变了,完全变了,变成了空的。
他手里紧紧握着他的刀,他的心仿佛也被人捏在手里,捏得很紧。
而且就在心的中间,还插着一根针。
一根尖锐、冰冷的针。
没有人能想象这种悲苦是多么深邃,多么可怕。
除了仇恨之外,他第一次了解到世上还有比仇恨更可怕的感情。
本来他想毁灭的,只不过是他的仇人。
但这种感情却使得他想毁灭自己,想毁灭这整个世界!
他从没有想到自己的错,因为他觉得自己根本没有错。
所以他更痛苦。
他从来没有想到,有句话是一定要说出来的,你若不说出来,别人怎么会知道?

这也许只因为他还不了解翠浓,不了解女人。
他还不懂得爱。
既不懂得应该怎么样被爱,也不懂得应该怎么样去爱别人。
但这种爱才是最真的!
你只有在真正爱上一个人的时候,才会有真正的痛苦。
这本来就是人类最大的悲哀之一。
但是只要你真正爱过,痛苦也是值得的!

夜。

群星在天上闪耀,秋树在风中摇曳。

秋月更明。

这还是昨夜一样的星,一样的月。

但昨夜的人呢?

星还在天上,月还在天上。

人在哪里?

三个月,他们已在一起共同度过了三个月,九十个白天,九十个晚上。

那虽然只不过像是一眨眼就过了,但现在想起来,那每一个白天,每一个晚上,甚至每一时、每一刻中,都不知有多少回忆。

有过痛苦,当然也有过快乐,有过烦闷,也有过甜蜜。

有多少次甜蜜的拥抱?多少次温柔的轻抚?

现在这一切难道已永远成了过去?

那种刻骨铭心、魂牵梦萦的情感,现在难道已必须忘记?

若是永远忘不了呢?

忘不了又能如何?

记得又如何?

人生,这是个什么样的人生?

傅红雪咬紧了牙,大步向前走出去,让秋风吹干脸上的泪痕。

因为他现在还不能死!

灯昏。

小酒铺里的昏灯,本就永远都带着种说不出的凄凉萧索。

酒也是浑浊的。

昏灯和浊酒,就在他面前。

他从未喝过酒,可是现在他想醉。

他并不相信醉了真的就能忘记一切,可是他想醉。

他本来只觉已能忍受各种痛苦,但现在忽然发觉这种痛苦竟是不能忍受的。

浑浊的酒,装在粗瓷碗里。

他已下定决心,要将这杯苦酒喝下去。

可是他还没有伸出手,旁边已有只手伸过来,拿起了这碗酒。

"你不能喝这种酒。"

手很大,又坚强而干燥,声音也同样是坚强而干燥的。

傅红雪没有抬头,他认得这只手,也认得这声音——薛大汉岂非也正是坚强而干燥的人,就像是个大核桃一样。

"为什么我不能喝?"

"因为这酒不配。"

薛大汉另一只手里正提着一大缸酒,他将这缸酒重重地放在桌上,拍碎了泥封,倒了两大碗。

他并没有再说什么,脸上的神色既不是同情,也不是怜悯。

他只是将自己面前的一碗给傅红雪。

傅红雪没有拒绝。

现在已连拒绝别人的心情都没有,他只想醉。

谁说酒是甜的?

又苦又辣的酒,就像是一股火焰,直冲下傅红雪的咽喉。

他咬着牙吞下去,勉强忍耐着,不咳嗽。

可是眼泪却已呛了出来。

薛大汉看着他,道:"你以前从来没有喝过酒?"

没有回答。

薛大汉也没有再问,却又为他倒了一碗。

第二碗酒的滋味就好得多了。

第三碗酒喝下去的时候,傅红雪心里忽然起了种很奇异的感觉。

他从未有过这种感觉。

桌上的昏灯,仿佛已明亮了起来,他身子本来是僵硬的,是空的,但现在却忽然有了一种说不出的奇异活力。

连痛苦都已可偶尔忘记。

但痛苦还是在心里,刀也还是在心里!

薛大汉看着他的刀,忽然道:"杀错人并不是什么了不起的事。"

沉默。

薛大汉道:"江湖上的英雄好汉们,谁没有杀错过人?"

还是沉默。

薛大汉道:"不说别人,就说袁秋云自己,他这一生中,就不知杀错过多少人。"

傅红雪端起面前刚斟满的酒,又一口气灌了下去。

他知道薛大汉误会了他的痛苦。他更痛苦。

他刚杀了一个无辜的人,心里竟似已完全忘记了这件事,竟只记着一个女人。一个背弃了他的女人。

薛大汉又为他斟满了一碗酒,道:"所以,你根本不必将这件事放在心上的,我知道你是条好汉子,你……"

傅红雪忽然打断了他的话,大声道:"我不是条好汉子。"

薛大汉皱眉道:"谁说的?"

傅红雪道:"我说的。"

他又灌下这碗酒,重重地将酒碗摔在地上,咬着牙道:"我根本就不是个人。"

薛大汉笑了,道:"除了你自己之外,我保证别人绝不会这么想。"

傅红雪道:"那只因为别人根本不了解我。"

薛大汉凝视着他,道:"你呢?你自己真的能了解自己?"

傅红雪垂下头。

这句话正是他最不能回答的。

薛大汉道:"我们萍水相逢,当然也不敢说能了解你,但我却敢说,你不但是个人,而且是个很了不起的人,所以你千万不要为了任何事而自暴自弃。"

他的表情更严肃,声音更缓慢,接着道:"尤其是不要为了一个女人。"

傅红雪霍然抬起头。

他忽然发现薛大汉并没有说错他。

一个男人为了爱情而痛苦时,那种神情本就明显得好像青绿的树叶突然枯萎一样。

薛大汉道:"我还可以告诉你,她非但不值得你为她痛苦,根本就不值得你多看她一眼。"

傅红雪道:"你……你……你知道她……她的下落吗?"

他连声音都已紧张而发抖。

薛大汉点了点头,道:"我知道。"

傅红雪跳起来,道:"你……你说。"

薛大汉道:"我不能说。"

傅红雪道:"为什么?"

薛大汉看着他,目中也露出痛苦之色,将面前的酒也一口灌了下去,才勉强点了点头,道:"好,我说,她……她是跟一个人一起走的。"

傅红雪道:"跟谁走的?"

薛大汉道:"跟那个赶车的小伙子。"

这句话就像是一把刀，一刀刺入了傅红雪的胸膛。

他的痛苦已接近疯狂。

"你说谎！"

"我从不说谎。"

"你再说我就杀了你。"

"你可以杀了我，但我说的绝不是谎话。"

薛大汉的神情沉着而镇定，凝视着傅红雪："你一定要相信我，一定要相信！"

傅红雪疯狂般瞪着他，紧紧握着他的刀。

刀并没有拔出来，泪却已流下。

他也已看出薛大汉说的并不是谎话。

薛大汉道："其实你也不能怪她，她本就配不上你，你们若勉强在一起，只有痛苦……他们才是同一类的人。"

他们！这两个字也像是一把刀，又一刀刺入了傅红雪的心。

难道他心里最爱的女人，竟真的只不过是那么卑贱下流的人？

他倒了下去，忽然就倒了下去。

然后他的眼泪就像青山间的流水般流了出来。

他总算没有哭出声，可是这种无声的眼泪，却远比号啕痛哭还要伤心。

薛大汉没有劝他。

无论谁都知道这种眼泪是没有人能劝得住的。

他只是在旁边等着，看着，等了很久，直等到傅红雪心里的酒和悲哀都已化作眼泪流出，他才拉起了他："走，我们换一个地方再去喝。"

傅红雪没有拒绝。

他似已完全丧失了拒绝的力量和尊严。

这地方不但有酒,还有女人。

据说酒若加上女人,就能使各种人将各种痛苦全都忘记。

傅红雪也许并没有忘记,可是他的确已麻木。

第二天醒来时,他的痛苦也许更深,但那里又有女人和酒在等着他。

看来薛大汉不但是个好朋友,而且是个好主人。

他供应一切。

他供应的傅红雪都接受。

一个人在真正痛苦时,非但已不再有拒绝的力量和尊严,也已不再有拒绝的勇气。

他一张开眼,就在等,等今天的第一杯酒。

喝完最后一杯,他就倒下去。

现在他所畏惧的事已只剩下一种——清醒。

没有清醒的时候,难道就真的没有痛苦?

麻木难道真的能使痛苦消失?

黄昏,还未到黄昏。

桂花的香气,从高墙内飘散出来。

长巷静寂。

青石板铺成的路,在秋日午后的太阳下,看来就像是一面铜镜。

长巷里只有四户人家。

城里最豪华的妓院和客栈,都在这条长巷里。

这条巷就叫安楼巷。

长巷的角落上,有一道月洞门,门外清荫遍地,门里浓香满院。

傅红雪推开了这扇门。

他刚穿过浓香夹道的小径。

那里不但有花香,还有脂粉香、女儿香。

他已在这里醉了六天。

这里有各种酒,各种女人——从十三岁到三十岁的女人。

她们都很美,而且都很懂得应该怎样去讨好男人。

"这些女人难道和翠浓有什么不同?我看她们随便哪一个都不比她差。"

这是薛大汉说的话。

傅红雪并没有争辩,可是他自己心里知道,没有任何人能代替她。

每个男人心里,都有个女人是其他无论任何人都无法代替的。

这也正是人类的悲哀之一。

现在他刚起来,今天的第一杯酒还没有喝下去。

屋子里还留着昨夜的旖旎残香,墙壁雪白,家具发亮,枣木架上的一盆秋菊开得正艳。

这地方就是城里最豪华精致的。

可是他忽然觉得这地方像是个樊笼。

他想出去走走。

他手里虽然还是握着他的刀,但已握得远不及昔日有力。

他脸色虽然仍是苍白的,但已不是那种透明般的苍白,已接近死灰。

酒是不是已腐蚀了他的尊严和勇气,也已腐蚀了他的力量?

这连他自己也能感觉得到。

他的头脑发胀,胃却是空的,除了酒之外,任何饮食都已对他没有吸引力。

他忽然又有了种新的恐惧。

所以他想走出这樊笼去。

长巷静寂,桂子飘香。

傅红雪推开了月洞门,一阵清凉的秋风正迎面吹过来。

他深深吸了口气,正准备迎着风走过去。

就在这时候,他看见了一个人。

翠浓!

经过了无数痛苦,无数折磨之后,他忽然看见了翠浓。

但翠浓并不是一个人。

她身边还有个小伙子,正是那赶车的小伙子。

现在无论谁也看不出他曾经是个赶车的,现在他身上穿的,至少是值二十两银子一件的长衫,正是城里最时髦的花花公子们穿的那种。

他腰带上挂着个翠绿的鼻烟壶,无边的软帽上还镶着粒大珍珠。

现在他走起路来,已能昂首阔步。

但他却是走在翠浓身后的,就正如翠浓永远都走在傅红雪身后一样。

翠浓只轻轻动了动嘴,他的耳朵就立刻凑上去。

因为他身上穿的、头上戴的,都是翠浓替他买来的,她已将他这个人买了去。

那也正是她永远无法从傅红雪身上得到的。

傅红雪的人突又僵硬麻木。

风吹在身上,突然似已变成热的,就像是从地狱中吹来的那么热。

他全身都似已燃烧。

刀也似已燃烧。

他手里还有刀,他可以冲过去,可以在一刹那间就杀了这个人。

但他却只是动也不动地站在那里。

因为他突然觉得一种无法形容的羞惭,竟不敢去面对他们。

应该羞惭的本是别人,可是他竟觉得没有脸去面对他们。

这是种什么样的心情,这是种多么可怕的痛苦。

除了他自己之外,又有谁能了解。

"算了,算了,算了……"

他想转过身,不再去看他们。

可是他全身都无法移动。

连眼睛都不能移动。

"算了,算了,算了……"

既然她果然是这种人,还有什么值得悲哀、痛苦的?

可是他的泪却似又将流下。

他眼看着他们走入了对面一家最大的客栈。

翠浓走在前面,那小伙子跟在身后。

还是无法移动。

也不知过了多久,他才感觉到有一双柔滑美丽的手伸过来,握着了他的手。

"你怎么站在这里发怔?薛大爷正在到处找你喝酒呢。"

对,喝酒。

他为什么不能喝酒?

他为什么要清醒着忍受这种屈辱和痛苦。

于是又再喝,再醉。

醉了又醒，醒了又醉。

尊严、勇气、力量，都已倾入樽中。

现在他已只剩下那把刀。

刀鞘漆黑，刀柄漆黑。

握刀的苍白的手，却似已有些颤抖。

现在他还没有喝他今天的第一杯酒。

一个笑窝很深，笑得很甜的少女，正为他们斟第一杯酒。

薛大汉在对面看着。

琥珀色的酒，盛在天青瓷杯中，已盛满。

傅红雪刚想端起这杯酒，他知道只要这杯酒喝下去，他的痛苦就会减轻。

他带着急切的渴望伸出了他的手。

可是薛大汉的手却已先伸过来，突然一掌打翻了这杯酒。

傅红雪怔住。

薛大汉脸上已没有以前那种充满豪爽友情的笑容，沉声道："你今天还想喝酒？"

傅红雪迟疑着，还是点了点头。

薛大汉沉着脸，道："你知不知道你已经喝了我多少酒？"

傅红雪不知道，他已记不清，算不清。

那笑窝很深的少女却甜笑着道："到今天为止，傅大少的酒账已经有三千四百两。"

薛大汉道："他付了多少？"

少女笑得更甜，道："一文也没有付。"

薛大汉冷笑，道："一文钱都没有付，凭什么还在这里喝酒？"

少女嫣然道："因为他是薛大爷的客人。"

薛大汉道："不错，他是我的客人，我可以请他一两次，但你总不能要我请他一辈子吧。"

少女吃吃笑道："当然，他又不是薛大爷的儿子，薛大爷凭什么要请他一辈子。"

薛大汉冷冷道："我以前请他，因为我觉得他还像是个英雄，谁知道他竟是个专吃白食的狗熊，连一点出息都没有。"

傅红雪全身又已因羞愤而发抖。

可是他只有忍受。

因为他自己也知道，别人的确没有理由请他喝一辈子酒。

他用力咬着牙，慢慢地站起来。

他左腿先迈步出去，右腿再慢慢地跟上去。

他走得更慢，因为他的腿似也有些麻木。

薛大汉突然道："你想走？"

傅红雪道："我……我已该走了。"

薛大汉道："你欠的酒账呢？"

傅红雪闭着嘴。

他无法回答，也无话可说。

薛大汉道："前三天的账，我可以请你，但后面的十一天……"

那少女立刻接着道："后面十一天的账是二千八百五十两。"

薛大汉道："你听见没有，二千八百五十两，你不付清就想走？"

没有回答，还是无话可说。

薛大汉道："你是不是没钱付账？好，留下你的刀来，我就放你走！"

"留下你的刀来！"

傅红雪耳畔仿佛响起了一声霹雳。

"留下你的刀来！"

傅红雪的人似已完全崩溃。

薛大汉脸上却带着种恶毒的狞笑,现在他才露出了他的真面目。

又不知过了多久,傅红雪才从他紧咬着的齿缝中吐出九个字:"谁也不能留下我的刀!"

薛大汉大笑。

"这句话如果是你以前说我也许还会相信,只不过现在……"

"现在怎么样?"

"现在你已不能说这句话,已不配说!"

傅红雪霍然回头,连眼睛都已变成血红,可是他总算看到了薛大汉的真面目。

薛大汉冷笑,道:"今天你若不留下这柄刀,只怕就得留下你的头!"

"留下你的头!"

原来薛大汉对傅红雪所做的一切事,就是为了等着说这句话。

原来这本就是个阴谋。

刀还在手里,傅红雪还是随时都可以拔出来。

可是他已完全丧失了那种一刀置人于死的自信,那么奇妙的自信。

因为他的勇气、尊严和自信,都已倾入酒中。

"拔你的刀!"

薛大汉已站起来,就像是个巨神般站了起来。

"难道现在你已不敢拔刀?"

他的声音中不但充满讥诮,而且充满自信。

因为他很了解傅红雪的武功,更了解傅红雪这些天来失去了些什么。

他已有把握。

这种把握正如傅红雪一刀刺入袁秋云胸膛时的把握一样!

他知道傅红雪只要一拔刀,就得死于刀下,也正如以前他只要一拔刀,别人就得死在他刀下的情况完全一样。

这是种多么可怕的变化。

这种变化是谁造成的?是怎么样造成的?

情是何物?

傅红雪没有拔刀。

他不能拔刀。

因为他的刀似已不在他的手里,而在他的心上!

他的心正在滴着血。

痛苦、悔恨、羞辱、愤怒。

这一切,全都是为了一个女人,为了一个跟那马车夫走入客栈中的女人。

"算了,算了,算了……"

拔刀又如何?

死又如何?

爱情和仇恨同时消灭,生命也同时消灭,岂非还落得个干净?

一个人若在如此痛苦和羞辱中还要活着,那无论为了什么原因也不值得。

他已决定拔刀!

黄昏。

秋云低垂,大地苍茫。

傅红雪已准备拔刀。

但这时忽然听见有人在笑。

是路小佳在笑。

不知道什么时候,他已出现在窗口,正伏在窗台上笑。

他的笑声中,仿佛永远都带着种无法形容的讥诮和嘲弄之意。

傅红雪的心沉了下去,他本来纵然还有一线希望,现在希望也已完全断绝。

路小佳带着笑,道:"美酒盈樽,美人如玉,你们难道就准备在这里拼命?"

薛大汉道:"杀人难道还要选地方?"

路小佳道:"当然要。"

他微笑着,又道:"我杀人比你们内行,我可以保证,这里绝不是杀人的地方。"

薛大汉道:"你要替我们选个地方?"

路小佳点点头,道:"这花园里就不错,你们无论从什么地方倒下去,我保证都一定倒在花下。"

第三十二章

小李飞刀

暮霭苍茫，花丛间仿佛笼上了一层轻纱。

但这美丽的庭园中，此刻却像是忽然充满了凄凉萧索之意。

路小佳一翻身，坐在窗台上，悠然道："秋天的确是杀人的好天气，我一向喜欢在秋天杀人的。"

薛大汉道："只可惜今天已用不着你动手。"

路小佳微笑道："自己没有人可杀时，看着朋友杀人也不错。"

薛大汉道："我保证你一定可以看得到。"

路小佳道："我相信。"

他转过头，带着微笑，看看傅红雪，又道："其实今天被杀的人本不该是你。"

傅红雪就站在花径尽头，听着。

路小佳道："老薛的武功刚猛凌厉，虽然已是一流高手，但你的刀却似有种神秘的魔力，你本来可以杀了他的。"

沉默。

路小佳道："可是现在已不同了，因为你对自己都已没有信心，你的刀又怎么会对你有信心？"

还是沉默。

路小佳道："现在你已不相信你的刀，你的刀也已不再相信你，所以你已必将死在老薛手下。"

傅红雪握刀的掌心已沁出冷汗。

"看着你这么样一个人被别人杀死,实在是件很遗憾的事,但这也不能怪别人,只能怪你。"

他轻轻叹了口气,接着道:"一个人若想要报仇,就不能爱上任何女人;一个人若想在江湖中活得长久,也不能爱上任何女人。何况你爱上的只不过是个人尽可夫的婊子。"

傅红雪只觉得心又在后缩,忽然道:"一个人若想活得长久,话也不能说得太多。"

路小佳笑道:"这倒也是句老实话,今天我的话实在说得太多了。"

他捏碎粒花生,剥开,抛起,忽又笑道:"但你的话却说得太少。"

傅红雪道:"哦?"

路小佳已接住了花生,慢慢咀嚼,道:"你本该问问他,为何要杀你的。"

傅红雪道:"我不必问。"

路小佳道:"为什么?"

傅红雪道:"因为我已知道。"

路小佳道:"你知道什么?"

傅红雪目中露出痛苦之色,一字字道:"我知道他必定也是那天在梅花庵外的刺客之一。"

路小佳忽然大笑,道:"今年他还不到三十,那时他还是个孩子,你为何不算算他的年纪?"

傅红雪怔住。

路小佳道:"只不过你既然可以为你的父亲复仇,他当然也可以为他的父亲杀了你。"

傅红雪终于明白。

薛大汉虽不是白家的仇人,他父亲却无疑是的。

这一切阴谋,只不过是为了阻止傅红雪去杀他的父亲。

谁能说他做错了?

他用的方法也许不正当,但一个人若要阻止别人去杀他的父亲,无论用什么法子,都没有人能说他是不对的。

薛大汉一直没有开口,他已将全身真力全都运达四肢。

那巨大的身躯,看来似乎又已高大了些。

他用的兵器是柄五十三斤重的大铁斧,看来这一斧之力,连山石都难以抗拒。

傅红雪长长吸了口气,道:"好,现在你已不妨出手了。"

薛大汉冷冷道:"我让你先拔刀,还是一样可以杀你。"

突听一人大喊。

"你若要杀他,就得先杀了我。"

声音虽嘶哑,仍是动听的。

一个人从花径那头,急奔了过来,很少有人在奔跑时还能保持那种优美的风姿。

可是她梳理光洁的鬓发已凌乱,脸上的焦急和恐惧也不是装出来的。

一个小伙子在后面追来,想拉她。

"你何必管人家的事?"

可是他的话还没有说完,就被她翻身一掌掴倒在地上。

薛大汉和路小佳却很惊异,同时失声:"是你!"

他们实在想不到来的这女人竟是翠浓,更想不到这种女人竟肯为傅红雪死。

在这一瞬间,最惊讶、最痛苦,也最欢喜的,当然还是傅红雪。

没有人能了解他此刻的心情,也没有人能形容得出来。

翠浓已奔过来,挡在他面前。

薛大汉道:"你来干什么?"

翠浓道:"我不能看着他死。"

薛大汉冷笑,道:"你能保护他?"

翠浓道:"我不能,但我却能比他先死。"

薛大汉道:"你真的肯为他死?"

翠浓道:"否则我为何要来?"

薛大汉道:"那时你为何要走呢?"

翠浓道:"因为……因为那时我以为他讨厌我,看不起我,我以为他根本不想要我。"

她目中忽然涌出泪珠,接着道:"但现在我才知道,他是真心喜欢我的,以前他对我那种样子,只不过因为他天生的怪脾气。"

薛大汉冷笑。

翠浓流着泪,道:"现在我也明白,只要他是真心喜欢我,我也真心喜欢他,其他的事全不重要,何况……这些天来他过的是什么日子,我也知道。"

她用力咬住嘴唇,又道:"若不是为了我,就凭你们,又怎么敢这样子对他?"

薛大汉冷笑道:"你难道真要我杀了你?"

翠浓道:"当然是真的,他若因我而死了,难道我还能活得下去?"

薛大汉道:"很好,那么我就成全了你。"

突听傅红雪道:"等一等!"

薛大汉冷冷道:"难道你也要抢着先死?"

傅红雪不再回答,不再说话。

他已不必再说话,因为他的态度已说明了一切。

就在这一瞬间,他的人又完全变了。他的心本是紧紧收缩着的,就像是一团被人揉在掌心的纸。

一个人的心若已碎了,他纵然还有力量,也不愿再使出来,无法再使出来。人类所有的一切,本就是随着心情而变化的。酒并不能真的毁了他,真正毁了他的,是他内心的痛苦和绝望。

现在他的心已开展。他的态度忽然又变得充满了自信,因为他已知道他所爱的人并没有背叛他,他握刀的手又变得出奇的镇定。

薛大汉看着他,心里忽然生出种无法形容的恐惧,他也知道现在若不能杀了这个人,以后就永远不会再有机会。

他狂吼一声,冲了过去,五十三斤重的大铁斧,已化作了一阵狂飙。

花被震碎了,残花在斧风中飞起。然后风声突然停顿,残花慢慢地飘下来……

铁斧高举在那里,动也不动,薛大汉的人也动也不动地站在那里。

傅红雪的人已到了他面前,就站在铁斧下。他的刀却已刺入了薛大汉的心脏,只剩下一截漆黑的刀柄!

漆黑的刀柄还在手里,脸却是苍白的,苍白得透明。

薛大汉手里的大铁斧终于落下来,他眼珠已凸出,瞪着傅红雪,就像别的那些死在傅红雪刀下的人一样,眼睛里充满了怀疑和不信。

可是他现在已必须相信,这个人、这柄刀,的确有这种神秘的魔力。

傅红雪没有看他，只是看着手里的刀。

"锵"的一声，刀已入鞘。

薛大汉居然还没有倒下去，却忽然长长地吐出了口气，仿佛是悲哀，叹息。

"我本来想把你当作朋友的。"

这是他最后说的一句话。然后他就倒下去，倒在花下。

傅红雪还是没有看他，但也不知为了什么，冷漠的眼睛里竟也露出种悲伤的表情。

"我本来并不想杀你。"

这句话他并没有说出来，但有些话本就是不必说出口来的。

残花已落尽，有些花瓣，正落在薛大汉身上。

路小佳还是坐在那里，他也并没有去看他朋友的尸体，他在看着傅红雪手里的刀，一双冷漠的眼睛突然变得炽热了起来。

"好快的刀！"

没有回应。

路小佳忽然笑了，深沉地接着道："只可惜还并不十分快。"

傅红雪还是没有回应，因为他自己心里也能感觉得到，他虽已杀了薛大汉，但那并不能表示他的刀已恢复到以前那么快。十三天来的痛苦折磨，就算铁打的人，也会受到损害。

路小佳的情况却似在巅峰中。

所以他笑得很愉快，也很残忍，缓缓道："现在我们心里一定都明白一件事。"

傅红雪没有问。因为他的确知道路小佳这句话的意思！

"我若要杀你,今天就是我最好的机会,只有呆子才会错过这种机会。"

翠浓失声道:"你……你也想杀他?"

路小佳笑了笑,道:"你看我像是个呆子?"

他微笑着,剥开颗花生,抛起。

他的手干燥而镇定,但是他抛起的花生却忽然不见了。

花生突然被一种很奇怪的力量吸到后面去,落在一个人嘴里。

这人就坐在屋子里刚才傅红雪坐的地方,慢慢地咀嚼着花生,端起了酒杯。

傅红雪一回头就看见了他。

叶开!这阴魂不散的叶开!

叶开在微笑,微笑着喝下那杯酒。

路小佳忽然也笑了,道:"桌上还有菜,你何必抢我的花生下酒?"

叶开微笑道:"因为能吃到你花生的机会并不多,也只有呆子才会错过这种机会的。"

路小佳道:"你看来也不像是个呆子。"

叶开道:"所以我还活着。"

路小佳大笑。他的人突然随着笑声掠出,只一个翻身,就消失在苍茫的暮色里。

叶开又为自己倒了杯酒,喃喃道:"看来这年头的呆子愈来愈少了。"

灯已燃起,是叶开自己燃起的。屋里已没有别的人,那笑窝很深的少女也已不见踪影。

灯燃起的时候，傅红雪就出现在门口，他看着叶开手里的酒，但现在酒已对他完全没有吸引力。

叶开自己喝下了这杯酒，微笑道："我不敬你，因为我知道你现在已不会再喝酒的。"

傅红雪盯着他。

叶开道："但你还是可以进来坐坐，这里……"

傅红雪忽然打断了他的话，道："是谁叫你来的？说！"

叶开道："我自己有脑子。"

傅红雪道："你为什么总是要来管我的事？"

叶开道："谁管了你的事了？"

傅红雪道："刚才你……"

叶开道："刚才我只不过吃了路小佳一颗花生而已，那难道也是你的事？"

傅红雪闭紧了嘴。

叶开忽然叹了口气，道："这年头的呆子虽愈来愈少，但一两个总还是有的。"

翠浓垂着头，慢慢地穿过花径。

夜色已笼罩大地。

她脸上的泪痕还没有干，眼睛里又有了泪光。然后她就听到了身后的脚步声，一种奇特、缓慢的脚步声。

她自己也走得很慢。

风在吹，秋星一粒粒升起，远处仿佛有人在吹笛。

秋夜的笛声，仿佛总是令人断肠的。

门就在前面，她已将走出门，但就在这时，她听到有人轻唤：

"你——"

傅红雪的眼睛在星光下看来就像是秋月下清澈的湖水。

翠浓停下来，转过身。

傅红雪凝视着她，道："你又要走？"

翠浓又点了点头，又摇了摇头。

傅红雪道："你为什么从不等我？"

翠浓垂下头，道："你……你几时要我等过你？"

这句话也像是一根针，一根尖锐但却并不是冰冷的针。

傅红雪突然冲过去，紧紧拥抱住她。

他抱得真紧，他的泪水涌出时，翠浓的哭声已响遍在这充满花香的秋风里。

"我以为你永远不会再要我了。"

"为什么？你为什么会这么想？"

"因为……因为你看见了我跟那个人……"

"那不能怪你。"

"……"

"你以为我看不起你，不要你了，所以才会去找别人。"

"你真的不恨我？"

"那本是我的错，我怎么能怪你。"

"可是我……"

"不管你怎么样，都已经是过去的事情了，我们为什么不能够将过去的事情忘记？"

"你真的能忘记我过去那些……"

"我只希望你也能忘记我过去对你的那些不讲理的事。"

翠浓笑了。她脸上的泪痕虽然还未干，可是她笑了，笑得那么温柔,那么甜蜜。

她甜笑着,在他耳畔低语。

"你真的是傅红雪?"

"当然是。"

"可是你为什么好像忽然变了个人呢?"

"因为我的确已变了。"

"怎么会变的?"

"……"

翠浓道:"你不肯告诉我?"

傅红雪终于轻轻叹息了一声。

"我也不知道我怎么会变的,我只知道离开了你十二天之后,再也不想离开你一刻了。"

翠浓紧紧拥抱住他,泪珠又一连串流下来。

但这已是幸福快乐的泪珠,这种泪珠远比珍珠还珍贵。

人,毕竟是人。就算他心上真的有一层冰,冰也有融化的时候。

爱的力量永远比仇恨伟大。有时仇恨看来虽然更尖锐,更深切,但只有爱的力量才是永恒不变的。

现在坐在窗台上的,是叶开。

风吹过的时候,他身后隐隐有铃声轻响。

他们看着傅红雪和翠浓穿过花径,走出去,消失在夜色间。

丁灵琳忽然轻轻叹了口气,道:"看来他现在已渐渐变得像是个人了。"

她说的他,当然就是傅红雪。

现在无论叶开走到哪里,她就跟到哪里,刚才她没有出现,因为,她一直都在后面监视着这里的女孩子们。

她并不是怕别的，只不过不愿她们见到叶开，也不愿叶开见到她们。

连她自己都承认她是个很会吃醋的女人。

叶开道："你认为以前他不是个人？"

丁灵琳道："至少我没有看见过像他那样的人。"

这点叶开也不能不承认。

丁灵琳道："我也从来没有想到，他真的会为翠浓那么痛苦。"

叶开忽然笑了笑，道："你认为他痛苦真的是为了她？"

丁灵琳道："难道不是？"

叶开摇摇头。

丁灵琳道："你认为他痛苦是为了什么？"

叶开道："他一直认为自己比翠浓高尚，一直认为翠浓配不上他。"

丁灵琳道："这倒一点也不假。"

叶开道："所以等到翠浓离开他的时候，他才会感觉特别痛苦，因为他总认为翠浓应该像狗一样跟着他的。"

丁灵琳道："你认为他痛苦只不过因为他的自尊受到了伤害？"

叶开道："那当然也因为他觉得自己受了欺骗，无论是什么样的男人，被女人欺骗时都会觉得很痛苦的，就算他根本不爱那个女人，也同样痛苦。"

丁灵琳道："你认为他根本不爱翠浓？"

叶开道："我并不是这意思。"

丁灵琳道："你是什么意思？"

叶开道："我的意思是说，翠浓若不离开他，他总有一天也会离开翠浓，在那种情况下，他就绝不会痛苦了。"

丁灵琳道："为什么？"

叶开道:"因为他跟别的人不同。"

丁灵琳道:"有什么不同?"

叶开道:"他是在仇恨中生长的,所以……"

丁灵琳道:"所以他就算真的爱翠浓,也还是忘不了他的仇恨!"

叶开道:"绝对忘不了。"

丁灵琳道:"看来你好像很了解他。"

叶开轻轻叹息了一声,道:"世上绝没有任何人比我更了解他。"

丁灵琳道:"为什么?"

叶开突然沉默。

丁灵琳道:"是不是因为你也跟他一样,是在仇恨中生长的?"

叶开沉默了很久,缓缓道:"也许是的,可是我跟他并不相同。"

丁灵琳道:"为什么?"

叶开目光凝视着远方的一颗明星,道:"因为我曾经遇到过一个人。"

丁灵琳道:"一个什么样的人?"

叶开道:"一个神奇的人,世上假如真的有神存在,他就是神。"

丁灵琳道:"就是他改变了你的一生?"

叶开点点头。

丁灵琳咬着嘴唇,也沉默了很久,才轻轻问道:"他是个男人,还是个女人?"

叶开笑了。

丁灵琳瞪起了眼,道:"一定是个女人,是个什么样的女人?"

叶开道:"他若是女人,世上所有的人就全都是女人了。"

丁灵琳道:"这是什么意思?"

叶开目中忽然露出一种说不出的崇敬之色,道:"我看见过很多人,各式各样的人我都看过,但只有他,才配称得上是个真正的男子汉。"

丁灵琳也笑了。

叶开道:"我从未看过比他更伟大的人。"

丁灵琳道:"他一定很豪爽,很有义气。"

叶开道:"又何止如此而已,就算将世上所有称赞别人的话,全都加到他身上,也不能形容他的伟大于万一。"

丁灵琳道:"你佩服他?"

叶开道:"又何止是佩服而已,他就算叫我立刻去死,我也愿意。"

他又叹息了一声,道:"但他显然不会叫我去死的,他一向只会为了别人,牺牲自己。"

丁灵琳听得眼睛里也发出了光,道:"他究竟是谁呢?"

叶开道:"你应该听说过他的。"

丁灵琳道:"哦?"

叶开道:"他姓李……"

丁灵琳悚然道:"莫非是小李探花?"

叶开笑道:"我就知道你一定听说过他。"

丁灵琳眼睛里立刻也露出同样的尊敬之色,叹息着道:"我当然听说过他……世上又有谁没有听说过他的呢?"

叶开道:"他的所作所为,的确令人很难忘记。"

丁灵琳道:"尤其是他和上官金虹那一战,江湖上虽然没有人真的看见过,可是在传说中,那一战简直比神话还要神奇。"

叶开笑道:"我至少听五百个人谈起过那一战,每个人的说法居然都不同。"

丁灵琳笑道:"我也听过很多种说法,谁都坚持认为自己说的那一种才是正确的,谁都认为别人说的是谎话。"

叶开道:"但至少有一点,却是每个人都不能不承认的。"

丁灵琳道:"哪一点?"

叶开道:"小李飞刀,例不虚发!"

他眼睛焕发着光,接着道:"无论谁都不能不承认,到现在为止,普天之下,还没有人能避开他的那一刀的!"

丁灵琳的眼睛也在发着光,叹息着道:"只可惜他的那一刀已成绝响,我们是再也看不到的了。"

叶开道:"谁说的?"

丁灵琳道:"据说他杀了上官金虹后,就封刀退隐,再也不问江湖间的事。"

叶开笑笑。

丁灵琳道:"他若非退隐世外,江湖中为什么从此就听不见他的消息?"

叶开又笑笑。

丁灵琳道:"你难道知道他的消息?"

叶开沉吟着,终于道:"追查梅花盗,威震少林寺,决战上官金虹……那些只不过是他一生中的几件小事而已。"

丁灵琳道:"那些事还是小事?"

叶开道:"他破了金钱帮之后,在江湖中又不知做了多少惊天动地的事。"

丁灵琳道:"真的?"

叶开道:"我为什么要骗你?"

丁灵琳道:"他又做了些什么事?"

叶开道:"你若听到了那些事,我敢保证你一定会热血沸腾,晚上连觉都睡不着。"

丁灵琳道:"这些惊天动地的大事,我为什么连一件都没有听到？"

叶开微笑道："虬髯客在海外威镇十国，自立为王，李靖都不知道，小李探花做的事，你一个小小的女孩子又怎会知道？"

他不让丁灵琳开口，接着又道："真正的大英雄大豪杰，做事一向是不愿被俗人知道的。"

丁灵琳撇了撇嘴，道："我是俗人，你呢？"

叶开笑道："我也是俗人，只不过我的运气比你好些。"

丁灵琳拉起了叶开的手，甜笑着道："你能不能将那些事说来给我听听？……我宁愿晚上不睡觉也要听。"

叶开道："等有空的时候，我说不定会讲给你听听的。"

丁灵琳笑得更甜，柔声道："那么现在你就说好不好？"

叶开道："现在我没空。"

丁灵琳道："先说一两件行不行？"

叶开道："不行。"

丁灵琳的嘴嘟起来了，重重地甩下他的手，道："人家一有事求你，你就摆起架子来了。"

叶开笑道："架子当然要摆的。"

丁灵琳嘟着嘴，道："凭什么？"

叶开道："就凭那些故事，无论谁知道那么精彩的故事，都有资格可以摆摆架子。"

丁灵琳眨着眼，道："真的那么精彩？"

叶开道："我保证你从未听过那样精彩、那么令人感动的事。"

丁灵琳的态度又软了，赔着笑道："那么我就让你摆摆架子，你要茶，我就去替你倒茶，你要喝酒，我就去替你倒酒，这样行不行？"

叶开道："还是不行。"

丁灵琳道："为什么？"

叶开道:"因为我现在真的没空。"

丁灵琳道:"你现在要干什么?"

叶开道:"我要赶着到好汉庄去。"

丁灵琳道:"好汉庄?"

叶开道:"好汉庄就是薛家庄。"

丁灵琳道:"就是薛大汉的家?"

叶开道:"好汉庄的庄主,就是那薛大汉的老子薛斌。"

丁灵琳道:"你要赶去报凶讯?"

叶开道:"我不是乌鸦。"

丁灵琳道:"那你赶去干什么?"

叶开道:"我若猜的不错,傅红雪现在想必也在急着赶到那里去。"

丁灵琳道:"他去你就要去?"

叶开笑笑。

丁灵琳道:"你对他的事,为什么总是比对我还关心?"

叶开又笑笑。

丁灵琳盯着他道:"我总觉得你跟他好像有点很特别的关系,究竟是什么关系?"

叶开笑道:"你难道连他的醋也要吃?莫忘记他是个男人。"

丁灵琳道:"男人又怎么样?男人跟男人,有时候也会……"这句话没说完,她自己也笑了,红着脸笑了。

叶开却在沉思着,道:"想当年,薛斌也是条好汉,一百零八招开天辟地盘古神斧,也曾横扫过太行山,却不知现在怎么样了。"

丁灵琳道:"你难道生怕傅红雪不是他的对手,所以要赶去相助?"

叶开笑了笑,道:"若连傅红雪的刀都不是他的敌手,我赶去又有什么用？"

丁灵琳凝视着他，道："你的功夫难道远不如傅红雪？"

叶开道："据我所知，他刀法很快，当今天下已没有人能比得上。"

丁灵琳道："可是我听到很多人说过，你也有柄很可怕的刀。"

叶开道："哦？"

丁灵琳道："而且是柄看不见的刀。"

叶开道："哦？"

丁灵琳道："你少装糊涂，我只问你，你的那柄刀，是不是小李飞刀的真传？"

叶开叹了口气，道："小李飞刀就是小李飞刀，除了小李探花自己的之外，就没有第二家。"

丁灵琳道："为什么？"

叶开道："因为那种刀本就是没有人能学得会的。知道了吧！"

丁灵琳道："你呢？"

叶开苦笑道："我若能学会他的一成，就已心满意足。"

丁灵琳嫣然道："想不到你居然也会变得这么谦虚起来了。"

叶开道："我本来就是个很谦虚的人。"

丁灵琳道："只可惜有点不老实。"

叶开正色道："所以你最好还是不要跟着我，我毛病若是来了，忽然把你强奸了也说不定。"

丁灵琳的脸又红了。她咬着嘴唇，用眼角瞟着叶开道："你要是不敢，你就是个龟孙子。"

第三十三章

刀下亡魂

凌晨，秋寒满衾。

翠浓醒了，她醒得很早，可是她醒来的时候，已看不见她枕畔的人。

枕上还残留傅红雪的气息。可是他的人呢？

一种说不出的孤独和恐惧，忽然涌上翠浓的心，她的心沉了下去。

她还记得昨夜傅红雪说的话："有些事你虽然不想做，但却非做不可。"

当然她也承认。无论谁在这一生中，至少都做过一两件他本不愿做的事。

现在她终于明白傅红雪这句话的意思。

"我不想走的，但是我不能不走。"

风吹着窗纸，苍白得就像是她的脸。

风真冷。

她痴痴地听着窗外的风声，她并没有流泪，可是她全身却已冰冷。

乳白色的晨雾刚刚从秋草间升起，草上还带着昨夜的露珠，一条黄泥小径蜿蜒从田陌间穿出去。傅红雪走在小径上，手里紧紧握着他的刀，左腿先迈出一步，右腿再跟着慢慢地拖过去。

漆黑的刀，苍白的脸。

"我不想走的，可是我不能不走！"

他也并没有流泪，只不过心头有点酸酸的，又酸又苦又涩。

可是他的痛苦并不深，因为这次并不是翠浓离开了他，而是他主动离开了翠浓。

"……我只知道离开了你十二天之后，再也不想离开你片刻。"

对这句话，他并不觉得歉疚，因为当时说这句话的时候，他的确是真心的。

那时本是他最软弱的时候。一个人空虚软弱时，往往就会说出些连他自己也想不到自己会说出来的话。

当时他的确想她，感激她，需要她。因为她令他恢复了尊严和自信，令他觉得自己并不是个被遗弃了的人。

然后他的情感渐渐平静。

然后他就想起了各种事，想起了她的过去、她的职业、她的虚荣。

想起了她悄悄溜走的那一天，尤其令他忘不了的是，那赶车的小伙子搂着她走入客栈的情况。

那十三天，他们在做什么？是不是也在……

他拥抱着她光滑柔软的胴体时，忽然觉得一阵说不出的恶心。

"……那已是过去的事，我们为什么不能将过去的事一起忘记？"

现在他才知道，有些事是永远忘不了的，你愈想忘记它，它愈要闯到你的心底来。

那时他不禁又想起她一掌将那小伙子掴倒在地上的情况。

"以后说不定她还是会悄悄溜走的,因为她本就是个无情无义的人。"

忽然间,所有的爱全都变成了恨,他本来就是生长在仇恨中的。

"何况我本来就无法供养她,何况我要去做的事她本就不能跟着。

"我走了,反而对她好。

"现在她可以去找别人了,去找比我更适合她的人,很快她就会将我忘记。

"过两年,她说不定真能将银子一车车运回去。"

一个人若要为自己找借口,那实在是件非常容易的事。

一个人要原谅自己更容易。

他已完全原谅了自己。翠浓若是永远不再回来,他也许会思念一生,痛苦一生,可是她现在已回来。

他情感的创伤,很快就收起了口,结起了疤,伤疤是硬的,硬而麻木。

"既然她迟早要走,我为什么不先走呢?"

秋意很深,秋色更浓。

远山是枯黄色的,秋林也是枯黄色,在青灰色的苍穹下,看来有种神秘而凄艳的美。

傅红雪慢慢地走过去。他走得虽慢,却绝不留下来,因为他知道秋林后就是好汉庄。

好汉庄就像它的主人一样,已在垂垂老矣。

墙上已现出鱼纹,连油漆都很难掩饰得住,风吹着窗棂时,不停地咯咯发响。

阳光从窗外照进来,正照在架上的铁斧上。

一柄六十三斤的大铁斧。

薛斌背负着双手，站在阳光下，凝视着这柄铁斧。

在他说来，这已不仅是柄斧头而已，而是曾经陪他出生入死，身经百战的伙计。三十年前，这柄铁斧陪他入过龙潭，闯过虎穴，横扫过太行山。现在这柄铁斧还是和三十年前一样，看来还是那么刚健，还是在闪闪地发着光。

可是铁斧的主人呢？

薛斌抬起手掩住嘴，轻轻地咳嗽着，阳光照在他身上，虽然还只不过是刚升起来的阳光，但在他感觉中，却好像是夕阳。

他自己却连夕阳无限好的时光都已过去，他的生命已到了深夜。

枣木桌上，有一卷纸，那正是他在城里的旧部，用飞鸽传来的书信。

现在他已知道他的朋友和儿子都已死在一个少年人的刀下，这少年人叫傅红雪。

薛斌当然知道这并不是他的真名实姓。他当然姓白。

白家的人用的刀，却是漆黑的——刀鞘漆黑，刀柄漆黑。

薛斌很了解那是柄什么样的刀。他曾亲眼看到过同样的一柄刀，在眨眼间连杀三位武林中的一流高手。

现在他身上还有一条刀疤，从喉头直穿脐下，若不是他特别侥幸，若不是对方力已将竭，这一刀已将他劈成两半。直到十几年后，他想起那时刀光劈下时的情况，手心还是会忍不住淌出冷汗。有时他在睡梦间都会被惊醒，梦见有人又拿着同样一柄漆黑的刀来找他，将他一刀劈成两半。

现在这人果然来了！

铁斧还在闪着光。

他挽起衣袖，紧握住斧柄，挥起。

昔年他也曾用这柄铁斧，劈杀太行巨盗达三十人之多，但现在这柄铁斧却似已重得多了，有时他甚至已不能将它使完那一百零八招。

他决心还要再试一试。

大厅中很宽阔，他挥舞铁斧，移身错步，刹那间，只见斧影满厅，风声虎虎，看来的确还有几分昔年横扫太行山的雄风威力。

可是他自己知道，他已力不从心了。使到第七十八招式，他已气喘如牛，这还只不过是他自己一个人在练，若是遇到强敌时，只怕连十招都很难。

他喘息，放下铁斧。

桌上有酒。他喘息着坐下来，为自己斟了满满一杯，仰起脖子喝下去。

他发现自己连酒量都已大不如前了，以前他可以连尽十觥，现在只不过喝了三大杯，就已酒意上涌，连脸都红了。

一个白发苍苍的老家人，佝偻着身子，慢慢地走了进来。

他幼时本是薛斌的书童，在薛家已近六十年。

少年时，他也是个精壮的小伙子，也舞得起三十斤重的铁斧，也杀过些绿林好汉。但现在，他不但背已驼，腰已弯，身上的肌肉已松弛，而且还得了气喘病，走几步路都会喘起来。

薛斌看见他，就好像看见自己一样。

"岁月无情，岁月为什么如此无情？"

薛斌在心里叹了口气，道："我吩咐你的事，已办妥了吗？"

其实他本不必问的，这老家人对他的忠心，他比谁都知道得更清楚。

老家人垂着手，道："庄丁、马夫，连后院的丫头和老妈子，一共是三十五个人，现在全都已打发走了，每个人都发了五百两银子，已足够他们做个小生意，过一辈子了。"

薛斌点点头，道："很好。"

老家人道："现在库里的现银还剩下一千五百三十两。"

薛斌道："很好，你全都带走吧。"

老家人垂下头，道："我……我不走。"

薛斌道："为什么？"

老家人满是皱纹的脸上，并没有什么表情，只是深深道："今年我已六十八了，我还能走到什么地方去？"

薛斌也不再说。他知道他们都一样已无路可走。

风吹着院子里的梧桐，天地间仿佛充满了剪不断的哀愁。

薛斌忽然道："来，你也过来喝杯酒。"

老家人没有推辞，默默地走过来，先替他主人斟满一杯，再替自己倒了一杯。

他的手在抖。

薛斌看着他，目中充满了怜惜之色。也许他可怜的并不是这老家人，而是他自己。

"不错，我记得你今年的确已六十八岁，我们是同年的。"

老家人垂首道："是。"

薛斌道："我记得你到这里来的那一年，我才只八岁。"

老家人道："是。"

薛斌仰面长叹，道："六十年，一眨眼间，就是六十年了，日子过得真快。"

老家人道："是。"

薛斌道："你还记不记得你在这一生中，杀过多少人？"

老家人道："总有二三十个。"

薛斌道："玩过多少女人呢？"

老家人眼角的皱纹里，露出一丝笑意，道："那就记不清了。"

薛斌也微笑着，道："我知道前年你还把刚来的那小丫头开了，你别以为我不知道。"

老家人也不否认，微微笑道："那小丫头本就不是什么好东西，但刚才还是偷偷地多给了她一百两银子。"

薛斌也笑道："你对女人一向不小气，这点我也知道。"

老家人道："这点我是跟老爷你学的。"

薛斌大笑，道："我杀的人固然比你多，玩的女人也绝不比你少。"

老家人道："当然。"

薛斌道："所以我们可以算是都已经活够了。"

老家人道："太够了。"

薛斌大笑道："来，我们干杯。"

他们只喝了两杯。

第三杯酒刚斟满，他们已看见一个人慢慢地走入了院子。

苍白的脸，漆黑的刀。

梧桐并没有锁住浓秋。

傅红雪站在梧桐下，手里紧紧握着他的刀。

薛斌也在看着他，看着那柄漆黑的刀，神情居然很平静。

傅红雪忽然道："你姓薛？"

薛斌点点头。

傅红雪道："薛大汉是你的儿子？"

薛斌又点点头。

傅红雪道："十九年前，那……"

薛斌忽然打断了他的话，道："你不必再问了，你要找的人，就是我。"

傅红雪凝视着他，一字字道："就是你？"

薛斌点点头，忽然长长叹息，道："那天晚上的雪很大。"

傅红雪的瞳孔在收缩，道："你……你还记得那天晚上的事？"

薛斌道："当然记得，每件事都记得。"

傅红雪道："你说。"

薛斌道："那天晚上我到了梅花庵时，已经有很多人在那里了。"

傅红雪道："都是些什么人？"

薛斌道："我看不出，我们每个人都是蒙着脸的，彼此间谁也没有说话。"

傅红雪也没有说话。

薛斌道："我相信他们也认不出我是谁，因为那时我带的兵器也不是这柄铁斧，而是柄鬼头大刀。"

傅红雪道："说下去。"

薛斌道："我们在雪地里等了很久，冷得要命，忽然听见有人说，人都到齐了。"

傅红雪道："说话的人是马空群？"

薛斌道："不是！马空群正在梅花庵里喝酒。"

傅红雪道："说话的人是谁？他怎么知道一共有多少人要去？难道他也是主谋之一？"

薛斌笑了笑，笑得很神秘，道："我就算知道，也绝不会告诉你。"

他很快地接着道："又过了一阵子，白家的人就从梅花庵里走出来，一个个喝得醉醺醺的，看样子乐得很。"

傅红雪咬着牙，道："是谁第一个动的手？"

薛斌道："先动手的，是几个善使暗器的人，但他们并没有得手。"

傅红雪道："然后呢？"

薛斌道："然后大家就一起冲过去，马空群是第一个上来迎战的，但忽然间，他却反手给了白天羽一刀。"

傅红雪满面悲愤，咬着牙，一字字道："他逃不了的。"

薛斌淡淡道："他逃不逃得了，都跟我完全没有关系。"

傅红雪冷冷道："你也休想逃。"

薛斌道："我根本就没有逃走的意思，我本就是在这里等着你的！"

傅红雪道："你还有什么话说？"

薛斌道："只有一句。"

他举杯一饮而尽，接着道："那次我们做的事，虽然不够光明磊落，但现在若回到十九年前，我还是会同样再做一次的。"

傅红雪道："为什么？"

薛斌道："因为白天羽实在不是个东西。"

傅红雪苍白的脸突然血红，眼睛也已血红，嘶声道："你出来。"

薛斌道："我为什么要出来？"

傅红雪道："拿你的铁斧。"

薛斌道："那也用不着。"

他忽然笑了笑，笑得很奇特，微笑着看了看他的老家人，道："是时候了。"

老家人道："是时候了。"

薛斌道："你还有什么话说？"

老家人道："也只有一句。"

他忽然也笑了笑，一字字道："那白天羽实在不是个东西！"

这句话说完,傅红雪已燕子般掠进来。

但他已迟了。

薛斌和他的老家人都已倒下去,大笑着倒了下去。

他们胸膛上都已刺入了一柄刀。

一柄锋利的短刀。

刀柄握在他们自己的手里。

风吹着梧桐,风剪不断,愁也剪不断。

但仇恨却可以断的——剪不断,却砍得断。

薛斌用自己的刀,砍断了这段十九年的冤仇。

现在已没有人能再向他报复。

就连傅红雪也不能!

他只有看着,看着地上的两个死人,死人的脸上,仿佛还带着揶揄的微笑,仿佛还在对他说:"我们已活够了,你呢?你知不知道自己是为什么而活的?"

为了复仇?

这段仇恨是不是真的应该报复?

"那次我们做的事,虽然不够光明磊落,但现在若回到十九年前,我还是会同样再做一次!"

"洁如本来是我的,但是白天羽却用他的权威和钱财,强占了她。"

"我为什么要说谎?你难道从未听说过你父亲是个怎么样的人,那么我可以告诉你,他是个……"

"我也只有一句话要说,那白天羽实在不是个好东西!"

薛斌的话、柳东来的话、老家人的话,就像是汹涌的浪涛,一阵阵向他卷过来。

他们为什么要说这种话？

他们说的话为什么全都一样？

傅红雪拒绝相信。

他父亲在他心目中，本来是个神，他一向认为别人也将他父亲当作神。

但现在，他心里忽然有了种说不出的恐惧，因为现在就连他自己也开始怀疑。

"为什么会有那么多在武林中极有身份地位的人，都不惜将自己的身家性命孤注一掷，不顾一切地要去杀他？"

这问题有谁能回答？有谁能解释？

傅红雪自己不能。

他站在那里，看着地上的尸身，身子又开始不停地发抖。

风吹进来，吹起了死人头上的白发。

他们都已是垂暮的老人，他们做的事就算真的不可宽恕，也未必一定要杀了他们。

傅红雪对自己做的事是否正确，忽然也起了怀疑。

他本是为了复仇而生，为了复仇而活着的。

但现在他却已不知该怎么办了。

是不是应该再去追杀别的人？

还是应该饶恕了他们？

这仇恨若是根本不应该去报复，他活着还有什么意义？

死人的脸，已渐渐僵硬，脸上那种揶揄的笑容，变得更奇特诡秘。

他们的眼睛本是凸出来的，现在眼睛里竟突然流下泪来。死人绝不会流泪。

他们流的不是泪,是血!

他们的嘴角也在流血,七孔中都在流血,一种紫黑色的,闪动着惨绿碧光的血。

那也绝不像人类流出的血。

就连地狱中的恶鬼,流出的血都未必有如此诡秘,如此可怕。

这难道是他们在向傅红雪抗议?

傅红雪的手还是紧紧地握着刀,但他的掌心已沁出冷汗。

他忽然想冲出去,赶快离开这地方,愈快愈好。

可是他刚转过身,就看见了叶开。

这阴魂不散的叶开。

叶开也在看着地上的死人,脸上带着种很奇怪的表情。

丁灵琳远远地站在后面,连看都不敢往这里看。

她并不是从来没有看见死人,但却实在从来没有看见过这么可怕的死人。

傅红雪道:"你又来了。"

叶开点点头,道:"我又来了。"

傅红雪道:"你为什么总是要跟着我?"

叶开道:"这地方难道只有你一个人能来?"

傅红雪不说话了。

其实这次他并不是不愿意见到叶开。

因为他刚才见到叶开时,心里的孤独和恐惧就忽然减轻了很多。

也许他一直都不是真的不愿意见到叶开的,也许他每次见到叶开时,心里的孤独和恐惧都会减轻些。

可是他嘴里绝不说出来。

他不要朋友,更不要别人的同情和怜悯。

丁灵琳身上的铃铛又在"叮铃铃"地响,在这种时候、这种地方，这铃声听来非但毫不悦耳，而且实在很令人心烦。

傅红雪忍不住道："你身上为什么要挂这些铃？"

丁灵琳道："你身上也一样可以挂这么多铃的，我绝不管你。"

傅红雪又不说话了。

他说话，只因为他觉得太孤独，平时他本就不会说这句话。

现在他已无话可说。

所以他走了出去。

叶开忽然道："等一等。"

傅红雪平时也许不会停下来，但这次却停了下来，而且回过了身。

叶开道："这两人不是你杀的。"

傅红雪点点头。

叶开道："他们也不是自杀的。"

傅红雪道："不是？"

叶开道："绝不是！"

傅红雪觉得很惊异，因为他知道叶开并不是个会随便说话的人。

"可是我亲眼看见他们将刀刺入自己的胸膛。"

叶开道："这两柄刀就算没有刺下去，他们也一样非死不可。"

傅红雪道："为什么？"

叶开道："因为他们早已中了毒。"

傅红雪悚然道："酒里有毒？"

叶开点点头，沉声道："一种很厉害，而且很奇特的毒。"

傅红雪道："他们既已服毒，为什么还要再加上一刀？"

叶开缓慢地道："因为他们自己并不知道自己已经中了毒。"

傅红雪道："毒是别人下的？"

叶开道："当然。"

傅红雪道:"是谁?"

叶开叹了一口气,说道:"这也正是我最想不通的事。"

傅红雪没有开口。

他知道连叶开都想不通的事,那么能想通这事的人,就不会太多了。

叶开道:"能在薛斌酒里下毒的人,当然对这里的情况很熟悉。"

傅红雪同意。

叶开道:"薛斌已经知道你要来找他,他已经抱了必死之心,所以才会先将家人全部遣散。"

傅红雪同意。

他在路上也遇见过被遣散了的好汉庄的壮丁。

叶开道:"下毒的人既然对这里的情况很熟悉,当然知道薛斌是非死不可的。"

傅红雪同意,这道理本就是谁都想得通的。

叶开道:"薛斌既已必死,他为什么还要在酒里下毒呢?"

这道理就说不通了。

傅红雪道:"也许是薛斌自己下的毒。"

叶开道:"不可能。"

傅红雪道:"为什么?"

叶开道:"他用不着多此一举。"

傅红雪道:"也许他怕没有拔刀的机会!"

叶开道:"要杀你,他当然没有拔刀的机会,可是一个人若要杀自己,那机会总是随时都有的。"

傅红雪不太同意,却也不能否定。

他可以不让薛斌有拔刀自尽的机会,但是他绝不会想到这一招。

叶开道:"最重要的是,薛斌绝不会有这一种毒药的。"

傅红雪道:"为什么?"

叶开道:"他一向自命为好汉,生平从不用暗器,对使毒的人更是深恶痛绝,像他这种人,怎么肯用毒药毒死自己?"

他不让傅红雪开口,很快接着又道:"何况这种毒药本就是非常少有的,而且非常珍贵,因为它发作时虽可怕,但无论下在酒里水里,都完全无色无味,甚至连银器都试探不出。"

傅红雪道:"你认得出这种毒药?"

叶开笑了笑,道:"只要是世上有的毒药,我认不出的还很少。"

傅红雪道:"这种毒药是不是一定要用古玉才能试探得出?"

要试探毒药,大多用银器。

用古玉是极特殊的例外。

叶开道:"你居然也知道这法子?"

傅红雪冷冷道:"对毒药我知道得虽不多,但世上能毒死我的毒药却不多。"

叶开笑了,他知道傅红雪并不是吹牛。

白凤公主既然是魔教教主的女儿,当然是下毒的大行家。

她的儿子怎么可能被人毒死。

傅红雪也许不善用毒,也许没有看过被毒死的人,可是对分辨毒性的方法,他当然一定知道得很多。

只不过他懂得虽多,经验却太少。

傅红雪道:"你的判断是薛斌绝不会自己在酒里下毒?"

叶开道:"绝不会。"

傅红雪道:"别人既然知道他已必死,也不必在酒里下毒。"

叶开道:"不错。"

傅红雪道:"那么这毒是哪里来的呢?"

叶开道:"我想来想去,只有一种可能——"

傅红雪在听着。

叶开道："下毒的人一定是怕他在你的面前说出某件秘密，所以想在你来之前，先毒死他。"

傅红雪道："可是我来的时候，他还没有死。"

叶开道："那也许因为你来得太快，也许因为他死得太慢。"

傅红雪道："在我来的时候，他已经至少喝了四五杯。"

叶开道："酒一端上来已下了毒，但薛斌却过了很久之后才开始喝，所以酒里的毒已渐渐沉淀。"

傅红雪道："所以他开始喝的那几杯酒里，毒性并不重？"

叶开道："不错。"

傅红雪道："所以我来的时候，他还活着。"

叶开道："不错。"

傅红雪道："所以他还跟我说了很多话。"

叶开点点头。

傅红雪接口道："可是他并没有说出任何人的秘密来。"

叶开道："你再想想。"

傅红雪慢慢地走出去，面对着满院凄凉的秋风。

风中的梧桐已老了。

傅红雪沉思着，缓缓道："他告诉我，他们在梅花庵外等了很久，忽然有人说，人都到齐了。"

叶开的眼睛立刻发出了光，道："他怎么知道人都到齐了？他怎么知道一共有多少人要来？这件事本来只有马空群知道。"

傅红雪点点头。

叶开道："但马空群那时一定还在梅花庵里赏雪喝酒。"

傅红雪道："薛斌也这么说。"

叶开道："那么说这话的人是谁呢？"

傅红雪摇摇头。

叶开道："薛斌没有告诉你？"

傅红雪的神色就好像这秋风中的梧桐一样萧索，缓缓道："他说他就算知道，也绝不会告诉我。"

他的心情沉重，因为他又想起了薛斌说过的另一句话："白天羽实在不是个东西。"

这句话他本不愿再想的，可是人类最大的痛苦，就是心里总是会想起一些不该想，也不愿去想的事。

叶开也在沉思着，道："在酒中下毒的人，莫非就是那天在梅花庵外说'人都到齐了'的那个人？"

傅红雪没有回答，丁灵琳却忍不住道："当然一定就是他。"

叶开道："他知道薛斌已发现了他的秘密，生怕薛斌告诉傅红雪，所以就想先杀了薛斌灭口。"

丁灵琳叹了口气，道："但他却看错了薛斌，薛斌竟是个很够义气的朋友。"

叶开道："就因薛斌是他很熟的朋友，所以他虽然蒙着脸，薛斌还是听出了他的口音。"

丁灵琳道："不错。"

叶开道："那么他若自己到这里来了，薛斌就不会不知道。"

丁灵琳道："也许他叫别人来替他下毒的。"

叶开沉吟道："这种秘密的事，他能叫谁来替他做呢？"

丁灵琳道："当然是他最信任的人。"

叶开道："他若连薛斌这种朋友都不信任，还能信任谁？"

丁灵琳道："夫妻、父子、兄弟，这种关系就都比朋友亲密得多。"

叶开叹息着，道："只可惜现在薛家连一个人都没有了，我们连一点线索都问不出来。"

丁灵琳道:"薛家的人虽然已经走了,但却还没有死。"

叶开点了点头,走过去将壶中的残酒嗅了嗅,道:"这是窖藏的陈年好酒,而且是刚开坛的。"

丁灵琳嫣然道:"你用不着卖弄,我一向知道你对酒很有研究——对所有的坏事都很有研究。"

叶开苦笑道:"只可惜我却不知道薛家酒窖的管事是谁?"

丁灵琳道:"只要他还没有死,我们总有一天能找得出他来的,这根本不成问题。"

她凝视着叶开,慢慢地接着道:"问题是你为什么要对这件事如此关怀,这跟你又有什么关系?"

傅红雪霍然回头,瞪着叶开,道:"这件事跟你全无关系,我早就告诉过你,莫要多管我的闲事。"

叶开笑了笑,道:"我并不想管这件事,只不过觉得有点好奇而已。"

傅红雪冷笑。

他再也不看叶开一眼,冷笑着走出去。

丁灵琳忽然道:"等一等,我也有句话要问你。"

傅红雪还是继续往前走,走得很慢。

丁灵琳道:"她呢?"

傅红雪骤然停下了脚步,道:"她是谁?"

丁灵琳道:"就是那个总是低着头,跟在你后面的女孩子。"

傅红雪苍白的脸突然抽紧。

然后他就头也不回地走了出去。

第三十四章

神刀堂主

正午的日色竟暗得像黄昏一样。

丁灵琳看着傅红雪孤独的背影，忽然叹了口气，道："你说得不错，翠浓果然不该再回来找他的，现在他果然反而离开了翠浓。"

她摇着头，叹息着道："我本来以为他已渐渐变得像是个人，谁知道他还是跟以前一样，根本就不是个东西。"

叶开道："他的确不是东西，他是人。"

丁灵琳道："他假如有点人味，就不该离开那个可怜的女孩子。"

叶开道："就因为他是人，所以才非离开那女孩子不可。"

丁灵琳道："为什么？"

叶开道："因为他觉得自己受了委屈，心里的负担一定很重，再继续和翠浓生活下去，一定会更加痛苦。"

丁灵琳道："所以他宁愿别人痛苦。"

叶开叹了口气道："其实他自己心里也一样痛苦的，可是他非走不可。"

丁灵琳道："为什么？"

叶开道："翠浓既然能离开他，他为什么不能离开翠浓？"

丁灵琳道："因为……因为……"

叶开道："是不是因为翠浓是个女人？"

丁灵琳道："男人本来就不该欺负女人。"

叶开道："但男人也一样是人。"

他又叹了口气，苦笑道："女人最大的毛病就是总不把男人当作人，总认为女人让男人受罪是活该，男人让女人受罪就该死了。"

丁灵琳忍不住抿嘴一笑，道："男人本来就是该死的。"

她忽然抱住了叶开，咬着他的耳朵，轻轻道："天下的男人都死光了也没有关系，只要你一个人能活着就好。"

秋风萧索，人更孤独。

傅红雪慢慢地走着，他知道后面永远不会再有人低着头，跟着他了。这本不算什么，他本已习惯孤独。但现在也不知为了什么，他心里总觉得有些空空洞洞的，仿佛失落了什么在身后。

有时他甚至忍不住要回头去瞧一瞧，后面的路很长，他已独自走过了很长的路，可是前面的路更长，难道他要独自走下去？

"她的人呢？"

在这凄凉的秋风里，她在干什么？是一个人独自悄悄流泪？还是又找到了一个听话的小伙子？

傅红雪的心里又开始好像在被针刺着。

这次是他离开她的，他本不该再想她，本不该再痛苦。可是他偏偏会想，偏偏会痛苦。

是不是每个人都有种折磨自己的欲望，为什么他既折磨了别人，还要折磨自己？

现在他就算知道她在哪里，也是绝不会再去找她的了。

但他却还是一样要为她痛苦。这又是为了什么？

在没有人的时候，甚至连傅红雪有时也忍不住要流泪的。

可是他还没有流泪时,就已听见了别人的哭声。

是一个男人的哭声。哭的声音很大,很哀恸。

男人很少这么样哭的,只有刚死了丈夫的寡妇才会这样子哭。

傅红雪虽然并不是个喜欢多管闲事的人,却也不禁觉得很奇怪。

但他当然绝不会过去看,更不会过去问。

哭声就在前面一个并不十分浓密的树林里,他从树林外慢慢地走了过去。

哭的人还在哭,一面哭,一面还在断断续续地喃喃自语:"白大侠,你为什么要死?是谁害死了你?你为什么不给我一个报恩的机会?"

傅红雪突然停下了脚步,转过身。

一个穿着孝服的男人,跪在树林里,面前摆着张小桌子,桌子上摆着些纸人纸马,还有一柄纸刀。

用白纸糊成的刀,但刀柄却涂成了黑色。

这男人看来已过中年,身材却还保持着少年时候的瘦削矫健,鼻子和嘴的线条都很直,看来是个个性很强,很不容易哭的人。

但现在他却哭得很伤心。他将桌上的纸人纸马纸刀拿下,点起了火,眼睛里还在流着泪。

傅红雪已走过去,站在旁边,静静地看着。

这个人却在看着纸人纸马在火中焚化,流着泪倒了杯酒泼在火上,又倒了杯酒自己喝下去。喃喃道:"白大侠,我没有别的孝敬,只希望你在天之灵永不寂寞……"

这句话还没有说完,他已又失声痛哭起来。

等他哭完了,傅红雪才唤了一声:"喂。"

这人一惊,回过身,吃惊地看着傅红雪。

傅红雪道:"你在哭谁?"

这人迟疑着，终于道："我哭的是一位顶天立地的男子汉，是一位绝代无双的大侠，只可惜你们这些少年人是不会知道他的。"

傅红雪的心已在跳，勉强控制着自己，道："你为什么要哭他？"

这人道："因为他是我的救命恩人，我这一生中，从未受过别人的恩惠，但他却救了我的命。"

傅红雪道："他怎么救你的？"

这人叹了口气，道："二十年前，我本是个镖师，保了一趟重镖经过这里。"

傅红雪道："就在这里？"

这人点点头，道："因为我保的镖太重，肩上的担子也太重，所以只想快点将这趟镖送到地头，竟忘了到好汉庄去向薛斌递帖子。"

傅红雪问道："难道来来往往的人，都要向他递帖子？"

这人道："经过这里的人，都要到好汉庄去递张帖子，拜见他，喝他一顿酒，拿他一点盘缠再上路，否则他就会认为别人看不起他。"

他目中露出愤怒之色，冷笑着又道："因为他是这里的一条好汉，所以谁也不敢得罪他。"

傅红雪道："但你却得罪了他。"

这人道："所以他就带着他那柄六十三斤的巨斧，来找我的麻烦了。"

傅红雪道："他要你怎么样？"

这人道："他要我将镖车先留下，然后再去请我们镖局的镖主来，一起到好汉庄去磕头赔罪。"

傅红雪道："你不肯？"

这人叹道："磕头赔罪倒无妨，但这趟镖是要限期送到的，否则我们镖局的招牌就要被砸了。"

他忽然挺起胸，大声道："何况我赵大方当年也是条响当当的人物,我怎么能忍得下这口气。"

傅红雪道:"所以你们就交上了手?"

赵大方又叹了口气,道:"只可惜他那柄六十三斤重的宣花铁斧实在太霸道,我实在不是他的敌手,他盛怒之下,竟要将我立劈在斧下。"

他神情忽又兴奋起来,很快地接着道:"幸好就在这时,那位大侠客恰巧路过这里,一出手就拦住了他,问清了这件事,痛责了他一顿,叫他立刻放我上路。"

傅红雪道:"后来呢?"

赵大方道:"薛斌当然还有点不服气,还想动手,但他那柄六十三斤重的宣花铁斧,到了这位大侠客面前,竟变得像是纸扎的。"

傅红雪的心又在跳。

赵大方叹息着,道:"老实说,我这一辈子从来也没看见过像这位大侠客那么高的武功,也从来没有看见过那么慷慨好义的人物,只可惜……"

傅红雪道:"只可惜怎么样?"

赵大方黯然道,"只可惜这么样一位顶天立地的人物,后来竟被宵小所害,不明不白地死了。"

他目中已又有热泪盈眶,接着道:"只可惜我连他的墓碑在哪里都不知道,只有在每年的这一天,都到这里来祭奠祭奠他。想到他的往日雄风,想到他对我的好处,我就忍不住要大哭一场。"

傅红雪用力紧握双手,道:"他……他叫什么名字?"

赵大方凄然道:"他的名字我就算说出来,你们这些年轻人也不会知道。"

傅红雪道:"你说!"

赵大方迟疑着,道:"他姓白……"

傅红雪道:"神刀堂白堂主?"

赵大方悚然道:"你怎么知道他的?"

傅红雪没有回答,一双手握得更紧,道:"他究竟是个怎么样的人?"

赵大方道:"我刚才已说过,他是位顶天立地的奇男子,也是近百年来武林中最了不起的大英雄。"

傅红雪道:"那是不是因为他救了你,你才这么说?"

赵大方真诚地道:"就算他没有救我,我也要这么样说的,武林中人谁不知道神刀堂白堂主的侠名,谁不佩服他。"

傅红雪道:"可是……"

赵大方抢着道:"不佩服他的,一定是那些蛮横无理、作恶多端的强盗歹徒,因为白大侠嫉恶如仇,而且天生侠骨,若是见到了不平的事,他是一定忍不住要出手的。"

他接着又道:"譬如说那薛斌就一定会恨他,一定会在背后说他的坏话,但……"

傅红雪一颗本已冰冷的心,忽然又热了起来。

赵大方下面所说的是什么,他已完全听不见了,他心里忽然又充满了复仇的欲望,甚至比以前还要强烈得多。

因为现在他终于明白他父亲是个怎么样的人。

现在他已确信,为了替他父亲复仇,无论牺牲什么都值得。

对那些刺杀他父亲,毁谤他父亲的人,他更痛恨,尤其是马空群。

他发誓一定要找到马空群!发誓一定绝不再饶过这可耻的凶手。

赵大方吃惊地看着他,猜不出这少年为什么会忽然变了。

傅红雪忽然道:"你可曾听过马空群这名字?"

赵大方点点头。

傅红雪道:"你知不知道他在哪里?"

赵大方摇摇头,眼睛已从他的脸上,看到他手里握着的刀。

漆黑的刀。刀鞘漆黑,刀柄漆黑。

这柄刀显然是赵大方永远忘不了的。他忽然跳起来,失声道:"你……你莫非就是……"

傅红雪道:"我就是!"

他再也不说别的,慢慢地转过身,走出了树林。

林外秋风正吹过大地。

赵大方痴痴地看着他,忽然也冲出去,抢在他面前,跪下,大声道:"白大侠对我有天高地厚之恩,他老人家虽然已仙去,可是你……你千万要给我一个报恩的机会。"

傅红雪道:"不必。"

赵大方道:"可是我……"

傅红雪道:"你刚才对我说了那些话,就已可算是报过恩了。"

赵大方道:"可是我说不定能够打听出那姓马的消息。"

傅红雪道:"你?"

赵大方道:"现在我虽已洗手不吃镖行这碗饭了,但我以前的朋友,在江湖中走动的还是有很多,他们的消息都灵通得很。"

傅红雪垂下头,看着自己握刀的手,然后他忽然问:"你住在哪里?"

屋子里很简朴、很干净,雪白的墙上,挂着一幅人像。

画得并不好的人像,却很传神。

一个白面微须、目光炯炯有神的中年人,微微仰着脸,站在一片柳林外,身子笔挺,就像是一杆镖枪一般。他穿的是一件紫缎锦袍,腰畔的丝带上,挂着一柄刀。

漆黑的刀！

人像前还摆着香案，白木的灵牌上，写着的是："恩公白大侠之灵位。"

这就是赵大方的家。

赵大方的确是个很懂得感激人的人，的确是条有血性的汉子。现在他又出去为傅红雪打听消息了。

傅红雪正坐在一张白杨木桌旁，凝视着他父亲的遗像。他手里紧紧握着的，正也是一柄同样的刀，刀鞘漆黑，刀柄漆黑。

他到这里已来了四天。这四天来，他天天都坐在这里，就这样呆呆地看着他的遗像。

他全身冰冷，血却是热的。

"他是个顶天立地的奇男子，也是近百年来武林中最了不起的英雄好汉。"

这一句话就已足够。无论他吃了多少苦，无论他的牺牲多么大，就这一句话已足够。

他绝不能让他父亲在天的英灵，认为他是个不争气的儿子。

他一定要洗清这血海深仇，无论付出什么代价都值得。

夜色已临，他燃起了灯，独坐在孤灯下。

这些天来，他几乎已忘记了翠浓，但在这寂寞的秋夜里，在这寂寞的孤灯下，灯光闪动的火焰，仿佛忽然变成了翠浓的眼波。

他咬紧牙，拼命不去想她。在他父亲的遗像前，来想这种事，简直是种冒渎，简直可耻。幸好就在这时，门外已有了脚步声。

这是条很僻静的小巷，这是栋很安静的小屋子，绝不会有别人来的。

进来的人果然是赵大方。

傅红雪立刻问道："有没有消息？"

赵大方垂着头，叹息着。

傅红雪慢慢地站起来，道："你不必难受，这不能怪你。"

赵大方抬起头，道："你……你要走？"

傅红雪道："我已等了四天。"

赵大方搓着手，道："你就算要走，也该等到明天走。"

傅红雪道："为什么？"

赵大方道："因为今天夜里有个人要来。"

傅红雪道："什么人？"

赵大方道："一个怪人。"

傅红雪皱了皱眉。

赵大方的神情却兴奋了起来，道："他不但是个怪人，而且简直可以说是个疯子，但他却是天下消息最灵通的疯子。"

傅红雪迟疑着，道："你怎么知道他会来？"

赵大方道："他自己说的。"

傅红雪道："什么时候说的？"

赵大方道："三年前。"

傅红雪又皱起了眉。

赵大方道："就算他是三十年前说的，我还是相信他今天夜里一定会来，就算砍断了他的两条腿，他爬也会爬着来。"

傅红雪冷冷道："他若死了呢？"

赵大方道："他若死了，也一定会叫人将他的棺材抬来。"

傅红雪道："你如此信任他？"

赵大方道："我的确信任他，因为他说出的话，从未失信过一次。"

傅红雪慢慢地坐了下去。

赵大方却忽又问道:"你从不喝酒的?"

傅红雪摇摇头。

他摇头的时候,心里又在隐隐发痛。

赵大方并没有看出他的痛苦,笑着道:"但那疯子却是酒鬼,我在两年前已为他准备了两坛好酒。"

傅红雪冷冷地道:"我只希望这两坛酒有人喝下去。"

酒已摆在桌上,两大坛。

夜已深了,远处隐隐传来更鼓,已近三更。

三更还没有人来。赵大方却还是心安理得地坐在那里,连一点焦躁的表情都没有。

他的确是个很信任朋友的人!

傅红雪一动也不动地坐在那里,什么话都不再问。

还是赵大方忍不住打破了沉默,微笑着道:"他不但是个疯子,是个酒鬼,还是个独行盗,但我却从来也没有见过比他更可靠的朋友。"

傅红雪在听着。

赵大方道:"他虽然是个独行盗,却是个劫富济贫的侠盗,自己反而常常穷得一文不名。"

傅红雪并不奇怪,他见过这种人。听说叶开就是这种人。

赵大方道:"他姓金,别人都叫他金疯子,渐渐就连他本来的名字都忘了。"

傅红雪这时却已没有在听他说话,因为这时小巷中已传来一阵脚步声。

脚步声很重,而且是两个人的脚步声。

赵大方也听了听,立刻摇着头道:"来的人绝不是他。"

傅红雪道:"哦?"

赵大方道："我说过他是个独行盗，一向是独来独往的。"

他笑了笑，又道："独行盗走路时脚步也绝不会这么重。"

傅红雪也承认他说的有理，但脚步声却偏偏就在门外停了下来。

这次是赵大方皱起了眉。

外面已有了敲门声。

赵大方皱着眉，喃喃道："这绝不是他，他从不敲门的。"

但他还是不能不开门。

门外果然有两个人。两个人抬着口很大的棺材。

夜色很浓，秋星很高，淡淡的星光照在这两个人的脸上。他们的脸很平凡，身上穿着的也是很平凡的粗布衣裳，赤足穿着草鞋。

无论谁都能看得出这两人都是以出卖劳力为生的穷人。

"你姓赵？"

赵大方点点头。

"有人叫我们将这口棺材送来给你。"

他们将棺材往门里一放，再也不说一句话，掉头就走，仿佛生怕走得不够快。

赵大方本来是想追上去的，但看了这口棺材一眼，又站住。

他就这样站在那里，呆呆地看着这口棺材，他眼睛里似将流下泪来，黯然道："我说过，他就算死了，也会叫人将他的棺材抬来的。"

傅红雪的心也沉了下去。他对这件事虽然并没有抱太大的希望，但总还是有一点希望的。

现在希望已落空。

看到赵大方为朋友悲伤的表情，他心里当然也不会太好受。只可惜他从来不会安慰别人。

现在他忽然又想喝酒。

酒就在桌上。

赵大方凄然长叹，道："看来这两坛酒竟是真的没有人喝了。"

突听一人大声道："没有人喝才怪。"

声音竟是从棺材里发出来的。

接着，就听见棺材"砰"的一响，盖子就开了，一个活生生的人从棺材里跳了出来。

一个满面虬髯的大汉，精赤着上身，却穿着条绣着红花的黑缎裤子，脚上穿着全新的粉底官靴。

赵大方大笑，道："你这疯子，我就知道你死不了的。"

金疯子道："要死也得先喝完你这两坛陈年好酒再说。"

他一跳出来，就一掌拍碎了酒坛的泥封，现在已开始对着坛子牛饮。

傅红雪就坐在旁边，他却连看都没有看一眼，就好像屋子里根本没有这么样一个人存在。

这人看来的确有点疯。

但傅红雪并没有生气，他自己也是常常看不见别人的。

金疯子一口气几乎将半坛酒都灌下肚子，才停下来喘了口气，大笑道："好酒，果然是陈年好酒，我总算没有白来这一趟。"

赵大方问道："你要来就来，为什么还要玩这种花样？"

金疯子瞪起眼，道："谁跟你玩花样？"

赵大方道："不玩花样，为什么要躲在棺材里叫人抬来？"

金疯子道："因为我懒得走。"

这句话回答得真妙，也真疯，但他在说这句话的时候，眼里却似乎露出了一丝忧虑恐惧之色。

所以他立刻又捧起了酒坛子来。

赵大方却拉住了他的手。

金疯子道:"你干什么?舍不得这坛酒?"

赵大方叹了口气,道:"你用不着瞒我,我知道你一定又有麻烦了。"

金疯子道:"什么麻烦?"

赵大方叹道:"你一定又不知得罪了个什么人,为了躲着他,所以才藏在棺材里。"

金疯子又瞪起了眼,大声道:"我为什么要躲着别人?我金疯子怕过谁了?"

赵大方只有闭上嘴。

他知道现在是再也问不出什么来的,金疯子就算真的有很大的麻烦,也绝不会在一个陌生人面前说出来。

他终于想起了屋子里还有第三个人,立刻展颜笑道:"我竟忘了替你引见,这位朋友就是……"

金疯子打断了他的话,道:"他是你的朋友,不是我的。"

这句话还没有说完,他的嘴又已对上酒坛子。

赵大方只好对着傅红雪苦笑,歉然道:"我早就说过,他是个疯子。"

傅红雪道:"疯子很好。"

金疯子突又重重地将酒坛往桌上一放,瞪着眼道:"疯子有什么好?"

傅红雪不理他。

金疯子道:"你认为疯子很好,你自己莫非也是个疯子?"

傅红雪还是不理他。

金疯子突然大笑起来,道:"这人有意思,很有意思……"

赵大方悄悄拉了拉他的衣袖,勉强笑道:"你也许还不知道他是谁,他……"

金疯子又瞪着眼打断了他的话，道："我为什么不知道他是谁？"

赵大方道："你知道？"

金疯子道："我一走进这间屋子，就已知道他是谁了。"

赵大方更惊讶，道："你怎么会知道？"

金疯子道："我就算认不出他的人，也认得出他的这把刀。我金疯子在江湖中混了这么多年，难道是白混的？"

赵大方板起了脸，道："你既然知道他是谁，就不该如此无礼。"

金疯子道："我想试试他。"

赵大方道："试试他？"

金疯子道："别人都说他也是一个怪物，比我还要怪。"

赵大方道："哪点怪？"

金疯子把一双穿着粉底官靴的脚，高高地跷了起来，道："听说他什么事都能忍，只要你不是他的仇人，就算当面打他两耳光，他也不会还手的。"

赵大方板着脸道："这点你最好不要试。"

金疯子大笑，道："我虽然是疯子，但直到现在还是个活疯子，所以我才能听得到很多消息。"

赵大方立刻追问，道："什么消息？"

金疯子不理他，却转过了脸，瞪着傅红雪，突然道："你是不是想知道马空群在哪里？"

傅红雪的手突又握紧，道："你知道？"

金疯子道："我知道的事一向很多。"

傅红雪连声音都已因紧张而嘶哑，道："他……他在哪里？"

金疯子突然闭上了嘴。

赵大方赶过去，用力握住他的肩，道："你既然知道，为什么不说？"

金疯子道:"我为什么要说?"

赵大方道:"因为他是我恩人的后代,也是我的朋友。"

金疯子道:"我已说过,他是你的好朋友,并不是我的。"

赵大方怒道:"你是不是我的朋友?"

金疯子道:"现在还是的,因为我现在还活着。"

赵大方道:"这是什么意思?"

金疯子道:"这意思你应该明白的。"

傅红雪道:"难道你说出了就会死?"

金疯子摇摇头,道:"我不是这意思。"

傅红雪道:"你是不是要有条件才肯说?"

金疯子道:"只有一个条件。"

傅红雪道:"什么条件?"

金疯子道:"我要你去替我杀一个人!"

傅红雪道:"杀什么人?"

金疯子道:"杀一个我永远不想再见到的人。"

傅红雪道:"你藏在棺材里,就是为了要躲他?"

金疯子默认。

傅红雪道:"这人是谁?"

金疯子道:"是个你不认得的人,跟你既没有恩怨,也没有仇恨。"

傅红雪道:"我为什么要杀这么样一个人?"

金疯子道:"因为你想知道马空群在哪里。"

傅红雪垂下眼,看着自己手里的刀,他在沉思的时候,总是这种表情。

赵大方忍不住道:"你为什么一定要杀这个人?"

金疯子道:"因为他要杀我。"

赵大方道:"他能杀得了你?"

金疯子道:"能。"

赵大方动容道:"能杀得了你的人并不多。"

金疯子道:"能杀他的人更少。"

他凝视着傅红雪手里的刀,缓缓接道:"现在世上能杀得了他的,也许只有这把刀!"

傅红雪紧握着手里的刀。

金疯子道:"我知道你不愿去杀他,谁也不愿去杀一个素不相识的陌生人。"

傅红雪道:"但是我一定要找到马空群。"

金疯子道:"所以你只好杀他。"

傅红雪的手握得更紧。

金疯子说的不错,谁也不愿意去杀一个素不相识的陌生人。

可是那十九年刻骨铭心的仇恨,就像是一棵毒草,已在他心里生了根——纵然那是别人种到他心里的,但现在也已在他心里生了根。

仇恨本不是天生的。但仇恨若已在你心里生了根,世上就绝没有任何力量能拔掉。

傅红雪苍白的脸上,冷汗已开始流了下来。

金疯子看着他,道:"袁秋云也不是你的仇人,你本来也不认得他,但你却杀了他。"

傅红雪霍然抬起头。

金疯子淡淡地接着说道:"无论谁为了复仇,总难免要杀错很多人的,被杀错的通常都是一些无辜的陌生人。"

傅红雪忽然道:"我怎知杀了他后,就一定能找到马空群?"

金疯了道:"因为我说过。"

他说出的话,从未失信过一次,这点连傅红雪都已不能不相信。

一个人正被人追杀的生死关头中,还没有忘记三年前订下的约会,这并不是件容易事。

傅红雪又垂下头,凝视着手里的刀,缓缓道:"现在我只要你再告诉我一件事。"

金疯子道:"什么事?"

傅红雪一字字道:"这人在哪里?"

金疯子的眼睛亮了。

连赵大方脸上都不禁露出欣喜之色,他是他们的朋友,他希望他们都能得到自己所要的。

金疯子道:"从这里往北去,走出四五里路,有个小镇,小镇上有个小酒店,明天黄昏前后,那个人一定会在那小酒店里。"

傅红雪道:"什么镇?什么酒店?"

金疯子道:"从这里往北去只有那一个小镇,小镇上只有那么一个酒店,你一定可以找得到的。"

傅红雪道:"你怎么知道那个人明天黄昏时一定在那里?"

金疯子笑了笑,道:"我说过,我知道很多事。"

傅红雪道:"那个人又是个什么样的人?"

金疯子沉吟道:"是个男人。"

傅红雪道:"男人也有很多种。"

金疯子道:"这个人一定是最奇怪的那一种,你只要看见他,就会知道他跟别的人全都不同。"

傅红雪道:"他有多大年纪?"

金疯子道:"算来他应该有三四十岁了,但有时看来却还很年轻,谁也看不出他究竟有多大年纪。"

傅红雪道:"他姓什么?"

金疯子道:"你不必知道他姓什么。"

傅红雪道："我一定要知道他姓什么，才能问他，是不是我要杀的那个人？"

金疯子道："我要你去杀他，不是要你跟他交朋友的。"

傅红雪道："你难道要我一看见他就出手？"

金疯子道："最好连一个字都不要说，而且绝不能让他知道你有杀他的意思。"

傅红雪道："我不能这样杀人。"

金疯子道："你一定要这么样杀人，否则你很可能就要死在他手里。"

他笑了笑，又道："你若死在他手里，还有谁能为白大侠复仇？"

傅红雪沉默了很久，缓缓道："谁也不愿意去杀一个陌生人的。"

金疯子道："这句话我说过。"

傅红雪道："现在我已答应你去杀他，我绝不能再杀错人。"

金疯子道："我也不希望你杀错人。"

傅红雪道："所以你至少应该将这个人的样子说得更清楚些。"

金疯子想了想，道："这个人当然还有几点特别的地方。"

傅红雪道："你说。"

金疯子道："第一点是他的眼睛，他的眼睛跟任何人都不一样。"

傅红雪道："有什么不一样？"

金疯子道："他的眼睛看来就像是野兽，野兽才有他那样的眼睛。"

傅红雪道："还有呢？"

金疯子道："他吃东西时特别慢，嚼得特别仔细，就好像吃过了这一顿，就不知要等到何时才能吃下一顿了，所以对食物特别珍惜。"

傅红雪道："说下去。"

金疯子道："他一个人的时候从不喝酒，但他面前一定会摆着一壶酒。"

傅红雪在听着。

金疯子道："他腰带上一定插着根棍子。"

傅红雪道："什么样的棍子？"

金疯子道："就是那种最普通的棍子，用白杨木削成的，大概有三尺长。"

傅红雪道："他不带别的武器？"

金疯子道："从不带。"

傅红雪道："这棍子就是他的武器？"

金疯子叹道："那几乎是我平生所看到过的最可怕的武器。"

赵大方忽然笑道："那当然还比不上你的刀，世上绝没有任何武器能比得上这柄刀！"

傅红雪沉思着，看着手里的刀，然后又抬起头，看着画上的那柄刀。

他绝不能让这柄刀被任何人轻视，他绝不能让这柄刀放在任何人手里。

金疯子看着他的表情，道："现在你总该知道他是个什么样的人了。"

傅红雪点点头，道："他的确是个怪人。"

金疯子道："我保证你杀了他后，绝不会有任何人难受的。"

傅红雪道："也许只有我自己。"

金疯子笑道："但等你找到马空群后，难受的就应该是他了。"

傅红雪双目凝视着他，忽又道："谁说你是个疯子的？"

金疯子道："很多人。"

傅红雪缓缓道："他们都错了，我看你也许比他们都清醒。"

金疯子大笑，大笑着捧起酒坛子，拼命地往肚子里灌。

赵大方微笑着，道："他这人最大的好处就是该清醒的时候他绝不醉，该醉的时候他绝不清醒。"

黎明。

金疯子已醉了，醉倒在桌上打鼾。

傅红雪喃喃道："我应该睡一会的。"

赵大方道："不错，今天你应该要有好精神。"

傅红雪道："杀人时都应该有好精神？"

赵大方道："你应该听得出，那个人并不是好对付的。"

傅红雪凝视着画上的刀，嘴角忽然露出一丝骄傲的微笑，缓缓道："但我却绝不相信世上有任何人的棍子能对付这柄刀！"

他的确不相信。

白天羽活着时也从不相信，所以他现在已死了。

陌生人绝不能信任的，因为他们通常都是很危险的人。

第三十五章

前辈高人

这个人是个陌生人。这里的人从来没有看见过他,也从来没有看见过类似他这样的人。

他看来很英俊、很干净,本来应该是个到处受欢迎的人,而且他很年轻,皮肤紧密而有光,身上绝没有一丝多余的肌肉。

他身上并没有带任何令人觉得可怕的凶器,但他却实在是个可怕的人。他的沉默就很可怕:不说话并不能算是绝对沉默,可怕的是那种绝对的沉静。

坐在这里已有很久,他非但没有说话,也没有动,这本是件很难受的事。但他的样子却又很轻松,很自然,就好像时常都像这样动也不动地坐着。

桌上有酒,也有酒杯,他却连碰也没有碰过。好像这酒并不是叫来喝的,而是叫来看的。每当他看到这壶酒时,他那冷漠的眼睛里就显出一丝温暖之色。

难道这壶酒能令他想起一个他时常都在怀念着的朋友?

他身上穿的是件很普通的粗布衣服,洗得很干净,和衣服同色的腰带上,随随便便地插着根短棍。

短棍也并不可怕,最可怕的还是他的眼睛。

他的眼睛很亮。有很多人的眼睛都很亮,但他的眼睛却亮得特别，比任何人都特别，亮得就好像一直能照到你内心最黑暗的地方。

无论谁被这双眼睛看一眼，都会觉得自己所有的秘密都已被他看出来了。这种感觉实在不好受。

现在他又叫了一碗面。他已开始吃面，吃得很慢，嚼得很仔细，就好像这碗面是他平生所吃过的最好吃的一碗面，又好像这就是他所能吃到的最后一碗面。

他拿着筷子的手，干燥而稳定，手指很长，指甲却剪得很短。

就在他吃面的时候，傅红雪走了进来。

傅红雪一走进来，就看到了这个陌生人。但他忽然发现这陌生人的眼睛已经在看着他，就好像早已知道非有这么样一个人走进来似的。

被这双眼睛看着时，傅红雪心里居然也觉得有种说不出的恐惧。他从未有过这种感觉，就好像在黑夜中走进一个陌生的地方，忽然发现有条狼在等着你一样。

他慢慢地走进来，故意不再去看这陌生人，可是他握刀的手却握得更紧。

他已准备拔刀。

这陌生人就随随便便地坐在那里，他本来随时都可以一刀割断他的咽喉。

他一向知道他的刀有多快，他一向有把握，但这次他却突然变得没有把握了。

这陌生人虽然随随便便地坐在那里，但却好像一个武林高手，已摆出了最严密的防守姿势，全身上下连一点破绽都没有。

这也是傅红雪从来没有遇见过的事。

他走得更慢，左脚先慢慢地走出一步，右腿再慢慢地跟着拖过去。

他在等机会。

这陌生人还在看着他，忽然道："请坐。"

傅红雪不由自主停住了脚步，仿佛还不知道他要谁坐。

这陌生人就用手里的竹筷指了指对面的椅子，又说了句："请坐。"

傅红雪迟疑着，竟真的在他对面坐了下来。

陌生人道："喝酒？"

傅红雪道："不喝。"

陌生人道："从来不喝？"

傅红雪道："现在不喝。"

陌生人嘴角忽然泛出种很奇异的笑意，缓缓道："十年了……"

傅红雪只有听着，他听不出这句话的意思。

陌生人已慢慢地接着道："十年来，已没有人想杀死我。"

傅红雪的心一跳，陌生人凝视着他，淡淡道："但你现在却是来杀我的！"

傅红雪的心又一跳，他实在不懂，这陌生人怎么会知道他的来意。

陌生人还在凝视他，道："是不是？"

傅红雪道："是！"

陌生人又笑了笑，道："我看得出你是个不会说谎的人。"

傅红雪道："不会说谎，但却会杀人。"

陌生人道："你杀过很多人？"

傅红雪道："不少。"

陌生人的瞳孔似在收缩，缓缓道："你觉得杀人很有趣？"

傅红雪道："我杀人并不是为了觉得有趣。"

陌生人道："是为了什么？"

傅红雪道:"我不必告诉你。"

陌生人目中忽又泛出种很奇特的悲伤之色,叹息着道:"不错,每个人杀人都有他自己的理由,的确不必告诉别人。"

傅红雪忍不住问道:"你怎知我要来杀你?"

陌生人道:"你有杀气。"

傅红雪道:"你看得出?"

陌生人道:"杀气是看不出来的,但却有种人能感觉得到。"

傅红雪道:"你就是这种人?"

陌生人道:"我是的。"

他目光似又到了远方,接着道:"就因为我有这种感觉,所以现在我还活着。"

傅红雪道:"现在你的确还活着。"

陌生人道:"你认为你一定可以杀死我?"

傅红雪道:"世上没有杀不死的人。"

陌生人道:"你有把握?"

傅红雪道:"没有把握,就不会来。"

陌生人又笑了。他的笑神秘而奇特,就像是在严寒中忽然吹来一阵神秘的春风,融化了冰雪。

他微笑着道:"我喜欢你这个人。"

傅红雪道:"但我还是要杀你。"

陌生人道:"为什么?"

傅红雪道:"没有原因。"

陌生人道:"没有原因也杀人?"

傅红雪目中忽然露出了痛苦之色,道:"就算有原因,也不能告诉你。"

陌生人道:"你是不是非杀我不可?"

傅红雪道："是。"

陌生人叹了口气，道："可惜。"

傅红雪道："可惜？"

陌生人道："我已有多年未杀人。"

傅红雪道："哦？"

陌生人道："那只因我有个原则，你若不想杀我，我也绝不杀你。"

傅红雪道："我若定要杀你呢？"

陌生人道："你就得死。"

傅红雪道："死的也许是你。"

陌生人道："也许是……"

直到这时，他才看了看傅红雪手里握着的刀，道："看来你的刀一定很快？"

傅红雪道："够快的。"

陌生人道："很好。"

他忽然又开始吃面了，吃得很慢，嚼得很仔细。

一只手拿着筷子，一只手扶着碗，看来傅红雪只要一拔刀，刀锋就会从他头顶上直劈下去。

他根本没有招架还手的余地。

但傅红雪的刀还在刀鞘里，刀鞘在落日余晖中看起来更黑，手却更苍白。

他没有拔刀，因为在这陌生人面前，他竟忽然不知道自己这一刀该从哪里劈下去。

这陌生人面前，就好像有一道看不见的高墙在阻着似的。

陌生人已不再看他，缓缓道："杀人并不是件有趣的事，被杀更无趣。"

傅红雪没有回答，因为这陌生人并不像是在对他说话。

陌生人慢慢地接着道："我一向不喜欢没有原因就想杀人的人，尤其是年轻人，年轻人不该养成这种习惯的。"

傅红雪道："我也不是来听你教训的。"

陌生人淡淡道："刀在你手里，你随时都可以拔出来。"

他慢慢地吃着最后的几根面，态度还是很轻松，很自然。

但傅红雪全身每一块肌肉、每一根神经都已绷紧。

他知道现在已到了非拔刀不可的时候。这一刀若拔出来，他们两个人之间就必要有一个人倒下去！

酒店里忽然变成空的。

所有的人都已悄悄地溜了出去，连点灯的人都没有了。

落日的余晖，淡淡地从窗外照进来。好凄凉的落日。

傅红雪好像还是坐在那里没有动，但他的身子已悬空，他已将全身每一分力量，全都聚在他的右臂上。漆黑的刀柄，距离他苍白的手才三寸。

陌生人的棍子却还是插在腰带上——一根很普通的棍子，用白杨木削成的。

傅红雪突然拔刀！

没有刀光。刀根本没有拔出来。就在他拔刀的时候，门外面忽然飞入了一个人，他身子一闪，这个人就跌在他身旁。

一个很高大的人，赤着上身，却穿着条绣着红花的黑缎裤子。

他脚上的粉底宫靴已掉了一只。

金疯子。

这个又疯又怪的独行盗，现在竟像是一堆泥似的倒在地上，满脸都是痛苦之色，身子也缩成了一团，连爬都爬不起来。

他怎么会忽然也来了？怎么会变成这样子？

傅红雪的刀怎么还能拔得出来？

陌生人已吃光了最后一根面，已放下筷子。这突然的变化，竟没有使他脸上露出一丝吃惊之色。

他甚至连眼睛都没有眨一眨，现在正看着门外。

门外又有个人走进来。

叶开。

又是那阴魂不散的叶开。

陌生人看着叶开，冷漠的眼睛里，居然又露出了一丝温暖之色。

叶开看着他的时候，神情却很恭谨。

他从未对任何人如此恭敬过。

陌生人忽然道："他是你的朋友？"

叶开道："是的。"

陌生人道："他是个怎么样的人？"

叶开道："是个很容易上当的人。"

陌生人道："是不是随便杀人的人？"

叶开道："绝不是。"

陌生人道："他有理由要杀我？"

叶开道："有。"

陌生人道："是不是个很好的理由？"

叶开道："不是，但却是个值得原谅的理由。"

陌生人道："好，这就够了。"

他忽然站起来，向叶开笑了笑，道："我知道你喜欢请客，今天我让你请一次。"

叶开也笑了，道："谢谢你。"

陌生人已走了出去。

傅红雪忽然大喝："等一等。"

陌生人没有等，他走得并不快，脚步也不大，但忽然间就已到了门外。

丁灵琳就站在门外。

她看着这陌生人从她面前走过去，忽然道："这铃铛送给你。"

说到第二个字的时候，她手腕金圈上的三枚铃铛已飞了出去。

铃铛本来是会响的。但她的铃铛射出后，反而不响了。因为铃铛的速度太急。

三枚铃铛直打这陌生人的背。

陌生人没有回头，没有闪避，居然也没有反手来接。他还是继续向前走，走得还是好像并不太快。奇怪的是，这三枚比陌生人去得更急的铃铛，竟偏偏总是打不到他的背上去，总是距离他的背还有四五寸。

忽然间，他已走出了好几丈。

不响的铃铛渐渐又"叮铃铃"地响了起来，然后就一个个掉了下去，只见铃铛在地上闪着金光，陌生人却已不见了。

丁灵琳怔住。

连傅红雪都已怔住。

叶开却在微笑，这笑容中却带着种说不出的崇敬和羡慕。

丁灵琳忽然跑过来，拉住他的手，道："那个人究竟是人是鬼？"

叶开道："你看呢？"

丁灵琳道："我看不出。"

叶开道："怎么会看不出？"

丁灵琳道:"世上本不会有那样的人,但也不会有那样的鬼。"

叶开笑了。

傅红雪忽然道:"他是你的朋友?"

叶开道:"我希望是的,只要他将我当作朋友,叫我干什么我都愿意。"

傅红雪道:"你知道我要杀他?"

叶开道:"刚知道。"

傅红雪道:"所以你就立刻赶来了?"

叶开道:"你以为我是来救他的?"

傅红雪冷笑。

叶开叹了口气,道:"我知道你的刀很快,我看过,但是在他面前,你的刀还没有拔出鞘,他的短棍也许已洞穿了你的咽喉。"

傅红雪不停地冷笑。

叶开道:"我知道你不信,因为你还不知道他是谁呢!"

傅红雪道:"他是谁?"

叶开道:"他纵然不是这世上出手最快的人,也只有一个人能比他快。"

傅红雪道:"哦?"

叶开道:"能比他快的人绝不是你。"

傅红雪道:"是谁?"

叶开脸上又露出那种出自内心的崇敬之色,慢慢地说出了四个字:"小李飞刀!"

小李飞刀!

这四个字本身就像是有种无法形容的魔力,足以令人热血奔腾,呼吸停顿。

过了很久，傅红雪才长长地吐出口气，道："难道他就是那个阿飞？"

叶开道："世上只有这样一个阿飞，以前绝没有，以后也可能不会再有。"

傅红雪握刀的手又握得紧紧的，道："我知道他一向用剑。"

叶开道："现在他已不必用剑，那短棍在他手里，就已经是世上最可怕的剑。"

傅红雪的脸色更苍白，一字字道："所以你是来救我的？"

叶开道："我没有这样说。"

他不让傅红雪开口，又问道："你知不知道地上这个人是谁？"

傅红雪道："他说他叫金疯子。"

叶开道："他不是。世上根本没有金疯子这么样一个人。"

傅红雪道："他是谁？"

叶开道："他叫小达子。"

傅红雪道："小达子？"

叶开道："你没有听说过小达子？"

他笑了笑，接着又道："你当然没有听说过，因为你从来没有到过京城，到过京城的人都知道，当世的名伶没有一个人能比得上小达子。"

傅红雪道："名伶？他难道是个唱戏的？"

叶开笑了笑，道："他也是个天才，无论演什么，就像什么。"

傅红雪又怔住。

叶开道："这次他演的是个一诺千金而且消息灵通的江湖豪杰，他显然演得很出色。"

傅红雪不能不承认，这出戏的本身就很出色。

叶开道："这出戏叫'双圈套'，是易大经的珍藏秘本。"

傅红雪动容道:"易大经?"

叶开点点头,俯下身,从"金疯子"身上拿出了一个小本子。

用毛边纸订成的小本子,密密麻麻地写了很多小字:"三更后,叫人用棺材抬你来,等我说'酒没有人喝了'这句话时,你就从棺材里跳出来,大笑着说:'没有人喝才怪。'然后……"

只看了这一段,傅红雪苍白的脸已因羞愤怒而发红。

现在他终于已明白这是怎么回事。

这一切果然是特别演给他看的一出戏,果然是别人早已编好了的!

从看到"赵大方"在树林中痛哭时开始,他就已一步步走入了圈套。

最后的终点就是一条短棍:一条足能洞穿世上任何人咽喉的短棍!

第三十六章

戏剧人生

金疯子还躺在地上呻吟着,声音更痛苦。

也不知是谁掌起了灯,他的脸在灯光下看来竟是死灰色的。

他的眼角和嘴角不停地抽搐,整个一张脸都已扭曲变形。

傅红雪终于抬起头,道:"你说的易大经,是不是'铁手君子'易大经?"

叶开道:"就是'铁手君子'易大经,也就是赵大方。"

傅红雪恨恨道:"江湖中人都说易大经是个君子,想不到他竟是这样的君子。"

叶开道:"世上的伪君子本来就很多。"

傅红雪道:"他为什么要这样做?"

叶开道:"他要杀你!"

傅红雪当然知道,他根本就不必问的。

叶开道:"但他也知道你的刀多么快,世上的确很少有人能比你的刀更快。"

傅红雪又不禁想起了那陌生人,那又奇异又可敬的陌生人,那种轻松而又镇定的态度。

就凭这一点,已绝不是任何人能比得上的。

"难道他的短棍真能在我的刀还未出鞘时,就洞穿我的咽喉?"

傅红雪实在不能相信，也不愿相信。

他几乎忍不住去追上那陌生人，比一比究竟是谁的出手快。

他绝不服输。

只可惜他也知道，那陌生人若要走的时候，世上就没有任何人能拦阻，也绝没有任何人能追得上。

这事实他想不承认也不行。

他握刀的手在抖。

叶开看着他的手，叹息着道："你现在也许还不相信他的出手比你快，可是……"

傅红雪突然打断了他的话，大声道："我相不相信都是我的事，我的事和你完全没有关系。"

叶开苦笑。

傅红雪道："所以这件事你根本不必管的。"

叶开只能苦笑。

傅红雪道："你为什么要一直偷偷地跟着我？"

叶开道："我没有。"

傅红雪道："你若没有跟着我，怎么会知道这样一件事？"

叶开道："因为我在市上看见了易大经。"

傅红雪道："很多人都看见了他。"

叶开道："但却只有我知道他是易大经。易大经本不该在这里的，更不该打扮成那种样子，他本是个衣着很考究的人。"

傅红雪道："那也不关你的事。"

叶开道："但我却不能不觉得奇怪。"

傅红雪道："所以你就跟着他。"

叶开点点头，道："我已盯了他两天，竟始终没有盯出他的落脚处，因为我不敢盯得太紧，他的行动又狡猾如狐狸。"

傅红雪道:"哼。"

叶开道:"但我却知道他从京城请来了小达子,所以我就改变方针,开始盯小达子。"

他苦笑着,又道:"但后来连小达子都不见了。"

傅红雪冷笑道:"原来你也有做不到的事。"

叶开道:"幸好后来我遇见了那两个抬棺材的人,他们本是小达子戏班里的龙套,跟着小达子一起来的,小达子对他的班底一向很好。"

这件事的确很曲折,连傅红雪都不能不开始留神听了。

叶开道:"那时他们已在收拾行装,准备离城,我找到他们后,威逼利诱,终于问出他们已将小达子送到什么地方去。"

傅红雪道:"所以你就找了去。"

叶开道:"我去的时候,你已不在,只剩下易大经和小达子。"

傅红雪道:"易大经当然不会告诉你这秘密。"

叶开道:"他当然不会,我也一定问不出,只可惜他的计划虽周密,手段却太毒了些。"

傅红雪听着。

叶开道:"他竟已在酒中下了毒,准备将小达子杀了灭口!"

傅红雪这才知道,小达子的痛苦并不是因为受了伤,而是中了毒。

叶开道:"我去的时候,小达子的毒已开始发作,我揭穿了那是易大经下的毒手后,他当然也对易大经恨之入骨。"

傅红雪道:"所以他也在你面前,揭穿了易大经的阴谋。"

叶开叹了口气,道:"若不是易大经的手段太毒,这秘密我也许永远都不会知道,他装作的功夫实在已经炉火纯青,我竟连一点破绽都看不出来,甚至会将他看作谦谦君子,几乎已准备向他道歉,可是他走了。"

丁灵琳也忍不住叹了口气，道："他若去唱戏，一定比小达子还有名。"

叶开道："但是我刚才好像听见，你在叫他大叔。"

丁灵琳狠狠瞪了他一眼，噘起了嘴，道："他本来就是我爹爹的朋友，看他那种和蔼可亲、彬彬有礼的样子，谁知道他是个伪君子。"

叶开又叹了口气，道："所以你现在应该明白，还是像我这样的真小人好。"

丁灵琳朗然一笑，道："我早就明白了。"

叶开苦笑道："也许你还是不明白的好。"

丁灵琳又瞪了他一眼，忽然道："现在我的确还有件事不明白！"

叶开在等着她问。

丁灵琳道："像李寻欢、阿飞这些前辈名侠，很久都没有人再看见过他们的侠踪，易大经怎么会知道他今天在这里？"

叶开低吟着，道："飞剑客的确是个行踪飘忽的人，有时连小李探花都找不到他。"

丁灵琳道："所以我觉得奇怪。"

叶开道："但人们都知道自从百晓生死了后，江湖中消息最灵通的三个人，其中却有一个易大经。"

丁灵琳道："我也听见过，他家来来往往的客人最多。"

叶开道："也许他听见飞剑客要到这里来，所以他先在这里等着。"

丁灵琳道："那么他住的那房子显然是早就布置好的了。"

叶开道："然后他又想法子再将傅红雪也骗到这里来。"

丁灵琳用眼角望了傅红雪一眼，然后道："这倒并不难。"

叶开道："他每天出去，也许就是打听飞剑客的行踪。"

丁灵琳道："但是有人却以为他是在打听马空群的消息。"

叶开笑道："这个人做事的阴沉周密，我看谁都比不上。"

傅红雪一直在沉思着，忽然道："他的人呢？"

叶开道："走了。"

傅红雪敞笑道："你为什么要放他走？"

叶开笑笑道："我为什么要放他走？他自己难道不会走？"

傅红雪道："你没有拦住他？"

叶开道："你认为我一定能拦住他？"

傅红雪冷笑。

丁灵琳忽然也忍不住在冷笑，道："小叶虽然没有拦住他，但至少也没有上他的当。"

傅红雪脸色变了变，转过身，表示根本不愿跟她说话。

但丁灵琳却又绕到他面前，道："你就算不拿小叶当朋友，但他对你总算不错，是不是？"

傅红雪拒绝回答。

丁灵琳道："他对你，就算老子对儿子，也不过如此了，你就算不感激他，也不必将他当作冤家一样的看待。"

傅红雪拒绝开口。

丁灵琳冷笑道："我知道你不愿意跟我说话，老实说，像你这种人，平时就算跪在我面前，我也懒得看你一眼的。"

傅红雪又在冷笑。

丁灵琳道："但现在我却有几句话忍不住要问你一下。"

傅红雪只有等她问。

丁灵琳道："为什么别人对你愈好，你反而愈要对他凶？你是不是害怕别人对你好？你这种人是不是有毛病？"

傅红雪苍白的脸突然发红，全身竟又开始不停地颤抖起来。

他冷漠的眼睛里，也突然充满了痛苦之色，痛苦得似已支持不住。

丁灵琳反而怔住了。

她实在想不到傅红雪竟会忽然变成这样子。

她已不忍再看他，垂下头，讷讷道："其实我只不过是在开玩笑，你又何必气成这样子？"

傅红雪根本没有听见她在说什么。

丁灵琳也没有再说什么，她忽然觉得很无趣，很不好意思。

桌上还摆着酒。

她居然坐下去喝起酒来。

叶开正慢慢地扶起了小达子，好像根本不知道他们的事。

小达子满脸都是泪，嗄声道："我……我只不过是个戏子，无论谁给我钱，我都唱戏。"

叶开道："我知道。"

小达子流着泪道："我还不想死……"

叶开道："你不会死的。"

小达子道："药真的还有效？"

叶开道："我已答应过你，而且已给你吃了我的解药。"

小达子喘息着，坐下去，总算平静了些。

叶开叹息了一声，道："其实又有谁不是在唱戏呢？人生岂非本来就是大戏台？"

傅红雪也已冷静了些，突然回身，瞪着小达子，道："你知不知道易大经到哪里去了？"

小达子的脸又吓白，吃吃道："我……我想他大概总要回家的。"

傅红雪道："他的家在哪里？"

小达子道："听说叫'藏经万卷庄'，我虽然没去过，但江湖中一定有很多人知道。"

傅红雪立刻转身，慢慢地走了出去，连看都不再看叶开一眼。

叶开却道:"等一等,我还有件事要告诉你。"

傅红雪没有等。

叶开道:"易大经的妻子姓路。"

傅红雪不理他。

叶开道:"不是陆地的陆,是路小佳的路。"

傅红雪握刀的手上,忽然凸出了青筋。

但他还是头也不回地走了出去。

夜已很深了。

"人生岂非本就是一个大戏台,又有谁不是在演戏呢?"

问题只不过是看你想怎么样去演它而已!

你想演的是悲剧?还是喜剧?你想独得别人的喝彩声?还是想别人用烂柿子来砸你的脸?

这柿子不是烂的。

秋天本是柿子收获的季节。

丁灵琳剥了个柿子,送到叶开面前,柔声道:"柿子是清冷的,用柿子下酒不容易醉!"

叶开淡淡道:"你怎知我不想醉?"

丁灵琳道:"一个人若真的想醉,无论用什么下酒都一样会醉的。"

她将柿子送到叶开嘴上,嫣然道:"所以你还是先吃了它再说。"

叶开只好吃了。

他不是木头,他也知道丁灵琳对他的情感,而且很感激。

这女孩子虽然刁蛮骄纵,但也有她温柔可爱的时候。无论谁有这么样一个女孩子陪着,都已应该心满意足的。

丁灵琳看着他吃下这个柿子后，轻轻叹了一口气，道："幸好你不是傅红雪——别人对他愈好，他就对他愈坏。"

叶开也叹了口气，道："你若真的以为他是这种人，你就错了。"

丁灵琳道："我哪点错了？"

叶开道："有种人从来都不肯将感情表露在脸上的。"

丁灵琳道："你认为他就是这种人？"

叶开道："所以他心里对一个人愈好时，表面反而愈要做出无情的样子，因为他怕被别人看出他情感的脆弱。"

丁灵琳道："所以你认为他对你很好？"

叶开笑了笑。

丁灵琳道："可是他对翠浓……"

叶开道："刚才他忽然变得那样子，就因为你触及了他的伤口，让他又想起了翠浓。"

丁灵琳道："他若是真的对翠浓好，为什么要甩掉她？"

叶开道："他若是真的对她不好，又怎会那么痛苦？"

丁灵琳不说话了。

叶开叹息着，道："只有真正无情的人，才没有痛苦，但是我并不羡慕那种人。"

丁灵琳道："为什么？"

叶开道："因为那种人根本就不是人。"

丁灵琳又轻轻叹了口气，道："你们男人的心真是奇怪得很。"

叶开道："的确奇怪得很，就像你们女人的心一样奇怪。"

他说得不错。

世上最奇怪、最不可捉摸的，就是人心了，男人的心和女人的心都一样。

丁灵琳嫣然一笑，道："幸好我现在总算已看透了你。"

叶开道:"哦?"

丁灵琳道:"你表面看来虽然不是个东西,其实心里还是对我好的。"

叶开板起了脸,想说话。

可是他刚开口,丁灵琳手里一个刚剥好的柿子又已塞进他的嘴里。

夜已更深。

小达子又吃了一包药,已躺在角落里的长凳子上睡着了。

店里的伙计在打呵欠。

他真想将这些人全都赶走,却又不敢得罪他们——陌生人总是有点危险的。

丁灵琳替叶开倒了杯酒,忽然道:"那个'藏经万卷庄'离这里好像并不远。"

叶开道:"不远。"

丁灵琳接着道:"你想易大经是不是真的会回家去呢?"

叶开道:"他绝不会逃的。"

丁灵琳道:"为什么?"

叶开道:"因为他用不着逃,逃了反而更加令人怀疑。"

丁灵琳道:"无论怎么样,傅红雪现在一定也已猜出他也是那天在梅花庵外的刺客之一,所以他才会设下这个圈套来害傅红雪。"

叶开道:"傅红雪并不是个笨蛋。"

丁灵琳道:"在薛斌酒里下毒的人,说不定也是易大经。"

叶开道:"不是。"

丁灵琳道:"为什么?"

叶开道:"他在小达子酒里下的,是另一种完全不同的毒药。"

丁灵琳道:"他难道不能在身上带两种毒药?"

叶开道:"懂得下毒的人,通常都有他自己独特的方式,有他自己喜欢用的毒药——这种习惯就好像女人用胭脂一样。"

丁灵琳不懂。

叶开道:"你若用惯了一种胭脂,是不是就不想再用第二种?"

丁灵琳想了想,点了点头。

叶开道:"你出门的时候,身上会不会带两种完全不同的胭脂?"

丁灵琳摇了摇头,眼角瞟着他,冷冷道:"你对女人的事懂得的倒真不少。"

叶开道:"我只不过对毒药懂得的不少而已,女人的事其实我一点也不知道。"

丁灵琳道:"不知道才怪。"

她忽然将刚给叶开倒的那杯酒抢过来,自己一口气喝了下去。

叶开笑了。

丁灵琳又在用眼角瞟着他,道:"我真奇怪你居然还有心情坐在这里喝酒。"

叶开道:"为什么没有?"

丁灵琳道:"易大经既然已回了家,傅红雪岂非一去就可以找到他。"

叶开点点头。

丁灵琳道:"路小佳既然是他的小舅子,这两天就在这附近,现在岂非也可能就在他家里。"

叶开道:"很可能。"

丁灵琳道:"你不怕傅红雪吃他们的亏?你不是一向对他很关心么?"

叶开道:"我放心得很。"

丁灵琳道："真的？"

叶开道："当然是真的，因为我知道他们根本不会动起手来。"

丁灵琳道："为什么？"

叶开笑了笑，道："你若了解易大经是个怎么样的人，就会知道是为什么了。"

丁灵琳道："鬼才了解他。"

叶开道："这个人平生一向不愿跟别人正面为敌，就算别人找上他的门去，他也总是退避忍让，所以别人才认为他是个君子。"

丁灵琳道："但这种忍让也没有用的。"

叶开道："他可以用别的法子。"

丁灵琳道："什么法子？"

叶开道："他可以死不认账，根本不承认有这么回事。"

丁灵琳道："事实俱在，他不认账又有什么用？"

叶开道："他可以说，最近一直没有离开过藏经庄半步，甚至可能说他病得很重。"

丁灵琳道："傅红雪会相信？他又不是笨蛋。"

叶开道："易大经一定早已找了很多人，等在他家里替他作证明，像他这种人做事，无论成与不成，一定会先留下退路。"

丁灵琳道："别人的证明，傅红雪也一样未必会相信的。"

叶开道："但易大经找来的，一定是江湖中很有声名、很有地位的人，说出来的话一定很有分量，别人想不相信都不行。"

丁灵琳道："这种人肯替他说谎？"

叶开道："他并不是要这些人替他说谎，只不过要他们的证明而已。"

丁灵琳道："证明他没有出去过？"

叶开道："他当然有法子先要这些人相信，他一直没有离开过半步。"

丁灵琳道："我想不出他能有这种法子，除非他有分身术。"

叶开道："分身术也并不难，譬如说，他可以先找一个人，易容改扮后，在家里替他装病。"

他又补充着道："病人的屋里光线当然很暗，病人的脸色当然不好，说话的声音也不会和平时一样，所以他那些朋友当然不会怀疑这个生了病的易大经居然会是别人改扮的。"

丁灵琳道："何况易大经一向是诚实君子，别人根本不会想到他做这种事。"

叶开道："一点也不错。"

丁灵琳叹了口气，道："看来你对这种邪门歪道的事，懂的也真不少。"

叶开道："所以我现在还活着。"

丁灵琳叹道："我看还是趁你活着时快走吧，免得你醉死在这里。"

叶开道："你可以走。"

丁灵琳道："你呢？"

叶开道："我在这里泡定了。"

丁灵琳道："你觉得这地方很好？"

叶开道："不好。"

丁灵琳看了那直皱眉头的伙计一眼，道："你认为别人很喜欢你留在这里？"

叶开笑着说道："他只恨不得我付了账快走，愈快愈好。"

丁灵琳道："那你为什么还要留在这里？"

叶开道："我要等一个人。"

丁灵琳眼珠子直转，道："是个女人？"

叶开笑道："我从不等女人，一向是女人等我。"

丁灵琳咬了咬嘴唇道："你究竟要在这里等谁？"

叶开道："傅红雪！"

丁灵琳怔了怔，道："他还会来？"

叶开肯定地道："一定会来找我，因为他认为我骗了他。"

丁灵琳道："他难道看不出易大经就是赵大方？"

叶开道："易大经难道不能说那是别人故意扮成他的样子，故意陷害他的？"

丁灵琳又说不出话了。

那伙计一直在旁边听着，听到这里，忍不住长长叹了口气。

他叹气的时候，门外却有人在大笑。

"想不到这里还有酒卖，看来老天对我还算不错，舍不得让我干死。"

一个人醉醺醺地冲了进来，穿着新衣，戴着新帽，圆圆的脸上长个酒糟鼻子，看样子正是个不折不扣的标准酒鬼。

他一进来就掏出块银子抛在桌上，大声道："把你们这里的好酒好菜统统给我搬上来，大爷我别的没有，就是有银子。"

有银子当然就有酒。

这人自己喝了几杯，忽然回过头，向叶开招手。

叶开也向他招了招手。

这人大笑，道："你这人有意思，看来一定是个好人，来，我请你喝酒。"

叶开笑道："好极了，我什么都有，就只是没有银子。"

他竟忽然过去了。

这就是叶开的好处，他对什么事都有好奇，只要有一点点奇怪的事，他就绝不肯错过。

他已看出这人的手脚很粗,那酒糟鼻子也是喝劣酒喝出来的,平时一定是个做粗事的人,但现在却穿着新衣,戴着新帽,身上还有大把银子可以请人喝酒。

这种事当然有点奇怪。

一点奇怪的事,往往就会引出很多奇怪的事来,有很多奇怪的事,叶开都是这样子发现的,何况他最近正在找人。

丁灵琳看着他走过去,忍不住叹了口气,喃喃道:"看来天下再也没有什么事能比酒鬼跟酒鬼交朋友更容易的了。"

现在这人非但鼻子更红,连舌头都大了三倍。

他正不停地拍着叶开的肩,大声道:"你尽管痛痛快快地喝,我有的是银子。"

叶开故意压低声音,道:"看来你老哥你真发了财了,附近若有什么财路,不知道能不能告诉兄弟一声,让兄弟也好回请老哥你一次。"

这人大笑道:"你以为我是强盗?是小偷?……"

他忽又摸出锭银子,重重地往桌上一摆,瞪起了眼道:"告诉你,我这银子可不是脏的,这是我辛苦了十几年才赚来的。"

叶开道:"哦?"

这人道:"老实告诉你,我并不是坏人,我本来是个洗马的马夫。"

叶开笑道:"马夫也能赚这么多银子?看来我也该去当马夫才对。"

这人摇摇头,道:"本来我倒可以介绍你去,但现在却已太迟了。"

叶开道:"为什么?"

这人道:"因为那地方非但已没有马,连人都没有半个。"

叶开道："那是什么地方？"

这人道："好汉庄。"

叶开的眼睛亮了。

他本来就在找从好汉庄出来的人，奇怪的是，他居然一直连半个都找不到。

四五十个人忽然没有事干，手里却有四五百两银子，若不去喝酒，玩玩女人，那不是怪事是什么？

但附近所有的酒铺妓院里，却偏偏都完全没有他们的消息。

现在叶开才总算找到了一个，他当然不肯放松，试探着道："好汉庄我也去过，那里酒窖的管事老顾是我的朋友。"

这人立刻指着他的鼻子大笑道："你吹牛，酒窖的管事不姓顾，姓张，叫张怪物。"

叶开道："为什么要叫他怪物？"

这人道："因为他虽然管酒窖，自己却连一滴都不喝。"

叶开笑道："也许就因为他不喝酒，所以才让他管酒窖。"

这人一拍巴掌，大笑道："一点也不错，你这小子倒还真不笨。"

叶开道："现在他的人呢？"

这人道："到丁家去了，从好汉庄出来的人，全都被丁家雇去了。"

原来他们一离开好汉庄，就立刻又有了事做，赶着去上工。

这就难怪叶开找不着他们的人。

叶开道："全都被丁家雇去了？哪个丁家？"

这人道："当然是那个最有钱，也最有名的丁家，否则怎么能一下子多雇这么些人。"

最有钱，也最有名的丁家只有一家。

那就是丁灵琳的家。

叶开忍不住看了她一眼，丁灵琳也正在看着他。

这人却还在含含糊糊地说着话："那张怪物虽然不喝酒，但别的事却是样样精通的，我他妈的就一直佩服他。"

叶开道："既然别人都被丁家雇去了，你为什么不去？"

这人笑道："五百两银子我还没有喝完，丁家就算招我去做女婿，我他妈的也不会……"

"会"字是个开唇音。

刚说到这个"会"字，突听"叮"的一响，一样东西打在他牙齿上。

叶开立刻听到一阵牙齿碎裂的声音。

这个人已痛得弯下了腰，先吐出了一个花生壳，再吐出了牙齿，吐出了血，嗅到了自己的血，胃就突然收缩，就开始不停地呕吐。

将他牙齿打碎的，竟是一个花生壳。

丁灵琳没有吃花生，必然不会有花生壳。

窗子是开着的，窗外夜色如墨。

叶开忽然对着窗口笑了笑，道："我本来是在等另外一个人的，想不到来的是你。"

窗外有人在笑。

笑声中带着种很特别的讥诮之意，接着人影一闪，已有个人坐在窗台上。

路小佳。当然是路小佳。

丁灵琳嫣然道："我本来正准备教训教训他的，想不到你先替我出了手。"

路小佳淡淡笑道："能替丁家的大小姐做点事，实在荣幸之至。"

丁灵琳道："你什么时候开始学会拍人马屁的？"

路小佳道："从我想通了的时候。"

丁灵琳道:"想通了什么事?"

路小佳道:"想通了我直到目前为止,还是光棍一条,所以……"

丁灵琳道:"所以怎么样?"

路小佳微笑着,道:"所以我说不定还是有机会做丁家的女婿。"

丁灵琳又笑了。

路小佳道:"想做丁家女婿的人还能不拍丁家大小姐的马屁?"

丁灵琳用眼角瞟着叶开,道:"这句话你应该说给他听的。"

路小佳道:"我本来就是说给他听的。"

他大笑着跳下窗台,看着叶开道:"你吃了我的几颗花生,今天不请我喝酒?"

叶开微笑道:"当然请,只可惜我也知道你并不是为了喝酒来的。"

路小佳叹了口气,说道:"好像我什么事都瞒不住你。"

丁灵琳忍不住问道:"你是怎么来的?"

路小佳道:"陪一个人来的。"

丁灵琳道:"陪谁?"

路小佳道:"就是你们在等的那个人。"

丁灵琳皱了皱眉,转过头,就看见傅红雪慢慢地走了进来。

傅红雪苍白的脸,现在看来竟仿佛是铁青的。

他还没有走进来,眼睛就已在盯着叶开,好像生怕叶开会突然溜走。

叶开却在微笑,微笑着道:"我知道你一定会回来的,我果然没有算错。"

傅红雪道:"只有一件事你错了。"

叶开道:"哦?"

傅红雪道:"你为什么要我去杀易大经?"

叶开道："是我要你去杀他的？"

傅红雪冷冷地道："你希望他死？还是希望我再杀错人？"

叶开叹了口气，说道："我只希望你能够弄清楚这件事。"

傅红雪冷笑道："你还不清楚？"

叶开摇摇头。

傅红雪道："赵大方并不是易大经。"

叶开道："哦？"

傅红雪道："这半个月来，他从未离开过藏经庄半步。"

叶开笑了。

傅红雪道："你不必笑，这是事实。"

叶开道："是不是有很多人都能替他证明？"

傅红雪点点头，道："都是很可靠的人。"

叶开道："他当然一直都在生病，病得很重。"

傅红雪道："你知道？"

叶开又笑了。

这些事本就在他预料之中，他果然连一点都没有算错。

丁灵琳却在那边摇着头，叹着气，道："刚才是谁在说他不是笨蛋的？"

路小佳看了看她，又看了看叶开，忽然笑道："我明白了。"

丁灵琳道："你又明白了什么？"

路小佳道："你们一定以为易大经先找了个人在家替他装病，他自己却溜了出来。"

丁灵琳道："这不可能？"

路小佳道："当然可能，只可惜他这种病是没法子装的。"

丁灵琳道："为什么？"

路小佳叹息了一声，道："现在江湖中也许还很少有人知道，他的一条左腿已在半个月前被人一刀砍断了！"

丁灵琳怔住。

傅红雪也不禁怔住。

路小佳道："宋长城、王一鸣、丁灵中、谢剑，都是在听到这消息后，特地赶去看他的。"

他说的这些名字，果然都是江湖中很有声名、很有地位的人物。

其中最刺耳的一个名字，当然还是丁灵中。

丁灵琳几乎叫了起来，大声道："我三哥也在他那里？"

路小佳笑了笑，道："听说丁家的人都是君子，君子岂不总是喜欢跟君子来往的。"

丁灵琳只好听着。

路小佳悠然道："却不知丁三少是不是个会说谎的人？"

丁灵琳道："他当然不是。"

路小佳说道："那么你可以去问问他，易大经的腿是不是断了，这个断了腿的易大经是不是别人伪装的？他现在还在藏经庄。"

丁灵琳还有什么话说？

叶开也只有苦笑。

路小佳看着他，微笑道："其实你也不必难受，每个人都有错的时候，只要能认错就好了。"

叶开咳嗽。

"我当然也知道你嘴上绝不肯认错，但只要你心里认错就已足够。"

他不让叶开说话，抢着又道："现在的问题是，易大经既然不是赵大方，那个赵大方究竟是什么人呢？"

叶开回答不出。

傅红雪道："我一定要找出这个人来。"

路小佳道:"你当然要找出他来,说不定他就是你的仇人之一。"

叶开忽然开口道:"说不定他也是易大经的仇人之一。"

路小佳道:"为什么?"

叶开道:"他若不是易大经的仇人,为什么要用这法子陷害他?"

路小佳只好承认。

叶开沉吟着,道:"他当然还不知道易大经的腿已断了,所以才会用这法子。"

路小佳道:"被人砍断了腿,并不是什么光荣的事,谁也不愿意到处宣扬的。"

叶开道:"却不知他的腿是被谁砍断了的?"

路小佳道:"不知道!"

叶开道:"他没有告诉你?"

路小佳道:"他根本不愿再提起这件事。"

叶开道:"为什么?"

路小佳道:"因为他不愿别人替他去报仇,他总认为冤家宜解不宜结,若是冤冤相报,那就不知要等到什么时候才能报得完了。"

叶开叹了口气,道:"看来他的确是个真君子,令姐能嫁给他真是福气。"

路小佳看着他,也听不出他这话是真的赞美,还是讽刺。

叶开却又笑了笑,道:"无论如何,我总该先请你喝杯酒才是。"

突听一人道:"替我也留一杯。"

说话的声音,还在很遥远的地方,但这里的每个人都能听得很清楚。

说话的人当然也还在远方,但这里的人说出的话,他居然也能听得见。

这人究竟是个什么样的人呢？

这问题很快就有了答案，因为这句话刚说完，他的人已到了门外。

他来得好快。

他身上穿着套很普通的衣服，腰带上插着根很普通的短棍，手上却提着个很大的包袱。

丁灵琳几乎忍不住要跳了起来。

那平凡却又神奇的陌生人，竟也回来了。

门外夜色深沉，门内灯光低暗。

陌生人已走进来，将手里提着的包袱，轻轻地摆在地上。

这包袱真大。

陌生人随随便便地找了张椅子一坐，淡淡道："我平时很少喝酒的，但今天却可以破例。"

没有人问他为什么，没有人敢问。

陌生人忽然面对路小佳，道："你知不知道为了什么？"

路小佳摇摇头。

陌生人道："你知不知道我是谁？"

路小佳摇了摇头，又点了点头，那双镇定如磐石的眼睛里，似已露出恐惧之色。

陌生人道："我却认得你，认得你的这柄剑。"

路小佳垂下头，看着自己腰带上斜插着的剑，好像只希望这柄剑并没有插在自己身上。

陌生人也在看着他腰带上的剑，淡淡道："你不必为这柄剑觉得抱歉，教你用这柄剑的人，虽然是我的仇敌，但也是我的朋友。"

路小佳垂首道："我明白。"

陌生人道:"我一向很尊敬他,正如他一向很尊敬我。"

路小佳道:"是。"

这狂傲的少年,从来也没有对任何人如此尊敬畏惧过。

陌生人道:"他现在是不是还好?"

路小佳道:"我也有很久没见过他老人家了。"

陌生人笑了笑,道:"他也跟我一样,是个没有根的人,要找到他的确不容易。"

路小佳道:"是。"

陌生人道:"听说你用这柄剑杀死了不少人。"

路小佳不敢答腔。

陌生人又缓缓道:"我只希望你杀的人,都是应该杀的。"

路小佳更不敢答腔。

陌生人忽然道:"用你的剑来刺我一剑。"

路小佳的脸色变了。

陌生人道:"你知道我说过的话,一向都是要做到的。"

路小佳变色道:"可是我……我……"

陌生人道:"你不必觉得为难,这是我要你做的,我当然绝不会怪你。"

路小佳迟疑着。

陌生人道:"我当然也绝不会还手。"

路小佳终于松了口气,道:"遵命。"

他的手已扶上剑柄。

陌生人道:"你最好用尽全力,就将我当作最恨的仇人一样。"

路小佳道:"是。"

忽然间,天地间似已变得完全没有声音,每个人都瞪大了眼睛,屏住了呼吸,每个人都知道这种事绝不是时常能看到的,更不是人人都能看到的。

路小佳剑法的迅速犀利，江湖上已很少有比得上的人。

这陌生人呢？他是不是真的像传说中那么神奇？

突然间，剑光一闪，路小佳的剑已刺了出去，就向这陌生人的咽喉刺了出去！

傅红雪握刀的手也在用力。

这一剑就像是他刺出去的，连他都不能不承认，这一剑的确快，甚至已和他的刀同样快。

就在这时，突然"叮"的一响，这柄剑突然断了！

眼睛最利的人，才能看出这一剑刺出后，突然有根短棍的影子一闪，然后这柄剑就断了！

但现在短棍明明还插在这陌生人的腰上，大家又不禁怀疑。

只有路小佳不怀疑，他自己当然知道自己的剑是怎么断的。他手里握着半截短剑，冷汗已从他额角上慢慢地流下来。

陌生人拈起了掉落的半截断剑，凝视了很久，忽然道："这柄剑还是太重。"

路小佳黯然地道："我最多也只能够用这么重的剑了。"

陌生人点了点头，道："不错，愈轻的剑愈难施展，只可惜这道理很少有人明白。"

路小佳道："是。"

陌生人沉声道："你可知道我为何要击断你的这柄剑？"

路小佳既不知道，也不敢问。

陌生人道："因为你这柄剑杀的人已太多。"

路小佳垂下头，道："前辈的教训，我一定会记得的。"

陌生人看着他，又看了看傅红雪和叶开，嘴角露出一丝微笑，说道:"我知道你们这一辈的年轻人,非但很聪明,也很用功,已经不在我们当年之下。"

没有人敢答腔。

尤其是傅红雪,现在他才明白,他那一刀若已向这陌生人刺出去,将要付出什么代价!

陌生人道:"但我还是希望你们能明白一件事。"

大家都在听着。

陌生人道:"真正伟大的武功,并不是用聪明和苦功就能练出来的。"

为什么不是?大家心里都在问。

聪明和苦功岂非是一个练武的人所需要的最重要的条件?

陌生人道:"你一定先得有一颗伟大的心,才能练得真正伟大的武功。"

他目中又露出那种温暖的光辉,接着道:"这当然不容易,据我所知,天下武林高手中,能达到这种境界的,也不过只有一个人而已。"

大家当然知道他说的这个人是谁,每个人的心忽然跳了起来。

叶开的心跳得更快。

陌生人道:"除了这道理外,我还有样东西带给你们。"

他带给他们的难道就是这包袱?路小佳忽然发现这包袱在动,脸上不禁露出惊奇之色。

陌生人看着他,缓缓道:"你若觉得奇怪,为何不将这包袱解开来?"

每个人都在奇怪,谁也猜不出他带来的是什么。

"你若要练成真正伟大的武功,一定要先有一颗伟大的心。"

这当然不容易。要达到这境界,往往要经过一段很痛苦的历程。

包袱被解开了。包袱里竟然有一个人，一个断了左腿的人。

"易大经。"

每个人都几乎忍不住要惊呼出来，最惊奇的人，当然还是易大经自己。

他仿佛刚从噩梦中惊醒，忽然发现自己竟来到了一个比梦境中更可怕的地方。他看了看叶开，看了看傅红雪和路小佳。

然后他的脸突然抽紧，因为他终于看到了那个陌生人。

陌生人也在看着他，道："你还记得我？"

易大经点点头，显得尊敬而畏惧。

陌生人道："我们十年前见过一次，那时你的腿还没有断。"

易大经勉强赔笑，道："但前辈的风采，却还是和以前一样。"

陌生人道："你的腿是什么时候断的？"

易大经道："半个月前。"

陌生人道："被谁砍断的？"

易大经面上露出痛苦之色，道："那已是过去的事，再提岂非徒增烦恼。"

陌生人道："看来你倒很宽恕别人。"

易大经道："我尽量在学。"

陌生人道："但你最好还是先学另一样事。"

易大经道："什么事？"

陌生人道："学说实话！"

他眼睛里突然射出火炬般的光，盯在易大经脸上，一字字接道："你总应该知道我平生最痛恨说谎的人。"

易大经垂下头，道："我怎敢在前辈面前说谎？无论谁也不敢的。"

陌生人冷冷地道："我也知道要你说实话并不容易，因为你知道说了实话后,也许就得死,你当然还不愿死。"

易大经不敢答腔。

陌生人道:"但你总该也知道,世上还有很多比死更可怕、更痛苦的事。"

易大经额上已开始在流冷汗。

陌生人道:"我将你带到这里来,就因为我多年前就已立誓,绝不再被任何人欺骗。"

他钢铁般的脸上,竟也露出痛苦之色,似又想起了一些令他痛苦的往事。

易大经已不敢抬头看他。

过了很久,这陌生人才慢慢地接着道:"你模仿小李探花的笔迹,约我到这里来相见,其实我早已看出那笔迹不是真迹。我来,只不过想知道这是个什么样的圈套。"

易大经道:"小李探花少年时已名满天下,他的墨迹也早已流传很广,能模仿他笔迹的人很多,前辈怎可认定是我。"

陌生人道:"因为我在你房里找到了一些模仿他笔迹写的字。"

易大经的冷汗流得更多了。

陌生人沉下了脸,道:"你总应该听说过我少年时的为人,所以你也该相信,现在我还是一样有法子要你说实话。"

易大经忽然长长叹息,道:"好,我说。"

陌生人道:"你怎么知道我的行踪的?"

易大经道:"是丁三公子说的。"

陌生人道:"丁灵中?"

易大经点点头。

陌生人道:"我知道他也是个很聪明的年轻人,但他并不知道我的行踪。"

易大经道："清道人却知道前辈将有江南之行。"

陌生人道："他认得清道人？"

易大经又点了点头，道："前辈既然有江南之行，就必定会走这条路的。"

陌生人道："哦？"

易大经道："因为前辈第一次遇见小李探花，就是在这条路上。"

陌生人目光忽然到了远处，似又在回忆，但这回忆却是温暖的，只有愉快，没有痛苦。

他一直相信他能认得李寻欢，是他一生中最幸运的事。

易大经道："所以我就叫人在前面的十里长亭等着，等前辈经过时，将那张字条交给前辈。"

陌生人道："你以为我会相信那真是小李探花派人送来的？"

易大经道："我只知道前辈无论信不信，都一样会到这里来的。"

陌生人轻轻叹息，道："我看见了你，就想起了一个人。"

易大经忍不住道："谁？"

陌生人道："龙啸云。"

他叹息着，接着道："龙啸云就跟你一样，是个思虑非常周密的人，只可惜……"

他没有说下去，不忍说下去。

过了很久，他忽然又问道："你这一条腿是几时断的？"

易大经的回答很令人吃惊："今天。"

陌生人道："是被人砍断的？"

易大经道："我自己。"

这回答更令人吃惊，唯一还能不动声色的，就是叶开和陌生人。

他们竟似早已想到了这是怎么回事。

易大经道："我先找了个体型容貌和我相近的人，砍断了他的腿，将他扮成我的样子,叫他在我的屋里躺着。"

陌生人已不再问。他知道易大经既已开始说了,就一定会说下去。

易大经道:"那是间很黝暗的屋子,窗子上挂着很厚的窗帘。"

病人屋里本都是这样子的。

易大经道:"所以纵然有朋友来看我,也绝不会怀疑躺在床上的人不是我,他们既不愿多打扰我,也不会怀疑到这上面去。"

丁灵琳看了叶开一眼,心里在奇怪:"为什么这小坏蛋总好像什么事全都知道。"

易大经道:"就在这段时候,我自己溜了出去,先请来小达子,再将傅红雪诱来。我知道傅红雪要杀人时,出手一向快得很。"

傅红雪苍白的脸上也露出痛苦之色,他并不希望被人看成这样一个人。

易大经道:"我也知道前辈最痛恨的就是这种随意杀人的人,我相信前辈一定不会让他再活着的。"

他长长叹息了一声,道:"这计划本来很周密,甚至已可说是万无一失,但我却没有想到,世上竟有叶开这种喜欢多管闲事的人。"

丁灵琳忍不住道:"你自己既然觉得这计划已万无一失,就应该装别的病,否则这计划若是成功了,你岂非还是得砍断自己一条腿。"

易大经看着自己的断腿,道:"我早已准备砍断这条腿了,无论计划成不成都一样。"

丁灵琳道:"为什么?"

易大经缓缓道:"因为这计划纵然成功,我也不愿有人怀疑到我身上。"

丁灵琳叹了口气,道:"你的心真狠,对自己也这么狠。"

易大经道:"但我本来并不是这样的人。"

丁灵琳道:"哦?"

易大经道:"我天性也许有些狡猾,但却一心想成为个真正的君子。有时我做事虽然虚伪,但无论如何,我总是照君子的样子做了出来。"

做出来的事,就是真的。你做的事若有君子之风,你就是个君子。

否则你的心纵然善良,做出来的却全都是坏事,也还是一样不可原谅的。

丁灵琳叹道:"你若能一直那样子做下去,当然没有人能说你不是君子,只可惜你却变了。"

易大经又露出痛苦之色,道:"不错,我变了,可是我自己并不想变。"

丁灵琳道:"难道还有人逼着你变?"

易大经没有回答,却显得更痛苦。

陌生人道:"你既已说了实话,就不妨将心里的话全说出来。"

易大经道:"我决定说实话,并不是因为怕前辈用毒辣的手段对付我。"

陌生人道:"哦?"

易大经道:"因为我知道前辈并不是个残忍毒辣的人。"

他好像生怕别人认为这是在拍马奉承,所以很快地接着又道:"我决定说实话,只因我忽然觉得应该将这件事说出来。"

每个人都在听。

易大经道:"十九年前我刺杀白天羽的那件事,的确做得不够光明磊落,但若让我再回到十九年前,我还是会将同样的事再做一次。"

这句话正也和薛斌说的完全一样。

易大经道:"因为白天羽实已将我逼得无路可走,他非但要我加入他的神刀堂,还要我将家财全部贡献给神刀堂,他保证一定能让我名扬天下。"

他的脸已因痛苦而扭曲,接着道:"但我初时只不过是他手下的一个傀儡而已,虽然名扬天下又有什么用?"

静寂中忽然有了急促的喘息声,是傅红雪在喘息。

易大经道:"白天羽并不是个卑鄙小人,他的确是个英雄——他惊才绝艳,雄姿英发,武功之高,已绝不在昔年的上官金虹之下。"

傅红雪的喘息更怪。

易大经道:"他做事却不像上官金虹那么毒辣残酷,若有人真正在苦难中,他一定会挺身而出,为了救助别人,他甚至会不惜牺牲一切。"

陌生人忽然长长叹息了一声,道:"若非如此,也许就不必等你们去杀他了。"

易大经叹道:"但他却实在是个很难相处的人。他决定的事,从不容别人反对,只要他认为做了对就是对的。"

这种人并不多,但世上的确有这种人。

易大经道:"他独断独行,只要开始做了一件事,就不计成败,不计后果。这固然是他的长处,但也是他最大的短处,因为他从来也不肯替别人想一想。"

丁灵琳看了叶开一眼,忽然发现叶开的神情也很悲伤。

易大经道:"成大功、立大业的人,本该有这种果敢和决心,所以我虽然恨他,但也十分尊敬他。"

这种心理很矛盾,但不难了解。

易大经道:"我从没有说他是恶人,他做的也绝不是坏事。当时的确有很多人都得到过他的好处,但真正能接近他的人,却是最痛苦的。"

他黯然叹息,接着道:"因为一个人接近了他之后,就要完全被他指挥支配,就得完全服从他,这些人若想恢复自由,就非杀了他不可!"

陌生人道:"杀他的人,难道全都是他的朋友?"

易大经道:"大多数都是的。"

陌生人冷冷道:"他也许做错很多事,但我想他最错的还是交错了朋友。"

傅红雪看着他,目中忽然充满了感激。

陌生人又道:"他纵然独断独行,专横跋扈,但毕竟还是将你们当作朋友,并没有想在背后给你们一刀。"

无论你的朋友是好是坏,只要他是你的朋友,你就不能在背后给他一刀。

易大经垂下头,道:"我并没有说我们做得对,我只说那时我们已非那么样做不可。"

陌生人道:"非那么样做不可?"

易大经道:"是的。"

陌生人的目光仿佛到了很遥远的地方,缓缓道:"我年轻时也认为有很多事是非做不可,但后来我才慢慢体会到,世上并没有什么非做不可的事,问题只在你心里怎么去想。"

傅红雪也慢慢地垂下了头。

陌生人道:"只要你能忍耐一时,有很多你本来认为非做不可的事,也许就会变成根本不值得你去做的事了。"

他表情很严肃,接着道:"每件事都有两面,从你们这面看来,你也许觉得自己做得很对,那只因为你们从没有从另外一面去看过。"

易大经道:"可是……"

陌生人打断了他的话,道:"你们要杀白天羽,就因为他从不肯替别人设想，可是你们自己的行为，岂非也跟他一样？"

易大经黯然道："也许的确是我们错了。"

陌生人道："我也并没有说一定是你们错，这件事究竟谁是谁非，也许是永远都没有人能判断的。"

易大经道："所以我宁愿牺牲一条腿，也不愿看着这仇恨再继续下去。"

他看来的确很痛苦，接着又道："那天在梅花庵外行刺的人，能活着回去的最多只有七八个，这些年来，我想他们一定也跟我一样，一定也活得很痛苦！"

一个人若终日生活在疑虑和恐惧之中，那种痛苦的确是无法形容的。

易大经道："那天的雪下得很大，地上一片银白，但那一战结束后，整个一片银白色的大地，竟都已被鲜血染红了。"

他的脸又已因痛苦和恐惧而抽搐，接着道："没有亲眼看过的人，永远无法想象那种事态的情况，我实在不愿那种事再发生一次。"

叶开忽然道："你为什么不想想，那一战是谁引起来的？"

易大经惨然道："我只知道染红了那一片雪地的鲜血，并不仅是白家人的，别人的血流得更多。"

叶开道："所以你认为这段仇恨已应该随着那一战而结束？"

易大经道："我们纵然对不起白天羽，那天付出的代价也已足够。"

叶开道："死的人确实已付出了他们的代价，但活着的人呢？"

易大经没有回答，他无法回答。

叶开道："我并不是说这仇恨一定还要报复，但每件事都必须做得公平，活着的人若认为那些死者已替他们付出了代价，那就是大错了。"

他一字字接着道:"你欠下的债,必须用你自己的血来还,这种事是绝不容别人替你做的。"

易大经看着叶开,就好像第一次才看见这个人……也许他以前的确没有看清过这个人。

叶开的态度永远在镇定中带着种奇异的轻松,无论面对着什么危险,他永远都不会露出惊慌恐惧的样子。

这种态度绝不是天生的,那一定要经过无数次痛苦的折磨后,才能慢慢地训练出来。

可是他以前的历史,却从来没有人知道。他就像是忽然从石头中跳出来的美猴王,忽然在武林中出现,从他出现时开始,他就是这样一个人。

这种情况几乎完全和傅红雪一样——傅红雪也是忽然就出现了。

显然也是经过严格的训练后才出现的。

他的过去也同样是一片空白。从没有人知道他过去在哪里,在干什么。因为他的身世极隐密,他到江湖中来,是为了一种极可怕的目的。

那么叶开呢?叶开是不是跟他同样有目的?他们之间是不是有某种神秘的关系?

易大经看着叶开,已看了很久,忽然道:"你究竟是什么人?"

叶开道:"你应该知道我是什么人。"

易大经道:"你姓叶,叫叶开?"

叶开点点头,道:"木叶的叶,开心的开。"

易大经道:"你真的是叶开?"

叶开笑了笑,道:"你以为我是谁?"

易大经忽又叹了口气,道:"我不管你是谁,只希望你明白一件事。"

叶开道:"我在听。"

易大经看着自己的断腿,缓缓道:"我欠下的债,并没有想要别人还,我做错了的事,也早已付出了代价。你若还认为不够,我就在这里等着,你随时都可以杀了我。"

叶开淡淡道:"这句话你本该对傅红雪说的。"

易大经道:"无论对谁说都一样,现在我说的都是实话。"

然后他就闭上眼睛,什么都不再说了。

陌生人看了看叶开,又看了看傅红雪,忽然道:"他说的确实是实话。"

没有人开口,没有人能否认。

陌生人的目光最后停留在傅红雪脸上,道:"我带他到这里来,就是为了要他说实话,并不是为了要你杀他。"

傅红雪在听着,他看来远比易大经还痛苦。

陌生人道:"现在他已将所有的事全都说了出来,这件事究竟谁是谁非,谁也没有资格判断。"

是不是连傅红雪自己也同样没有资格下判断?

陌生人道:"但他的确欠了你的债,你若认为他还得不够,还是随时都可以杀了他,现在他已完全没有反抗的能力。"

第三十七章

浪子回头

　　风在呼啸，不知何时风已转急。秋夜的风声，听来几乎已和草原上的风声同样凄凉。

　　距离黎明还远得很。

　　傅红雪紧紧握着他的刀，掌心在流着冷汗。冷汗并不是因为恐惧而流出来的，而是因为痛苦——一种他从来未曾经历过的痛苦。

　　陌生人也不再开口。

　　没有人开口。

　　他的仇人就坐在他面前等，等死。

　　他受尽各种痛苦的折磨，为的就是将这些仇人一个个找出来，要他们死在自己手里的这柄刀下。

　　但现在他看着这个人，看着这个人脸上因长久的痛苦与恐惧而增多的皱纹，看着这个人衰老疲倦憔悴的神色，看着这个人断了的左腿……

　　他忽然不知道自己是不是应该杀他了。

　　"我做错的事，我已付出了代价。"

　　这句话并不假。若不是因为历久如新的痛苦和恐惧，谁愿意砍下自己一条腿？

　　一个人在那种连续不断的折磨中生活了十九年，他付出的代价也许比死更可怕。

"这些年来,我一心想做得像是真正的君子。"

这句话也不假。这些年来,他的确一直都在容忍、忍让,从不敢再做错任何事。

这是不是因为他已知道错了,是不是因为他已用尽一切力量来赎罪?

"现在你还是随时可以杀了他,他已完全没有反抗的能力!"

"但现在的问题,却已不是这个人该不该杀?"

"而是这个人还值不值得杀?"

这问题没有人能替傅红雪回答。

他必须自己选择:是杀了他?还是不杀?

每个人都在看着傅红雪,心里也都在问着同样的问题。

他是要杀了易大经?还是不杀?

风仍在呼啸,风更急了。听到了这风声,就会令人又不由自主想起那无边无际的大草原,想起那仿佛永无休止的风沙,想起那风中的血腥气……

但边城的夜月还是美丽的。在那凄凉朦胧的月色下,还是有很多美丽的事可以回忆。在那些回忆中,还是有很多值得怀念的人。

一些虽然可恨,却又可爱的人。

是不是每个人都有他的可恨之处,也同样都有他的可爱之处?

现在叶开在想着萧别离。

他也不知道自己为什么会忽然想起这个人,这也许只因为他一向觉得这个人并不该死的。

也许他一直都在后悔,为什么要让这个人死。

真正该死的人却有很多还活着。

"我不杀你,因为你已不值得被我杀!"

"但我却一定不会放过马空群!他不仅是我父亲的朋友,而且他们是兄弟,无论如何,这件事都不该由他来做的。我一定要他死在这柄刀下!"

这就是傅红雪最后说出来的话,这就是他最后的抉择。

他没有杀易大经,他也没有再看任何人一眼,就慢慢地走出了门,左脚先迈出一步,右腿再跟着拖过去。他走路的姿态奇特而痛苦,竟像他这个人一样。

但他的刀还是漆黑的。

究竟是他在握着这柄刀?还是这柄刀在掌握着他的命运?

"这柄刀能带给人的,只有死和不幸!"

叶开仿佛又听见了萧别离那种仿佛来自地狱中魔咒般的声音。

他看着傅红雪慢慢地走出去,走入无边无际的黑暗中。

外面的风又冷又急,他的背影在黑暗中看来,显得那么孤独,又那么寒冷……

叶开的眼睛里似已有了泪光。

丁灵琳正在看着他。她好像永远只注意他一个人。

她忽然悄悄问道:"你为什么伤心?"

叶开道:"我不是伤心,是高兴。"

丁灵琳道:"为什么高兴?"

叶开道:"因为他没有杀易大经。"

这句话刚说完,他忽然听到易大经的哭声——易大经竟已伏倒在地上,放声痛哭了起来。

他也许已有很久很久未曾真的哭过,他并不是个时常愿意将真情流露的人。

"有时活着是不是比死还痛苦？"

这问题现在也只有易大经自己才能答复。

陌生人看了看他，又看了看路小佳。

路小佳石像般站在那里，没有动，也没有再剥他的花生。他脸上连一点表情都没有。

但没有表情有时岂非就是种最痛苦的表情。

陌生人忽然叹息了一声，道："现在你可以送他回去了。"

酒已在杯中。

灯光如豆，酒色昏黄，这并不是好酒。

但酒的好坏，并不在它的本身，而在于你是在什么心情下喝它。一个人若是满怀痛苦，纵然是天下无双的美酒，喝到他嘴里也是苦的。

陌生人忽然道："今天我也很高兴。"

叶开道："是不是也因为他没有杀易大经？"

陌生人点了点头，说出一句叶开终生都难以忘记的话。

"能杀人并不难，能饶一个你随时都可以杀他的仇人，才是最困难的事。"

叶开仔细咀嚼着这句话，只觉得满怀又苦又甜，忍不住举杯一饮而尽。

陌生人也举杯一饮而尽，微笑着道："我已有很久未曾这么样喝过酒了，我以前酒量本来不错的，可是后来……"

他没有再说下去。

叶开也没有问，因为他已看出那双无情的眼睛里，忽然流露出的感情。

那是种很复杂的感情：有痛苦，也有甜蜜；有快乐，也有悲伤……

他的剑虽无情，但他的人却一向是多情的。

他当然也有很多回忆。这些回忆无论是快乐的，还是悲伤的，也都比大多数人更深邃，更值得珍惜。

丁灵琳一直在看着他。

有叶开在身旁的时候，这是她第一次像这样子看别人。

她忽然问道："你真的就是那个阿……"

陌生人笑了笑，道："我就是那个阿飞，每个人都叫我阿飞，所以你也可以叫我阿飞。"

丁灵琳红着脸笑了，垂下头道："我可不可以敬你一杯酒？"

陌生人道："当然可以。"

丁灵琳抢着先喝了这杯酒，眼睛里已发出了光，能和阿飞举杯共饮，无论谁都会觉得是件非常骄傲的事。

陌生人看着她年轻发光的眼睛，心里却不禁有些感伤。他自己心里知道，现在他已永远不会再是以前那个阿飞了。

以前那个纵横江湖的阿飞，现在在江湖中却已只不过是个陌生人，连他自己也不愿意再听人谈起他那些足以令人热血沸腾的往事。

这些感伤当然是丁灵琳现在所不能了解的，所以她又笑着道："我早就听说你是天下出手最快的人，可是一直到今天，我才相信。"

陌生人淡淡地笑了笑，道："你错了，我从来都不是出手最快的人，一直都有人比我快。"

丁灵琳张大了眼睛。

陌生人问道："你知不知道是谁教路小佳用那柄剑的？"

丁灵琳摇了摇头。

陌生人道："这人有个很奇怪的名字，他叫作荆无命。"

丁灵琳笑道："荆无命？他没有命？"

陌生人道:"每个人都有一条命,他当然也有,但他却一直觉得,他的这条命并不是他自己的。"

丁灵琳道:"这名字的确很奇怪,这种想法更加奇怪。"

陌生人叹道:"他本来就是个非常奇怪的人。"

丁灵琳道:"他的剑也很快?"

陌生人道:"据我所知,当今江湖上已没有比他更快的剑,而且他左右手同样快,那种速度绝不是没有看过他出手的人所能想象的。"

丁灵琳眼前似又出现了一个孤独冷傲的影子,悠悠道:"我想他一定骄傲得很。"

陌生人道:"不但骄傲,而且冷酷。他可以为了一句话杀别人,也同样会为了一句话杀死自己。"

丁灵琳道:"我想别人一定都很怕他。"

陌生人点点头,目中又露出一丝伤感,缓缓道:"但现在他在江湖中,也已是个陌生人了……"

丁灵琳道:"小李飞刀呢?他的出手是不是比荆无命更快?"

陌生人的眼睛忽然也亮了起来,道:"他的出手已不是'快'这个字能形容的。"

丁灵琳眨着眼,道:"我明白了,他出手快不快都一样,因为他的武功已达到你所说的那种伟大的境界,所以已没有人能击败他。"

陌生人道:"绝没有人。"

丁灵琳道:"所以上官金虹的武功虽然天下无敌,还是要败在他手下。"

陌生人微笑道:"你的确很聪明。"

丁灵琳道:"他现在是不是真的还活着?"

陌生人笑道:"我现在是不是还活着?"

丁灵琳道:"你当然还活着。"

陌生人道:"那么他当然也一定还活着。"

丁灵琳道:"他若死了,你难道也陪他死?"

陌生人道:"我也许不会陪他死,但他死了后,世上绝没有任何人再看到我。"

他的声音平静而自然,竟像是在叙说着一件很平凡的事,但无论谁都能体会到这种友情是多么伟大。

丁灵琳的眼睛里闪着亮光,叹息着道:"我本来也听说过没有人能比得上你们的友情,但也直到现在才知道。"

陌生人道:"世上也许只有友情才是最真实、最可贵的,所以无论白天羽是个什么样的人,我总认为马空群用那种手段教训他,是件非常可耻的事。"

丁灵琳道:"所以你并不反对傅红雪去杀了他。"

陌生人叹道:"但是李寻欢却绝不会这么样想的,他从来也记不住别人对他的仇恨,他一向只知道宽恕别人、同情别人。"

丁灵琳心里仿佛也充满了那种伟大的感情,隔了很久,才轻轻问道:"你最近有没有见过他?"

陌生人道:"每年我们至少见面一次。"

丁灵琳道:"你知道他在什么地方?"

他们根本不必问。

因为像他们这种友情,已无所不至,无论他们到了什么地方都一样。

这种感情甚至连丁灵琳都已能了解。

她的目光似也在凝视着远方,轻轻叹息着,道:"我真希望有一天能见着他。"

已有鸡啼。光明已渐渐降临大地。

陌生人慢慢地站起来，扶着叶开的肩，微笑着道："我知道你一直很尊敬他，一直想拿他做榜样，所以我很高兴。"

叶开眼睛里已有热泪盈眶，心里充满兴奋和感激。

陌生人遥望着东方的曙色道："我要到江南去，在江南，我也许会见到他。"

他望着丁灵琳忽然又笑了笑道："我一定会告诉他，有个聪明而美丽的女孩子希望能看见他。"

丁灵琳笑了，闪闪发亮的眼睛里，也充满了感激和希望。

她忽然道："江南是不是又有什么惊天动地的事要发生了，所以你们都要到江南去？"

陌生人道："也许会有的，只不过我们做的事，并不想要人知道，所以也就不会有什么人知道。"

他慢慢地走出去，走出了门，站在初临的曙色中，长长地吸了口气，忽又回头笑道："今天我说的话比哪一天都多，你们可知道为什么？"

他们当然不知道！

陌生人道："因为我已老了，老人的话总是比较多些的。"

说完了这句话，他就迎着初升的太阳走了出去。他的脚步还是那么轻健，那么稳定。

东方的云层里，刚射出第一道阳光，刚巧照在他身上，他整个人都似在发着光。

丁灵琳轻轻叹了口气，道："谁说他老了？他看来简直比我们还年轻。"

叶开微笑着，道："他当然不会老，有些人永远都不会老的……"

有些人的确永远不会老，因为他们心里永远都充满了对人类的热爱和希望。

一个人心里只要还有爱与希望，他就永远都是年轻的。

初升的太阳也充满了对人类的热爱和希望，所以光明必将驱走黑暗。

现在阳光正照射着大地，大地辉煌而灿烂。他们就站在阳光下。

经过了这么样的一夜，他们看来竟丝毫也不显得疲倦。因为他们心里也充满了希望。

丁灵琳的脸面也在发着光，嫣然道："你听见他刚才说的话没有？他说我又聪明又漂亮。"

叶开在微笑。

丁灵琳盯着他，道："你为什么从来也没有说过这种话？"

叶开道："你一定要我说？"

丁灵琳又笑了，道："其实你嘴上不说也没关系，只要你心里在这么样想就好了。"

她拉起了他的手，迎着初升的阳光走过去。

叶开忽然问道："你三哥是个怎么样的人？"

丁灵琳眼珠子转了转，笑道："我三哥跟你一样，又聪明又调皮，除了生孩子之外，他好像什么都会一点，可是他自己说他最拿手的本事，还是勾引女人。"

她忽然板起了脸，大声道："这一点你可千万不能学他。"

叶开笑了笑，道："这一点我已不必学了。"

丁灵琳瞪了他一眼，忽又笑道："就算你很会勾引女人又怎么样，我天天死盯着你，你就算有天大的本事也使不出来。"

叶开叹了口气，道："丁三公子最风流，这句话我也早就听说过，我真想见见他。"

丁灵琳嫣然道："你应该见见他，而且应该拍拍他的马屁，让他在我家里替你说两句好话。"

叶开道:"除了他之外,你家里的人都古板?"

丁灵琳点了点头,叹息说道:"尤其是我父亲,他一年也难得笑一次,我就是因为怕看他的脸,所以才溜出来的。"

叶开道:"我也知道他是个君子。"

丁灵琳笑道:"但我却可以保证,他却不是易大经那样的伪君子。"

叶开道:"他当然不是。"

丁灵琳道:"自从我母亲去世后,别的女人他连看都没有看过一眼,就凭这一点,就绝不是别人能做得到的。"

叶开微笑道:"至少我就绝对做不到。"

丁灵琳又狠狠地瞪了他一眼,道:"所以我绝不能比你先死。"

过了半晌,她忽又问道:"现在你想到哪里去?又去找傅红雪?"

叶开没有回答这句话。

丁灵琳道:"你想他是不是真的能找到马空群?"

叶开沉思着,缓缓道:"只要你有决心,世上就没有做不到的事。"

在如此灿烂的阳光下,看来的确没有什么事是绝对做不到的。

就在这时,阳光下突然有一骑快马奔来。

马是万中选一的好马,配着鲜明的鞍辔,这么样一匹好马,它的主人当然也绝不会差的。

马上人鲜衣珠冠,神采飞扬,腰畔的玉带上,挂着缀满宝石、明珠的长剑,手里轻挥着丝鞭,正是面如冠玉的英俊少年。

快马到了叶开他们面前,就突然勒缰打住。

丁灵琳立刻拍手欢呼,道:"三哥,我们正想去找你,想不到你竟先来了。"

丁三少微笑道："我是特地来看看你这好朋友的，听说他跟我一样，也不是个好东西。"

他开始说话的时候，一双发亮的眼睛已盯在叶开脸上。

丁灵琳眨着眼，道："你觉得他怎么样？"

丁三少笑道："我并没有失望。"

叶开也笑了，他也并没有失望，丁三少的确是位风流倜傥的翩翩浊世佳公子。

他微笑着道："我也一直想见你，听说你刚赢来三十几坛陈年女儿红。"

丁三少大笑，道："只可惜你已迟了一步，那些酒早已全都下了肚子！"

叶开道："还有班清吟小唱呢？"

丁三少道："那些小姑娘一个个长得都像是无锡泥娃娃一样，你看见一定也很喜欢，只可惜我也绝不能让你看见的。"

叶开道："为什么？"

丁三少道："就算你不怕我们这位小妹子吃醋，我们真有点怕她的。"

丁灵琳故意板着脸，道："亏你还聪明，否则我真说不定会将你那泥娃娃一个个全都打碎。"

丁三少笑道："你听见没有，这丫头吃起醋来是不是凶得很？"

丁灵琳也忍不住"扑哧"一声笑了。

丁三少道："你们要往哪里去？"

丁灵琳道："你呢？"

丁三少叹了口气，苦笑道："我不像你们这么自由自在，若是再不回去，脑袋上只怕就要被打出个大洞来了。"

丁灵琳道:"老头子还好吗?"

丁三少答道:"还好,我去年年底还看见他笑过一次。我看你也得小心些,姑妈虽然护着你,但老头子的脾气若是真发起来,你也一样难免要遭殃的。"

丁灵琳抿了抿嘴,道:"我才不怕,最多我一辈子不回去。"

丁三少笑道:"这倒是个好主意,我也不反对,只不过觉得对他有点抱歉而已。"

叶开道:"对我?"

丁三少点头,道:"这又凶又会吃醋的丑丫头若是真的拿定主意要死盯着你一辈子,你做人还有什么乐趣?"

他不让丁灵琳开口,已大笑着扬鞭而去,远远地还在笑着道:"等你什么时候能一个人溜开的时候,不妨去找我,除了那些泥娃娃外,瓷娃娃和糖娃娃我也有不少……"

笑声忽然已随着蹄声远去。

丁灵琳跺着脚,恨恨道:"这个三少,真不是个好东西。"

叶开道:"可是他说的话倒很有道理。"

丁灵琳道:"他说的什么话?"

叶开笑道:"你刚才难道没有听他说,有人是个又凶又丑的醋坛子。"

丁灵琳想板起脸,却也忍不住笑了。

他们在铺满金黄色阳光的道路上慢慢地走着,两个人心里仿佛忽然都有了心事。

叶开忽然道:"你在想什么?"

丁灵琳道:"没有。"

叶开道:"女孩子说没有想什么的时候,心里一定有心事。"

丁灵琳忍不住轻轻叹了口气。

叶开看着她，道："你在想家？"

丁灵琳眼睛里果然带着些思念，也带着些忧虑。

叶开也叹了口气，道："你当然不会真的一辈子不回去。"

丁灵琳叹道："老实说，我别的都不担心，只担心我那个古板的爹爹。"

叶开道："你怕他不要我这个女婿？"

丁灵琳说道："你假如能够变得稍微规矩一点就好了。"

叶开笑了笑，道："说不定他就喜欢我这样子的人呢。"

丁灵琳摇了摇头。

叶开道："你认为不可能？"

丁灵琳道："嗯。"

叶开道："你三哥岂非就是我这样子的人，他岂非最喜欢你三哥。"

丁灵琳道："你怎么知道的？"

叶开道："因为他管你三哥管得最严，何况，老年人总是喜欢小儿子的。"

丁灵琳道："那倒是真的，我们这些兄弟姐妹中他管得最凶的，就是我三哥，但心里最喜欢的，也是我三哥。"

叶开笑道："所以你这醋坛子又在吃醋了。"

丁灵琳咬着嘴唇，道："我才不要他喜欢我，只要别老是找我的麻烦就好了。"

叶开道："他总是找你的麻烦，也许就因为他也很喜欢你。"

丁灵琳不说话了，但眼睛里却已变得有点湿湿的，好像要哭出来的样子。

叶开却仿佛在沉思着，并没有注意她脸上的表情，过了很久，忽又问道："你爹爹有没有特别要好的朋友？可以在他面前替我说好话的？"

丁灵琳摇摇头，道："他平时根本很少和别人来往，就算有两个，也都是些跟他一样古板的老冬烘、老学究。"

叶开目光闪动，接道："听说他以前跟薛斌的交情不错。"

丁灵琳又摇摇头，道："他也许连薛斌这名字都没有听说过。"

叶开的表情很奇怪，好像很欣慰，但又好像有点失望。

又过了很久，他才问道："易大经呢？也不是他的好朋友？"

丁灵琳道："易大经一定是我三哥最近才认得的，连我都没有听说他有这么样个朋友。"

叶开问道："你爹爹难道从来也不跟江湖中的人来往？"

丁灵琳道："他常说江湖中只有两个人够资格跟他交朋友。"

叶开道："哪两个？"

丁灵琳道："其中当然有一个是小李探花，连我爹爹都一向认为他是近三百年以来，江湖中最了不起的人物，而且认为他做的事，都是别人绝对做不到的。"

叶开笑了，道："看来他眼光至少还不错。"

丁灵琳忽然也笑了笑，道："还有一个你试猜猜是谁？"

叶开道："阿飞？"

丁灵琳摇头道："他总认为阿飞是个永远也做不出大事来的人，因为这个人太骄傲，也太孤独。"

叶开没有辩驳。

因为连他都不能不承认，丁老头子对阿飞的看法也有他的道理。

"但他若连阿飞都看不上眼，江湖中还有什么能让他看得起的人呢？"

丁灵琳道："白天羽。"

叶开觉得很惊讶，忙问道："白天羽？你爹爹认得他？"

丁灵琳接着道:"不认得,但他却一直认为白天羽也是个很了不起的人物,一直都想去跟他见见面,只可惜……"

她叹息了一声,没有再说下去。

白天羽的确死得太早了,不管他是个怎么样的人物,江湖中都一定会有很多人觉得这是件非常遗憾的事。

丁灵琳道:"除了这两个人外,别的人在他眼中看来,不是蠢材,就是混蛋。"

叶开苦笑道:"只可惜这两个都是绝不会去替我说好话的了。"

丁灵琳眨着眼,道:"现在能够在他面前说话的,也许只有一个人,只有这个人说的话,他也许还会听几句。"

叶开道:"谁?"

丁灵琳道:"我姑妈。"

叶开道:"也就是他的妹妹?"

丁灵琳道:"他只有这一个亲妹妹,两人从小的感情就很好。"

叶开道:"你姑妈现在还没有出嫁?"

丁灵琳笑道:"她比我爹爹的眼界还要高,天下的男人,她简直连一个看得顺眼的都没有。"

叶开淡淡地道:"那也许只因为别人看她也不太顺眼。"

丁灵琳道:"你错了,直到现在为止,她还可以算是个美人,她年轻的时候,有些男人甚至不惜从千里之外赶来,只为了看她一眼。"

叶开道:"但她却偏偏连一眼都不肯让他们看。"

丁灵琳道:"一点也不错,她常说男人都是猪,又脏又臭,好像被男人看了一眼,都会把她看脏了似的,所以……"

她用眼角瞧着叶开,咬着嘴唇,道:"她常常劝我这一辈子永远不要嫁人,无论看到什么样的男人,最好都一脚踢出去。"

叶开淡淡道:"她不怕踢脏了你的脚?"

丁灵琳嫣然道："只可惜我偏偏没出息，非但舍不得踢你，就算你要踢我，也踢不走的。"

叶开也忍不住笑了。

丁灵琳却又轻轻叹了口气，道："所以我看她会替你说好话的机会也不大。"

叶开叹道："看来你们这一家人，简直没有一个不奇怪的。"

丁灵琳苦笑道："那倒也一点都不假。"

叶开道："武林三大世家中，最奇怪的恐怕就是你们这一家人了。"

丁灵琳说道："南宫世家的几个兄弟，常常说我们这家人就好像是一窝刺猬，没有一个身上不是长满了刺的。"

她吃吃地笑着，接着道："幸好这些话我爹爹没听见，否则南宫世家的那几个臭小子不倒霉才怪。"

叶开道："你爹爹的武功是不是真的很高？"

丁灵琳道："这我自己都不知道，我只知道我们这些兄弟姐妹的武功，都是跟他学的，却没有一个人能将他的武功学全。"

她眼睛里已不禁露出得意骄傲之色，又道："我三个哥哥都已可算是武林中的一流好手，但他们的武功却还是连我爹爹的一半都比不上。"

叶开道："但你爹爹却好像从来也没有跟别人交过手？"

丁灵琳悠然道："那只因从来也没人敢去找他的麻烦。"

叶开道："他也从来不去找别人的麻烦？"

丁灵琳道："江湖中这些乱七八糟的事，他根本连听都懒得听。"

叶开目光凝视着远方，似已听得悠然神往，过了很久，才慢慢地说道："不管怎么样，我一定要陪你回去看看他。"

丁灵琳睁大了眼睛，道："你敢？"

叶开笑道:"有什么好怕的,最多也只不过脑袋上被他打出个大洞来。"

丁灵琳跳起来,道:"好,我们现在就去。"

叶开道:"现在恐怕还不行。"

丁灵琳道:"现在你还要去找傅红雪?"

叶开叹了口气,道:"他的仇人愈来愈多,朋友却愈来愈少了。"

丁灵琳噘起了嘴,道:"你知道到哪里去找他?"

叶开的表情忽然又变得很奇怪,缓缓道:"这里距离梅花庵已不太远。"

丁灵琳悚然动容,道:"就是那个梅花庵?"

叶开慢慢地点了点头,道:"我想傅红雪一定会到那里去看看的。"

丁灵琳脸上也露了很奇怪的表情,叹息着道:"莫说是傅红雪,就连我也一样想到那里去看看的。"

第三十八章

桃花娘子

　　梅花庵外那一战，非但悲壮惨烈，震动了天下，而且武林中的历史，几乎也因那一战而完全改变。
　　那地方的血是不是已干透？
　　那些英雄们的骸骨，是不是还有些仍留在梅花庵外的衰草夕阳间？
　　现在那已不仅是个踏雪赏梅的名胜而已，那已是个足以令人凭吊的古战场。
　　梅花虽然还没有开，树却一定还在那里。
　　树上是不是还留着那些英雄们的血？

　　但梅花庵外现在却已连树都看不见了。
　　草色又枯黄，夕阳凄凄恻恻地照在油漆久已剥落的大门上。
　　夕阳下，依稀还可以分辨出"梅花庵"三个字。
　　但是庵内庵外的梅花呢？
　　难道那些倔强的梅树，在经历了那一场惨绝人寰的血战后，终于发现了人类的残酷，也已觉得人间无可留恋，宁愿被砍去当柴烧，宁愿在火焰中化为灰烬？

没有梅,当然也没有雪,现在还是秋天。

傅红雪伫立在晚秋凄恻的夕阳下,看着这满眼的荒凉,看着这劫后的梅花庵,心里又是什么滋味?

无论如何,这名庵犹在,但当年的英雄们,却已和梅花一样,全都化作了尘土。

他手里紧紧握着他的刀,慢慢地走上了铺满苍苔的石阶。

轻轻一推,残败的大门就"呀"的一声开了,那声音就像是人们的叹息。

院子里的落叶很厚,厚得连秋风都吹不起。

一阵阵低沉的诵经声,随着秋风,穿过了这荒凉的院落。

大殿里一片阴森黝黑,看不见香火,也看不见诵经的人。

夕阳更淡了。

傅红雪俯下身,拾起了一片落叶,痴痴地看着,痴痴地想着。

也不知过了多久,他仿佛听见有人在低诵着佛号。

然后他就听见有人对他说:"施主是不是来佛前上香的?"

一个青衣白袜的老尼,双手合十,正站在大殿前的石阶上看着他。

她的人也干瘪得像是这落叶一样,苍老枯黄的脸上,刻满了寂寞悲苦的痕迹,人类所有的欢乐,全已距离她太远,也太久了。

可是她的眼睛里,却还带着一丝希冀之色,仿佛希望这难得出现的香客,能在她们信奉的神佛前略表一点心意。

傅红雪不忍拒绝,也不想拒绝。

他走了过去。

"贫尼了因,施主高姓?"

"我姓傅。"

他要了一束香,点燃,插在早已长满了铜绿的香炉里。

低垂的神幔后，那尊垂眉敛目的佛像，看来也充满了愁苦之意。

它是为了这里香火的冷落而悲悼，还是为了人类的残酷愚昧？

傅红雪忍不住轻轻叹息。

那老尼了因正用一双同样愁苦的眼睛在看着他，又露出那种希冀的表情："施主用过素斋再走？"

"不必了。"

"喝一盅苦茶？"

傅红雪点点头，他既不忍拒绝，也还有些话想要问问她。

一个比较年轻些的女尼，手托着白木茶盘，垂着头走了进来。

傅红雪端起了茶，在茶盘上留下了一锭碎银。

他所能奉献的，已只有这么多了。

这已足够令这饱历贫苦的老尼满意，她合十称谢，又轻轻叹息："这里已有很久都没有人来了。"

傅红雪沉吟着，终于问道："你在这里已多久？"

老尼了因道："究竟已有多少年，老尼已不复记忆，只记得初来的那年，这里的佛像刚开光点睛。"

傅红雪道："那至少已二十年？"

了因眼睛里掠过一丝悲伤之色，道："二十年？只怕已有三个二十年了。"

傅红雪目中也露出一丝希冀之色，道："你还记不记得二十年前，在这里发生过的那件事？"

了因道："不是二十年前，是十九年前。"

傅红雪长长吐出口气，道："你知道。"

了因点了点头，凄然道："那种事只怕是谁都忘不了的。"

傅红雪道："你……你认得那位白施主？"

老尼了因垂首说道："那也是位令人很难忘记的人，老尼一直在祈求上苍，盼望他的在天之灵能够得到安息。"

傅红雪也垂下了头，只恨自己刚才为什么不将身上所有的银子都拿出来。

了因又叹道："老尼宁愿身化劫灰，也不愿那件祸事发生在这里。"

傅红雪道："你亲眼看见那件事发生的？"

了因道："老尼不敢看，也不忍看，可是当时从外面传来的那种声音……"

她枯黄干瘪的脸上，忽然露出种说不出的恐惧之色，过了很久，才长叹道："直到现在，老尼对红尘间事虽已全都看破，但只要想起那种声音，还是食难下咽，寝难安枕。"

傅红雪也沉默了很久，才问道："第二天早上，有没有受伤的人入庵来过？"

了因道："没有，自从那天晚上之后，这梅花庵的门至少有半个月未曾打开过。"

傅红雪道："以后呢？"

了因道："开始的那几年，还有些武林豪杰，到这里来追思凭吊，但后来也渐渐少了，别的人听说那件凶杀后，更久已绝足。"

她叹息着，又道："施主想必也看得出这里情况，若不是我佛慈悲，还赐给了两亩薄田，老尼师徒三人只怕早已活活饿死。"

傅红雪已不能再问下去，也不忍再问下去。

他慢慢地将手里的这碗茶放在桌子上，正准备走出去。

了因看着这碗茶，忽然道："施主不想喝这一碗苦茶？"

傅红雪摇摇头。

了因却又追问道："为什么？"

傅红雪道："我从不喝陌生人的茶水。"

了因说道:"但老尼只不过是个出家人,施主难道也……"

傅红雪道:"出家人也是人。"

了因又长长叹息了一声,道:"看来施主也未免太小心了。"

傅红雪道:"因为我还想活着。"

了因脸上忽然露出种冷淡而诡秘的微笑,这种笑容本不该出现这脸上的。

她冷冷地笑着道:"只可惜无论多小心的人,迟早也有要死的时候。"

这句话还没有说完,她衰老干瘪的身子突然豹子般跃起,凌空一翻。

只听"哧"的一声,她宽大的袍袖中,就有一蓬银光暴雨般射了出来。

这变化实在太意外,她的出手也实在太快。

尤其她发出的暗器,多而急,急而密,这十九年,她好像随时随刻都已准备着这致命的一击!

就在这同一刹那间,大殿的左右两侧,忽然同时出现了两个青衣劲装的女尼,其中有一个正是刚才奉茶来的。

但现在她装束神态都已改变,一张淡黄色的脸上,充满了杀气。

两个人手里都提着柄青光闪闪的长剑,已做出搏击的姿势,全身都已提起了劲力。

无论傅红雪往哪边闪避,这两柄剑显然都要立刻刺过来的。

何况这种暗器根本就很难闪避得开。

傅红雪的脸是苍白的。

那柄漆黑的刀,还在他手里。

他没有闪避,反而迎着这一片暗器冲了过去,也就在这同一刹那间,他的刀已出鞘。

谁也不相信有人能在这一瞬间拔出刀来。

刀光一闪。

所有的暗器突然被卷入了刀光中,他的人却已冲到那老尼了因身侧。

了因的身子刚凌空翻了过来,宽大的袍袖和衣袂犹在空中飞舞。

她突然觉得膝盖上一阵剧痛,漆黑的刀鞘,已重重地敲在她的膝盖上。

她的人立刻跌下。

那两个青衣女尼清叱一声,两柄剑已如惊虹交剪般刺来。

她们的剑法,仿佛和武当的"两仪剑法"很接近,剑势轻灵迅速,配合也非常好。

两柄剑刺的部位,全都是傅红雪的要穴,认穴也极准。

她们的这一出手,显然也准备一击致命的。

这些身在空门的出家人,究竟和傅红雪有什么深仇大恨?

傅红雪没有用他的刀。

他用的是刀鞘和刀柄。

刀鞘漆黑,刀柄漆黑。

刀鞘和刀柄同时迎上了这两柄剑,竟恰巧撞在剑尖上。

"咯"的一声,两柄百练精钢的长剑,竟同时折断了。

剩下的半柄剑也再已把持不住,脱手飞出,"夺"地,钉在梁木上。

年轻的女尼虎口已崩裂,突然跃起,正想退,但漆黑的刀鞘与刀柄,已又同时打在她们身上。

她们也倒了下去。

刀已入鞘。

傅红雪静静地站在那里,看着正跌坐在地上抱着膝盖的老尼了因。

夕阳更暗淡。

大殿里已只能依稀分辨出她脸上的轮廓,已看不出她脸上的表情。

可是她眼睛里那种仇恨、怨毒之色,还是无论谁都能看得出的。

她并没有在看着傅红雪。

她正在看着的,是那柄漆黑的刀。

傅红雪道:"你认得这柄刀?"

了因咬着牙,嘎声道:"这不是人的刀,这是柄魔刀,只有地狱中的恶鬼才能用它。"

她的声音低沉嘶哑,突然也变得像是来自地狱中的魔咒。

"我等了十九年,我就知道一定还会再看见这柄刀的,现在我果然看到了。"

傅红雪道:"看到了又如何?"

了因道:"我已在神前立下恶誓,只要再看见这柄刀,无论它在谁手里,我都要杀了这个人。"

傅红雪道:"为什么?"

了因道:"因为就是这柄刀,毁了我的一生。"

傅红雪道:"你本不是梅花庵的人?"

了因道:"当然不是。"

她眼睛里忽然发出了光,道:"你这种毛头小伙子当然不会知道老娘是谁,但二十年前,提起桃花娘子来,江湖中有谁不知道?"

她说的话也忽然变得十分粗俗,绝不是刚才那个慈祥愁苦的老尼能说出口来的。

傅红雪让她说下去。

了因道:"但我却被他毁了。我甩开了所有的男人,一心想跟着他,谁知他只陪了我三天,就狠狠地甩掉了我,让我受尽别人的耻笑。"

"你既然能甩下别人,他为什么不能甩下你?"

这句话傅红雪并没有说出来。

他已能想象到以前那"桃花娘子"是个怎么样的女人。

对这件事,他并没有为他的亡父觉得悔恨。

若换了是他,他也会这样做的。

他心里反而觉得有种说不出的坦然,因为他已发觉他父亲做的事,无论是对是错,至少都是男子汉大丈夫的行径。

了因又说了些什么话,他已不愿再听。

他只想问她一件事!

"十九年前那个大雪之夜,你是在梅花庵外?还是在梅花庵里?"

了因冷笑道:"我当然是在外面,我早已发誓要杀了他。"

傅红雪道:"那天你在外面等他时,有没有听见一个人说:人都到齐了。"

了因想了想,道:"不错,好像是有个人说过这么样一句话。"

傅红雪道:"你知不知道这个人是谁?有没听出他的口音?"

了因恨恨道:"我管他是谁!那时我心里只想着一件事,就是等那没良心的负心汉出来,让他死在我的手里,再将他的骨头烧成灰,和着酒吞下去。"

她忽然撕开衣襟,露出她枯萎干瘪的胸膛,一条刀疤从肩上直划下来。

傅红雪立刻转过头，他并不觉得同情，只觉得很恶心。

了因却大声道："你看见了这刀疤没有，这就是他唯一留下来给我的，这一刀他本来可以杀了我，但他却忽然认出了我是谁，所以才故意让我活着受苦。"

她咬着牙，眼睛里已流下了泪，接着道："他以为我会感激他，但我却更恨他，恨他为什么不索性一刀杀了我！"

傅红雪忍不住冷笑，他发现这世上不知道感激的人实在太多。

了因道："你知不知道这十九年我过的是什么日子，受的是什么罪，我今年才三十九，可是你看看我现在已变成了什么样子？"

她忽然伏倒在地上，失声痛哭起来。

女人最大的悲哀，也许就是容貌的苍老、青春的流逝。

傅红雪听着她的哭声，心里才忽然觉得有些同情。

她的确已不像是个三十九岁的女人，她受过的折磨与苦难的确已够多。

无论她以前做过什么，她都已付出了极痛苦、极可怕的代价。

"这也是个不值得杀的人。"

傅红雪转身走了出去。

了因突又大声道："你！你回来。"

傅红雪没有回头。

了因嘶声道："你既已来了，为什么不用这柄刀杀了我？你若不敢杀我，你就是个畜牲。"

傅红雪头也不回地走出了门，留下了身后一片痛哭漫骂声。

"你既已了因，为何不能了果？因果循环，报应不爽，一个不知道珍惜自己的女人，岂非本就该得到这种下场！"

傅红雪心里忽又觉得一阵刺痛，他又想起了翠浓。

秋风,秋风满院。

傅红雪踏着厚厚的落叶,穿过这满院秋风,走下石阶。

梅花庵的夕阳已沉落。

没有梅,没有雪,有的只是人们心里那些永远不能忘怀的惨痛回忆。

只有回忆才是永远存在的,无论这地方怎么变都一样。

夜色渐临,秋风中的哀哭声已远了。

他知道自己已永远不会再到这地方来——这种地方还有谁会来呢?

至少还有一个人。

叶开!

"你若不知道珍惜别人的情感,别人又怎么会珍惜你呢?"

"你若不尊敬自己,别人又怎么会尊敬你?"

叶开来的时候,夜色正深沉,傅红雪早已走了。

他也没有看见了因。

了因的棺木已盖起,棺木是早已准备好了的,不是埋葬傅红雪,就是埋葬她自己。

她守候在梅花庵,为的就是要等白天羽这个唯一的后代来寻仇。

她心里的仇恨,远比要来复仇的人更深。

她既不能了结,也未能了因——她从来也没有想过她自己这悲痛的一生是谁造成的。

这种愚昧的仇恨,支持她活到现在。

现在她已活不下去。

她是死在自己手里的,正如造成她这一生悲痛命运的,也是她自己。

"你若总是想去伤害别人,自然也迟早有人会来伤害你。"

两个青衣女尼,在她棺木前轻轻地啜泣,她们也只不过是在为了自己的命运而悲伤,也很想结束自己这不幸的一生,却又没有勇气。

死,并不是件很容易的事。

叶开走的时候,夜色仍同样深沉。

这地方已不值得任何人停留。

丁灵琳依偎着他,天上的秋星已疏落,人也累了。

叶开忍不住轻抚着她的柔肩,道:"其实你用不着这样跟着我东奔西走的。"

丁灵琳仰起脸,用一双比秋星还明亮的眼睛看着他,柔声道:"我喜欢这样子,只要你有时能对我好一点,我什么事都不在乎。"

叶开轻轻叹了一声。

他知道情感就是这样慢慢滋长的,他并不愿有这种情感,他一直都在控制着自己。

但他毕竟不是神。

何况人类的情感,本就是连神都无法控制得了的。

丁灵琳忽又叹息了一声,道:"我真不懂,傅红雪为什么连那可怜的老尼姑都不肯放过。"

叶开道:"你以为是傅红雪杀了她的?"

丁灵琳道:"我只知道她现在已死了。"

叶开道:"这世上每天都有很多人死的。"

丁灵琳道:"但她是在傅红雪来过之后死的,你不觉得她死得太巧?"

叶开道:"不觉得。"

丁灵琳皱眉道:"你忽然生气了?"

叶开不响。

丁灵琳道:"你在生谁的气?"

叶开道:"我自己。"

丁灵琳道:"你在生自己的气?"

叶开道:"我能不能生自己的气?"

丁灵琳道:"可是你为什么要生气呢?"

叶开沉默着,过了很久,才长长叹息,道:"我本来早就该看出了因是什么人的。"

丁灵琳道:"了因?"

叶开道:"就是刚死了的老尼姑。"

丁灵琳道:"你以前见过她?——你以前已经到梅花庵来过?"

叶开点点头。

丁灵琳道:"她是什么人?"

叶开道:"她至少并不是个可怜的老尼姑。"

丁灵琳道:"那么她是谁呢?"

叶开沉吟着道:"十九年前的那一场血战之后,江湖中有很多人都突然失了踪,失踪的人远比死在梅花庵外的人多。"

丁灵琳在听着。

叶开道:"当时武林中有一个非常出名的女人,叫作桃花娘子,她虽然有桃花般的美丽,但心肠却比蛇蝎还恶毒,为她神魂颠倒,死在她手上的男人也不知有多少。"

丁灵琳道:"在那一战之后,她也忽然失了踪?"

叶开道:"不错。"

丁灵琳道:"你莫非认为梅花庵里的那老尼姑就是她?"

叶开道:"一定是她。"

丁灵琳道:"但她也可能恰巧就是在那时候死了的。"

叶开道:"不可能。"

丁灵琳道:"为什么?"

叶开道:"因为除了白天羽外,能杀死她的人并没有几个。"

丁灵琳道:"也许就是白天羽杀了她的。"

叶开摇摇头道:"白天羽绝不会杀一个跟他有过一段情缘的女人。"

丁灵琳道:"但这也并不能够说明她就是那个老尼姑。"

叶开道:"我现在已经能证明。"

他摊开手,手上有一件发亮的暗器,看来就像是桃花的花瓣。

丁灵琳道:"这是什么?"

叶开道:"是她的独门暗器,江湖中从没有第二个人使用这种暗器。"

丁灵琳道:"你在哪里找到的?"

叶开道:"就在梅花庵里的大殿上。"

丁灵琳道:"刚才找到的?"

叶开点点头,道:"她显然要用这种暗器来暗算傅红雪的,却被傅红雪击落了,所以这暗器上还有裂口。"

丁灵琳沉吟着,道:"就算那个老尼姑就是桃花娘子又如何?现在她反正已经死了,永远再也没法子害人了。"

叶开道:"但我早就该猜出她是谁的。"

丁灵琳道:"你早就猜出她是谁又能怎样?迟一点,早一点,又有什么分别?"

叶开道:"最大的分别就是,现在我已没法子再问她任何事了。"

丁灵琳道:"你本来有事要问她?"

叶开点点头。

丁灵琳道:"那件事很重要?"

叶开并没有回答这句话，脸上忽然露出种很奇特的悲伤之色，过了很久，才缓缓道："那一战虽然从这里开始，却不是在这里结束的。"

丁灵琳道："哦？"

叶开道："他们在梅花庵外开始突击，一直血战到两三里之外，白天羽才力竭而死，这一路上，到处都有死人的血肉和尸骨。"

丁灵琳不由自主打了个冷战，紧紧地握住了叶开的手。

叶开道："在那一战中，尸身能完整保存的人并不多，尤其是白家的人……"

他声音仿佛突然变得有些嘶哑，又过了很久，才接着道："血战结束后，所有刺客的尸体就立刻全都被搬走，因为马空群不愿让人知道这些刺客们是谁，也不愿有人向他们的后代报复。"

丁灵琳说道："看来他并不像是会关心别人后代的人。"

叶开道："他关心的并不是别人，而是他自己！"

丁灵琳眨着眼，她没有听懂。

叶开道："白天羽死了后，马空群为了避免别人的怀疑，自然还得装出很悲愤的样子，甚至还当众立誓，一定要为白天羽复仇。"

丁灵琳终于明白了，道："那些人本是他约来的，他又怎样去向他们的后代报复？"

叶开道："所以他只有先将他们的尸身移走，既然再也没有人知道这些刺客是谁，就算有人想报复，也无从着手。"

丁灵琳道："所以他自己也就省了不少麻烦。"

她轻轻叹了口气，接着道："看来他的确是条老狐狸。"

叶开道："所以第二天早上，雪地上剩下的尸骨，已全都是白家人的。"

丁灵琳道："为他们收尸的还是马空群？"

叶开点点头道:"可是他们的尸骨已残缺,有的甚至连面目都已难辨认……"

他的声音更嘶哑,慢慢地接着道:"最可怜的还是白天羽,他……他非但四肢都已被人砍断,甚至连他的头颅,都已找不到了。"

丁灵琳看着他脸上的表情,突然觉得全身冰冷,连掌心都沁出了冷汗。

又过了很久,叶开才黯然叹息着,道:"有人猜测他的头颅是被野兽衔走了的,但那天晚上,血战之后,这地方周围三里之内,都有人在搬运那些刺客的尸体,附近纵然有野兽,也早就被吓得远远地避开了。"

丁灵琳接着道:"所以你认为他的头颅是被人偷走的?"

叶开握紧双拳,道:"一定是。"

丁灵琳道:"你……你难道认为是被桃花娘子偷走的?"

叶开道:"只有她的可能最大。"

丁灵琳道:"为什么?"

叶开道:"因为她是个女人——刺客中纵然还有别的女人,但活着的却只有她一个。"

丁灵琳忍不住冷笑道:"难道只有女人才会做这种事?"

叶开道:"一个人死之后,他生前的恩怨也就一笔勾销,何况那些刺客本是他生前的朋友。"

丁灵琳说道:"但桃花娘子岂非也跟他有过一段情缘?"

叶开道:"就因为如此,所以她才恨他,恨到了极处,才做得出这种疯狂的事。"

丁灵琳不说话了。

叶开道:"何况别人只不过是想要白天羽死而已,但她本来却是要白天羽一直陪着她的,白天羽活着时,她既然已永远无法得到他,就只有等他死了后,用这种疯狂的手段来占有他了。"

丁灵琳咬着嘴唇,心里忽然也体会到女人心理的可怕。

因为她忽然想到,叶开若是甩掉了她,她是不是也会做这种事呢?

这连她自己都不能确定。

她身子忽然开始不停地发抖。

秋夜的风中寒意虽已很重,但她身上的冷汗,却已湿透衣裳。

夜更深,星更稀。

叶开已感觉出丁灵琳手心的汗,他知道她从来也没有吃过这么样的苦。

"你应该找个地方去睡了。"

丁灵琳道:"我睡不着,就算我现在已躺在最软的床上,还是睡不着。"

叶开道:"为什么?"

丁灵琳道:"因为我心里有很多事都要想。"

叶开道:"你在想些什么?"

丁灵琳道:"想你,只想你一个人的事,已经够我想三天三夜了。"

叶开道:"我就在你身旁,还有什么好想的?"

丁灵琳道:"但你的事我还是没法子不想,而且愈想愈奇怪。"

叶开道:"奇怪?"

丁灵琳道:"这件事你好像知道得比谁都多,甚至比傅红雪都多,我想不通是为了什么?"

叶开笑了笑,道:"其实这事都是我零零碎碎搜集到,再一点点拼凑起来的。"

丁灵琳道:"这件事本来和你一点关系也没有,你为什么要如此关心?"

叶开道:"因为我天生是个很好奇的人,而且特别喜欢管闲事。"

丁灵琳道:"世上的闲事有很多,你为什么偏偏只管这一件事?"

叶开道:"因为我觉得这件事特别复杂,愈复杂的事就愈有趣。"

丁灵琳轻轻叹息了一声,道:"无论你怎么说,我还是觉得奇怪。"

叶开苦笑道:"你一定要觉得奇怪,我又有什么法子。"

丁灵琳道:"只有一个法子。"

叶开道:"你说。"

丁灵琳道:"只要你跟我说实话。"

叶开道:"好,我说实话,我若说我也是傅红雪的兄弟,所以才会对这件事如此关心,你信不信?"

丁灵琳道:"不信,傅红雪根本没有兄弟。"

叶开道:"你究竟想要听我说什么呢?"

丁灵琳又长长叹了口气,道:"这连我自己也不知道。"

叶开笑了,道:"所以我劝你不要胡思乱想,因为这件事才真的跟你连一点关系都没有,你若一定要想,就是自己在找自己的麻烦。"

丁灵琳忍不住嫣然一笑,道:"这也许只因我跟你一样,什么人的麻烦都不想找,偏偏就喜欢找自己的麻烦。"

过了半晌,她忽又叹道:"现在我心里又在想另外一件事。"

叶开道:"什么事?"

丁灵琳道:"白大侠的头颅若真是被桃花娘子偷去的,那只因她得不到他活着时的人,只好要死的人陪着他。"

叶开道:"你说的方法并不好,但意思却是差不多的。"

丁灵琳道:"所以她自己死了之后,就一定更不会离开他了。"

叶开道:"你的意思是说……"

丁灵琳道:"我的意思是说,白大侠的头颅若真是被那桃花娘子偷去的,现在就一定也放在她的棺材里。"

叶开怔住。

他的确没有想到这一点,但却不能否认丁灵琳的想法很合理。

丁灵琳道:"你想不想要我再陪你回去看看?"

叶开沉默了许久,终于长长叹息了一声,道:"不必了!"

丁灵琳道:"你刚才一心还在想找到白大侠的头颅,现在为什么又说不必了?"

叶开的神色很黯淡,缓缓道:"我想找到他的头颅,也只不过想将他好好地安葬而已。"

丁灵琳道:"可是……"

叶开打断了她的话,道:"现在他的头颅若真是在那口棺材里,想必就一定会有人将他好好安葬的,我又何必再去打扰他死去的英灵,又何必再去让桃花娘子死不瞑目。"

他叹息着,黯然道:"无论她以前怎么样,但她的确也是个很可怜的女人,我又何必再去剥夺她这最后的一点点安慰。"

丁灵琳道:"现在你怎么又忽然替她设想起来了?"

叶开道:"因为有个人曾经对我说,要我无论在做什么事之前,都先去替别人想一想。"

他目中又露出那种尊敬之色,接着道:"这句话我始终都没有忘记,以后也绝不会忘记。"

丁灵琳看着他,看了很久,才轻叹着道:"你真是个奇怪的人,简直比傅红雪还奇怪得多。"

叶开"哦"了一声,道:"是吗?"

丁灵琳道:"傅红雪并不奇怪,因为他做的事,本就是他决心要去做的,而你做的事,却连你自己都不知道是不是应该这么样去做。"

第三十九章

情深似海

又一个黎明。

城市刚刚开始苏醒,傅红雪已进城。

在进城的道路上,人已不少了,有赤着脚推着车子的菜贩,挑着鱼篓的渔郎,赶着猪羊到城里来卖的屠户……他们的生活是平凡而又健康的,就像是他们的人一样。

傅红雪看着他们朴实的、在太阳下发着光的脸,心里竟忽然觉得有种说不出的羡慕。

别人也在看着他,说不定也在羡慕着他的悠闲。

但又有谁能了解他心里的苦难和创伤。

这些人肩上挑着的担子虽沉重,又有谁能比得上他肩上挑着的担子?

一百担鲜鱼蔬菜,也比不上一分仇恨那么沉重。

何况,他们的担子都有卸下来的时候,他的担子却是永远放不下来的。

傅红雪慢慢地走在长街上,他忽然渴望一碗很热的面。

这渴望竟忽然变得比什么都强烈,人毕竟是人,不是神。

一个人若认为自己是神,那么他也许就正是最愚昧的人。

在目前这一瞬间，傅红雪想找的已不是马空群，只不过是个面摊子。

他没有看见面摊子，却看见了一条两丈长、三尺宽的白麻布。

白麻布用两根青竹竿竖起，横挂在长街上。

白麻布上写着的字，墨汁淋漓，仿佛还没有完全干透。

只有十四个字，十四个触目惊心的大字："傅红雪，你若有种，就到节妇坊来吧。"

节妇坊是个很高的贞节牌坊，在阳光下看来，就像是白玉雕成的。

牌坊两旁，是些高高低低的小楼，窗子都是开着的，每个窗口都挤满了人头。

他们正在看着这贞节牌坊前站着的二十九个人。

二十九个身穿白麻布，头上扎着白麻巾的人。

这些人有男有女，有老有少，每个人手里，都倒提着柄雪亮的鬼头大刀。

甚至连一个十岁的孩子，手里都提着这么样一柄大刀。

他手里的刀几乎比他的人还长。

每个人脸上，都带着种无法形容的悲壮之色，就像是一群即将到战场上去和敌人拼命的勇士。

站在最前面的，是个紫面长髯的老人，后面显然都是他的子媳儿孙。

他已是个垂暮的老人，但站在那里，腰杆儿还是挺得笔直。

风吹着他的长髯，像银丝般飞卷着，他的眼睛里却布满血丝。

每个人的眼睛都在瞪着长街尽头处。

他们正在等一个人，已等了两天。

他们等的人就是傅红雪。

自从这群人在这里出现,大家就都知道这里必将有件惊人的事要发生了。大家也都知道这种事绝不会是令人愉快的,却还是忍不住要来看。

现在大家正在窃窃私议。

"他们等的究竟是一个什么样的人?这个人会不会来?"

这问题已讨论了两天,始终没有得到过答案。当然也没有人敢去问他们。

忽然间,所有的声音全都停顿。

一个人正从长街尽头慢慢地走了过来。他走路的姿态奇特而诡异,因为他竟是个跛子,一个很年轻的跛子,有张特别苍白的脸,还有柄特别黑的刀。

看见了这柄刀,这紫面长髯的老人,脸上立刻现出种可怕的杀气。

现在每个人都知道他等的人已来了。

傅红雪手里紧紧握着他的刀,走到一丈外,就站住了。

现在他已看见是些什么人在等他了,但却还不知道这些人是谁。

紫面长髯的老人突然大声叫道:"我姓郭,叫作郭威!"

傅红雪听见过这名字,"神刀"郭威,本来是武林中名头极响的人,但自从白天羽的"神刀堂"崛起江湖后,郭威的这"神刀"两个字就改了。

他自己并不想改的,但却非改不可。因为天下只有一柄"神刀",那就是白天羽的刀!

郭威道:"你就是白天羽的后人?"

傅红雪道:"是。"

郭威道:"很好。"

傅红雪道:"你找我?"

郭威道:"我有件事要告诉你。"

傅红雪道:"我本就是来听的。"

郭威也紧握着他的刀,道:"我也是那天晚上在梅花庵外杀害你父亲的人。"

傅红雪的脸突然抽紧。

郭威道:"我一直在等着他的后人来复仇,已等了十九年!"

傅红雪的眼睛里已露出血丝:"我已来了!"

郭威道:"我杀了姓白的一家人,你若要复仇,就该把姓郭的一家人也全都杀尽杀绝!"

傅红雪的心已在抽紧。

郭威的眼睛早已红了,厉声道:"现在我们一家人已全都在这里等着你,你若让一个人活着,就不配做白天羽的儿子。"

他的子媳儿孙们站在他身后,也全都瞪大了眼睛,瞪着傅红雪。每个人的眼睛都已红了,有的甚至已因紧张而全身发抖。可是就连他那个最小的孙子,都挺起了胸,丝毫也没有逃避退缩的意思。

也许他只不过还是个孩子,还不懂得"死"是件多么可怕的事。

但又有谁能杀死这么样一个孩子呢?

傅红雪的身子也在发抖,除了他握刀的那只手外,他全身都在抖个不停。

长街上静得连呼吸声都听不见。

风吹来一片黄叶,也不知是从哪里吹来的,在他们的脚下打着滚。

连初升的阳光中,仿佛也都带着那种可怕的杀气!

郭威大喝着道:"你还等什么?为什么还不过来动手?"

傅红雪的脚却似已钉在地上。

他不能过去。他绝不是不敢——他活在这世界上,本就是为了复仇的!

可是现在他看着眼前这一张张陌生的脸,心里忽然有了种从来未曾有过的奇异感觉。

这些人他连见都没有见过,他跟他们为什么会有那种一定要用血才能洗得清的仇恨?

突然之间,一声尖锐的大叫声,刺破了这可怕的寂静。

那孩子突然提着刀冲过来。

"你要杀我爷爷,我也要杀你。"

刀甚至比他的人还沉重。

他提着刀狂奔,姿态本来是笨拙而可笑的,但却没有人能笑得出来。

这种事甚至令人连哭都哭不出来。

一个长身玉立的少妇,显然是这孩子的母亲,看见这孩子冲了出去,脸色已变得像是张白纸,忍不住也想跟着冲出来。

但她身旁的一条大汉却拉住了她,这大汉自己也已热泪满眶。

郭威仰天大笑,叫道:"好,好孩子,不愧是姓郭的!"

凄厉的笑声中,这孩子已冲到傅红雪面前,一刀向傅红雪砍了下去。

他砍得太用力,连自己都几乎跌倒。

傅红雪只要一抬手,就可以将这柄刀震飞,只要一抬手,就可以要这孩子血溅当地。

但是他这只手怎么能抬得起来!

仇恨！势不两立，不共戴天的仇恨！

"你杀了我父亲，所以我要复仇！"

"你要杀我爷爷，所以我也要杀你！"

就是这种仇恨，竟使得两个完全陌生的人，一定要拼个你死我活！

人世间为什么要有这种可怕的仇恨，为什么要将这种仇恨培植在一个孩子的心里？

傅红雪自己心里的仇恨，岂非也正是这样子培养出来的！

这孩子今日若不死，他日长大之后，岂非也要变得和傅红雪一样！

这些问题有谁能解释？

鬼头刀在太阳下闪着光。

是挨他这一刀，还是杀了他？假如换了叶开，这根本就不成问题，他可以闪避，可以抓住这孩子抛出三丈外，甚至可以根本不管这些人，扬长而去。

但傅红雪却不行。他的思想是固执而偏激的，他想一个问题时，往往一下子就钻到牛角尖里。

在这一瞬间，他甚至想索性挨了这一刀，索性死在这里。那么所有的仇恨，所有的矛盾，所有的痛苦岂非立刻就能全都解决。

但就在这时，这孩子突然惨呼一声，仰天跌倒，手里的刀已飞出，咽喉上却有一股鲜血溅出来，也不知从哪里飞来一柄短刀正插在他咽喉上。

没有人看见这柄刀是哪里来的，所有的人都在注意着这孩子手里的那柄鬼头大刀！

既然没有人看到这柄短刀是哪里来的，那么它当然是傅红雪发出来的。

这孩子最多只不过才十岁,这脸色苍白的跛子竟能忍心下这种毒手!

人群中已不禁发出一阵愤怒的声音。

那长身玉立的少妇,已尖叫着狂奔了出来。她的丈夫手里挥着大刀,紧紧地跟在她身后,喉咙里像野兽般的怒吼着。所有穿白麻衣、扎着白麻巾的人,也已全都怒吼着冲了出去。

他们的吼声听来就像是郁云中的雷。他们冲出来时,看来就是一阵白色的怒涛。他们已决心死在这里,宁愿死尽死绝。

那孩子的血,已将他们心里的悲哀和愤怒,全都火焰般燃烧了起来。

傅红雪却已怔在那里,看着这孩子咽喉上的短刀。

他自己也不知道这柄刀是哪里来的。

这情况就和那天在李马虎的店里一样,突然有柄刀飞来,钉在李马虎的手臂上。

叶开!难道是叶开?

郭威手里挥着刀,怒吼道:"你既然连这孩子都能杀,为什么还不拔你的刀?"

傅红雪忍不住道:"这孩子不是我杀的!"

郭威狂笑,道:"杀了人还不敢承认?想不到白天羽的儿子竟是个说谎的懦夫。"

傅红雪的脸突然因愤怒而涨红。

他平生最不能忍受的,就是别人的冤枉。

他死也不能忍受。

凄厉疯狂的笑声中，郭威手里的鬼头刀，已挟带着劲风，直砍他的头颅。

"白天羽的头颅，莫非也是被这样砍下来的？"

傅红雪全身都在发抖，但等他的手握着刀柄时，他立刻镇定了下来。

这柄刀就像是有种奇异的魔力。

"我死活都没有关系，但我却绝不能让别人认为白天羽的儿子是个说谎的懦夫！"

"我绝不能让他死了后还受人侮辱！"

傅红雪突也狂吼。

他的刀已出鞘。

刀鞘漆黑，刀柄漆黑，但刀光却是雪亮的，就像是闪电。

刀光飞出，鲜血也已溅出。

血花像烟火一般，在他面前散开。

他已看不见别的，只能看得见血。

血岂非正象征着仇恨？

他仿佛已回到十九年前，仿佛已变成了他父亲的化身！

飞溅出的血，仿佛就是梅花。

这里就是梅花庵。

这些人就是那些已将白家满门杀尽了的凶手刺客！

他们要他死！

他也要他们死！

没有选择！已不必选择！

闪电般的刀光，匹练般的飞舞。

没有刀与刀相击的声音，没有人能架住他的刀。

只有惨呼声、尖叫声、刀砍在血肉上的声音、骨头碎裂的声音……

每一种声音都足以令人听了魂飞胆碎，每一种声音都令人忍不住要呕吐。

但傅红雪自己却什么都听不见。

他只能听到一种声音——这声音却是从他心里发出来的！

"让你的仇人全都死尽死绝，否则你也不要回来见我！"

他仿佛又已回到了那间屋子。

那屋子里没有别的颜色，只有黑！

他本来就是在黑暗中长大的，他的生命中就只有仇恨！

血是红的，雪也是红的！

现在白家的人血已流尽，现在已到了仇人们流血的时候！

两旁的窗口中，有人在惊呼，有人在流泪，有人在呕吐。

白麻衣已被染成红的。

冲上来的人，立刻就倒了下去！

"这柄刀本不属于人间，这是一柄来自地狱中的魔刀！"

这柄刀带给人的，本就只有死与不幸！

刀光过处，立刻就有一连串血肉飞溅出来！

也不知是谁在大喝："退下去！全都退下去！留下一条命，以后再复仇！"

怒吼、惊喝、惨呼，刀砍在血肉之上，砍在骨头之上……

突然间，所有的声音全都停止。

除了傅红雪外，他周围已没有一个站着的人。

阴森森的太阳，已没入乌云后，连风都已停止。

开着的窗子，大多数都已紧紧关起；没有关的窗子，只因为有人伏在窗台上流血、呕吐。

长街上的青石板，已被染红。

刀也已被染红。

傅红雪站在血泊中，动也不动。

郭威的尸体就在他的脚下，那孩子的尸体也在他脚下。

血还在流，流入青石板的隙缝里，流到他的脚下，染红了他的脚。

傅红雪似已完全麻木。他已不能动，也不想动。

突然之间，一声霹雳自乌云中震下，闪电照亮了大地。

傅红雪仿佛也已被这一声霹雳惊醒。他茫然四顾一眼，看了看脚下的尸身，又看了看手里的刀。

他的心在收缩，胃也在收缩。

然后他突然拔起那孩子咽喉的刀，转过身，飞奔了出去。

又一声霹雳，暴雨倾盆而落。苍天仿佛也不忍再看地上的这些血腥，特地下这一场暴雨，将血腥冲干净。

只可惜人心里的血腥和仇恨，却是再大的雨也冲不走的。

傅红雪狂奔在暴雨中。

他从来也没有这么样奔跑过，他奔跑的姿态比走路更奇特。

暴雨也已将他身上的血冲干净了。可是这一场血战所留下的惨痛回忆，却将永远留在他心里。

他杀的人，有很多都是不该杀。他自己也知道——现在他的头脑也已被暴雨冲得很清醒。

但当时他却绝没有选择的余地！

为什么？只为了这柄刀，这柄他刚从那孩子咽喉上拔下来的短刀！

那孩子若不死,这一场血战并不是绝对不可以避免的。

傅红雪心里也像是有柄刀。

叶开!叶开为什么要引起这场血战?

前面有个小小的客栈,傅红雪冲进去,要了间屋子,紧紧地关上了门。

然后他就立刻开始呕吐,不停地呕吐。

他呕吐的时候,身子突然痉挛,突然抽紧,他倒下去的时候,身子已缩成一团。

他就倒在自己吐出来的苦水上,身子还在不停地抽缩痉挛……

他已完全没有知觉。也许这时他反而比较幸福些——没有知觉,岂非也没有痛苦?

雨下得更大,小而闷的屋子,愈来愈暗,渐渐已没有别的颜色。

只有黑!黑暗中,窗子忽然开了,一条黑影幽灵般出现在窗外。

一声霹雳,一道闪电。

闪电照亮了这个人的脸。

这个人的脸上带着种很奇怪的表情,看着倒在地上的傅红雪,谁也分辨不出,这种表情是悲愤?是仇恨?是愉快?还是痛苦?……

傅红雪清醒的时候,人已在床上,床上的被褥干燥而柔软。

灯已燃起。灯光将一个人的影子照在墙上,灯光昏暗,影子却是黑的。

屋子里还有个人!是谁?

这人就坐在灯后面,仿佛在沉思。傅红雪的头抬起了一点,就看到了她的脸,一张疲倦、憔悴、充满了忧郁和痛苦,但却又十分美丽的脸。

傅红雪的心又抽紧,他又看见了翠浓。

翠浓也看见了他。她苍白憔悴的脸上,露出一丝苦涩的微笑,柔声道:"你醒了!"

傅红雪不能动,不能说话,他整个人都似已完全僵硬。

她怎么会忽然来了?为什么偏偏是她来?为什么偏偏要在这种时候来?

翠浓道:"你应该再多睡一会儿的,我已叫人替你炖了粥。"

她的声音还是那么温柔,那么关切,就像他们以前在一起时。难道她已忘记了过去那些痛苦的事。

傅红雪却忘不了。他突然跳起来,指着门大叫:"滚!滚出去!"

翠浓的神色还是很平静,轻轻道:"我不滚,也不出去。"

傅红雪嘶声道:"是谁叫你来的?"

翠浓道:"是我自己来的。"

傅红雪道:"你为什么要来?"

翠浓:"因为我知道你病了。"

傅红雪的身子突又发抖,道:"我的事跟你完全没有关系,也用不着你管。"

翠浓道:"你的事跟我有关系,我一定要管的。"

她的回答温柔而坚决。

傅红雪喘息着,道:"但我现在已不认得你,我根本就不认得你。"

翠浓柔声道:"你认得我的,我也认得你。"

她不让傅雪红开口,接着又道:"以前那些事,无论是你对不起我,还是我对不起你,我们都可以忘记,但我们总算还是朋友,你病了,我当然要来照顾你。"

朋友!以前那种刻骨铭心、魂牵梦萦的感情,现在难道已变成了一种淡淡的友谊？以前本来是相依相偎，终夜拥抱着等待天明的情人，现在却只不过是朋友。

傅红雪心里突又觉得一阵无法忍受的刺痛，又倒了下去，倒在床上。

翠浓道："我说过，你应该多休息休息，等粥好了，我再叫你。"

傅红雪握紧双拳，勉强控制着自己。

"你既然能将我当作朋友，我为什么还要去追寻往昔那种感情？"

"你既然能这样冷静，我为什么还要让你看见我的痛苦？"

傅红雪在心里告诉自己："一定要冷静，一定要让她相信，我也完全忘记了过去的事。"

翠浓站起来，走到床前，替他拉起了被——甚至连这种动作都还是跟以前一样。

傅红雪突然冷冷道："谢谢你，要你来照顾我，实在不敢当。"

翠浓淡淡地笑了笑，道："这也没什么，你也不必客气。"

傅红雪道："但你总是客人，我应该招待你的。"

翠浓道："大家既然都是老朋友了，你为什么还一定要这么客气？"

傅红雪道："我心里总是过意不去。"

一双曾经海誓山盟，曾经融化为一体的情人，现在竟面对着面说出这种话来，别人一定觉得很滑稽。

又有谁知道他们自己心里是什么滋味？

傅红雪的指甲已刺入了掌心，道："无论如何，我还是不应该这样子麻烦你的。"

翠浓道："我说过没关系，反正我丈夫也知道我在这里。"

傅红雪连声音都已几乎突然嘶哑，过了很久，才总算说出了三个字:"你丈夫?"

翠浓笑了笑,道:"对了,我竟忘了告诉你,我已经嫁了人。"

傅红雪的心已碎了,粉碎!

"恭喜你。"

这只不过是三个字,三个很普通的字,无论任何人的一生中,必定都多多少少将这三个字说过多次。

可是在这世上千万个人中,又有几人能体会到傅红雪说出这三个字时的感觉?

那已不仅是痛苦和悲伤,也不是愤怒和仇恨,而是一个深入骨髓的绝望。

足以令血液结冰的绝望。

他甚至已连痛苦都感觉不到。他还活着,他的人还在床上,但是这生命、这肉体,都似已不再属于他。

"恭喜你。"

翠浓听着他说出这三个字,仿佛笑了笑,仿佛也说了句客气话。

只不过她是不是真的笑了?

她说了句什么话?

他完全听不到,感觉不到。

"恭喜你。"

他将这三个字反反复复,也不知说了多少遍,但是他自己却完全不知道自己在说什么。

也不知说了多久,他才能听得见翠浓的声音。

她正在低语着:"每个女人——不论是怎么样的女人,迟早都要找个归宿,迟早都要嫁人的。"

傅红雪道:"我明白。"

翠浓道："你既然不要我，我只好嫁给别人了。"

她在笑，仿佛尽力想装出高兴的样子来——无论如何，结婚都毕竟是件值得高兴的事。

傅红雪眼睛瞪着屋顶上，显然也在尽力控制着自己，既不愿翠浓看出他心里的痛苦和绝望，也不想再去看她。

但过了很久，他忽然又问道："你的丈夫是不是也来了？"

翠浓道："嗯。"

新婚的夫妻，当然应该是寸步不离的。

傅红雪咬紧了牙，又过了很久，才缓缓道："他就在外面？"

翠浓道："嗯。"

傅红雪道："那么你就应该出去陪他，为什么还要留在这里？"

翠浓道："我说过，我要照顾你。"

傅红雪道："我并不想要你照顾，也不想让别人误会……"

他虽然在努力控制着，但声音还是忍不住要发抖，几乎已说不下去。

幸好翠浓已打断了他的话，道："你用不着担心这些事，所有的事他全都知道。"

傅红雪道："他知道什么？"

翠浓道："他知道你这个人，也知道我们过去的感情。"

傅红雪道："我们……我们之间其实并没有什么感情。"

翠浓道："不管怎么样，反正我已将以前那些事全都告诉了他。"

傅红雪道："所以你就更不该到这里来。"

翠浓道："我到这里来找你，也已告诉了他，他也同意让我来照顾你。"

傅红雪的牙龈已被咬出血，忍不住冷笑道："看来他倒是个很开通的人。"

翠浓道:"他的确是。"

傅红雪突然大声道:"但我却并不是,我一点也不开通。"

翠浓勉强笑了笑,道:"你若真的怕别人误会,我可以叫他进来一起陪你。"

她不等傅红雪同意,就回过头,轻唤道:"喂,你进来,我替你介绍一个朋友。"

"喂",这虽然也是个很普通的字,但有时却仿佛带着种说不出的亲密。

新婚的夫妻,在别人面前,岂非总是用这个字作称呼的。

门本来就没有拴起。

她刚说了这句话,外面立刻就有个人推门走了进来,好像本就一直守候在门外。

妻子和别的男人在屋里,做丈夫的人当然总难免有点不放心。

傅红雪本不想看见这个人,但却又忍不住要看看。

这个人年纪并不大,但也已不再年轻。

他看来大概有三十多岁,将近四十,方方正正的脸上,布满了艰辛劳苦的生活所留下的痕迹。

就像别的新郎官一样,他身上也穿着套新衣服,华贵的料子,鲜艳的色彩,看起来和他这个人很不相配。

无论谁一眼就可看出他是个老实人。

久历风尘的女人,若是真的想找个归宿,岂非总是会选个老实人的?

这至少总比找个吃软饭的油头小光棍好。

傅红雪看见这个人时,居然并没有很激动,甚至也没有嫉恨,和上次他看见翠浓和别人那半天在一起的感觉完全不同。

这种人本就引不起别人的激动的。

翠浓已拉着这人的衣袖走过来，微笑着道："他就是我的丈夫，他姓王，叫王大洪。"

王大洪。老老实实的人，老老实实的名字。

他被翠浓牵着走，就像是个孩子似的，她要他往东，他就不敢往西。

翠浓又道："这位就是我跟你说起过的傅红雪，傅公子。"

王大洪脸上立刻露出讨好的笑容，抱拳道："傅公子的大名，在下已久仰了。"

傅红雪本不想理睬这个人的，以前他也许连看都不会多看这种人一眼。

可是现在却不同了。他死也不愿意让翠浓的丈夫，把他看成个心已碎了的伤心人。

但他也实在不知道应该跟这种人说什么，只有喃喃道："恭喜你，恭喜你们。"

王大洪居然也好像不知道应该说什么，只是站在那里傻笑。

翠浓瞅了他一眼，又笑道："他是个老实人，一向很少跟别人来往，所以连话都不会说。"

傅红雪道："不说话很好。"

翠浓道："他也不会武功。"

傅红雪道："不会武功很好。"

翠浓重："他是个生意人，做的是绸缎生意。"

傅红雪道："做生意很好。"

翠浓笑了，嫣然道："他的确是个很好的人，至少他……"

她笑得很苦，也很酸，声音停了停，才接着道："至少他不会抛下我一个人溜走。"

傅红雪仿佛根本没有听见她在说什么，他没有看见她那种酸楚的笑容。

他好像在看着王大洪，其实却什么也没有看见，什么也看不见。

但王大洪却好像很不安，啜嚅讷讷地道："你们在这里多聊聊，我……我还是到外面去的好。"

他想将衣袖从翠浓手里抽出来，却好像又有点不敢似的。

因为翠浓的脸色已变得很不好看。

世界上怕老婆的男人并不少，但像他怕得这么厉害的倒也不多。

老实人娶到个漂亮的老婆，实在并不能算是件走运的事。

傅红雪忽然道："你请坐。"

王大洪道："是。"

他还是直挺挺地站着。

翠浓瞪了他一眼，道："人家叫你坐，你为什么还不坐下去？"

王大洪立刻就坐了下去，看来若没有他老婆吩咐，他好像连坐都不敢坐。

他坐着的时候，一双手就得规规矩矩地放在自己的膝盖上。

手很粗糙，指甲里还藏着油气污秽。

傅红雪看了看他的一双手，道："你们成亲已经有多久？"

王大洪道："已经有……有……"

他用眼角瞟着翠浓，好像每说一句话，都得先请示请示她。

翠浓道："已经快十天了。"

王大洪立刻道："不错，已经快十天了，到今天才九天。"

傅红雪道："你们是早就认得的？"

王大洪道："不是……是……"

他连脸都已紧张得涨得通红，竟似连这种简单的问题都回答不出。

傅红雪已抬起头，瞪着他。

天气虽然已很凉，但王大洪头上却已冒出了一粒粒黄豆般大的汗珠子，简直连坐都坐不住了。

傅红雪忽然道："你不是做绸缎生意的。"

王大洪的脸上又变了颜色，吃吃道："我……我……我……"

傅红雪慢慢地转过头，瞪着翠浓，一字字道："他也不是你的丈夫。"

翠浓的脸色也突然变了，就像是突然被人在脸上重重一击。

她脸上本来仿佛戴着个面具，这一击已将她的面具完全击碎。

女人有时就像是个核桃。

你只要能击碎她外面的那层硬壳，就会发现她内心是多么柔软脆弱。

傅红雪看着她，冷漠的眼睛里，忽然流露出一种无法描述的情感，也不知是欢喜？是悲哀？是同情？还是怜悯？

他看着一连串晶莹如珠的眼泪，从她美丽的眼睛里滚下来……他看着她身子开始颤抖，似已连站都站不住。

她已不用再说什么，这已足够表示她对他的感情仍未变。

她已不能不承认，这个人的确不是她的丈夫。

傅红雪却还是忍不住要问："这个人究竟是谁？"

翠浓垂下头，道："不知道。"

傅红雪道："你也不知道？"

翠浓道："他……他只不过是店里的伙计临时替我找来的，我根本不认得他。"

傅红雪道："你找他来，为的就是要他冒充你的丈夫？"

翠浓头垂得更低。

傅红雪道："你为什么要这样做？"

翠浓凄然道："因为我想来看你，想来陪着你，照顾你，又怕你赶我走,因为我不愿让你觉得我是在死缠着你,不愿你觉得我是个下贱的女人。"

最重要的是,她已不能再忍受傅红雪的冷漠和羞侮。

她生怕傅红雪再伤害她,所以才想出这法子来保护自己。

这原因她虽然没有说出,但傅红雪也已明白。

傅红雪并不真的是一块冰,也不是一块木头。

翠浓流着泪,又道:"其实我心里始终只有你,就算你不要我了,我也不会嫁给别人的,我自从跟你在一起后,就再也没有把别的男人看在眼里。"

傅红雪突然用尽全身力气,大声道:"谁说我不要你,谁说的?"

翠浓抬起头,用流着泪的眼睛看着他,道:"你真的还要我?"

傅红雪大叫道:"我当然要你,不管你是个怎么样的女人,我都要你,除了你之外,我再也不要别的女人了。"

这是他第一次真情流露。他张开双臂时,翠浓已扑入他怀里。

他们紧紧拥抱着,两个人似已融为一体,两颗心也已变成一个。所有的痛苦、悲伤、误会、气愤,忽然间都已变为过去,只要他们还能重新结合在一起,世上还有什么事值得他们烦恼的?

翠浓用力抱住他,不停地说:"只要你真的要我,从今之后,我再也不会走了,再也不会离开你。"

傅红雪道:"我也永远不会离开你。"

翠浓道:"永远?"

傅红雪道:"永远!"

王大洪看着他们,眼睛里仿佛带着种茫然不解的表情。

他当然不能了解这种情感,更不懂他们既然真的相爱,为什么又要自寻烦恼。

爱情的甜蜜和痛苦,本就不是他这种人所能够了解的。

因为他从来没有付出过痛苦的代价,所以他也永远不会体会到爱情的甜蜜。

他只知道,现在他留在这里,已是多余的。

他悄悄地站起来,似已准备走出去。

傅红雪和翠浓当然不会注意到他,他们似已完全忘记了他的存在。

昏暗的灯光,将他的影子照在墙上:白的墙,黑的影子。

他慢慢地转过身子,手里突然多了一尺七寸长的短剑!

剑锋薄而利,在灯下闪动着一种接近惨碧色的蓝色光芒。

剑上莫非有毒?

第四十章

新仇旧恨

　　王大洪慢慢地往外走，走了两步，突然翻身！

　　青蓝色的剑光一闪，已闪电般向傅红雪的左肋下刺了过去。

　　没有人能想到这变化，何况是一对正沉醉在对方怀抱中的恋人？

　　傅红雪用两只手紧拥着翠浓，肋下完全暴露着，本就是最好的攻击目标。

　　这一剑不但又快又狠，而且正是看准了对方的弱点才下手的。

　　为了要刺出这一剑，这个人显然已准备了很多年，多年来积压着的仇恨和力量，已完全在这一剑中发泄！

　　傅红雪非但没有看见，甚至完全没有感觉到。

　　但翠浓却恰巧在这一瞬间张开眼，恰巧看见了墙上的影子。

　　她连想都没有想，突然用尽全身力量，推开了傅红雪，用自己的身子，去挡这一剑。

　　剑光一闪，已刺入了她的背脊。

　　一阵无法形容的刺痛，使得她只觉得整个人都仿佛已被撕裂。

　　可是她的眼睛，却还是在看着傅红雪。

　　她知道从今以后，只怕再也看不到傅红雪了，所以现在只要能多看一眼也是好的。

　　她咬着牙，不让自己晕过去。

没有人能形容出她此刻脸上的表情，也没有人能了解。

那不仅是悲伤，也是欣慰。

因为她虽然已快死了，但傅红雪却还可以活下去。

因为她终于已能让傅红雪明白，她对他的情感有多么深远，多么真挚。

她嘴角甚至还带着一丝甜蜜的微笑。

因为她活得虽然卑贱，可是她的死，却是高贵伟大的。

她的生命总算已有了价值。

傅红雪又倒在床上，看着她，看着她混合着痛苦和安慰的眼光，看着她凄凉而甜蜜的微笑。

他的心已碎了。

翠浓看着他，终于挣扎着说出了一句话："你要相信我，我真的不知道他是谁，也不知道他要害你。"

傅红雪道："我……我相信你。"

他用力咬着牙，但满眶热泪，还是已忍不住要夺眶而出。

翠浓嫣然一笑，突然倒下去，苍白美丽的脸已变成死黑色。

短剑还留在她背上。

薄而利的剑锋，已刺入了她的骨节，被夹住。

王大洪一时间竟没有拔出来，只有放开手，一步步向后退。

他希望能退出去，希望傅红雪在这强烈的悲伤和震惊下，忘记了他。

傅红雪的确连看都没有看他一眼，只不过从紧咬着的牙缝中吐出两个字："站住！"

没有人能形容这两个字中包含的仇恨和怨毒，甚至没有人能想象。

在灯光下看来，王大洪忠厚善良的脸，已变得魔鬼般狰狞恶毒。

可是他还是站住了。

傅红雪的声音中，竟似有一种足以令神鬼震慑的力量。

仇恨的力量。

王大洪突然狞笑道："你一定想知道我究竟是什么人。"

傅红雪点点头。

王大洪道："我是来要你命的人！"

傅红雪平静地道："你也是那天在梅花庵外行刺的凶手？"

王大洪道："我不是，我要杀的只是你！"

傅红雪道："为什么？"

王大洪冷笑道："你能杀别人，别人为什么不能杀你？"

傅红雪道："我不认得你。"

王大洪道："你也不认得郭威，但你却杀了他，还杀了那可怜的孩子。"

傅红雪的心已沉了下去，道："你是为他们来复仇的？"

王大洪道："不是。"

傅红雪道："你为的是什么？"

王大洪道："杀人的理由有很多，并不一定是为了仇恨。"

他冷笑着，又道："那孩子平生从未做过一件害人的事，更没有杀过人，但现在却已死在你手里，你呢？你已杀过多少人？你杀的人真是全部该杀的？"

傅红雪突然觉得手足冰冷。

王大洪道："只要你杀过一个人，就可能有无数人要来杀你！只要你杀错过一个，就永远无权再问别人为什么来杀你！"

傅红雪慢慢地站起来，俯下身，轻轻拉起了翠浓的手。

这双手本是温暖而柔软的，只有在这双手轻抚着时，他才会暂时忘记那种已深入骨髓的仇恨，他的心才会有片刻宁静。

但现在这双手似已完全冰冷僵硬。

他没有流泪，只是痴痴地看着她，仿佛又已忘记了王大洪的存在。

他苍白的脸上，几乎已变得完全没有表情。

可是他另一只手却已握住了他的刀。

漆黑的刀，黑得令人心碎。

无论谁看见这柄刀，都立刻会觉得有一股刺骨的寒意自足底升起。

王大洪看见了这柄刀，他的手似乎也突然变得冰冷僵硬。

傅红雪还是连看都没有看他一眼，道："你可以杀我，无论谁都可以杀我，但却不该杀她的。"

他的声音奇异而遥远，仿佛来自远山，又仿佛来自地狱。

"我不管你是什么人，也不管你是为什么而来的，你杀了她，我就要你死！"

王大洪脸也变为灰色，却还是在冷笑着，道："现在你还有拔刀的力气？"

傅红雪没有回答。

他只是慢慢地站起来，慢慢地向王大洪走过去，握着他的刀走过去。

刀鞘漆黑，眸子漆黑。

漆黑的眸子，瞬也不瞬地盯在王大洪咽喉上。

王大洪的呼吸突然停顿，就仿佛被一双看不见的铁手，扼住了咽喉。

他已不再往后退，因为他也知道，现在根本已无路可退。

刀虽然还没有拔出来，可是他整个人却似已全都在这柄刀的阴影笼罩下。

黑暗而巨大的阴影，压得他的心一直在往下沉，似已将沉入万劫不复的地狱。

傅红雪已走过来，走路的姿态虽然奇特笨拙，可是只要他手里还握着他的刀，就绝不会有人觉得他是个笨拙的跛子。

他的人似已和他的刀结为一体。

王大洪看着他的刀，忽然长长叹息。

傅红雪道："你已后悔？"

王大洪点点头，黯然道："我只后悔没有听信一个人的话。"

傅红雪道："什么话？"

王大洪道："他本来要我先毁了你这柄刀的。"

傅红雪道："先毁这柄刀？"

王大洪道："这柄刀虽然并不特别，但是对你来说，它的价值却很特别。"

傅红雪道："哦？"

王大洪道："因为这柄刀就像是你的拐杖一样，若没有这柄刀的话，你只不过是个可怜的跛子而已，你只有在手里握着这柄刀的时候，才能站得直。"

傅红雪苍白的脸上，已似有火焰在燃烧。

王大洪注意着他脸上的表情道："这些话当然不是我说的，因为我以前根本就没见过你，根本就不了解你。"

傅红雪道："这些话是谁说的？"

王大洪道："是一个人。"

傅红雪道："什么人？"

王大洪道："我为什么要告诉你？"

傅红雪道："你来杀我是不是这个人要你来的？"

王大洪道:"也许是,也许不是。"

他脸上忽又露出种很奇怪的表情,接着又道:"不管怎么样,你永远都不会知道这个人是谁的……而且也永远猜不出来的。"

这句话已无异承认,他来杀傅红雪,的确是受人主使。

他本来确实没有要杀傅红雪的理由。

这世上虽然有很多人会无故杀人,但他却绝不是这种人。

能用这种周密恶毒的计划来杀人的,就绝不会是这种人。

傅红雪忽然抬起头,漆黑的眸子也已开始燃烧,燃烧着的眸子已盯在他脸上。

王大洪的神情反而平静了下来,冷冷道:"你为什么还不拔刀?"

傅红雪沉默着,过了很久,才慢慢地说道:"因为我不懂。"

王大洪道:"什么事不懂?"

傅红雪道:"我不懂你为什么要替别人死?"

王大洪道:"替别人死?"

傅红雪道:"你本来只不过是个受人利用的工具,根本不值得我动手杀你。"

王大洪道:"哦?"

傅红雪道:"我应该杀的,本是那个叫你来杀我的人。"

王大洪道:"只要我说出那个人是谁,你难道就肯放我走?"

傅红雪冷冷道:"我说过,你这种人根本就不值得我动手。"

王大洪突然沉默,显然在考虑。

傅红雪提出的条件实在很诱人,无论谁都会考虑考虑的。

只要能活得下去,相信世上绝没有真正想死的人。

傅红雪并没有催促。

当别人在考虑下决定时,你若催促他,压迫他,得到的效果往往是相反的。

这道理傅红雪也懂。

过了很久，王大洪忽然道："你应该看得出我不是个君子。"

傅红雪沉默，默认。

王大洪道："像我这种人，为了要保全自己的性命，无论谁我都会出卖的。"

傅红雪冷冷道："你并不笨。"

王大洪道："所以我还有一个问题。"

傅红雪等着他问。

王大洪道："我怎知你现在一定能杀得了我？也许你现在根本就不是我的对手，那么，我又何必将别人的秘密告诉你？"

傅红雪也没有回答这句话。

他只是静静地站在那里，凝视着这个人，过了很久，才缓缓地道："我本该一刀削落你的耳朵，让你相信的。"

王大洪道："哦？"

傅红雪道："可是你这种人非但不值得我动手，更不值得我拔刀。"

王大洪道："哦？"

傅红雪道："但我却不能不让你明白一件事。"

王大洪道："什么事？"

傅红雪道："我不用刀，也一样可以杀你。"

王大洪笑了。

他当然不信傅红雪会放下这柄刀。

但就在他开始笑的时候，傅红雪已放下手里的刀，放在桌上。

他好像决心要证明一件事——没有这柄刀，他还是一样可以站得起来。

王大洪果然显得惊讶——也就在他脸上刚开始露出惊讶之色的这

一刹那间,他手里又多了柄短剑,闪动着惨碧光芒的短剑。

剑光一闪,已刺向傅红雪的胸膛。

王大洪当然并不是个生意人,"王大洪"也当然绝不是他的真名。

他一剑刺出时,无论谁都看得出,这个人非但一定是个成名的剑客,而且一定是杀人的专家。

他的剑法恶毒而辛辣,虽然没有繁复奇诡的变化,但在杀人时却很有效。

这一剑刺出,就像是毒蛇的舌信。

傅红雪已无法挥刀招架,他手里已没有刀。

可是他还有手。

手是苍白的。

他身子一闪,苍白的手突然间向剑上抓了过去。

他似已忘了自己这双手是血肉,不是钢铁,似已忘了自己手里已没有刀。

这是不是因为他感觉中,他的手已和他的刀永远结成一体?

这是不是因为他根本没有空着手的习惯?

剑上淬着剧毒,只要他的手被划破一点,他就要倒下去。

王大洪的剑没有变招。他当然不肯变招,他希望傅红雪能抓住他的剑,抓得愈用力愈好。

真正的聪明人,永远不会将别人当作呆子。

将别人当作呆子的人,到最后总是往往会发现,真正的呆子不是别人,是自己。

王大洪觉得傅红雪实在是个呆子。

除了呆子外，还有谁会用自己的手去抓一柄淬过毒的利剑！

这也许只因为他受的刺激大，所以脑袋里已出了毛病。

王大洪几乎已快笑出来了。

他当然还没有笑出来，因为这本来是一瞬间发生的事。

他也知道自己这一剑招式已用老，速度已慢了下来。

这一剑既没有刺中对方，本就该早已变招的。

现在他只等着傅红雪的手抓上来。

就在这时，他突然觉得眼前一花，苍白的手已打在他黝黑的脸上。

在最后的一刹那间，傅红雪的招式竟突然变了，变得真快，快得无法思议。

他只觉得眼前突然变成一片黑暗，头脑中突然一阵晕眩，什么事都已感觉不到。

等他再清醒时，才发现自己竟已倒在墙角，鼻子里还在流着血，脸上就像是尖针在刺着，左边的颧骨碎裂，鼻梁的位置已改变。

他能抬起头来时，才发现自己手里的剑，已到了傅红雪手上。

傅红雪凝视着这柄剑，过了很久，才转向他，冷冷道："这柄剑不是你的？"

王大洪摇摇头。

傅红雪道："你用的本是长剑。"

王大洪点点头。

用长剑的人突然改用短剑，出手固然更快，但力量和部位就无法拿捏得很准了。

这点他自己也很明白。

傅红雪道:"这柄剑也是那个人给你的?"

王大洪又点点头。

傅红雪忽然将剑抛在他脚下,道:"你若想再试一次,不妨将这柄剑再拿回去。"

王大洪又摇摇头,连看都不敢再看这柄剑一眼。

他的勇气似已完全崩溃。

傅红雪冷冷道:"你为什么不愿再试?现在我手里还是没有刀,还只不过是个可怜的跛子。"

王大洪道:"你不是。"

他忽然长长叹息,道:"你也不是呆子。"

——将别人当作呆子的人,到最后往往会发现真正的呆子并不是别人,是自己。

这点他现在也终于明白。

傅红雪道:"现在你已肯说出那个人是谁?"

王大洪突又长叹,道:"就算我说出来,也没有用的。"

傅红雪道:"为什么?"

王大洪道:"因为你绝不会相信。"

傅红雪道:"我相信。"

王大洪迟疑着,道:"我能不能相信你呢?你真的肯放我走。"

傅红雪道:"我已说过一次。"

有些人说的话,一次就已足够。

王大洪终于松了口气,道:"那个人本是你的朋友,你的行踪,没有人比他知道得更清楚。"

傅红雪突然握紧着双拳,似已隐隐猜出这个人是谁了。

他没有朋友。

在这世界上,也许只有一个人能够勉强算是他的朋友,因为他已能感觉到一种被朋友出卖的愤怒和痛苦。

但他却还是不愿相信,不忍相信,所以他还是忍不住要问。

"这个人姓什么?"

王大洪道:"他姓……"

突然间,刀光一闪。

只一闪,比电光还快的一闪,然后所有的声音都突然停顿。

"他姓……"

王大洪永远也不能说出这个人姓什么了,他也已用不着再说。

这柄短刀已说明了一切。

——刀光一闪,一柄短刀插上了李马虎的手腕。

——刀光一闪,一柄短刀杀了那无辜的孩子。

现在刀光又一闪,封住了王大洪的口。

三柄同样的刀,同样的速度,同样可怕。

三柄刀当然是同一个人发出的。

王大洪眼睛凸出,张大了嘴,伸出了舌头——他的咽喉气管被一刀割断,他死得很快。

可是他死不瞑目。

他死也不相信这个人会杀他。

傅红雪也不信。

他不愿相信,不忍相信,但现在却已不能不信。

——看不见的刀,才是最可怕的刀。

——能令人看不出他真正面目的人,才是最可怕的人。

傅红雪忽然发觉,叶开这个人远比那闪电般的飞刀还可怕。

刀是从窗外射进来的,但窗外却没有人。

夜，秋夜。

夜已很深，秋也已很深。

暴雨初歇，地上的积水里，也有点点星光。

傅红雪抱着翠浓，从积水上踩过去，踩碎了这点点星光。他的心也仿佛被践踏着，也已碎了。

风很轻，轻得就像是翠浓的呼吸。

可是翠浓的呼吸久已停顿，温暖柔软的胴体也已冰冷僵硬。那无限的相思，无限的柔情，如今都已化作一摊碧血。

傅红雪却将她抱得更紧，仿佛生怕她又从他怀抱中溜走。

但这次她绝不会再走了。她已完全属于他，永远属于他。

泉水是从山上流下来的，过了清溪上的小桥，就是山坡。

他不停地向前走，踏过积水，跨过小桥，走上山坡，一直走向山最高处。

星已疏了，曙色已渐渐降临大地。

他走到山巅，在初升的阳光中跪下，轻轻地放下了她。

金黄色的阳光照在她脸上，使得她死灰色的脸看来仿佛忽然有了种圣洁的光辉。

无论她生前做过什么事都无妨，她的死，已为她洗清了她灵魂中所有的污垢。

世上还有什么事，能比为别人牺牲自己更神圣？更伟大？

他跪在山巅，将她埋葬在阳光下。

从今以后，千千万万年，从东方升起的第一线阳光，都将照在她的坟墓上。

阳光是永恒的，就像是爱情一样。

爱情有黯淡时，阳光也一样。

太阳升起又落下。

傅红雪下山时，已是第二个晚上。

大病初愈后，再加上这种几乎没有人能忍受的打击，他整个人剩下的还有什么？

除了悲伤、哀痛、愤怒、仇恨外，他还有什么？

还有恐惧。

一种对寂寞的恐惧。

从今以后，千千万万年，他是永远再也见不着她，那像永恒的孤独和寂寞，要如何才能解脱？

这种恐惧才是真正没有人能忍受的。

既不能忍受，又无法解脱，就只有逃避，哪怕只能逃避片刻也好。

山下的小镇上，还有酒。

酒是苦的也好，是酸的也好，他只想大醉一场，虽然他明知酒醒后的痛苦更深。

醉，的确不能解决任何事，也许会有人笑他愚蠢。

只有真正寂寞过、痛苦过的人，才能了解他这种心情。

客栈中的灯光还亮着，他紧紧握着他的刀走过去。

他醉了。

他醉得很快。

人在虚弱和痛苦中，本就醉得快。

他还能记得的最后一件事，就是这小客栈的老板娘从柜台后走过来，用大碗敬了他一碗酒。

这老板娘是个四十多岁的女人，肥胖的脸上还涂着厚厚的脂粉，只要一笑起来，脸上的脂粉就会落在酒碗里。

可是她的酒量真好。

他只记得自己好像也敬了她一碗，然后他整个人就突然变成一片空白。

他的生命在这段时候也是一片空白。

也只有真正醉过的人，才能了解这种情况。

那并不是昏迷，却比昏迷更糟——他的行动已完全失去控制，连他自己都永远不知道自己做过了多可怕的事。

无论多么醉，总有醒的时候。

他醒来时，才发现自己睡在一间很脏的屋子里，一张很脏的床上。

屋子里充满了令人作呕的酒臭和脂粉香，那肥胖臃肿的老板娘，就赤裸裸地睡在他身旁，一只肥胖的手，还压在他身上。

他自己也是赤裸的，还可以感觉到她大腿上温暖而松弛的肉。

他突然想呕吐。

昨天晚上究竟做过了什么事？

他连想都不敢想。

为他而死的情人尸骨还未寒，他自己却跟一个肥猪般的女人睡在一张床上。

生命怎么会突然变得如此龌龊，如此卑贱？

他想吐，把自己的心吐出来，放到自己脚下去践踏。

放到洪炉里去烧成灰。

那柄漆黑的刀，和他的衣服一起散落在地上。

他跳起来，用最快的速度穿起衣裳，突然发觉有一双肥胖的手拉住了他。

"怎么你要走了？"

傅红雪咬着牙，点了点头。

她脂粉残乱的脸上，显得惊讶而失望："你怎能走？昨天晚上你还答应过我，要留在这里，一辈子陪着我的。"

寂寞，可怕的寂寞。

一个人在真正寂寞时又沉醉，就像是在水里快被淹死时一样，只要能抓住一样可以抓得住的东西，就再也不想放手了。

可是他抓住的东西，却往往会令他堕落得更快。

傅红雪只觉得全身冰冷，只希望自己永远没有到这地方来过。

"来，睡上来，我们再……"

这女人还在用力拉着他，仿佛想将他拉到自己的胸膛上。

傅红雪突然全身发抖，突然用力甩脱了她的手，退到墙角，紧紧地握着他的刀，嘎声道："我要杀了你，你再说一个字，我就杀了你……"

这苍白孤独的少年，竟像是突然变成了一只负了伤的疯狂野兽。

她吃惊地看着他，就像是被人在脸上重重地捆了一巴掌，突然放声大哭，道："好，你就杀了我吧，你说过不走的，现在又要走了……你不如还是快点杀了我的好。"

寂寞，可怕的寂寞。

她也是个人，也同样懂得寂寞的可怕，她拉住傅红雪时，也正像是一个快淹死的人抓住了一块浮木，以为自己已不会再沉下去。

但现在所有的希望突然又变成失望。

傅红雪连看都没有再看她一眼，他不忍再看她，也不想再看她。

就像是一只野兽冲出牢笼，他用力撞开了门，冲出去。

街上有人，来来往往的人都吃惊地看着他。

但他却是什么都看不见,只知道不停地向前狂奔,奔过长街,奔出小镇。

他停下来时,就立刻开始呕吐,不停地呕吐,仿佛要将自己整个人都吐空。

然后他倒了下去,倒在一棵木叶已枯黄了的秋树下。

一阵风吹过,黄叶飘落在他身上。

但他已没感觉,他已什么都没有,甚至连痛苦都已变得麻木。

既不知这里是什么地方,也不知现在是什么时候,他就这样伏在地上,仿佛在等着别人的践踏。

现在他所剩下的,已只有仇恨。

人类所有的情感中,也许只有仇恨才是最不易甩脱的。

他恨自己,恨马空群。

他更恨叶开。

因为他对叶开除了仇恨外,还有种被欺骗了、被侮辱了的感觉。

这也许只因在他的心底深处,一直是将叶开当作朋友的。

你若爱过一个人,恨他时才会恨得更深。

这种仇恨远比他对马空群的仇恨更新鲜,更强烈。

远比人类所有的情感都强烈!

现在他是一无所有,若不是还有这种仇恨,只怕已活不下去。

他发誓要活下去。

他发誓要报复——对马空群,对叶开!

经过昨夜的暴雨后,大地潮湿而柔软,泥土中孕育着生命的芳香。

不管你是个怎么样的人,不管你是高贵,还是卑贱,大地对你总是不变的。

你永远都可以倚赖它，信任它。

傅红雪伏在地上，也不知过了多久，仿佛要从大地中吸收一些生命的力量。

有人来看过他，又叹着气，摇着头走开。

他知道，可是他没有动。

"年纪轻轻的，就这么样没出息，躺在地上装什么死？"

"年轻人就算受了一点打击，也应该振作起来，装死是没有用的。"

有人在叹息，有人在耻笑。

傅红雪也全都听见，可是他没有动。

他受的痛苦与伤害已太重，别人的讥嘲耻笑，他已完全不在乎。

他当然要站起来的，现在却还不到时候，因为他折磨自己，还没有折磨够。

无论如何，刀还在他手里。

苍白的手，漆黑的刀。

突然有人失声轻呼："是他！"

是女人的声音，是一个他认得的女人。

但他却还是没有动，不管她是谁，傅红雪只希望她能赶快走开。

现在他既不想见别人，更不想让别人看见他。

怎奈这女人偏偏没有走，反而冷笑着，道："杀人不眨眼的傅公子，现在怎么会变成像野狗一样躺在地上，是不是有人伤了你的心？"

傅红雪的胃突然收缩，几乎又忍不住要呕吐。

他已听出这个人是谁了。

马芳铃！

现在他最不愿看见的就是她，但她却偏偏总是要在这种时候出现。

傅红雪紧紧咬着牙，抓起了满把泥土，用力握紧，就像是在紧握着他自己的心一样。

马芳铃却又在冷笑着，道："你这么样痛苦，为的若是那位翠浓姑娘，就未免太不值得了。她一直是我爹爹的女人，你难道一点都不知道？"

她说的话就像是一根针、一条鞭子。

傅红雪突然跳起来，用一双满布红丝的眼睛，狠狠地瞪着她。

他的样子看来既可怜，又可怕。

若是以前，马芳铃一定不会再说什么了，无论是因为同情，还是因为畏惧，都不会再继续伤害他。

但现在马芳铃却似已变了。

她本来又恨他，又怕他，还对他有种说不出的微妙情感。

但是现在却好像忽然变得对他很轻视，这个曾经令她痛苦悲伤过的少年，现在竟似已变得完全不足轻重，好像只要她高兴，随时都可以狠狠地抽他一鞭子。

她冷笑着又道："其实我早就知道她迟早都会甩下你跟别人走的，就像她甩下叶开跟你走一样，除了我爹爹外，别的男人她根本就没有看在眼里。"

傅红雪苍白的脸突然发红，呼吸突然急促，道："你已说够了。"

马芳铃道："我说的话你不喜欢听？"

傅红雪握刀的手已凸出青筋，缓缓道："只要你再说一个字，我就杀了你！"

马芳铃却笑了。

她开始笑的时候，已有一个人忽然出现在她身旁。

一个很高大、很神气的锦衣少年，脸上带着种不可一世的傲气。

他的确有理由为自己而骄傲的。

他不但高大神气，而且非常英俊，剑一般的浓眉下，有一双炯炯发光的眼睛，身上穿的衣服，也华丽得接近奢侈。

无论谁一眼就可看出，这少年一定是个独断独行的人，只要他想做的事，他就会不顾一切地去做，很少有人能阻拦他。

现在他正用那双炯炯发光的眼睛瞪着傅红雪，冷冷道："你刚才说什么？"

傅红雪忽然明白是什么原因令马芳铃改变的了。

锦衣少年又道："你是不是说你要杀了她？"

傅红雪点点头。

锦衣少年道："你知道她是我的什么人？"

傅红雪摇摇头。

锦衣少年道："她是我的妻子。"

傅红雪突然冷笑道："那么她若再说一个字，你就得另外去找个活女人做老婆了。"

锦衣少年沉下了脸，厉声地道："你知道我是什么人？"

傅红雪又摇摇头。

锦衣少年道："我姓丁。"

傅红雪道："哦。"

锦衣少年道："我就是丁灵甲。"

傅红雪道："哦。"

丁灵甲道："你虽然无礼，但我却可以原谅你，因为你现在看来并不像还能杀人的样子。"

傅红雪的确不像。

他闭着嘴，连自己都似已承认。

丁灵甲目中露出满意之色，他知道就凭自己的名字已能吓倒很多人的，所以不到必要时，他从来不出手——对这点他一直觉得很满意。

因为这使得他觉得自己并不是个残暴的人。

但他还是不能不让他新婚的妻子明白,他是有足够力量保护她的。

所以他微笑着转过头,傲然道:"无论你还想说什么,都不妨说出来。"

马芳铃咬着嘴唇,道:"我无论想说什么都没有关系?"

丁灵甲微笑道:"只要有我在你身旁,你无论想说什么都没关系。"

马芳铃的脸突然因兴奋而发红,突然大声道:"我要说这个跛子爱上的女人是个婊子,一文不值的婊子!"

傅红雪的脸突又变得白纸般苍白,右手已握住了左手的刀柄。

丁灵甲厉声道:"你真敢动手?"

傅红雪没有回答。没有开口。

现在已到了不必再说一个字的时候,无论谁都应该可以看得出,现在世上已没有任何一种力量能阻止他出手!

丁灵甲也已看出。

他突兀大喝,剑已出鞘,剑光如匹练飞虹,直刺傅红雪的咽喉。

他用的剑分量特别沉重,一剑刺出,虎虎生风,剑法走的是刚猛一路。

他的出手虽不太快,但攻击凌厉,部位准确。

攻击本就是最好的防守。

在这一击之下,还有余力能还手的人,世上绝不会超出七个。

傅红雪偏偏就恰巧是其中之一。

他没有闪避,也没有招架,甚至没有人能看出他的动作。

马芳铃也没有看出,但是她却看见了突然像闪电般亮起的刀光——

刀光一闪！鲜血已突然从丁灵甲肩上飞溅出来，就像是一朵神奇鲜艳的红花突然开放。

剑光匹练般飞出，钉在树上。

丁灵甲的手还是紧紧地握着剑柄，他整个一条右臂就吊在剑柄上，还在不停地摇晃。

鲜血也还在不停地往下滴落。

丁灵甲吃惊地看着树上的剑，吃惊地看着剑上的手臂，仿佛还不明白这是怎么回事。

因为这变化实在太快。

等他发觉在他面前摇晃的这条断臂，就是他自己的右臂时，他就突然晕了过去。

马芳铃也好像要晕了过去，但却并不是为了丈夫受伤惊惶悲痛，而是为了愤怒，失望而愤怒。

她狠狠瞪了倒在地上的丁灵甲一眼，突然转身，狂奔而去。

道旁停着辆崭新的马车，她冲过去，用力拉开了车门。

一个人动也不动地坐在车厢里，苍白而美丽的脸上，带着种空虚麻木的表情。一个人只有在忽然失去自己最珍贵的东西时，才会有这种表情。

傅红雪也看见了这个人，他认得这个人。

丁灵琳她怎么会在这里？她失去的是什么？叶开呢？

马芳铃霍然回身，指着傅红雪，大声道："就是这个人杀了你二哥，你还不快替他报仇？"

过了很久，丁灵琳才抬起头，看了她一眼，道："你真的要我去替他报仇？"

马芳铃道："当然，他是你二哥，是我的丈夫。"

丁灵琳看着她，眼睛里突然露出种刀锋般的讥诮之意，道："你真的将我二哥当作你的丈夫？"

马芳铃脸上变了色，道："你……你说这种话是什么意思？"

丁灵琳冷冷道："我的意思你应该明白，我二哥就算真的死了，你也绝不会为他掉一滴眼泪的，他的死活你根本就没有放在心上。"

马芳铃也像是突然被人抽了一鞭子，苍白的脸上更已完全没有血色。

丁灵琳道："你要我去杀了这个人报仇，只不过因为你恨他，就好像你恨叶开一样。"

她用力咬了咬嘴唇，接着又道："你对所有的男人都恨得要命，因为你认为所有的男人都对不起你，连你父亲都对不起你。你嫁给我二哥，也只不过是为了想利用他替你报复。"

马芳铃的眼神已乱了，整个人仿佛都已接近疯狂崩溃，突然大声道："我知道你恨我，因为我要你二哥带你回去，你却宁可跟着叶开像野狗一样在外面流浪。"

丁灵琳道："不错，我宁可跟着他流浪，因为我爱他。"

她冷冷地看着马芳铃，接道："你当然也知道我爱他，所以你才嫉妒，才要我哥逼着我离开他，因为你也爱他，爱得要命。"

马芳铃突然疯狂般大笑，道："我爱他？……我只盼望他快点死。"

丁灵琳道："现在你恨他，只因你知道他绝不会爱你。"

她明亮可爱的眼睛里，忽然也有了种很可怕的表情，冷笑着道："这世上有种疯狂恶毒的女人，若是得不到一样东西时，就千方百计地想去毁了它——你就是这种女人，你本来早就该去死的。"

马芳铃的狂笑似已渐渐变为痛哭，渐渐已分不出她究竟是哭是笑？

她突然回头，面对着傅红雪，嘶声道："你既然要杀我，为什么还不过来动手？"

傅红雪却连看都不再看她一眼，慢慢地走过来，走到丁灵琳面前。

马芳铃突然扑在他身上，紧紧抱住了他，道："你若不杀我，就带我走。无论到什么地方，我都跟你去；无论要我干什么，我都依你。"

傅红雪的身子冰冷而僵硬。

马芳铃流着泪，又道："只要你肯带我走，我……我甚至可以带你去找我父亲。"

傅红雪突然曲起肘，重重地打在她肚子上。

马芳铃立刻被打得弯下腰去。

傅红雪头也不回，冷冷道："滚！"

马芳铃终于咬着牙站起来，她本来也是个明朗而可爱的女孩子，对自己和人生都充满了自信。

但现在她却已变了，她脸上竟已真的有了种疯狂而恶毒的表情。

这是谁的错？

她咬着牙，瞪着傅红雪，一字字道："好，我滚，你既然不要我，我只有滚，可是你难道已忘了那天野狗般在我身上爬的样子？难道你只有在没人看见的时候才敢强奸我？"

傅红雪苍白的脸上也已露出痛苦之色，却还是没有回头。

丁灵琳道："你现在是不是在后悔，那天没有答应他？"

马芳铃冷笑道："你也用不着得意！你以为叶开真的喜欢你？他若真的喜欢你，为什么让我们将你带走？现在他说不定已跟别的女人睡在床上了，也许就是他的老情人翠浓。"

她突又疯狂般大笑，大笑着一步步向后退，不停地向后退，退入树丛。

然后她的笑声就突然停顿,她的人也看不见了。

丁灵琳轻轻叹了口气,道:"她本来的确是个很可怜的女人,只可惜她每件事都做错了。最错的是,她总是找错了男人。"

傅红雪忽然道:"你呢?"

丁灵琳道:"我没有错。"

傅红雪道:"叶开……"

丁灵琳打断了他的话,道:"我早就知道小叶是个什么样的人,就算他不喜欢我,也没关系,因为我真的喜欢他,这就已够了!"

傅红雪看着她,眼睛里的痛苦之色更深,过了很久,才缓缓道:"但你却离开了他。"

丁灵琳道:"那只因我没法子。"

傅红雪道:"为什么?"

丁灵琳恨恨道:"因为丁老二乘我不注意的时候,点了我腿上的穴道。"

傅红雪道:"叶开就这样看着他们把你带走?"

丁灵琳黯然道:"他也没法子,丁老二是我的亲哥哥,他能对他怎么样?"

她眨了眨眼,眼睛里又发出了光,接着道:"可是我知道他迟早一定还会去找我的,他看来虽然对什么事都不在乎,其实却是个很多情的人,别人带我走的时候,我看得出他比我还痛苦。"

傅红雪道:"现在你是不是想去找他?"

丁灵琳眨着眼笑道:"这世上有种人是你永远找不到的,你只有等着他来找你,小叶就是这种人。"

傅红雪还在看着她,眼睛里突又露出种很奇怪的表情。

丁灵琳道:"你虽然伤了我二哥,可是我并不怪你。"

傅红雪道:"哦?"

丁灵琳道："那倒并不是因为他逼着我走，所以我恨他。"

傅红雪道："哦？"

丁灵琳道："那只因你虽然砍断了他的一条手，却让他明白了马芳铃是个什么样的女人，若不是你这一刀，他以后说不定要被她害一辈子。"

一个男人跟一个并不是真心对他的女人结合，的确是件非常痛苦，也非常悲惨的事。

丁灵琳道："你现在已可以走了，我也不愿他醒来时再看见你。"

傅红雪没有走。

丁灵琳等了半天，忍不住又问道："你为什么还不走？"

傅红雪道："因为我正在考虑一件事。"

丁灵琳道："什么事？"

傅红雪道："我不知道是应该解开你的穴道，让你跟我走，还是应该抱着你走。"

丁灵琳脸色变了，失声道："你这是什么意思？"

傅红雪道："我的意思就是要把你带走。"

丁灵琳道："你……你疯了！"

傅红雪冷冷道："我没有疯，我也知道你绝不会跟我走的。"

丁灵琳吃惊地看着他，突然挥手，腕子上的金铃突然飞出，带着一连串清脆的声音，急打傅红雪"迎香""天实""玄机"三处大穴。

他们的距离很近，她的出手更快。

丁灵琳要命的金铃，本就是江湖中最可怕的八种暗器之一。

因为她不但出手快，认穴准，而且后发的往往先至，先发的却会突然改变方向，叫人根本不知道应该如何闪避。

傅红雪没有闪避。

刀光一闪，三枚金铃就突然变成了六个。

刀光再入鞘时，他的手已捏住了丁灵琳的腕脉，拦腰抱起了她。

丁灵琳失声大叫，道："你这不要脸的跛子，快放开我！"

傅红雪听不见。

车上有车夫，路上有行人，每个人都在吃惊地看着他。

傅红雪却看不见他们。

他拦腰抱着丁灵琳走向东方的山——山在青天白云间。

山并不高，云也不高。

走到半山上，已可看见白云缥缈，人已到了白云缥缈处。

风吹着丁灵琳身上的金铃，"叮铃铃"地响。她自己却已不响。

因为她无论说什么，傅红雪都好像没有听见。

她脸上的表情已经由惊讶愤怒，变为焦急恐惧，她不知道傅红雪带她到这里来干什么。

但她却已发现这脸色苍白的跛子，的确是个很不正常的人。

"你只有在没有人的地方，才敢强奸我！"

想起马芳铃的话，她更害怕，又冷又怕，冷得发抖，怕得发抖。

山巅更冷。

丁灵琳抖得更凶。

傅红雪已放下了她，正在冷冷地看着她，突然道："你怕？"

丁灵琳忽然笑了，答道："我怕什么？我为什么要怕？"

她笑得虽然勉强，却还是很好看，微笑着又道："我难道还会怕你？你是小叶的朋友，他的朋友就是我的朋友，我怎么会怕你！"

傅红雪道："他的仇人呢？"

丁灵琳眨着眼，道："他好像并没有什么仇人。"

傅红雪冷冷地道："他若有仇人，当然也就是你的仇人。"

丁灵琳道："也可以这么说，因为……"

傅红雪道:"因为你觉得在这世上最亲近的人就是他。"

丁灵琳又笑了,这次是真的笑了,笑得温柔而甜蜜,只要一想起她和叶开的情感,她心里就会有这种温暖甜蜜的感觉。

傅红雪道:"你若知道有人杀了他,你会对那个人怎么样?"

丁灵琳道:"没有人会杀他的,也没有人能杀得了他。"

傅红雪道:"假如有呢?"

丁灵琳咬起了嘴唇,道:"那么我就绝不会放过那个人,甚至会不择一切手段来对付他。"

傅红雪道:"不择一切手段?"

丁灵琳道:"当然不择一切手段。"

她接着又道:"我虽然并不是个心狠手辣的人,可是假如真的有人杀了小叶,我说不定会把他身上的肉全都一口口咬下来。"

秋风吹过,白雪已在足下。

她说出了这句话,自己忽然也忍不住激灵灵打了个寒噤,心里仿佛突然有了种不祥的预兆。

傅红雪却已转过身,背向着她,面对着一堆小小的土丘。

土丘上寸草未生,显然是新堆成的。

丁灵琳道:"这堆土是什么?"

傅红雪道:"是个坟墓。"

丁灵琳变色道:"坟墓?你怎么知道是个坟墓?"

傅红雪道:"因为这是我亲手堆成的。"

他声音里仿佛带着种比这山巅的秋风更冷的寒意。丁灵琳并不是个柔弱胆小的女孩子,但又忍不住打了个寒噤。

过了很久,她才轻轻地问道:"坟墓里埋葬的是什么人?"

傅红雪道:"是我最亲近的人。"

丁灵琳道:"你……你很喜欢她?"

傅红雪点点头，道："我对她的情感，比你对叶开的情感更深！"

丁灵琳勉强笑了笑，道："我只希望她不是被别人杀了的，否则那个人身上的肉，岂非也要被你一口口咬下来。"

傅红雪道："她是被人杀死的！"

丁灵琳突又打了个寒噤，喃喃地道："这里的风好冷。"

傅红雪道："你用不着为她担心，她现在已不怕冷了。"

丁灵琳道："可是我怕。"

傅红雪道："怕我？"

丁灵琳道："不是怕你，是怕冷。"

傅红雪冷冷道："我会将你也埋起来，你就再也不会怕冷了。"

丁灵琳笑得更勉强，道："那倒不必麻烦你，我还没有死。"

傅红雪道："可是她已经死了……你却没有死，她为什么要死？为什么要死？……"

他反反复复地说着这句话，声音里充满了怨毒和仇恨。

丁灵琳道："每个人都会死的，只不过有人死得早些，有人死得迟些，所以你也不必伤心。"

傅红雪道："叶开若死了，你也不伤心？"

丁灵琳道："我……我……"

傅红雪道："你不伤心，只因为叶开还没有死。叶开不伤心，只因为你还没有死，可是……可是她却已死了……"

他突然转身瞪着丁灵琳，眼里带着火焰般的愤怒和仇恨，厉声道："你为什么不问我，谁杀了她？"

丁灵琳的心好像正慢慢地在往下沉，喉咙里竟已发不出声音。

傅红雪道："你不问我，是不是因为你已知道是谁杀了她的？"

丁灵琳咬着嘴唇，突然大声道："我不知道……我怎么会知道？"

傅红雪道："你应该知道的。"

丁灵琳道："为什么？"

傅红雪紧紧握着他的刀，一字字道："因为杀她的人就是叶开。"

丁灵琳叫了起来，道："不可能，绝不可能，我一直跟小叶在一起的，我可以保证他没有杀过人。"

傅红雪道："昨天晚上你也跟他在一起？"

丁灵琳说不出话了。昨天早上，她已被丁灵甲带走，就没有再看见过叶开。

傅红雪的眼睛刀锋般盯着她的眼睛，道："你知道他昨天晚上在哪里？做些什么事？"

丁灵琳垂下了头。她不知道。

傅红雪突然拿出了一柄刀，一柄薄而锋利的短刀，抛在她面前。

"你认不认得出这是谁的刀？"

丁灵琳的头垂得更低。她已认出了这柄刀——这柄刀就像是已插在她的心上。

过了很久，她忽又抬起头，大声道："叶开就是我，我就是叶开，你若真的认为是叶开杀了她，你就杀了我吧。"

傅红雪道："你愿意为他死？"

丁灵琳道："愿意。"

她眼睛里又发出了光，完全没有犹豫，完全没有考虑，能为叶开而死，对她说来，竟仿佛是件很快乐的事情。

傅红雪看着她，眼前仿佛又出现了翠浓的影子。她临死前看着他时，眼睛里岂非也同样带着这种欣慰快乐的表情。她虽然没有说出一个字，但那双眼睛岂非也无异于告诉他，她是愿意为他而死的。

直到她倒下去的时候，她嘴角还带着甜蜜的微笑。

傅红雪的双拳握紧，几乎忍不住要挖开坟墓，再看她一眼。

可是就算能再看一眼又如何？短暂的生命，却留下了永恒的寂寞。

丁灵琳道:"你既然要杀了我,为什么还不过来动手?"

傅红雪又沉默了很久,才缓缓道:"我并不想杀了你。"

丁灵琳道:"你……你想怎么样?"

傅红雪道:"不怎么样。"

丁灵琳道:"你带我到这里来干什么?"

她目中又露出恐惧之色——死,她并不怕,她怕的是那种可耻的折磨和侮辱。

傅红雪又沉默了很久,冷冷道:"你说过他迟早一定会来找你的。"

丁灵琳点点头,大声道:"他当然会来找我,他绝不是个无情的人。"

傅红雪凝视着远方,缓缓道:"这地方很安静,他若能安安静静地死在这里,上天对他已算不薄。"

丁灵琳动容道:"你在等他来?"

傅红雪没有回答,只是垂下头,凝视着自己手里的刀。

漆黑的刀,刀头已不知染上过多少人的鲜血。

丁灵琳的手也已握紧,嘎声道:"但是他并不知道我在这里。"

傅红雪道:"他会知道的。"

丁灵琳道:"为什么?"

傅红雪道:"因为有很多人都看见我挟着你往这里走。"

丁灵琳道:"就算他来了又怎么样?你难道真的要杀他?"

傅红雪沉默,刀也是沉默的。

沉默有时也锋利得像刀锋一样,有时甚至能杀人。

丁灵琳大声道:"你真的能下得了毒手?难道你已忘了他以前为你做的那些事?若不是他,你怎么能活到现在?"

傅红雪苍白的脸仿佛又已因痛苦渐渐变得透明,一字字缓缓道:

"他让我活着，也许就是为了要我忍受痛苦。"

死虽然可怕，但却是宁静的，只有活着的人才会感觉到痛苦。

丁灵琳看着他的脸，身子突然开始颤抖，颤声道："他常常对我说，你做的事虽可怕，但你的心却本是善良的，你……你几时变得如此狠毒？"

傅红雪凝视着自己手里的刀，没有再说什么，连一个字都不再说。

这时山巅忽然涌起了一片又浓又厚的云雾，他苍白的脸已在云雾中渐渐变得遥远模糊。

山下仿佛有雨声。

山巅的云雾，也是潮湿的。丁灵琳的衣裳已渐渐湿透，冷得不停发抖。不但寒冷，而且饥饿。

傅红雪已坐下，动也不动地坐在那里，坐在又冷又潮的云雾中。难道他不冷不饿？这个人难道真的已完全麻木？

丁灵琳终于忍不住道："也许他不会来了。"

傅红雪不开口。

丁灵琳道："就算他要来，也没有人知道他什么时候才来。"

傅红雪还是不开口。

丁灵琳道："他若三天后才来，你难道就这样在这里等三天？"

傅红雪又沉默了很久，才冷冷道："他三年后才来，我就等三年。"

丁灵琳的心又沉了下去，道："你……你难道要我陪着你在这里等三年？"

傅红雪道："我能等，你为什么不能？"

丁灵琳道："因为我是个人。"

傅红雪道:"哦?"

丁灵琳道:"只要是个人,就没法子在这里等三年,也许连三天都不能等。"

傅红雪道:"哦?"

丁灵琳道:"你若真的要我坐在这里等下去,我就算不冷死,也要被活活饿死。"

没有回答。

丁灵琳道:"其实你根本不必在这里等他,你可以下山去找他,那总比在这里等的好。"

还是没有回答。

丁灵琳道:"你为什么不说话?难道……"

她声音突然刀割般中断,她忽然发现坐在云雾中的傅红雪已不见了。

山下的雨声还没有停,山巅的云雾更潮湿,也更冷。

也不知道是因为云雾掩住了日色,还是夜色已来临,丁灵琳眼前已只剩下一片模模糊糊、阴阴森森的死灰色,没有人,也没有生命。

丁灵琳放声大呼:"傅红雪,你到哪里去了?你回来!"

没有人回来,也没有人回应。

丁灵琳身子抖得就像是一片寒风中的枯叶,傅红雪虽然是可怕的人,可是他不在时更可怕。

她终于明白孤独和寂寞是件多么可怕的事,现在傅红雪走了只不过才片刻,片刻她已觉得不可忍受。

假如一个人的一生都是如此孤独寂寞时,那种日子怎么能过得下去?假如叶开真的死了,她这一生是不是就将永远如此孤独寂寞下去?

丁灵琳只觉得全身冰冷,连心都冷透。她想逃走,可是她的腿还是麻木僵硬的——丁家的点穴手法，一向很有效。她想呼喊，可是她又怕听见山谷中响起的那种可怕的回声。

天地间仿佛已只剩下坟墓里那个死人在陪伴着她。

傅红雪这一生，岂非也只剩下坟墓里的死人在陪伴着他？

丁灵琳忽然对这孤独而残废的少年，有了种说不出的同情。

就在这时，她忽然觉得有一点冰冷的雨珠滴落在她手上。

她垂下头，才发现这滴雨赫然是鲜红色的。

不是雨，是血！

鲜红的血，滴落在她苍白的手背上。

她的心似已被恐惧撕裂，忍不住回头，她的面颊忽然碰到一只手。

一只冰冷的手。血，仿佛就是从这只手上滴落下来的。

这是谁的血？谁的手？

丁灵琳没有看见，她眼前忽然变得一片黑暗。

地狱本就在人们的心里。

你心里若已没有爱，只有仇恨，地狱就在你的心里。

——你心里若已没有爱，你的人也已在地狱。

第四十一章

英雄末路

云已不见,雾也已不见。

阴森黑暗的山洞里,却有一堆火焰在跃动,闪动的火光,照亮了奇突的钟乳和粗糙的山壁,也照亮了丁灵琳苍白美丽的脸。

她醒来时,第一眼就看见这堆火。

所以她没有动,只是静静地躺在那里,静静地凝视着火焰的跃动。

火焰的本身,仿佛就象征着生命,已为她带来了温暖和光明。

她从不知道火焰竟是如此可爱的。

然后她才看见傅红雪,他冰一样的脸,已因火焰的闪动而变得有了生命。

现在他正将一只皮毛已洗剥干净的野兔,放到火上去烤。

他的动作复杂而缓慢,他脸上甚至也已现出种和平宁静的表情。

丁灵琳从未看过他脸上有过这种表情,她忽然觉得他并不是想象中那么可怕的人。

带着血的野兔已渐渐在火上被烤成金黄色,山洞里弥漫着诱人的香气。

丁灵琳脸上忽然泛起一阵红晕,她本不是那种一见到血就会晕过去的女人。

她忍不住要解释："我刚才实在太饿，也太冷，所以才支持不住的。"

傅红雪淡淡道："幸好你身上有火种，否则就只能吃带血的兔肉了。"

丁灵琳失声道："火种是你在我身上找到的？"

傅红雪点点头。

丁灵琳的脸更红，她记得火刀和火石本在她贴身的衣袋里。

她咬着嘴唇，板起了脸，大声道："你怎么能乱掏人家身上的东西？"

傅红雪冷冷道："我的确不该这么做的，我本该脱光你的衣服，把你放在火上烤来吃。"

丁灵琳立刻用力拉紧了自己的衣襟，好像生怕这个人会真的过来脱她的衣服。

傅红雪却再也不睬她，默默地将烤好的野兔撕成两半，随手抛了一半给她，竟是比较大的一半。

丁灵琳心里突又泛起一阵温暖之意。

她也不能算是个小心眼的女孩子，但傅红雪若是给她比较小的那一半，她还是会觉得很生气。

她毕竟是个女人。

没有盐的烤肉，本来就像是已生了十八个孩子的女人一样，已很难令人发生兴趣。

但没有盐的肉至少总比没有肉好。

饥饿，本就是人类最不能抗拒的两种欲望之一。

丁灵琳几乎将骨头都吃了下去，吃完了还忍不住要叹息一声，喃喃地道："这兔子身上的肉简直比猴子还少。"

傅红雪道："它身上若是肉多，说不定早已被别人捉去吃下肚了。"

丁灵琳嫣然道："小叶说的不错，你有时看来虽然很可怕，其实却并不是个凶狠恶毒的人。"

她眨了眨眼，又道："无论你怎么想，我总觉得他一直都对你不坏，而且比谁都了解你。"

一提起叶开，傅红雪的脸色又变了，忽然站起来，冷冷道："你自己还能不能脱衣服？"

丁灵琳的脸色也变了，失声道："你……你这是什么意思？"

傅红雪冷冷道："你若不能脱，我替你脱。"

丁灵琳大骇道："为什么要脱衣服？"

傅红雪道："因为我不想看着你冷死、病死。"

丁灵琳这才发现自己身上衣服的确已湿透，地上也是阴寒而潮湿的，这样子躺一夜，明天不大病一场才是怪事。

她自己当然也不想冷死、病死，但若要叫她在男人面前脱衣服，她宁可死——除了叶开外，随便哪个男人都不行。

她咬着嘴唇，忽然道："你是不是真的强奸过马芳铃？"

傅红雪脸上的肌肉忽然绷紧，目中又露出痛苦之色，但他却还是点了点头。

只要是他做过的事，他就绝不推诿否认。

丁灵琳道："你会不会强奸我？"

傅红雪冷冷道："你是在提醒我？"

丁灵琳道："你现在若要强奸我，我当然没法子反抗，但我却希望你明白一件事。"

傅红雪在听。

丁灵琳道："除了叶开外，无论什么男人只要碰一碰我，我就恶心，因为我觉得世上所有的男人，没有一个能比得上他。"

傅红雪充满痛苦和仇恨的眼睛里，仿佛又有火焰在燃烧。

他全身都仿佛有火焰在燃烧。

丁灵琳道："你恨他，也许并不是因为他杀了翠浓，而是因为你知道自己永远也比不上……"

傅红雪突然一把揪住她衣襟，把她整个人提了起来，嘎声道："你错了。"

丁灵琳道："我没有错。"

傅红雪道："你不该逼我的。"

他的手突然用力，已撕破了她的衣襟。

丁灵琳倒下去的时候，雪白的胸膛已在寒风里硬起来。

她的泪也已将流下，咬着牙道："我没有错，小叶却实在错了，他看错了你，你根本不是人，是个畜生。"

傅红雪全身不停地颤抖，突然也倒了下去，缩成了一团。

火光闪动下，他的脸竟已完全扭曲变形，嘴角就像马一样，吐出了浓浓的白沫。

丁灵琳反而怔住。

她也听说过，傅红雪是个有病的人，但她却未想到他的病竟会突然而来，来得竟如此可怕。

这少年不但孤独寂寞，满心创痛，而且还有这种可怕的病像毒蛇般纠缠着他。

唯一能安慰他、了解他的人，现在却已被埋入了黄土。

他这一生，过的究竟是种什么样的生活？生命对他也未免太无情。

他应该恨的！

"我若是他，我说不定也会痛恨所有的人，所有的生命。"

丁灵琳心里的恐惧和愤怒，忽然又变作怜悯与同情。

她若还能站起来，现在说不定会将他像孩子般拥抱在怀里。

可是她非但站不起来，几乎连动都不能动。

她连手都已阴寒潮湿而渐渐麻痹，只能勉强抬起来，掩住衣襟。

就在这时，她忽然听见一阵脚步声。

脚步声很轻，但来的却显然不止一个人。

"这当然绝不会是叶开。叶开若要来，绝不会和别人一起来的。"

丁灵琳的心沉了下去。

如此深夜，又有谁会冒着这种愁煞人的秋风秋雨，到这荒山上来呢？

脚步声已在山洞外停下来，闪动的火光，已无异告诉他们这山洞里有人。

过了半晌，外面就有人在试探问："里面的朋友高姓大名？请见示。"

丁灵琳用力咬着嘴唇，不让自己发出声音。

她只希望这些人一时间还不敢贸然闯进来，只希望傅红雪能在他们闯进来之前清醒。

但这时她已看见一柄刀从外面慢慢地伸进来，接着她就看见了握刀的人。

来的人的确不止一个，但现在进来的却只有他一个。

这人的脸色也是苍白的，却不是傅红雪那种纯净得接近透明的苍白。

他的脸白里发青，在闪动的火光中看来，竟仿佛是惨碧色的，又像是戴着个青铜面具。

他的眼睛也阴森可怕，只看了傅红雪一眼，目光就停留在丁灵琳裸露在破碎衣襟外的雪白胸膛上，眼睛里突又露出种淫猥的表情。

丁灵琳只恨不得能将这双眼睛挖出来。

这人手里的刀已垂下，长长吐出一口气，显然他已发现倒在地上的这两个人都已没有值得他戒备的地方。

他的眼睛更放肆了，就好像要钻到丁灵琳的衣襟里去。

丁灵琳忍不住大声道："你看什么？难道你从来也没看过女人？"

这人笑了，用脚尖踢了踢傅红雪，道："他是你的什么人？"

丁灵琳道："你管不着。"

这人道："他就是那个一脚踢垮了关东万马堂的傅红雪？"

丁灵琳道："你怎么知道？"

这人道："我本来就是来找他的。"

丁灵琳忍不住问道："找他干什么？"

这人道："我本想找他去替我做件事……替我去杀个人。"

他又笑了笑，接着道："但现在看来他已只有等着别人杀他了。"

丁灵琳勉强控制着自己，冷笑道："你若真的有这种想法，一定会后悔。"

这人笑得更阴险，悠然道："我不但真的有这种想法，还有另外一种想法。"

丁灵琳又忍不住再问："什么想法？"

这人笑道："男人看见一个你这么漂亮的女人赤裸着胸膛躺在他面前，他心里会有什么想法，我不说你也应该知道。"

丁灵琳突然全身冰冷，失声道："你敢？"

这人悠然道："我为什么不敢，就算傅红雪现在还能够拔他的刀，我也不怕。"

丁灵琳道："你……你真的不怕？"

这人道:"他若知道我是什么人,说不定会自动把你让给我的。"

丁灵琳道:"你凭什么?"

这人道:"我只凭一样东西,一样傅红雪连做梦都想得到的东西。"

他微笑着,用刀尖去拨丁灵琳紧拉着衣襟的手,接着道:"就凭这样东西,我不但敢想,而且敢做。你若不信,我现在就可以做给你看。"

丁灵琳几乎已忍不住要失声大叫起来,她的手已不能不松开。

就在这时忽然看见一样东西从外面飞进来,打在这人因微笑而露出的牙齿上。

只听"咯"的一响,这人的门牙已然被打破了两三颗。

这样东西随着碎裂的牙齿落下来,竟是粒还没有剥壳的花生。

这人面色骤然改变,一只手掩住了嘴,一只手扬起了刀。

丁灵琳看到地上的花生,脸色也已变了,忍不住失声惊呼道:"路小佳!"

路小佳也是她现在最不愿看见的人之一,为什么他也偏偏来了?

她的运气为什么会忽然变得如此坏。

山洞外还是云雾凄迷,一片黑暗,一个人带着笑说道:"这世上并不一定只有路小佳才能吃花生的,不吃花生的倒很难找出几个。"

一个人微笑着,施施然走了进来,穿得很随便,笑得很轻松,看他的样子,就算是天塌下来,他好像也不会在乎。

看到了这个人,丁灵琳只觉得那闷死人的浓云密雾仿佛已忽然消散了,那愁煞人的秋风秋雨也仿佛忽然停了。

现在就算是天真的塌了下来,她也已不在乎,因为这个人就是叶开。

只要能看见叶开,这世上还有什么事值得她在乎的。

她心里忽然充满了温暖之意，脸上也忍不住露出了甜蜜的笑容，却故意要板起脸，道："你死到哪里去了，怎么直到现在才来？"

叶开叹了口气，道："我本来也想早点来的，却又不能眼看着你那位宝贝二哥躺在地上生气，不管怎么样，他毕竟是你的二哥。"

丁灵琳就算还想生气，也气不出了，忍不住笑道："你本来就应该对他好一点，因为他迟早总有一天要做你的大舅子的。"

叶开看着她，皱了皱眉，道："可是你们丁家的人为什么总喜欢躺在地上呢？"

丁灵琳道："你自己说过的，一个聪明人能躺下去的时候，是绝不会坐着的。"

叶开也笑了，道："不错，有道理。"

他看了看傅红雪，又看了看那个高举着钢刀的人，道："你们都是聪明人，但这位仁兄为什么还不肯躺下去，这样子站着岂非太累？"

丁灵琳眨了眨眼，道："所以你应该劝劝他，要他不如还是躺下去的好。"

叶开点了点头，道："不错，有道理。"

这人的嘴已闭起，嘴角还在流着血。

他本就是个老江湖、老狐狸，当然知道能用一颗花生打落门牙的人，绝不是好惹的。

但现在叶开又正背对着他，再难惹的人，背上也绝不会长着眼睛。

他的刀又恰巧正对着叶开的脖子，这机会实在难得，错过实在可惜。

他突然挥刀，直砍叶开的脖子。

谁知道叶开背后偏偏像是长着眼睛，突然回身，指尖轻轻在这人握刀的手腕上一划。

这人的刀忽然间就已到了他手里。

叶开看着这把刀，轻抚着刀锋，微笑道："看来这也是把快刀。"

这人的脸已僵硬，想勉强笑笑，但笑起来却比哭还难看。

叶开道："这么快的刀无论砍在谁的脖子上，他的脑袋都一定会掉下来，你信不信？"

他提着刀在这人脖子上比了一比，微笑着道："你若不信，倒也不妨试试。"

这人一张白里透青的脸，已吓得全无人色，吃吃道："不……不必试了。"

叶开道："你相信？"

这人道："当……当然相信，谁不信，谁就是龟孙子。"

叶开大笑。

这人忽又问道："阁下上山时，有没有看见在下的朋友们？"

叶开又点点头，道："我看他们好像都已累得很，所以劝他们不如躺下去休息休息的好。"

这人脸色又变了变，苦笑道："其实我……我也已累得很。"

叶开道："既然累得很，为什么还不躺下去？"

这人什么话都不再说，走到角落里，直挺挺地躺了下去。

丁灵琳忍不住嫣然一笑，道："看来他倒也是个聪明人。"

叶开叹了口气，道："这年头的笨人本来就已不多的。"

丁灵琳道："只可惜我跟你一样，我们虽然不太笨，也不太聪明。"

叶开道："我知道你也想站起来走走了，躺得太久，也会累的。"

丁灵琳抿着嘴笑道："所以你也正好乘机来揩油，捏捏我的大腿。"

叶开又叹了口气，道："我只奇怪你二哥点你穴时，为什么不顺便把你的嘴也一起点住呢？"

丁灵琳道："因为他知道我要咬死你。"

傅红雪的身子虽然渐渐已能伸直，却还在不停地喘息着。

叶开看着他，黯然道："这么样一个人，为什么会有这样的病？"

丁灵琳已站了起来，正弯着腰在捏自己的腿，也不禁叹道："他的确是个很可怜的人，但有时却又偏偏要叫人觉得他很可怕。"

她忽又问道："你知不知道他为什么要把我架到这里来？"

叶开摇头。

丁灵琳道："他以为你杀了翠浓。"

叶开皱起了眉，道："翠浓已死了？"

丁灵琳道："她的坟墓就在外面，傅红雪亲手埋葬了她。"

叶开嘴角的微笑忽然不见了。

丁灵琳瞪着他，道："究竟是不是你杀了她的？"

叶开道："你也要问我这种话？"

丁灵琳叹道："我当然知道你绝不会做这种事的，可是你的刀为什么会到了他手上？"

叶开道："我的刀？……"

丁灵琳还没有说话，已看见了有刀光一闪。

叶开一伸手，闪电的刀光已到了他手上——一柄飞刀，薄而锋利。

他抬起头，就看见了傅红雪。

傅红雪站起来时，就像是幽灵忽然从地下出现，烟雾忽然从地下升起。

火光已微弱，他看来更苍白、更憔悴、更疲倦。

可是他眼睛的愤怒和仇恨却比火焰更强烈。

他手里紧紧地握着他的刀，目光刀锋般瞪着叶开，一字字道："这是不是你的刀？"

叶开没有回答，不能回答。

这柄刀的确和他用的刀完全一样，但这柄刀却绝不是他的。

能用这种刀杀人的人虽然不多，却也并不是完全没有。

但是他实在想不出有谁能仿造这种刀，而且还打造得完全一模一样。

世上几乎根本就没有人看过他用的这种刀。

傅红雪还在瞪着，等着他回答！

叶开终于忍不住叹了口气，苦笑道："我用这把刀杀了谁？"

傅红雪道："你杀了郭威的孙子，又杀了王大洪。不是吗？"

叶开道："王大洪？"

傅红雪道："你叫王大洪杀人，然后你杀了他灭口。"

叶开道："翠浓就是死在他手上的？"

傅红雪道："他用的是毒剑，但你的手段却比他的剑还毒！"

叶开又叹了口气，苦笑道："看来我现在就算否认，你也是绝不会相信的。"

傅红雪道："绝不会。"

叶开道："可是你有没有想过，我为什么要杀翠浓呢？"

傅红雪道："你真正要杀的并不是翠浓，是我。"

叶开道："是你？我为什么要杀你？"

傅红雪还没有开口，躺在地上的那个人突然跳起来，大声道："因为你已经被万马堂收买了，我恰巧在无意间听见他透露过口风。"

傅红雪霍然转身，盯着这个人，厉声道："你是什么人？"

这人道："我姓白，贱名白健，江湖中人却都叫我白面郎君。"

傅红雪道:"你见过马空群?"

白健道:"天天都可以见到。"

傅红雪动容道:"他在哪里?"

白健白了叶开一眼,道:"你先杀了他,我随时都可以带你去。"

傅红雪的脸突又因激动而发红。

无数日辛苦的找寻,竟忽然在无意间得到结果,无数年的刻骨铭心,像毒蛇般纠缠着他的仇恨,现在忽然又有了报复的希望。

老天保佑,马空群总算还活着,总算还没有死在别人手里。

傅红雪紧握双手,满眶热泪几乎已忍不住要夺眶而出。

白健道:"我到这里来,本就是为了要带你去找马空群的,可是他……"

傅红雪突然打断了他的话,道:"他本就已非死不可!"

白健吐出口气,目中已露出笑意。

但就在这刹那间,他眼前忽然有刀光一闪,一缕寒风贴着他耳朵擦了过去。

接着只听"夺"的一声,火星飞溅,一柄飞刀钉在他身后的山壁上,薄利的刀锋竟已入石两寸。

白健突然觉得两腿发软,竟似已连站都站不住了。

这柄刀本来明明在叶开手上,他竟未看见叶开是如何出手的。

甚至傅红雪都未看见这柄刀是如何出手的,他脸色似也变了。

叶开淡淡道:"我若真的已被万马堂收买,这个人现在已经是个死人。"

傅红雪迟疑着,突又冷笑,道:"你当然不会在我面前杀人灭口。"

叶开道:"你相信他的话?"

傅红雪道:"只相信我亲眼看见的事,我……我亲眼看见翠浓在我面前倒了下去。"

叶开道:"你真的要杀了我替她报仇?"

傅红雪不再说话,因为现在又已到了无话可说的时候。

他的刀已出鞘。

刀光一闪,比闪电更快,比闪电可怕。

没有人能形容他这一刀,他一刀出手时,刀上就仿佛带着种来自地狱的力量。

从来也没有人能避开他这一刀。

可是叶开的人已不见。

傅红雪一刀挥出时,他的人忽然已到三丈外,壁虎般贴在山壁上。

就在刀锋还未离鞘的那一瞬间,他的身子已凌空飞起,倒翻了出去。

傅红雪拔刀的动作几乎已接近完美,若是等到他的刀已离鞘,就没有人再能避开那一刀。

叶开的身子,看来就像是被刀风送出去的。

看来他竟像是早已知道会有这一刀,早已在准备闪避这一刀。

他闪避的动作,也已接近完美。

只有傅红雪自己才知道他这一闪是多么完美,多么巧妙。

他握刀的手掌,突然沁出了冷汗。

叶开看着他,突然道:"这样子不公平。"

傅红雪道:"不公平?"

叶开道:"你杀了我,我死而无怨,可是我若万一杀了你呢?"

丁灵琳立刻抢着道:"你若死了,还有谁会替你去找马空群报仇?你难道已将那段仇恨忘了?"

傅红雪怎么能忘得了！

他对叶开的仇恨虽然新鲜而强烈，可是对马空群的仇恨，却已像毒草般久已在他心里生了根。

就算他的心已碎成千千万万片，每一片上都还是会带着这段仇恨。

他活着，本就是为了这段仇恨，就算他想忘记，也是忘不了的。

刀已出鞘。

刀鞘漆黑，刀锋却也是苍白的，就好像他的脸一样，苍白而透明。

他紧紧握着刀，竟不知这第二刀是不是还应该砍出去。

白健用力咬着牙，眼睛里已因紧张兴奋而布满了血丝。

他也已看出了傅红雪的犹豫，他认为叶开若不死，他就得死。

平时他本是个阴沉狡猾，很有判断力的人，但这种生死间可怕的压力，却使他做出了件很愚蠢的事。

他忽又大声道："你为什么还不动手？刚才你倒在地上时，若不是我救你，他已杀了你，你难道还给他第二次机会？"

他自己认为他的话说得很有煽动力，他自己若在傅红雪这种情况下，听见了这些话，是绝不会放过对方的。

可是他错了，他忘记傅红雪和他并不是同一种人，绝不是！

傅红雪竟忽然转身，刀锋般的目光已盯在他脸上，一字字问道："你刚才救过我？"

白健立刻用力点头。

傅红雪道："为什么要救我？"

白健道："因为我要你去杀了马空群。马空群一日不死，我也一日不能安心。"

这解释也极合情合理，他自己也很得意。

谁知傅红雪却突然冷笑，道："现在我只有一点还不明白。"

白健道："哪一点？"

傅红雪冷冷道："他若真的要杀我，就凭你也能救得了我？"

白健突然怔住。

他终于明白，这少年虽然是个残废，虽然有种随时都可能发作的恶疾，但他却绝不是他想象中那种幼稚愚蠢的人。

直到现在，他才发现自己做了件多么愚蠢的事。

傅红雪冷冷地看着他，看着冷汗一粒粒从他额角上滴出来，那眼色就像是看着条已被人赶到垃圾堆里的野狗一样。

他已不愿再多看这个人一眼，目光垂下，凝视着自己手里的刀，冷冷道："我本该杀了你的。"

白健也在看着他的刀，全身都在发抖。

傅红雪道："可是你这种人根本就不配我出手。"

白健的人突然软瘫，倒在山壁上，无论谁刚从死亡边缘爬回来，都难免会像他一样虚脱。

傅红雪慢慢地接着道："我不杀你，你最好也不要逼我。"

白健道："我……我明白。"

傅红雪道："马空群真的还活着？"

白健道："绝不假。"

傅红雪道："你是想活着带我去？还是想死在这里？这两条路你都可以走。"

他不再多说一个字，也不再多看这个人一眼。

他已算准了这种人会怎么样选择——事实上，他已根本没有选择的余地。

叶开正看着他，目中带着种欣慰的笑意，忽然道："看来你的确已进步了很多。"

傅红雪还在看着自己的刀。

刀锋愈磨愈利，人又何尝不一样？这世界上大多数人岂非都是在痛苦中成长的？

自从失去了翠浓后，他忽然第一次感觉到对自己又有了信心。

他抬起头，凝视着叶开道："今天我可以让你走，但我们之间的账，却迟早还是要结清。"

叶开道："我知道。"

傅红雪道："什么时候？什么地方？我都可以让你决定。"

叶开道："时候和地方已用不着再订。"

傅红雪道："为什么？"

叶开道："因为我反正没有事，我可以跟你去。"

傅红雪冷笑，道："我只要看见马空群，世上绝没有任何人再能救他。"

叶开道："我并不想去救他，可是，我的确很想去看看。"

傅红雪道："先看我杀马空群，再等着我杀你？"

叶开笑了，微笑着道："你那时若是万一不想杀我了，我也不反对。"

傅红雪冷冷道："你可以去看，可以去等，可是这一次无论是我杀了他，还是他杀了我，你最好都不要多事。"

叶开道："我答应。"

傅红雪目中又露出痛苦之色，道："在路上时，你最好走得远些，最好不要让我看到你们。"

他已不愿再看见任何成双成对的人，他宁愿孤独，有种痛苦在孤独中反而比较容易忍受。

叶开当然明白他的心情，忽又笑了笑，道："其实你根本不必要这个人带路的。"

傅红雪道："为什么？"

叶开道："因为我已想出了他的来历。"

傅红雪道："哦。"

叶开道："他是龙虎寨的人，马空群想必一直隐藏在龙虎寨。"

白健的脸突然发青，这已无异说明马空群的确在龙虎寨。

他活着对别人已完全没有价值。他认为叶开已绝不会再放过他，可是他又错了。他忘了叶开跟他也不是同一种人，绝不是。

丁灵琳忽然看着他笑了笑，道："你放心，他们虽然已不要你带路，也不会杀你的，因为他们都不是心狠手辣的人。"

白健擦了擦汗，道："我……我知道他们都是好人的。"

丁灵琳微笑道："他们的确是的，但我却不是。"

白健的脸又发青，道："你……你……"

丁灵琳淡淡道："我只不过是个女人，女人总比较小心眼的，所以你以后最好记住，无论什么人都可以得罪，却千万不要得罪女人。"

白健汗出如雨，吃吃道："我以后一定……一定记住。"

丁灵琳道："你真的一辈子也不会忘记？"

白健道："真的。"

丁灵琳叹了口气，道："只可惜你的话我一句也不相信。"

白健道："你……你要怎样才相信。"

丁灵琳忽然沉下了脸，道："我只有一个法子。"

白健看到她的脸色，忽然明白她说的是什么法子了，他突然用出最后一点力气，冲了出去。

这次他没有错。他虽然不了解英雄和君子，却很了解女人。

他冲出去时，忽然听见脑后响起了一阵清悦的铃声，优美而动听。

这就是他最后听见的声音。

夜色更深。夜色最深时，也正是接近黎明最近的时候。

傅红雪看着白健在黑暗中倒了下去，回头瞪着叶开，冷冷道："你不该让他死的。"

叶开叹了口气，苦笑道："他也不该得罪女人。"

傅红雪道："马空群若不在龙虎寨呢？"

叶开道："他一定在。"

可是叶开这次也错了。

马空群已不在龙虎寨，龙虎寨里已没有人，没有一个活人。

地上的血已凝结，血泊中的尸体也已冰冷僵硬。

叶开并不是没有见过鲜血和死人，但现在却也觉得忍不住要呕吐。

傅红雪紧握着他的刀，紧握着他的手。他几乎已开始呕吐，可是他用尽了一切力量忍住。

他不忍再看，却用尽一切力量勉强自己看。——十九年前梅花庵外的情况，是不是就跟现在一样？

他恨马空群，但却从未像现在这么恨过。因为这本是他第一次亲眼看见马空群手段的残暴狠毒。

也不知过了多久，叶开才长长叹息，道："他想必已发现白健去找你了，所以才下这种毒手。"

傅红雪没有开口。他不能开口，只要一开口，就必将呕吐。

叶开蹲下来，用两根手指捏起了一撮带血的泥土。泥土还是湿的。

阳光照不到这里，血虽已凝结，却还没有干透——这是不是因为血中还有泪？

叶开沉吟着，道："他走了好像还没有多久。"

丁灵琳已转过身，用手掩住了脸，忽然道："但又有谁知道他是从哪条路走的呢?"

叶开道:"没有人知道。"

他遥视着远方,目光中竟似也充满了愤怒,过了很久,才慢慢地接着道:"我只知道,像他这种人,无论往哪条路走,都走不远的。"

丁灵琳道:"为什么?"

叶开道:"因为所有的路,都一定很快就会被他走光了。"

一个人就算已走光了所有的路,就算已无路可走时,也不会停下来的。

因为他还有一条路走。

绝路!没有人愿意自己走上绝路的。

可是你若真的不愿意,也没有人能逼你走上绝路。唯一能使你走上绝路的人,就是你自己!

第四十二章

绝路绝刀

山路很窄,陡峭、嶙峋,有的石块尖锐得就像是锥子一样。

可是前面还有路。

一片浓荫,挡住了秋日正午恶毒的阳光,马空群摘下了头上的马连坡大草帽,坐在地上,倚着树干不停地喘息。

他想用草帽来扇扇风,但手臂却忽然变得说不出的酸疼麻木,竟似连抬也抬不起来。

以前他不是这样子的。

以前他无论杀了多少人,都不会觉得有一点疲倦,有时杀的人愈多,精神反而愈好。

以前他甚至会觉得自己是个超人,是个半神半兽的怪物,总觉得自己的力量是永远也用不完的。

现在他终于明白自己也只不过是个人,是个满身疼痛,满怀忧虑的老人。

"我为什么也会跟别人一样,也会变得这么老?"

老,本就是件很令人伤感的事,可是他心里却只有愤怒和怨恨。

现在他几乎对每件事都充满了愤怒和怨恨。

他认为这世界对他太不公平。

他辛苦挣扎奋斗了一生,流的血和汗比别的人十个加起来还多。

但现在他却要像一只被猎人追逐的野兽一样，不停地躲闪，逃亡……他曾拥有过这世上最大的一片土地，但现在却连安身的地方都没有。

他也曾经有过这世上最优秀的马群，但现在却只能用自己的两条腿奔逃，连脚都被石头扎出了血。他当然愤怒、怨恨，因为他从来也没有想过这结果是谁造成的。

也许他根本不敢想。

沈三娘就在他对面，坐在一个很大的包袱上，也在喘息着。

她一向是个很懂得修饰的女人，但现在身上却到处都沾满了血污、尘土、泥沙，脚上的鞋子也快磨穿了，连脚底都在流着血。

她整个人都显得很虚弱，因为她刚才还呕吐过——她刚从头发里找出一个人的半边下颚。

有风吹过的时候，她身上就会觉得一阵寒意。

那并不是因为冷，而是因为恐惧。

她前胸的衣裳已裂开，只差一分，独眼龙的刀就已剖开她的胸膛。

可是她心里并没有怨恨。

因为这本是她自找的，怨不得马空群，更怨不得别人。

她知道马空群正在看着她，平时他看着她的时候，她总会对他嫣然一笑。

但现在她却还是垂着头，看着自己从裂开的衣襟中露出的胸膛。

马空群忽然叹了口气，道："包袱里还有衣裳，你为什么不换一件？"

沈三娘道："好，我就换。"

但她却没有换，连动都没有动。

平时马空群无论说什么,她都只有顺从,无论要她做什么,她都会立刻去做。

马空群凝视着她,过了很久,才慢慢地问道:"你在想什么?"

沈三娘道:"我什么也没有想。"

马空群道:"但是你看来好像有心事。"

沈三娘淡淡道:"就算我有心事,也并不一定要告诉你的。"

马空群嘴角的肌肉突然僵硬,就像是忽然被人掴了一巴掌。

这女人也许欺骗过他,甚至出卖过他,但却从来没有像现在这样当面顶撞过他,更没有违背过他的意思,连一次都没有。

这是第一次。

只不过他已是个老人了,已学会把女人当作马一样看待。

他当然不会像年轻人那样,冲过去揪住她的头发,问她为什么变了。

他只是笑了笑,道:"你累了,去洗个脸,精神也许就会好些的。"

林外有流水声,用不着走多远,就可以找到很清洌的泉水。

可是她没有动。

马空群又看了她一眼,慢慢地闭上眼睛,已不准备再理她。

"不理她。"

这三个字岂非正是对付女人最好的法子。

她生气时,你不理她,她要跟你吵,你不理她,她向你要东西,你不理她,她要钱花,无论要什么,你都不理她。

她拿你还有什么办法。

只可惜这法子并不是每个人都能做得到的,就连马空群都不见得真的能做到。

沈三娘忽然道:"你刚才问我心里在想什么,我本来不想说的,但现在却已到了非说不可的时候。"

马空群道："你说。"

沈三娘道："你不该杀那些人的。"

马空群道："我不该杀他们？"

沈三娘道："你不该！"

马空群并没有张开眼睛，但眼睛却已在跳动，过了很久，才缓缓道："我杀他们，只因为他们出卖了我，无论谁出卖了我，都只有死！"

沈三娘用力咬着嘴唇，仿佛在尽力控制着自己，却还是忍不住道："难道那些人全都出卖了你，难道那些女人和孩子也出卖了你？你为什么一定要把他们全都斩尽杀绝。"

马空群冷冷道："因为我要活下去。"

沈三娘突然冷笑，道："你要活下去，别人难道就不要活下去？——我们若要走，他们绝不会有一个人来阻拦的，你为什么一定要下那种毒手？"

马空群的双拳突然握紧，手背上已暴出青筋，但过了半晌，又慢慢地松开，慢慢地站起来，走出了树林。

泉水冷而清冽。

马空群蹲下去，用双手掬起了一捧清水，泉水流过他手腕时，他心情才渐渐平静。

无论谁都觉得他是个冷静而沉着的人，比任何人都沉着冷静。

只是他自己知道，他怒气发作时，有时就连他自己都无法控制自己。

沈三娘已跟着走出来，站在他身后，看着他。

他的背脊仍然挺直，腰仍然很细，从背后看，无论谁也看不出他已是个老人。

就连沈三娘都不能不承认,他的确是个与众不同的男人。她本是为了复仇,才将自己献给他的,但当他占有她时,她却忽然感觉到一种从来未有的满足和欢愉。

这种感觉她从未在别的男人身上得到过。

"难道我就是因为这缘故,才跟着他走的?"

她从未这么样想过,现在一想到,忽然觉得全身发热。

马空群当然知道她来了,却没有回头。

过了这条清泉,山路就快走完了,从这里已可看见前面一片广大的平原。

平原上阡陌纵横,就像是棋盘一样。

马空群眺望着远方,缓缓道:"到了山下,我们就可以找到农家借宿一宵……"

沈三娘突然打断了他的话,道:"然后呢,然后你准备怎么样?"

马空群沉默着,过了很久,才缓缓道:"你是在问我准备怎么样?还是在问我们准备怎么样?"

沈三娘用力握紧了双手,道:"是问你,不是问我们。"

马空群的身子突然僵硬。

沈三娘并没有看他,突又冷笑,道:"你是不是也准备将那家人杀了灭口?"

马空群霍然回身,凝视着她,缓缓道:"一个人在逃亡时,有时就不得不做一些连他自己都觉得恶心的事,可是我并没有叫你跟着我,我从来也没有。"

沈三娘垂下了头,道:"是我自己要跟着你的。我本来已下了决心,无论你要到哪里去,我都会跟着你,你活着,我就活着,你死,我就死!"

她的声音已哽咽，泪已流下，接道："我本来已决心把我这一辈子都交给你了，因为我……我觉得对不起你，因为我觉得不管你以前做过什么事，你都是条男子汉，但现在……现在……"

马空群道："现在怎么样？"

沈三娘悄悄地擦了擦眼泪，道："现在你已变了。"

这句话说出来，她心里忽然一阵刺痛。

因为连她自己都不知道，究竟是马空群变了，还是她自己变了。

马空群却只是静静地看着她，脸上完全没有任何表情。

这是不是因为他早已了解，这世上根本就没有不变的女人，更没有不变的感情。

何况，无论谁过了这么久终日在逃亡恐惧的生活，都难免要改变的。

马空群终于慢慢地点了点头，道："好，来，是你自己要跟着我来的，我并没有要求，现在你自己要走，我当然更不能勉强。"

沈三娘垂着头，道："我也仔细想过，我走了，对你反而有好处。"

马空群淡淡地笑了笑，道："谢谢你，你的好意我知道。"

"谢谢你"，这三个字虽然说得平淡，但沈三娘却实在受不了。

在这一瞬间，她心里忽然又充满了惭愧和自疚，几乎忍不住又要改变主意。

不管他是个怎么样的人，也不管他做过多少对不起别人的事，却从来也没有亏负过她。

她总是欠他的，现在他若拉起她的手，叫她不要离开他，她一定会毫不犹豫地跟着他走。

但马空群却只是淡淡问道："以后你准备到哪里去？有什么打算？"

沈三娘咬着唇，道："现在还没有，也许……也许我会先想办法去存点钱，做个小本生意，也许我会到乡下去种田。"

马空群道："你能过那种日子？"

沈三娘道："以前我当然不能，但现在，我只想能安安静静，自由自在地活两年，就算死了也没什么关系。"

马空群道："若是死不了呢？"

沈三娘道："死不了我就去做尼姑。"

马空群又笑了，道："你用不着对我说这种话，我知道你绝不是肯去做尼姑的人，其实你年纪还轻，应该再去找个男人的，找个比较年轻、比较温柔的男人，我配你的确太老了些。"

他虽然在微笑着，但眼睛里却已露出种愤怒嫉妒的表情。

沈三娘并没有看他，轻轻地叹了口气，道："我绝不会再去找男人了，我……"

马空群打断了她的话："也许你不会去找男人，但却一定还是有男人会去找你的。"

沈三娘沉默着，幽幽道："也许……未来的事，本就没有人能预料。"

马空群冷冷道："其实我很了解你，像你这样的女人，只要三天没有男人陪你睡觉，你根本连日子都活不下去。"

沈三娘霍然抬起头，吃惊地看着他。

她永远没有想到他忽然会对她说出这么粗鲁、这么可怕的话。马空群的眼睛也已因愤怒而发红。

他本来想勉强控制自己，做一个好来好散、很有君子风度的人，但是他只要一想到她在床上的风情，想到她以后跟别的男人在床上时的情况，想到那些年轻的、像狗一样爬在她身上的男人……他忽然觉得心里就好像在被毒蛇咬着，突又冷笑道："所以我建议你还是不如去做婊子,那样你每天都可以换一个男人。"

沈三娘全身都已冰冷,刚才的惭愧和自疚,忽然又全都变成了愤怒,忽然大声道:"你这种建议的确很好,我很可能去做的,只不过一天换一个男人还太少,最好能换七八个……"

她的话没有说完,马空群突然一掌掴在她脸上,随手揪住了她的头发,恨恨道:"你……你再说一句,我就杀了你。"

沈三娘咬着牙,冷笑道:"你杀了我最好,你早就该杀了我的,也免得我再跟你睡这么多天,让我一想到就恶心。"

她知道是不能用别的法子伤害他,只有用这些恶毒的话。

马空群的拳已握紧,握起。

沈三娘目中也不禁露出恐惧之色,她知道这双拳头的可怕。

世上也许再没有更可怕的拳头了,只要一拳击下,她的这张脸立刻就要完全扭曲、碎裂。

可是她并没有哀求。

她还是张大了眼睛,瞪着他。

她甚至可以看见他脸上的皱纹,每一根都在颤抖跳动,甚至可以看见冷汗一粒粒从他毛孔中沁出来。

马空群也在瞪着她,也不知过了多久,忽然长叹了一声,紧握着的拳头又松开。

也许他真的已老了,他的脸忽然变得说不出的衰老、疲倦。

他挥了挥手,黯然道:"你走吧,赶快走,最好永远也不要让我再看见你,最好……"

他的声音突然停顿。

他忽然看见刀光一闪,从沈三娘背后飞来。

沈三娘的脸突然扭曲变形,一双美丽的眼睛也几乎凸了出来,眼睛里充满了惊讶、恐惧、痛苦。

她伸出手，像是想去扶马空群。

可是马空群却向后退了一步。

她喉咙"咯咯"地响，像是想说什么，可是她还没有说出来，就已倒下。

一柄飞刀钉在她背上，穿透了她的背脊。

一柄飞刀！

马空群看着这柄刀，开始时也显得愤怒而惊讶，但忽然就变得说不出的恐惧。

他本来是想去扶她的，却又突然退缩，头上的冷汗已雨点般流下来。

山风吹过，木叶萧萧。

飞刀本是从林中发出的，但现在黝暗的树林里却听不见人声，也看不见人影。

马空群一步步往后退，一张脸竟也因恐惧而变形，突然转身，一掠而起，越过了泉水，头也不回地冲了下去。

沈三娘伏在地上，挣扎着，呻吟着。

可是他却连看都没有看一眼。

听着他的脚步声冲下山，她的心也沉了下去。

她知道他阴沉而凶险，有时很毒辣、残忍。

但她却从未想到他竟也是个懦夫，竟会眼看着她被人暗算，竟连问都不问就逃了。

她心里忽然觉得有种无法形容的悲哀和失望，这种感觉甚至比她背后的刀伤还强烈。

直到现在，她才真正觉得自己这一生是白活了，因为她竟将自己这一生，交给了这么一个男人。

鲜血从她嘴角沁出时,她的泪也流了下来。

就在这时,她听见一个人的脚步声,也听见了这人的叹息声。

"想不到马空群竟是这么样一个男人,就算他不能替你报仇,至少也该照顾照顾你的,可是他却逃得比狗还快。"

听声音,这是个很年轻的男人,是个陌生的男人。

就是这个人从背后暗算她的?

"你虽然是死在我手上的,但却应该恨他,因为他比我更对不起你。"

果然是这个人下的毒手。

沈三娘咬着牙,挣扎着,想翻过身去看这个人一眼,她至少总应该有权看看用刀杀她的究竟是什么人?

但这个人的脚却已踏在她背上,冷冷地笑着道:"你若是想看看我,那也没有关系,因为你反正也认不出我是什么人的,你以前根本就没有见过我。"

沈三娘用尽全身力气,嘶声道:"那么你为什么要害我?"

这人道:"因为我觉得你活着反正也没什么意思,不如还是死了的好!"

沈三娘咬着牙,连她自己都不能不承认,刚才她心里的确有这种感觉。

这人又道:"我若是个女人,若是跟了马空群这种男人,我也绝不想再活下去,只不过……死,也有很多种死法的。"

"……"

"你现在还没有死,所以我不妨告诉你,有时死了反而比活着舒服,但却要死得快,若是慢慢地死,那种痛苦就很难忍受了。"

沈三娘挣扎着,颤声道:"你……你难道还想折磨我?"

这人道:"那就得看你,只要你肯说实话,我就可以让你死得舒服些。"

沈三娘道："你要我说什么？"

这人的手，从地上提起了那大包袱，道："这包袱虽不小，但万马堂的财产却绝不止这些，你们临走时，把那些财产藏到什么地方去了？"

沈三娘道："我不知道，真的不知道。"

这人悠然道："你只要再说一句'不知道'，我就剥光你的衣服，先用用你，然后再挑断你的脚筋，把你卖到山下的土娼馆去。"

他微笑着，又道："有的男人并不挑剔，残废的女人他们也一样要的。"

沈三娘全身都已冰冷。

这人说话的声音温柔而斯文，本该是个很有教养的年轻人。

但他说的话、做的事，却比野兽还凶暴残忍。

这人道："我现在再问你一句，你知不知道？"

沈三娘道："我……我……"

忽然间，山林那边传来了一阵清悦的铃声。

一个很好听的少女声音在说："我知道他一定是从这条路走的，我有预感。"

有个男人笑了。

那少女又大声道："你笑什么？我告诉你，千万不要小看了女人的预感，那有时的确比诸葛亮算的卦还要灵。"

这声音沈三娘也没有听过，但是那男人的笑声却很熟悉。

她忽然想起这个人是谁，她的心跳立刻加快。

然后她就忽然发现，用脚踩着她背脊的那个人，已忽然无踪无影。

叶开从林中走出来的时候，也没看见第二个人——只看见了一个女人倒在泉水旁。

他当然也看见了这女人背上的刀。

人还活着，还在喘息。

他冲过来，抱起这女人，突然失声而呼道："沈三娘！"

沈三娘笑了，笑得说不出的悲哀凄凉。

她本来实在不愿意在这种情况下看见叶开，但是看见了他，心里又有种说不出的温暖。

她呻吟着，忽然曼声而吟：

"天皇皇，地皇皇。人如玉，玉生香。万马堂中沈三娘……"

她笑得更凄凉了，轻轻地问道："你还记不记得这歌？"

叶开当然记得。

这本是那天晚上，他在那无边无际的大草原中，看到沈三娘时，随口唱出来的。

他想不到沈三娘直到现在还记得。

沈三娘凄然道："你一定想不到我还记得吧，那天晚上你……"

叶开笑了，笑得也很凄凉，道："我只记得那天晚上陪我喝酒的不是你。"

沈三娘嫣然道："我也记得，那天晚上你根本没有到那里去过。"

挣扎着说完了这句话，鲜血立刻又从她嘴角涌出。

叶开轻轻地用指尖替她擦了擦，心里又悲伤又愤怒，忍不住问道："这也是马空群下的毒手？"

沈三娘道："不是他！"

叶开道："不是他是谁？"

沈三娘喘息着，道："是个年轻人，我连看都没有看见他。"

叶开道："但你却知道他是个年轻人。"

沈三娘道:"因为我听见了他的声音,他刚才还在逼我,问我知不知道马空群的财产藏在哪里,听见了你们的声音他才走的。"

叶开道:"马空群呢?"

沈三娘道:"他也走了,就像是忽然看见了鬼一样,逃下山去……"

叶开皱眉道:"他为什么要逃?他看见了什么?"

沈三娘咬着牙,道:"他一定以为你们追上来了,他……"

叶开的眼睛突然亮了起来,失声道:"他一定看见了你背上的刀。"

三寸七分长的刀。

飞刀!

叶开撕下了一片衣襟,用他身上带的金创药,塞住了沈三娘的伤口。

然后他就拔出了这柄刀。

薄而利的刀锋,在太阳下闪着亮,光芒刺进了傅红雪的眼睛。

他的脸色立刻变了,就好像真的被刺了一刀。

叶开忽然回头,看着他,道:"你当然见过这种刀的。"

傅红雪脸色的苍白度又接近透明了,过了很久,才慢慢地点点头。

他不能不承认。

第一次看见这种刀,是在李马虎的杂货店,第二次看见这种刀,是在那已被血洗过的长街上,第三次看见这种刀,是在那令他心都粉碎了的暗室中,在他那身世凄凉的情人尸身旁。

每一次他都记得清清楚楚,甚至只要一闭起眼睛,就仿佛能看见李马虎那张惊怖欲绝的脸,看见孩子身上飞溅出的血花……可是他以前想的难道错了？

叶开凝视着他，缓缓道："你现在总该明白，这种刀并不是只有我能用的。"

傅红雪沉默。

叶开叹道："其实我若真要暗算别人时，就绝不会使用这种刀，也绝不会让它被别人看到。"

傅红雪忽然道："因为这是种很特别的刀？"

叶开道："是的。"

傅红雪道："别人既然连看都看不见这种刀，又怎么能打造？"

叶开叹了口气，道，"这一点我也想不通，能打造出这种刀的确不是件容易事。"

他苦笑着，又道："我只知道无论谁要陷害别人时，都得费些苦心的。"

傅红雪道："你认为这是别人在故意陷害你？"

叶开苦笑道："你难道还看不出？"

傅红雪垂下头，凝视着自己手里的刀——

他若不愿回答一个问题时，就会垂头看着自己的刀。

叶开道："这个人让你认为我是挑起你和'神刀'郭威那场血战的祸首，又让你认为我是谋害翠浓的主凶，那时丁灵琳恰巧被她二哥带走，连一个能替我证明的人都没有。"

他又叹了口气，接着道："他这么做，显然只为了要在你我之间造成一段不可化解的仇恨，要我们拼个你死我活。"

傅红雪握刀的手上，又有青筋凸出，却还沉默着。

叶开道："看来他的确是费了一番苦心的，因为他这计划实在很周密，令我根本连辩白的机会都没有。若不是他这次终于露了马脚，我无论怎么解释，你都绝不会相信的。"

傅红雪也不能不承认，他的确连一个字都没有解释过。

叶开道："这次他显然没有想到我们居然还没有打得头破血流，居然还在一起。"

他苦笑着又道："三娘若已死了，你若不是跟我一起来的，想必又会认为害死三娘的凶手是我——现在马空群就一定会这么样想的。"

丁灵琳一直嘟着嘴，在旁边生气，谁也不知道她是为什么生气的。

但现在她却忍不住问道："你想不想得出有什么人会这么恨你？要这样子害你？"

叶开叹道："我想不出，所以我一定要问清楚。"

他垂下头，才发现沈三娘竟又挣扎着抬起头来，正用一种很奇怪的眼光在看着丁灵琳。

丁灵琳也在用一种很奇怪的眼色看着她。

叶开道："这位沈三娘，你还没有见过……"

丁灵琳忽然打断了他的话，冷冷道："我知道她是谁，只不过不知道她怎么会跟你这么熟的，你对她好像比对我还要好得多。"

叶开忽然明白她是为什么在生气了。

她又在吃醋。

这女孩子好像随时随地都会吃醋，一吃起醋来，就什么都不管了，什么话她都说得出口。

可是沈三娘为什么会用这种眼光看着她呢？

叶开想不通。

丁灵琳冷笑道："喂，我跟你说话，你为什么不理我？"

叶开根本就不准备理她，她吃起醋来的时候，就根本不可理喻。

丁灵琳的火气当然更大了，冷笑道："我看你们之间好像有很多值得回忆的事，是不是要我躲开点，好让你们慢慢地说？"

叶开道："是的。"

丁灵琳瞪着他，眼圈忽然红了，撇了撇嘴，跺了跺脚，竟真的扭头就走。

叶开也根本就不准备拉她。

沈三娘忽然叹了口气道："看来这小姑娘爱你已爱得要命，你不该故意气她的。"

叶开笑了笑，说道："可是我的确有很多话要跟你说。"

沈三娘道："你是不是想问我，刚才暗算我的那个人，说话是什么口音？"

叶开笑道："跟你说话的确是件愉快的事，你好像永远都能猜得出别人心里在想什么。"

沈三娘也笑了，笑得却更酸楚。

她唯一不能了解的人，就是马空群，但却已将这一生交给了他。

她了解别人又有什么用？

过了很久，她才提起精神来，说道："那个人说的是北方话，听声音绝不会超过三十岁，说起话来很温柔。就算他说要杀你的时候，也是用温柔的声音说出来的，甚至还好像带着微笑。"

叶开叹道："世上本就有很多笑里藏刀的人，这并不能算得特别。"

沈三娘道："他说话只有一点特别的地方。"

叶开立刻追问，道："哪一点？"

沈三娘道："每次他说到'人'这个字的时候，舌头总好像卷不过来，总带着点'能'字的声音，就好像刚才那位丁姑娘一样。"

现在叶开终于明白，她刚才为什么会用那种奇怪的眼色看着丁灵琳了。

他的眼睛忽然亮了起来，但脸色却已变得很苍白，苍白得甚至比傅红雪还要可怕。

沈三娘看着他的脸色，忍不住问道："你已知道他是谁了？"

叶开似在发怔，过了很久，才慢慢地摇了摇头。

沈三娘道："你在想什么？"

这次叶开竟连她在说什么都没有听到，因为他耳朵里好像有个声音在大吼。

"人都来齐了么？"

"人……"

他的人就仿佛突然被雷电击中，突然跳了起来，苍白的脸上，忽然发出一种很奇怪的红光。

连傅红雪都已忍不住抬起头，吃惊地看着他。

丁灵琳当然更吃惊。她虽然远远地站在那边，但眼睛却始终是盯在叶开身上的。

她从来也没有看见过叶开像这样子，甚至连想都没有想到过。

无论谁都不能不承认，叶开以往是个最沉得住气的，你就算一刀把他的鼻子割下来，他脸上也绝不会有这么奇怪的表情。

他脸上虽然在发着光，但眼睛里却又仿佛带着种奇特的痛苦和恐惧。

没有人能形容他这种表情，没有人能知道他心里在想什么。

看到他这种表情，丁灵琳连心都碎了。

她刚才还在心里发过誓，永远再也不理这个人，但现在却早已忘得干干净净。

她奔过来，拉起叶开的手。叶开的手也是冰凉的。

她更急，将他的手贴在自己脸上："你怎么会忽然变成这样子的？"

叶开道："我……我在生气。"

丁灵琳道:"生谁的气?"

叶开道:"你。"

丁灵琳垂下头,却偷偷地笑了。

叶开忍不住问:"我在生你的气,你反而笑?"

女人的心事,的确是费人猜疑。

丁灵琳垂着颈,道:"就因为你生我的气,所以我才开心。"

叶开更不懂:"为什么开心?"

丁灵琳道:"因为……因为你若不喜欢我,又怎么会为我气成这样子?"

叶开也笑了。

但笑得却还是没有平时那么开朗,笑容中竟仿佛带着很深的忧虑。

丁灵琳却看不见,因为她整个人都已依偎在他怀里,无论有多少人在旁边看着,她也不在乎——她从不想掩饰自己对叶开的感情。

傅红雪看着他们,忽然转过身,走下山去。

泉水从山上流下来,阻住了他的路,可是他却没有看见。

他笔直地走过去,走在水里,冰冷的水淹没了他的腿。可是他没有感觉。

叶开在后面呼唤:"等一等,我们一起走,一起去找马空群。"

他也没有听见。他走得很慢,却绝不回头。

叶开目送着他瘦削孤独的背影,忍不住叹息,道:"他真的变了,不但变得更孤独,而且很消沉,再这样下去,我只担心……"

他没有说下去,他不忍说下去。

沈三娘却忽然问:"他怎么会变的?"

叶开黯然道:"他亲眼看着一个他唯一真心相爱的女孩子,死在他面前,却救不了她。"

沈三娘道:"翠浓?"

叶开道:"不错,翠浓。"

沈三娘眼睛里忽然又露出种很奇怪的表情,过了很久,才轻轻叹息,道:"我实在想不到他竟会真的爱上了翠浓!"

叶开道:"你是不是认为翠浓不值得他爱?"

沈三娘没有回答,她没法子回答。

叶开笑了笑,笑得很悲伤,缓缓道:"只可惜这世上却偏偏有很多人要爱上他本不该爱的人,这本就是人类最大的悲哀和痛苦。"

沈三娘终于也忍不住黯然叹息,喃喃道:"这是为了什么?又有谁知道这是什么缘故?"

人类的情感,本就是最难捉摸的,本就没有人能控制得住。

也正因如此,所以人类才有悲哀,才有痛苦。

叶开看着沈三娘,眼睛里也露出种很奇怪的表情,缓缓道:"无论谁受了傅红雪那样的打击,都难免会跟他一样,一天天消沉下去。只不过,这世上也许还有一个人能救得了他。"

沈三娘道:"谁?"

叶开道:"你。"

沈三娘沉默着,终于慢慢地点了点头,道:"所以我不能死,我的确还有很多事要做……"

有很多人都不能死,却偏偏还是死了。

生、老、病、死,本就全都不是人类自己所能主宰的。这也正是人类永恒的悲哀和痛苦。

马空群关起房门,上好闩,然后他就倒了下去,倒在床上,木板床又冰又硬,就像是棺材一样。

屋子里也阴暗潮湿如坟墓。只不过他总算还活着,无论如何,活着总比死了的好。

老人为什么总是要比年轻人怕死？其实他的生命明明已没什么值得留恋的，却反而偏偏愈是要留恋。

他年轻的时候，并没有觉得死是件可怕的事。

床单上有种发了霉的味道，仿佛还带着马粪的臭气，他忽然觉得要呕吐。

其实他本就是在这种地方长大的，他出生的那间屋子，几乎比这里还要臭。

等到他开始闯荡江湖时，为了逃避仇家的追踪，他甚至真的在马粪堆里躲藏过两天一夜。

有一次同白家兄弟在长白山中遇伏，被三帮采参客围剿，逃窜入荒山时，他们甚至喝过自己的尿。

这种艰苦的日子，现在他虽然已不习惯，却还是可以忍受。

他要呕吐，并不是因为这臭气，而是因为他忽然觉得自己很可耻。

一个男人看着自己的女人在面前倒下去时，无论如何都不该逃的。

可是他当时实在太恐惧，因为他以前也看过那种同样的刀。

刀锋薄而锋利，才三寸七分长，但却已无疑是这世上最可怕的一种刀。

"这就是小李飞刀。"

白天羽手里拿着这么样一柄刀，眼睛里闪动着兴奋的光。

"你们来看看，这就是小李飞刀！是小李探花亲手送给我的。"

那时正是马空群第一次看见这种刀。

刀锋上还有个"忍"字。

"这忍字，也是小李探花亲手用另一柄刀划上去的，他说他能活到现在，就因为他一直都很了解这个'忍'字的意思，所以他要将这个字转送给我。"

当时他的确很接受小李探花的好意，白天羽并不是个不知道好歹的人。

"他还答应我，等我第二个儿子生出来的时候，可以送到他那里去。他还说，这世上假如还有人能学会他的飞刀，就一定是我的儿子。"

只可惜他的愿望还没有实现，就已死，因为他已忘记了小李探花送给他的那个"忍"字。

马空群却没有忘记。这件事他一直都记在心里。

天色已渐渐暗了。

马空群凝视已由灰白变为漆黑的窗户，只希望自己能睡一觉。

他相信这是个最安全的地方。从山上下来后，他并没有在那边的农村停着，就一直逃来这里。

他在这里停下来，只为连他自己都从来没有看见过这么阴暗破旧的客栈。

这里非但没有别的客人，连伙计都没有，只有一个半聋半瞎的老头子，在这里死守着，因为他已没有别的地方可去。

马空群忽然觉得有种兔死狐悲的伤感，看见了这老人，他不禁想到自己。

"我呢？我难道也已跟他一样，也已没有别的地方可去？"

他握紧双拳，自己对自己冷笑。

这时破旧的窗户外，忽然传来一阵油葱煮面的香气，就仿佛比刚从火上拿下的小牛腰肉还香。

他全身都仿佛软了,连手指都仿佛在发抖。饥饿,原来竟是件如此无法忍受的事。

在路上经过一家面摊子时,他本来想去吃碗面的,但他刚走过去,就想起自己身上连一文钱都没有。

万马堂的主人,无论走到哪里,本都不需要带一文钱的。

就像大多数豪富一样,多年来他都已没有带钱的习惯,所以直到现在,他还没有吃进一粒米。

他软软地站起来,才发觉自己的虚弱,饥饿竟已使得他几乎不能再支持下去。

推开门,走过阴暗小院,他总算找到了厨房。那半聋半瞎的老头,正将一大碗粗汤面摆到桌上。

在昏暗的烛光下看来,面汤的颜色就像是泥水,上面还飘着根发了黄的葱叶。

可是在他看来,已是一顿很丰富的晚餐——在马空群眼中看来竟也一样。

他挺起胸走过去,大声道:"这碗面给我,你再煮一碗。"

直到现在,他说话的时候,还带着种命令的口气,只可惜现在已没有人将他的话当作命令了。

老头子看着他,很快地摇了摇头。

马空群皱眉道:"你听不见?"

老头子却露出一嘴残缺发黄的牙齿笑了,道:"我又不是聋子,怎么会听不见,只不过这碗面是我要吃的,等我吃完了,倒可以再替你煮一碗,但是也得先拿钱给我去买面。"

马空群沉下了脸,道:"你这是什么态度?像你这样对客人,怎么能做生意?"

老头子又笑了,道:"我本来就不是在做生意。"

马空群道:"那你这店开着是干什么的?"

老头子叹了口气,道:"什么也不干,只不过在这里等死,若不是快死的人,怎么会到这地方来?"

他连看都不再看马空群一眼,忽然弯下腰,竟吐了几口口水在面碗里,喃喃道:"我知道你也是个没钱付账的人,那破屋子让你白住两天也没关系,但这碗面却是我的,你要吃,除非你敢吃我的口水。"

马空群怔住。他怔在那里,紧握着双拳,几乎忍不住想一拳将这老头子胃里的苦水打出来。

可是他忍住了。他现在竟连怒气都发作不出,只觉得满嘴又酸又苦,也不知是该大笑几声,还是该大哭一场。纵横一世的马空群,难道竟会在这又脏又臭的厨房里,为了一碗泥水般的粗汤面,杀死一个半聋半瞎的老头子?他实在觉得很好笑。

他忍不住笑了,但这种笑却实在比哭还悲哀。

一阵风吹过,几片枯叶在地上打着滚。

"我现在岂非也正如这落叶一样?也正在烂泥中打滚?"

马空群垂着头,走过院子,上弦月冷清清的光芒,将他的影子长长地拖在地上,他推开门的时候,月光也跟着照了进去,照在一个人的身上。

一个人幽灵般站在黑暗里,门推开时,冷清清的月光就恰好照着她身上穿的衣裳——一件红色的短褡衫,配着条黑缎子上绣着火红桃花的百褶湘裙。

马空群的呼吸突然停顿。他认得这套衣裳,沈三娘第一次来见他时,穿的就是这套衣裳。

就在那天晚上,他从她身上脱下了这套衣裳,占有了她。不管在哪里,不管到了什么时候,他永远都忘不了那天晚上她带着泪,软语央求他的脸，也忘不了这套衣裳，虽然这套衣裳她已有多年没穿过了。

现在她怎么会又穿上这套衣裳？怎么会忽然出现在这里？莫非她还没有死？

马空群忍不住轻轻呼唤："三娘，是你？"

没有回答，没有声音。

只有风声从门外吹进来，吹得她整个人飘飘荡荡的，就仿佛要乘风而去。

这个人竟好像既没有血，也没有肉，只不过有副空荡荡的躯壳而已。也许连躯壳都没有，只不过是她的鬼魂。她无论是死是活，都要来问问这个负心汉，问他为什么要抛下她，只顾自己逃命？

马空群的脸色已发青，黯然道："三娘，我知道我对不起你，无论你是人是鬼，从今以后，我都不会再抛下你了。"

他开始说话的时候，人已慢慢地走过去，说到这里，突然出手，一把扣住她的臂。

站在这里的，既不是她的人，也不是她的鬼魂，只不过是个穿着她衣裳的稻草人而已。

马空群的脸色已变了，正想翻身，一柄剑已抵在他背脊上，冰冷的剑锋，已刺透了他的衣裳。

一个人从门后走出来，悠然长吟："天皇皇，地皇皇。关东万马堂。马如龙，人如钢！"

马空群沉声道："你是什么人？"

这人道："我是个人，跟你一样，是个有血有肉的人，既不是鬼，也不是钢，所以我若是你，我现在一定会老老实实地站着，连一动都不动。"

他的声音尖锐而奇特，显然不是他本来的声音。

他冷冷地接着道："你当然也不愿看见这柄剑从你胸膛里刺出去

的。"

他的手用了用力，冰冷的剑锋，就似已将刺入了肉里。

马空群却反而松了口气，因为这是柄剑，不是刀，因为这个人也不是傅红雪。

傅红雪来的时候纵然会在他背后出现，也绝不会改变声音的。

这人又道："你最好也不要胡思乱想，因为你永远也想不出我是谁的。"

马空群道："你怎知我是谁？"

这人笑道："我早就认得你，只不过从来也没有想到，马如龙、人如钢的关东万马堂，居然也有自己知道自己对不起人的时候，沈三娘若是没有死，听到你的话一定开心得很。"

马空群道："你……你也知道沈三娘？"

这人道："我什么事都知道，所以无论什么事你最好都不要瞒我。"

马空群道："这套衣裳是你从她包袱里拿来的？"

这人冷笑，冷笑有时也有默认的意思。

马空群心里一阵刺痛，他没有想到沈三娘还会偷偷地保藏着这套衣裳。

那天晚上的欢乐与痛苦，她是不是也同样偷偷地保藏在心里？

马空群咬着牙，突然冷笑，道："装神弄鬼，倒也可算是好主意，但你却不该用这套衣裳的。因为你这么做已等于告诉了我，杀沈三娘的人就是你。"

他声音中也充满了仇恨，接着道："你不但杀了她的人，还偷走了她的包袱……"

这人打断了他的话，冷笑道："你难道没有杀过人？我的手段虽狠毒，至少还比你好些——我至少还没有杀过跟我同生共死的兄弟，也没有用我兄弟的财产到关东去开马场。"

马空群的脸色又变了，江湖知道这秘密的人，至今还没有几个。

甚至连傅红雪自己也许都不知道，他开创万马堂用的钱，本是白家的。

这人怎么会知道？马空群突然觉得有种刀锋般的寒意从脚底升起，嘎声道："你究竟是什么人？"

这人悠然道："我说过，我是个无所不知、无所不晓的人，你现在总该已明白我不是唬你的。"

马空群道："你既然都知道，还想要什么？"

这人道："也不想要什么，只不过要你将你从别人手上夺过去的财产交出来而已。"

马空群道："你要，你就去拿吧，只可惜昔日那马肥草长的万马堂，如今只怕已变成了一片荒地。"

这人冷笑道："你也该知道我要的不是那片荒地，是你偷偷藏起来的珠宝。"

马空群道："珠宝？什么珠宝？"

这人道："昔年神刀堂独霸武林，纵横天下，声势犹在上官金虹的金钱帮之上，上官金虹死了后，还遗下一笔数字吓人的财富，何况神刀堂。"

马空群道："只可惜我并不是神刀堂的人。"

这人冷冷道："你当然不是，你只不过是谋害神刀堂主人的凶手而已。你叫别人做你的帮凶，杀了白天羽，却一个人独吞了他的财产。只可怜那些死在梅花庵外的人，真是死得冤枉呀……冤枉。"

马空群连手足都已冰冷，他忽然发现这个人知道的实在太多了。

这人又厉声说道："那些人的孤寡遗孀，有的已衣食不继，现在我正是替他们来跟你结清这笔账！"

马空群忽然冷笑道:"但你又怎么知道死在梅花庵外的是些什么人?"

这人没有开口,手里的剑竟似忽然抖了抖。

马空群一字字道:"除了我之外,这世上本来只有一个人知道那些人是谁的,只有一个人……我从来未想到他会将这秘密告诉第二个人的。"

他的声音冰冷恶毒,慢慢地接着道:"但你却已是知道这秘密的第二个人了,你究竟是谁?"

这人只是冷笑。

马空群继续追问:"你究竟是谁?"

这人冷笑地答道:"现在你也许永远也不会知道我是谁了。"

马空群冷冷道:"那么你只怕也永远不会知道那批宝藏在哪里。"

这人似又怔住。

马空群又道:"何况,你纵然不说,我也知道你是什么人了,你若真的杀了我,我死后不出三天,就会有人将你们家的秘密说出来,让天下武林中的人全都知道……白家的后代当然也一定会知道。"

这人手里的剑似乎又抖了抖,冷笑着道:"你若死了,还有谁能说出这秘密?"

他毕竟还年轻,无论多阴沉狡猾,也比不上马空群这种老狐狸的。

这句话不但也有示弱之意,而且已无异承认他就是马空群所想到的那个人了。

马空群眼睛里已发出了光,冷冷道:"我活着的时候,的确没有人能说出这秘密。"

这人忍不住问道:"你死了反而有?"

马空群道:"不错。"

这人道:"你……你是不是留了一封信在一个人手里?你若死了,他就会将这封信公开?"

马空群淡淡道:"看来你倒也是个聪明人,居然也能想到这种法子。"

这人道:"我能想得到,但我却不信。"

马空群道:"哦?"

这人道:"因为这世上根本就没有一个你信任的人,你能将那种秘密的信交给他?"

马空群忽然笑了笑,道:"你是不是要我告诉你,那个人是谁,等你杀了我之后,就去杀他?"

这人不说话了。

马空群淡淡笑道:"你用的这法子本来的确不错,只可惜这种法子我三十年前就已用过了。"

这人沉默着,过了很久,也笑了笑,道:"你难道认为我会就这样放了你?"

马空群道:"你当然不会,但我们却不妨来做个交易。"

这人道:"什么交易?"

马空群道:"你陪我去杀了傅红雪,我带你去找那宝藏;你替我保守秘密,我也绝不提起你一个字;我藏起那批珠宝,也足够你我两个人用的。你说这交易公道不公道?"

这人沉默着,显然已有些动心。

马空群道:"何况,你也该知道,你的上一代,本是天下唯一能和我共同保守那秘密的人,因为我信任他,他也信任我,所以我们才能做出那种惊天动地的大事。现在我们的机会岂非比当年更好?"

这人迟疑着,缓缓道:"我可以答应你,只不过要先取宝藏,再杀傅红雪。"

马空群道："行。"

这人道："还有，在我们去取宝藏的时候，我还得点住你双臂的穴道。"

马空群道："你难道还怕我对你出手？"

这人道："我只问你答不答应。"

马空群笑了笑，道："也许，我既然能信任你的上一代，就也能同样信任你。"

这人终于松了口气，道："我只点你左右双肩的'肩井'穴，让你不能出手而已。"

他踏前一步，用本在捏着剑诀的左手食中两指，点向马空群的右肩。

这时候他当然不能不先将右手的剑垂下去一点，否则他的手指就点不到马空群的肩头。

只不过这也是一刹那间的事，他右手的剑一垂，左手已点了过去，他自信出手绝不比任何人慢。

但他却还是不够快。

也就在这刹那间，马空群突然一侧身，一个肘拳打在他右肋下，接着反手挥拳，痛击他的面额。

这人听见自己肋骨折断的声音，人已被打得飞了出去。

他只觉眼前突然一片漆黑，黑暗中还有无数金星在跳动。可是他知道自己绝不能晕过去，十五年朝夕不断的苦练，他不但学会了打人，也学会了挨打。他身子落在地上时，突然用力一咬嘴唇，剧痛使得他总算还能保持清醒。然后他的人已在地上滚了出去。

马空群追出来时，只见他的手一扬，接着，就是刀光一闪！刀光如闪电，是飞刀！

"小李飞刀，例不虚发！"

小李飞刀的威名，至今仍足以令江湖中人魂飞魄散。这虽然不是小李的飞刀，却也已震散了马空群的魂魄。他竟不敢伸手去接，闪避的动作也因恐惧而变得慢了些。

刀光一闪而没，已钉在他肩上。

这也是飞刀。可是天上地下，古往今来，绝没有任何人的飞刀能比得上小李飞刀！

就正如天上的星光虽亮，却绝没有任何一颗星的光芒能比得上明月。

这柄刀若是小李飞刀，马空群的动作纵然再快十倍，也是一样闪避不开，因为小李飞刀已不仅是一柄飞刀，而是一种神圣的象征，一种神奇的力量。没有人能避开小李飞刀，只因每个人自己本身先已决定这一刀是避不开的。

这种想法也正如每个人都知道，天降的灾祸是谁都无法避免的一样。

刀光一闪，他的人已滚出院子，翻身跃起。

马空群只看见一条穿着黑衣的人影一闪，就没入了黑暗里。

他咬了咬牙，拔出肩上的刀，追了出去。

他相信这个人一定逃不远的，无论谁挨了他两拳之后，都一定逃不远的。

第四十三章

世家之后

夜,夜色深沉。

冷清清的上弦月,照着他苍白的脸,也照着他漆黑的刀!

傅红雪静静地站在月光下,前面是一片荒林,后面是一片荒山。

他一个人孤零零地面对着这无边无际的荒凉黑暗,似已脱离了这个世界。

这个世界也似已遗忘了他。

他身无分文,饥饿、寒冷而疲倦。

他无处可去,因为他虽然有家,却不能回去。

他的情人被他亲手埋葬,他想替她复仇,却连杀她的人是谁都不知道。

他知道的一个仇人是马空群,但却又不知道应该到哪里去寻找。叶开将他当作朋友,但他非但拒绝接受,而且还要逃避。

可是除了叶开外,就再也没有一个人将他当作朋友,他就算死在路上,只怕也没有人会理睬。

世界虽然大,却似已没有容纳他这么样一个人的地方。

他活在这世界上,已像是多余的。

可是他又偏偏一定要活下去。

活下去又怎么样呢?应该往哪条路走?应该到哪里去?他不知道。

他甚至连今天晚上该到哪里去都不知道，甚至连一家最阴暗破旧的客栈，他都不敢走进去，因为他身上已连一枚铜钱都没有。

——难道就这样在这里站着，等着天亮？但天亮后又怎么样呢？傅红雪手里紧紧握着他的刀，心里忽然觉得说不出的空虚恐惧。

以前他至少还有个人可想，思念纵然痛苦，至少还有个人值得他思念，但现在呢？现在他还有什么？还剩下什么？他心里只觉得空空荡荡的，甚至连那种刻骨铭心的仇恨，都变得很遥远，很虚幻了。

这才是真正可怕的。

他咬着牙，勉强控制着自己，这里虽然没有人看见，他还是不愿让眼泪流下来。

就在这时，他忽然看见一个人从黑暗的荒林中飞奔了出来。

一个满面鲜血的黑衣人。

他就像是在被恶鬼追赶着似的，连前面的人都看不见，几乎撞在傅红雪身上。

等到他看见傅红雪时，已无法回头了，他那张本已被人打得破碎扭曲的脸，突然又因惊惧而变形。

傅红雪倒并不觉得奇怪，无论谁都想不到如此深夜中，还会有个人像他这样子站在这里的。

他甚至连看都懒得多看这黑衣人一眼。

黑衣人却在吃惊地看着他，一步步向后退，退了几步，忽然道："你就是傅红雪？"

傅红雪也不禁觉得很意外，道："你是谁？怎么会认得我？"

黑衣人没有回答这句话，却指着身后的荒林，道："马空群就在后面，你……你快去杀了他！"

傅红雪全身的每一根肌肉都已似弓弦般绷紧。

他历尽艰苦，走得脚底都生了老茧，也找不到的仇人行踪，竟被这个陌生的夜行人说了出来,他实在不能相信,也不敢相信。

黑衣人似已看出了他的心意,立刻接着又道:"我跟你素不相识,为什么要骗你?你至少总该过去看看,那对你总不会有什么损失。"

傅红雪没有再问。

不管这黑衣人是谁,他的确没有说这种谎话的理由,何况他纵然说谎又如何!一个人若已根本一无所有,又还怕损失什么?傅红雪慢慢地转过身,然后他的人就已忽然掠入了荒林。

黑衣人再也没有想到这残废憔悴的少年,身法竟如此轻健,行动竟如此迅速。

他目中现出忧虑之色,忽然大声道:"马空群不但是你的仇人,也是我的,他无论说我什么话,你都千万不能相信。"

他本就是个思虑很周密的人,显然生怕傅红雪听了马空群的话,再回头来追他。

他绝未想到这句话竟是他一生中最致命的错误。

这句话刚说完,傅红雪竟又突然出现在他面前,苍白的脸上,带着种奇特而可怕的表情,瞪着他一字字道:"你说马空群是你的什么人?"

他那双冷漠疲倦的眼睛里,现在也突然变得刀锋般锐利。

黑衣人被这双眼睛瞪着,竟不由自主,后退了两步,道:"我说他是……是我的仇人!"

"每次他说到'人'这个字的时候,舌头总好像卷不过来,总带着点'能'字的声音……"

沈三娘说的话就像轰雷闪电般在敲击着他的耳鼓。

他苍白的脸,突然变得火焰般燃烧了起来。

全身也在不停地发抖。

只有那只手,那只握刀的手,还是稳定的。

他已将全身的力量,全都集中在这只手上——苍白的手,漆黑的刀。

黑衣人吃惊地看着他,忍不住道:"你……你难道还不相信我的话?"

傅红雪仿佛根本没有听见他的话,突然转头,面向着东方跪下。

黑衣人怔住,他实在猜不透这奇特的少年,究竟在干什么?冷清清的月光,照在傅红雪脸上,他目中似已有了泪光,喃喃低语着:"我总算已找到了你的仇人,你在九泉之下已可瞑目了。"

黑衣人也听不懂他在说什么,却突然觉得有种诡秘而不祥的预兆,竟不由自主一步步往后退,准备一走了之。

可是傅红雪却忽然又已到了他面前,冷冷道:"你的刀呢?"

黑衣人怔了怔,道:"什么刀?"

傅红雪道:"飞刀。"

黑衣人目中突然露出种说不出的恐惧之色,失声道:"我哪有什么飞刀?"

傅红雪咬着牙,瞪着他,道:"我本该现在就一刀杀了你的,只不过我还有话要问你!"

傅红雪的声音也已嘶哑,厉声道:"我问你,你为什么要做那种事?为什么要害翠浓?你究竟是什么人?"

黑衣人道:"你……你说的话我根本完全不懂,我根本不认识你。"

傅红雪狂怒、颤抖,但那只握刀的手却还是稳定如铁石。

突然间,刀已出鞘!刀光如闪电般挥出,黑衣人却已经倒下,滚出了两丈。

刀光一闪,他的人就已先倒下。

他对这柄刀的出手,不但早已防备,而且竟好像早已准备了很多法子，来闪避这一刀。

这一刀出手，锋锐凌厉，势不可当，天下本没有人能招架。

可是他居然能避开了这一刀。

刀光闪起，人先倒下——在他这种情况下，几乎已没有更好的法子能闪避这一刀。

这种法子绝不是仓促间所能用得出的，为了闪避这一刀，他必定已准备了很久。

他身子翻出，手已挥起。

他的飞刀终于也已出手。

只听"叮"的一声，火星四溅，两道闪电般的刀光一触，飞刀落下。

黑衣人再一滚，已滚上了山坡，突然觉得肋下一阵剧痛，刚才被马空群肘拳击中的地方，现在就像有柄锥子在刺着。

他想再提气，已提不起。

刀光又一闪，冰凉的刀锋，已到了他的咽喉。

这凌厉风发，锐不可当的一刀，竟已在这一刹那间，突然停顿。

握刀的这一只手，已将力量完全控制自如。刀锋只不过将黑衣人咽喉上的皮肉，割破了一道血口，傅红雪怒盯着他，厉声道："我问你的话，你说不说？"

黑衣人终于叹了口气，道："好，我说，我跟你并没有仇恨，我恨的是马空群，我杀了那个女人，只因为她也是马空群的女儿。"

傅红雪的身子突又僵硬，突然大吼，怒道："你说谎！"

黑衣人道："我没有说谎，但是知道这件事的人实在不多……"

他喘息着，看着傅红雪。

傅红雪的身子又开始发抖，抖得更剧烈。

黑衣人接着道："她和马芳铃并不是同母所生的，她母亲本是关中采参客的妻子，随着她丈夫出关采参时，被马空群奸污强占了。所以那批参客一直将马空群恨之入骨，有一次在长白山中，出动了一百三十多个人，等着伏击马空群，为的就是这段仇恨。在那次血战中，白大侠白老前辈也在的。"

那一次血战本是武林中极有名的战役，傅红雪幼年也曾听他母亲说起过。

——黑衣人说的难道竟是真的？傅红雪只觉全身的血管里，都仿佛有火焰燃烧了起来。

黑衣人看着他，又道："翠浓暗中一直是在为万马堂刺探消息的，这一点想必你也知道，她出卖了沈三娘，也出卖了花满天，始终效忠于万马堂，正因为她已知道自己的父亲就是马空群，她母亲临死前已将这秘密告诉了她。"

他叹息着，慢慢地接着道："血浓于水，这一点本是谁都不能怪她的，我杀她，只不过是因为要向马空群报复。"

傅红雪额上的冷汗已雨点般流下。

黑衣人道："你也是马空群的仇人，你难道会为了替他女儿复仇而杀我？"

傅红雪道："我还是不信，没有人肯把自己的亲生女儿，送到萧别离那里去。"

黑衣人冷冷道："的确没有人能做得出这种事，只不过，马空群根本就不是人。"

他突然咬紧牙，嘶声大呼："他根本就是个畜生，是个野兽！"

傅红雪满头冷汗，全身发抖，整个人已虚脱崩溃。

他魂牵梦萦、生死难忘的情人，难道真是他不共戴天的仇人的女儿？他不敢相信，却已不能不信。

他突然觉得嘴角肌肉开始抽搐，那可恨又可怕的病魔，又一次向他侵袭!

他的心沉了下去。

黑衣人看着他,目中露出了满意之色,冷冷道:"我的话已说完了,你若还要杀我,就动手吧。"

傅红雪咬着牙,没有开口。

他已不能开口,不敢开口,他必须用尽全身力量,集中全部精神,来对抗那可怕的病魔。

他只要一开口,就可能立刻要倒下去,像一只被人用鞭子抽打着的野狗般倒下去。

黑衣人的眼睛亮了,他已感觉到自己咽喉上的刀锋在渐渐软弱,渐渐下垂……

只不过刀还在傅红雪手里,可怕的手,可怕的刀。

黑衣人突然用尽全身力气,从刀锋下滚出,手脚并用,就像是野兽般蹿上了荒山,百忙中还反手发出了一刀。

可是他却连看都不敢回头去看一眼,现在他唯一的希望,就是远离这柄可怕的刀,走得愈远愈好。

他所说的一切,所做的一切事,也只有一个目的——他要活下去。有些人只为了要活下去,本就会不顾一切、不择手段的。

他当然想不到,他在匆忙中发出的那一刀,竟没有落空。

这一刀已刺入傅红雪的胸膛!鲜血沿着冰冷的刀锋沁出时,傅红雪就倒了下去。

倒在冰冷潮湿的地上。

一弯冷清清的上弦月已没入荒山后。

大地更加黑暗了,倒下去的人,是不是还能站起来呢?这黑衣人究竟是谁?他知道的事为什么有如此多?他说的话究竟是真是假?……有很多成功的人都曾经倒下去,可是他们又站了起来!

他们甚至倒下过十次,可是,他们又站了起来。

他们不怕被人击倒!因为他们知道,只要你还有力气,还有勇气站起来,倒下去又何妨?

傅红雪慢慢地站了起来。

刀,还在他胸膛上。

血还在流着,可是那恶毒的病魂,竟似也随着鲜血流出来。

剧烈的痛苦,竟使得他突然清醒。

但这清醒却又使得他立刻就感觉到疲倦、衰弱、饥饿!尤其是饥饿,他从未想到饥饿竟是种如此无法忍受的事。

黑衣人已蹿上荒山,不见了。

傅红雪并没追,他知道以自己现在的体力,追也没有用的。

他已将所有的潜力全都用尽。

山坡下的草丛下有金光闪动,是柄纯金的金如意。

那是黑衣人逃窜上山,反手拔刀时,从他怀里掉下来的。

傅红雪凝视着闪动的金光,慢慢地走过去,很快地拾起。

若是在三个月前,他也许宁可饿死,也绝不会去捡别人跌落的东西,甚至连看都不会去看一眼。

可是这三个月来,他已学会了很多,也已改变了不少,他已明白成功是必须付出代价的。

最重要的还是,他必须活下去。

现在他更不能死,更不甘心就这样默默地死。

就算死,也必须让那些伤害他的人付出代价来!

只要能让他有力量站起来,有力量活下去,现在他甚至会去偷,去抢!

奔过荒林,林外的山脚下,有个阴暗破旧的客栈,他刚才也曾经过。

现在他已不再犹豫，立刻用最快的速度走过去，甚至连胸膛的刀都不敢拔下来，他不能再流血，流血会使得他更衰弱。

客栈里居然还有灯光。

有灯，却没有人，也没有声音。大门还开着。

也不知是因为这小店的主人，已没有关门的力气，还是因为这地方根本就没有值得他关门的理由。柜台后也没有人，小院里的落叶在秋风中打着滚，灯光却在后面的小屋里。

看见小屋上的烟囱，就该知道那是厨房。

厨房，岂非正像是温暖的火光，滚热的食物——这些岂非就正是生命的力量。傅红雪很快地走过去，但却并没有在这厨房里找到食物和力量。

他找到的又是死亡！

炉灶已冷，灯也快灭了。

一个满头白发，身形佝偻的老人，仰面倒在地上，咽喉上一块瘀血，手里还紧紧地握着双筷子，人却已冰冷僵硬。

距离他尸身不远处，有只已被撕裂的破旧银袋，却是空的。

这老人显然是在吃面时，被人一拳打在咽喉，立刻毙命。

他手里既然还握着筷子，显然还没有吃完那碗面。

碗里的面是谁吃光的呢？

银袋里的一点碎银子，想必是被那杀人的凶手拿走了。

可是他杀了人后，难道还会将死人吃剩下的半碗面也吃了下去？

老人冰冷僵硬的脸上，也带着一种恐惧和不信的表情。

甚至连他自己都不能相信，世上竟会有人为了半碗被他吐过口水的面，几枚破旧的铜钱，就忍心下毒手杀了他这个已半聋半瞎的可怜老头子。

他实在死不瞑目。

傅红雪心里也充满了愤怒和痛苦，因为他正在问自己：这世上几乎已很少有人能比他更了解饥饿和贫穷的痛苦。

他不知道自己是不是也会为了半碗吃剩下的面、一点散碎银子而杀人！

一个人若还没有走上绝路时，是绝不会做这种事情的。

杀人的凶手是谁？

难道他真的已走上绝路？

傅红雪忽然想到那黑衣人说的话，忽然想到了马空群。

不错，一定是马空群。

他一定已看见了傅红雪，所以他一定要逃。

可是他实在太饿，他必须吃点东西，哪怕只不过是半碗面也好。

但他在杀过人后，吃这半碗面时，心里是什么滋味？想到他过去那些辉煌的往事，这半碗面吃在他嘴里时，又是什么滋味？

傅红雪紧握双拳，突然觉得要呕吐。

他恨，他愤怒，可是他同样也能感觉到心里有种说不出的凄凉和悲凄。

纵横一世，威镇关东，声名显赫，一时无两的万马堂主人，竟会为了半碗面而杀人！

他自己吃下这半碗面后，是不是也会觉得要呕吐？

马空群的确要呕吐。

可是他用尽了全身一切力量忍耐住，他绝不能吐出来。

泥水汤面，汤面里的口水，老人嘴里残缺的黄牙，眼睛里的轻蔑和讥诮……每件事都令他要呕吐。

但无论什么样的食物，都同样能给人力量。

他若将食物吐出来，就无异将力量吐出来，他现在迫切需要力量！

每一分力量他都要!

因为他现在一定要将每一分力量都用出来,就像是那次在长白山里逃窜的时候一样。

那次他甚至喝过自己的尿。

但这次的情况却比那次更危险,因为这次他的敌人也远比上次更危险!更可怕!

他亲眼看见傅红雪那凌厉风发、锐不可当的刀光!

他仿佛又看见了昔日那个永远都令他抬不起头来的人!仿佛又看见了那个人手里的刀光飞起时,血花甚至比梅花庵外的梅花还鲜艳。

他真正畏惧的也许并不是傅红雪,而是这个人!

他仿佛又在傅红雪的刀上,看见了这个人那种可怕的精神和力量!

他无论是死是活,都再也不敢面对这个人,再也不敢面对这个人的刀!

就因为他知道这个人一定会在地狱等着他的,所以他才怕死!

所以他一定要逃,他一定要活下去!

可是他还能活多久呢?

夜更深,秋也更深了。

秋风中的寒意,已愈来愈重。

用不了再过多久,树叶就会落尽,黄昏时就会刮起北风,然后在一个寒冷的早上,你推开窗子一看,就会发现大地已结满冰雪。

一个衣衫单薄、囊空如洗的老人,在冰天雪地里,是很难活下去的。

马空群握起了手,紧紧地捏着十几枚铜钱,这正是他从那老头子钱袋中找到的,也许还可以勉强去换两顿粗面吃。

以后又怎么办呢？

以他的武功，他本可毫不费力地去盗几家大户，他甚至有把握可以独力劫下一队镖车。

这种事他以前并不是没有做过，但现在却绝不能再做。

那并不是因为他已厌恶这种生活，只不过现在他绝不能留下一点线索，让傅红雪找到。

他抬起头，望着枯枝上已将落尽的秋叶，现在他已只剩下一个地方去，只剩下一条路可走。

这条路他本不想走的，但现在他已别无选择的余地了！

柜台后的床底下，还有小半袋白面，和一口已生了锈的铁箱子。

箱子里有条绣花的手帕，里面包着张叠得整整齐齐的银票，票面却只有十两，有柄钢质很好的匕首，还有个制作得精巧的火折子。

除了这三样东西外，就是些零星的小东西，显然都是在这里留宿的旅客遗落下来的，那老人居然还好好地保存着，等着别人回来拿。

他一向是个很诚实的人，虽然他也明知道这些东西的物主是绝不会再回来的了。

那包着银票的绣花手帕，是一个年轻的妇人留下来的。

有天晚上，她悄悄地坐了一辆破车来，和一个已经在这里等了她三天的年轻人会面，半夜时又悄悄地溜走了。

年轻人醒来时，并没有看见她留下的东西，一个人站在院子里，痴痴地流了半天泪，就挺起胸膛，大步走了出去。

那少妇是不是已被迫嫁给了个有钱的人家，却偷偷溜到这里来和昔日的旧情人见最后一面的？那年轻人以后是不是会振作起来，忘记这段辛酸的往事？

老头子全不知道，也不想知道，他只希望这年轻人不要像他一样，从此消沉下去。

匕首和火折子是个穿着夜行人劲装的大汉留下来的，他半夜来投宿时，身上已带着伤。

凌晨时，他屋子里就忽然响起一阵喊骂叱喝声、刀剑拍击声，从屋子里直打到院子里。

老头子却只管蒙头大睡，等外面没有了人声时，才披着衣裳起来。

外面的院子里有几摊血，屋子里枕头底下还留着这柄匕首和火折子，那受了伤的黑衣夜行人却已不见了。

这些人一去之后当然是永远不会回头的，老人留下他们的东西，也只不过是为自己平淡枯燥的生活，留一点回忆而已。

傅红雪留下了银票和火折子。

用那小半袋面，煮了一大锅像糨糊一样的面糊，拌着一点油渣子吃了。

然后他就在马空群待过的那间房里，用冷水洗了个脸，准备睡一觉。

屋子里阴暗而潮湿，还带着霉味，木板床又冷又硬，但是对傅红雪来说，这已足够舒服。

人生中本就没什么事是"绝对"的，只看你怎么去想而已。

他静静地躺在黑暗里，他想睡，却已是睡不着。

他想得太多。

马空群严肃阴沉的脸，黑衣人流着血的脸，叶开永远都带着微笑的脸……

一张张脸仿佛在黑暗中飘动着，最后却忽然变成了一个人，美丽的脸，美丽的眼睛，正在用一种悲苦中带着欣慰的表情看着他。

——无论她以前是个什么样的人,无论她是不是马空群的女儿,她总是为我而死的。

——若不是因为心里真的有真挚而强烈的感情,又有谁肯为别人牺牲?傅红雪心里刺痛着,他知道在自己这一生中,绝不会再找到一个能相爱如此深的人了。

他的命运中,已注定了要孤独寂寞一生。

但就在这时,他忽然听见一个人的声音,比缎子还温柔的声音。

"你几时来的?"

一个人突然地推开门,走了进来,就像是黑夜中的幽灵。

傅红雪虽然看不见这个人,却听得出她的声音。

他永远也忘不了这声音……

那寂寞的边城,阴暗的窄巷,那黑暗却是温暖的斗室。

她在那里等着他,第一天晚上,他记得她第一句说的仿佛也是这句话,"你几时来的?"

"我要让你变成个真正的男人……"

他记得,她的手导引着他,让他变成了个真正的男人。

"……因为很多事都只有真正的男人才能做……"

他忘不了她那缎子般光滑柔软的躯体,也忘不了奇异销魂的一刻。

翠浓!难道是翠浓?难道是他的翠浓?

傅红雪突然跳起来,黑暗中的人影已轻轻地将他拥抱。

她的躯体还是那么柔软温暖,她的呼吸中还是带着那种令人永难忘怀的甜香。

她在他耳畔轻语:"你是不是没有想到我会来?"

傅红雪连咽喉都似已被塞住,甚至连呼吸都无法呼吸。

"我知道你近来日子过得很苦,可是你千万不能灰心,你一定能找到马空群的，你若消沉下去，我们大家都会觉得很失望。"

傅红雪的手在颤抖，慢慢地伸入怀里。

突然间，火光一闪。

黑暗的屋子里忽然有了光明——他竟打起了那火折子。

他立刻看见了这个人，这个第一次让他享受到的女人。

这个改变了他的一生，也令他永生难忘的女人，竟不是翠浓。

是沈三娘！

火光闪动，傅红雪的脸更苍白，竟忍不住失声而呼："是你！"

沈三娘的脸也是苍白的，苍白得可怕，却不知是因为失血过多，还是因为她想不到这里会忽然有了光亮？

她身子半转，仿佛想用衣袖掩起脸，却又回过头来向傅红雪一笑，嫣然说道："是我，你想不到是我吧？"

傅红雪吃惊地看着她，过了很久，才点头。

沈三娘道："你以为是翠浓？"

傅红雪没有回答她，实在不知道应该怎么回答，甚至连看都不敢再看她。

沈三娘一双美丽的眼睛却盯在他脸上缓缓道："我知道她已经死了，也知道这打击对你很大，我到这里来，只因为我希望你不要为她的死太悲伤。"

她咬着嘴唇，迟疑着，仿佛用了很大的力气，才说出了两句话："因为你本该爱的是我，不是她！"

傅红雪笔直地站着，苍白的脸仿佛又已透明僵硬。

沈三娘叹息了一声，道："我知道你一直都以为她就是我，一直都不知道世上还有我这么样一个人，所以你……"

傅红雪打断了她的话，道："你错了。"

沈三娘道："我错了？"

傅红雪抬起头，看着她，眼睛里带着种很奇怪的表情，缓缓道："我虽然不知道你是什么人，却早已知道她并不是你。"

沈三娘怔住。

这次吃惊的是她，甚至比傅红雪刚才看见她时还吃惊。

过了很久，她才能发得出声音："你知道么？你怎会知道的？难道她自己告诉了你？"

傅红雪道："她并没有告诉我，我也没有问，但是我却能感觉到……"

他并没有再解释下去，因为这已不必解释。

相爱的男女们在"相爱"时，有些甜蜜而微妙的感觉，本就不是第三者能领会的。

沈三娘是很成熟、很懂事的女人，这种道理她当然能明了。

她忽然心里起了种很微妙的感觉，也不知为了什么，这种感觉竟仿佛令她很不舒服，过了很久，才勉强点了点头，轻轻道："原来你并没有爱错人。"

傅红雪道："我没有。"

他的态度忽然变得很坚定、很沉静，慢慢地接着道："我爱她，只因为她就是她，我爱的就是她这么样一个人，绝没有任何别的原因。"

沈三娘轻轻叹息了一声，道："我明白。"

现在她的确已明白，他纵然已知道她才是他第一个女人，可是他爱的还是翠浓。

爱情本就是没有条件，永无后悔的。

她忽然又想起了马空群，就连她自己也不知道她是不是真的爱他，是不是爱错了人。

傅红雪忽然道："叶开呢？"

沈三娘道："他……他没有来。"

傅红雪道："你来告诉我这件事，是不是他的意思呢？"

沈三娘道："我来告诉你，只因为我觉得你有权知道这件事。"

傅红雪沉默着，过了很久，才缓缓道："但我却希望能将这件事永远忘记。"

沈三娘勉强笑了笑道："我，现在已经忘了。"

傅红雪道："那很好，很好……"

他们互相凝视着，就好像是很普通的朋友一样。

当他们想到在那黑暗的小屋中所发生的那件事，就好像在想别人的事一样。

因为那时他们的肉体虽已结合，却完全没有感情——这种结合本就永远不会在人们心里留下任何痕迹的。

就在这时，傅红雪手里的火折子忽然熄灭。

小室中又变成一片黑暗。

虽然是同样的黑暗，虽然是同样的两个人，但他们的心情已完全不同。

在那时，傅红雪只要一想起她发烫的胴体和嘴唇，全身就立刻像是在燃烧。

现在，她虽然就站在他面前，但他却已连碰一碰她的欲望都没有。他们都不再说话，因为他们都已无话可说。

然后沈三娘就听见傅红雪那奇特的脚步声，慢慢地走了出去。

"我并没有爱错人——我爱的就是她，绝没有任何别的原因。"

叶开静静地听沈三娘说完了，心里却还在咀嚼着这几句话。

他自己心里仿佛也有很多感触，却又不知是甜，是酸，是苦。

丁灵琳看着他，忽然笑道："他说的这几句话，我早就说过了。"

叶开道:"哦?"

丁灵琳轻轻道:"我说过我爱的就是你,不管你是个怎么样的人,我都一样爱你。"

叶开眼里却仿佛又出现了一抹令人无法了解的痛苦和忧虑,抬起头,凝视着东方已渐渐发白的穹苍,忽然问道:"你不会后悔?"

丁灵琳道:"绝不会。"

叶开笑了笑,笑得却似有些勉强,道:"假如以后我做出对不起你的事,你也不会后悔?"

丁灵琳的表情也变得很坚决,就像是傅红雪刚才的表情一样。

她微笑着道:"我为什么要后悔?我爱你本是我自己心甘情愿的,既没有别的原因,也没人逼我。"

她笑得就像是那随着曙色来临的光明一样,充满了无穷无尽的希望。

沈三娘看着她,想到了傅红雪,忽然觉得他们才是真正幸福的人。

因为他们敢去爱,而且能爱得真诚。

她忍不住轻轻叹息,道:"也许我这次根本就不该再见他的。"

叶开道:"可是你见了也不错。"

沈三娘道:"哦?"

叶开道:"因为你们这次相见,让我们都明白了一件事。"

沈三娘忍不住问道:"什么事?"

叶开道:"他爱翠浓,并没有错,因为他是真心爱她的。"

他微笑着,接着道:"这件事让我们明白了,真心的爱,永远不会错的。"

傅红雪面对着门,看着从街上走到这小饭铺的人,看着这小饭铺里的人走出去。他忽然觉得自己比任何人都憔悴疲倦。直到现在，他才知道这种从不知目的地在哪里的流浪寻找，是件多么可怕的事。

这种生活令他总觉得很疲倦，一种接近于绝望的疲倦。

包在绣花手帕里那张十两的银票，已被他花光了，他既不知道这是属于谁的，也不想知道。

但他却很想知道那金如意的主人是谁，只可惜这金如意打造得虽精巧，上面却没有一点标志，他现在又必须用它去换银子，用换来的银子再去寻找它的主人。若是没有这柄金如意，现在他甚至已不知该怎么才能生活下去。

但是他却决心要杀死它的主人，这实在是种讽刺，世上却偏偏会有这种事发生——这就是人生。

有时人生就是个最大的讽刺。

傅红雪忽然又想喝酒了，他正在勉强控制着自己，忽然看见一个很触目的人从门外走了进来。

这人衣着很华丽，神情间充满了自信，对他自己所拥有的一切已很满足，对自己的未来也很有把握。

他也的确是个很漂亮、很神气的年轻人，和现在的傅红雪，仿佛是种很强烈的对比。也许正因为这原因，所以傅红雪忽然对这人有种说不出的厌恶。也许他真正厌恶的并不是这个年轻人，而是他自己。

这年轻人发亮的眼睛四下一转，竟忽然向他走了过来，居然在他对面的椅子上坐下，面上虽然带着微笑，却显得很虚假，很傲慢。他忽然道："在下南宫青。"

傅红雪不准备理他，所以就只当没有看见这个人，没有听见他说的话。

"南宫青"这名字，对他就全无意义，纵然他知道南宫青就是南宫世家的大公子也一样。

"南宫世家"虽然显赫,但对他已完全没有任何意义。

这种态度显然令南宫青觉得有点意外,他凝视着傅红雪苍白似雪的脸,忽然将那柄金如意从怀里掏了出来,道:"这是不是阁下刚才叫伙计拿去兑换银子的?"

傅红雪终于点了点头。

南宫青忽然冷笑,道:"这就是件怪事了。"

傅红雪忍不住道:"怪事?"

南宫青冷冷道:"因为我知道这柄金如意的主人并不是阁下。"

傅红雪霍然抬头瞪着他,道:"你知道?你怎会知道?"

南宫青道:"这本是我送给一位朋友的,我到这里来,就是要问问你,它怎么会到了你的手里?"

傅红雪的心跳忽然已加快,勉强控制着自己,道:"你说这柄金如意本是你的,你是不是能确定?"

南宫青冷笑道:"当然能。这本是'九霞号'银楼里的名匠老董亲手打造的,刚才这店里的伙计不巧竟偏偏把它拿到'九霞号'去换银子,更不巧的是,我又正好在那里。"

这实在是件很凑巧的事,但世上却偏偏时常都会有这种事发生,所以人生中才会有很多令人意料不到的悲剧和喜剧。

傅红雪沉默着,突也冷笑,道:"这柄金如意本来就算是你的,你现在也不该来问我。"

南宫青道:"为什么?"

傅红雪道:"因为你已将它送给了别人。"

南宫青道:"但他却绝不会送给你,更不会卖给你,所以我才奇怪。"

傅红雪道:"你又怎知他不会送给我?"

南宫青沉着脸,迟疑着,终于缓缓道:"因为这本是我替舍妹定亲的信物。"

傅红雪道："真的？"

南宫青怒道："这种事怎么会假？何况这事江湖中已有很多人知道。"

傅红雪道："你有几个妹妹？"

南宫青道："只有一个。"

他已发觉这脸色苍白的年轻人，问的话愈来愈奇怪了。他回答这些话，也正是因为好奇，想看看傅红雪有什么用意。

但傅红雪却忽然不再问了，他已不必再问。

江湖中既然有很多人都已知道这件亲事，这条线索已足够让他查出那个神秘的黑衣人来。

南宫青道："你的话已问完了？"

傅红雪看着他，看着他英俊傲慢的脸，奢侈华丽的衣服，看着他从袖口露出的一双纤秀而干净的手，手指上戴着的一枚巨大的汉玉扳指……这一切，忽然又使得傅红雪对他生出说不出的厌恶。

南宫青也在看着他，冷冷道："你是不是已无话可说？"

傅红雪忽然道："还有一句。"

南宫青道："你说。"

傅红雪道："我劝你最好赶快去替你妹妹改定一门亲事。"

南宫青变色道："为什么？"

傅红雪冷冷道："因为现在跟你妹妹定亲的这个人，已活不长了！"

他慢慢地抬手，放在桌上，手里还是紧紧握着他的刀。

苍白的手，漆黑的刀！

南宫青的瞳孔突然收缩，失声道："是你？"

傅红雪道："是我。"

南宫青道："我听说过你,这几个月来,我时常听人说起你。"

傅红雪道："哦？"

南宫青道："听说你就像瘟疫一样,无论你走到什么地方,那地方就有灾祸。"

傅红雪道："还有呢？"

南宫青道："听说你不但毁了万马堂,还毁了不少很有声名地位的武林高手,你的武功想必不错。"

傅红雪道："你不服？"

南宫青突然笑了,冷笑着道："你要我服你？你为什么还不去死？"

傅红雪冷冷地看着他,等他笑完了,才慢慢地说出了四个字!

"拔你的剑!"

三尺七寸长的剑,用金钩挂在他腰畔的丝绦上,制作得极考究的鲨鱼皮剑鞘,镶着七颗发亮的宝石。南宫青的手已握上剑鞘,他的手也已变成了苍白色的。

他冷笑着道："听说你这柄刀是别人只有在临死前才能看得到的,我这柄剑却并不一样,不妨先给你看看。"

突然间,他的人已平空掠起,剑也出鞘。闪出的剑光,带着种清越的龙吟声,从半空中飞下来。

只听"叮"的一响,傅红雪面前的一只面碗已被剑光削成两半,接着又是"咔嚓"一声,一张很结实的木桌也被削成了两半。

傅红雪看着这张桌子慢慢地分开,从两边倒下去,连动都没有动。

旁边却已有人在大声喝彩!

南宫青轻抚着手上的剑锋,眼角扫着傅红雪,傲笑道："怎么样?"

傅红雪淡淡道:"这种劈柴的剑法,我以前倒也听人说起过。"

南宫青脸色又变了,厉声道:"只不过我这柄剑不但能劈柴,还能杀人。"

他的手一抖,一柄百炼精钢的长剑,竟被他抖出了数十点剑光。

突然间,漫天剑光又化作了一道飞虹,急削傅红雪握刀的手臂。

傅红雪没有拔刀。他甚至还是连动都没有动,只是瞬也不瞬地盯着这闪电般的剑光。直到剑锋已几乎划破他的衣袖时,他的臂突然沉下,突然一翻手,漆黑的刀鞘就已打在南宫青握剑的手腕上。

这一着好像并没有什么特别的地方,只不过时间算得很准而已——算准了对方的招式已老时,才突然地出手。

但一个人若不是有钢铁般的神经,又怎么能等到此时才出手,又怎么敢!

南宫青只觉得手腕上一阵麻木,然后就突然发现手里的剑已脱手飞出,钉在对面的墙上。

傅红雪还是坐在那里,非但刀未出鞘,连人都没有动。

南宫青咬了咬牙,突然跺脚,人已掠起,从傅红雪头上掠过去,伸手抄住了钉在墙上的剑,右腿在墙上一蹬,人也已借着这一蹬之力,倒翻而出,凌空一个"细胞巧翻云",剑光如匹练般击下,直刺傅红雪的咽喉。旁边又已有人在大声喝彩。

这少年刚才虽然失了手,那一定只不过是因为他太轻敌,太大意。

他的出手实在干净利落,不但身法潇洒好看,剑法的轻盈变化,更如神龙在天令人叹为观止。

他们根本没有看见傅红雪出手。他们根本看不见。

只听"嚓"一声,剑已刺在椅子上,椅上坐的傅红雪,却已不见了。

他又在间不容发的一瞬间,才闪身避开这一剑。

南宫青明明看到这一剑已刺中傅红雪,突然间,对方的人已不见。

他竟连改变剑招的余地都没有。只有眼看自己这一剑刺在椅子上。

然后他才觉得痛。一阵强烈的疼痛,就好像有两只巨大的铁锤重重地敲在他肋骨间。

他的人还未落下。又已被打得飞了出去,撞在墙上,勉强提起一口气,才总算沿着壁慢慢滑下来,却已连站都站不稳了。

傅红雪正在冷冷地看着他,道:"你服不服?"

南宫青喘息着,突然大喝:"你去死吧!"

喝声中,他又扑过来,只听剑风"喀哧",声如破竹,他已正手刺出了四剑,反手刺出三剑。

这连环七剑,虽没有刚才那一剑声势之壮,其实却更犀利毒辣,每一剑都是致命的杀手!

傅红雪身子闪动,忽然间已避开了这七剑。

他虽然是个跛子,但脚步移动间,却仿佛行云流水般清妙自然。

没有看见过他平时走路的人,绝不会知道这少年竟是个跛子。

可是他自己知道,就因为他知道自己是个不如人的残废,所以才能比大多数不跛的人都快三倍。

他下过的苦功也比别人多三倍——至少多三倍。

南宫青七剑攻出,正想变招,突然发现一柄刀已在面前。

刀尚未出鞘,刀鞘漆黑。

南宫青看见这柄漆黑的刀时,刀鞘已重重地打在他胸膛上。

他忽然什么也看不见了。等他眼前的金星消失时,才发现自己竟已坐在地上,胸膛间仿佛在被火焰灼烧,连呼吸都不能呼吸。

傅红雪就站在他面前，冷冷地看着他，道："现在你服不服？"

南宫青没有说话，他说不出话。

但这种家世显赫的名门子弟，却仿佛天生还有种绝不服人的傲气。

他竟挣扎着，又站起来，挺起了胸，怒目瞪着傅红雪。

鲜血已不停地从他嘴角流出来，他突然用尽全身力气大喝："你去死吧！"

傅红雪冷冷道："我还没有死，你手里也有剑，你可以来杀我。"

南宫青咬着牙，用力挥剑，可是他的手一抬，胸膛间立刻感觉到一阵撕裂般的痛苦。这一剑刺过去，哪里还有杀人的力量。

傅红雪已根本不必闪避招架，剑刺到他面前就已垂了下去。

刚才的喝彩，现在已变为同情的叹息。对一个骄傲的年轻人说来，这种同情简直比讥诮还难以忍受。

南宫青的身子突然开始颤抖，突然大声道："你既然恨我，为什么不索性杀了我？"

傅红雪道："我恨你？"

南宫青道："我跟你虽然无怨无仇，但我却知道你恨我，因为你自己也知道你是永远比不上我的。"

他眼睛里忽然闪动出一种恶毒残酷的笑意。

他的剑锋虽然已无法伤害傅红雪，但他却知道恶毒的话有时远比剑锋更伤人。

他大声接着道："你恨我，只因为我是个堂堂正正的人，你自己却只不过是个可怜的残废，是个见不得天日的私生子，白天羽若是活着，绝不会认你这个儿子，你根本连替他报仇的资格都没有。"

傅红雪苍白的脸，突又变得赤红，身子也已又开始发抖。

南宫青面上已不禁露出得意之色，冷笑着道："所以你无论怎么样羞侮我也没有用的，因为我永远比你强，永远也不会服你。"

傅红雪握刀的手背上，已又凸出了青筋，缓缓道："你永远也不服我？"

南宫青道："我死也不服你！"

傅红雪道："真的？"

南宫青道："当然是真的。"

傅红雪瞪着他，忽然叹了口气，道："你实在不该说这种话的……"

他的叹息声竟似比南宫青的冷笑更冷酷，就在这种奇特的叹息声中，他的刀已出鞘。

南宫青只觉得左颊旁有寒风掠过，一样东西从他肩头上掉下来。

他不由自主伸手接住，突然发现自己肩头和掌心已全都鲜血淋漓，他摊开手掌，才发现这样冷冰冰的东西，竟赫然是只耳朵。他自己的耳朵。

就在这一瞬间，他才感觉到耳朵上一阵比火焰灼热还剧烈的痛苦。

他的上半身突然冰冷僵硬，两条腿却突然软了，竟又"噗"地坐了下去。

他拿着自己耳朵的那只手臂上，就好像有无数条毒蛇在爬动，冷汗已雨点般从他额角上冒出来，他那张英俊傲慢的脸，现在看来已像是个死人。

傅红雪冷冷道："我还没有死，我手里也还有刀，你呢？"

南宫青看着自己手上的耳朵。

牙齿"咯咯"地响，似已连话都说不出来。

傅红雪道："你还是死也不服我？"

南宫青一双充满了恐惧的眼睛里，突然流下了泪来，颤声道：

"我……我……"

傅红雪道："你究竟服不服？"

南宫青突然用尽全身力气大叫："我服了你。我服了你……"

他喊叫的时候，眼泪也随着流下。他一向认为自己是个死也不会屈服的人，但现在忽然发现恐惧就像是暴风洪水般不可抵御，忽然间已将他的勇气和自信全都摧毁。

他竟已完全不能控制自己。

傅红雪脸色又变得苍白如透明，竟连看都没有再看他一眼，就慢慢地转过身，慢慢地走出去。

他走路的姿势奇特而笨拙，但现在却已没有人还会将他看成个可笑的跛子。

绝没有任何人！

第四十四章

丁氏双雄

秋，秋风萧杀。

傅红雪慢慢地走过长街，风吹在他胸膛上，他胸中忽然觉得有种残酷的快意。

他并不是个残酷的人，从不愿伤害别人，也同样不愿别人伤害他。

但这世上却偏偏有种人总认为自己天生就是强者，天生就有伤害别人的权力，而别人却不能伤害到他们一点。

他们也许并不是真正凶恶的人，但这种要命的优越感，不但可恶，而且可恨。

对付这种人唯一的法子，也许就是割下他的耳朵来，让他明白，你伤害了别人时，别人也同样能伤害你。

傅红雪已发现这法子不但正确，而且有效。

九霞号银楼的陈掌柜刚坐下来端起碗茶，茶就溅得他一身都是。

他的手还在抖，心还是跳得很厉害，他从未想到他们的大公子也会痛哭流泪，现在只希望能装作完全不知道这回事。

就在这时，他忽然看见刚才那脸色苍白的少年，忽然从对街走了过来，他手里拿着的茶碗立刻跌在地上，跌得粉碎。

傅红雪已走进了这招牌虽老，粉刷却很新的店铺，冷冷地看着他，道："你就是这里的掌柜？"

陈掌柜只有点头。

傅红雪道："那柄金如意是我送来兑银子的，银子呢？"

陈掌柜赔着笑，道："银子有，有……全都在这里，公子只管随便拿。"

他竟将店里的银子都捧了出来，就好像将傅红雪当作了个打劫的强盗。

傅红雪心里忽然觉得很好笑。

他当然没有笑，板着脸又道："南宫青只有一个妹妹？"

陈掌柜道："只有一位。"

傅红雪道："跟她定亲的人是谁？"

陈掌柜道："是……是丁家的三少爷，叫……叫丁灵中！"

傅红雪的脸色变了。

陈掌柜却更吃惊，他从未想到傅红雪听到这名字后，脸色竟会变得如此可怕！

斜阳从门外照进来，照在他苍白的脸上。

他的脸似已透明如水晶。

好汉庄的毒酒，易大经的消息，王大洪的毒剑，连伤两命的飞刀……还有梅花庵外那个"人"——都到齐了么？

忽然间，所有的事又全都随着这名字出现在他心里了。

他的心似也变得透明如水晶。

世上本没有能永远隐瞒的秘密，所有的秘密，现在好像忽然都已到了揭穿的时候。

傅红雪忽然大笑，大笑着走出去，只留下那莫名其妙的陈掌柜吃惊地坐在那里。

他也从未想到一个人的笑声竟会如此可怕。

巨大的庄院，黑暗而沉默，只剩下几点疏散的灯火，掩映在林木间。

风中带着桂子和菊花的香气，月已将圆了。

马空群伏在屋脊上，这凄凉的夜色，这屋脊上的凉风，使得他胸中的血又热了起来。

仿佛又回到了那月夜杀人的少年时。

趁着朦胧的夜色，闯入陌生人的家里，随时在准备着挥刀杀人，也随时准备着被人伏击。

那种生活的紧张和刺激，他几乎已将忘却。

可是现在他并不担心被巡夜的人发现，因为这里正是江湖中享誉最久，也最负盛名的三大武林世家之一，夜行人根本不敢闯到这里来，这里也根本用不着巡夜的人，灯光更疏了，远处更鼓传来，已三更。

庄院里的人想必都已睡了，这里的家风，绝不许任何人贪睡迟起，晚上当然也睡得早。马空群的眼睛兀鹰般四面打量着，先算好了对面的落足地，再纵身掠过去。

他并不怕被人发现，但也不能不分外小心。多年来出生入死的经验，已使得他变成了个特别谨慎的人。

掠过几重屋脊后，他忽然看到个很特别的院子。院子幽雅而干净，雪白的窗纸里，还有灯光，奇怪的是，这院子里连一棵花草都不见，却铺满了黄沙。

沙地上竟种满了仙人掌，长满了尖针的刺，在凄凉的月光下看来，更显得说不出的狰狞诡秘。

马空群的眼睛立刻亮了，他知道这一定就是他要找的地方。他要找的人，总算还没有死。

屋子里悄无人声，灯光暗淡而凄迷。

马空群轻轻吐了口气,突然发出种很奇怪的声音,竟像是荒山中的狼嚎一声。

屋子里的灯光立刻熄灭,紧紧关着的门,却忽然开了。

一个嘶哑而又低沉的声音在黑暗中问道:"是什么人?"

说到"人"字时,他的声音更低。

马空群又吐出口气,道:"是梅花故人。"

黑暗中的声音突然沉寂,过了很久,才冷冷道:"我知道你迟早一定会来的。"

门又紧紧关上,但灯光却仍未燃起。

屋子里是漆黑的,谁也看不清这个不爱花草却爱仙人掌的人,长得究竟是什么模样。

他的声音嘶哑低沉,甚至连他是男是女、是老是少都很难分辨。

这时黑暗中已响起他和马空群耳语般的谈话声。

马空群道:"你是不是认为我不该来?"

这人道:"你当然不该来,我们有约在先,梅花庵的事一过,我们从此就不再来往。"

马空群道:"我记得。"

这人又道:"你也答应过我,从此无论再发生什么事,都绝不牵连到我。"

马空群突然冷笑道:"但食言背信的并不是我。"

这人道:"不是你?难道是我?"

马空群道:"你不该叫人去杀我的。"

这人道:"我叫谁去杀你?"

马空群道:"你自己心里明白,又何必问我?"

这人沉默了半晌,才缓缓道:"你已见到老三?"

马空群冷笑道:"果然是老三。我早就听说过,丁家兄弟里,老三最精明能干,却想不到他除了把你一身功夫全学去了之外,还练得一手飞刀。"

这人道:"飞刀?什么飞刀?"

马空群道:"那天你在梅花庵,拿走了白天羽的两样东西,其中一样就是小李探花送给他的飞刀,你以为我不知道。"

这人沉默着,仿佛在用力咬着牙。

马空群道:"小李飞刀虽然名震天下,但真正见过的人却不多,除了你之外,也没有人能打造出和那一模一样的刀来。"

这人道:"只不过连我都不知他已练成了小李飞刀。"

马空群冷冷道:"幸好他练得并不高明,所以我总算还能活着到这里来。"

这人又沉默了半晌,突然恨恨道:"我也知道你的万马堂已被人毁了,听说是个叫傅红雪的年轻人,难道他就是那贱人替白天羽生下的儿子?"

马空群道:"不错。"

这人道:"凭他一个人之力,就能毁了你的万马堂吗?"

马空群道:"他一刀出手,绝不会比白天羽少年时差。"

这人道:"他怎么能练成这种刀法的?难道白天羽早已将他的神刀心法传给了那贱人?"

马空群淡淡道:"白天羽对白凤公主本就是真心诚意的。"

黑暗中忽然响起一阵咬牙切齿的声音,听来如刀锋摩擦,令人不寒而栗。看来他和白天羽之间,的确有深不可解的仇恨。

马空群道:"但若没有叶开在暗中相助,傅红雪也未必能得手。"

这人道:"叶开?他跟白家有什么关系?"

马空群道:"这人来历不明,行踪诡秘,起初连我都被他骗过了,当他只不过是个恰巧路过的人。"

这人冷冷道："连你居然都能被他骗过了，看来这人的本事倒不小。"

马空群道："他年纪虽轻，城府却极深，武功也令人难测深浅，实在比傅红雪还不好对付。"

这人道："你看他比起老三来如何？"

马空群道："那位丁三公子的确也是个绝顶聪明的人，只可惜……"

这人道："只可惜怎么样？"

马空群叹了口气，道："只可惜太聪明的人就不会太长命的。"

这人失声道："你杀了他？"

马空群淡淡道："我只求他不杀我，就已心满意足，怎么能杀得了他！"

这人道："是谁杀了他？"

马空群道："傅红雪。"

这人道："你怎么知道？难道你亲眼看见了？"

马空群迟疑着，终于承认。

这人厉声道："你亲眼看见他遭人毒手，竟没有过去救他？"

马空群道："我本该过去救他的，只可惜我也受了伤，自身已难保。"

这人道："是谁伤了你？"

马空群道："就是他，他的飞刀。"

这人说不出话了。

马空群道："不管怎么样，我既已来到这里，你就已无法脱身事外。"

这人道："你准备怎么样？"

马空群道:"十九年前,梅花庵外那件血案,是你我两人主谋,江湖中绝没有一个人会想得到。傅红雪纵有天大的本事,也绝不会找到这里来。"

这人道:"所以你准备躲在我这里?"

马空群道:"暂时只好如此,等将来有机会时,再斩草除根,杀了傅红雪。"

这人冷冷道:"你我虽没有交情,但事已至此,我当然也不能赶你出去。"

马空群忽然笑了笑,道:"你当然也不会杀我灭口的,你是聪明人,总该想得到,我若没有准备,又怎敢到这里来。"

这人冷笑道:"你尽可放心,只不过近几年来,我这里几乎已隔绝红尘,就算在这里杀个把人,外面也绝不会有人知道的。"

马空群淡淡笑道:"如此说来,我倒的确可以放心住下去了。"

这人忽然道:"你刚才说的那个叶开,我倒也听说过他的名字。"

马空群道:"哦?"

这人道:"傅红雪纵然不会找到这里来,但叶开却迟早一定会来的。"

马空群悚然道:"为什么?"

这人道:"因为他现在几乎已等于是我们丁家的女婿。"

马空群失声道:"这千万使不得!"

这人冷冷道:"为什么使不得?他若做了丁家的女婿,我岂非更可以高枕无忧?何况,丁家的女儿已非他不嫁,我本来还不愿答应这件事,现在倒要成全成全他们了。"

马空群忽然冷笑,道:"你想成全他们?几时又有人成全过你?"

这人突又沉默,然后暗中就响起了他的脚步,"砰"的一声,推门走了出去。

马空群仿佛又笑了，微笑着喃喃自语："叶开呀叶开，你最好还是莫要来，否则我保证你一定会后悔的。"

淡淡的星光从窗外照进来，桌上竟有壶酒。

他拿起来，尝了一口，微笑着又道："果然是好酒，一个人在寂寞时，的确该喝……"

他并没有说完这句话，笑容已僵硬，人已倒下！

夜凉如水。

叶开抱着膝坐在冰冷的石阶上，看着梧桐树上的明月，心也仿佛是凉的。

月已将圆，人却已将分散了。

人与人之间，为什么总是要互相伤害的多，总是难免要别离的多？

既然要别离，又何必相聚？

他忽然又想起了萧别离，想起了在那边城中经历过的事，想起了梅花庵中那寂寞孤独的老尼，又想起了那山坡上的坟墓……

现在，所有的事他几乎都已想通了，只有一件事不明白，也只有一件事还不能解决。

也许这件事本就是无法解决的，因为他无论怎么样做，都难免要伤害别人，也难免要伤害自己。

别离虽痛苦，相聚又何尝不苦恼？凉风吹过，他听见了身后的脚步声，也听见那清悦的铃声。

他忽然回过头，道："你来得正好，我正想去找你呢。"

丁灵琳抿嘴笑了，道："你为什么不去？"

叶开道："因为我刚才还没有决定，是不是该将这件事告诉你。"

丁灵琳道："什么事？"

叶开道:"这件事我本不愿告诉你的,但又不想欺骗你,你总算一直对我不错。"

他的表情很严肃,声音也很冷淡。

这不像是平时的叶开。

丁灵琳已笑不出了,仿佛已感觉到他说的绝不是件好事。

她勉强笑着,道:"不管你要说什么事,我都不想听了。"

叶开道:"可是你非听不可,因为我不等天亮就要走的。"

丁灵琳失声道:"你要走?刚才为何不告诉我?"

叶开道:"因为这次你不能跟我走。"

丁灵琳道:"你……你一个人要到哪里去?"

叶开道:"我也不是一个人走。"

丁灵琳叫了起来,道:"你难道要带沈三娘一起去么?"

叶开道:"不错。"

丁灵琳道:"为什么?"

叶开道:"因为我喜欢她,我一直都喜欢她,你只不过是个孩子,但她却是我心目中最可爱的女人,为了她,我可以放弃一切。"

丁灵琳吃惊地看着他,就像是从来也没有看见过这个人一样,颤声道:"她……她难道也肯跟着你走?"

叶开笑了笑,淡淡道:"她当然肯,你也说过我是个很可爱的男人。"

丁灵琳脸色苍白,眼圈却已红了,就仿佛突然被人狠狠地捆了一巴掌,捆在脸上。

她一步步往后退,泪珠一滴滴落下,突然转过身,冲出去,用力撞开了沈三娘的房门。

叶开并没有阻拦,因为他知道沈三娘也会跟她说同样的话。

沈三娘已答应过他。

但就在这时,他忽然听到沈三娘屋子里发出了一声惊呼,就像是有人突然看见了鬼似的。

惊呼声却是丁灵琳发出来的。

屋子里还燃着灯。

凄凉的灯光,正照在沈三娘惨白的脸上,她脸上的神色很平静。

她的人却已死了。

一柄刀正插在她胸膛上,鲜血已染红了她的衣裳。

可是她死得很平静,因为这本是她仔细考虑过之后才决定的。

除了死之外,她已没有别的法子解脱。

孤灯下还压着张短笺:"丁姑娘是个很好的女孩子,我看得出她很喜欢你,我也是个女人,所以我虽然答应了你,却还是不忍帮你骗她,我更不能看着你们去杀马空群。"

这就是沈三娘最后的遗言,她相信叶开已该明白她的意思。

但丁灵琳却不明白。

她转过身,瞪着叶开,流着泪道:"原来你是骗我的,你为什么要骗我?为什么要我伤心?"

叶开明朗的脸上,竟也露出了痛苦之色,终于长叹道:"因为你迟早总要伤心的!"

丁灵琳大叫,道:"为什么?为什么?……"

叶开已不愿再回答,已准备走出去。

丁灵琳却揪住了他的衣襟,道:"你明明已答应陪我回家的,现在我们已然到家了,你为什么忽然又改变了主意?"

叶开道:"因为我忽然很讨厌你。"

他用力拉开她的手,头也不回地走了出去。

他不敢回头,因为他怕丁灵琳看见他的眼睛——他眼睛里也有了泪痕。

一株孤零零的梧桐,被秋风吹得簌簌地响,也仿佛在为世上多情的儿女叹息。

梧桐树下,竟站着一个人。

一个孤零零的人,一张比死人还苍白的脸。

傅红雪,他仿佛早已来了,已听见了很多事,他凝视着叶开时,冷漠的眼睛里,竟似也带着些悲伤和同情。

叶开失声道:"是你,你也来了?"

傅红雪道:"我本就该来的。"

叶开忽然笑了笑,笑得很凄凉,道:"不该来的是我?我真的不该来?"

傅红雪道:"你非但不该来,也不该这么样对待她的。"

叶开道:"哦?"

傅红雪道:"因为这件事根本和你完全没有关系,丁家的人,跟你也并没有仇恨,我来找你,只不过想要你带着她走,永远不要再管这件事。"

叶开脸色苍白地苦笑道:"这两天你好像已知道了很多事。"

傅红雪道:"我已完全知道了。"

叶开道:"你有把握?"

傅红雪道:"我已见到过丁灵中!"

叶开不再问了,仿佛觉得这句话已足够说明一切。

傅红雪却忍不住要问他:"你知道的是不是也不少呢?"

叶开点点头。

傅红雪道:"你怎会知道的?"

叶开避不作答,却叹息着道:"我只奇怪丁灵中怎么敢冒险去找你。"

傅红雪冷冷道:"我只奇怪你为什么总是要纠缠在这件事里。"

突听一个人冷笑道:"因为他这人天生就喜欢找麻烦,所以麻烦也找上他了。"

声音是从屋脊后传出来的。

只有声音,看不见人。

等到声音停下时,才看见屋脊后有粒花生高高抛起,又落下。

然后就有只手伸出来,抛出了个花生壳。

叶开失声道:"路小佳!"

屋脊后有人笑了,一个人微笑着,坐起来道:"正是我。"

叶开道:"你怎么也来了?"

路小佳叹了口气,道:"我本不想来的,只可惜非来不可。"

叶开道:"来干什么?"

路小佳叹道:"除了杀人外,我还会干什么?"

叶开道:"来杀谁?"

路小佳道:"除了你之外,还有谁?"

叶开也笑了。

路小佳道:"你想不到?"

叶开道:"我从第一次看见你的那天,就知道你迟早一定会来杀我的。"

路小佳笑道:"想不到你这人居然还会算卦。"

叶开微笑道:"同时,我也算准了你是绝对杀不了我的。"

路小佳淡淡道:"这次你只怕就要算错了。"

叶开道:"我也知道,不管怎样,你好歹都得试试。"

路小佳道:"却不知你现在就想动手呢,还是先看看丁家兄弟的双剑破神刀?"

叶开道:"双剑破神刀?"

路小佳道:"双剑联璧,九九八十一式,剑剑连绵,滴水不漏,正是丁家兄弟专门练来准备对付白家刀的，你想必也没见过。"

叶开道："的确没有。"

路小佳道："这种武林罕睹的剑法，你现在好容易有机会能看到，若是错过了，岂非可惜。"

叶开道："实在可惜。"

他回转头，傅红雪的脸又已苍白如透明。

就在这时，只听"锵"的一声龙吟，两道剑光如闪电交击，从对面的屋顶击下。

辉煌的剑光中，只见这两人一个长身玉立，英俊的脸上伤痕犹在，正是风采翩翩的丁三少爷。

另一人道装高冠，面色冷漠，掌中一柄剑精光四射，竟是从来很少过问江湖中事的大公子丁云鹤。

他们的脚尖一沾地，掌中剑又已刺出三招，两柄剑配合得如水乳交融，天衣无缝，果然是剑剑连环，滴水不漏。

丁灵琳瞪大了眼睛，站在廊下已看呆了，只有她一个人还被蒙在鼓里，完全不知道这是怎么回事。

忽然间，两柄剑似已化作了数十柄，数十道闪亮的剑光，已将傅红雪笼罩，连他的人都看不见了。

叶开叹息着，道："看来这九九八十一剑最厉害之处，就是根本不给对方拔刀出手的机会。"

路小佳道："你这人的确有点眼光。"

叶开道："看来这剑法果然是专门为了对付白家神刀的。"

路小佳笑了笑道："要对付白家神刀，唯一最好的法子，的确就是根本不让他拔刀出手。"

叶开道："创出这剑法的人，不但是个天才，而且的确费了苦心。"

路小佳道:"因为他知道白家的人恨他,他也同样恨白家的人。"

叶开叹道:"这就是我唯一不明白的地方了,他们之间的仇恨,究竟是因何而起的?"

路小佳道:"你迟早总会明白的。"

叶开忽然笑了笑,道:"这九九八十一招,岂非迟早也有用完的时候?"

路小佳道:"这剑法还有个妙处,就是用完了还可以再用。"

这时丁家兄弟果然已削出了九九八十一剑,突然清啸一声,双剑回旋,又将第一式使了出来,首尾衔接,连绵不绝。

傅红雪脚步上那种不可思议的变化,现在已完全显示出来,如闪电交击而下的剑光,竟不能伤及他毫发。

可是,他的出手也全被封死,竟完全没有拔刀的机会。

叶开忽又道:"创出这剑法来的人,绝不是丁家兄弟。"

路小佳道:"哦?"

叶开道:"这人以前一定亲眼看见过白大侠出手,所以才能将他有可能出手的退路封死。"

路小佳道:"有道理。"

叶开道:"这绝不是旁观者所能体会得到的,我想他一定还跟白大侠亲自交过手。"

路小佳道:"很可能。"

叶开冷冷道:"可能他就是那天在梅花庵外,行刺白大侠的凶手之一。"

路小佳道:"哦?"

叶开凝注着他,慢慢地接着道:"也许他就是丁乘风。"

丁乘风就是丁灵琳兄妹的父亲。

丁灵琳在旁边听着,脸色已变了许多,忽然已明白了似的。

但她却宁愿还是永远也不要明白的好。

这时丁家兄弟又已刺出七十多剑,傅红雪的喘息声已清晰可闻。

他显然已无力再支持多久,丁家的连环快剑,却如江河之水,仿佛永远也没有停止的时候。

叶开忍不住在轻轻叹息。

路小佳盯着他,道:"你是不是想出手助他一臂之力?"

叶开道:"我不想。"

路小佳冷笑道:"真的不想?"

叶开微笑道:"真的,因为他根本就用不着我出手相助。"

路小佳皱了皱眉,转头去看剑中的人影,脸色忽然也变了。

丁家兄弟的第二趟九九八十一式已用尽。

他们双剑回旋,招式将变未变,就在这一瞬间,突听一声大喝!

喝声中,雪亮的刀光已如闪电般划出!

傅红雪的刀已出手。

第四十五章

恩仇了了

　　刀光一闪，丁云鹤的身子突然倒飞而出，凌空两个翻身，"砰"的一声撞在屋檐上再跌下来，脸上已看不见血色，胸膛前却已多了条血口。

　　鲜血，还在不停地泉涌而出，丁灵琳惊呼一声，扑了过去。

　　路小佳正在叹息："想不到丁家的八十一剑，竟还比不上白家的一刀。"

　　丁灵中手中剑光飞舞，还在独力支持，但目中已露出恐惧之色。

　　然后刀光一闪。

　　只听"叮"的一声，他掌中剑已被击落，刀光再一闪，就要割断他咽喉。

　　路小佳突然一声大喝，凌空飞起。

　　又是"叮"的一声，他的剑已架住了傅红雪的刀。

　　好快的剑，好快的刀！

　　刀剑相击，火星四溅，傅红雪的眼睛里也似有火焰在燃烧。

　　路小佳大声道："无论如何，你绝不能杀他！"

　　傅红雪厉声道："为什么？"

　　路小佳道："因为……因为你若杀了他，一定会后悔的。"

　　傅红雪冷笑，道："我不杀他，更后悔。"

路小佳迟疑着，终于下了决心，道："可是你知不知道他是什么人？"

傅红雪道："他跟我难道还有什么关系？"

路小佳道："当然有，因为他也是白天羽的儿子，就是你同父异母的兄弟！"

这句话说出来，每个人都吃一惊，连丁灵中自己都不例外。

傅红雪似已呆住了。

路小佳道："你若不信，不妨去问他的母亲。"

傅红雪道："他……他母亲是谁？"

路小佳道："就是丁乘风丁老庄主的妹妹，白云仙子丁白云。"

没有风，没有声音，甚至连呼吸都已停顿，大地竟似突然静止。

也不知过了多久，才听见路小佳低沉的声音，说出了这件秘密："白天羽是丁大姑在游侠塞外时认识的，她虽然孤芳自赏，眼高于顶，可是遇见白天羽后，就一见倾心，竟不顾一切，将自己的终身交给了白天羽。

"这对她说来，本是段刻骨铭心，永难忘怀的感情，他们之间，当然也曾有过山盟海誓，她甚至相信白天羽也会抛弃一切，来跟她终生相厮守的。却不知白天羽风流成性，这种事对他来说，只不过是一时的游戏而已。等到她回来后，发觉自己竟已有了身孕时，白天羽早已将她忘了。以丁家的门风，当然不能让一个未出嫁的姑娘就做了母亲。恰巧那时丁老庄主的夫人也有了身孕，于是就移花接木，将丁大姑生出来的孩子当作她的，却将她自己的孩子交给别人去抚养。因为这已是她第三个孩子，她已有了两个亲生的儿子在身边。再加上丁老庄主兄妹情深，为了要让丁大姑能时常见到自己的孩子，所以才这么样做的。

"这秘密一直隐藏了很多年，甚至连丁灵中自己都不知道……"

路小佳缓缓地叙说着，目中竟似已充满了悲伤和痛苦之意。无论谁都看得出他绝不是说谎。

叶开忽然问道："这秘密既已隐藏了多年，你又怎么会知道的？"

路小佳黯然道："因为我……"

他的声音突然停顿，一张脸突然扭曲变形，慢慢地转过身，吃惊地看着丁灵中。

他肋下已多了柄短刀，刀锋已完全刺入他肋骨间。

丁灵中也狠狠地瞪着他，满面怨毒之色，突然跳起来，嘶声道："这秘密既然没有人知道，你为什么要说出来？"

路小佳已疼得满头冷汗，几乎连站都站不稳了，挣扎着道："我也知道这秘密说出来后，难免要伤你的心，可是……可是事已至此，我也不能不说了，我……"

丁灵中厉声道："你为什么不能不说？"

叶开忍不住长长叹息，道："因为他若不说，傅红雪就非杀你不可。"

丁灵中冷笑道："他为什么非杀我不可？难道我杀了马空群的女儿，他就要杀我？"

叶开冷冷道："你所做的事，还以为别人全不知道么？"

丁灵中道："我做了什么？"

傅红雪咬着牙，道："你……你一定要我说？"

丁灵中道："你说。"

傅红雪道："你在酒中下毒，毒死了薛斌。"

丁灵中道："你怎知那是我下的毒？"

傅红雪道："我本来的确不知道的，直到我发现杀死翠浓的那柄毒剑上，用的也是同样的毒，直到你自己承认你就是杀她的主谋。"

丁灵中的脸色突又惨白，似已说不出话了。

傅红雪又道："你买通好汉庄酒窖的管事，又怕做得太明显，所以将好汉庄的奴仆,全都聘到丁家庄来。"

叶开道:"飞剑客的侠踪,也只有你知道,你故意告诉易大经,诱他订下那借刀杀人的毒计。"

傅红雪道:"这一计不成,你又想让我跟叶开火并,但叶开身旁却有一个丁灵琳跟着,你为了怕她替叶开作证,就特地将她带走。"

叶开长叹道:"你嫁祸给我,我并不怪你,可是你实在不该杀了那孩子的。"

傅红雪瞪着丁灵中,冷冷道:"我问你,这些事是不是你做的?"

丁灵中垂下头,冷汗已雨点般流下。

叶开道:"我知道你这么样做,并不是为了你自己,我只希望你说出来,是谁叫你这么样做的。"

丁灵中道:"我……我不能说。"

叶开道:"其实你不说我也知道。"

丁灵中霍然抬头,道:"你知道?"

叶开道:"十九年前,有个人在梅花庵外,说了句他本不该说的话,他生怕被人听出他的口音来,所以才要你去将那些听他说过那句话的人,全都杀了灭口。"

丁灵中又垂下了头。

傅红雪凝视着他,一字字道:"现在我只问你,那个人是不是丁乘风?"

丁灵中咬着牙,满面俱是痛苦之色,却连一个字也不肯说了。

他是不是已默认?丁乘风兄妹情深,眼看自己的妹妹被人所辱,痛苦终生,他当然要报复。

他要杀白天羽,是有理由的。

路小佳倚在梧桐树上,喘息着,忽然大声道:"不管怎么样,我绝不信丁老庄主会是杀人的凶手!"

叶开目光闪动，道："难道你比别人都了解他？"

路小佳道："我当然比别人了解他。"

叶开道："为什么？"

路小佳忽又笑了笑，笑得凄凉而奇特，缓缓道："因为我就是那个被他送给别人去抚养的孩子，我的名字本该叫丁灵中。"

这又是个意外。

大家又不禁全都怔住。

丁灵中吃惊地看着他，失声道："你……你就是……就是……"

路小佳微笑着，道："我就是丁灵中，你也是丁灵中，今天丁灵中居然杀了丁灵中，你们说这样的事滑稽不滑稽？"

他微笑着，又拈起粒花生，抛起来，抛得很高。

但花生还没有落下时，他的人已倒了下去。

他倒下去时嘴角还带着微笑。

但别人却已笑不出来了。

只有丁灵琳流着泪在喃喃自语："难道他真的是我三哥？难道他真的是？……"

丁云鹤板着脸，脸上却也带着种掩饰不了的悲伤，冷冷道："不管怎么样，你有这么样一个三哥，总不是件丢人的事。"

丁灵琳忽然冲到丁灵中面前，流着泪道："那么你又是谁呢……究竟是谁叫你去做那些事的？你为什么不说？"

丁灵中黯然道："我……我……"

忽然间，一阵急骤的马蹄声，打断了他的话，一匹健马急驰而入。

马上的人青衣劲装，满头大汗，一闯进了院子，就翻身下马，拜倒在地上，道："小人丁雄，奉丁老庄主之命，特地前来请傅红雪傅公子，叶开叶公子到丁家庄中，老庄主已在天心楼上备下了一点酒，恭候两位的大驾。"

傅红雪的脸色又变了,冷笑道:"他就算不请我,我也会去的,可是他的那桌酒,却还是留给他自己去喝吧。"

丁雄道:"阁下就是傅公子?"

傅红雪道:"不错。"

丁雄道:"老庄主还令我转告傅公子一句话。"

傅红雪道:"你说。"

丁雄道:"老庄主请傅公子务必赏光,因为他已准备好一样东西,要还给傅公子。"

傅红雪道:"他要还我什么?"

丁雄道:"公道。"

傅红雪皱眉道:"公道?"

丁雄道:"老庄主要还给傅公子的,就是公道!"

"公道"的确是件很奇妙的东西。

你虽然看不见它,摸不着它,但却没有人能否认它的存在。

你以为它已忘记了你时,它往往又忽然在你面前出现了。

天心楼并不在天心,在湖心。

湖不大,荷花已残,荷叶仍绿,半顷翠波,倒映着楼上的朱栏,栏下泊着几只轻舟。

四面纱窗都已支起,一位白发萧萧、神情严肃的老人,正独自凭栏,向湖岸凝睇。

他看来就仿佛这晚秋的残荷一样萧索,但他的一双眼睛,却是明亮而坚定的。

因为他已下了决心。

他已决心要还别人一个公道!

夜色更浓，星都已疏了。

"欸乃"一声，一艘轻舟自对岸摇来，船头站着个面色苍白的黑衣少年，手里紧紧握着一柄刀。

苍白的手，漆黑的刀！傅红雪慢慢地走上了楼。

他忽然觉得很疲倦，就仿佛一个人涉尽千山万水，终于走到了旅途终点似的，却又偏偏缺少那一份满足的欢悦和兴奋。

"人都来齐了么？……"

现在他总算已将他的仇人全都找齐了，他相信马空群必定也躲藏在这里。

因为这老人显然已无路可走。

十九年不共戴天的深仇，眼看着这笔血债已将结清，他为什么竟连一点兴奋的感觉都没有？

这连他自己都不懂。

他只觉得心很乱。

翠浓的死，路小佳的死，那孩子的死……这些人本不该死，就像是一朵鲜花刚刚开放，就已突然枯萎。

他们为什么会死？是死在谁手上的？翠浓，他最爱的人，却是他仇人的女儿。

丁灵中是他最痛恨的人，却是他的兄弟。

他能不能为了翠浓的仇恨，而去杀他的兄弟？绝不能！

可是他又怎么能眼见着翠浓为他而死之后，反而将杀她的仇人，当作自己的兄弟！

他出来本是为了复仇的，他心里的仇恨极深，却很单纯。仇恨，本是种原始的、单纯的情感。

他从未想到情与仇竟突然纠缠到一起，竟变得如此复杂。

他几乎已没有勇气去面对它。

因为他知道，纵然杀尽了他的仇人，他心里的苦还是同样无法解脱。

但现在他纵然明知面前摆着的是杯苦酒，也得喝下去。

他也已无法退缩。他忽然发现自己终于已面对着丁乘风，他忽然发觉丁乘风竟远比他镇定冷静。灯光很亮。照着这老人的苍苍白发，照着他严肃而冷漠的脸。

他脸上每一条皱纹，每一个毛孔，傅红雪都看得清清楚楚。

他坚定的目光，也正在凝视着傅红雪苍白的脸，忽然道："请坐。"

傅红雪没有坐下去，也没有开口，到了这种时候，他忽然发现自己竟不知道该说什么。

丁乘风自己却已慢慢地坐了下去，缓缓地说道："我知道你是绝不会和你仇人坐在同一个屋顶下喝酒的。"

傅红雪承认。

丁乘风道："现在你当然已知道，我就是十九年前，梅花庵外那件血案的主谋，主使丁灵中去做那几件事的，也是我。"

傅红雪的身子又开始在颤抖。

丁乘风道："我杀白天羽，有我的理由，你要复仇，也有你的理由，这件事无论谁是谁非，我都已准备还你个公道！"

他的脸色还是同样冷静，凝视着傅红雪的脸，冷冷地接着说道："我只希望知道，你要的究竟是哪种公道？"

傅红雪手里紧紧握着他的刀，突然道："公道只有一种！"

丁乘风慢慢地点了点头，道："不错，真正的公道确实只有一种，只可惜这种公道却常常会被人曲解的。"

傅红雪道:"哦?"

丁乘风道:"你心里认为的那种真正公道,就跟我心里的公道绝不一样。"

傅红雪冷笑。

丁乘风道:"我杀了你父亲,你要杀我,你当然认为这是公道,但你若也有个嫡亲的手足被人毁了,你是不是也会像我一样,去杀了那个人呢?"

傅红雪苍白的脸突然扭曲。

丁乘风道:"现在我的大儿子已受了重伤,我的二儿子已成残废,我的三儿子虽不是你杀的,却也已因这件事而死。"

他冷静的脸上也露出了痛苦之色,接着道:"杀他的人,虽然是你们白家的后代,却是我亲手抚养大的,却叫我到何处去要我的公道?"

傅红雪垂下目光,看着自己手里的刀。

他实在不知道应该如何答复,他甚至已不愿再面对这个满怀悲愤的老人。

丁乘风轻轻叹息了一声,道:"但我已是个老人了,我已看穿了很多事,假如你一定要你的公道,我一定要我的公道,这仇恨就永无休止的一日。"

他淡淡地接着道:"今日你杀了我,为你的父亲报仇固然很公道,他日我的子孙若要杀你为我复仇,是不是也同样公道?"

傅红雪发现叶开的手也在发抖。

叶开就站在他身旁,目中的痛苦之色,甚至比他还强烈。

丁乘风道:"无论谁的公道是真正的公道,这仇恨都已绝不能再延续下去,为这仇恨而死的人,已太多了,所以……"

他的眼睛更亮,凝视着傅红雪,道:"我已决定将你要的公道还给你!"

傅红雪忍不住抬起头，看着他。

"这老人究竟是个阴险恶毒的凶手？还是个正直公道的君子？"

傅红雪分不清。

丁乘风道："但我也希望你能答应我一件事。"

傅红雪在听着。

丁乘风道："我死了之后这段仇恨就已终结，若是再有任何人为这仇恨而死，无论是谁死在谁手里，我在九泉之下，也绝不饶他！"

他的声音中突然有了凄厉而悲愤的力量，令人不寒而栗！

傅红雪咬着牙，嘶声道："可是马空群——我无论是死是活，都绝不能放过他。"

丁乘风脸上突然露出种很奇特的微笑，淡淡道："我当然也知道你是绝不会放过他的，只可惜你无论怎么样对他，他都已不放在心上了。"

傅红雪变色道："你这是什么意思？"

丁乘风又笑了笑，笑得更奇特，目中却流露出一种说不出的悲哀和伤感。

他不再回答傅红雪的话，却慢慢地举起面前的酒，向傅红雪举杯。

"我只希望你以后永远记得，仇恨就像是债务一样，你恨别人时，就等于你自己欠下了一笔债，你心里的仇恨愈多，那么你活在这世上，就永远不会再有快乐的一天。"

说完了这句话，他就准备将杯中酒喝下去。但就在这时，突见刀光一闪。

刀光如闪电。

接着，"叮"的一响，丁乘风手里的酒杯已碎了，一柄刀随着酒杯的碎片落在桌上。

一柄飞刀！三寸七分长的飞刀！

傅红雪霍然回头，吃惊地看着叶开。

叶开的脸竟也已变得跟他同样苍白，但一双手却也是稳定的。

他凝视着丁乘风，丁乘风也在吃惊地看着他，道："为什么？你为什么要这样做？"

叶开的声音很坚决，道："因为我知道这杯中装的是毒酒，也知道这杯毒酒，本不该是你喝的。"

丁乘风动容道："你……你这是什么意思？"

叶开叹了口气，道："我的意思，你难道真的不明白？"

丁乘风看着他，面上的惊讶之色，突又变为悲痛伤感，黯然道："那么我的意思你为何不明白？"

叶开道："我明白，你是想用你自己的血，来洗清这段仇恨，只不过，这血，也不是你该流的。"

丁乘风动容道："我流我自己的血，跟你又有什么关系？"

叶开道："当然有关系。"

丁乘风厉声道："你究竟是什么人？"

叶开道："是个不愿看见无辜者流血的人。"

傅红雪也不禁动容，抢着道："你说这人是个无辜的？"

叶开道："不错。"

傅红雪道："十九年前，那个在梅花庵外说'人都来齐了么'的凶手，难道不是他？"

叶开道："绝不是！"

傅红雪道："你怎么知道的？你怎么敢确定？"

叶开道："因为无论什么人在冰天雪地中，冻了一两个时辰后，说到'人'这个字时，声音都难免有点改变的，可见他根本用不着为这原因去杀人灭口。"

傅红雪道："你怎知在那种时候说到'人'这个字时，声音都会改变？"

叶开想："因为我试过。"

他不让傅红雪开口，接着又道："何况，十九年前，梅花庵血案发生的那一天，他根本寸步都没有离开丁家庄。"

傅红雪道："你有把握？"

叶开道："我当然有把握！"

傅红雪道："为什么？"

叶开说："因为那天他右腿受了重伤，根本寸步难行，自从那天之后，他就没有再离开过丁家庄。因为直到现在，他腿上的伤还未痊愈，还跟你一样，是个行动不便的人。"

丁乘风霍然站起，瞪着他，却又黯然长叹了一声，慢慢地坐下，一张镇定冷落的脸，已变得仿佛又苍老了许多。

叶开接着又道："而且我还知道，刺伤他右腿的人，就是昔日威震天下的金钱帮中的第一快剑，与飞剑客齐名的武林前辈……"

傅红雪失声道："荆无命？"

叶开点头，道："不错，就是荆无命，直到现在我才知道，荆无命为什么将他的快剑绝技，传授给路小佳了。"

他叹息着接道："那想必是因为他和丁老庄主比剑之后，就惺惺相惜，互相器重，所以就将丁家一个不愿给别人知道的儿子带去教养。只可惜他的绝世剑法，虽造就了路小佳纵横天下的声名，他偏激的性格，却害了路小佳的一生。"

丁乘风诚然垂首，目中已有老泪盈眶。

傅红雪盯着叶开，厉声道："你怎么会知道这些事的，你究竟是什么人？"

叶开迟疑着，目中又露出那种奇特的痛苦之色，竟似拿不定主意，不知道是不是应该回答他这句话。

傅红雪又忍不住问道："凶手若不是他，丁灵中杀人灭口，又是为了谁？"

叶开也没有回答这句话，突然回头，瞪着楼口。

只听楼下一个人冷冷道："是为了我。"

声音嘶哑低沉，无论谁听了，都会觉得很不舒服，可是随着这语声走上楼来的，却是个风华绝代的女人。她身上穿着件曳地的长袍，轻而柔软，脸上蒙着层烟雾般的黑纱，却使得她的美，更多了种神秘的凄艳，美得几乎有令人不可抗拒的魅力。

看见她走来，丁乘风的脸色立刻变了，失声道："你不该来的！"

这绝色丽人道："我一定要来。"

她声音和她的人完全不衬，谁也想不到这么美丽的一个女人，竟会有这么难听的声音。

傅红雪忍不住道："你说丁灵中杀人灭口，全是为了你？"

"不错。"

傅红雪道："为什么？"

"因为我才是你真正的仇人，白天羽就是死在我手上的！"

她声音里又充满了仇恨和怨毒，接着又道："因为我就是丁灵中的母亲！"

傅红雪的心似乎已沉了下去，丁乘风的心也沉了下去。

叶开呢？他的心事又有谁知道？

丁白云的目光正在黑纱中看着他，冷冷道："丁乘风是个怎么样的人，现在你想必已看出来，他为了我这个不争气的妹妹，竟想牺牲他自己，却不知他这么样做根本就没有原因的。"

她叹了口气，接着道："若不是你出手，这件事的后果也许就更不堪想象了，所以无论如何，我都很感激你。"

叶开苦笑，仿佛除了苦笑外，也不知该说什么了。

丁白云道："可是我也在奇怪，你究竟是什么人呢？怎么会知道得如此多？"

叶开道："我……"

丁白云却又打断了他的话，道："你用不着告诉我，我并不想知道你是什么人。"

她忽然回头，目光刀锋般从黑纱中看着傅红雪，道："我只想要你知道我是什么人！"

傅红雪紧握双拳，道："我……我已经知道你是什么人！"

丁白云突然狂笑，道："你知道？你真的知道？你知道的又有多少？"

傅红雪不能回答。他忽然发觉自己对任何人知道的都不多，因为他从来也不想去了解别人，也从未去尝试过。

丁白云还在不停地笑，她的笑声疯狂而凄厉，突然抬起手，用力扯下了蒙面的黑纱。

傅红雪怔住，每个人都怔住。

隐藏在黑纱中的这张脸，虽然很美，但却是完全僵硬的。

她虽在狂笑着，可是她的脸上却完全没有表情。这绝不是一张活人的脸，只不过是个面具而已。

等她再揭开这层面具的时候，傅红雪突然觉得全身都已冰冷。难道这才是她的脸？

傅红雪不敢相信，也不忍相信。

他从未见过世上有任何事比这张脸更令他吃惊，因为这也已不能算是一张人的脸。在这张脸上，根本已分不清人的五官和轮廓，只能看见一条条纵横交错的刀疤，也不知有多少条，看来竟像个被摔烂了的瓷土面具。

丁白云狂笑着道："你知不知道我这张脸怎会变成这样子的？"

傅红雪更不能回答，他只知道白云仙子昔日本是武林中有名的美人。

丁白云道："这是我自己用刀割出来的，一共划了七十七刀。因为我跟那个负心的男人在一起过了七十七天，我想起那一天的事，就在脸上划一刀，但那事却比割在我脸上的刀还要令我痛苦。"

她的声音更嘶哑，接着道："我恨我自己的这张脸，若不是因为这张脸，他就不会看上我，我又怎会为他痛苦终生？"

傅红雪连指尖都已冰冷。他了解这种感觉，因为他自己也有过这种痛苦，直到现在，他只要想起他在酗酒狂醉中所过的那些日子，他心里也像是被刀割着一样。

丁白云道："我不愿别人见到我这张脸，我不愿被人耻笑，但是我知道你绝不会笑我的，因为你母亲现在也绝不会比我好看多少。"

傅红雪不能否认。他忍不住又想起，那间屋子——屋子里没有别的颜色，只有黑！

自从他有记忆以来，他母亲就一直是生活在痛苦与黑暗中的。

丁白云道："你知不知道我声音怎么会变成这样子的？"

她接着道："因为那天我在梅花庵外说了句不该说的话，我不愿别人再听到我的声音，我就把我的嗓子也毁了。"

她说话的声音，本来和她的人同样美丽。

"人都来齐了么？……"她说这句话的时候，声音也还是美丽的，就像是春天山谷中的黄莺。傅红雪现在才明白叶开刚才说的话。她怕别人听出她的声音来，并不是因为那个"人"字，只不过因为她知道世上很少有人的声音能像她那么美丽动听。

丁白云道："丁灵中去杀人，都是我叫他去杀的，他自己并没有责任。他虽不知道我就是他的母亲，但却一直很听我的话，他……他一直是个听话的好孩子。"

她的声音又变得很温柔，慢慢地接着道："现在，我总算已知道他还没有死，现在，你当然也不会杀他了……所以现在我已可放心地死，也许我根本就不该多活这些年的。"

丁乘风突然厉声道："你也不能死！只要我还活着，就没有人能在我面前杀你！"

丁白云道："有的……也许只有一个人。"

丁乘风道："谁？"

丁白云道："我自己。"

她的声音很平静，慢慢地接着道："现在你们谁也不能阻拦我了，因为在我来的时候，已不想再活下去。"

丁乘风霍然长身而起，失声道："你难道已……已服了毒？"

丁白云点了点头，道："你也该知道，我配的毒酒，是无药可救的。"

丁乘风看着她，慢慢地坐了下来，眼泪也已流下。

丁白云道："其实你根本就不必为我伤心，自从那天我亲手割下那负心人的头颅后，我就已死而无憾了。何况现在我已将他的头颅烧成了灰，拌着那杯毒酒喝了下去，现在无论谁再也不能分开我们了，我能够这么样死，你本该觉得很安慰才是。"

她说话的声音还是很平静，就像是在叙说一件很平常的事。但听的人却已都不禁听得毛骨悚然。现在叶开才知道，白天羽的头颅，并不是桃花娘子盗走的。但是他却实在分不清丁白云这么样做，究竟是为了爱？还是为了恨？无论这是爱是恨，都未免太疯狂、太可怕。

丁白云看着傅红雪，道："你不妨回去告诉你母亲，杀死白天羽的人,现在也已死了,可是白天羽却已跟这个人合为一体,从今以后,无论在天上,还是在地下,他都要永远陪着我的。"

她不让傅红雪开口,又道:"现在我只想让你再看一个人。"

傅红雪忍不住问道:"谁?"

丁白云道:"马空群!"

她忽然回过身,向楼下招了招手,然后就有个人微笑着,慢慢地走上楼来。

他看来仿佛很愉快,这世上仿佛已没有什么能让他忧愁恐惧的事。他看见傅红雪和叶开时,也还是在同样微笑着。

这个人却赫然竟是马空群。

傅红雪苍白的脸突又涨红了起来,右手已握上左手的刀柄!

丁白云忽然大声道:"马空群,这个人还想杀你,你为什么还不逃?"

马空群竟还是微笑着,站在那里,连动也没有动。

丁白云也笑了,笑容使得她脸上七十七道刀疤突然同时扭曲,看来更是说不出的诡秘恐怖。

她微笑着道:"他当然不会逃的,他现在根本已不怕死……他现在根本就什么都不怕了,所有的仇恨和忧郁,他已全都忘记,因为他已喝下了我特地为他准备的,用忘忧草配成的药酒,现在他甚至已连自己是什么人都忘记了。"

可是傅红雪却没有忘,也忘不了。自从他懂得语言时,他听到的第一句话就是:"去杀了马空群,替你父亲报仇!"

他也曾对自己发过誓:"只要我再看见马空群,就绝不会再让他活下去,世上也绝没有任何人,任何事能阻拦我。"

在这一瞬间,他心里已只有仇恨,仇恨本已像毒草般在他心里生了根。

他甚至根本就没有听见丁白云在说什么，仿佛仇恨已将他整个人都投入了洪炉。

"……去将你仇人的头颅割下来，否则就不要回来见我……"

屋子里没有别的颜色，只有黑！这屋子里突然也像是变成了一片黑暗，天地间仿佛都已变成了一片黑暗，只能看得见马空群一个人。

马空群还是动也不动地坐在那里，竟似在看着傅红雪微笑。

傅红雪眼睛里充满了仇恨和杀机，他眼里却带着种虚幻迷惘的笑意，这不仅是个很鲜明的对比，简直是种讽刺。

傅红雪杀人的手，紧紧握住刀柄，手背上的青筋一根根凸起。

马空群忽然笑道："你手里为什么总是抓住这个又黑又脏的东西？这东西送给我，我也不要，你难道还怕我抢你的？"

这柄已不知杀过多少人，也不知将多少人逼得无路可走的魔刀，现在在他眼中看来，已只不过是个又黑又脏的东西。

这柄曾经被公认为武林第一天下无双的魔刀，现在在他眼中看来，竟似已不值一文。难道这才是这柄刀真正的价值？一个痴人眼中所能看见的，岂非总是最真实的？傅红雪的身子突又开始颤抖，突然拔刀，闪电般向马空群的头砍下去。

就在这时，又是刀光一闪！只听"叮"的一响，傅红雪手里的刀，突然断成两截。

折断的半截刀锋，和一柄短刀同时落在地上。一柄三寸七分长的短刀。一柄飞刀！

傅红雪霍然转身，瞪着叶开，嘎声道："是你？"

叶开点点头，道："是我。"

傅红雪道："你为什么不让我杀了他？"

叶开道："因为你本来就不必杀他，也根本没有理由杀他。"

他脸上又露出那种奇特而悲伤的表情。

傅红雪瞪着他,目中似已有火焰在燃烧,道:"你说我没有理由杀他?"

叶开道:"不错。"

傅红雪厉色道:"我一家人都已经死在他的手上,这笔血债已积了十九年,他若有十条命,我就该杀他十次。"

叶开忽然长长叹息了一声,道:"你错了。"

傅红雪道:"我错在哪里?"

叶开道:"你恨错了。"

傅红雪怒道:"我难道不该杀他?"

叶开道:"不该!"

傅红雪道:"为什么?"

叶开道:"因为他杀的,并不是你的父母亲人,你跟他之间,本没有任何仇恨。"

这句话就像一座突然爆发的火山。世上绝没有任何人说的任何一句话,能比这句话更令人吃惊。

叶开凝视着傅红雪,缓缓道:"你恨他,只不过是因为有人要你恨他!"

傅红雪全身都在颤抖。若是别人对他说这种话,他绝不会听。

但现在说话的人是叶开,他知道叶开绝不是个胡言乱语的人。

叶开道:"仇恨就像是一棵毒草,若有人将它种在你心里,它就会在你心里生根,它并不是生来就在你心里的。"

傅红雪紧握着双拳,终于勉强说出了三个字:"我不懂。"

叶开道:"仇恨是后天的,所以每个人都可能会恨错,只有爱才是永远不会错的。"

丁乘风的脸已因激动兴奋而发红,忽然大声道:"说得好,说得太好了。"

丁白云的脸却更苍白，道："但是他说的话，我还是连一句都不懂。"

叶开长长叹息，道："你应该懂的。"

丁白云道："为什么？"

叶开道："因为只有你才知道，丁灵中并不是丁老庄主的亲生子。"

丁白云的脸色又变了，失声道："傅红雪难道也不是白家的后代？"

叶开道："绝不是！"

这句话说出来，又像是一声霹雳击下。

每个人都在吃惊地看着叶开。

丁白云道："你……你说谎！"

叶开笑了笑，笑得很凄凉。他并没有否认，因为，他根本就用不着否认，无论谁都看得出，他绝不是说谎的。

丁白云道："你怎么会知道这秘密？"

叶开黯然道："这并不是秘密，只不过是个悲惨的故事，你自己若也是这悲惨故事中的人，又怎么会不知道这故事？"

丁白云失声问道："你……难道你才是白天羽的儿子？"

叶开道："我是……"

傅红雪突然冲过来，一把揪住了他的衣襟，怒吼道："你说谎！"

叶开笑得更凄凉。他还是没有否认，傅红雪当然也看得出他绝不是说谎。

丁白云突又问道："这个秘密难道连花白凤也不知道？"

叶开点点头，道："她也不知道。"

丁白云诧异道："她连自己的儿子究竟是谁都不知道？"

叶开黯然地答道："因为这件事本来就是要瞒着她的。"

丁白云道："这究竟是怎么回事？"

第四十六章

爱是永恒

叶开迟疑着,显得更痛苦。

他本不愿说起这件事,但现在却已到了非说不可的时候。

原来花白凤有了身孕的时候,白夫人就已知道。她无疑是个心机非常深沉的女人,虽然知道她的丈夫有了外遇,表面上却丝毫不露声色。

她早已有法子要她的丈夫和这个女人断绝关系,只不过,无论怎么样,花白凤生下来的孩子,总是白家的骨血。她毕竟不肯让白家的骨血留在别人手里。因为这孩子若还在花白凤身边,她和白天羽之间,就永远都有种斩也斩不断的关系,白天羽迟早总难免要去看看自己的孩子。

所以白夫人竟设法收买了花白凤的接生婆,用一个别人的孩子,将她生的孩子换走。

花白凤正在昏迷痛苦中,当然不会知道襁褓中的婴儿,已不是自己的骨血。等她清醒时,白夫人早已将她的孩子带走了。

白夫人未出嫁时,有个很要好的姐妹,嫁给了一个姓叶的镖师。这人叫叶平,他的人就和他的名字一样,平凡而老实,在武林中虽然没有很大的名气,但却是少林正宗的俗家弟子。

名门弟子,在武林中总是比较容易立足的,他们恰巧没有儿子,所以白夫人就将花白凤的孩子交给他们收养，她暂时还不愿让白天羽知道这件事。

到那时为止，这秘密还只有她和叶夫人知道，连叶平都不知道这孩子的来历。

第三个知道这秘密的人是小李探花——在当时就已被武林中大多数人尊为神圣的李寻欢！

因为白夫人心机虽深沉，却并不是个心肠恶毒的女人——在自己的丈夫有了外遇时，每个女人心机都会变得深沉的。

白夫人做了这件事后，心里又对这孩子有些歉疚之意，她知道以叶平的武功，绝不能将这孩子培养成武林中的高手，她希望白家所有的人，都能在武林中出人头地。所以她将这秘密告诉了李寻欢，因为李寻欢曾经答应过，要将自己的飞刀神技，传授给白家的一个儿子。

她知道李寻欢一定会实践这诺言，她也信任李寻欢绝不会说出这秘密。

世上绝没有任何人不信任李寻欢，就连他的仇人都不例外。

李寻欢果然实践了他的诺言，果然没有说出这秘密。但他却也知道，世上绝没有能长久隐瞒的秘密，这孩子总有一天会知道自己身世的。

所以他从小就告诉这孩子，仇恨所能带给一个人的，只有痛苦和毁灭，爱才是永恒的。

他告诉这孩子，要学会如何去爱人，那远比去学如何杀人更重要。

只有真正懂得这道理的人，才配学他的小李飞刀；也只有真正懂得这道理的人，才能体会到小李飞刀的精髓！

然后，他才将他的飞刀传授给叶开。

这的确是个悲惨的故事，叶开一直不愿说出来，因为他知道这件事的真相，一定会伤害到很多人。

伤害得最深的，当然还是傅红雪。

傅红雪已松开了手，一步步往后退，似连站都已站不住了。

他本是为了仇恨而生的，现在却像是个站在高空绳索上的人，突然失去了重心。

仇恨虽然令他痛苦，但这种痛苦却是严肃的、神圣的。

现在他只觉得自己很可笑，可怜而可笑。

他从未可怜过自己，因为无论他的境遇多么悲惨，至少还能以他的家世为荣，现在他却连自己的父母究竟是谁都不知道。

翠浓死的时候，他以为自己已遭遇到人世间最痛苦不幸的事，现在他才知道，世上原来还有更大的痛苦、更大的不幸。

叶开看着他，目光中也充满了痛苦和歉疚。

这秘密本是叶夫人临终时才说出来的，因为叶夫人认为每个人都应该知道自己的身世，也有权知道。

傅红雪也是人，也同样有权知道。

叶开黯然道："我本来的确早就该告诉你的，我几次想说出来，却又……"

他实在不知道应该怎么样将自己的意思说出来，傅红雪也没有让他说下去。

傅红雪的目光一直在避免接触到叶开的眼睛，却很快地说出两句话："我并不怪你，因为你并没有错……"

他迟疑着，终于又说了句叶开永远也不会忘记的话："我也不恨你，我已不会再恨任何人。"

这句话还没有说完的时候，他已转过身，走下楼去，走路的姿态看来还是那么奇特、那么笨拙，他这人本身就像是个悲剧。叶开看着他，并没有阻拦，直到他已走下楼，才忽然大声道："你也没有错，错的是仇恨，仇恨这件事本身就是错的。"

傅红雪并没有回头，甚至好像根本就没有听见这句话。

但当他走下楼之后，他的身子已挺直。他走路的姿态虽然奇特而笨拙，但他却一直在不停地走。他并没有倒下去。

有几次甚至连他自己都以为自己要倒下去，可是他并没有倒下去。

叶开忽然叹了口气，喃喃道："他会好的。"

丁乘风看着他，眼睛里带着种沉思之色。

叶开又道："他现在就像是个受了重伤的人，但只要他还活着，无论伤口有多么深，都总有一日会好的。"

他忽又笑了笑，接着道："人，有时也像是壁虎一样，就算割断它的尾巴，它还是很快就会再长出一条新的尾巴来。"

丁乘风也笑了，微笑着说道："这比喻很好，非常好。"

他们彼此凝视着，忽然觉得彼此间有了种奇怪的了解。

就好像已是多年的朋友一样。

丁乘风道："这件事你本不想说出来的？"

叶开道："我本来总觉得说出这件事后，无论对谁都没有好处。"

丁乘风道："但现在你的想法变了。"

叶开点点头，道："因为我现在已发觉，我们大家为这件事付出的代价都已太多了。"

丁乘风道："所以你已将这件事结束？"

叶开又点点头。

丁乘风忽然看了丁白云一眼，道："她若不死，这件事是不是也同样能结束？"

叶开道："她本来就不必死的。"

丁乘风道："哦？"

叶开道："她就算做错了事，也早已付出了她的代价。"

丁乘风黯然。

只有他知道她付出的代价是多么惨痛。

叶开凝视着他，忽又笑了笑，道："你当然也知道她根本就不会死的，是不是？"

丁乘风迟疑着，终于点了点头，道："是的，她不会死也不必死……"

丁白云很吃惊地看着他，失声地道："你……你难道……"

丁乘风叹道："我早已知道你为你自己准备了一瓶毒酒，所以……"

丁白云动容道："所以你就将那瓶毒酒换走了？"

丁乘风道："我早已将你所有的毒酒都换走了，你就算将那些毒酒全喝下去，最多也只不过大醉一场而已。"

他微笑着，接着又道："一个像我这样的老古板，有时也会做一两件狡猾事的。"

丁白云瞪着他看了很久，忽然大笑。

丁乘风忍不住问道："你笑什么？"

丁白云道："我在笑我自己。"

丁乘风道："笑你自己？"

丁白云道："花白凤都没有死，我为什么一定要死？"

她的笑声听来凄清而悲伤，甚至根本分不出是哭是笑："我现在才知道她比我还可怜，她甚至连自己的儿子是谁都不知道，连她都能活得下去，我为什么就活不下去？"

丁乘风道："你本来就应该活下去，每个人都应该活下去。"

丁白云忽然指着马空群，道："他呢？"

丁乘风道："他怎么样？"

丁白云道:"我喝下的毒酒,若根本不是毒酒,他喝的岂非也……"

丁乘风道:"你让他喝下去的,也只不过是瓶陈年大曲而已。"

马空群的脸色突然变了。

丁乘风道:"也许他早已知道你要对付他的。"

丁白云道:"所以他看见我桌上有酒,就立刻故意喝了下去。"

丁乘风点点头,道:"你当然也应该知道,他本来绝不是个肯随便喝酒的人!"

丁白云道:"然后他又故意装出中毒的样子,等着看我要怎样对付他。"

丁乘风道:"你怎么对付他的?"

丁白云苦笑道:"我居然告诉了他,那瓶酒是用忘忧草配成的。"

丁乘风道:"他当然知道吃了忘忧草之后,会有什么反应。"

丁白云道:"所以他就故意装成这样子,不但骗过了我,也骗过了那些想杀他的人。"

马空群脸上又充满了惊惶和恐惧,突然从靴里抽出柄刀,反手向自己胸膛上刺了下去。

就在这时,又是刀光一闪,他手里的刀立刻被打落,当然是被一柄三寸七分长的飞刀打落的。

马空群霍然抬头,瞪着叶开,嗄声道:"你……你难道连死都不让我死?"

叶开淡淡道:"我只想问你,你为什么忽然又要死了?"

马空群握紧双拳道:"我难道连死都不能死!"

叶开:"你喝下去的,若真是毒酒,现在岂非还可以活着?"

马空群无法否认。

叶开道:"就因为那酒里没有毒,你现在反而要死,这岂非是件很滑稽的事?"

马空群也无法回答,他忽然也觉得这是件很滑稽的事,滑稽得令他只想哭一场。

叶开道:"你认为那忘忧草既然能令你忘记所有的痛苦和仇恨,别人也就会忘记你的仇恨了?"

马空群只有承认,他的确是这样想的。

叶开叹了口气,道:"其实除了忘忧草之外,还有样东西,也同样可以令你忘记那痛苦和仇恨的。"

马空群忍不住问道:"那是什么?"

叶开道:"那就是宽恕。"

马空群道:"宽恕?"

叶开道:"若连你自己都无法宽恕自己,别人又怎么会宽恕你?"

他接着又道:"但一个人也只有在他已真的能宽恕别人时,才能宽恕他自己,所以你若已真的宽恕别人,别人也同样宽恕了你。"

马空群垂下了头。

这道理他并不太懂。在他生存的那世界里,一向都认为"报复"远比"宽恕"更正确,更有男子气。

但他们都忘了要做到"宽恕"这两个字,不但要有一颗伟大的心,还得要有勇气——比报复更需要勇气。那实在远比报复更困难得多。

马空群永远不会懂得这道理。所以别人纵已宽恕了他,他却永远无法宽恕自己。

他痛苦、悔恨,也许并不是因为他的过错和恶毒,而是因为他的过错被人发现——"这本该是个永远不会有人知道的秘密,我本该做得更好些……"

他握紧双拳，冷汗开始流下。无论什么样的悔恨，都同样令人痛苦。

他忽然冲过去，抓起屋角小桌上的一坛酒，他将这坛酒全都喝下去。

然后他就倒下，烂醉如泥。

叶开看着他，心里忽然觉得有种无法形容的同情和怜悯。

他知道这个人从此已不会再有一天快乐的日子。

这个人已不需要别人再来惩罚他，因为他已惩罚了自己。

屋子里静寂而和平。所有的战争和苦难都已过去。

能看着一件事因仇恨而开始，因宽恕而结束，无疑是愉快的。

丁乘风看着叶开，苍白疲倦的眼睛里，带着种说不出的感激。

那甚至已不是感激，而是种比感激更高贵的情感。

他正想说话的时候，就看见他的女儿从楼下冲了上来。

丁灵琳的脸色显得苍白而痛苦，喘息着道："三哥走了。"

她忽然想起路小佳也是她的三哥，所以很快地接着又道："两个三哥都走了。"

丁乘风皱起了眉："两个三哥？"

丁灵琳道："丁灵中是自己走的，我们想拦住他，可是他一定要走。"

叶开了解丁灵中的心情，他觉得自己已无颜再留在这里，他一定要做些事为自己的过错赎罪。

丁灵中本就是很善良的年轻人，只要能有一个好的开始，他一定会好好地做下去。

叶开了解他，也信任他。

因为他们本是同一血缘的兄弟！

丁灵琳又说道："路小佳也走了，是被一个人带走的。"

叶开忍不住问道:"他没有死?"

丁灵琳道:"我们本来以为他的伤已无救,可是那人却说他还有法子让他活下去。"

叶开道:"那个人是谁?"

丁灵琳道:"我不认得他,我们本来也不让他把路……路三哥带走的,可是我们根本就没法子阻拦他。"

她脸上又露出种惊惧之色,接着道:"我从来也没见过武功那么高的人,只轻轻挥了挥手,我们就近不了他的身。"

叶开动容道:"他是个什么样的人?"

丁灵琳道:"是个独臂人,穿着件很奇怪的黄麻长衫,一双眼睛好像是死灰色的,我也从来没见过任何人有那种眼睛。"

丁乘风也已悚然动容,失声道:"荆无命!"

荆无命!这名字本身也像是有种慑人的魔力。

丁乘风道:"他没有亲人,也没有朋友,一向将路小佳当作他自己的儿子,他既然肯将小佳带走,小佳就绝不会死了。"

这老人显然在安慰着自己,叶开已发觉他并不是传说中那种冷酷无情的人。

他冷漠的脸上已充满感情,喃喃地低语着:"他既然来了,应该看看我的。"

叶开苦笑道:"他绝不会来,因为他知道有个小李探花的弟子在这里。"

丁乘风道:"你难道认为他还没有忘记他和小李探花之间的仇恨?"

叶开叹息着,说道:"有些事是永远忘不了的,因为……"

因为荆无命也是马空群那种人,永远不会了解"宽恕"这两个字的意思。

叶开心里在这么想,却没有说出来,他并不想要求每个人都和他同样宽大。

就在这时,一扇半掩着的窗户忽然被风吹开。一阵很奇怪的风。

然后,他就听见窗外有人道:"我一直都在这里,只可惜你看不见而已。"

说话的声音冷漠而骄傲,每个字都说得很慢,仿佛已不习惯用言语来表达自己的意思。他要表达自己的思想,通常都用另一种更直接的法子。

他的思想也一向不需要别人了解。

荆无命!只听见这种说话的声音,叶开已知道是荆无命了。

他转过身,就看见一个黄衫人标枪般站在池畔的枯柳下。

他看不见这个人脸上的表情,只看见了一双奇特的眼睛,像野兽般闪闪发光。

这双眼睛也正在看着他:"你就是叶开?"

叶开点点头。

荆无命道:"你知道我是什么人?"

叶开又点点头。他显然不愿荆无命将他看成个多嘴的人,所以能不说话的时候,他绝不开口。

荆无命盯着他,过了很久,忽然叹息了一声。

叶开觉得很吃惊,他从未想到这个人居然也有叹息的时候。

荆无命缓缓道:"我已有多年未曾见到李寻欢了,我一直都在找他。"

他的声音突然提高,又道:"因为我还想找他比一比,究竟是他的刀快,还是我的剑快!"

叶开听着,只有听着。

荆无命竟又叹息了一声，道："但现在我却已改变了主意，你可知道为了什么？"

叶开当然不知道。

荆无命道："是因为你。"

叶开又很意外："因为我？"

荆无命："看见了你，我才知道我是比不上李寻欢的。"

他冷漠的声音竟似变得有些伤感，过了很久，才接着道："路小佳只懂得杀人，可是你……你刚才出手三次，却都是为了救人的命！"

刀本是用来杀人的。

懂得用刀杀人，并不困难，要懂得如何用刀救人，才是件困难的事。

叶开想不到荆无命居然也懂得这道理。

多年来的寂寞和孤独，显然已使得这无情的杀人者想通了很多事。

孤独和寂寞，本就是最适于思想的。

荆无命忽然又问道："你知不知道'百晓生'这个人？"

叶开点点头。

百晓生作"兵器谱"，品评天下英雄，已在武林的历史中，留下永不磨灭的一笔。

荆无命道："他虽然并不是正直的人，但他的兵器谱却很公正。"

叶开相信。

不公正的事，是绝对站不住的，但百晓生的兵器谱却已流传至今。

荆无命道："上官金虹虽然死在李寻欢手里，但他的武功，却的确在李寻欢之上。"

叶开在听着。

上官金虹和李寻欢的那一战，在江湖中已被传说得接近神话。

神话总是美丽动人的，但却绝不会真实。

荆无命道："李寻欢能杀上官金虹，并不是因为他的武功，而是因为他的信心。"

李寻欢一直相信正义必定战胜邪恶，公道必定常在人间。所以他胜了。

荆无命道："他们交手时，只有我一个人是亲眼看见的，我看得出他的武功，实在不如上官金虹，我一直不懂，他怎么会战胜的。"

他慢慢地接着道："但现在我已了解，一件兵器的真正价值，并不在它的本身，而在于它做的事。"

叶开承认。

荆无命道："李寻欢能杀上官金虹，只因为他并不是为了想杀人而出手的——他做的事，上可无愧于天下，下则无怍于人。"

一个人若为了公道和正义而战，就绝不会败。

荆无命道："百晓生若也懂得这道理，他就该将李寻欢的刀列为天下第一。"

叶开看着他，突然对这个难以了解的人，生出种说不出的尊敬之意。

无论谁能懂得这道理，都应该受到尊敬。

荆无命也在凝视着他，缓缓道："所以现在若有人再作兵器谱，就应该将你的刀列为天下第一。因为你刚才做的事，是任何人都做不到的，所以你这柄刀的价值，也绝没有任何兵器能比得上！"

一阵风吹过，荆无命的人已消失在风里。

他本就是个和风一样难以捉摸的人。

叶开迎风而立，只觉得胸中热血澎湃，久久难以平息。

丁灵琳在旁边痴痴地看着他，目中也充满了爱和尊敬。

女人的情感是奇怪的，你若得不到她们的尊敬，也得不到她们的爱。

她们和男人不同。

男人会因怜悯和同情而生出爱，女人却只有爱她们所尊敬的男人。

你若见到女人因为怜悯而爱上一个人，你就可以断定，那种爱绝不是真实的，而且绝不能长久。

丁乘风当然看得出他女儿的心意，他自己也正以这年轻人为荣。

像这样一个年轻人，无论谁都会以他为荣的。

丁乘风走到他身旁，忽然道："你现在当然已不必再隐瞒你的身世。"

叶开点点头，道："但我也不能忘记叶家的养育之恩。"

丁乘风接着道："除了你之外，他们也没有别的子女？"

叶开道："他们没有！"

丁乘风道："所以你还是姓叶？"

叶开道："是的。"

丁乘风道："木叶的叶，开朗的开？"

叶开道："是的。"

丁乘风道："你一定会奇怪我为什么要问这些话，但我却不能不问个清楚，因为……"

他看着他的女儿，目中已露出笑意，慢慢地接着道："因为我只有这么一个女儿，我若要将她交给别人时，至少总不能不知道这个人是姓什么的。"

现在他已知道这个人叫叶开。

他相信天下武林中人都一定很快就会知道这个人的名字。

《小李飞刀2：边城浪子》完
相关情节请看《小李飞刀3：九月鹰飞》
《小李飞刀4：天涯·明月·刀》

后　记

《风云第一刀》[1]终于已结束。

近年来,我已很少写这么长的故事,太长的故事总难免芜杂沉闷。

我这么样写,是因为我一心希望能在这故事里,写出一点新的观念来,一心希望这故事能有一个在新观念中孕育成的主题。

仇恨和报复,虽然并不可耻,但也绝不值得尊敬。

仇恨虽然是种原始而古老的情感,但绝不是与生俱来的。爱和宽恕,才是人类的本性。

这就是我这故事的主题。

我不知道这故事是不是已能将它的主题表达明白,我只知道,假如每个人都能以"宽恕"代替"报复",这世界无疑就会变得更美好些。

每本小说,都应该有它的主题,武侠小说也一样,除非你认为武侠小说根本就不是小说。

事实上,的确有很多人都是这么想的,其中甚至包括了武侠小说

---

[1] 即《边城浪子》初名。——编者注

的作者。

假如连武侠小说的作者本身都已看轻武侠小说，又怎么能期望别人重视它？

难道残酷的流血报复，真是武侠中不可缺少的？

难道武侠小说中，真的只有这些因素才能吸引读者吗？

我不相信。

假如你真的这么样想，就未免看轻了武侠小说的读者。

《小妇人》中，写的是家庭的温暖、亲情的甜蜜；《战争与和平》《乱世佳人》写的是时代的变动、战争的残酷，和人类在战争动乱中所表现出的博爱和信心。

《双城记》写的是爱情和友情的伟大；《人性枷锁》《红与蓝》[1]写人性的欲望，克服这种欲望的痛苦和矛盾。

《波城世家》写新旧两代间的冲突；《柏林孤城录》写人类如何为了自由而毅然肩负伟大的责任；《海狼》《白鲸》《老人与海》写的是人类不可克服的恐惧，和他们在恐惧中所表现的伟大勇气。

《傲慢与偏见》的主题，则更明显。

这些小说的主题，虽然严肃，但也同样充满了紧张、趣味和悬疑。

人性的冲突，才真正是任何小说中都不能缺少的动人因素。

作为一个"写武侠小说的"，我当然绝不反对以诡谲变化、惊人的情节和性格凸出的英雄人物来吸引读者的。我只不过觉得，除了这些之外，还应该再给读者一点别的东西，一些可以振奋人心的东西。一些可以让别人承认武侠小说也是小说的东西。

---

[1] 当为《红与黑》。——编者注

但我也知道，新的尝试不但冒险，而且通常总是吃力而不讨好的。

可是我心甘情愿。

因为我是个"写武侠小说的"，我总希望写武侠小说的人，将来也能被人称为"作家"，和别的作家一样受到重视。

我总希望武侠小说将来也能被人称为"小说"，和别的小说一样，可以让人堂堂皇皇地摆在客厅里。

古龙

一九七二年九月二十日

读客文化将出版以下古龙经典作品

《小李飞刀：多情剑客无情剑》

《小李飞刀2：边城浪子》

《小李飞刀3：九月鹰飞》

《小李飞刀4：天涯·明月·刀》

《陆小凤传奇：金鹏王朝》

《陆小凤传奇2：绣花大盗》

《陆小凤传奇3：决战前后》

《陆小凤传奇4：银钩赌坊》

《陆小凤传奇5：幽灵山庄》

《陆小凤传奇6：凤舞九天》

《陆小凤传奇7：剑神一笑》

《楚留香新传：借尸还魂》

《楚留香新传2：蝙蝠传奇》

《楚留香新传3：桃花传奇》

《楚留香新传4：新月传奇·午夜兰花》

《七种武器：长生剑·孔雀翎》

《七种武器2：碧玉刀·多情环》

《七种武器3：离别钩·霸王枪》

《七种武器4：愤怒的小马·七杀手》

《萧十一郎》

《火并萧十一郎》

《绝代双骄》

《欢乐英雄》

《三少爷的剑》

《流星·蝴蝶·剑》

《武林外史》

《白玉老虎》

《圆月弯刀》

《大人物》

《绝不低头》

《碧血洗银枪》

《彩环曲》

《苍穹神剑》

《大地飞鹰》

《风铃中的刀声》

《护花铃》

《剑毒梅香》

《剑客行》

《猎鹰·赌局》

《名剑风流》

《飘香剑雨》

《七星龙王》

《失魂引》

《血鹦鹉》

《英雄无泪》

《游侠录》

《月异星邪》

激发个人成长

多年以来，千千万万有经验的读者，都会定期查看熊猫君家的最新书目，挑选满足自己成长需求的新书。

读客图书以"激发个人成长"为使命，在以下三个方面为您精选优质图书：

1、精神成长
熊猫君家精彩绝伦的小说文库和人文类图书，帮助你成为永远充满梦想、勇气和爱的人！

2、知识结构成长
熊猫君家的历史类、社科类图书，帮助你了解从宇宙诞生、文明演变直至今日世界之形成的方方面面。

3、工作技能成长
熊猫君家的经管类、家教类图书，指引你更好地工作、更有效率地生活，减少人生中的烦恼。

每一本读客图书都轻松好读，精彩绝伦，充满无穷阅读乐趣！

认准读客熊猫

读客所有图书，在书脊、腰封、封底和前后勒口都有"**读客熊猫**"标志。

两步帮你快速找到读客图书

1、找读客熊猫

2、找黑白格子

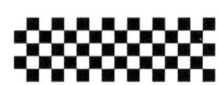

马上扫二维码，关注**"熊猫君"**

和千万读者一起成长吧！